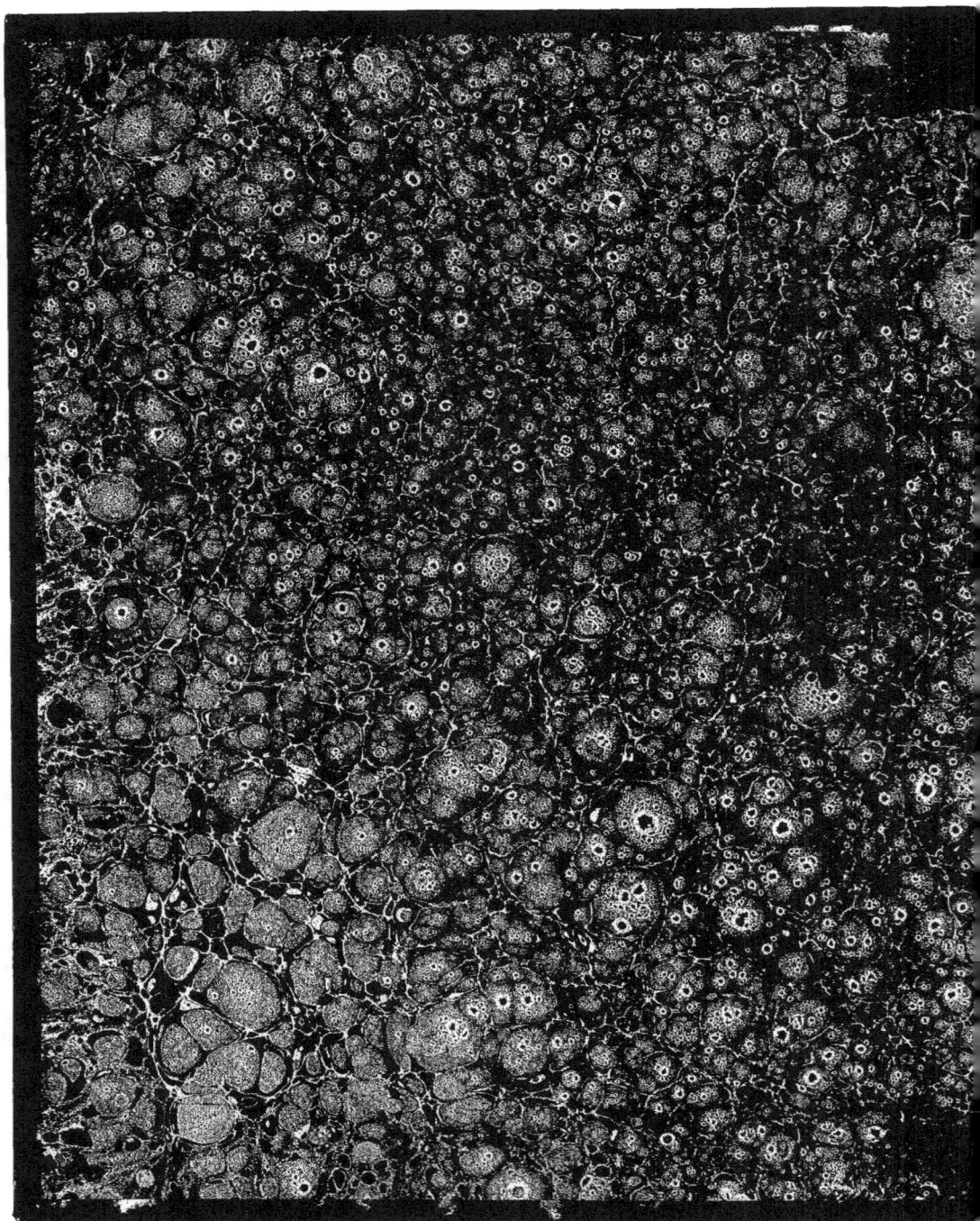

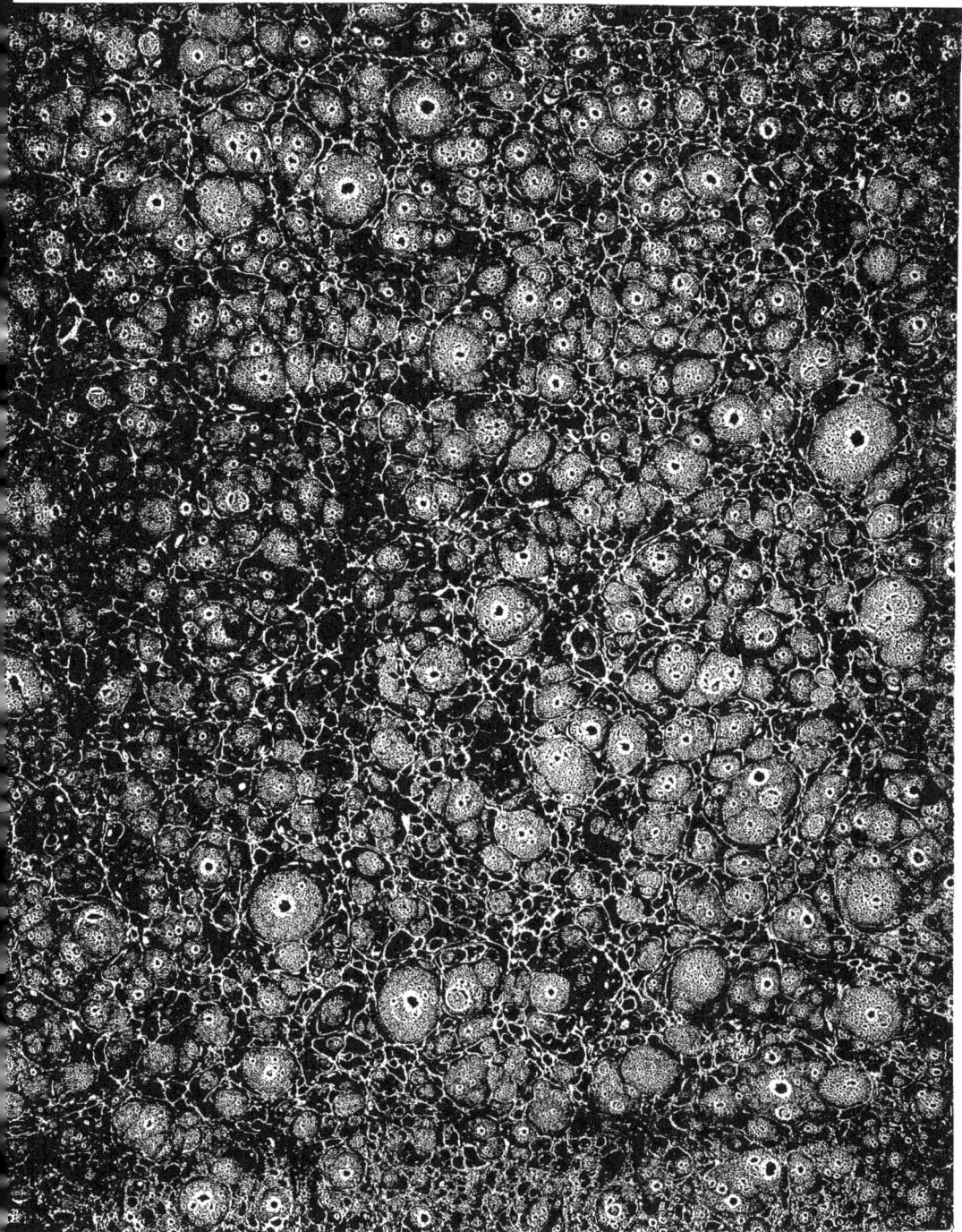

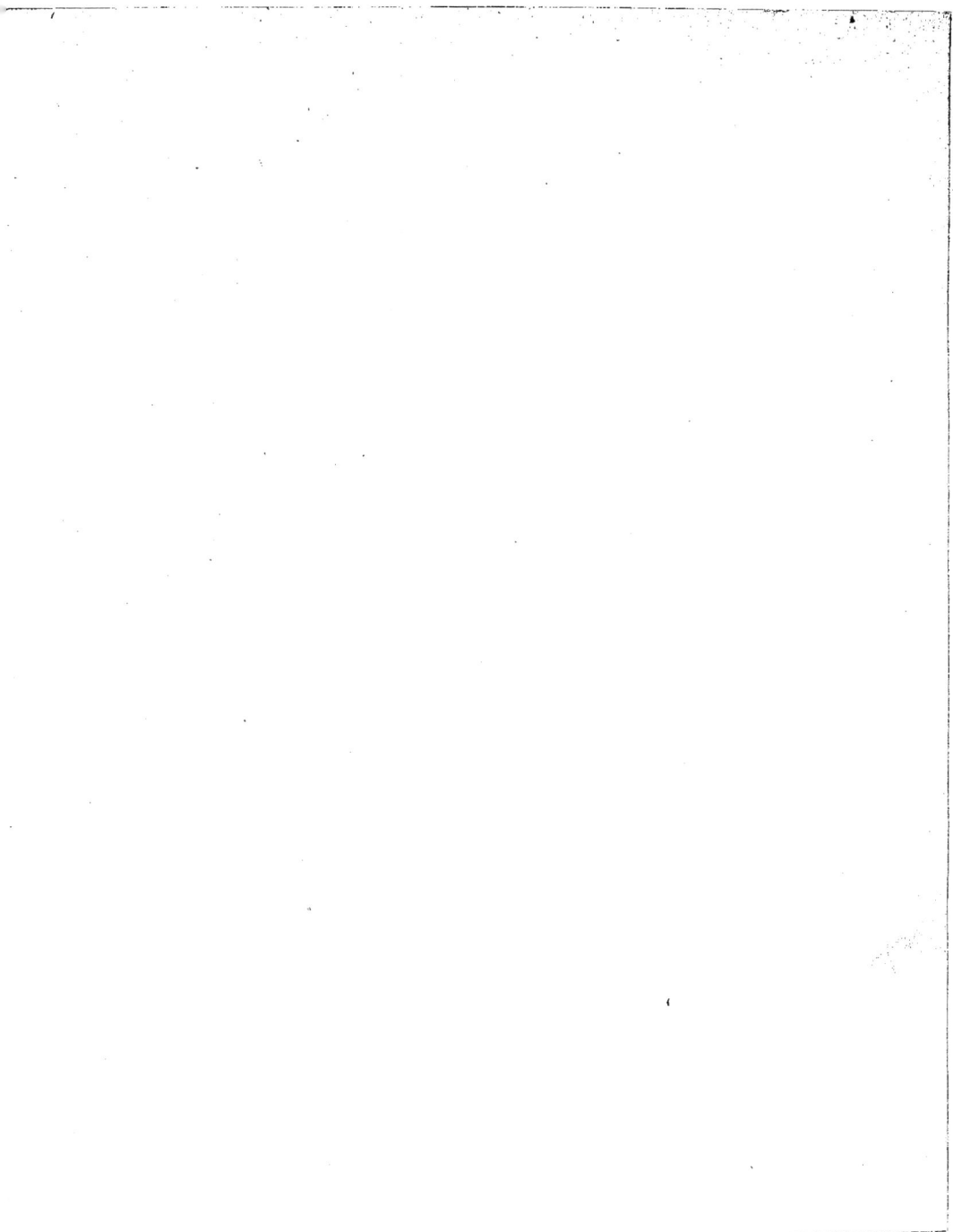

OBSERVATIONS

POLÉMIQUES

SUR

QUELQUES COUTUMES

DE PROVENCE.

OBSERVATIONS

POLÉMIQUES

Sur le premier des Opuscules de M. Dubreüil,
Jurisconsulte, à Aix, Bouches-du-Rhône, ancien
Assesseur d'Aix, et Procureur du Pays de Pro-
vence, intitulé : *Observations sur quelques cou-
tumes et usages de Provence , recueillis par
Jean de Bomy.*

Ouvrage, que celui de notre Confrère rendra très-utile et
même nécessaire à la MAGISTRATURE, au Barreau et à
tous les Propriétaires du ci-devant Pays de Provence , et
qui traite beaucoup de questions qui peuvent naître dans
tous les Pays de France.

Par ROUX, ancien Jurisconsulte de la même Ville.

Amicus Plato ; magis amica veritas. Cicero.

A AIX,

Chez Gaspard MOURET, Imprimeur-Libraire,
rue des Grands Carmes.

1817.

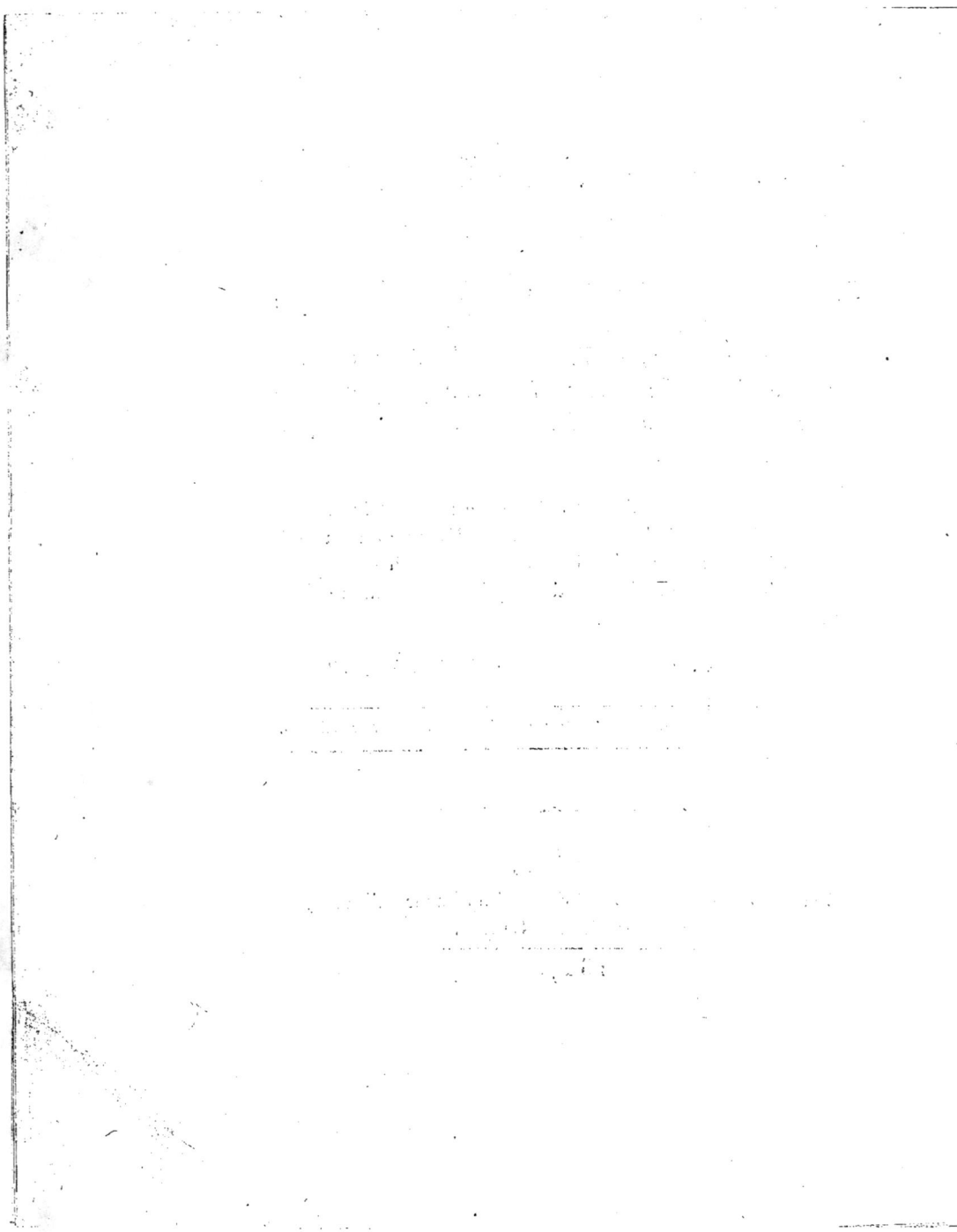

ERRATA.

Page *vij*, ligne 26, fut, *lisez* fût.
viij   5 et 6, ci-devans, *lisez* ci-devant.
ix   5, Appollon, *lisez* Apollon.
xij   10, bien de, *lisez* bien des.
xiij   18, la, *lisez* le
8   6, de détruire, *lisez* celle de détruire.
15   17, appelé, *lisez* appelés.
16   25, trouvé, *lisez* trouvés.
44   5, durée, *lisez* durer.
55   26 et 27, n'indiqua, *lisez* n'indique.
70   11, *idemtitate*, lisez *identitate*.
83   18, Nous, *lisez* Notre.
106   17 et 18, nous en donnons, *lisez* nous donnons.
137   6. et fussent, *lisez* et qu'ils fussent.
144   18, de se faire, *lisez* le droit de se faire.
221   9, en imposer, *lisez* imposer.
226   note 2, *noval*, lisez *noxal*.
237   25, commun de la loi, *lisez* commun, de la loi.
262   1, annotateurs, *lisez* annotateur.
262   note 4, *amplitione*, lisez *ampliatione*.
279   1, *discontinus*, lisez *continue*.
297   30, ou de son, *lisez* de son.
312   22, il a été aussi, *lisez* il a été.
320   4, seroit-il, *lisez* lui seroit-il.
320   25, il n'est pas donc, *lisez* il n'est donc pas.
333   note 3, Mourgues, *lisez* Morgues. *Lisez* de même
   ce nom partout ailleurs.
344   12, un nouveau rapport, *lisez* un rapport.
408   26, eût été, *lisez* ait été.
412   25, addition, *lisez* addiction. *Lisez* de même
   ce mot partout ailleurs.
413   note 3, *additione*, lisez *addictione*.
414   note 3, *officii*, lisez *effici*.
472   27, sans, *lisez* sous.
474   note, col. 2, lignes 18, 19 et 20, supprimez les
   guillemets de la parenthèse.
478   16, sitipulation, *lisez* stipulation.
481   6, 1185, *lisez* 1184.
512   10, affranchie, *lisez* affranchies.
534   5, sur, *lisez* c'est-à-dire, sur.
564   2, à lui faire dire, *lisez* à faire dire.
579   19 et 21, fief, *lisez* fiefs.
596   18, fosi, *lisez* fois.

AVANT-PROPOS.

L'OPUSCULE sur lequel nous osons donner notre avis, est émané d'un jurisconsulte qui, considéré comme citoyen, est honoré et honorable dans son pays; et qui, considéré comme jurisconsulte, soutient l'ancienne renommée du barreau d'Aix.

Son Ouvrage est élémentaire. Il est destiné à être le manuel de nos magistrats, des avocats et de tous ceux qui habitent la contrée, dénommée autrefois LA PROVENCE. Son but est de mettre, sous les yeux de tous, les antiques usages, maximes et jurisprudence de ce pays, relatifs à certaines de ces lois locales, dont M. de Bomy, avocat du XVI.ᵐᵉ siècle, nous a transmis un recueil. C'est pour remplir ce double objet que notre confrère a eu la générosité de se dévouer à donner, par ses commentaires, un air de fraîcheur à toutes ces antiquités dont la connoissance est encore importante et indispensable dans cette ci-devant province, dans l'état même des nouvelles lois qui régissent uniformément aujourd'hui toute la France, attendu que ces lois ont conservé aux anciennes démarcations et aux grandes cités françaises, plusieurs de leurs anciennes coutumes locales.

Plus l'auteur est renommé et son ouvrage intéressant, et plus aussi ils ont excité notre curiosité, et fait naître en nous le besoin et l'avidité de lire l'ouvrage, dans l'intention et l'espérance de compléter notre instruction sur les diverses matières qui y étoient traitées, tant nous comptions et devions compter sur l'utilité des efforts généreux de son auteur.

Nous l'avons lu plusieurs fois, et du compte équitable
et juste que nous nous en sommes rendu, il résulte que
les dix premiers titres réunissent complétement tous les principes généraux, sur lesquels reposent les diverses matières qui
en sont les sujets ; que l'ordre dans lequel ces principes généraux y sont classés, égale la clarté et la concision avec
laquelle ils y sont exposés ; et qu'en se livrant, avec tant de
zèle, à ce travail honorable, notre confrère a bien mérité de sa
patrie, de la MAGISTRATURE et du barreau. C'est l'hommage
bien senti et bien réfléchi, que nous lui devons, et que nous
lui rendons, avec d'autant plus de sensibilité, qu'il a rafraîchi
notre mémoire, dans des cadres très-resserrés, de tout ce
que nous avons appris dans le cours de notre longue postulation, sur les mêmes matières ; nous le prions d'accepter nos
remercîmens personnels et de les croire aussi sincères, que sont
tendres les sentimens, qui de tout temps nous ont unis.

Si nous avons été justes, il n'a pas dépendu de nous d'être
complaisans pour lui, lorsque nous avons cru rencontrer des
inexactitudes dans certaines de ses opinions personnelles, qu'il
a offertes au public, comme des *maximes provençales.*

Nous avons écrit à notre tour, soit pour combattre les
opinions dont il a parsemé quelques-uns des dix premiers
titres de son ouvrage, soit pour nous élever contre le nouveau
système qu'il a cru pouvoir établir, sur la matière *du précaire
provençal*, sujet du XI.ᵉ titre.

L'amitié disparut un instant, pour faire place au devoir ; la
sévérité succéda à la complaisance, et les égards cédèrent le
pas à l'intérêt de notre pays.

Nous ne consultâmes ni notre âge, ni la foiblesse de nos
forces morales et physiques.

Nous ne fûmes pas même affectés de ce dégoût bien prononcé, qu'on affiche aujourd'hui, pour les discussions de droit, dont les bases sont dans le droit romain et dans l'ancienne jurisprudence française ou provençale, depuis qu'on pense que la raison et le code civil apprennent tout, sans considérer que les anciens livres de droit donnent la raison de tout, et que le code civil ne la donne jamais de ses décisions ; sans considérer que, dans la partie des contrats, le code civil est, en général, l'écho du droit romain et de l'ancien droit français ; sans considérer qu'avec le secours de la *raison* et du *code civil*, ceux qui ont consacré une longue vie à l'étude du droit, marchent encore, et très-souvent, sur des épines, et sont dans le cas d'avouer, avec la même sincérité que le vieux Caton : *Unum scio quod nihil scio* ; sans considérer enfin, qu'il n'y a que la science de l'ancien droit qui puisse servir d'introduction au code civil, dans les parties même qui sont toutes nouvelles.

Nous nous élevâmes au-dessus de tous ces obstacles, tout décourageans qu'ils étoient ; et d'une main affoiblie par l'âge et tremblante, nons consignâmes par écrit, l'opinion que nous avions conçue du premier des opuscules de notre confrère ; et le redressement de toutes les inexactitudes que nous crûmes y avoir rencontrées.

Notre travail fini, notre confrère en fut le premier et l'unique confident; nous le lui portâmes nous-mêmes. Après qu'il l'eut lu, quoique ce travail fut, en tout sens, contraire au sien, sur tant de points, il se conduisit, à notre égard, d'une manière digne de lui et de nous. Il nous écrivit et il nous visita, avec la plus grande aménité, et avec le ton de l'obligeance et de la sincérité. Il prit la peine de répondre succinctement à nos observations, avec cette honnêteté qui le caractérise. Il nous remercia même de ce que nous nous étions constitués son émule, ne désirant rien tant, lui-même, que le triomphe de la vérité ; celui des principes et maximes consacrés en Provence, et celui des droits conservés aux ci-devans provençaux par les nouvelles lois ; et n'ayant écrit, lui-même, qu'avec l'intention de les faire connnoître, et d'en maintenir l'exécution.

Ne différons pas plus long-temps de lui rendre cette justice, qu'il a eu un guide dans bien de ses écarts ; et que c'est l'excès de confiance qu'il a eue en ce guide, qui l'a fait se dévier, avec l'intention bien décidée de marcher dans la voie des règles et des principes.

Son maître fut, dans son temps, un jurisconsulte recommandé et recommandable par ses qualités morales, autant que par sa vaste érudition. Il eut une des plus brillantes postulations. Il s'illustra par des ouvrages qui éterniseront, pendant la durée des temps, sa mémoire parmi nous, et dans toute la France. Mais il a eu des opinions qui furent censurées par trois de nos anciens (1). Il s'aheurta malheureusement à ces opinions; et plus malheureusement encore, notre cher confrère, pour ne pas être remonté plus loin, les a adoptées, se croyant suffisamment rassuré par l'autorité de ce respectable, grave et docte avocat. Nouveau *Cœcilius africanus*, jurisconsulte romain (vivant sous les empires de Trajan et d'Adrien), qui avoit étudié le droit à l'école de *Salvius JULIANUS*,

---

(1) MM. Simeon, Pazery et Serraire, nommés par le gouvernement pour examiner son *nouveau commentaire sur les statuts de Provence*.

notre

notre confrère cite toujours son maître. Il ne pense, il n'écrit, il ne parle, il ne répond que comme son maître. On pourra appliquer au disciple le plus récent, ce qu'on disoit du plus ancien : *JULIEN semble toujours parler par l'organe de CŒCILIUS AFRICAIN, comme Appollon par celui de la Pythie.*

Fidèle à son maître, notre confrère en a suivi l'exemple. Il s'est également aheurté aux opinions qui leur sont devenues communes. Il a fait à son ouvrage une addition imprimée, pour repousser les observations que nous n'avions faites d'abord que pour lui, et que nous n'avons ensuite communiquées à deux de nos confrères, qu'après qu'il nous eut manifesté l'intention bien formelle, de persister dans toutes ses décisions ; et ce procédé, nous ne nous le permîmes, que pour leur fournir l'occasion de connoître la nature des débats qui nous divisoient, notre confrère et nous, sur des points de jurisprudence intéressans pour la ci-devant PROVENCE.

Dans cette addition responsive, il nous a donné d'abord des éloges que nous ne méritons pas. Il dit ensuite que *s'il s'est trompé, il nous devra des remercîmens pour l'avoir mis à même de reconnoître ses erreurs.* Il savoit bien cependant, quand il écrivoit cela, qu'il persistoit dans toutes celles que nous avons relevées, et qu'il avoit fait tous ses efforts, pour leur conserver ce caractère de *MAXIMES*, qu'il leur avoit déjà imprimé, et pour travestir tous nos principes en opinions hasardées.

Il a laissé percer toute cette prévention, qu'un auteur a si souvent pour son ouvrage, semblable à peu près à celle qu'un père a pour son enfant ; et d'auteur froid qu'il étoit, de soutien bienfaisant des *MAXIMES du pays*, il est devenu

b

le propagateur obstiné des erreurs de son maître : le tont sans s'en douter, et sans cesser de se croire constamment placé sur la ligne droite des règles et des principes.

C'est ainsi que pour énerver notre censure amicale et fraternelle, donner de nouvelles bases à ses opinions, et tenter de ruiner celles des nôtres, il nous a fait une réponse imprimée, avant que nos observations le fussent elles-mêmes.

Telle est la cause qui nous met dans la nécessité de rendre publiques ces observations secrètes, que nous avions faites sur son premier opuscule, et dont il fut d'abord le seul confident. Il sait bien, ainsi que les deux confrères qui les ont lues, que nous avions l'intention bien prononcée ; de laisser subsister notre censure en manuscrit. Mais la réponse imprimée qu'il vient d'y faire, et qui nous donne tant de nouveaux avantages sur lui, est un appel auquel nous ne pouvons pas nous refuser.

Ce n'est pas après notre satisfaction que nous courons. Que nous importe, à la fin de notre carrière, de nous mettre en évidence ? A notre âge on ne connoît plus ces jouissances qui satisfont l'ambition, la vanité et l'amour-propre ; encore moins celles que savourent la jalousie, ou l'espoir de nuire. Nous avons fait nos preuves à cet égard, par nos premières démarches auprès de notre confrère et par les intentions bien connues qui nous les ont fait faire. Nous ne connoissons plus que les douceurs de la vie privée, et l'agrément de céder à cette longue habitude que nous avons contractée, de diminuer chaque jour notre ignorance, autant qu'il nous est possible.

Nous protestons même, que nous avons vu avec peine l'espèce de défi que nous a fait la réponse imprimée, de notre confrère, à laquelle pourtant, et sur sa demande, nous avons pleinement consenti, ne pouvant et ne devant pas avoir l'air de la redouter, après avoir nous-mêmes ouvert la lice, quoique secrètement. Nous protestons encore, qu'il nous en coûte infiniment, de contredire avec publicité les opinions inexactes et dangereuses au palais, d'un confrère pour lequel nous avons cette affection qu'il mérite par ses vertus. Nous déclarons que quoiqu'il ne dépende pas de nous de composer avec sa doctrine, sur certains points qu'il a traités dans le premier de ses opuscules, nous ne cesserons jamais de le considérer et de le proclamer comme un jurisconsulte, digne de cette confiance publique, dont il jouit.

Une chose nous rassure dans la résolution pénible et forcée que nous prenons, de mettre la MAGISTRATURE et le barreau de la ci-devant PROVENCE entre lui et nous ; c'est que quoique nous ayons presque toujours eu des opinions divergentes, dans les affaires que nous avons eu l'occasion de traiter ensemble, nous avons toujours vu sa bienveillance pour nous, se soutenir et même s'accroître. Il nous a quelquefois donné des témoignages de sa confiance ; et toujours ceux, les plus flatteurs, de son estime.

Mais nous avons encore à redouter le premier coup d'œil que la MAGISTRATURE et le barreau porteront sur une espèce de critique, qui frappe contre un ouvrage sorti de la plume bienfaisante d'un jurisconsulte du pays. Ils ne pourront peut-être pas se défendre de toute prévention en faveur de l'ouvrage de l'un, et contre celui de l'autre. Nous les invitons à ne se prononcer dans aucun sens, jusques à ce qu'ils se soient mis à portée de juger sainement entre deux émules, qui déposent momentanément, à leurs pieds, les liens et les

sentimens fraternels qui les unissent, pour se livrer avec plus
de liberté à une lutte honorable, dont l'unique objet est,
de la part de chacun d'eux, la recherche de la vérité, et le
triomphe des MAXIMES de leur pays. Leurs efforts respectifs,
plus ils inclinent dans un sens opposé, plus ils sont dignes
de fixer toute l'attention de ceux qu'ils choisissent respectivement, avec toute confiance, pour en être les témoins et
les juges.

Notre confrère a trouvé, dans l'antique recueil de M. de
Bomy, bien de choses dignes de l'occuper pour l'intérêt de
ses chers compatriotes : des statuts, des règles, des usages
anciens, extrêmement précieux à connoître, dans l'état même
des nouvelles lois ; soit parce que celles-ci nous en ont conservé une grande partie, soit parce qu'il y a lieu d'espérer
que certains autres, qui ont été abolis, pourront nous être
rendus, sous un gouvernement porté à faire *toutes améliorations, et qui ne demande que d'être éclairé.*

Il a conçu le louable dessein, de les tous rajeunir, en
nous rappelant, et en nous expliquant avec méthode, clarté,
précision et érudition, tous ceux qui sont encore en vigueur
parmi nous ; et en formant un vœu sage, pour la restitution
de ceux qui nous ont été enlevés. C'est ce vœu que nous
formons comme lui ; qui nous a donné lieu de lui témoigner
le regret que nous avions, qu'il n'en eût pas émis un autre
sur l'insuffisance de la distance fixée par notre coutume, pour
la plantation des arbres sur la lisière de chaque possession
avoisinée, ou du moins sur ce qu'on devoit expliquer cette
coutume, dans un sens plus raisonnable, que celui que paroit
lui donner la généralité des termes dans lesquels elle est
conçue.

Pénétrés comme lui de la juste confiance due à notre gouvernement, et à son exemple encourageant, nous l'avons donné ce vœu, en nous attachant à faire sentir, ou que notre coutume est contraire à l'intérêt de l'agriculture, si on la suit dans sa généralité, ou qu'elle est susceptible d'un sens moins exagéré, que celui que sa conception indéfinie semble lui donner.

Notre confrère s'est borné à *désirer* que cette nouvelle jurisprudence *rigoureuse* de la Cour de cassation, qui refuse l'*action possessoire* à celui qui est troublé dans la jouissance d'un chemin de *souffrance*, c'est-à-dire de nécessité, malgré sa possession annale antérieure au code civil, reçoive *un juste tempérament*; plus courageux que lui, nous nous sommes très-expressément prononcés contre cette jurisprudence. C'est sur ce point seulement, que nous avons mérité son assentiment dans sa première réponse manuscrite (1). On aura de la peine à croire que, dans sa réponse imprimée, il ait absolument gardé le silence sur cet assentiment, dont il avoit honoré notre opinion, ce qui est à peu près ou une rétractation, ou l'expression du regret qu'il a eu d'être une fois de notre avis.

On a vu sous l'empire de Tibère les jurisconsultes divisés d'opinion, devenir chefs de secte et opérer une scission dans la jurisprudence. On n'a point à craindre cet événement de la lutte de deux confrères, également prêts à céder aux jugemens

_____

(1) *Je partage l'avis de mon confrère*, dit-il, *et si jamais la question venoit à se présenter, je m'empresserois de profiter sur ce point, des lumières qu'il voudroit bien me fournir.*

que la MAGISTRATURE portera sur tous les points de jurisprudence qui les divisent.

Nous avons fait connoître toutes nos opinions contraires à
certaines de celles que notre confrère a émises dans son
premier opuscule. Nous n'avons point été dirigés par un de
ces sentimens que l'homme moral repousse. Il n'eût pas pu
nous soutenir dans un travail aussi pénible que celui que nous
venons de faire. Un vieillard tel que nous ne pouvoit suffire
à tant d'efforts, qu'en puisant des forces dans la vérité, dont
avec toute bonne foi il s'est cru l'organe, et dans la bonne
intention et la juste espérance de servir son pays.

La lutte, dont notre confrère et nous allons donner le
spectacle à nos chers compatriotes, ne prendra rien sur cette
amitié sincère qui nous unit depuis si long-temps ; l'un et
l'autre, nous avons eu le même objet également honorable.
Nous sommes hommes l'un et l'autre, autant sujets à la prévention, que dénués du don de l'infaillibilité. Nous nous
reposons entièrement sur le jugement que la MAGISTRATURE
et le barreau porteront sur nos travaux. Celui des deux qui
succombera, n'aura pas moins bien mérité de sa patrie, pour
avoir eu l'intention de concourir au maintien et à la conservation des traditions de nos pères, qui ont formé et forment
encore, sur bien des points, le code de la ci-devant Provence ; et de fixer l'opinion des MAGISTRATS et de nos
confrères, sur des questions aussi intéressantes que celles qui
ont fait la matière de nos débats.

Nous nous complaisons beaucoup dans cette espérance
flatteuse que, notre lutte une fois terminée, nous reprendrons
chacun le dépôt momentané que nous avons fait aux pieds
de nos juges, de ces liens fraternels qui nous ont toujours

unis, et que nous aurons chacun de nous un nouveau motif
de les resserrer davantage. Deux émules qui ont de la moralité
ne s'exaspèrent pas l'un contre l'autre, après avoir paru sur
le champ d'honneur.

Notre confrère a divisé son opuscule en onze titres. Le I.er
traite *des abeilles ;* le II.e, *des arbres ;* le III.e, *des fossés ;*
le IV.e, *des puits ;* le V.e, *des latrines et privés ;* le VI.e,
des chemins ; le VII.e, *des murs ;* le VIII.e, *des vues et
fenêtres ;* le IX.e, *des termes ;* le X.e, *des dommages faits
aux champs ;* le XI.e, *du précaire ;* nous garderons le même
ordre dans notre travail.

OBSERVATIONS

POLÉMIQUES

Sur le premier des Opuscules de M. Dubreüil, Juris-consulte, ancien Assesseur d'Aix, Procureur du pays de Provence, et Syndic de son ordre, intitulé : Obser-vations sur quelques coutumes et usages de Provence, recueillis par Jean de Bomy.

TITRE I.er

Des Abeilles.

Notre confrère a réuni sous ce titre, avec choix et avec ordre, tout ce qui a été dit jusques à nos jours, sur les abeilles, les essaims, et le placement des ruches, par le droit romain, par les auteurs français et provençaux, par le code rural, par le code civil, et par ceux qui ont écrit depuis sur les mêmes sujets. On ne peut qu'applaudir à cette partie de son ouvrage, qu'en reconnoître l'exactitude, et qu'en sentir l'utilité. Elle présente, en quatre pages, le code général des *abeilles;* et ce code a le mérite singulier, que tout culti-vateur qui sait lire y trouvera son instruction aussi facile

A

que complète. C'est un grand service qu'il a rendu à tous ceux qui soignent ces animaux.

TITRE II.
Des Arbres.

Ce titre a été divisé par l'auteur en IV §., dont le premier a pour objet la *distance* à laquelle les arbres doivent être plantés, d'une possession avoisinée ; le IIme , *les racines et ombres de ces arbres ;* le III. , *les arbres radiqués sur la limite ;* et le IVme ; *les fruits de l'arbre mitoyen, ou dont les branches penchent sur le fonds voisin.* Notre confrère a réuni avec le même ordre et la même clarté, toutes les décisions générales qu'on trouve dans le droit romain, dans l'ancien droit français et provençal, dans la nouvelle législation, et dans les auteurs qui ont écrit depuis qu'elle est établie, relatives aux *arbres* et aux divers points de vue sous lesquels il les a considérés.

Son travail est également un manuel qui présente, dans un cadre bien commode de dix pages, la série de tous les principes qui ont été fixés par nos maîtres, et suivie par nos pères jusqu'à ce jour. Il épargnera aux autres, cette foule de recherches pénibles, que son auteur a eu la bonté de faire lui-même.

Nous avons cru, à notre tour, pouvoir nous rendre utiles, en faisant une addition au Ier §. *de la distance,* etc., et ensuite quelques observations critiques sur divers articles qui forment les sous-divisions de ce même §.

L'addition que nous nous sommes proposés de faire à ce §. Ier, c'est notre confrère qui nous en a donné lui-même l'idée ; et c'est lui encore, qui nous a encouragés, par son exemple, à l'ajouter aux instructions qu'il a cru devoir transmettre à ses compatriotes.

Notre confrère s'est borné à nous indiquer la distance du fonds voisin, à laquelle un propriétaire peut, ou ne peut pas planter des arbres, telle qu'elle fut prescrite par la loi de Solon, et adoptée de confiance par le droit romain; telle qu'elle fut fixée par la coutume de Provence; telle enfin, qu'elle a été déterminée par le code civil, pour les pays qui n'avoient point d'usages locaux: la même, à peu près, que celle ordonnée par notre coutume. Il a adopté purement et simplement la disposition de cette coutume. Il l'a prise et donnée pour règle, sans émettre aucun vœu sur ce que la loi de Solon, la loi romaine, la coutume de Provence, et le code civil avoient et ont de contraire au droit que chaque propriétaire a d'exploiter librement et utilement son champ, et au bien général de l'agriculture, devenue plus que jamais un des objets de la sollicitude et de la protection du gouvernement. Nous avons cru pouvoir faire quelques observations, sur ce qu'une petite distance, uniforme pour tous les arbres en général, ne peut convenir à aucun pays, à aucun terroir, à aucun lieu, et encore moins dans la partie méridionale de la France, où le soleil vivifie tout, et où l'ombrage paralyse toute production quelconque.

Nous n'avons pas entendu faire un tort à notre confrère, d'avoir pris et donné pour règle l'antique loi écrite que nos pères nous ont faite; qui nous régit encore; et qui doit nous régir jusques à ce que les temps puissent en permettre l'amélioration. Tant s'en faut! comme lui, nous la reconnoissons pour notre loi vivante; nous la respectons et nous l'indiquons aux propriétaires, comme la mesure des plantations qu'ils

A 2

veulent faire près des fonds de leurs voisins. Mais nous n'avons
pas pu ne pas sentir que l'uniformité de distance, appliquée
à toutes les espèces d'arbres, ne peut que produire des injustices
dont les effets, après avoir foulé les particuliers, attentent encore
au bien public. C'est précisément le vice de notre coutume ;
et c'est uniquement ce vice que nous avons eu l'intention de
faire ressortir. Nous avons désiré que notre confrère eût rempli
cette tâche avant nous. Il l'eût pu sans doute ; peut-être même
l'eût-il dû, après avoir eu l'attention de nous apprendre lui-
même, pag. 5, d'après MM. Fournel et Pardessus ; que « l'idée
» d'UNIFORMISER cette distance, par une loi de quelques
» lignes, est IMPRATICABLE ; que la diversité du sol, DES
» EXPLOITATIONS RURALES , DES ESPÈCES DE
» PLANTATIONS DOIT INFLUER, D'UNE MANIÈRE
» PUISSANTE, SUR LA DISTANCE DES PLANTATIONS.
Il eût dû avoir le même courage que nous , dès qu'il nous
a prévenus lui-même, page 90 , que *le moment est arrivé
où l'on peut espérer toutes les améliorations , et où
l'autorité légitime ne demande que d'être éclairée.* Ce
sont ces vérités sages et réunies qui nous ont enhardi à sortir,
au moins par nos vœux, du cercle gênant de notre coutume,
pour nous permettre de donner l'essor à quelques idées
capables de faire entrevoir l'inconvenance qui la dépare dans
sa généralité.

La loi de Solon portoit, qu'un *figuier* et un *olivier* ne
pourroient être plantés qu'à neuf pieds de distance (c'est-à-
dire, à dix pans), du fonds voisin ; et que tout autre arbre
pourroit l'être à cinq pieds , (c'est-à-dire, à près de
six pans). Cette loi fut adoptée par le droit romain. Elle
prescrivoit donc un plus grand éloignement du fonds voisin,

pour deux espèces d'arbres de hauteur et de circonférence plus que moyennes, que pour les arbres beaucoup plus gros et même infiniment plus gros, tels que ceux de haute futaie, compris nécessairement dans la généralité de sa disposition précédée d'une exception limitée au *figuier* et à l'*olivier*. Ces législateurs ne prirent donc pas en considération, le dommage que l'ombre des *arbres de haute tige*, devoit porter au fonds près duquel ils pourroient être plantés. Ils eurent donc quelque motif particulier pour en éloigner davantage le *figuier* et l'*olivier*. M. de Bomy nous l'a indiqué ce motif. *Plutarque, en la vie de Solon, et le jurisconsulte Gaius*, loi dernière, ff. *finium regundorum*, ont fait, dit-il, *la différence entre ces deux arbres à tous les autres, parce que ces deux arbres jettent et étendent leurs racines fort loin, et ne peuvent être près des autres arbres, qu'ils ne leur portent grand dommage; car outre qu'ils leur soustrayent leur nourriture, ils leur jettent encore une influxion qui leur est nuisible.* Il observe tout de suite *qu'aux susdits deux arbres, on pourroit encore ajouter le NOYER dont les racines s'étendent aussi fort loin, comme l'expérience nous l'apprend, et l'ombre est grandement nuisible à toutes sortes de plantes, ainsi que dit Pline, en son histoire naturelle, liv.* 17, *chap.* 12.

Le motif de Solon ne fut apparemment qu'un préjugé de son temps, puisque la partie méridionale de la France, et surtout la Provence, sont une forêt d'oliviers, et les lieux où abondent les figuiers, tous placés au milieu des vignes, des amandiers, arbres fruitiers, et terres ensemencées; et que néanmoins, toutes les productions possibles de la terre y prospèrent, au point qu'il n'est pas d'autre partie de la France qui surpasse ou égale

leur fécondité ; et avec l'idée fausse que Solon avoit, tant de
la qualité extensive et vorace des racines du *figuier* et de
l'*olivier*, que de la maligne odeur de leurs branchages, comment se fit-il qu'il ne reléguât pas à six toises au moins du
voisin, le noyer dont, d'après Pline, les racines s'étendent
si loin, dont l'ombre est grandement nuisible à toutes sortes
de plantes, et dont l'odeur est si pestilentielle pour celles-ci ;
et qu'il l'ait, au contraire, laissé dans la classe générale de
toute cette espèce d'arbres, qu'il permit de planter à cinq pieds
seulement, du fonds voisin !

Notre coutume de Provence ne détermina pas une grande
distance pour le figuier et l'olivier, parce que l'expérience
avoit préservé ceux qui la rédigèrent, du préjugé regnant du
temps de Solon. Mais elle n'établit qu'une distance d'une canne
ou de huit pans, pour la plantation des arbres dans un fonds
avoisiné ; et M. de Bomy nous prévient que cette coutume n'a
mis *aucune distinction* entre les arbres, et que *tous doivent*
et peuvent conséquemment *être plantés une canne loin du
fonds de notre voisin.*

Enfin le code civil, art. 621, a établi la distance de
deux mètres pour la plantation des arbres, ceux même *de
haute tige*, auprès du fonds voisin.

Il est donc vrai que Solon n'exigea que cinq pieds ; la
coutume de Provence, qu'une canne ou huit pans, et le code
civil, que deux mètres pour l'éloignement que devoit avoir
du fonds voisin, la plantation de toutes sortes d'arbres, sans
distinction de leur qualité. Or, cette uniformité de distance
pour tous les arbres dont la variété de la hauteur, de la circonférence, égale le nombre de leurs qualités, doit-elle et
peut-elle même subsister ? MM. Fournel et Pardessus l'ont

déjà improuvée, et notre confrère nous a prévenus que le gouvernement actuel, ne demande que d'être éclairé sur tout ce qui, dans la législation, est susceptible d'être amélioré. Nous voilà donc autorisés et encouragés à dire que la loi de Solon, le droit romain, la coutume de Provence, et le code civil, n'accordent que des licences insidieuses pour l'agriculture.

Il suit, en effet, des dipositions de ces lois, que chaque propriétaire étoit autorisé à planter au couchant ou au nord de son domaine, avoisiné par d'autres, à la distance d'une canne, une ligne non-seulement d'amandiers, de poiriers, pommiers, cérisiers, abricotiers et autres arbres, qui, lorsqu'on ne les taille pas, deviennent six fois plus gros que l'*olivier* et le *figuier* ; mais encore, d'ormes, de peupliers, de trembles, de marronniers, de platanes, de chênes, de noyers, de cyprès, etc., et qu'il avoit le droit de paralyser toute plantation et toutes cultures dans les parties opposées du fonds voisin, par l'effet de l'ombre qui les priveroit de la chaleur et de la bienfaisance du soleil, et par cette grande consommation de sucs que leurs grosses et longues racines y feroient. Ce double inconvénient, qui ne peut manquer d'avoir lieu, se fait assez sentir de lui-même ; et l'expérience, que rien ne prospère dans les terres avoisinées de gros arbres, tient lieu de tout ce que nous pourrions dire nous-mêmes.

Toutes ces lois ont donc été mal entendues. L'intérêt public demande, et exige la réformation de la coutume de Provence et du code civil. Chacun sait qu'un nouveau code rural, nous a été annoncé ; qu'il est ajourné, qu'il se prépare et qu'il paroîtra. Ce moment est donc arrivé où on peut librement désirer, demander, et espérer une amélioration que l'intérêt général de l'agriculture sollicite impérieusement.

Qui pourroit, au reste, ne pas sentir l'inconvenance contradictoire de toutes ces lois, en remontant jusques à celle de Solon, dès qu'il est vrai qu'elles accordent, en même-temps, à un propriétaire, la liberté de planter toutes sortes de gros arbres, l'une, à cinq pieds, l'autre, à une canne, l'autre, à deux mètres; et à son voisin, de détruire ces plantations! Les plus anciennes accordoient, en effet, à ce voisin le droit de faire couper les branches qui penchoient sur son fonds, de couper en conséquence les racines qui prenoient leurs subsistances dans ce même fonds, et de faire réduire la hauteur de ces arbres à celle de dix-huit pieds. Or, des arbres de haute tige plantés selon ces coutumes, à cinq pieds, que devenoient-ils quand le voisin usoit de son droit? Ils restoient de suite déshonorés, et ils périssoient bientôt.

La coutume de Provence autorise le voisin à faire couper ou à couper lui-même, *sans licence d'aucun, ni de partie, ni d'aucune personne*, les branches qui inclinent sur son fonds, et à plus forte raison, les racines qui le sucent. Le code civil accorde au même voisin, la faculté de faire couper les branches qui s'étendent en delà de la ligne divisoire de son fonds, et de couper lui-même toutes les racines qui dépassent la même ligne. Que deviennent donc un noyer, un orme, etc., plantés à une canne ou à deux mètres de distance du voisin, quand celui-ci a usé de son droit? Ils perdent au moins un tiers de leurs branchages et de leurs racines; et on l'a déjà dit, ils restent déshonorés, et ils ne survivent pas long-temps.

Tous les intérêts des particuliers, et le bien général de l'agriculture, auquel ces mêmes intérêts se rattachent, seront un jour protégés et sauvés par une loi qui, comme l'ont déjà désirée MM. *Fournel* et *Pardessus*, concordera avec les *diverses espèces* **D'EXPLOITATIONS**

*D'EXPLOITATIONS RURALES ET DE PLANTA-
TIONS.* Les oliviers et les figuiers peuvent être plantés à
une canne ou à deux mètres du fonds voisin, sans inconvénient
pour celui-ci, dans une certaine partie du midi de la France
où ces arbres s'élèvent peu et ne grossissent pas. Mais cette
distance ne suffiroit pas dans l'autre partie, où les oliviers ont
tout au moins la hauteur, la grosseur et la circonférence d'un
gros amandier. Par la même raison, la distance d'une canne
ou deux mètres, rapprocheroit trop du fonds voisin, l'amandier,
le pommier, le poirier, l'abricotier, le cérisier, parce que ces
arbres plantés en plein vent, acquièrent une croissance et une
ampleur qui les constitue des demi *hautes futaies.* Enfin, le
noyer ne doit être planté qu'à sept ou huit mètres du fonds
voisin, ainsi que tous arbres de *haute futaie.*

Observons ici qu'en Provence, il est reçu que les noyers
ne peuvent être plantés qu'à deux cannes du fonds voisin,
ce qui prouve qu'on y a déjà senti les inconvéniens attachés à la coutume, et l'insuffisance de la distance d'une
canne du fonds voisin, quand on plante des arbres de *haute
futaie.*

Il existe en France une ancienne coutume, celle d'Orléans,
qui avoit relégué les arbres de haute futaie et les noyers, à
quatre toises du fonds voisin, c'est-à-dire, à trente-un pans,
ou près de quatre cannes; c'est-à-dire, encore à environ huit
mètres. On pourroit la prendre pour règle. On devroit même
étendre cette distance jusques à six toises, c'est-à-dire, à douze
mètres.

Toutes ces distances ainsi fixées, comparativement *aux espèces d'exploitations rurales et de plantations,* assureroient
parfaitement, au voisin, la libre exploitation de son fonds,

B

et la perception de toutes les espèces de productions dont
ce fonds seroit susceptible; et au propriétaire planteur, la conservation et la jouissance plénière de ses arbres. On parviendroit
même à diminuer les plantations des arbres de *haute futaie*
dans des champs destinés à la culture, lorsque le propriétaire
planteur, en supporteroit seul toutes les charges dans son
propre fonds.

Peut-il être juste qu'un propriétaire ait le droit de planter
des arbres dans son fonds, tels et à telle distance qu'ils
enlèvent à son voisin la faculté de planter, à son tour, des
vignes, des oliviers, etc., dans le sien, et de le semer
dans toute la partie ombragée par les arbres? Tous les deux
sont à égalité de droits. L'un ne peut pas nuire à ceux de l'autre.

L'état lui-même est intéressé à ce que tous les fonds ruraux
produisent tous les fruits qu'ils peuvent porter, parce que
ceux-ci sont considérés comme destinés aux besoins de première nécessité de ses sujets.

Tel est le vœu que nous avons désiré que notre confrère
eût émis lui-même le premier, par la raison qu'il eût eu plus
de poids, et mérité d'être pris en plus grande considération,
par cela seul qu'il seroit émané d'un ancien assesseur d'Aix,
et procureur du pays, ci-devant PROVENCE, et d'un jurisconsulte du premier rang, qui a été consulté par le
précédent gouvernement, sur le projet d'un nouveau code
rural. Nous l'avions formé depuis long-temps. Nous avons
cru devoir saisir ce moment pour lui donner son essor. Nous
avons déjà d'autant plus d'espoir du succès qu'il paroît mériter, que bien avant que MM. Fournel et Pardessus nous
eussent fait connoître le même vœu, d'autres l'avoient déjà
manifesté; tels sont l'auteur primitif du répertoire de juris-

prudence, au mot *arbres*, §. 5 , et M. Desgodets, *lois des bâtimens* , pag. 321.

Le premier, dit : « la coutume de Paris ne fixe point de » distance, pour planter un arbre de haute tige ou *futaie*, » vers l'héritage voisin. *Cela dépend de la nature des arbres* » *et de leur situation.* Si par exemple, ce sont des ormes, » *dix-huit pieds* (ou vingt pans) *de distance, ne suffiroient* » *pas* entre le pied de ces arbres et l'héritage voisin, pour » que celui-ci ne souffrît aucun dommage. Si d'ailleurs ces » arbres sont situés de manière à couvrir, de leur ombre, » l'héritage voisin, il n'est pas douteux que le propriétaire » ne doive les retirer, de telle sorte qu'ils n'interceptent plus » les rayons du soleil, surtout dans les heures où le soleil » agit le plus efficacement. »

L'autre dit aussi, que « la distance de dix - huit pieds, » ne suffiroit pas pour les arbres de *haute futaie*, tels que » l'orme, etc. »

Les noyers sont des arbres dont la cime s'élève beaucoup, et le branchage s'étend tout autant. Ses premières branches penchent presque sur la terre, et les feuilles sont longues et larges. Ils forment un immense corps opaque, que l'air et le soleil ne peuvent pas pénétrer. Ils font le matin une ombre qui s'étend jusques à trois cents pas, et cette ombre couvre successivement, à la même distance, toutes les parties du fonds voisin qui se trouvent sur sa direction; ils sont les plus nuisibles de tous les arbres de haute futaie, si on ajoute surtout à leur forme, cette maligne influence que Pline leur suppose. Ils doivent donc être plantés à la distance la plus éloignée possible du fonds voisin.

Nous avons été témoins, l'année dernière, d'une contes-

tation élevée entre le propriétaire d'un fonds dans lequel un
noyer étoit radiqué, et son voisin qui avoit planté plusieurs
allées de vignes au couchant du noyer. Ce dernier voyant
que ses vignes et ses semis ne prospéroient pas, demanda que
toutes les branches qui dépassoient la limite, fussent coupées.
Le propriétaire du noyer s'exécuta. L'arbre étoit planté tout
au moins à deux cannes de la limite, c'est-à-dire, à une fois
plus loin que notre coutume ne l'exige. L'amputation qu'il a
soufferte, lui a emporté un quart de son branchage.

Voilà notre vœu tout entier, nous le présentons à notre
ci-devant province et à tous ceux qui l'habitent. Puisse-t-il
mériter de fixer leur attention et d'être communiqué à nos
dignes représentans, lorsqu'ils s'occuperont du nouveau code
rural dont toute la France a le plus grand besoin, et qu'elle
attend avec un empressement proportionné à la fréquence des
délits et dégâts ruraux, dégâts dont l'impunité afflige tous
les propriétaires. Dans le cas contraire, nous ne regretterons
jamais ce vœu que nous avons accompagné des considéra-
tions les plus propres à jeter de l'intérêt sur ses motifs,
tout aussi bien qu'il a pour lui la raison naturelle, l'évidence,
l'expérience, en même-temps que les intérêts public et privé
de l'agriculture et de chaque propriétaire. Il nous restera
toujours la satisfaction d'avoir tenté à notre dernier âge, de
donner à notre pays quelques points de vue, dont, s'ils de-
meurent sans succès, on ne peut pas ne pas sentir la grande
utilité, puisque d'autres se sont déjà prononcés dans d'autres
parties de la France, avant et depuis le code civil.

Notre confrère a improuvé ce vœu (dans les notes qu'il
nous a transmises d'abord en manuscrit et qu'il vient de faire
imprimer, pag. 2, 3 et 4), parce qu'il est condamné par

notre coutume ; et c'est précisément parce que la coutume est
contraire à l'intérêt et aux droits des propriétaires, ainsi qu'à la
prospérité de l'agriculture, que nous l'avons formé et manifesté.
Il auroit dû combattre nos motifs, au lieu de nous opposer
cette coutume dont nous désirons l'amélioration, et qui en
a le plus grand besoin. Nos motifs sont-ils bons, et la
coutume présente-t-elle des inconvéniens graves dans son
exécution? Notre vœu ne peut être ni condamné, ni con-
damnable.

Tous les auteurs provençaux s'élèvent, dit-il, *contre
ce vœu.* Il n'en est cependant pas un qui ait dit un seul
mot pour l'improuver. Tous donnent la coutume pour être la
règle du pays. Mais aucun ne s'est prononcé ni en faveur de
la suffisance de la distance qu'elle prescrit, ni contre l'insuffisance de cette distance. Ils se sont déclarés pour la coutume,
parce qu'elle étoit la loi du pays. Nous nous prononçons aussi
pour elle dans les occasions, parce qu'en l'état, nous devons
tous nous soumettre à elle, continuant encore d'être notre loi
domestique. Laissons donc de côté la disposition de la coutume que nous respectons, et qui est encore la mesure de
nos avis. Ne nous arrêtons pas non plus aux paraphrases
pures et simples que nos auteurs provençaux en ont faites et
dont nous ne nous écarterons jamais, tant que la loi sera
telle qu'elle est. Il ne s'agit entre nous, que de savoir si notre
vœu va au plus grand bien de l'agriculture, et tend à faire
cesser des inconvéniens graves et éversifs du droit que chaque
possédant bien a de jouir librement de son domaine, et de
l'exploiter utilement dans chacune de ses parties.

Notre coutume, a-t-il ajouté, d'après M. de Bomy, *est
plus plantureuse.* On auroit bien mieux fait de laisser cette

simplicité enfouie dans l'ouvrage de cet auteur, que de nous l'opposer comme une autorité. Qui pourroit se faire, à cette idée, qu'une coutume *est plus plantureuse* pour l'un, et moins *plantureuse* pour l'autre. C'est un bien qu'une coutume encourage, autorise et facilite les plantations productives qui n'enlèvent pas au voisin le bénéfice de la même coutume. C'est un mal que d'accorder à l'un, l'usage d'une faculté qui fait cesser l'égalité et la réciprocité entre voisins. Il est dans l'ordre que chacun dispose librement de son fonds; mais cette liberté appartient également aux deux voisins. L'usage excessif de cette liberté, quand il nuit à celle du voisin, s'il est autorisé, est un vice dans la législation, et il est permis de désirer que tout vice dans cette partie soit réparé.

Ce vœu considéré en soi et dans ses bases, n'avoit rien d'inquiétant pour notre confrère. La manière dont nous l'avons énoncé, les termes dans lesquels nous l'avons exprimé, étoient parfaitement mesurés. Notre intention étoit pure. Nous respections la loi, tout en en désirant l'amélioration. Les regrets même que nous avons donnés à ce que notre confrère ne nous eût pas dévancés, et leurs motifs devoient lui être agréables. Le tout ensemble devoit nous mériter de sa part, ce même témoignage qu'il avoit rendu dans son opuscule, pag. 5, à MM. Pardessus et Fournel, qui nous avoient prévenus par un vœu semblable. Il a dit d'eux, *qu'ils avoient JUDI-CIEUSEMENT observé que l'IDÉE D'UNIFORMISER la distance à garder dans la plantation des arbres près du champ d'un voisin, par une loi de quelques lignes, ÉTOIT IMPRATICABLE, et que la diversité du sol, des exploitations rurales, DES ESPÈCES DE PLAN-*

TATIONS, doit influer d'une manière puissante sur la distance des plantations.

Notre confrère ne nous a donné aucune espèce de satisfaction, et il est resté avec nous, sur ce point, dans un état de scission, comme sur tant d'autres ; et il a préféré, pour ne pas être de notre avis, d'improuver notre vœu ; n'importe qu'il l'eût déjà trouvé *judicieux*, lorsque d'autres l'avoient formé avant nous.

Il eût bien mieux valu, et c'est bien sincèrement que nous l'eussions désiré, qu'il eût dit tout simplement, qu'il n'avoit pas été obligé d'avoir les mêmes idées que nous, et encore moins, de manifester un vœu qu'il ne partageoit pas avec nous. Nous laissions alors à nos lecteurs le droit de peser notre dissidence, de l'apprécier et de la juger.

Il s'est cependant prononcé contre notre vœu dans sa réponse imprimée. Il l'a attaqué de front ; il a ouvert la lice ; il nous y a appelé. Nous voilà prêts à mesurer nos forces avec les siennes, quoique obligés d'essuyer son premier feu.

Il avoit improuvé notre vœu dans ses notes manuscrites qu'il nous avoit transmises, 1.º parce que notre coutume le condamnoit ; 2.º parce que tous les auteurs provençaux se référoient à cette coutume sans regretter l'uniformité de la distance qu'elle prescrivoit pour la plantation de tous arbres indistinctement. Nous lui répondîmes que tout cela ne condamnoit pas nos motifs, lesquels, s'ils étoient fondés, sollicitoient impérieusement l'amélioration de notre coutume.

Voici ce qu'il nous dit dans sa réponse imprimée : *Quant à la règle, nous convenons que toutes les anciennes lois ; que plusieurs coutumes de France avoient réglé la distance des arbres, SUIVANT LEURS DIVERSES ESPÈCES ;*

que notre coutume et le code civil, sont peut-être **LES SEULES LOIS** *qui aient adopté une distance générale et uniforme.* Jusque-là l'aveu de notre confrère est un appui de plus pour notre vœu.

Mais notre règle est constante. Le code l'a maintenue: et quand j'aurois partagé l'opinion de mon confrère, il m'eût paru inconvénant, dans un ouvrage élémentaire, d'atténuer, par de **VAINS RAISONNEMENS**, *la disposition claire et formelle de la loi, et de prêter ainsi des armes à l'inquiétude, à la témérité des plaideurs.* C'est précisément parce que notre coutume et le code civil existent ; parce que celle-là est notre loi locale, et celui-ci, la loi commune de la France ; parce que l'une et l'autre nous lient, et que tous les deux établissent une même distance pour la plantation des arbres, de quelle espèce qu'ils soient, que nous avons désiré que ces deux lois uniformes fussent améliorées, tant pour l'intérêt des propriétaires, que pour la plus grande prospérité de l'agriculture.

Le code civil est une *loi* comme notre coutume. Il existoit déjà, lorsque MM. Pardessus et Fournel, n'ont pas cru *inconvénant* de se prononcer contre cette *uniformité de distance*, et notre confrère, bien loin de considérer leurs *raisonnemens* comme *vains;* bien loin de les croire *propres à prêter des armes à l'inquiétude et à la témérité des plaideurs*, les a trouvé **JUDICIEUX;** et lorsque, quoique nous eussions formé notre vœu long-temps avant que ces auteurs eussent exprimé le leur, nous ne sommes devenus que leurs échos, il affecte de craindre pour la loi et pour la tranquillité des propriétaires ! *Terror panicus !*

Tout *élémentaire* qu'étoit son ouvrage, y a-t-il moins fait

deux

deux vœux à peu près de l'espèce du nôtre, pag. 41 et 90.
Pourquoi n'auroit-il pas pu en faire un troisième aussi important
et intéressant que les premiers, après, surtout, l'avoir pro-
clamé pour être *judicieux ?*

Il a été même jusques à approuver la disposition générale
de notre coutume, et à vouloir la légitimer, par les motifs
qu'il a imaginé de prêter à nos aïeux qui l'ont rédigée.

*La Provence, dit-il, est un pays généralement sec et
aride. C'est principalement dans les parties les plus arides,
et qui exigent la culture la plus pénible, la plus assidue,
que les propriétés sont le plus divisées. On ne sauroit
trop y favoriser les plantations. Une distance plus considérable y seroit un contre-sens ; et dans un pays où la
récolte des grains est presque nulle, où la vigne, l'amandier, l'olivier, etc., forment les productions les plus
importantes, on eût sacrifié à une vaine théorie le véritable
intérêt de l'agriculture et de la société.*

Est-ce donc à la vigne, à l'olivier, au figuier, et autres
arbres fruitiers de même hauteur et circonférence; est-ce donc
uniquement aux amandiers et autres arbres fruitiers en plein
vent, que notre vœu se porte, lorsque nous désirons que notre
coutume soit améliorée quant à la distance d'une canne, qu'elle
a déterminée pour la plantation des arbres ? N'est-ce pas principalement aux arbres de *haute futaie*, tels que le noyer, l'orme,
le chêne, le cyprès, le platane, le marronnier, et autres semblables que nous avons étendu nos vœux ? Et alors cette dernière
espèce de plantation, ennemie de l'agriculture, et que notre
confrère n'a si soigneusement exprimée que par un commode
etc., a-t-elle pu être considérée par nos aïeux, comme utile
et favorable *au véritable intérêt de l'agriculture et de la*

C

société, dans un pays où la récolte des grains est presque nulle, où la vigne, l'amandier, l'olivier et le figuier forment les productions les plus importantes ?

Nous avons été les premiers à dire à notre confrère, que quoique notre coutume fût conçue en termes généraux, absolument exclusifs de toute exception, quant à l'espèce des arbres, et que quoique le code civil eût expressément étendu sa disposition aux arbres *de haute tige*, on ne devroit pas en conclure qu'ils eussent entendu autoriser un voisin à planter, au couchant ou au nord de sa propriété, des ormes, cyprès, chênes, noyers, etc., et qu'il falloit les interpréter de manière à ne les appliquer qu'à ces arbres fruitiers, dont on est en usage de parsemer les champs cultivés ; et nullement aux arbres de *haute tige* dont la hauteur et la circonférence sont nuisibles aux fonds voisins par l'ombre dont ils les couvrent, et par l'étendue, la grosseur, la multiplicité et la longueur de leurs racines. Il nous dit alors et il nous le répète aujourd'hui, qu'*il ne sauroit partager notre opinion sur ce point.* Il suppose donc que nos aïeux ont attaché autant d'importance à favoriser la plantation des arbres de *haute tige* dans les champs cultivables et cultivés, que des arbres à fruit tels que le figuier, l'olivier et autres à peu près de même espèce.

Mais s'il nous a donné les motifs que notre coutume a eus pour encourager et faciliter la plantation de cette dernière espèce d'arbres, il devoit aussi nous donner ceux qu'elle avoit eus pour mettre sur une même ligne, la plantation de l'autre espèce d'arbres, puisqu'il est vrai qu'il nous avoit annoncé qu'*il n'étoit pas impossible d'indiquer les motifs qui ont déterminé nos ancêtres.* On est et on doit être satisfait des

motifs qu'il donne à nos pères lorsqu'ils ont favorisé la plantation de tous ces arbres moyens, dont les fruits abondans
forment, en Provence, des récoltes supplémentaires, comparativement à celles en grains. Mais quels sont ceux qu'ils ont
eus pour favoriser tout autant, la plantation des arbres de haute
futaie, dont l'existence devoit diminuer davantage nos récoltes
en grains, ainsi que celles en vin, en olives, en amandes,
en figues, etc.? Il a été si fort embarrassé, qu'il n'a pas eu
le courage de joindre les arbres de *haute futaie*, à la vigne,
à l'olivier, au figuier et autres, dans l'impuissance où il s'est
vu d'en indiquer l'utilité qui les lie *au véritable intérêt de
l'agriculture et de la société*, et il les a laissés enveloppés
pour ainsi dire dans le nuage d'un *etc.* Cette réticence mys-
térieuse ne semble-t-elle pas être un nouvel appui pour
notre vœu ?

Puisqu'il a gardé son secret sur ce point, tâchons de le
pénétrer. Nos aïeux auroient-ils cru qu'un *terrain sec et aride*
devenoit plus fertile, quand des arbres de haute futaie les
couvroient de leur ombre, lui interceptoient l'air et le pri-
voient de la chaleur vivifiante du soleil? Auroient-ils cru que
plus la culture d'un terrain est laborieuse pour son propriétaire, plus aussi il convenoit de tromper les espérances de ce
dernier, en destinant son fonds à l'alimentation des racines
des arbres de *haute futaie*, plutôt qu'à celles de ses semis,
de ses vignes, de ses oliviers? Auroient-ils cru que plus les
fonds sont DIVISÉS et moindres en contenance, plus aussi
il convenoit de leur laisser donner un voisinage capable de
les infertiliser dans toute leur étendue ? Auroient-ils cru que
quoique nos récoltes en grains fussent *presque nulles*, il
convenoit d'en diminuer encore le produit ?

C'est là tout ce que doit nécessairement opérer la plantation des arbres de *haute futaie*, à une distance aussi proche
du voisin, que celle d'une canne; et si tel est l'effet infail-
lible de cette espèce de plantation, étoit-ce le blâme de notre
confrère, que notre vœu devoit encourir ?

La loi, ajoute notre confrère, *est réciproque ; chacun
des deux voisins peut planter de son côté à la même distance, et regagner sur l'autre ce que celui-ci gagne sur
lui, et cette réciprocité sauve en même-temps l'intérêt
général.*

C'est le cas de dire *fiat lux*. Quels sont les yeux perçans
qui pourroient entrevoir cette prétendue réciprocité, l'utilité
de l'usage qu'on en feroit, et surtout, l'effet que notre
confrère lui attribue *de sauver en même-temps l'intérêt
général !* Il est impossible de donner un sens à cette phrase ;
nous n'y voyons qu'un conseil, d'user de *représailles*. Mais
au moins faut-il, quand on en use, qu'elles puissent nous
mettre au pair avec celui qui donne lieu à cette revanche,
c'est-à-dire, que notre intérêt cesse d'être en souffrance, et
soit sauvé par un équivalent ; c'est-à-dire encore, que nous
causions un dommage égal à celui qu'on nous a fait ; c'est-
à-dire enfin, que nous n'aggravions pas notre position.

Or, dans ce cas, je ne puis user de la réciprocité qu'en
faisant, dans mon fonds, une contre-plantation à la même
distance, en face de celle que mon voisin a déjà faite, ou
une plantation là où celle du voisin finit. Quand tout cela
aura été fait, qu'aurai-je *regagné* sur mon voisin ? Rien.
J'aurai plus que doublé le dommage que je souffrois auparavant
et voilà tout. La coutume encourage le plus hardi. Elle ne
laisse point de ressource à celui qui s'est laissé gagner de

vitesse. Il souffre un dommage inévitable et durable autant que la plantation elle-même. Il faut qu'il s'y résigne, et l'usage de la *réciprocité* ou des *représailles* seroit pour lui, un remède pire que le mal.

Nous rendons la chose sensible par un exemple. Mon voisin ne peut me nuire par une plantation d'arbres, qu'autant qu'il la fait, ou au couchant ou au nord de sa propriété. Ce n'est en effet que de cette manière qu'il peut ombrager le levant ou le midi de la mienne. S'il plante au contraire, au levant ou au midi, ce seroit lui qui auroit seul, dans son fonds, toute l'ombre de sa plantation. Supposons donc que mon voisin a fait une plantation au couchant ou au nord de sa possession, et que cette plantation ombrage le levant ou le midi de la mienne, que puis-je *regagner* sur lui en usant de la *réciprocité* ou des *représailles*, c'est-à-dire, si à mon tour, je fais une contre-plantation dans mon fonds, en face de celle du voisin, ou si je plante là où sa plantation finit? Je ne lui porte aucun dommage parce qu'il a toujours sa propriété bien exposée au soleil levant, et à celui de midi, au delà de ma plantation. Je n'ombrage pas même le couchant de la terre de mon voisin, parce que déjà sa propre plantation opère cet effet, sans que ma contre-plantation augmente l'ombre chez lui, parce que l'ombre que mes arbres pourroient faire chez lui, est entièrement coupée par ses propres arbres, les miens étant plus reculés de deux cannes, une qu'il a laissée entre lui et moi, et une que j'ai laissée entre moi et lui ; que si je plante des arbres là où il n'en a point, au levant de ma propriété, je ne le prive que du soleil couchant qui est sans influence, et que si je les plante au midi, je ne porte aucun ombrage sur le nord de la sienne. Il est donc évident que la *réciprocité* de notre coutume est purement idéale, et que les *représailles* ne m'offrent aucun gain, pas même une apparence d'indemnité.

Nous ajoutons à tout cela, que ce seroit une grande mal-adresse de la part de celui qui souffre déjà d'une plantation voisine, s'il en faisoit une à son tour dans le sien, du même côté, soit au levant soit au midi, puisqu'il arriveroit de là qu'il doubleroit le dommage qu'il reçoit déjà, en doublant, dans son fonds, l'ombre que la plantation du voisin y portoit auparavant, s'il fait une contre-plantation ; et que s'il y fait une plantation simple, il ne parvient qu'à ombrager son fonds, là précisément où il ne l'étoit pas auparavant. Ce n'est pas tout. L'usage de la *réciprocité* ou des *représailles* lui porteroit encore un grand dommage d'une autre espèce et de même conséquence. D'une part, il seroit obligé de renoncer à l'exploitation de cette canne de terrain qu'il laisseroit vacante, entre la ligne divisoire des fonds respectifs et sa plantation ; et ce seroit une perte réelle pour lui et pour l'agriculture. D'une autre part, les racines de ses plantations acheveroient d'épuiser son fonds, déjà affoibli par celles de la plantation voisine.

C'est donc bien le cas de dire que le remède seroit pire que le mal.

Rien donc de plus mal imaginé qu'une *réciprocité* ou des *représailles* qui ne peuvent pas rétablir l'égalité entre celui qui en use et celui qui en est l'objet ; rien de plus mal trouvé quand, sans atteindre celui qui y a donné lieu, elles empirent la condition de celui qui en use.

Concluons que nos aïeux n'ont point eu de motifs plausibles pour favoriser la plantation des arbres de haute futaie, près des champs cultivés ; qu'ils ne peuvent pas même avoir eu cette intention, et que s'ils l'avoient eue, il est au moins permis de désirer que la charte qu'il nous ont transmise sur ce point, soit améliorée par le code rural qui se prépare. C'est uniquement ce que nous nous sommes permis. On ne peut nous reprocher que d'avoir mis l'intérêt des propriétaires et celui de l'agriculture en opposition avec notre charte. Mais il le falloit bien; et ne suffit-il pas que nous ayons eu l'attention de déclarer que cette loi devoit être notre règle tant qu'elle n'auroit reçu aucun changement ?

Enfin, notre confrère qui se plaît parfois a faire finement quelques petites incursions sur nous, quoique nous ne lui en eussions pas donné l'exemple dans le manuscrit que nous lui portâmes nous-mêmes avant que personne ne l'eût connu, quoique nous l'eussions expressément autorisé à en effacer toute expression qui pourroit lui déplaire ; quoiqu'enfin nous lui eussions rendu aussi amplement, que sincèrement toute la justice qui lui étoit due (1), a terminé sa réponse sur cet objet particulier, par ces mots : *quelle qu'eût été mon opinion particulière, je n'aurois pas cru devoir me regarder comme plus sage que nos aïeux.* Cette réponse eût pu nous être faite par l'ancien jurisconsulte romain ATTEIUS CAPITO, qui ne juroit que par les anciens ; mais nous ne devions pas l'attendre de la part d'un disciple d'un autre ancien juris-

_____

(1) Il nous écrivit de sa propre main, après avoir lu nos observations : *du reste mon cher confrère, si j'avois quelque chose à redire dans votre travail, ce seroit d'avoir trop dit et répété des éloges que je suis loin de mériter. Un simple témoignage de votre estime et de votre bienveillance, auxquelles j'attache un grand prix, est tout ce que je pouvois désirer.*

consulte romain ANTISTIUS LABEO, grand amateur des nouveautés dans la partie des opinions ; elle ne nous eût pas été faite ni par l'ancien jurisconsulte RUTILIUS RUFUS, surnommé LE SOCRATE ROMAIN, ni par l'ancien jurisconsulte FABIUS SABINUS, surnommé *le Caton de son temps*. Elle a trop l'air d'une leçon. Si c'en est une, quoiqu'il existe peu d'amateurs dans ce genre, nous en prenons bien volontiers notre portioncule : on a déjà vu qu'elle s'étend à bien d'autres qui ont osé paroître *plus sages* que nos anciens et récens législateurs. Ainsi divisée, elle devient moins pénible ; elle ne prend pas même un caractère de facétie qui amuse un instant, et cette division en émousse la pointe, si toutefois elle n'en renvoit pas l'amertume à son auteur.

Notre confrère sera bien content d'apprendre qn'un magistrat de la Cour royale d'Aix, président, et distingué par ses connoissances dans la science du droit (1) a pensé, après avoir eu la complaisance de lire en manuscrit, toutes les observations que nous avons faites sur les dix premiers titres de l'opuscule de notre confrère, que *nous n'avons pas assez réfléchi sur l'utilité des plantations d'arbres dans notre pays*, pour servir au chauffage, à la nourriture des vers à soie, à celle des troupeaux, et à nous garantir des vents qui soufflent si souvent et avec tant d'impétuosité. Aucune de ces raisons ne nous a été donnée par notre confrère.

Nous observons néanmoins que nous n'avons jamais entendu exiger plus d'une canne pour les mûriers, parce qu'ils sont taillés tous les ans et tenus à une hauteur si modérée, qu'ils ne dépassent presque pas celle des oliviers et figuiers ; parce

(1) M. Cappeau.

qu'ils

qu'ils sont dépouillés de leurs feuilles dès la fin du mois de mai, et qu'ils ne les recouvrent que vers la fin de l'été.

Nous nous garderons bien de nous prononcer sur ces motifs particuliers. Il nous suffit d'observer qu'ils sont émanés d'un grand propriétaire qui est dans le cas de recouvrer, d'un autre côté, ce qu'il peut perdre par l'effet des plantations d'arbres de haute tige ; que le bois n'est pas aussi rare en Provence que ce magistrat le suppose, et qu'il est nécessairement plus utile de tenir les terres cultes ou cultivables dans un état productif de fruits, que de les convertir en forêts.

Sur le N.° 7 du même § I, pag. 8.

Notre confrère a décidé, fondé sur trois arrêts, un du parlement de Paris, un du parlement de Rouen et un du parlement d'Aix, que *là où la distance légale n'a pas été observée,* le voisin qui a laissé subsister pendant trente ans, *l'arbre, la vigne ou la haie de son voisin, n'est plus recevable à se plaindre.* Il présente sa décision comme une règle adoptée en France selon le nouveau Brillon et M. Fournel, et comme une maxime certifiée en Provence, par MM. Boniface, Decormis, Debezieux et de Julien. Il donne à son prétendu principe quatre bases : la 1.re, que *les statuts ne sont imprescriptibles que dans l'intérêt public ;* la 2.me, que *les particuliers peuvent convenir entre eux, de planter, sans observer la distance légale ;* la 3.me, que *la prescription n'est que le résultat d'une convention présumée ; qu'elle opère une preuve absolue ; qu'elle suppose le titre ;* la 4.me et dernière est, qu'*en Provence surtout, l'utilité de cette règle se fait sentir, la sécheresse du climat y étant*

D

un obstacle à la végétation, et la conservation et la repro-
duction des arbres ne pouvant y être trop favorisées.
C'est là , et dans toute son intégrité , le système que notre
confrère s'est permis de classer dans le nombre des *règles*
et *principes* adoptés et suivis en Provence.

Nous n'y avons vu qu'une erreur proprement dite. Nous
avons cru devoir à notre pays , de la combattre , pour en
arrêter la propagation que la renommée de son auteur auroit
facilement accréditée , surtout après avoir été consignée dans
un ouvrage élémentaire , composé généreusement par un ancien
assesseur.

L'auteur , sans multiplier les bases de son système , autant
qu'il l'a fait , eût pu s'en tenir à la première. Il est évident ,
en effet , que si les *dispositions prohibitives , des statuts*
locaux , sont prescriptibles , par l'espace de trente ans , les
trois autres bases sont des inutilités ; et que si , au contraire
la prescription trentenaire ne sert de rien en pareil cas , les
autres trois bases sont encore des inutilités.

Les dispositions prohibitives des statuts , sont-elles couvertes
par la possession de trente ans ? Ou , au contraire , ne peuvent-
elles l'être que par la possession immémoriale ? Nous n'avons ,
notre confrère et nous , que ces deux tâches à remplir.

Avant d'arriver à la discussion de ces opinions contraires ,
nous ne pouvons pas nous dispenser de faire ressortir la contradiction qui existe entre le n.° 7 , sur lequel nous raisonnons ,
et le n.° 8. Notre confrère termine son n.° 7 (pag. 9) par
ces mots : *le voisin a dû prévoir* (lors de la plantation de
l'arbre) *qu'un arbre grossissoit tous les jours. Il n'a pas*
dû garder pendant trente ans , un silence blâmable , dont
le résultat présente une fin de non-recevoir bien légitime ,

contre sa réclamation tardive. L'intention bien prononcée de l'auteur, est donc d'inviter le voisin, ou à s'opposer à la plantation du plançon, s'il en est témoin, ou à se plaindre de cette plantation du moment qu'elle lui est connue, attendu, dit-il, que les trente ans courent du jour de cette plantation.

D'où vient donc que le n.° qui suit immédiatement, ne se compose que de ces mots : *on ne s'arrête pas à des réclamations sans intérêt réel, qui ne seroient qu'un effet d'humeur, de jalousie ou d'émulation,* même page 9. Cette observation uniquement relative aux nouvelles plantations qui ne nuisent pas encore au voisin, tant que les plançons ne sont pas devenus des arbres proprement dits, par défaut d'élévation, de branchage et de circonférence, ne prévient-elle pas le voisin de la plantation, que s'il réclamoit contre elle, quoique faite trop près de son fonds, avant qu'elle pût lui nuire, la justice repousseroit sa plainte, attendu le défaut d'*intérêt réel,* et l'empreinte qu'elle emporteroit avec elle, de l'*humeur,* de *la jalousie* et de l'*émulation ?* N'est-il pas naturel de conclure du n.° 8, contre le n.° 7, c'est-à-dire, de penser que la prescription de trente ans ne courroit pas du jour du placement du plançon, parce que l'ombre ni les racines d'un simple bâton ne peuvent pas nuire au champ voisin, et que, comme ainsi soit qu'un arbre de haute futaie n'est pas à demi formé à l'âge de trente ans ; et n'est pas même alors, encore en état de porter un dommage réel et sensible au voisin, la prescription trentenaire ne pourroit pas même commencer de courir alors, contre ce dernier, par cette raison donnée par l'auteur, que sa *réclamation* seroit prématurée pour être sans *intérêt réel,* et vernie d'*humeur,* ou de *jalousie,* ou d'*émulation.*

Nous indiquons pour exemple, les ormes plantés, depuis trente ans, dans un terrain neuf, formant le Cours qui va de la porte S.ᵗ Louis à celle de Bellegarde de notre ville. S'ils étoient distribués un à un à côté de tout autant de champs, il n'y auroit point de voisin qui eût encore un intérêt réel à s'en plaindre.

Il faut convenir ou que le n.° 8 est mal amené à la suite du 7.ᵐᵉ, ou qu'il a et doit avoir le sens que nous y trouvons. L'interprétation que nous donnons au n.° 8 a, par un événement aussi heureux que singulier, l'assentiment formel de notre confrère, exprimé à la fin de la page 77 du même ouvrage. *On a vu sur le tit. 2, §. 1.ᵉʳ, n.° 8, dit-il, qu'on n'est pas toujours admis à demander l'enlèvement de l'arbre qui n'est pas à la distance légale, SI DANS LE FAIT IL NE PORTE AUCUN PRÉJUDICE.*

Comment se fait-il donc que notre confrère ait dit, tout à la fois, que la prescription de trente ans court au profit de celui qui a planté un arbre hors de la limite, à compter du jour qu'il a mis le plançon en terre; et que le voisin n'est point recevable à se plaindre de la plantation de cet arbre tant qu'il ne lui est pas nuisible, ce qui n'arrive qu'après trente ans! Qui ne sentira pas que notre confrère n'a point de fixité dans l'opinion qu'il a adoptée, et que malgré lui, il a rendu à la nôtre, un hommage qui, tout involontaire qu'il est, laisse percer cette vérité, qu'indépendamment de la disposition prohibitive de notre statut, l'arbre NUISIBLE au voisin, ne seroit pas prescriptible par trente ans, et ne le seroit que par la possession immémoriale, la seule admissible quand la trentenaire est rejetée.

Il faut donc effacer de l'ouvrage de notre confrère, ou le

n.° 7 ou le n.° 8, puisqu'ils sont en opposition et dans un état d'antinomie complète. C'est le 7.me que nous effaçons nous-mêmes dans son entier, et nous donnons la préférence au 8.me, non parce qu'il nous est favorable, mais parce qu'il est fondé en raison, en convenance et en nécessité.

En raison, attendu qu'un voisin auroit mauvaise grâce à faire un procès à l'autre, parce qu'il a planté hors de la limite, un bâton qui a tant de chances à courir avant qu'il puisse arriver à ce point de prospérité qui le rende nuisible à son champ, et qui peut ou rester en nature de bâton par défaut de végétation, ou périr dans dix ou vingt ans, n'étant encore qu'un arbre naissant.

En convenance, parce que l'union et l'intelligence qui régnent ou doivent régner dans la campagne, entre voisins, à raison des services réciproques qu'ils sont dans le cas de se rendre, leur fait un devoir de tolérer leurs faits respectifs, tant qu'ils ne leur nuisent pas.

En nécessité, soit parce qu'il y a des égards et des supports, dont le bon voisinage fait une obligation rigoureuse et commandée entre propriétaires limitrophes; soit parce que les circonstances peuvent faire de ces égards et supports, une nécessité absolue pour celui qui ne reçoit point encore du dommage, tels sont par exemple le voisin qui n'a point d'eau dans son champ et qui en trouve chez l'autre; celui qui n'a point de bâtiment chez lui et qui prend asile dans celui de l'autre, en cas de pluie; celui qui, pauvre, trouve des secours en prêt, ou d'argent ou de blé, auprès de l'autre. Ces trois cas ne sont pas rares; ils sont au contraire bien fréquens. A quels ménagemens ceux qui s'y trouvent placés ne sont-ils pas soumis? Peuvent-ils être obligés de renoncer à tous ces

bienfaits, et de molester eux-mêmes leur bienfaiteur avant de
se trouver dans un état de souffrance ?

C'est sous les auspices simultanés de cette contradiction
formelle échappée à notre confrère, et des observations presque
préliminaires qu'elle nous a donné lieu de faire, que nous
abordons la question sur laquelle nos avis sont en si grande
disparate.

Notre confrère affirme qu'il est de *règle*, c'est-à-dire, de
maxime en Provence, que la prescription de trente ans l'emporte sur la disposition de notre coutume, qui ne permet de
planter des arbres, près le fonds du voisin, qu'à la distance
d'une canne, et qui prohibe par-là de les planter à une distance plus rapprochée. Il a tenté de donner à son assertion
un coup d'œil favorable, en l'appuyant d'abord sur un arrêt
du parlement de Paris, et sur un autre du parlement de
Rouen, rapportés dans l'ancien et le nouveau *Brillon*, au
mot *arbres*, qui ont admis la prescription trentenaire en pareil
cas ; sur l'opinion du rédacteur du nouveau *Brillon*, lequel
pense *qu'on se conformeroit à cette décision dans tous les
tribunaux du royaume ;* enfin, sur l'opinion de M. Fournel,
traité *du voisinage*, au mot *arbres*, où cet auteur se fonde
sur les mêmes arrêts. Il auroit pu joindre à ces auteurs M.
de Malleville, tom. 2, pag. 122.

Ce n'est là que la *précaution inutile*. Quel rapport peuvent
avoir ces autorités avec la jurisprudence de Provence ? Sont-
elles destinées à être les étais des *maximes provençales* ?
Non. C'en seroit assez pour en rendre la citation oiseuse ?
Mais nous ne négligerons pas de les paralyser absolument,
en observant qu'à Paris et à Rouen, il n'existe point de
coutume qui ait prescrit la distance du voisin à laquelle les

arbres peuvent et doivent être plantés, et qu'alors les arrêts
de Paris et de Rouen, ont jugé que la prescription de trente
ans a lieu en matière d'arbres, à quelle distance qu'ils se
trouvent plantés, quand la coutume est muette sur cette distance ; et non que cette prescription suffit quand il existe une
disposition prohibitive dans le statut local. Or, la dissemblance
est grande entre ces deux points. La faveur préliminaire dont
notre confrère a voulu entourer son opinion, est donc déjà
toute disparue, et il semble qu'il y a eu une sorte d'affectation
de sa part, à se remparer de ces autorités. Le voilà réduit
à se battre avec nous à égalité d'armes, c'est-à-dire, avec
la jurisprudence et avec les auteurs de la ci-devant Provence,
seuls capables de fixer et de certifier une *règle* ou *maxime*
de notre pays.

Notre confrère a invoqué un arrêt du parlement d'Aix du
16 mai 1665 ; et c'est tout. La *règle* ou *maxime*, ou plutôt
l'opinion qu'il professe, a un appui bien respectable dans une décision du tribunal supérieur du pays. Mais cette décision est encore
bien éloignée de ces caractères qui constituent une jurisprudence régulatrice. Il est vrai qu'il a fait à cet arrêt, un entourage
imposant et séduisant de MM. Boniface, Decormis, Debezieux,
et de Julien neveu. Mais qu'en est-il de cet entourage ? M.
Debezieux rapporte l'arrêt du 16 mai 1665, ainsi que tous les
autres auteurs, et voilà tout ; notre confrère est donc censé
s'être décidé dans son opinion, d'après cet arrêt. Mais un arrêt
ne fixe pas la jurisprudence d'un pays. Il n'est pas une garantie suffisante de la *règle* ou *maxime* que notre confrère
atteste à ses compatriotes.

Mais soyons justes, francs et loyaux, puisque nous n'écrivons
que pour la vérité, et hâtons-nous de convenir qu'il existe

un second arrêt du 22 décembre 1674, conforme au précédent, qui est aussi rapporté par Boniface, tom. 4, pag. 615; qu'il en existe un troisième qui admit, le 19 juin 1736, la prescription de DIX ANS, lequel est indiqué par M.ᵉ Gueyroard, dans ses notes manuscrites, que nous avons en notre pouvoir; que le même M.ᵉ Gueyroard nous prévient que M.ᵉ Sylvecane avoit écrit à côté du précédent, que bientôt après cet arrêt, la Cour en rendit un quatrième qui n'exigea que la prescription de trente ans; que M. de Julien, tom. 2, pag. 552, en indique un cinquième du 9 juin 1751, qui accueillit la prescription trentenaire; et qu'un sixième arrêt, rendu de notre temps, entre les dames religieuses de la Miséricorde d'Aix, et le sieur Brignol leur voisin, fit droit à la même possession de trente ans.

C'est ainsi que notre loyauté nous fait compléter et renforcer avec toute bonne foi, et autant qu'il est en nous, le système de notre confrère. Le voilà, en effet, remparé de six arrêts du parlement d'Aix, qui ont jugé que la disposition prohibitive de la coutume de Provence, n'empêche pas que les arbres plantés, ou les fenêtres ouvertes, ou les fours bâtis attentatoirement à cette disposition, ne soient prescrits par trente ans.

Nous adjoignons à ces arrêts, l'adhésion bien formelle que M. de Julien a donnée à ceux d'entre eux qu'il a connus et cités, le seul auteur provençal qui se soit prononcé en faveur de cette jurisprudence.

Comment se fait-il donc que nous ayons le courage de nous élever contre le système de notre confrère, conforme à cette jurisprudence? Que pourrons-nous y opposer avec succès?

Nous le contredirons avec le secours d'autorités de la même espèce

espèce et même supérieures en force. Plus la tâche que nous
nous imposons paroît difficile à remplir, plus nos efforts qui ne
tendent qu'au plus grand avantage de notre pays, doivent inté-
resser et être dignes de la MAGISTRATURE et du barreau de
Provence, et de la bienveillance des habitans de nos contrées,
pour lesquels nous voulons reconquérir le droit qu'ils avoient
autrefois, de faire arracher, même après trente ans, les arbres
plantés, fermer les fenêtres ouvertes, et abattre les fours construits attentatoirement à la disposition prohibitive du statut local :
droit qu'une jurisprudence mal entendue, semble leur avoir fait
perdre sans retour : droit à l'extinction duquel, un ancien
assesseur d'Aix et un jurisconsulte du premier ordre, porteroit
sans doute la dernière main.

Nous protestons à tous, que c'est sans prétentions que nous
nous la sommes imposée cette tâche, et que nous n'avons d'autre
intention que celle de faire sortir de l'oubli, dans lequel elles
paroissent être tombées, et notre coutume et cette jurisprudence antique qui l'avoit si bien et si uniformément
interprétée depuis 1501, époque de la création du parlement,
jusques à celle du 16 mai 1665, c'est-à-dire, pendant 163
ans : jurisprudence qui avoit acquis ce caractère d'invariabilité
qu'avoit la coutume elle-même, pour s'être incorporée avec
celle-ci, et ne faire plus ensemble, qu'un tout, absolument
invariable.

Notre coutume permet aux habitans de l'ancienne Provence,
de planter des arbres près du fonds voisin ; de prendre des
jours dans les cour ou jardin de la maison attenante ou voisine,
et de pratiquer dans les cités, des fours à faire cuire pain ;
mais portant un coup d'œil égal sur l'intérêt et la sûreté des
voisins de ces plantations ou de ces fenêtres, ou de ces fours,

E

elle a pris des mesures sages pour que les permissions qu'elle donnoit aux uns, ne fussent point pour leurs voisins, d'une incommodité ruineuse ou fâcheuse, ou dangereuse. En conséquence, elle a eu l'attention de limiter expressément l'usage des facultés qu'elle accordoit, en désignant impérieusement la distance du fonds voisin où les arbres devoient être plantés, la forme dans laquelle les jours devoient être pris, et les fours construits. Elle fut donc indivisible tant dans les permissions qu'elle donnoit, que dans les prohibitions qu'elle faisoit. Tout ce qui seroit fait en delà de la faculté limitée qu'elle accordoit, ou hors de la forme qu'elle prescrivoit, elle le prohiboit nécessairement, pour veiller avec une providence égale, aux droits et aux intérêts de tous ceux qui vivoient sous son empire.

Cette coutume fut la loi que les provençaux se donnèrent eux-mêmes avec toute liberté et spontanéité. Elle fut indivisiblement la sauvegarde de tous, tant par les facultés consenties, que par les prohibitions ou prononcées, ou censées l'être par nécessité de conséquence. Elle fut la loi d'une même famille composant un état gouverné par ses comtes souverains. Elle fut un contrat souscrit par tous les sujets de cet état, en faveur les uns des autres; en sorte que si les uns consentirent pour tous les temps à venir, aux facultés accordées aux autres, ceux-ci consentirent aussi, pour les temps à venir, à réparer les abus qu'ils pourroient faire de l'usage de ces mêmes facultés; et que tout comme ceux qui auroient négligé d'user de ces facultés pendant au delà de trente ans, conserveroient intact le droit de s'en appliquer le bénéfice; de même aussi, ceux qui auroient négligé pendant plus de trente ans de se plaindre de l'exercice abusif de ces facultés, conserveroient dans le même état, celui de se plaindre de l'attentat fait au pacte de famille. Les facultés permises et les bornes posées à l'exercice de ces facultés, ont eu en vue cet intérêt général qui se compose, tant de la prospérité de l'agriculture, que de la sauvegarde du secret des familles, et de la sûreté individuelle des personnes et des cités. Sous ce point de vue, notre coutume n'est pas une simple loi civile. Elle est une loi d'ordre et d'intérêt public. Elle est encore une loi de police rurale et urbaine. Elle est, quant à la distance des plantations, un acte de prévoyance tendant à ce que chaque propriétaire s'acquitte de sa dette envers l'état, en faisant produire à son fonds, ces fruits qui sont de première nécessité pour une masse d'habitans.

Telles sont les bases qui avoient décidé les jurisconsultes romains, à déclarer imprescriptibles les cinq pieds de terrain qui devoient rester vacans entre chaque propriété rurale, pour servir au tour de la charrue. Loi *quinque pedum*, cod. *finium regundorum.*

Cette mesure n'intéressoit que le particulier qui laissoit envahir cet espace réservé entre lui et son voisin ; mais parce qu'elle avoit été prise pour l'intérêt de tous les sujets de l'empire romain, elle fut considérée comme une mesure d'intérêt et de bien public, et déclarée imprescriptible.

Telles sont aussi les bases qui entraînèrent tant d'auteurs recommandables, MM. Valla, Mornac, de Luca de Pennis, Cœpola, etc. etc. etc., à penser et à soutenir que les dispositions des statuts étoient imprescriptibles entre ceux qui s'y étoient soumis, ou du moins qu'elles ne pouvoient être prescrites que par la possession immémoriale, contraire.

Elles furent aussi celles de M. Dunod, *des prescriptions*,

E 2

pag. 77, lorsqu'il observe que *le droit des gens du second ordre qui a été fait et introduit....... pour les nécessités des hommes et le bien de leur société commune, est UN DROIT POSITIF qui peut être changé par des lois civiles et par des COUTUMES. Il peut aussi l'être par la prescription d'UN TEMPS IMMÉMORIAL, quoique DIFFICILEMENT, à cause qu'il est tiré du droit naturel, et à raison de l'utilité que son observation apporte à tous les hommes.* Or, les statuts qui ajoutent à la loi générale, des règlemens particuliers de police urbaine et rurale, pour que chaque membre d'une population circonscrite jouisse librement des droits qui leur sont communs, établissent un *droit des gens du second ordre.*

Ces mêmes bases furent aussi celles de la jurisprudence du parlement d'Aix, toujours uniforme pendant 163 ans, à compter de la création de cette Cour, qui n'attribuoit qu'à la *possession immémoriale* l'effet de vaincre les dispositions statutaires ou coutumières, PROHIBITIVES. Plus elle est ancienne, plus elle est imposante, parce qu'elle se rapproche davantage de la date de la coutume, et qu'elle est un plus sûr garant de l'intention dans laquelle elle fut consentie et rédigée. Elle étoit même devenue invariable pour avoir acquis irrévocablement le caractère d'une *loi explicative* de la coutume, qui n'en faisoit plus qu'une avec celle-ci. Une longue jurisprudence conforme de 163 ans, acquiert par elle-même toute la force dominante de la loi : *imperator noster Severus rescripsit, rerum perpetuò judicatarum autoritatem, vim legis obtinere debere,* loi 1, ff. *de legibus.* La loi interprétative d'une autre s'unit à celle-ci, se confond avec elle, a la même autorité; et tout comme elle se perpétue avec elle, de même aussi elle remonte à sa date (1); et lorsque cette union est une fois consommée, l'explication participe à l'immutabilité de la loi expliquée.

Le moment est arrivé de fournir les preuves irrécusables de cette primitive et antique jurisprudence, que la nouvelle n'a ni dû ni pu changer, pas plus que la coutume elle-même.

La première preuve de son existence bien authentique, c'est M. le président de S.ᵗ-Jean, qui nous la fournit dans sa décision 72. Un voisin avoit des fenêtres à la française, visant dans le fonds d'un autre. Ces fenêtres existoient telles depuis un temps immémorial. Celui des deux dont le fonds se trouvoit assujetti à la servitude savoit que les fenêtres de son voisin existoient dans le même état depuis et au delà même de trente ans. Il reconnoissoit même tacitement que leur état remontoit à un temps immémorial. Il demanda cependant que ces fenêtres fussent réduites en la forme prescrite par le statut ou la coutume, sur le fondement que les dispositions *prohibitives* d'un statut, étoient absolument *imprescriptibles*.

Celui qui étoit en possession des fenêtres depuis plus de trente ans, n'excipa cependant pas de cette possession ; mais il opposa au demandeur sa possession immémoriale (tant on étoit alors persuadé que la possession de trente ans n'étoit pas suffisante!), et il offrit d'en faire la preuve. Le demandeur s'opposa à cette preuve qu'il considéroit comme frustratoire, sur le fondement que la prescription immémoriale ne pouvoit pas dé-

---

(1) Loi 22, cod. *de episcop. et clericis.* Novelle 9, *in fine.* MM. Mornac, *ad leg.* 7, cod. *de legib.* Fernandus, Vasquez, *controvers.* lib. 1, cap. 3, n.° 2. Clappiers, *causâ quœst.* 2. Soefve, part. 2, cent. 4, chap. 68. Malleville, tom. 1, pag. 10. Sirey, an 1809, part. 1, pag. 46, col. 2.

roger à une loi statutaire. La Cour se prononça pour le système
du défendeur, et l'admit à faire la preuve de sa possession immémoriale. L'enquête fut faite. Elle se composa de témoins âgés de
soixante-dix à quatre-vingts ans, et ces témoins déposèrent tous,
non qu'ils avoient vu ouvrir ces fenêtres depuis quarante ans, mais
*qu'il y avoit quarante ans qu'ils les avoient vues telles qu'elles
étoient.* Ce furent le grand âge des témoins et la contexture
de leurs dépositions, qui déterminèrent la Cour à trouver
dans l'enquête, la preuve de la possession immémoriale. En
conséquence, par un second arrêt du 22 décembre 1584,
le parlement maintint le défendeur dans sa possession immémoriale des fenêtres qui étoient hors de la forme prescrite par
la coutume.

Ce premier monument de l'ancienne jurisprudence, nous
certifie bien que la prescription de trente ans ne l'emportoit
pas sur les dispositions prohibitives de notre coutume, puisque
celui qui avoit nécessairement la possession trentenaire dans
sa possession immémoriale, n'osa pas même la mettre en avant;
qu'il se soumit à prouver sa possession immémoriale, et que
la Cour l'admit à faire cette preuve: ce qu'elle n'eût pas fait
si la possession de trente ans eût été suffisante.

Nous n'avons fait qu'une analyse en français, de la décision
de M. de S.ᵗ-Jean, dont le texte est en latin; mais elle est
exacte, et nous sommes bien assurés que de tous les maîtres
de la langue latine qui sont dans notre cité, et à la censure
desquels nous la soumettons, il n'y en aura pas un qui ne
rende hommage à notre fidélité.

Le second monument de cette jurisprudence nous a été
transmis par M. Duperier, dans ses remarques manuscrites, au
mot *fenêtres.* Il y pose la question : *si les fenêtres ouvertes*

dans la forme prohibée par le statut, peuvent être prescrites. Il répond *qu'elles peuvent l'être par la possession immémoriale,* et il cite, pour son garant, la même *décision 72 de M. de S*ᵗ*.-Jean :* ce qui prouve tout à la fois que la jurisprudence d'alors étoit encore telle qu'elle étoit du temps de M. de S.ᵗ-Jean, et que nous avons été exacts dans l'analyse française que nous avons faite de la décision latine de ce magistrat.

Le troisième monument de la même jurisprudence, nous le trouvons dans M. Debezieux, pag. 605, où il nous la certifie de la manière la plus formelle et la plus énergique.

Le quatrième monument de cette jurisprudence, est dans les remarques manuscrites de M. Silvy, avocat plaidant du temps de M. Boniface, tom. 2, fol. 127, v.°, que nous avons en notre pouvoir.

Le cinquième est dans le recueil d'arrêts, manuscrit qui a été fait par M. Leclerc, ci-devant magistrat, et mort doyen de notre ordre, tom. 1, pag. 576, que nous avons également en notre pouvoir.

Le sixième et dernier monument de cette jurisprudence, connu de nous, est l'arrêt du 23 janvier 1665, rapporté dans Boniface, tom. 1, pag. 480, qui jugea que le propriétaire d'un four qui n'étoit pas dans la forme prescrite par notre coutume, avoit, pour le conserver tel, prouvé que ses auteurs et lui, l'avoient possédé dans cet état *depuis plus d'un siècle.*

Cette jurisprudence fut uniformément la même jusques au 16 mai 1665. Alors il fut rendu, dans la chambre des enquêtes, présidée par M. du Chesne, un arrêt qui jugea que la possession de trente ans, suffisoit à celui qui avoit planté des arbres en delà de la distance prescrite par notre coutume, pour y être maintenu. **Cet** arrêt nous a été transmis par M.

Boniface, tom. 1, pag. 481; par M. Decormis, tom. 2, col. 1529,
sans se prononcer ni pour ni contre. Il nous l'a été aussi par
M. Debezieux, pag. 605, sous la date du 16 mai 1664, mais
il est de 1665 (1). Voici les termes précieux et remarquables
dans lesquels ce magistrat l'a rapporté : « le statut est formel
» sur ce point, et il y a *d'anciens arrêts qui ont jugé que*
» *l'action pour faire couper ces arbres, est imprescriptible.*
» *Néanmoins la Cour PASSA PAR-DESSUS cette ju-*
» *risprudence*, par arrêt du 16 mai 1664, prononcé par
» M. le président du Chesne, ayant confirmé avec dépens,
» modérés à 10 liv., la sentence que le lieutenant de Digne
» avoit rendue en faveur de la nommée Astiere, contre M.^{re}
» Faudon prêtre, par laquelle il étoit ordonné qu'Astiere
» vérifieroit que les arbres contentieux étoient plantés depuis
» au delà de trente ans.

» Valla, *de rebus dubiis*, au discours 8, n.° 8, et Mornac,
» sur la loi pénult., cod. *finium regundorum*, semblent être
» de contraire sentiment. EN EFFET, CET ARRÊT N'EUT
» PAS L'APPROBATION DU BARREAU, soit à cause du
» statut *quod perpetuò clamat*, soit à cause que l'accrois-
» sement que les arbres prennent, étant successif et caché,
» il est difficile d'en acquérir la prescription par une possession
» uniforme. »

---

(1) L'uniformité de la date, du mois, de la contestation et du
nom des parties, ainsi que le silence que tous nos auteurs provençaux gardent sur l'arrêt de 1664, le prouvent suffisamment.
Astiere, que M. de Bezieux désigne pour être la partie de M.^{re}
Faudon prêtre, représentoit l'héritier de Brunel que M. Boniface
donne pour partie, au même Mre Faudon.

Me Silvy

Me Silvy que nous avons déjà indiqué, paroît aussi l'im-prouver lui-même, et nous atteste, comme M. Debezieux, qu'il n'eut pas l'approbation du barreau.

Enfin, cet arrêt rapporté dans le recueil de M. Leclerc, que nous avons déjà cité, y est longuement et fortement combattu.

Si M. Debezieux, M. Silvy et M. Leclerc avoient eu l'occasion de s'expliquer sur l'arrêt du 23 décembre 1674, rapporté dans Boniface que nous avons déjà cité, et qui est dans le sens de celui de 1665, ils n'en auroient pas moins repoussé la décision.

Ce sont pourtant ces deux arrêts isolés et contraires à cette respectable, uniforme et antique jurisprudence antérieure, datant de 163 ans, qui ont été la tige de la nouvelle qu'on nous oppose, dont nous sommes convenus avec toute franchise, dont nous avons nous-mêmes fourni avec toute loyauté, les monumens qui n'étoient pas connus de notre confrère, et qui, à compter de 1665, jusques au dernier arrêt que nous avons indiqué lequel peut être de 1760, paroît s'être soutenue pendant 95 ans.

C'est la question de savoir si, arrivant les cas où un arbre se trouveroit planté', une fenêtre ouverte, ou un four construit depuis trente ans, contre la forme prescrite par notre statut, le voisin qui souffriroit de ces contraventions aux dispositions prohibitives de ce même statut, seroit rece-vable à s'en plaindre selon l'*ancienne jurisprudence*, ou si, au contraire, la possession de trente ans suffiroit pour autoriser l'autre voisin à repousser sa plainte, selon la *nouvelle*.

Cette question paroît d'abord ne pas être d'un grand intérêt pour l'avenir, dans l'état du code civil qui a réduit toutes

F

les prescriptions à trente ans. Elle mérite pourtant toute notre sollicitude, pouvant encore être utilement élevée entre deux voisins, lorsque la possession immémoriale requise par l'ancienne jurisprudence, n'étoit pas acquise à l'époque de la publication du dernier titre du code civil, qui n'a eu lieu que le 25 mars 1804. L'article dernier de ce titre porte, en effet, que les prescriptions qui exigeoient plus de trente ans et qui étoient commencées, ne peuvent être acquises qu'après trente ans, à compter de cette même publication. Il est donc possible qu'avant l'expiration de ces trente ans dont la moitié est à peine écoulée, l'occasion se présente d'examiner si les dispositions prohibitives de notre coutume, survivent à la possession contraire de trente ans, et ne sont vaincues que par la possession immémoriale, ou si, au contraire, la seule possession de trente ans les paralyse.

C'est cette possibilité qui nous a décidés à nous élever contre l'opinion positive de notre confrère, qui, d'après M. de Julien, (le seul auteur de notre pays qui ait donné son assentiment aux arrêts de 1665 et 1674), nous assure, comme une *règle* ou *maxime* provençale, que la possession de trente ans, quoique opposée aux dispositions prohibitives de notre coutume, a l'effet de les inutiliser. Plus est court le temps qui reste aux provençaux pour s'élever contre les anciennes entreprises contraires aux prohibitions de notre coutume, dont ils ont à se plaindre, plus aussi il leur importoit d'être prévenus de leurs droits, et de sortir de cette indifférence léthargique qui les leur a fait négliger jusques à présent.

Nous avons déjà fait connoître les objets et les motifs des dispositions de notre coutume relatives aux arbres, aux fenêtres et aux fours, lesquelles, en pourvoyant aux droits et à l'intérêt de tous les provençaux, et se rattachant à un intérêt général, commun et public, devroient être imprescriptibles, ou du moins n'être prescriptibles que par un laps de temps immémorial, selon tous les auteurs que nous avons déjà cités.

Nous avons prouvé que l'avis de tous ces auteurs a été la mesure constante et uniforme des arrêts rendus par le parlement du pays, depuis sa création jusques à l'époque précise du 16 mai 1665; et que cette jurisprudence étoit devenue, par son uniformité et par sa continuité, la loi explicative de notre coutume, s'étoit unie à elle, et étoit devenue immuable comme elle; que si elle a été changée, elle n'avoit pas pu l'être; que la jurisprudence ultérieure étoit radicalement nulle dans toute sa progression, parce qu'elle étoit essentiellement viciée par la préexistence de l'ancienne.

Il en fut de la dernière jurisprudence, par sa contrariété avec l'ancienne, qui avoit définitivement expliqué la loi coutumière, comme d'un arrêt d'enregistrement, qui avoit expliqué, dans un sens, la loi enregistrée; lequel lioit tellement le parlement qui l'avoit rendu, qu'il ne pouvoit plus ni révoquer cet arrêt, ni s'en écarter, ni donner à la loi une autre sens quand même il auroit été plus vrai, sans exposer à la cassation son arrêt contraire à celui d'enregistrement. M. Banelier, *traités du droit français à l'usage du duché de Bourgogne*, tom. 5, *pag.* 237, où il rapporte un arrêt du conseil conforme de 1729, et atteste que *c'est là une maxime du royaume*: ce qui est confirmé par M. Thibaud, dans son traité *des criées*, chap. 1, n.° 16. Tous les arrêts rendus par le parlement d'Aix, depuis et y compris le 16 mai 1665, ont profité à ceux qui les ont obtenus; mais ils n'ont opéré ni pu opérer l'abrogation de ceux qui avoient fixé la jurisprudence antérieure et explicative de la coutume, parce que sa destinée invariable étoit de durée autant que celle-ci.

D'ailleurs, pour qu'une jurisprudence bien établie puisse être changée, alors qu'elle n'est pas proprement explicative d'une loi, il faut des motifs bien puissans qui n'existoient sûrement pas, le 16 mai 1665. » Quand il y a plusieurs » arrêts sur une même question (dit Dunod *des pres-* *criptions*, pag. 105), « et qu'il n'y en a pas de contraires » dans le même tribunal, ils forment une jurisprudence dont » on ne DOIT pas s'écarter sans de grandes raisons. *Minimè* » *sunt mutanda quæ interpretationem certam semper* » *habuerunt.* Le bien public demande qu'on s'y tienne, » parce qu'il vaut mieux avoir des règles, quoiqu'imparfaites, » que de n'en avoir point du tout. La variation des jugemens » est un des plus grands défauts de la jurisprudence et un » véritable mal dans la société. L'on doit donc l'éviter autant » qu'il est possible, et préférer la chose jugée uniformément; » à moins qu'elle *n'emporte quelque absurdité*, qu'elle *ne* » *blesse les grandes règles*, ou qu'*il ne soit arrivé quelque* » *changement général ou notable*, qui fournisse un juste » motif de changer de jurisprudence ».

Aucun de ces inconvéniens n'existoit, aucun *changement* n'étoit arrivé le 16 mai 1665. Il n'y eut donc pas de raison pour changer de jurisprudence. Sur quel fondement pouvoit-on regretter l'ancienne qui préservoit les citoyens pendant plus long-temps, des entreprises de leurs voisins expressément prohibées déjà par la loi civile générale, et plus particulièrement par une loi salutaire qui, ne pouvant avoir été inutilement ajoutée à la loi générale, devoit nécessairement pro-

duire quelque effet de plus que celle-ci. Quel motif peut-on
avoir en pour la changer? Étoit-il donc utile de favoriser les
entreprises nuisibles aux voisins, qu'une loi de famille avoit
si sagement prohibées, non pour l'intérêt individuel d'un seul,
mais pour l'intérêt général d'un peuple considéré comme une
universalité? Étoit-il convenable de rendre plutôt un voisin
esclave à jamais de l'autre, lorsque tant de rapports de bon
voisinage pouvoient l'avoir empêché de s'opposer à la servitude
naissante? Étoit-il nécessaire d'effacer ces lois romaines qui,
en matière de distance prescrite entre voisins pour l'utilité de
l'agriculture, la déclaroient imprescriptible; et cette autre
loi qui, en matière d'arbres plantés d'une manière nuisible au
voisin, avoit décidé qu'ils ne pouvoient pas fournir l'aliment
d'une prescription? Si on prend l'inverse de tout cela, que
n'est-il pas permis de reprocher à la nouvelle jurisprudence,
établie sans raison, contre toute raison, toute équité et toute
justice; et qui de plus, rompoit le lien réciproque et corrélatif
d'un pacte social?

On cita contre l'ancienne jurisprudence, l'autorité de M.
d'Argentré; mais vérification faite, ce magistrat n'a dit, ni
de près ni de loin, ce qu'on lui fit dire. On y opposa encore
l'arrêt de M. de S.ᵗ-Jean; mais cet arrêt avoit précisément
jugé le contraire. On se demandera toujours, pourquoi et
comment la nouvelle jurisprudence a remplacé la première,
et jamais on ne pourra trouver une raison plausible de ce
changement.

Notre confrère a cru l'avoir trouvée cette raison dans l'auteur
du nouveau Brillon, qui s'est permis de dire, que les décisions
des lois romaines ne sont que *spécieuses*. Il auroit bien pu
se dispenser d'adhérer à cette insulte faite aux illustres juris-

consultes à qui nous sommes redevables de ces lois. Les
auteurs de ces pays, où il n'existe point de coutume qui ait
fixé de distance pour la plantation des arbres, peuvent gloser
sur le droit romain ; mais leur exemple n'est pas fait pour être
imité dans un pays de droit écrit ; dans un pays dont la coutume
a, pour ainsi dire, ses premières racines dans le droit romain.

N'étoit-il donc que *spécieux* ce motif d'utilité publique
qui avoit fait déclarer imprescriptible, cet espace de cinq
pieds qui devoit rester entre toutes les propriétés rurales, pour
l'intérêt et la facilité de l'agriculture ?

N'étoit-il donc que *spécieux* ce motif qui avoit fait décider
qu'un arbre ou plusieurs, n'étoient pas prescriptibles, parce
qu'ils n'ont pas une assiète fixe comme une muraille ou tout
autre ouvrage fait à main d'homme ; et qu'au contraire ils
changent de forme en croissant journellement sans le fait de
l'homme, outre que les vents les tiennent dans un état de
mouvement continuel ? C'est pourtant le fameux MUCIUS
SCŒVOLA, jurisconsulte romain, devenu grand pontife, issu
de cette famille tellement illustrée par la science, qu'on disoit
qu'*elle y étoit héréditaire*, qui l'a donné. Il a été
approuvé par le jurisconsulte Pomponius qui l'a déclaré
plein de *rectitude* (1). Nous pouvons donc, sans intention
de choquer ni l'auteur du nouveau Brillon ni notre confrère,
supposer que soit MUCIUS SCŒVOLA soit POMPONIUS,
n'ont pas été, l'un l'auteur, et l'autre le fauteur d'une décision purement *spécieuse*.

Au reste, ces lois romaines sont nos lois particulières dans

_____

(1) *Mucius ait et RECTÈ*, etc., loi 7, ff. *de servit. prœdior.*
urban.

la ci-devant Provence. Elles nous lient encore , dans tout ce que le code civil n'a pas aboli. Lorsqu'elles sont expresses , nous n'avons le droit, ni de les peser, ni de les passer au creuset. Telles qu'elles sont, elles ont toute la raison et toute la justice pour elles. Elles forcent encore notre soumission.

Tel est l'ensemble des motifs qui nous ont déterminés à faire connoître notre ancienne jurisprudence aux tribunaux, au barreau, et à nos compatriotes ; pour tâcher de la reconquérir à ceux-ci pour quelque temps encore, en la garantissant du dernier coup que notre confrère alloit lui porter , autorisés par une loi locale et positive, et par une jurisprudence explicative , lesquelles se confondent pour n'en faire qu'une , et *perpetuò clamant.*

Ce même confrère a pris la peine de faire une réponse à cette discussion particulière et de nous la communiquer. Il est convenu franchement que *nos discussions approfondies ,* *prouvent bien que* TELLE AVOIT ÉTÉ JADIS LA JURIS-PRUDENCE , ET QUE TELLE ELLE AUROIT DU ÈTRE (c'est-à-dire conservée) ; et néanmoins il a persisté dans son opinion qu'il a continué de nous donner pour une *règle* ou *maxime* provençale. Quelles sont les bases de son insistance ? Ici vont commencer de poindre , cette prévention qu'un auteur a si facilement pour son ouvrage , et l'art de la défense.

La première est qu'*une loi statutaire n'a pas plus de* *force qu'une* CONVENTION ENTRE DEUX PAR-TICULIERS , *et qu'une loi de famille est prescriptible.* Il n'a pas fait attention qu'il avoit déjà pris les devans pour

repousser ces deux suppositions, en convenant que l'AN-
CIENNE JURISPRUDENCE ÉTOIT TELLE QU'ELLE
AUROIT DU ÊTRE.

Il auroit dû sentir que la loi de famille, établie dans une
maison particulière, qui ne se rapporte qu'à l'intérêt particulier de cette maison, et qui est prescriptible, est d'un
ordre bien inférieur à la loi de famille d'une masse d'individus
qui composent un état souverain, et dont les institutions ne
veillent à l'intérêt de chacun que sous des rapports de bien
public, d'égalité et de sûreté commune.

La seconde base est que *le dernier état de la jurisprudence est tel que M. de Julien l'a énoncé ; et qu'il ne
devoit pas poser une règle contraire.* M. de Julien a été
aussi notre maître. Nous ne croyons cependant pas être
obligés de jurer *in verba magistri.* Il ne cite que les deux
arrêts des 16 mai 1665 et 22 décembre 1674. Notre confrère
n'a donc point eu de motif déterminant pour adopter la décision des deux derniers arrêts, plutôt que celle des plus
anciens. Il étoit aussi libre que nous, de comparer les deux
jurisprudences opposées, après en avoir pesé les motifs. Il n'y
avoit sûrement pas lieu de trouver une *règle* ou une *maxime*
dans l'arrêt du 16 mai 1665, plutôt que dans ceux qui
l'avoient précédé. Il y avoit lieu, au contraire, de la chercher
et découvrir dans les plus anciens, déjà garantis par leur
conformité avec celui de M. de S.ᵗ-Jean ; et le concours du
nouvel arrêt de 1674, ne devoit pas l'emporter sur celui de
tant d'autres qui avoient déjà fixé la jurisprudence depuis 163
ans, et dont MM. Debezieux, Silvy et Leclerc nous ont si
bien certifié l'existence, en même temps qu'ils ont improuvé
les nouveaux arrêts. Il n'y avoit sûrement pas à balancer entre
les

les deux derniers arrêts dont M. de Julien avoit adopté la décision , et cette foule d'autres qui offroient à notre confrère ,
comme à nous , *seriem rerum perpetuò judicatarum.*

Quelques arrêts conformes à ceux du 16 mai 1665 et 22
décembre 1674 , ont été rendus après. Mais M. de Julien ne
les citoit pas , et notre confrère ne les connoissoit pas , puisque
c'est nous qui les lui avons indiqués postérieurement à l'impression de son ouvrage. Dès lors il est vrai de dire que les
deux arrêts du 16 mai 1665 et 22 décembre 1674 ne
suffisoient , ni à l'un ni à l'autre , pour élever la décision
de ces arrêts au rang des *maximes* , d'autant qu'ils ne pouvoient pas ignorer que dans le temps , M. Debezieux et le
barreau d'Aix se prononcèrent fortement contre l'innovation
du 16 mai 1665.

Mais comment est-il arrivé qu'après être convenu que l'ancienne jurisprudence étoit *telle qu'elle auroit dû étre* conservée , notre confrère ait donné la préférence à la nouvelle
qui , par raison de conséquence , étoit *telle qu'elle n'auroit
pas dû étre.*

La troisième base est que , bien loin que l'arrêt rapporté
par M. de S.ᵗ-Jean , ait exigé la possession immémoriale , il
a au contraire jugé que la possession de trente ans suffisoit ,
et il invoque , sur ce point de fait , l'assertion simultanée de
M. Julien oncle et de M. de Julien neveu, parfaitement
conformes à la sienne. Il n'en est pas moins vrai que ces deux
auteurs se sont trompés , et que si notre confrère eût eu moins
de confiance en eux et fût lui-même remonté jusques à la
décision de M. de S.ᵗ-Jean , il se seroit garanti de leur erreur.
Mais a-t-il pu continuer de la partager depuis que , postérieurement à l'impression de son ouvrage , nous avons mis

G

soûs ses yeux, avec nos observations, le texte latin de M. de
S.ᵗ-Jean, duquel ressort, avec tant d'évidence, l'inexactitude
de MM. de Julien? Depuis que nous avons mis sous ses yeux,
ces paroles de M. Dupérier, consignées dans ses remarques
manuscrites, au mot FENÊTRES. *De quelle façon et hauteur
doivent être, en ce pays, les fenêtres qui regardent dans
la cour d'autrui, et qu'une possession IMMÉMORIALE
peut prescrire une forme de fenêtre. S.ᵗ-Jean, décis. 72.*
Lesquelles paroles seroient seules une autorité dans le pays,
et à plus forte raison en sont une qui fixe la véritable entente
de la décision de M. de S.ᵗ-Jean? A-t-il pu surtout se permettre de résister à cette autorité, en disant qu'elle n'en est
pas une sur ce point particulier, encore que son point d'appui
soit un arrêt du parlement d'Aix : lui qui, ainsi qu'on le
verra bientôt, a fait son oracle d'une décision de ce même
auteur, contenue dans les mêmes remarques sur un autre
point, lorsqu'elle n'étoit assise que sur des auteurs étrangers
à notre pays? M. Dupérier est-il d'un avis contraire au sien?
Il doute de l'exactitude de cet avis. Lui est-il favorable? Il le
présente comme un auteur dont l'avis doit fixer l'opinion
publique. Il y a là *pondus et pondus ; mensura et mensura.*

Au reste, on peut et on doit tenir pour vrai, certain et
démontré que, lors du procès dont M. de S.ᵗ-Jean nous a
transmis les circonstances, et de l'arrêt qui le jugea, le
défendeur ne se prévalut pas de la possession de trente ans,
mais au contraire de la *possession immémoriale*; que la
Cour ordonna la preuve de cette *possession immémoriale* ;
que la Cour trouva cette preuve faite dans l'enquête, attendu
le grand âge des témoins et les termes dans lesquels ils
s'étoient énoncés dans leurs dépositions. Notre confrère doit

donc cesser de se compromettre et de compromettre MM. de Julien oncle et neveu avec lui , en se refusant au sens lumineux de la décision de M. de S.ᵗ-Jean , et au résumé que le coryphée des jurisconsultes du pays , notre grand Dupérier en a faite. Cet avocat n'avoit pas toujours été aveugle; il avoit de bons yeux lorsqu'il écrivoit ses remarques. Il entendoit bien la langue latine. Il ne peut ni s'être trompé , ni nous avoir trompés.

La quatrième , est que la *question est d'un petit intérêt ,* attendu qu'après quatorze ans , elle restera oiseuse ; et s'il a cru devoir nous donner sur cette question , son opinion pour *règle ,* il a sans doute senti qu'elle pouvoit être encore utile à ses compatriotes. Or , son opinion ne fût-elle contraire qu'aux droits de quelques provençaux, n'avons-nous pas pu et dû leur donner l'éveil, leur rappeler leurs droits , et les mettre en garde contre cette prescription trentenaire qui les menace dans l'état du code civil ?

Enfin , la dernière est qu'*il a toujours tenu à la prescription de trente ans,* quant aux arbres plantés , aux fenêtres ouvertes, et aux fours construits en Provence, attentatoirement aux dispositions prohibitives du statut local. Il a été sans doute libre à lui , d'adopter l'opinion de son maître; mais il n'eût pas dû nous la présenter comme une *règle* ou *maxime* en Provence.

Nous tenons depuis plus long-temps l'opinion opposée ; mais nous ne la mettons pas en avant pour être elle-même sa propre garantie. Nous aurions redouté de nous exposer à recevoir une sage leçon, qu'on eût eu toute raison de nous faire. Qu'importe en effet que notre opinion personnelle soit telle ? Ne faut-il pas encore qu'elle soit calquée sur la loi ,

G 2

sur les principes, sur une saine jurisprudence, sur l'assentiment des auteurs du pays? C'est aussi la précaution que nous avons prise très-soigneusement, en ne nous énonçant jamais d'après nous, et toujours d'après le contrat corrélatif passé entre nos pères, qui de soi devroit être imprescriptible, et qui ne peut pas être dominé par une possession trentenaire, parce qu'il a établi une loi de police urbaine et rurale ; et qu'il est de l'essence d'une loi de police, de se rattacher au droit public du second ordre et d'*être*, comme dit Dunod, *difficilement prescriptible ;* et de ne l'être au moins que par une *possession immémoriale.*

Toujours, d'après une antique jurisprudence constante et uniforme de 163 ans qui, plus elle se rapproche de la date de la loi de famille, plus aussi elle nous certifie l'intention de ceux qui se donnèrent cette loi : jurisprudence qui a fixé le sens primitif de cette loi ; qui a acquis elle-même et irrévocablement les caractères d'une loi explicative ; qui s'est incorporée avec cette loi de famille, et qui devoit être suivie autant de temps que la coutume auroit de vie.

Toujours, d'après l'assentiment de ce magistrat et de l'ancien barreau d'Aix, qui réclamèrent courageusement contre la première atteinte qui fut portée, le 16 mai 1665, à cette jurisprudence, devenue dans le droit, immuable; et encore d'après la décision bien expresse du grand Dupérier, lequel, postérieurement à 1665 (il est mort en 1667) exigeoit encore la possession immémoriale en se réclamant de l'antique arrêt de M. de S.ᵗ-Jean, quoiqu'il connût l'arrêt de 1665.

Toujours enfin, d'après des décisions particulières du droit romain, notre droit commun; et d'après l'aveu de tous les auteurs étrangers à notre pays, qui ont examiné la question dans le cas où il existe un statut local prohibitif.

Que l'on veuille bien rapprocher nos motifs de ceux de notre confrère, les comparer, les peser et les juger.

Il a eu pour lui trois arrêts. Il nous est redevable des trois autres, que lui et M. de Julien ne connoissoient pas lorsqu'ils se sont prononcés ; en sorte qu'il eût dépendu de nous de le laisser sous la sauvegarde de trois arrêts dont le premier excita les réclamations qu'on connoît déjà, et qui fut rendu trois mois et demi après que la grand'chambre venoit d'en rendre un qui se rattachoit à l'ancienne jurisprudence. S'il n'eût eu d'autres garans que ces trois arrêts, il fût resté bien foible, placé en face de notre coutume, de notre ancienne jurisprudence, et des vrais principes. Il n'est pas devenu plus fort depuis que nous avons, pour ainsi dire, doublé ses armes.

Il a encore eu pour lui M. de Julien dont il s'est invariablement constitué l'écho, lequel sans donner aucun motif de la préférence qu'il lui a donnée, a opté pour la nouvelle jurisprudence établie par les mêmes trois arrêts.

Il a donc aussi des garans comme nous. Quels sont les plus imposans et les plus sûrs ? *Sub judice lis est.*

Quelle impression peut donc faire aujourd'hui, cette nouvelle jurisprudence mise en perspective de la loi de famille ; de l'ancienne jurisprudence devenue partie intégrante de cette loi, et aussi invariable qu'elle ; de la réclamation de M. Debezieux et du barreau d'Aix ; de la décision formelle de M. Dupérier ! Faudra-t-il, parce qu'il a plu au maître de notre confrère et à lui, d'opter sans connoissance de cause, pour la nouvelle jurisprudence, que les ci-devant provençaux soient déchus, dans les dernières années qui leur restent pour user de leurs droits , de la faculté jalouse qu'ils ont de réclamer contre toutes les entreprises attentatoires à la prohibition prononcée par la coutume du pays , · qui n'ont pas encore été couvertes par une *possession immémoriale ?*

Cela ne nous paroît pas possible. La loi du pays et l'ancienne jurisprudence, *perpetuò clamant.*

Nous sommes arrivés à une époque où toute jurisprudence qui s'est déviée de la loi, disparoît devant elle ; et la loi de notre pays est vivante, et avec elle , l'antique jurisprudence qui l'a si uniformément interprétée pendant plus d'un siècle et demi, et qui en fait partie , vit aussi.

Quel égard pourroit-on avoir aujourd'hui pour la nouvelle jurisprudence du parlement de Provence , dès qu'il conste que la Cour de cassation paroît avoir adopté l'ancienne jurisprudence du même parlement?

Prohibition faite par une coutume , d'ouvrir des fenêtres prenant jour dans le fonds du voisin , autrement qu'en la forme prescrite par elle. Attentat fait à cette prohibition depuis plus de 3o ans. Demande en réduction des fenêtres à la forme voulue par la coutume , sur le fondement que la prescription de trente ans étoit impuissante contre la disposition prohibitive de la coutume locale. Nulle contestation de la part du défendeur sur ce principe général. Exception particulière de sa part , tirée de ce qu'un autre article de la même coutume portoit, que *toutes actions civiles , celles même de servitudes , étoient prescrites après 3o ans.* Jugement de première instance qui , d'après le principe général, repoussa la prescription trentenaire du défendeur. Arrêt qui réforma et admit cette possession attendu la seconde disposition de la

coutume. Arrêt conforme de la Cour de cassation sur le même
et unique motif. *Sirey*, *an* 1814, *part.* 1, *page* 9 ? Si le
principe général qui n'admet que la possession immémoriale
contre la disposition prohibitive de la coutume, en matière
de police urbaine et rurale, n'avoit pas été exact, il auroit
au moins été contesté par le défendeur, ou du moins été
improuvé par un des considérans de ces deux arrêts, attendu
que cette improbation préliminaire eût ouvert les premières
voies à la décision. L'affectation avec laquelle chaque Cour
se détermine seulement par la seconde disposition de la
coutume, indique assez que chacune d'elles auroit prononcé
différemment en absence de celle-ci. Il seroit bien extraordinaire que l'une ou l'autre Cour n'eût point repoussé le
principe général, qui étoit le seul moyen d'attaque du demandeur, dès qu'elles l'assujettirent au joug de la possession
trentenaire du défendeur.

Nous avons fait l'impossible pour découvrir dans nos auteurs
imprimés, les moyens de défense qui amenèrent la nouvelle
jurisprudence du 16 mai 1665. Toutes nos recherches ont été
vaines. Ces auteurs ont tous recueilli ou rappelé cet arrêt,
mais en simples historiens. Aucun d'eux ne nous a conservé
ces moyens ; aucun d'eux ne s'est expliqué pour ou contre
lui, hors M. Debezieux qui l'a improuvé. M. Boniface qui
rapporte cet arrêt, et celui du 22 décembre 1674, nous a
dit que les défendeurs invoquèrent, dans chaque temps,
la doctrine de M. d'Argentré. Mais dans un endroit, il n'indiqua pas du tout la partie de l'ouvrage de ce savant président,
où on avoit puisé sa doctrine ; et dans l'autre, la citation se
trouve inexacte. Après vérification faite dans nos remarques,
où nous avons consigné l'analyse de l'ouvrage si savant de ce

magistrat, et par plus grande précaution, dans la vaste table qui le termine nous pouvons assurer, qu'il reconnoît au contraire le principe fondamental de l'ancienne jurisprudence provençale, et qu'il ne fait point de distinction entre les statuts qui règlent le droit public du premier ordre, qui intéresse l'universalité des hommes, et les statuts qui règlent le droit public du second ordre, qui intéresse l'universalité d'une population particulière, parce que si les uns forment *un droit public général* pour tous les hommes, les autres établissent *un droit public particulier* et réciproque pour tous les membres d'une association populeuse, et pour cette masse d'individus qui la compose : lequel *droit public particulier* devient aussi un *droit public général* pour cette population ; et que tout comme l'un est imprescriptible, l'autre devroit par la même raison l'être aussi, selon le vœu bien exprimé de M. Dunod.

Heureusement nous avons trouvé, dans les remarques manuscrites de M.ᵉ Silvy, ce que nous avons inutilement cherché dans nos auteurs imprimés du pays. Il nous certifie que lors de l'arrêt du 16 mai 1665, il fut dit : 1.º que *si le fonds ou le domaine de la chose peut être prescrit*, à fortiori, *l'arbre*. 2.º *Que si la servitude* prospectus *étoit sujette à prescription*, S.ᵗ-*Jean, décis.* 72. *Le même doit être en fait des arbres par une longue possession.*

Nous avons déjà observé que l'arrêt de M. de S.ᵗ-Jean, ne maintint le défendeur, dans ses fenêtres *françaises*, que parce qu'il avoit offert de prouver la *possession immémoriale*, et qu'il en rapporta la preuve. D'où il suit que si l'arrêt de M. de S.ᵗ-Jean influa sur la décision de celui du 16 mai 1665, qui accueillit la possession de trente ans, la

religion

religion de la Cour fut formellement surprise à l'audience, par le deuxième moyen.

Quant au premier, il manquoit de justesse, parce que quoique la loi civile et générale ait accueilli la prescription de trente ans, comme étant *la patronne du genre humain*, cette prescription perd toute sa faveur quand elle est en opposition avec les dispositions de la coutume spéciale, corrélative et réciproque, qu'une population a trouvé bon de se donner. Dans ce cas, la volonté du peuple qui s'est fait des lois spéciales, est plus forte que la loi civile. On n'a jamais douté qu'une province et même une grande cité ne puisse déroger par ses statuts à la loi civile et renoncer à celle-ci. Nos statuts particuliers en fournissent bien des preuves. M. Dunod n'a-t-il pas établi ce principe, que *la coutume peut aussi bien repousser toute prescription, que PROROGER ou diminuer le temps qui doit l'accomplir ?*

C'est le hasard qui a mis sous nos yeux les premiers germes de la nouvelle jurisprudence et les pivots sur lesquels elle repose. Ils n'étoient pas faits pour décider cette confiance aveugle qui a déterminé le maître et le disciple à lui accorder la prépondérance. Il ne leur convenoit pas de devenir les appuis d'une double inexactitude, l'une dans le droit, et l'autre dans le fait.

Telle est l'opinion que nous avons sur la prescription des attentats commis contre la prohibition de notre statut, lequel, s'il accorde certaines facultés, en assujettit l'usage à des conditions absolues et indivisibles de la concession, parce qu'il ne pouvoit pas permettre à l'un, ce qui pouvoit être nuisible à l'autre. Il dépend du législateur qui fait une grâce à certains de ses sujets, d'y apposer une condition absolue en faveur

H

des autres qui pourroient souffrir de la concession. Ceux qui profitent du bénéfice de la faculté, n'ont pas plus de droit sur celle-ci, que les autres sur la condition qui est attachée à l'usage de cette faculté ; et par cela seul, qu'un individu exerce la faculté, s'il en use contre la volonté du législateur, il conserve à son voisin le droit de s'y opposer. Ces principes dérivent d'une décision qui ne peut pas être suspecte à notre confrère. Elle est dans M. de Julien (1).

Et ce qui est vrai dans les contrats des particuliers, doit l'être à plus forte raison dans ceux qu'un peuple entier passe avec lui-même, pour servir de loi générale de police rurale et urbaine.

Nous terminons cette discussion par le texte de notre coutume, sur les arbres, sur les fenêtres et sur les fours.

Si quelqu'un veut planter des arbres en sa possession au pays de Provence il le peut faire, POURVU qu'il les plante une canne loin de la propriété de son voisin. M. de Bomy, pag. 21.

Le maître d'une maison NE PEUT FAIRE aucunes fenêtres françaises qui regardent sur le toit du voisin, à plus forte raison sur sa cour ou son ciel ouvert. Mais si ce maître veut faire d'autres fenêtres regardant sur ledit toit (cour ou ciel ouvert), il les pourra faire de la qualité qu'il s'ensuit ; c'est à savoir s'il les fait si hautes qu'un homme n'y puisse advenir, c'est-à-dire, de dix pieds de haut et qu'elles soient trélissées, en sorte qu'un homme n'y puisse passer la tête à travers. Le même, pag. 31.

ON NE PEUT bâtir un four à ban pour l'usage du

_____

(1) Sur les statuts de Provence, tom. 2, pag. 583, n.° 13.

pays, immédiatement contre une muraille commune. Le même, pag. 34.

Pourroit-on ne pas entrevoir dans chacun de ces textes, une mesure d'intérêt général, commun et public ; une loi de police dont l'imprescriptibilité a l'assentiment de tous les auteurs, et celui même de notre confrère, puisqu'il a reconnu que l'ancienne jurisprudence *étoit telle qu'elle auroit dû être* conservée ?

Ce confrère a eu l'heureuse idée de donner, pour ainsi dire, une nouvelle vie à certains de nos antiques statuts. Il nous a fourni l'occasion de ressusciter cette jurisprudence aussi antique, dont on n'a ni dû, ni pu s'écarter.

Il vient de répondre à cette partie de nos observations, qui ne renferme qu'une discussion simple, ingénue, dépouillée de toute prétention de notre part, et surtout de toute intention contre lui ; puisqu'il est vrai que nous ne l'avions destinée qu'à son usage, et qu'en l'en rendant d'abord le premier et l'unique confident, nous lui déclarâmes que nous laisserions notre travail en manuscrit.

Sa réponse nous a singulièrement étonnés.

Il ne s'y ressemble plus à lui-même. Il n'est plus cet auteur qui ne professoit dans son ouvrage que des *règles* et des *maximes provençales.* Il est devenu le soutien obstiné de l'opinion qu'il a émise, et il a mis en œuvre l'art de la défense, c'est-à-dire, qu'il a également employé la finesse et l'érudition pour faire diversion, et faire perdre de vue tous les avantages que nous avons pris sur lui, et que nous ne devons qu'à la loi, à la jurisprudence, aux auteurs de notre pays, et à son aveu consigné dans son propre ouvrage : aveu

H 2

qu'il a répété dans la première réponse manuscrite qu'il nous
a transmise.

Sa finesse consiste à ne pas avoir dit un mot de la contradiction que nous lui avons dit exister entre le n.° 7, pag.
8, d'une part, et le n.° 8, pag. 9, et ce qu'il a dit, pag. 77,
à la fin, d'une autre part; à ne pas avoir dit un mot de cet aveu
contraire à son opinion, qui est si littéralement consigné dans
le même n.° 8, et renouvelé à la même page 77 (voyez ci-devant
pag. 26 jusques à 29); à avoir dissimulé que dans un premier
moment de franchise, il est convenu que l'ancienne jurisprudence sur l'imprescriptibilité des dispositions statutaires, prohibitives par le seul laps de trente ans, étoit TELLE QU'ELLE
AUROIT DU ÊTRE ; *mais qu'elle avoit été changée;*
à avoir pris dans M. d'Argentré, quelques mots latins qui ne
sont point exclusifs de ce que nous avons dit sur l'imprescriptibilité de ce *droit public du second ordre*, établi dans
les pays de sa domination par chaque souverain ; à ne s'être
expliqué ni sur l'objet du statut local dans ses dispositions
prohibitives relatives aux arbres, aux fenêtres et aux fours, ni
sur le point de savoir, si ce statut n'a pas entendu prendre une
mesure de police rurale et urbaine, tant pour l'intérêt général
de l'agriculture, que pour donner à tous les habitans la liberté
et la sécurité dans leurs maisons, protéger les secrets de
chaque famille, et prévenir les incendies qui font quelquefois de si rapides progrès, et peuvent compromettre le sort
d'une partie des réunions d'habitans; et si de pareilles mesures
ne font pas partie du *droit public du second ordre;* enfin,
à avoir supposé que M. Mornac, et surtout M. Dunod, ne disent
rien qui lui soit contraire, tandis que nous lui avons cité les
paroles de ce dernier auteur, ci-devant pages 35 et 36.

Nous ne disons rien de plus, nous nous reposons essentiellement sur ses deux différens aveux, l'un relatif à la distance des arbres, et l'autre, à la plus grande régularité de l'ancienne jurisprudence, qui ne lui pardonneront pas. Ils l'emporteront toujours sur les efforts qu'il a faits pour les rétracter, sans pourtant les désavouer. Son intention, en luttant avec nous, n'étoit sûrement pas de se combattre aussi lui-même.

Il se prévaut ensuite de ce que la jurisprudence a reçu souvent des variations dans chaque pays de France. Nous en convenons bien volontiers, et ces variations qui tendent toujours au mieux, honorent les Cours autant que les rétractations de nos plus grands auteurs les rendent recommandables. M. Dunod que nous avons déjà cité ci-devant page ı4, nous a indiqué les cas où ces variations peuvent être convenantes. Notre confrère eût mieux fait, après avoir lu les paroles de cet auteur que nous avons mises sous ses yeux, de nous prouver que notre ancienne jurisprudence avoit dû être changée, comme étant contraire au statut de notre pays. Tel étoit le vice de cette antique jurisprudence qui prorogeoit jusques à trente ans l'action rescisoire en faveur des mineurs, quand l'acte qu'ils avoient passé étoit nul en soi; elle étoit, en effet, contraire à l'ordonnance de ı539, art. ı34, loi faisant partie fondamentale de notre droit public. Ce fut M.ᵉ Pascalis, au sort duquel nous donnons tous encore des larmes, à qui nous sommes redevables de cette amélioration dans notre jurisprudence. Il eut assez de courage, de talens et de science, pour attaquer de front un ancien préjugé établi dans le pays. Quoiqu'il n'y ait entre ce jurisconsulte et nous aucune sorte de rapprochement quant au mérite, à l'érudition et à la réputation, nous avons néanmoins tout son courage pour nous élever contre une jurisprudence nouvelle, contraire aux intentions d'une loi locale, et à une ancienne jurisprudence qui avoit acquis elle-même tous les caractères d'une loi explicative du statut de Provence, dans le même sens, pendant 163 ans: innovation que le barreau d'Aix improuva hautement dès le moment qu'il la vit s'établir pour la première fois (témoins M. Debezieux et M.ᵉ Silvy, tous les deux présens à l'audience lors du premier arrêt du 16 mai 1665); et nous avons la flatteuse espérance d'avoir tout le succès de M.ᵉ Pascalis, dans l'opinion des magistrats et du barreau.

Il s'agit entre nous de savoir laquelle de l'ancienne ou de la nouvelle jurisprudence, mérite la préférence. Celle-là a été suivie pendant 163, et celle-ci l'est depuis 150 ans. Laissons de côté l'âge de chacune, et attachons - nous à scruter les motifs de l'une et de l'autre que nous avons fait connoître. Comptons pour quelque chose et même pour beaucoup les regrets que M. le président Debezieux ne put s'empêcher de témoigner au moment où l'ancienne jurisprudence reçut la première atteinte. La réclamation toute seule de ce savant magistrat et l'attention qu'il a eue de nous la transmettre, sont imposantes ; accompagnées et soutenues de la réclamation uniforme et spontanée de tout le barreau d'Aix, si bien composé en 1665 (1), et de l'affectation avec laquelle M.ᵉ Silvy a cru devoir

----

(1) Ce sont MM. Dupérier, Decormis, Buisson, Boniface, Moulin, Silvy, Azan, Sylvecane, Saurin, Gastaud, Gaillard, Courtès, Lordonnet, Decorio, Jorna, de Vergis, Capucy, Geboin, etc. etc. etc., qui illustroient alors le barreau d'Aix. Les ouvrages des uns, les manuscrits des autres et les mémoires de tous qui nous sont parvenus, sont des monumens de science et d'érudition qui les honorent, et avec eux le barreau d'Aix, et le siècle où ils ont vécu.

nous la faire connoître: ces réclamations, dis-je, sont, tant l'une que l'autre, également décisives en faveur de l'ancienne jurisprudence.

Notre confrère traite bien légèrement ces deux réclamations. Nous nous faisons au contraire un devoir et un honneur de les solenniser ; nous devons cet hommage à un ancien magistrat dont la mémoire nous est si chère, et à un barreau qui étoit alors à son âge d'or, de les présenter aujourd'hui avec toute confiance, comme une sauvegarde contre la jurisprudence qui ne date que de 1665.

Il paroît même douter que l'ancienne jurisprudence ait existé. Il ne lui suffisoit donc pas que M. le président Debezieux et M.ᵉ Silvy la lui eussent attestée, et qu'ils se soient plaints de ce qu'en 1665, une chambre du parlement eût *passé par-dessus cette jurisprudence*, certifiée par d'*anciens arrêts!* C'est pousser le pyrrhonisme bien loin ! Heureusement on sait que le mot *pyrrhonisme*, ne donne l'idée que d'un *doute affecté*. A qui nous en rapporterons-nous, en matière de jurisprudence, si nous refusons notre confiance à ces savans magistrats qui ont bien voulu nous transmettre les arrêts rendus de leur temps, les motifs de ces arrêts et leurs opinions personnelles, et à ces anciens avocats dont les manuscrits ont parmi nous toute l'autorité d'une sainte tradition ?

Nous ne nous arrêtons pas à cette vaine distinction qu'il lui a plu d'établir entre ce qui est d'*ordre public* et ce qui est d'*intérêt public*. Il est, en effet, aussi difficile de concevoir que ce qui est de *droit public*, ne soit pas d'*intérêt public*, qu'il le seroit de concevoir que ce qui est d'*intérêt public*, ne soit pas d'*ordre public*. Alors surtout, qu'il existe une loi locale qui pourvoit à l'*intérêt public*, et du peuple et du pays.

Nous avons déjà repoussé, page 3o, la doctrine des auteurs étrangers dont notre confrère se rempare de nouveau, et nous y avons donné nos motifs.

Nous avons été les premiers à nous opposer tous les arrêts dont la nouvelle jurisprudence se compose. Nous en avons même indiqué, avec toute franchise, trois et même quatre que notre confrère ne connoissoit pas, et nous nous sommes parfaitement expliqués contre cette jurisprudence. Inutile donc, de sa part, de nous les opposer de nouveau. Inutile aussi de nous prononcer une seconde fois.

Il a remarqué que l'arrêt de 1674 rejéta la preuve de la possession immémoriale offerte, sur le fondement que celle de trente ans suffisoit. Il n'a pas fait attention que sa remaque peut être rétorquée contre l'explication tiraillée qu'il a faite, tant de l'arrêt de M. de S.ᵗ-Jean, que de celui rendu contre le propriétaire d'un four. Si, en effet, la Cour admit la preuve de la possession immémoriale, alors même que la possession trentenaire étoit convenue, il en suit nécessairement qu'elle reconnut, bien positivement, que la possession immémoriale étoit absolument requise dans les deux cas de ces deux derniers arrêts.

Inutile de nous occuper de nouveau de M. de Julien. Nous avons déjà dit ce que nous pensions de son assertion.

Mais il n'est pas indifférent de revenir à M. Decormis, qui ne rapporte cet arrêt qu'en historien ; qui l'a placé hors de sa défense et dans un *alinéa* séparé ; qui le cite avec tant de laconisme et de froideur. M.ᵉ Silvy, au même endroit de ses remarques que nous avons déjà indiqué, nous apprend que c'est M. Decormis qui plaidoit lors de l'arrêt du 16 mai 1665, celui qui le premier dérogea à l'ancienne jurisprudence.

L'usage

L'usage froid qu'il en fait, annonce assez que cet arrêt fut rendu contre son opinion.

Mais que répondrons-nous à M. Dupérier, *notes manuscrites*, au mot *ARBRES*, que notre confrère faisant flèche de tout bois, a eu la mal-adresse de nous opposer tout nouvellement. Nous en copions le texte sans nous permettre aucune réflexion.

» *Tout arbre est planté trois pieds près de la maison*
» *ou héritage voisin, ou bien le figuier ou olivier neuf*
» *pieds, et généralement tout arbre qui nuit au voisin,*
» *doit être coupé NONOBSTANT LA PRESCRIP-*
» *TION*, ut fusè Nicolaus à valle *de rebus dubiis*, cap. 8,
» n.° 8, *où il soutient que la loi* quinque pedum ultima,
» cod. *de finium regundorum, et la loi* si cui, cod. de
» ædificiis privatis, *ne sont point abrogées. Voy. Cambolas,*
» *liv.* 3, *chap.* 34. *La prescription, en toutes ces questions,*
» *ne peut être que de trente ans.* Lex ultima, *cod.* finium
» regundorum. Cujas, ad 1 cap. de interdictis vel ad leg. 1,
» cod. *de interdictis.* »

Tel est le texte pur et entier de M. Dupérier. Il commence par adopter l'opinion de Valla, qui raisonne dans le cas où il existe un statut particulier et prohibitif, et exige la *possession immémoriale*. Il finit par dire que, d'après la loi civile des romains qui étoit la nôtre, la prescription *en toutes ces questions*, devoit être de trente ans. Que suit-il de là? Que la disposition de la loi civile est vaincue par la prescription de trente ans? Nous en convenons avec M. Dupérier; mais il n'en est pas de même de la loi statutaire, qui tenant au droit public du second ordre, résiste à la prescription trentenaire; c'est ce que nous pensons avec M. Dupérier et une foule d'autres auteurs recommandables, fondés

I

encore sur cette antique jurisprudence locale , explicative de notre statut particulier. Comment notre confrère a-t-il cité M. Dupérier ? Le voici : *M. Dupérier, dans ses notes manuscrites , v.° arbres , dit , la prescription en toutes ces questions , ne peut être que de trente ans.* On peut donc décider à présent, de quel côté est l'ingénuité , et qui des deux défend la vérité ou son opinion.

Notre confrère a terminé cette partie de sa réponse par une épigramme dont tout le monde ne peut pas connoître la pointe. Mais quoiqu'elle frappe contre nous , nous tenons à cœur de l'indiquer. ». *Je conçois ,* dit-il , *que la préférence*
» *d'une règle sur l'autre , eût pu faire le sujet d'une sa-*
» *vante dissertation.*

» *Tel est le grand ouvrage de Faber ,* de erroribus prag-
». maticorum. »

C'est bien le cas de dire *in caudâ venenum.* On a , en effet, reproché à Faber d'avoir plus établi d'erreurs lui-même , qu'il n'en avoit voulu corriger dans les ouvrages des praticiens , dont il entreprit de faire la critique ; et M. Decormis , en son particulier , a dit , tom. 1 , col. 410 : *chacun sait qu'en cet ouvrage là , il a combattu les maximes les plus saines du palais , qu'il qualifie d'erreurs en pratique.*

Notre confrère est trop instruit , pour qu'il ne sache pas que nous pourrions en faire une à notre tour ; mais nous ne voulons pas avoir ce tort , quoique provoqués. Nous nous oublions nous-mêmes , uniquement occupés dans cette partie de notre travail , de faire remonter notre première jurisprudence à son ancien rang de domination , qui , de l'aveu manuscrit de notre confrère , lui étoit si justement acquis , où les bons principes auroient dû la maintenir invariablement , et d'où , des erreurs aujourd'hui connues , grâces à M.ᵉ Silvy , l'ont fait descendre pour faire place à une jurisprudence contraire, mal accueillie et par M. Debezieux, et par le savant barreau d'Aix, dès le premier arrêt qui lui donna la naissance.

Sur le n.° 9 du même §. I, pag. 9.

Notre confrère y dit que *nous n'avons pas de règle pour la plantation des arbres dans les jardins de ville. Il ne seroit presque plus possible d'y en planter. Il suffit qu'ils ne nuisent pas aux édifices du voisin.*

Nous pensons au contraire que les jardins de ville sont nécessairement compris dans la disposition générale de notre coutume, par cette grande raison, qu'elle ne les sépare pas des autres *possessions* des particuliers ; et par cette autre grande raison aussi, que ces jardins sont des *possessions* dans le sens de la coutume, semblables aux *possessions* rurales, et que les jardins voisins, ainsi que les maisons voisines, sont *la propriété du voisin*, dans le sens de la même coutume.

La coutume a voulu donner à tout propriétaire la permission de planter des arbres *dans sa possession* ; mais pour éviter que l'usage de cette liberté ne nuisît à la *possession* du voisin, elle a réglé la distance à laquelle la plantation devoit être faite du fonds voisin, et dans laquelle il n'étoit pas permis de planter. La règle est donc générale pour les possessions *urbaines* et *rurales*, parce que la loi devoit la même sollicitude et la même protection aux unes et aux autres.

En l'état de cette loi locale conservée par le code civil, qu'importe aux propriétaires de la ci-devant Provence, que le droit romain et l'ancien droit français n'aient fixé que pour

I 2

lès champs, la distance à laquelle les arbres doivent être
plantés ; et que quant aux arbres plantés dans les villes, ils
ne se soient occupés que du soin de pourvoir aux cas où
un arbre nuiroit aux maisons voisines, par ses racines ou par
son branchage? Ne nous suffit-il pas que notre coutume locale
ait réparé l'omission et l'insuffisance du droit romain et de
l'ancien droit français ?

L'auteur eût donc dû ne pas dire qu'*il n'y a point de
règle pour la plantation des arbres dans les jardins de
ville.* Si cette règle n'avoit jamais existé ailleurs, il y a déjà
bien des siècles qu'elle étoit établie en Provence.

L'auteur ajoute que si la règle de la distance déterminée
par le droit romain, par la coutume de Provence et par le
code civil, pour la plantation des arbres, *étoit appliquée aux
jardins de ville, il ne seroit plus possible d'y en planter.*

Si cela étoit, ce seroit un petit mal, parce que le dommage
que le voisin souffre, est d'un ordre supérieur à l'agrément
de celui qui veut avoir des arbres dans son jardin.

Mais comment se persuadera-t-on que la distance à garder
entre le fonds du voisin et le fonds de celui qui plante un
arbre dans un jardin de ville, soit un obstacle à la plantation
de ces sortes de jardins ? On y plante moins d'arbres, nous
en convenons ; mais peut-il être permis d'y en planter davantage au préjudice du voisin ?

L'auteur dit enfin, qu'*il suffit que les arbres plantés dans
un jardin de ville ne nuisent pas aux édifices du voisin,
pour qu'on ne soit d'ailleurs soumis à garder aucune distance précisée.*

Il ne raisonne donc que pour le cas spécifique où un
jardin existe seul, au milieu de divers bâtimens. Il ne généralise

pas moins sa décision, tandis qu'il auroit dû la particulariser. Dans ce cas même la décision n'est pas exacte, parce que les maisons des voisins sont leurs PROPRIÉTÉS, et que, pour la garantie de ces propriétés, la distance prescrite par la coutume, doit être gardée.

La décision générale de l'auteur pourroit-elle être suivie, s'il existoit deux jardins de ville, attenans l'un à l'autre, appartenans aux propriétaires de deux maisons contigues? Rien n'est plus ordinaire dans les petits lieux et dans les grandes villes. Suffiroit-il donc alors, que les arbres plantés dans le jardin de l'un, *ne nuisissent pas aux édifices de l'autre*, pour qu'ils subsistassent, quoique plantés, non à la distance légale, mais à un simple éloignement de fantaisie et arbitraire? N'existe-t-il pas alors, entre les deux jardins, un mur de clôture qui peut appartenir en entier à l'autre voisin, ou qui peut être mitoyen? Dans chacun de ces cas n'est-il pas à craindre que les racines des arbres plantés hors de la distance, ne pénétrent ce mur ou ne passent par-dessous et ne le ruinent?

En mettant à part ces événemens, quoique certains et même infaillibles, le propriétaire du jardin voisin de celui où on plante des arbres, n'a-t-il pas un intérêt à ce que l'air et le soleil, qui peuvent seuls faciliter la végétation des petites plantes ou arbres nains, qu'il y cultive ou fait cultiver, déjà interceptés en partie par les maisons environnantes, ne le soient pas encore par des arbres plantés hors de la distance requise?

La règle doit d'ailleurs être la même quand on plante des arbres dans les jardins de ville, que quand on en plante dans la campagne. Chacun sait, en effet, que dans les villes il y a moins d'air et de soleil, l'un et l'autre étant coupés par les maisons; et que si on ajoute des arbres, il est impossible que le jardin du voisin soit dans un état de production, tout comme il est impossible que ces arbres ne nuisent pas du plus au moins aux édifices.

Enfin, quand il existe une coutume précise et générale, elle n'admet point de distinction, ni d'explication contraire à son texte. C'est dans ce sens que M. Tiraqueau a d. que la coutume est *tyrannique*, et Dumoulin, que *statuta et consuetudines sunt strictissimi juris, non restringendi nec ampliandi, etiam ex idemtitate rationis, quia eorum verbis tenaciter inhærendum est. Quandò habemus textum statuti aliàs interpretari non potest quàm loquitur.*

Ainsi donc il est vrai que nous avons une règle pour la plantation des arbres dans les jardins de ville, la même que celle qui régit ces plantations dans les champs.

L'auteur paroît autoriser les arbres plantés en espalier près d'un mur de clôture mitoyen, ou propre à l'un des deux voisins; et il se fonde sur l'autorité de Desgodets et de son commentateur, auteurs étrangers pour nous. Les arbres en espalier grossissent par les branches, par le pied et par les racines. Ils ne peuvent que nuire au mur de clôture qui appartient à l'autre voisin, ou qui est mitoyen. Il y a dans Sirey, tom. 13, part. 2, pag. 322, un arrêt de Paris conforme à notre avis.

Nous ne serions pas si rigoureux dans le cas où le mur appartient en entier au propriétaire des espaliers, s'il ne les tient qu'à la hauteur de son mur.

Notre confrère a répondu sur cette dernière observation,

avec le ton de la complaisance qu'il a pour tout ce qui est émané de sa main ou de sa plume, et même avec celui que donne le succès. Il abonde en citations inutiles et étrangères à la question. Il persiste dans un système contraire aux dispositions de notre statut, et il clôture sa réponse par ces mots : *nous avons donc eu raison de dire qu'il n'y avoit, en Provence, aucune règle particulière sur la distance des arbres, dans les jardins.*

On vient de voir que nous avons raisonné dans deux cas. Le premier est quand un particulier a un jardin isolé et entouré uniquement de maisons voisines ; et le second, quand un jardin est voisin d'un autre jardin ou de plusieurs autres. On saisit la nuance qui différencie les deux hypothèses ; et notre confrère ne peut pas ne pas l'avoir aperçue. Mais comme il a trouvé quelques auteurs qui paroissent lui être favorables dans la première hypothèse, et qu'il auroit été bien en peine d'en trouver un qui eût pu le servir dans la seconde, il a eu l'attention de ne nous répondre que sur le premier cas et de continuer de confondre les deux.

Nous commençons par ruiner son système, considéré sous chacun de nos deux points de vue. Il conviendra sans doute qu'avant le code civil, les servitudes *urbaines* étoient d'une nature, et que les servitudes *rurales* étoient d'une autre ; qu'elles étoient soigneusement distinguées entre elles, tant par le droit romain que par l'ancien droit français ; que les deux espèces de servitudes avoient chacune des règles propres et particulières, et que chaque espèce étoit insusceptible de l'application des règles et des principes établis pour l'autre. De là vient l'attention que les auteurs ont eue de bien distinguer les deux espèces de servitudes, et de nous prévenir que ce qui est décidé pour les servitudes *rurales* n'avoit pas lieu pour les servitudes *urbaines* et réciproquement.

Les choses sont-elles encore dans le même état depuis le code civil? Qui peut donc ignorer que ce code, s'il a consacré un article (687) pour conserver la division des servitudes en *urbaines* et en *rurales* , il les a toutes soumises indifféremment à l'application des principes généraux et particuliers qu'il établit, et les a toutes placées sur une même ligne ; en sorte que chacune de ses décisions règle indifféremment les servitudes *urbaines* et les *rurales.* Impossible de trouver dans le titre du code civil un article qui dispose uniquement sur les *servitudes urbaines* , ou uniquement sur les *servitudes rurales.* Partout, au contraire, il les considère du même coup d'œil , il les confond sans laisser percer aucune nuance qui les distingue , et c'est au point, qu'à l'exception de l'article 687, les mots *servitude urbaine* et *servitude rurale,* sont absolument bannis du code.

L'intention que le code civil a eue de leur appliquer les mêmes règles de décision, est d'ailleurs écrite dans son article 653 ainsi conçu : *DANS LES VILLES ET LES CAM- PAGNES , tout mur servant de séparation entre bâtimens jusques à l'héberge, ou entre cours et jardins , et même entre enclos DANS LES CHAMPS , est présumé mitoyen s'il n'y a titre ou marque du contraire.* Voilà donc bien *les servitudes urbaines* et les *servitudes rurales* , placées les unes à côté des autres et soumises à une seule loi. Cette intention du code civil est tellement prouvée d'ailleurs, qu'il n'y est plus question hors des articles 687 et 653, ni des bâtimens de ville , ni des cours ou jardins de ville, ni des bâtimens de campagne, ni des cours ou jardins de campagne,

ni

ni des terres rurales, et qu'il les désigne tous indistinctement par les mots *fonds*, *propriétés* et *héritages*, art. 637, 638, 678, 679, 694, 698, 699, 701, 702, 705.

S'il n'existe plus de distinction entre les servitudes urbaines et les rurales; entre les maisons de ville et celles des champs; entre les cours et jardins de ville et ceux de la campagne; la distance de *deux mètres*, requise par le code civil, art. 671, pour la plantation des arbres entre deux héritages, c'est-à-dire, entre une maison de ville ou de campagne; entre une maison de ville et une cour ou jardin de ville; entre une maison des champs et une cour ou un jardin des champs, doit donc être gardée, et par la même raison, celle qui est déterminée par notre statut, pour la plantation des arbres entre *deux possessions* ou *propriétés* voisines, soit des villes soit des champs, doit être gardée aussi, et alors le statut et le code fixent l'usage de Provence.

En faisant imprimer son opuscule, en 1815, notre confrère n'a donc pas eu *raison de dire qu'il n'y avoit en Provence aucune règle particulière sur la distance des arbres dans les jardins de ville*, puisque cette *règle* existoit dans le statut, et que tout au moins depuis le code, elle étoit indifféremment applicable aux maisons, cours et jardins de ville, et aux maisons, cours, jardins et fonds ruraux, tous ne formant alors qu'une seule et même classe, tous étant alors régis par un seul et même principe. Si en effet le code civil a trouvé bon de conserver, parmi nous, la distance prescrite par le statut, il n'a pas entendu nous autoriser à suivre ces anciennes lois qui différencioient les servitudes *urbaines* et les *rurales*, au moment où il les abolissoit.

Revenons donc maintenant à notre premier point de vue

K

et examinons, abstraction faite du code civil qui nous donne trop d'avantages, s'il est bien vrai qu'on ne fût pas obligé, en Provence, de garder la distance prescrite par le statut, quand on trouvoit bon de planter un ou plusieurs arbres dans sa cour ou son jardin de ville, entourés de maisons voisines.

Le statut de Provence avoit décidé que *si quelqu'un veut planter des arbres en sa POSSESSION, il le peut faire, pourvu qu'il les plante une canne loin de la PROPRIÉTÉ de son voisin.* Nous avons assuré ci-devant, pag. 67, qu'une cour ou jardin de ville étoit une POSSESSION, aussi bien qu'une cour ou un jardin des champs; et qu'une maison de ville étoit une *propriété* comme une maison des champs et comme un champ lui-même.

Notre confrère prétend que le statut n'a entendu par *possession*, qu'une maison, cour, jardin et fonds ruraux, et qu'il n'a pas porté ses vues jusques aux *maisons, cours et jardins de ville.* Mais pour *avoir raison* en interprétant ainsi le statut, il auroit fallu qu'il prouvât qu'une cour et un jardin de ville ne sont pas des *possessions* pour celui à qui ils appartiennent, et qu'une maison de ville n'est pas une *propriété* pour celui qui la possède.

C'est ce qu'il a tenté de faire, de plusieurs manières différentes; mais c'est sans succès.

1.° Il a invoqué la loi romaine qui a déterminé la distance à garder dans les plantations d'arbres entre voisins, et il remarque que la loi se sert du mot *PRŒDIUM.* Il suppose donc que ce mot ne désigne qu'un fonds rural. Nous ouvrons le meilleur dictionnaire latin (en deux volumes in-4.°, intitulé *Novitius,* fait par M. l'abbé Magnès); nous arrivons au mot PRŒDIUM. Comment y est-il traduit? Le voici : *fonds,*

terre, *héritage*, *domaine*, *TOUTE SORTE DE BIENS,
SOIT EN VILLE, OU EN CAMPAGNE.* Nous re-
montons au droit romain et nous trouvons dans les digestes,
deux titres dont l'un est intitulé : *de servitutibus PRŒ-
DIORUM RUSTICORUM*, et l'autre, *de servitutibus
PRŒDIORUM URBANORUM.* Voilà une première preuve
qui échoue. Il est évident, en effet, que le mot *prœdium*
n'est pas exclusivement appliqué aux fonds ruraux.

2.° Il a invoqué le code civil qui, dans l'art. 671, se
sert de l'expression *héritage.* Il croit donc que le mot *héritage*
n'est propre qu'à exprimer un fonds *rural.* Nous ouvrons cet
article et tous les autres qui composent le titre des servitudes,
et nous lisons que *les maisons, cours et jardins de ville*
y sont désignés, comme les *maisons, cours, jardins et domaines ruraux*, sous les dénominations communes de *fonds*,
de *propriété*, d'*héritages*; et il résulte nécessairement et plus
particulièrement, des dispositions générales des articles du
même code, 665, 657, 694, 701, 702 et 705, que le
mot *héritage* s'applique, tant aux maisons, cours et jardins
de ville, qu'aux maisons, cours, jardins et fonds ruraux.
Voilà une seconde preuve qui échoue encore.

3.° Il nous oppose M.e Cujas, lequel a observé que la loi
romaine qui a fixé la distance à garder dans la plantation des
arbres, n'est relative qu'aux biens ruraux, et qu'*il n'y a rien
d'écrit* dans le droit romain, sur celle à garder dans les villes
pour la plantation des arbres, la citation est parfaitement exacte.
Ce que Cujas a dit est exactement vrai. Nous ne persistons pas
moins à penser que parmi nous, d'après notre statut et le code
civil, la distance prescrite par eux, est commune aux plantations
d'arbres faites aux champs et dans les jardins de ville.

A Rome les maisons étoient toutes séparées les unes des autres, aussi sont-elles dénommées *isles INSULÆ*. Quiconque en faisoit bâtir une, étoit obligé de laisser entre son voisin, un espace de deux pieds au moins, et comme cet espace ne suffisoit pas pour que les maçons pussent réparer les murs dans leur partie extérieure, l'usage avoit porté cette distance à quatre pieds, absolument nécessaires pour que les ouvriers pussent manœuvrer, placer des échelles et faire des étagères.

Quiconque plantoit un arbre de haute tige dans sa cour ou jardin, le plantoit bien au moins à cinq pieds de distance de son propre mur. C'est ainsi que la distance de neuf pieds fixée pour les champs, se trouvoit gardée dans les villes. Voilà pourquoi on ne trouve *rien d'écrit* dans le droit romain sur la distance à laquelle les arbres doivent être plantés dans les cours et jardins de ville.

M.ᵉ Cujas, qui a écrit dans un temps où il voyoit les maisons adossées les unes contre les autres, a-t-il dit que chaque propriétaire pouvoit planter des arbres à une distance arbitraire, dans sa cour ou jardin? Non, et c'est après avoir lu tout son commentaire sur la loi 1, cod. *de interdictis*, que nous assurons ce point de fait. Voilà une troisième preuve qui devient nulle.

4.° Il se prévaut encore de l'autorité de M. *Desgodets*; mais il l'a citée d'une manière si inexacte, qu'il nous a été impossible de trouver son mot sur les jardins de ville. Pour paralyser ce mot, il nous suffit d'observer que l'auteur commente la coutume de Paris, laquelle ne détermine pas même la distance à garder dans les plantations d'arbres faites aux champs, ainsi que nous l'avons déjà observé. Cette preuve ne fait donc pas plus d'impression que les autres.

5. Et enfin, il se rempare de M.ᵉ Buisson, ancien avocat d'Aix. Mais cet auteur répète exactement l'observation que M.ᵉ Cujas a faite sur le *silence* du droit romain. Nous n'avons pas d'autre réponse à donner à ce qu'a dit M.ᵉ Buisson, que celle que nous avons déjà donnée à ce qu'a dit M.ᵉ Cujas.

Nous nous sommes plaints de ce que notre confrère recourt à *l'art de la défense.* Sommes-nous injustes ?

Dans son système, tout propriétaire de cour ou jardin de ville entourés de maisons, pourroit donc planter un arbre de haute tige à une distance arbitraire. Il pourroit donc adosser le plançon tout-à-fait contre la maison du voisin, ou à un pied, ou à deux, ou à trois, ou à quatre. Quel progrès feroit donc cet arbre ? Et quel préjudice ne porteroit-il pas bientôt aux fondations et au mur latéral du voisin ? Il n'auroit pas plutôt poussé, qu'il seroit soumis à ces lois reconnues par notre confrère, qui en ordonnent la coupe. Le plantera-t-il à six, sept ou huit pieds ? Dans peu d'années, le branchage de l'arbre frotteroit jour et nuit contre la maison voisine, et bientôt aussi les racines en pénétreroient les fondations. C'est donc surtout dans les cours et jardins de ville, que les arbres devroient être plantés à une plus grande distance que celle prescrite pour les champs.

Notre confrère n'ayant pas trouvé bon d'entrer en lice avec nous, pour le cas où un jardin de ville est entouré d'autres jardins au lieu de maisons, nous nous référons à ce que nous lui avons déjà observé ci-devant, pag. 69.

Qui de nous deux a *raison* ou *tort* ? Il n'appartient qu'à nos juges de prononcer.

Sur le §. II, *n.*° 2, *page* 11.

Notre confrère est convenu que le droit romain avoit fixé la distance des aquéducs publics, à laquelle il étoit permis de planter des arbres, et il indique les lois 6 et 10, cod. *de aquœduct.* Mais il a prétendu que *nous n'avions , en Provence, aucun usage particulier sur ce point.* Nous lui avons observé que c'est la loi 1 du même titre du code, faite par Constantin, qui n'avoit permis aux propriétaires, voisins des canaux publics, de planter des arbres qu'à la distance de quinze pieds; que c'est la loi 6 du même titre, faite par Théodose, qui réduisit cette distance à dix pieds; et que c'est la loi 10, faite par l'empereur Zénon, qui prohiba généralement toute plantation d'arbres le long des aquéducs publics.

Nous lui avons dit aussi que les dispositions de ces lois fixoient notre *usage* en Provence, et qu'on ne pouvoit planter des arbres le long des canaux publics, qu'à une distance éloignée de plus de quinze pieds, attendu que la loi 10 avoit fait cesser, également, la permission donnée par Constantin, d'en planter à quinze pieds, et celle donnée par Théodose, d'en planter à dix pieds.

Nous avons ajouté que la prohibition de planter des arbres le long des aquéducs publics, prononcée par le droit romain, auroit suffi pour fixer aussi notre usage, quant aux plantations faites près des canaux privés, parce que, faits plus économiquement, ils seroient plus aisément dégradés par les racines des arbres plantés dans le voisinage.

Nous lui avons dit enfin, que la loi générale de Provence qui prescrivoit de ne planter des arbres qu'à la distance de huit pans de *la possession du voisin*, devoit nécessairement fixer notre *usage*, parce qu'un canal privé étoit une POS-SESSION proprement dite de celui à qui il appartenoit.

Nous avons conclu de tout cela, que nous avions nécessairement eu en Provence un usage régulateur de l'éloignement des canaux publics ou privés, auquel les arbres pouvoient et devoient être plantés, d'après la même loi 10, qui prohiboit absolument d'en planter à une distance qui auroit pu exposer les canaux à être dégradés ou interceptés par leurs racines ; et que dans le fait, notre loi locale suffisoit pour soumettre tout propriétaire voisin à ne pouvoir planter des arbres, dans le voisinage d'un canal public ou privé, qu'à huit pans de distance ; et que dès lors, il ne pouvoit pas être permis de dire qu'en Provence, nous n'avions point d'*usage particulier* sur ce point.

Notre confrère ne s'est rendu ni à nos observations, ni à nos conséquences.

Il dit que les lois romaines ne se réfèrent qu'aux canaux publics, ce qui est vrai. Mais pourquoi les lois 1 et 6 avoient-elles établi une distance fixe entre les arbres et les aquéducs publics ? C'étoit pour prévenir les dégâts que les racines pourroient faire aux bâtisses des aquéducs, et les interceptions des eaux que ces mêmes racines pourroient occasionner. C'est par le même motif, que la loi 10 prohibe toute plantation d'arbres le long des aquéducs publics. Les mêmes événemens sont à craindre, à plus forte raison pour les canaux ou aquéducs particuliers, attendu qu'ils ne sont pas bâtis aussi solidement, et qu'ils ne sont pas aussi larges que ceux qui sont destinés aux usages publics. Il y auroit donc même raison et même plus de raison, d'appliquer aux canaux privés dans la Provence, la dernière de ces trois lois, qui ne permet aucune plantation d'arbres le long des canaux publics, pas même dans la distance fixée par la première et la sixième, et d'y trouver la mesure de notre *usage*.

Il ajoute qu'*il pense avec la loi* 10, *qu'il suffit de planter à une distance telle que l'arbre ne puisse nuire à l'aquéduc.* C'est ainsi que tout en contestant qu'il existe un *usage* en Provence, il l'indique lui-même comme y étant déterminé par la loi 10, ce qu'il n'est pas indifférent de remarquer. Il suit, en effet de là, que notre *usage* fixé par cette loi, qui prohibe toute plantation d'arbres le long des aquéducs publics, défend aussi toute plantation d'arbres le long des canaux publics et privés.

Mais pour prouver que notre usage réel étoit de ne laisser planter des arbres le long des canaux privés qu'à huit pans de distance de chaque côté, nous avons invoqué notre statut, qui ne permet de planter des arbres qu'à cette distance du fonds voisin, et notre confrère est resté muet sur ce point; il a sans doute senti qu'un canal est aussi bien une POSSESSION, que tout autre fonds urbain ou rural.

TITRE III.

Des Fossés.

Sur le n.° 4 du §. II, pag. 18.

La jurisprudence française et celle de Provence, ont toujours déclaré mitoyen le fossé creusé sur les confins de deux propriétés,

propriétés, *s'il n'y avoit titre ou marque du contraire ;* et elles avoient adopté, *pour marque du contraire, le rejet de la terre,* lorsqu'il étoit d'un seul côté. Alors le fossé étoit déclaré propre à celui dans le fonds duquel le rejet de la terre se trouvoit.

Il suivoit de là, que lorsque le rejet de la terre étoit également de chaque côté, la preuve de la *mitoyenneté* étoit toute faite et corroboroit la présomption de la loi, et que lorsque le rejet de la terre étoit d'un seul côté, la preuve de la *non-mitoyenneté* étoit toute faite.

Tout cela est convenu par notre confrère.

Malgré tout ce que la jurisprudence de France avoit de positif et d'imposant, plusieurs auteurs (1) pensoient qu'alors même qu'il n'existoit point de rejet de la terre, ni d'un côté, ni de l'autre, le fossé ne devoit pas être censé mitoyen lorsqu'il existoit entre deux fonds, dont l'un étoit un pré ou un jardin, et l'autre, une terre de labour, un vignoble, un fonds vague et sans culture.

C'est dans l'état de cette jurisprudence, et de l'exception faite par les auteurs, bien connues l'une et l'autre, qu'est intervenu le code civil, et que ses articles 666, 667 et 668, ont confirmé la jurisprudence d'une manière absolue, et sans y apporter aucune sorte d'exception, ni de distinction. Il a donc condamné ou rejeté tout système qui ajoutoit à la jurisprudence. Il n'est donc plus permis d'ajouter aux dispositions du code. L'avis de M. Pardessus mérite donc la préférence, parce qu'il n'ajoute rien, ni à la jurisprudence, ni au code civil,

_____

(1) Legrand, sur la coutume de Troyes, art. 63, gloss. 1, n.° dernier. Coquille, quest. 298.

et que, par cela même, il est sûr; au lieu que celui de M. Fournel, que notre confrère a adopté, fait une exception à la jurisprudence et au code civil, et que par cela même, il est hasardeux, indépendamment de ce qu'il ouvre les voies à des procès que le code civil paroît avoir voulu prévenir.

Nous ne devons pas dissimuler cependant que M. de Malleville, tom. 2, pag. 111, est de l'avis de M. Fournel et de notre confrère.

Sur le n.° 5 du même §. II, pag. 18.

Notre confrère dit, avec raison, qu'un des copropriétaires d'un fossé, peut, pour se décharger du soin de l'entretenir, renoncer à la *mitoyenneté*. Mais il auroit dû ajouter qu'il ne peut faire cette renonciation, qu'après avoir concouru à le mettre en bon état pour l'avenir, parce que son obligation de l'entretenir, a existé jusques au moment où il trouve bon de s'en décharger, et qu'il ne seroit pas juste que l'autre fît seul les frais d'une réparation que leur négligence commune a occasionnée. Telle est la règle en matière de puits commun, lorsqu'un des copropriétaires veut renoncer à la mitoyenneté (1); et en matière de muraille commune, autre que celle qui soutient un bâtiment commun, lorsqu'un des communistes veut renoncer à la mitoyenneté (2).

_____

(1) MM. Imbert, *Enchiridion* latin, pag. 387; Ferriere, sur la coutume de Paris, tom 2, pag. 1736, n.° 8; Pothier, du contrat de société, n.ᵒˢ 192, 196, 223; code civil, art. 656.

(2) MM. Pothier, *du contrat de société*, 2.° 221; Ferriere, *ibid.*, pag. 1737, n.° 6.

Sur le §. III, *pag.* 19.

Notre confrère a oublié de dire 1.º que celui qui achète un terrain pour y établir un fossé de moulin ou d'arrosage, a le droit d'exiger qu'on lui vende aussi de chaque côté un espace pour recevoir le rejet de la terre, lorsque le fossé aura besoin d'être recuré. Gobius, *de aquis*, quæst. 19, n.º 1.; 2.º que celui qui a ce fossé à titre de servitude, peut exiger des voisins du fossé, à titre d'accessoire de la servitude, qu'ils lui donnent un chemin pour qu'il arrive le plus commodément que possible à son fossé; qu'ils lui laissent la faculté de réparer lui-même ce fossé, ou par ses ouvriers; qu'ils laissent de chaque côté un espace pour passer, pour y entreposer la terre et le limon du fossé, et pour y faire décharger tous les matériaux nécessaires à la réparation du fossé, tels que pierres, sable et chaux (1).

TITRE IV.

Des Puits.

Nous confrère a dit sous ce titre, trois choses : la première, qu'*un puits doit être éloigné d'un pas*, *du fonds voisin ;* la seconde, que *celui qui cause du dommage à son voisin*

---

(1) *Si propè tuum fundum jus est mihi aquam rivo ducere, tacita hæc jura sequuntur ; ut reficere mihi rivum liceat : ut adirè quâ proximè possim ad reficiendum eum ego fabrique mei : item ut spatium relinquat mihi dominus fundi, quò dextrâ et sinistrâ ad rivum adeam et quò terram, limum, lapidem, arenam, calcem facere possim.* L. 11, §. 1, ff. *communia prœdiorum.*

en faisant creuser un puits, seroit tenu de le réparer ;
et la troisième, *que la chûte ou l'écoulement d'un puits,*
rend le propriétaire responsable du dommage que le voisin
en souffre.

Il auroit pu donner à ses compatriotes d'autres notices utiles,
relatives aux puits.

Ils auroient appris avec reconnoissance, 1.° que le propriétaire d'un puits ne peut pas se plaindre de ce que son
voisin, en creusant un puits, a mis à sec le sien, quand même
avant de creuser le nouveau puits, le voisin se seroit expressément soumis au payement des dommages-intérêts, parce que
cette convention ne s'étend pas à ce dommage (1).

2.° Que quoique chacun ait le droit de creuser un puits
dans son propre fonds, on peut s'interdire par convention
l'exercice de ce droit (2), tout comme, quoique tout le monde
ait le droit de pêcher dans la mer ou dans une rivière, on
peut par convention renoncer à ce droit ; tout comme encore,
quoique dans les petits lieux, chacun ait le droit de faire du
fumier devant sa maison, on peut renoncer par convention
à l'usage de ce droit (3). Ces décisions sont fondées sur la
bonne foi du contrat, chacun pouvant renoncer pour son compte
à une faculté commune à tous les hommes.

---

(1) Loi 24, §. ult. ff. *de damno infecto.* Loi 21, ff. *de aquâ et*
aquæ pluviæ arcendæ. Cœpola, de servit. rust. prædior. n.°
52, col. 2, pag. 306.

(2) Loi 1, §. 28, ff. *de aquâ cottidianâ et æstivâ.* Loi 15, ff.
de servitutibus.

(3) Loi 14, ff. *communia prædior.*

3.° Que les deux voisins peuvent se contraindre respectivement pour faire faire la reconstruction d'un puits commun
entr'eux (1).

4.° Qu'un des deux voisins ne peut pas se soustraire à la
réparation d'un puits commun, en renonçant à la mitoyenneté.
Il faut qu'il concoure aux frais des réparations relatives à
l'usage du passé, et sa renonciation ne peut le décharger que
de celles de l'avenir (2).

5.° Que si après nous être partagé un fonds qui n'a qu'un
puits, et nous en être réservé l'usage commun, j'échange
ma portion avec mon copartageant pour d'autres terres, sans
m'être réservé l'usage de ce puits, je ne puis plus me prévaloir
de l'usage commun stipulé dans le partage (3).

6.° Que le recurage du puits d'une maison louée, est à
la charge du propriétaire, s'il n'y a pas pacte contraire (4).

7.° Que celui qui corrompt à dessein l'eau d'un puits, se
rend coupable d'un véritable délit qui le constitue passible
de poursuites criminelles, selon la jurisprudence du parlement
de Provence (5).

8.° Qu'entre deux puits creusés l'un à côté de l'autre, il
faut qu'il existe une bâtisse de trois pieds d'épaisseur, y
compris celle des murs de chaque puits, c'est-à-dire, qu'il faut

---

(1) Mornac, *ad leg.* 4, § 1, ff. *communi divid.* Guypape ;
quœst. 444.

(2) Voyez ci-devant, page 82.

(3) M. Augeard, tom. 1, arrêt 155, pag. 474.

(4) Code civil, art. 1756.

(5) Arrêt du 4 mars 1719. L'accusé avoit jeté dans le puits, du
marc d'olives et des oignons sauvages pilés.

que le mur de chaque puits ait un pied d'épaisseur, et qu'il
y ait en outre un contre mur de la même largeur entre
deux (1).

Enfin, si le mur du premier puits établi, n'a qu'une épaisseur d'un pied lors du creusement du second , le propriétaire du premier doit-il contribuer à la bâtisse du contre mur
d'un pied qui doit exister entre les murs de chaque puits ?
Cette question n'est pas décidée par les auteurs. Ils en décident une autre qui paroît être analogue.

M. Coquille pense que celui qui fait creuser un puits à côté
d'une fosse d'aisance , doit prendre lui-même toutes les précautions requises , pour que les eaux infectes de la fosse ne
communiquent pas avec celles de son puits (2).

M. Desgodets pense au contraire , que le propriétaire de
la fosse doit contribuer aux frais de la plus grande bâtisse
qui doit exister entre celle-ci et le puits du voisin (3).

M. Goupy est du même avis que M. Coquille , et c'est
leur opinion qui nous paroît être la préférable.

Dès lors la question de savoir , si le propriétaire du puits
préexistant doit contribuer aux frais de la plus grande bâtisse
qui doit exister entre deux puits , est toute décidée en sa
faveur. C'est à celui qui fait creuser un second puits à côté
du premier, à prendre ses mesures et à ses frais , pour les
consolider tous les deux.

_____

(1) MM. Desgodets et Goupy, *lois des bâtimens*, pag. 97, n.° 13.

(2) Coquille, *cout. de Nivernois, tit. des maisons*, etc., art. 13.

(3) M. Desgodets *ibid.*, pag. 196, n.° 12.

TITRE V.

Des Latrines ou Privés.

Il est parfaitement exact.

TITRE VI.

Des Chemins.

Sur la page 25.

Notre confrère a dit, au commencement de la page, que lorsqu'un de ces *chemins vicinaux*, qui sont à la charge des communes, *est en mauvais état*, et que *les voyageurs sont obligés de passer dans les fonds* cultivés qui touchent ce chemin, la commune chargée de le soigner, est tenue de payer le dommage causé au champ ou aux champs voisins.

Il suppose donc par cela même, que lorsque le chemin est *en mauvais état*, le voyageur peut, pour sa plus grande commodité, se permettre de passer ou à pied ou à cheval, ou en voiture dans les champs cultivés qui le bordent à droite ou à gauche.

Il auroit dû indiquer le principe de cette supposition, et commencer par établir le droit qu'il accorde aux voyageurs, de fouler ainsi les champs cultivés et existans en nature de vergers d'oliviers, de plant de vignes ou de terres de labour. C'est ce qu'il pouvoit faire en citant la loi qui est la base du droit des voyageurs.

S'il l'eût citée, il y auroit vu que ce n'est pas dans le cas où le chemin *est en mauvais état*, qu'elle accorde aux voyageurs le droit dont il est question ; et que c'est au contraire et uniquement dans celui où le chemin est devenu impraticable, c'est-à-dire, qu'il a été emporté par l'impétuosité des eaux d'un fleuve ou d'une rivière qui ont débordé, ou qu'il est tombé dans un état de ruine (1). Il faut donc qu'il n'y ait plus de chemin praticable, pour que les voyageurs puissent en prendre un dans les fonds voisins de l'ancien chemin.

Il y a encore bien loin d'un chemin *en mauvais état*, à un chemin devenu impraticable. On passe dans le premier, à pied, à cheval et en voiture, quoique moins commodément, et on ne peut plus passer sur un chemin qui a été emporté ou qui est tombé en ruine.

C'est au moment où le chemin commence à ne plus être aussi sûr pour le charroi, que l'habitant qui a une voiture doit semoncer sa commune de le faire réparer, et en cas de négligence de la part de celle-ci, prendre contre elle les voies de droit, devant l'autorité compétente.

Ainsi, le droit du voyageur de fouler les champs voisins, ne naît que dans le cas d'une absolue nécessité, procédant d'un cas fortuit qui emporte ou ruine le chemin public. C'est uniquement dans ce cas que la commune est en faute, si elle ne le fait pas rétablir, sans semonce de la part d'un ou de plusieurs habitans ; et dans tout autre, l'habitant ne peut se dévier d'un chemin qui n'est que moins commode, sauf à lui d'agir contre la commune pour le faire réparer.

---

(1) *Cùm via publica vel fluminis impetu vel ruinâ amissa est, vicinus proximus viam præstare debet*, loi 14, § 1, ff. *quemadmodum servitutes amittantur.*

De

De là ressortent deux vérités : la première, que le voyageur ou l'habitant d'une commune tant qu'il existe un chemin sur lequel ils peuvent passer, à pied, à cheval ou en voiture, n'ont pas le droit de passer pour leur plus grande commodité, dans les fonds qui forment les lisières de ces chemins ; la seconde, que tant que les communes n'ont pas été sommées par les habitans, de faire réparer le chemin devenu plus difficile, elles ne sont pas tenues d'indemniser les voisins du chemin, sur les fonds desquels les voyageurs ou habitans se permettent de passer. C'est à ceux-là, à se garder ou à endurer les inconvéniens attachés au voisinage des chemins publics.

On doit appliquer aux *chemins vicinaux* ou *voisinaux*, qui sont publics, tout ce qui est décidé en matière de route publique.

Or, la loi que nous avons citée est formelle. Le voyageur ne peut passer sur les fonds voisins du grand chemin, qu'autant que celui-ci n'existe plus, ou est dans un état de ruine qui le constitue absolument impraticable : *cùm via publica amissa est.* Hors de ces cas, les possesseurs des fonds voisins peuvent refuser le passage dans leurs champs, et dénoncer ceux qui se permettent de l'y prendre, et alors ils se font adjuger leur indemnité ; et dans ces cas au contraire, ils ne peuvent refuser un chemin dans leurs fonds, et ils n'ont point d'indemnité à prétendre. L'intérêt public l'emporte alors sur l'intérêt privé. La nécessité commune est plus forte que le droit de propriété, et chaque propriétaire le plus rapproché du chemin, doit se résigner à supporter les inconvéniens inséparables du voisinage d'une route publique (1).

_____

(1) M. d'Argentré, *coutume de Bretagne*, art. 54, note 5 ;

. Il arrive souvent en hiver, qu'à la suite des grandes pluies ou de la fonte des neiges, les chemins publics sont, pour ainsi dire, des lacs boueux et conséquemment impraticables pour les piétons. Dans ces cas, ceux-ci peuvent passer sur les fonds voisins, et les propriétaires de ces fonds n'ont, ni le droit de l'empêcher, ni celui d'exiger une indemnité.

Sur la même page 25.

Notre confrère nous a donné d'abord (pag. 23, n.° 2) une règle sûre pour distinguer les chemins publics des chemins privés. *Les chemins*, dit-il, *sont publics ou privés*. C'EST LEUR DESTINATION ET LA PROPRIÉTÉ DU SOL QU'ILS OCCUPENT, QUI LES RANGENT DANS L'UNE OU L'AUTRE CLASSE. Voilà donc le principe bien posé. Il en suit que *tout chemin qui n'a qu'une destination privée et qui n'est assis que sur un sol privé, n'est et ne peut être qu'un chemin privé*; et il suit encore de là, que ce chemin privé n'est susceptible d'aucun caractère de *publicité*, ni d'une dénomination qui puisse le faire confondre avec les *chemins publics*. Les deux conséquences sont sûres.

Il a ensuite spécifié, pag. 24, les chemins qu'on considère comme publics. Il les divise en quatre espèces, *chemins royaux de première classe, chemins royaux de seconde classe, chemins de viguerie, chemins de communauté à communauté, ou d'une communauté aux divers quartiers de son territoire.*

---

n.° 1. Mainard, tom. 1, liv. 4, chap. 59. Cœpola, *de servitut.*, page 67.

Cette quatrième classe de chemins publics n'avoit jamais été qualifiée que *chemins de communautés.* C'est le nouveau droit français qui les a qualifiés *chemins vicinaux,* dénomination consacrée par le droit romain pour désigner les *chemins qui conduisoient d'une communauté à une autre, ou d'un quartier d'une communauté, à un autre.* C'est ce qui résulte du § 22 de la loi 2, ff. *ne quid in loco publico fiat, vel itinere.* On y lit que les chemins *vicinaux* sont ceux qui sont dans les villages, ou qui conduisent aux villages : *vicinales sunt viæ, quæ in vicis sunt, vel quæ in vicos ducunt.*

Les chemins *vicinaux* pouvoient être *publics* ou *privés* ; leur état public ou privé dépendoit de la qualité du sol sur lesquels ils étoient établis, et de leur destination ou utilité. Quelques particuliers en avoient-ils fourni le sol et les entretenoient-ils ? Ces chemins étoient PRIVÉS. Leur sol étoit-il privé et étoient-ils entretenus par les habitans en général ? Ils étoient considérés comme *publics,* parce que la charge de l'entretien étant commune aux habitans, elle supposoit que ces chemins avoient été pratiqués pour l'usage et l'utilité commune (1). Ils étoient *publics,* à plus forte raison s'ils avoient été pratiqués sur un sol public, et si en même-temps les habitans les entretenoient.

---

(1) *Has quoque* (*viæ vicinales*) *PUBLICAS esse quidam dicunt, quod ità verum est, si non ex collatione privatorum hoc ità constitutum est : aliter atque si ex collatione privatorum reficiatur ; nam si ex collatione privatorum reficiatur non utique privata est : refectio enim idcircò de commune fit, quia usùm utilitatemque communem habet.* Même § 22 de la loi 2 précitée.

Aussi chez les romains, les chemins *vicinaux* formoient-ils une troisième espèce de chemins, différens, et des chemins *publics* et des chemins *privés*. *Viarum quædam publicæ, quædam privatæ, quædam VICINALES.* Même § 22.

Le nouveau droit français a affecté de traduire le mot latin *vicinales* par le mot *vicinaux*, pour mieux rendre l'idée des chemins qui sont à l'usage des communautés voisines, ou des habitans d'une même commune, quoique le mot *vicinales* ne soit bien traduit en français que par le mot *voisinaux*. Il a cru devoir conserver l'étimologie latine *de vico in vicum*, plus propre à exprimer les chemins de communauté qui conduisent d'un village à l'autre, ou qui sont à l'utilité commune des habitans d'un village, lesquels sont aujourd'hui considérés comme chemins publics.

Il suit de tout cela qu'on peut dénommer *voisinaux* ou *vicinaux*, les chemins de cette espèce ; que sous l'une ou l'autre dénomination, ils expriment également un chemin public, et qu'on ne doit plus dénommer en France *chemins voisinaux, les chemins privés*, parce que cette dénomination se confond avec celle de chemins *vicinaux*, et que l'une et l'autre sont également applicables à la troisième classe des *chemins publics*.

Cependant notre confrère, lorsqu'il s'est occupé des *chemins privés*, pag. 25, il les a divisés *en deux classes.*

Chemin dû à un particulier pour l'utilité de son fonds, qu'on appelle CHEMIN DE SOUFFRANCE.

Chemin dû aux divers propriétaires d'un même quartier, que l'on appelle CHEMINS VOISINAUX OU DE QUARTIER.

C'est là qu'il dit que le sol *du chemin dû à un particulier,*

qu'on appelle CHEMIN DE SOUFFRANCE , *ne laisse
pas d'appartenir au propriétaire du fonds sur lequel le
chemin est établi : celui à qui il est dû n'en ayant que
l'usage relativement au passage* ; et qu'il convient que le
sol des chemins voisinaux , devient EN QUELQUE
SORTE PUBLIC *entre les co-usagers ; sous ce rapport,
ces chemins sont* EN QUELQUE MANIÈRE , DES
CHEMINS PUBLICS.

Ce n'étoit pas le cas de diviser le *chemin privé* en deux
classes , dont une étoit seule *privée* et l'autre *publique en
quelque sorte et de quelque manière.* Bien loin en effet de
se réunir dans la même catégorie , sous deux espèces analogues , elles se repoussent réciproquement , étant aussi impossible qu'un *chemin public* soit *en quelque sorte* un *chemin
privé* , qu'il l'est qu'un *chemin privé* puisse être *de quelque
manière* un *chemin public.* Les placer l'un et l'autre dans
la classe des *chemins privés* , c'est ranger de niveau les
antipodes.

En établissant sa division du chemin privé en deux classes ,
notre confrère a cité les § 22 et 23 de la même loi 2. Il a
vu dans le § 23, que les chemins privés se divisoient en deux
espèces , à Rome. Il a voulu faire aussi une division , en deux
classes , des chemins *privés* de Provence ; mais en se mo-
délant sur le droit de Rome il devoit , comme les anciens
jurisconsultes romains, en faire une division raisonnable qu'on
pût adopter.

Le grand Ulpien nous dit dans le § 23 : » Les *chemins
» privés* peuvent être considérés sous un double point de
» vue ; ou il est question de ces *chemins privés* qui sont
» pratiqués dans les champs , sur lesquels la servitude de

» passage est établie pour conduire les particuliers à leurs
» propriétés ; ou bien il s'agit de ces chemins qui conduisent
» aux propriétés des particuliers , et sur lesquels tout le
» monde peut passer , parce qu'à force de le prolonger on
» lui a donné une issue par laquelle il communique avec un
» grand chemin ou avec un chemin public , qui conduit à une
» ville ou à un village ou hameau. Cette espèce de chemin ,
» devient public ». *Privatæ viæ dupliciter accipi possunt :*
vel hæ , quæ sunt in agris quibus imposita est servitus ,
ut ad agrum alterius ducant ; vel hæ quæ ad agros ducunt ,
per quas omnibus permeare liceat , in quas exitur de viâ
consulari ; et sic post illam excipit via , vel iter , vel actus
ad villam ducens. Has ergo quæ post consularem , exci-
piunt in villas vel in alias colonias ducentes , putem etiam
IPSAS PUBLICAS ESSE.

D'après ce § notre confrère auroit pu faire la même division
des chemins privés , pourvu qu'à l'exemple d'Ulpien il eût
dit que le *chemin privé ,* une fois qu'il étoit ouvert des
deux côtés , c'est-à-dire , qu'il prennoit sa naissance sur la
lisière d'un grand chemin , et qu'il avoit son issue dans un
autre grand chemin , devenoit un *chemin public ,* par la raison
qu'il s'offroit , par ses deux extrémités , à la commodité et à
l'usage de tous ceux qui trouvoient bon de le prendre.

La division que notre confrère a faite du *chemin privé*
en deux espèces , n'est pas telle , puisqu'elle conserve à chaque
espèce , la qualité et l'essence du *chemin privé ,* et qu'elle
ne donne à la seconde qu'*une sorte de publicité ,* et qu'il
restreint même cette *publicité* entre les *co-usagers.* Un chemin
cependant pour être *privé ,* doit l'être entièrement , et un
chemin pour être *public ,* doit l'être entièrement. Il n'y a pas

de milieu, notre confrère eût été plus conséquent si, comme Ulpien, il eût fait sortir le *chemin privé*, devenu *public*, de la classe des *chemins privés*.

Il a donc fait une division inexacte du chemin privé en deux classes, dès qu'il devoit donner *une sorte de publicité* à la seconde.

Il est encore une inexactitude frappante dans la définition qu'il a faite du *chemin privé* qu'il dénomme *chemin de souffrance*; il nous dit, que c'est le *chemin DU A UN PARTICULIER pour l'utilité de son fonds*, tandis que cette espèce de chemin est généralement dû à tous les particuliers, dont les fonds sont enclavés. Le premier, le plus rapproché du chemin public, doit le passage à celui qui vient après lui. Par la même raison, le second le doit au troisième, le troisième au quatrième, etc. Il existe peu de *chemins privés et de souffrance* qui soient *dus à un seul particulier*; et il en existe mille qui sont à l'usage de deux, trois, quatre, cinq, six, etc. Le point de fait est notoire, et chacun de ceux qui usent de ce chemin, a successivement sur les fonds qui précédent le sien, un *chemin privé*, parce que le sol sur lequel il passe ne lui appartient pas, et est *privé*, et il a en même-temps un *chemin de souffrance*, attendu que chacun d'eux est soumis, par la nature et par la loi, à en *souffrir* l'incommodité.

Si donc le chemin *privé*, *forcé* et *de souffrance*, peut être dû, et est ordinairement dû à plusieurs, notre confrère l'a donc mal défini, quand il a dit que c'est le *chemin dû A UN PARTICULIER*, et que c'est le chemin *affecté à un seul*, qu'on dénomme *chemin de souffrance*.

C'est bien avec intention que notre confrère s'est énoncé

avec cette réserve, quand il a défini le *chemin privé et de souffrance*. On en jugera par la nouvelle inexactitude qui suit.

Il a défini la seconde classe des chemins privés ; *chemin dû aux divers propriétaires dans un même quartier*, que *l'on appelle* CHEMIN VOISINAUX OU DE QUARTIER, *dont le sol devient en* QUELQUE SORTE PUBLIC ENTRE LES CO-USAGERS, *et sous ce rapport ces chemins sont,* EN QUELQUE MANIÈRE, DES CHEMINS PUBLICS. Il n'y a cependant rien de tout cela dans le § 23 qu'il a eu l'intention de traduire et d'appliquer à cette seconde espèce de chemin privé, qu'il lui a plu d'inventer. Nous avons déjà traduit nous-mêmes ce § 23, et nous en avons même copié le texte latin. Il en résulte qu'Ulpien n'a reconnu pour *chemin privé* que celui qui est établi sur un sol privé ; qui n'est destiné qu'à fournir un passage pour arriver à des champs particuliers enclavés, et qui n'ont aucune issue sur un autre grand chemin ; et qu'il pense que le chemin établi sur des sols privés, qui conduit aux champs des particuliers, s'il a son issue sur un autre grand chemin, n'est pas *privé*, mais *public*, attendu qu'étant ouvert des deux côtés, et aboutissant de chaque côté à un grand chemin, chacun a la liberté d'y passer, soit en allant, soit en venant.

Le *chemin privé* est donc un. Il est tout à la fois son genre et son espèce. Il n'est donc pas divisible en deux classes dont une ait, *en quelque sorte* ou *en quelque manière*, une nuance de *publicité*, en conservant néanmoins l'essence d'un chemin privé. Il est, et il doit être tout *privé* ou tout *public*.

Telles sont les inexactitudes dans lesquelles ont entraîné notre confrère, sa fausse entente du § 23 de la même loi,

et

et l'idée qu'il a eue de créer un *chemin privé* de plus, que celui que nous connoissions ; et ce qui auroit dû le faire abstenir de cette création, c'est que d'abord il s'écartoit du sens de la loi, et que pour avoir cependant l'air de s'en rapprocher, il se voyoit forcé de donner à ce chemin, *une sorte de caractère de publicité*, et de le désigner pour être un CHEMIN VOISINAL, et un *chemin de quartier* : chacune de ces deux dénominations le constituant, *chemin public.*

On sait déjà que le chemin *vicinal* ou *voisinal* est un *chemin public.* Il est facile de sentir que les chemins établis pour les quartiers des Milles, de S.ᵗ Mitre, de S.ᵗ Jean de la Pinète, des Figons, d'Éguilles, de la Calade, de Venelles, de Puyricard, de Fouen-Lebre, des Pinchinats, de S.ᵗ Marc, et du Tholonet, sont des chemins vicinaux ou voisinaux publics. Il est également facile de sentir que les chemins établis pour les quarante-un quartiers dont le terroir de Marseille se compose, sont également des *chemins vicinaux* ou *voisinaux publics.* Pourquoi sont-ils publics ? Parce qu'ils sont ouverts à tous ceux qui trouvent bon d'y passer, et qu'ils aboutissent tous et des deux côtés, à des chemins publics.

Notre confrère n'a donc pas eu des idées exactes, soit lorsqu'il a divisé les *chemins privés* en deux classes, soit lorsqu'il a défini les *chemins privés*, de l'une et l'autre classe ; soit lorsqu'il n'a dénommé *chemin de souffrance*, que celui qui est *dû* à un *seul particulier* ; soit enfin, lorsqu'il a dénommé *chemin voisinal* ou *de quartier*, celui qui est dû à divers particuliers pour arriver à leurs champs, placés à la file les uns des autres dans la même partie de terroir, et qui n'a d'autre issue que le même chemin par lequel ils y arrivent. Il a dénaturé et les *chemins privés* et les *chemins voisinaux* ou *vicinaux.*

N

Que sont en effet, les chemins que le propriétaire placé
le plus près du grand chemin, doit au second; celui-ci, au
troisième, le neuvième, au dixième propriétaire des fonds
enclavés au delà de leurs possessions? Ce sont des chemins
tous de la même espèce, c'est-à-dire, tous *privés* et de *souffrance*. Ils sont tels et ne peuvent être que tels, parce qu'ils
sont établis sur des sols privés; parce qu'ils sont uniquement
destinés à conduire dans les champs, à la culture des champs
et à l'usage des propriétaires de ces champs; parce qu'ils n'ont
aucune issue dans un autre chemin public, et qu'ils ne
peuvent être frayés que par ceux auxquels ils sont utiles et
nécessaires; enfin, parce que chacun de ceux qui les donnent
aux autres, sont obligés de les donner et d'en *souffrir* la servitude naturelle et légale.

C'est donc à tort que notre confrère les a qualifiés *chemins
voisinaux* ou *chemins de quartier*, qui sont tous essentiellement *publics*; et il est très-vrai, au contraire, que ces chemins
sont *privés* et sont les *chemins de souffrance* pris et dus à
titre de servitude naturelle, laquelle ne diffère en rien de la
servitude conventionnelle, puisqu'elle est acquise à prix d'argent. On sait que le chemin forcé n'est pris et n'est dû que
sous indemnité.

Point de loi romaine qui ait dénommé *vicinalis*, un *chemin
privé*. Point de loi française qui ait dénommé *vicinaux*, les
chemins privés; et dans l'un et l'autre droit *viæ vicinales*,
chemins vicinaux, qu'on peut appeler aussi *voisinaux*, ne
désignent que des *chemins publics*. Il seroit même bien
étrange que le droit français eût dénommé *vicinaux* les chemins publics, et *voisinaux*, les *chemins privés*. C'eût été
le moyen de donner lieu à une confusion des idées et des

choses, que de désigner, par le même mot, deux chemins
si différens dans leur espèce ; car on ne désavouera pas qu'en
français, les mots *vicinaux* et *voisinaux*, sont également la
traduction exacte du mot latin *vicinales.* Il faut donc convenir
que les *chemins privés* que notre confrère dénomme *voisinaux*, n'ont jamais été connus ni à Rome, ni en France; qu'il
en est le créateur, et que la nouveauté de l'invention ne dé-
pose pas en sa faveur. Il a dit qu'*il ne vouloit pas être plus
sage que nos pères.* Quiconque aime à donner du nouveau
peut bien être soupçonné d'avoir cette prétention.

Notre confrère se doit à lui-même de convenir avec toute
franchise, que, soit sa division du *chemin privé* en deux espèces, soit la définition qu'il a faite de chaque espèce de
chemin privé, sont également repoussées par le droit romain
et par le droit français.

Ici se présente une objection bien naturelle contre tout ce
que nous venons de dire, et elle sort du règlement de la ville
d'Aix de 1729, où les *chemins privés*, c'est-à-dire, les simples *viols* même, destinés à la culture des fonds, et pris
légalement sur les fonds de ceux qui sont les plus rapprochés
de la voie publique, sont dénommés chemins *voisinaux.* Mais
une fois qu'on sait que ce règlement n'a pour objet que les
viols privés, il est clair que le mot *voisinaux* n'est qu'une
expression impropre, échappée au procureur qui rédigea la
requête, puisqu'il est vrai, puisqu'il est prouvé et puisqu'il
est convenu par notre confrère lui-même, que les *chemins vicinaux* forment la quatrième classe des *chemins publics*: ce qui
s'étend nécessairement aux *chemins voisinaux* et *de quartier.*

En voilà bien assez sur ce premier écart de notre confrère.
Nous passons de suite à un autre.

Est-il bien vrai que le *chemin de SOUFFRANCE* soit spécifiquement, uniquement et exclusivement le *chemin dû à un seul particulier pour l'utilité de son fonds?* Est-il vrai par conséquent que *le chemin dû à plusieurs propriétaires dans un même quartier*, c'est-à-dire, voisins et placés à la file les uns des autres, dans la même partie du terroir d'une cité, *ne soit pas un chemin de SOUFFRANCE?* C'est ce que notre confrère affirme, on ne peut pas plus positivement dans son opuscule. C'est ce que nous avons dénié bien plus positivement encore, et avec le plus juste fondement.

S'il restreint ainsi le *chemin de SOUFFRANCE* au chemin privé *dû à un seul*, et s'il refuse cette dénomination au même chemin privé *dû à plusieurs*, c'est parce qu'il croyoit pouvoir dénommer ce dernier chemin, *chemin voisinal et de quartier*. Mais à présent que nous lui avons enlevé le droit de qualifier ainsi un *chemin privé*, faut-il bien qu'il se range de notre côté ; et que, comme nous, il reconnoisse que le chemin *dû pour l'utilité des fonds ruraux*, à un, à deux, à trois, à dix, à vingt, à trente, à cinquante ou à cent propriétaires, dont les fonds sont enclavés dans la même partie du terroir d'une commune et se touchent, sont des *chemins de souffrance* établis d'abord sur le fonds du plus proche voisin du chemin, par celui qui vient après, auquel cas notre confrère reconnoît que ce passage est un *chemin de SOUFFRANCE* ; ensuite par le troisième, sur les fonds du premier et du second, auquel cas il est encore *chemin de SOUFFRANCE* pris sur deux propriétés, et ainsi de suite.

Si celui qui, le premier a obtenu ce passage, a eu un *chemin de SOUFFRANCE, ex confessis*, comment le

troisième qui prend le passage sur les premier et second propriétaires qui le précèdent, n'auroit-il pas aussi le même
chemin de SOUFFRANCE? Comment le quatrième qui prend
son passage sur les fonds du premier, du second et du troisième, n'auroit-il pas un *chemin de* SOUFFRANCE, et ainsi
de tous les autres ?

Le chemin que le second prend sur les fonds du premier,
plus rapprochés de la voie publique, est le chemin de la loi;
il est exigé par la nature. Il est le chemin destiné à l'exploitation de sa propriété. Il est le *chemin de* SOUFFRANCE.
Comment donc le chemin pris successivement par le troisième,
le quatrième, etc., ne seroit-il pas aussi le *chemin de* SOUF-
FRANCE ? Le droit de chemin de chacun d'eux a le même
principe, le même objet et la même destination. Le chemin
de chacun est donc de même nature. Il ne peut donc pas
avoir un nom différent; et l'ordre successif que ces chemins
ont, depuis le premier fonds jusques au dernier qui en use,
conserve à chacune de leurs parties son essence de *chemin
privé*, bien loin d'en faire un chemin *général*, ayant une
sorte de publicité entre les co-usagers même. Chacun d'eux
n'a qu'un chemin *privé* sur chaque fonds qu'il traverse.

C'est ainsi que nous renversons, dans toutes ses parties,
un système aussi nouveau, qu'il est antipathique aux principes
du droit, et aux idées reçues, et à la raison même.

Il existe à Aix un règlement fait par les administrateurs,
à la demande des propriétaires de son terroir, et homologué
par le parlement, qui autorise tout particulier possédant bien
qui n'avoit, pour arriver à son champ, qu'un simple viol de
souffrance, à le faire agrandir pour qu'il soit propre à l'impor-
tation des engrais et à l'exportation des denrées avec voitures.

Nous avons observé à notre confrère, que ces *viols* ainsi agrandis, avoient nécessairement conservé leur qualité primitive de *chemin de* SOUFFRANCE, parce que depuis, leur essence, leur sol et leur destination ne cessoient pas d'être les mêmes, quoiqu'ils fussent devenus plus commodes, qualité purement extrinsèque et accessoire. Nous ajoutâmes, que leur agrandissement exigeoit qu'on continuât de les considérer comme tels, attendu que la servitude étoit devenue plus pesante, plus incommode, qu'elle s'étendoit sur un plus large espace de terrain, et que les voisins *souffroient* davantage.

Dans les notes manuscrites, en réponse, qu'il nous fit parvenir, il prétendit *qu'on n'avoit jamais regardé comme chemins de souffrance, les chemins dont parle le règlement de 1729, et que les consuls d'Aix, ni le parlement, n'auroient pas pu aggraver une servitude particulière qui n'en est pas susceptible.* Nous lui répliquâmes, qu'il étoit en opposition directe avec la requête qui fût présentée au parlement par les propriétaires d'Aix, qui ne pouvoient arriver à leurs champs enclavés, que par des *viols* pratiqués dans d'autres fonds voisins; avec l'arrêt de la Cour qui, sur cette requête, renvoya les propriétaires aux consuls; avec le règlement lui-même, et avec l'arrêt d'homologation; avec l'assentiment que tous les propriétaires du terroir d'Aix ont donné et donnent encore à ce règlement; avec l'exécution constante et jamais contredite, que ce règlement a eue dans notre terroir; avec cette multitude de rapports faits pour l'agrandissement de tant de VIOLS DE SOUFFRANCE, qui étoient et sont peut-être encore conservés au greffe, dit *de l'écritoire*, établi dans l'hôtel-de-ville.

Nous lui demandons ce que pouvoient être ces *viols* qui,

sous aucun point de vue, n'avoient pas même l'apparence d'un *chemin vicinal* ou *voisinal et de quartier*, s'ils n'étoient pas *des viols de souffrance*, et nous prévîmes que notre question seroit embarrassante pour lui.

Nous ajoutâmes qu'en notre particulier, nous avons conseillé plusieurs fois à des particuliers qui n'avoient qu'un *viol de souffrance* pour arriver à leurs champs, d'en demander l'agrandissement en vertu du règlement de 1729; et que tous sont parvenus à l'obtenir, sans opposition de la part de ceux dans les fonds desquels ces *viols de souffrance* étoient pratiqués.

Nous lui observâmes encore, qu'il ne s'agissoit pas d'examiner si le parlement et les consuls d'Aix ont eu assez de pouvoirs pour aggraver une servitude limitée, et qu'il étoit seulement question de savoir, si les propriétaires d'Aix ont pu consentir à se donner, pour leur intérêt réciproque, le droit de faire convertir leurs *viols de* SOUFFRANCE, en chemins à voiture. Tel ne devoit qu'un simple *viol* dans son fonds, qui n'avoit aussi à prétendre que le même *viol* dans le fonds d'un autre. S'il souffroit une surcharge de servitude par l'agrandissement du *viol* établi dans son fonds, il en étoit dédommagé par le plus grand droit de servitude qu'il obtenoit dans le fonds d'un autre, en y faisant agrandir le *viol* qui y étoit à son usage. Rien de plus licite entre habitans d'un même terroir, que de renoncer à certains droits pour leur intérêt réciproque. En pareil cas, l'indemnité suit l'abandon, et tant l'abandon que la surcharge sont utiles à tous, par cela seuls qu'ils sont respectifs.

Notre confrère vient de faire imprimer sa réponse à nos observations manuscrites. Mais elle est bien différente de celle qu'il nous avoit fait passer en manuscrit, après qu'il en eut

pris connoissance. On n'y retrouve plus ces deux objections
qu'il nous avoit faites d'abord et auxquelles nous venons de
répondre. Il garde le plus profond silence sur notre réplique
à ces objections, et même sur la question que nous lui avons
faite ; sans doute il a reconnu la foiblesse des premiers efforts
qu'il avoit faits contre nous ; la solidité de nos répliques, et
surtout l'impossibilité de résoudre la question que nous lui
avions proposée ; enfin, le droit que le parlement et les consuls
ont eu d'autoriser les propriétaires du terroir d'Aix, sur leur
demande combinée, à se lier entre eux, pour aggraver des
servitudes dont le plus grand poids devoit être balancé entre
eux par de plus grandes commodités.

Qu'est-ce donc que cette réponse ? Elle occupe trois pages ;
au moyen de ce qu'elle répète ce que notre confrère a déjà dit
dans son opuscule, d'où il arrive que dans cette partie sa réponse
n'est qu'une inutilité, qu'un remplissage ; au moyen encore
de ce qu'à trois reprises différentes, il nous impute autant
d'*erreurs* que nous avons établi de principes ; au moyen enfin,
de ce qu'il encense ses inexactitudes, alors même que ne sachant
plus comment les pallier, il y persiste sur le seul fondement
qu'IL A RAISON. La précaution est bonne de divaguer, de
nous prêter des erreurs, et surtout celle de se donner RAISON,
parce que nul autre ne pourra la lui donner.

Que renferme-t-elle donc de relatif à nos débats, et d'utile
à nos discussions ? Le voici, et c'est tout.

1.° Il avoue, page 12, que *toute erreur* sur la matière qui
nous occupe, *entraîneroit des conséquences fâcheuses.*
C'est ainsi qu'il applaudit lui-même, au courage que nous
avons eu de nous élever contre les siennes pour l'intérêt
de la vérité, pour le maintien de nos *règles, maximes et*
usages,

usages, et pour l'utilité de nos chers compatriotes. C'eût été une lâcheté de notre part, puisque nos forces usées nous en laissoient encore le pouvoir, de ne pas nous élever contre ces *anti-maximes* qui menaçoient la ci-devant Provence.

2.° Il dit que le *chemin de souffrance* désigne le chemin qu'un *propriétaire a, par tolérance, laissé pratiquer sur son héritage*; et que ce n'est pas la *nécessité* de ce chemin, qui le constitue *chemin de souffrance.*

Ici la scène change, et l'objet contentieux n'est plus le même.

Notre confrère laisse habilement de côté son premier système, qui tendoit à donner à tout chemin uniquement établi pour la culture des champs, ou la qualité de *chemin privé*, quand il n'étoit qu'à l'usage d'une seule propriété enclavée, ou celle de *chemin voisinal et de quartier*, quand il étoit à l'usage de plusieurs propriétés enclavées, lequel *devient en quelque sorte public entre les co-usagers, et est, en quelque manière, un chemin public :* ce qui suppose que ce que nous avons opposé à ce système, lui a fait la plus grande impression; et il est question à présent, entre nous, de disserter sur la véritable acception des mots CHEMIN DE SOUFFRANCE.

Sachons donc ce que c'est qu'un *chemin de souffrance.* En nous forçant de nous livrer à cette nouvelle discussion, notre confrère a eu pour objet de faire perdre de vue la précédente, et de se procurer quelques avantages momentanés. Il étoit cependant fait pour prévoir que, tout bien apprécié, les avantages ne seroient que pour nous.

La définition qu'il vient de nous donner, pour la première

O

fois, du *chemin de souffrance*, dans sa réponse imprimée, page xiij, est exactement copiée dans l'auteur du répertoire de jurisprudence. Mais la fidélité de cette copie, a-t-elle donc acquis à notre confrère le droit de s'énoncer à notre égard en ces termes ? *C'est une erreur encore, de dire que le* CHEMIN DE SOUFFRANCE *n'est autre que celui qu'un propriétaire peut forcer ses voisins de lui donner, quand il n'a pas d'autre moyen d'arriver dans sa propriété ?* Et cela uniquement, parce qu'il a lu dans le répertoire de jurisprudence, que le CHEMIN DE SOUFFRANCE, *est le chemin qu'un propriétaire a, par* TOLÉRANCE, *laissé pratiquer sur son héritage.*

C'est ici le premier avantage que notre confrère paroît s'être procuré sur nous. Mais ce ne sera pas pour long-temps.

Nous venons de rendre hommage à l'exactitude de la copie qu'il a faite de cette définition, et de reconnoître la contrariété qui existe entre cette définition et celle que nous en donnons nous-mêmes.

Supposons donc, pour un moment, que la véritable acception de *chemin de souffrance*, n'a pas été connue de nous, et que c'est à tort que nous avons donné cette dénomination au *chemin de nécessité*, dû à toutes les propriétés enclavées. Supposons encore que nous convenons de notre erreur, notre confrère aura-t-il acquis un appui de plus pour son système foncier que nous venons de combattre ? Il s'ensuivroit que nous aurions erré dans la dénomination que nous avons donnée au *chemin de nécessité*, en le qualifiant *chemin de souffrance*; mais il ne s'ensuivroit pas que nous eussions erré ni dans l'espèce, ni dans la nature, ni dans l'essence du *chemin* qui nous occupoit, notre confrère et nous.

Nous aurions erré sur le mot, et non sur la chose. Qu'importeroit donc au sujet que nous traitons ensemble, une erreur de mots, tant qu'il y a entre nous l'identité de choses ?

En demeure-t-il moins démontré que le *chemin de nécessité* est et demeure privé, soit qu'il soit à l'usage d'un seul voisin, soit qu'il soit à l'usage de cent, tant qu'il n'a pas une double issue sur des voies publiques ? En demeure-t-il moins vrai que cette espèce de chemin n'est et ne peut être confondu avec la *via vicinalis* du droit romain, ni avec le *chemin voisinal ou de quartier* du droit français, qui sont l'un et l'autre des *chemins publics* ? En est-il moins vrai que c'est dénaturer ce chemin privé que nous appelons *chemin de nécessité*, que de lui donner une *sorte* ou une *espèce de caractère de chemin public*, tant qu'il n'a pas deux issues dans deux voies publiques ?

Tels sont les points contentieux entre nous. Or, que fait à ces questions la dénomination que nous avons donnée à ce *chemin de nécessité*, dès que nous sommes d'accord sur l'espèce de ce chemin ?

Mais est-ce un acte de justice de la part de notre confrère, de nous avoir imputé L'ERREUR qu'il a faite lui-même, et le premier, et de se plaindre de ce qu'en lui répondant, nous avons donné, à son exemple, au *chemin de nécessité*, la dénomination de *chemin de souffrance* ?

Ce n'est donc pas nous qu'il vient de contredire, c'est lui-même. Nous en fournirons bientôt la preuve.

Quoi qu'il en soit, nous convenons franchement que dans certains pays de France, le CHEMIN DE SOUFFRANCE *n'est pas le* CHEMIN DE NÉCESSITÉ, qu'on est obligé d'accorder malgré soi, et dont on est obligé de SOUFFRIR les incommodités, et qu'il est au contraire, *le chemin volontairement toléré par celui sur le fonds duquel il est établi.*

Rien ne s'oppose à ce que cette dernière définition soit de convention dans certains pays. Mais est-ce une nécessité qu'elle le soit dans tous ? Rien de moins propre que le mot *souffrance* pour exprimer un *chemin toléré*, parce que la *tolérance* suppose tout à la fois et la connoissance du chemin pratiqué dans son fonds, et le consentement donné à ce que celui qui l'a pratiqué en use. Un chemin *toléré* est plutôt un chemin de FAMILIARITÉ qu'un chemin de SOUF-FRANCE, et un chemin de FAMILIARITÉ ne constitue pas le propriétaire dans un état de SOUFFRANCE, puisqu'il peut en tout temps le faire supprimer, du moment qu'il lui déplaît.

Notre confrère est-il bien loyal, quand il se prévaut si tardivement contre nous, de cette définition en dissimulant néanmoins que, dans le sens de son auteur, les *chemins de souffrance* sont des chemins de *tolérance* et de *familiarité*, que le propriétaire du fonds servant, *conserve le droit de supprimer ?*

S'agit-il entre nous de ces sortes de chemins, qui ne sont pas dus, et qui, quand ils sont établis, sont imprescriptibles et peuvent en tout temps, être supprimés par ceux qui les ont tolérés ?

A-t-il bien été loyal, lorsqu'en sachant si positivement ce que c'étoit que le *chemin de souffrance*, il l'a mis (pag. 25 de son opuscule) au nombre des *chemins privés* ? Un passage de cette espèce, est-il un *chemin privé* ? On ne peut appeler *chemin privé*, qu'un chemin qui est à l'usage d'un seul ou de quelques particuliers ; et l'usage du chemin de *familiarité* n'appartient à personne.

A-t-il bien été loyal lorsque dans la même page , il a dit que le *chemin de souffrance étoit celui qui étoit DU à un particulier POUR L'UTILITÉ DE SON FONDS ?*

Notre confrère a eu le premier tort , de ramener dans son opuscule le *chemin de souffrance* pour en faire la matière d'une division en deux classes du chemin privé , dès qu'il connoissoit aussi bien la nature du *chemin de souffrance ,* lequel étoit étranger à son ouvrage. Il a eu un plus grand tort de nous dépayser en supposant que le *chemin de souffrance étoit un chemin privé , DU à un particulier pour l'exploitation de son fonds.* Il en a eu un bien plus grand encore , lorsque dans son opuscule , pag. 28 , n.ᵒˢ 1 et 2 , il a dit : *un particulier peut obtenir le droit de passer sur le fonds d'un autre particulier. De quelque manière que ce DROIT soit établi , il est une SERVITUDE imposée sur un fonds , au profit d'un autre fonds. De là il est appelé CHEMIN DE SOUFFRANCE , SERVITUDE DE PASSAGE.*

Entendoit-il donc alors nous désigner ce *chemin de souffrance ,* qui n'est en soi qu'un chemin de *tolérance* et de *familiarité ,* lequel n'est jamais DU , qui ne peut être prescrit , et que *le propriétaire du fonds sur lequel il est pris ou établi , conserve pour tous les temps , le droit de faire supprimer ?* Il faut qu'il en convienne , la définition qu'il nous oppose aujourd'hui le met trop à découvert.

C'est ainsi que notre confrère , ne cherchant qu'à nous échapper , ne réussit qu'à se compromettre , et ce rôle ne sympathise pas avec la qualité de professeur *des règles et maximes provençales.*

Quoi qu'il en soit, il est beaucoup de *définitions* qui ne sont de convention que dans certains pays. On peut appeler dans le ressort d'une coutume, *chemin de souffrance*, un *chemin de tolérance*, tout comme en pays de droit écrit, nous le dénommons *chemin de familiarité*; et par la même raison nous pouvons désigner en Provence, le chemin forcé, par le *chemin de souffrance*, attendu qu'il tient celui qui le donne malgré lui, dans un état de *souffrance*; et ce qu'il y a de remarquable, c'est que notre confrère paroît nécessairement avoir considéré *le chemin de souffrance*, sous le même aspect, ainsi que nous l'avons déjà dit. S'il l'avoit considéré comme un *chemin de familiarité*, il auroit dû, pour être exact, et pour se conformer à la définition ci-dessus, dire que le *chemin de souffrance étoit le chemin qu'un voisin prenoit dans le fonds d'un autre*, POUR LA PLUS GRANDE COMMODITÉ DE SON FONDS, *et que l'autre voisin* ne toléroit *que par principe de bon voisinage* : ce qui suppose, dans ce cas, que celui qui prend ce chemin par raison de plus grande commodité, a un autre chemin pour arriver à sa propriété. Il y a en effet bien loin d'un chemin DU, à un *chemin de tolérance et de pure familiarité* !

On conviendroit donc au besoin, si nous nous étions trompés, que nous n'avons erré, avec toute bonne foi, que sur le mot, et que notre confrère a erré le premier, avec connoissance, et sur le mot et sur la chose; et qu'alors son erreur est de nature à effacer la nôtre, si on pouvoit nous la reprocher.

On voit bien à présent, que ce n'a été que pour faire diversion aux avantages que nous prenions sur lui, qu'il a jeté sur nos pas la définition ci-dessus en forme d'entrave, puisqu'il est vrai que la question ne change pas entre nous, s'agissant d'un chemin DU et non d'un chemin qui peut être *supprimé* d'un jour à l'autre, et à la volonté de celui qui l'a toléré. Ainsi, tout ce que nous avons dit subsiste dans toute sa force.

Il n'est pas indifférent d'observer combien il est surprenant, qu'après avoir eu l'intention de nous redresser en nous opposant la définition ci-dessus, il se soit mis avec elle en contradiction ouverte. Voici ce qu'on lit en effet dans sa réponse, à la suite de cette définition, pag. xiij : *Ce n'est donc pas la nécessité de ce chemin, qui le constitue CHEMIN DE SOUFFRANCE. Le chemin de souffrance est UN VÉRITABLE CHEMIN DE SERVITUDE CONVENTIONNELLE, ACQUISE PAR TITRE OU PAR PRESCRIPTION, comme le chemin de nécessité est une servitude légale, résultante de l'état des lieux.*

Est-ce bien-là, ce que la définition ci-dessus et son auteur lui ont appris ? En adoptant cette définition a-t-il pu la séparer, de l'explication qui la suit immédiatement ? Or, l'auteur du *répertoire de jurisprudence*, dit que celui qui a toléré le chemin de souffrance, *conserve le droit de le supprimer ;* c'est-à-dire, que ce chemin n'est jamais fondé en titre et est imprescriptible : ce qui convient parfaitement au chemin connu parmi nous, sous la dénomination de chemin de *pure familiarité.* Or, n'est-ce pas se mettre en contradiction avec la définition, avec son auteur et avec soi-même, lorsque, après nous avoir opposé et conséquemment adopté cette définition, on s'égare jusques à se permettre de dire que LE CHEMIN DE SOUFFRANCE EST UN VÉRITABLE CHEMIN DE SERVITUDE CONVENTIONNELLE, ACQUISE PAR TITRE OU PAR PRESCRIPTION ? *Le chemin de souffrance est un chemin de servitude ou simple droit de passage. Le chemin de souffrance n'est jamais qu'une servitude ;* tandis que ce chemin n'en est pas un proprement dit, puisqu'il n'est que casuel ; qu'il est de son essence de n'être fondé sur aucun *titre* ; qu'il est *imprescriptible*, et qu'il n'est et ne peut pas devenir une *servitude* : le propriétaire du fonds sur lequel il est pris, *conservant* pour tous les temps, *le droit de le supprimer.*

L'objection à laquelle nous venons de répondre, nous donne la mesure de celle qu'il nous reste à réfuter.

Notre confrère a dit : *Le § 23 que nous venons d'indiquer établit bien formellement la différence entre le chemin voisinal et le chemin de servitude, ou de souffrance ou de passage. Sur le tout, le chemin voisinal est le résultat d'une convention entre les propriétaires du quartier, tandis que le chemin de SOUFFRANCE ou de passage N'EST JAMAIS QU'UNE SERVITUDE, et de là vient que ce § répute, en quelque manière, le chemin voisinal, comme public.*

Qu'en est-il de cette assertion ? Pas le mot du *chemin vicinal ou voisinal* dans ce §; pas le mot non plus du *chemin de souffrance*, considéré comme servitude de passage; pas le mot *des propriétaires du même quartier* ; pas le mot de la *convention entre ces propriétaires* ; pas le mot enfin, de ce même caractère de *publicité.* Nous l'avons déjà rendu ce §, aussi religieusement que textuellement, en français et en

latin,

latin , pag. 94. On peut facilement se convaincre que tout ce que notre confrère y suppose ne s'y trouve pas.

C'est pour mieux imposer à ses lecteurs , qu'il l'a transcrit lui-même , mais avec l'attention d'en supprimer la fin , qui sapoit son système, véritablement imaginaire , autant qu'inconséquent. Si on prend la peine de confronter la transcription que chacun de nous en a faite , on trouvera dans la nôtre , la décision d'Ulpien , qui déclare publics, les chemins de la seconde espèce dont il parle. *Has ergo , quœ post consularem, excipiunt in villas , vel in alias colonias ducentes , putem etiam publicas esse.* Telle est la fin du même §, que notre confrère a trouvé bon de faire disparoître ; c'est-à-dire , qu'il a été fidèle à présenter le cas de la loi , autant qu'attentif à en supprimer la décision. Faire parler la loi selon sa fantaisie ; y supposer ce qui n'y est pas , ni de près ni de loin ; en supprimer ce qui en constitue la décision , sont des procédés qui ne sont pas permis , même pour avoir la satisfaction éphémère de se donner raison et de nous apostropher , jusques à trois fois, de ces mots , C'EST UNE ERREUR , etc. , et cela uniquement pour se dispenser de confesser les siennes.

De quel côté est donc la touche de la franchise , de l'ingénuité et de la vérité ? De quel côté est donc celle de la finesse , de l'amour-propre et de l'art de la défense ? C'est le problème que nous donnons à résoudre à nos juges. Si notre confrère étoit à notre place , il devanceroit ceux-ci et il n'hésiteroit pas à s'adjuger le premier lot. Nous attendons modestement la distribution qu'ils feront de l'un et de l'autre , à chacun de nous.

Nous avons transcrit le texte latin du § 23 , dans toute son intégrité ; nous l'avons traduit avec exactitude ; il nous reste encore à en expliquer le cas ; à faire ressortir la difficulté que le jurisconsulte, son auteur, a eu l'intention de résoudre et sa résolution ; et alors nous aurons porté le dernier coup à l'objection.

Ulpien définit les *chemins vicinaux ou voisinaux* dans le § 22. Dans le § 23 il s'occupe des *chemins privés*. Il ne dit pas, comme notre confrère l'a affirmé, que les *chemins privés se divisent en deux classes*. Il dit seulement que *les chemins privés* peuvent être considérés sous deux points de vue, ou comme *chemins privés* qui sont restés tels, ou comme chemins privés devenus *publics*. Il nous désigne ensuite, les *chemins privés* qui sont restés tels, et il nous dit que ces chemins sont ceux qui existent dans les champs sur lesquels la servitude est établie, pour conduire à la propriété d'autrui : *vel hœ quœ sunt in agris quibus imposita est servitus, ut ad agrum alterius ducant.* Il nous désigne ensuite les chemins qui étoient *privés* dans leur principe ; qui ont cessé de l'être et qui sont devenus *publics* ; et il nous dit que ces chemins sont ceux qui conduisent aux champs, qui sont ouverts à tout le monde, sur lesquels tout le monde a droit de passer, attendu qu'ils sont placés entre deux chemins publics, qui sont, l'un leur entrée et l'autre leur sortie, et par lesquelles voies publiques, les allans et les venans peuvent se rendre à une ville. *Vel hœ quœ in agros ducunt, PER QUAS OMNIBUS PERMEARE LICEAT, in quas exitur de via consulari, et sic post illam excipit vel via, vel iter, vel actus ad villam ducens.* Ces chemins qui, communiquent des deux côtés à des voies publiques, lesquelles conduisent à une ville ou à un village ou à un hameau, je pense, dit Ulpien, qu'ils sont publics. *Has ergo quœ post consularem, excipiunt in villas, vel in alias colonias ducentes,* PUTEM ETIAM PUBLICAS ESSE.

N'est-il pas clair maintenant qu'Ulpien, au lieu de diviser les *chemins privés* en deux classes, n'en reconnoît qu'une, puisqu'il met l'autre prétendue classe, et d'une manière aussi positive dans celle des *chemins publics.* Seroit-il possible qu'Ulpien eût mis au nombre des *chemins privés*, un chemin qu'il déclare *public*? Cet illustre jurisconsulte savoit se préserver des contradictions.

N'est-il pas vrai maintenant qu'Ulpien a laissé dans la classe des chemins privés, les chemins pratiqués dans les champs et dans les fonds les plus rapprochés de la voie publique, par laquelle on y arrive, et dont l'objet est de fournir un passage pour arriver successivement aux propriétés enclavées ?

N'est-il pas vrai qu'Ulpien n'attribue à ces chemins, le caractère de *publicité*, qu'autant qu'ils communiquent par leurs extrémités, à des *chemins consulaires*, c'est-à-dire, *publics* ?

N'est-il pas évident encore, qu'on ne trouve dans ce § 23 aucune trace des *chemins voisinaux ou de quartier qui sont en quelque sorte et de quelque manière publics* ? Et que ce chemin, ainsi mi-parti et constitué contradictoirement *privé* et *public*, n'est et ne peut être qu'une invention de notre confrère ?

N'est-il pas évident aussi qu'Ulpien ne s'occupe, dans sa seconde hypothèse, que des chemins ouverts des deux côtés et ayant de chaque côté une issue dans la voie publique? Et dès lors comment notre confrère pourroit-il appliquer ce qu'a dit ce jurisconsulte, à un chemin qui, de son aveu, se termine

P 2

au dernier champ qui en a besoin, sans communiquer à une autre voie publique; et qui conséquemment reste nécessairement *privé*, fût-il à l'usage de cent propriétaires enclavés, placés les uns après les autres ?

N'est-il pas évident encore, que ce qu'a dit Ulpien, n'a aucun rapport avec le prétendu *chemin voisinal ou de quartier*, créé par notre confrère, et qu'il n'en fournit pas même l'idée, puisque ce jurisconsulte ne reconnoît aucun chemin intermédiaire, entre le *public* et le *privé;* et que, dans son sens, tout chemin est, ou entièrement *privé*, ou entièrement *public*.

Notre confrère a donc été très-inexact, lorsqu'il a divisé le *chemin privé*, d'abord en *chemin de souffrance*, et qu'il a dit que ce chemin est une *servitude due A UN particulier pour l'utilité de son fonds*, dès que, d'après lui et la définition qu'il vient d'adopter tout fraîchement, cette espèce de chemin n'en est pas un proprement dit ; n'est et ne peut pas être une *servitude*; n'est et ne peut jamais être *dû*; et ne peut pas être acquis par *prescription*, et encore moins par *titre*, parce que, de sa nature, il est exclusif de tout *titre* et de toute *possession*, et que s'il étoit fondé en titre ou en possession, il perdroit sa qualité de *chemin de souffrance* pris dans la nouvelle acception de notre confrère, c'est-à-dire, considéré comme *chemin de tolérance*, ou *de familiarité*.

Il a donc été très-inexact, lorsque prenant d'abord dans son opuscule, ces mots *chemin de souffrance*, dans la même acception que nous, il a dit qu'ils exprimoient un *chemin DU à UN particulier pour l'utilité de son fonds ;* et qu'il n'a donné la qualité de *chemin de souffrance* à ce chemin, que dans le cas où il *n'étoit dû qu'à un SEUL particulier*, puisqu'il peut être dû à deux ou à trois etc., sans dégénérer dans sa qualité.

Il a été également très-inexact, lorsqu'il a dit que le chemin dû à deux ou à trois, etc., change de nom et de qualité, et est dénommé *chemin voisinal ou de quartier*, *et public entre les co-usagers*, c'est-à-dire, *chemin public* entre les deux co-usagers, s'il n'y a que deux propriétaires qui s'en servent; *chemin public* entre les trois co-usagers, s'il n'y a que trois propriétaires qui en aient besoin. Si, en effet, un chemin n'est *chemin privé*, qu'autant qu'il n'est *dû qu'à UN SEUL propriétaire* pour l'utilité de son fonds, il devient nécessairement public lorsqu'il est dû à deux, lorsqu'il est dû à trois, tout comme lorsqu'il est dû à quatre, à vingt, à cinquante, et à cent. La conséquence est directe. Or, peut-on se faire à cette idée, qu'un chemin dû à deux ou à trois, de *privé* qu'il étoit lorsqu'il ne servoit qu'à un, devienne un *chemin voisinal ou de quartier* et *public*, lorsqu'il ne sert qu'à deux, lorsqu'il ne sert qu'à trois ? Et si on est forcé de reconnoître que ce même chemin continue d'être privé, et un *chemin de souffrance* dans notre sens, et ne peut être ni dénommé *chemin voisinal ou de quartier*, ni considéré comme un *chemin public*, lorsqu'il n'est qu'à l'usage de deux ou de trois, on ne peut se refuser à cette autre conséquence, qu'il reste chemin *privé* et qu'il ne peut devenir ni *chemin voisinal, ni chemin de quartier*, et conséquemment *public*, alors même qu'il est à l'usage de cent propriétaires, tant que ce chemin ne perce pas dans une *voie publique*, et qu'il se termine au contraire, au champ du centième propriétaire qui en use.

Comment se forme ce chemin, alors même qu'un centième propriétaire en a l'usage? Le premier fournit son sol privé au second ; le second fournit son sol privé au troisième, et ainsi de suite, jusques au quatre-vingt-dix-neuvième, qui fournit son sol privé au centième. Du premier au centième, tous conservent la propriété de leur sol. Si le sol est *privé* dans toute la longueur du chemin, comment pourroit-il être *public*, ou acquérir un caractère quelconque de *publicité*? Il n'est pas public pour tout le monde, puisque tout autre qu'un des propriétaires n'a pas le droit d'y passer. Il n'est pas même *public* entre les co-usagers, puisque chacun d'eux n'en a qu'un usage limité. Le premier n'a pas le droit de passer sur le chemin établi dans le fonds du second, uniquement destiné à l'usage du troisième, et ainsi de suite ; et si le centième, pour aller à sa propriété et s'en retourner, passe sur le fonds de tous, c'est toujours par la même raison de nécessité qui subsiste également pour l'aller et le retour. Tout comme ceux qui entrent, ne peuvent dépasser leur propriété pour faire usage du chemin que son voisin supérieur donne à un autre ; de même aussi, ceux qui sortent ne peuvent passer que sur les fonds qui leur sont inférieurs. Un chemin n'est et ne peut pas être *public*, quoique l'usage en soit commun à cent propriétaires, lorsque, dans chacune de ses parties, il est *privé*, et lorsque dans chacune de ses parties, l'usage en est limité.

A présent que nous avons enlevé à notre confrère ce § 23, qui faisoit son unique ressource, il ne nous reste plus qu'à lui demander dans quel livre il a trouvé qu'il existe des *chemins voisinaux ou de quartier*, qui ne sont ni entièrement *privés*, ni entièrement *publics*, et qui réunissent pourtant *en quelque sorte ou de quelque manière* les deux qualités? Ulpien ne lui a-t-il pas appris qu'il n'y avoit que des *chemins privés*, ou que des *chemins publics ;* qu'il n'y avoit que des *chemins privés ou que des chemins vicinaux ou voisinaux,* essentiellement *publics ;* et qu'il n'existoit et ne pouvoit pas exister des chemins contradictoirement mélangés de deux qualités, totalement exclusives l'une de l'autre?

Mais ne soyons point en peine de lui. Il a sa réponse toute prête. *Mon livre,* nous dit-il, est *le règlement des consuls d'Aix, du 6 septembre* 1729, *homologué par le parlement le* 16 *du même mois,* lequel est intitulé *règlement touchant la largeur des chemins VOISINAUX du terroir d'Aix,* et répète dans chaque article les mots *chemins voisinaux.* Il ajoute, même page xiij : *nous avons donc eu raison de dire qu'il y a deux sortes de chemins privés, CHEMINS VOISINAUX OU DE QUARTIER ; CHEMINS DE SERVITUDE OU DE SOUFFRANCE. Il ne faut donc pas confondre LE CHEMIN DE SERVITUDE OU DE SOUFFRANCE, qui n'est qu'un simple droit de PASSAGE,* avec le *chemin voisinal,* et le voilà bien content et bien satisfait de lui. Tels sont heureusement, et son dernier effort, et sa dernière ressource.

Mais sera-t-il aussi satisfait de nous?

Il aura lieu d'être bien étonné que nous prenions acte, de ce que nous adoptons tout ce qu'il vient de dire; que nous soyons de son avis le plus complétement; et que nous ayons presque à le remercier de ce qu'il vient de nous fournir deux différentes espèces d'armes contre lui.

1.° Il reconnoît ici, bien positivement et de nouveau, que le *chemin de SOUFFRANCE* est une *servitude ou droit de passage DU à un particulier pour l'utilité de son fonds.* Il convient donc que le *chemin de SOUFFRANCE* est le *chemin de nécessité*. Il prend donc le chemin de *SOUF-FRANCE* dans la même acception que nous. Il avoue donc que, parmi nous, ces mots *chemin de SOUFFRANCE*, n'expriment pas, comme dans certains pays de France, un *chemin de tolé-rance* et de *familiarité* qui n'est jamais DU, parce qu'il ne peut être acquis ni par titre, ni par possession ; et que celui qui l'a toléré, *conserve toujours le droit de le supprimer.* Nous voilà donc lavés de ce reproche qu'il nous a fait dans sa réponse, même page xiij, avec tant d'affectation ; *c'est une erreur encore, de dire que le CHEMIN DE SOUFFRANCE n'est autre que celui qu'un propriétaire peut forcer son voisin, ou ses voisins de lui donner, quand il n'a pas d'autre moyen d'arriver à sa propriété.* Il est clair et très-clair, en effet, que déjà, et que de nouveau, il a pris et il prend néces-sairement ce chemin dans le même sens que nous ; et encore, que c'est lui qui, le premier, a dénaturé le *chemin de souf-france*, considéré tel qu'il est dans d'autres pays. Notre confrère ne peut donc plus réculer. Il a lui-même défini le *chemin de souffrance*, un *chemin DE SERVITUDE ou de passage DU à un particulier pour l'utilité de son fonds, et ACQUIS PAR TITRE, OU PAR PRESCRIPTION.* Tout cela ne peut convenir à un chemin de *tolérance* et de *familiarité* ; et tout cela cadre parfaitement avec le *chemin de nécessité dû à un fonds enclavé*, par la seule raison, que la nature a refusé des ailes à l'homme, et ne lui a donné que des jambes.

Voilà donc un grand point de fixé entre nous. Les mots *chemin de SOUFFRANCE* peuvent être conventionnellement con-sacrés dans un pays, pour exprimer le *chemin de tolérance* et de *familiarité*, lequel n'est jamais DU ne peut être acquis, et ne ne peut jamais être une *servitude* ; et parmi nous, qui ne connoissons ce dernier chemin que sous les noms de *chemin de tolérance* et de *familiarité*, nous avons pu, conventionnellement aussi, entendre par *chemin de souffrance*, celui qui est forcé dans la concession, et dont on est obligé de *souffrir* l'incommodité. Au reste, toute difficulté cesse entre nous, dès que, dans le fait, il est démontré que notre confrère et nous, et lui, le premier, nous avons dénaturé le sens des mots *chemin de souffrance* fixé dans certains pays, pour leur en donner un autre. Il est aussi bien lié que nous; et pour lui et pour nous, dès qu'il s'agit d'un *chemin de servitude ou de passage DU à un particulier pour l'utilité de son fonds*, ce chemin n'est et ne peut être, en Provence, que le *chemin forcé* parfaitement susceptible de la dénomination de *chemin de souffrance*.

2.º Nous avons donc acquis le droit d'appliquer le règlement de 1729, aux *chemins voisinaux et de quartier* que notre confrère a trouvé bon d'inventer, et auxquels il s'est vu obligé de donner une sorte de *publicité ;* et c'est ainsi que notre confrère s'est préparé un nouvel échec.

Le sol des terres cultivées ou cultivables ayant toujours été précieux dans tous les pays, chaque propriétaire assujetti à donner un passage à ceux qui avoient des possessions enclavées dans la même localité, ne donnoit à ce passage que la plus petite largeur. Il fallut établir une règle d'égalité pour chaque passage de cette espèce, dans les vues de prévenir les contestations qui pourroient être la suite, et de l'intérêt que le propriétaire servant avoit de donner moins de terrain à son voisin, et de l'intérêt contraire qu'avoit celui-ci d'en exiger davantage. La loi du pays porta la largeur de ce passage forcé, à

Q

cinq pans (1). Ce passage étoit indifféremment dénommé dans la loi du pays, CHEMIN, SENTIER, VIOL. (2). *Viol vicinal* (3). Ce n'étoit pas la *via vicinalis* du droit romain, ainsi appelée, parce qu'elle conduisoit d'un village à l'autre, *de vico in vicum.* Ce n'étoit pas le *chemin voisinal* de la France, qui conduisoit aussi d'un lieu à un autre, ou d'un clocher à l'autre, et qui, d'après toutes les coutumes françaises, devoit avoir au moins huit pieds pour la commodité du charroi (4). C'étoit le *chemin vicinal*, le *sentier vicinal*, le *viol vicinal* de Provence, tirant son nom du mot VICINUS *voisin*, attendu qu'il étoit à l'usage d'un ou de plusieurs voisins, lequel n'avoit, en général, que cinq pans (quoique, d'après la localité, le juge pût l'accorder de six et même de sept pans (5)), parce qu'à l'époque reculée (6) de la rédaction du *livre des termes* qui renferme notre loi particulière, on ne connoissoit pas le charroi, et qu'un passage de cinq, six ou sept pans, suffisoit à une bête de charge et à son conducteur.

Nous avions donc en Provence, comme partout, des pas-

---

(1) M. de Bomy, pag. 27. — (2) Le même, pag. 26, 27. — (3) Le même, pag. 27.

(4) *Chemins voisinaux, sont les traverses pour aller aux lieux voisins, pour la COMMODITÉ DES HABITANS DES BOURGS ET VILLAGES que le seigneur châtelain a droit de faire conserver en l'espace prescrit par la coutume, laquelle sera considérée pour être conforme au droit romain (à la via vicinalis du droit romain). Ces chemins voisinaux doivent avoir huit pieds.* Répert. de jurisprudence, au mot *chemin voisinal*.

(5) M. de Bomy, pag. 27.

(6) De l'an 1309 à 1343, premier opuscule de M. Dubreüil, *notice du livre des termes*, pag 13.

sages ouverts dans les champs, destinés à l'usage des propriétés enclavées, pour en faciliter la culture. Mais ces passages n'avoient tous que cinq ou six, ou sept pans de large, d'après la loi du pays, laquelle les dénommoit indifféremment *chemin, sentier, viol, chemin, sentier, viol vicinal.*

Ces chemins n'étoient pas établis pour *la commodité des habitans des villes, bourgs ou villages,* pour qu'ils *communiquassent avec les lieux voisins.* Au contraire, ils l'étoient uniquement et exclusivement pour celle des *possédans biens* qui devoient avoir la facilité d'arriver à leurs champs pour les cultiver ou les faire cultiver, et en exporter les récoltes.

Nos *chemins* ou *viols vicinaux,* étoient ainsi dénommés en Provence, dès l'an 1309. Ils n'étoient et ne pouvoient être que ces chemins destinés uniquement à conduire aux champs des particuliers, dont parle Ulpien, et qu'il déclare PRIVÉS, *privatæ sunt hæ viæ quæ sunt in agris quibus imposita est servitus, ut ad agrum alterius ducant.*

Nous vécûmes près de trois siècles dans cet état. Après ce terme, le commerce commençant à nous faire éprouver ses bienfaits, avoit déjà fait sentir l'utilité et l'économie des voitures de transport.

En 1729, les *possédans biens* du terroir d'Aix, se concilièrent pour rendre praticable le transport par voitures, de la ville à leurs propriétés, et de celles-ci à la ville, et ils se pourvurent, dans cet objet, au parlement.

Il résulte de l'exposé de leur requête, qu'ils n'avoient pour arriver à leurs possessions rurales, et pour en sortir, que des *viols excessivement rétrécis* par les propriétaires, sur les fonds desquels ils prenoient *ces viols où une bête de charge pouvoit à PEINE PASSER; et que, intéressés à faire les charrois*, de la ville à leurs propriétés, ou de celles-ci à la ville, *avec plus de commodité, ils demandèrent d'être autorisés à se retirer aux consuls pour dresser des articles de règlement, qui déterminassent la largeur des* CHE-MINS VOISINAUX, *servant aux particuliers pour aller à leurs différentes propriétés.*

Un décret du parlement leur accorda cette autorisation; et c'est ensuite de cette autorisation, que les consuls firent le règlement demandé, par lequel tous les POSSÉDANS BIENS du terroir d'Aix, qui avoient un passage de cinq, six ou sept pans, furent autorisés à demander à ceux qui leur devoient le passage, un chemin de huit, de douze, de seize, et de dix-huit pans, selon les localités.

Tel est ce règlement dont notre confrère a fait son appui pour légitimer la division qu'il a voulu faire, du *chemin privé* en deux classes, l'une, qui se compose du *chemin de nécessité ou de souffrance*, et l'autre, qui se compose du *chemin voisinal ou de quartier*, lequel est considéré comme *public* dans toute la France, et auquel il a lui-même cru devoir accorder une *sorte et manière de publicité*.

A présent qu'on sait 1.º ce qu'étoit en Provence le *chemin vicinal*, ou le *sentier vicinal*, ou le *viol vicinal*, désigné par la coutume du pays; 2.º que cette espèce de chemin a été dénommé *chemin voisinal* dans le règlement de 1729, par les consuls d'Aix; 3.º que ce chemin étoit dénommé chemin *vicinal* par la loi du pays, et *voisinal* par les consuls d'Aix, alors même qu'il n'avoit que cinq pans; 4.º que ce chemin étoit ainsi dénommé lorsqu'il servoit à deux, ou à six, ou à dix, ou à vingt, ou à cent propriétaires, sans cependant aboutir à une seconde voie publique: quel avantage peut donc retirer notre confrère, de ce que le règlement de 1729 a qualifié les *viols vicinaux* du terroir d'Aix, de *chemins voisinaux ?*

Ces viols *voisinaux* étoient tous privés avant l'époque de ce règlement. La plus grande largeur qu'il fut permis de leur donner, uniquement pour la commodité des *possédans biens* qui en usoient, et nullement pour l'utilité des *habitans* d'Aix, put-elle en changer la qualité privée ? Ne continua-t-il pas d'être établi sur un sol privé ? Ne continua-t-il pas d'être un chemin *forcé* et de *souffrance* ? Ne continua-t-il pas d'être exclusivement à l'usage de ceux qui en avoient besoin ? Ne continua-t-il pas d'être le chemin privé de deux, de six, de dix, de vingt, etc. *possédans biens* du terroir d'Aix ? Enfin, ne continua-t-il pas d'être ce chemin privé dont le jurisconsulte Ulpien s'est occupé ?

Combien de ces *viols vicinaux* ou *voisinaux*, dont l'agrandissement auroit pu être demandé par ceux qui en usent, et qui cependant subsistent encore dans le même état de *viols vicinaux !* Or, tous ces viols n'ont-ils pas continué d'être *privés* et d'être des *chemins forcés*, *de nécessité et de souffrance ?* On ne nous le contestera certainement pas. Conçoit-on que s'ils eussent été agrandis de quelques pans pour la commodité exclusive des *possédans biens* qui s'en servoient auparavant, ils eussent changé de nature et fussent devenus des *chemins voisinaux et de quartier* dans le sens de notre confrère, ayant cette *sorte* et cette *espèce de publicité entre les usagers*, qu'ils n'avoient et ne pouvoient pas avoir auparavant, lorsqu'ils existoient en nature de *chemin forcé*, *de nécessité et de souffrance ?*

Le règlement de 1729, qui qualifie si bien de *chemins voisinaux*, les *viols* dont il ordonne ou autorise l'agrandissement, avant même qu'ils eussent été agrandis, peut-il donc se prêter à la distinction que notre confrère à créée, et contre laquelle nous nous élevons? Y est-il question des *chemins voisinaux ou de quartier?* Pas le mot. Y est-il question des *chemins voisinaux publics?* Pas le mot encore. Y est-il question enfin, des *chemins voisinaux, partie privés, partie publics?* Pas le mot non plus. Il a pour objet exclusif, l'agrandissement des *viols, privés, forcés, de nécessité et de souffrance*, destinés à l'usage seulement d'un ou de plusieurs *possédans biens* dans la même localité du terroir d'Aix. Il ne faut donc pas aller plus loin que ce règlement, et encore moins supposer ce qu'évidemment il n'a pas eu en vue.

Concluons qu'il est toujours mieux démontré que la division que notre confrère a imaginé de faire du *chemin privé*, en deux classes, l'une toute *privée*, et l'autre *partie privée* et *partie publique*, est de nouvelle invention, et que déjà repoussée par le droit romain et par le droit français, elle est encore en opposition avec notre ancien droit provençal.

Concluons encore qu'il est toujours plus évident que les *chemins ou viols vicinaux* de la ci-devant Provence et du terroir d'Aix, n'ayant été pratiqués que pour la *culture des champs, pour la commodité des possédans biens*, ne ressemblent en rien à ces chemins *vicinaux, voisinaux ou de quartiers*, pratiqués *pour la commodité des habitans des villes, bourgs et villages*, et pour leur ouvrir des *communications avec d'autres lieux*, lesquels sont publics par la raison qu'ils prennent leur entrée et leur issue dans deux voies publiques, et qu'à raison de cette double issue, chacun peut y passer, *per quas omnibus permeare liceat ;* c'est le mot du même jurisconsulte Ulpien.

Concluons enfin qu'il est impossible de reconnoître dans nos *chemins* ou *viols vicinaux*, agrandis ou non, qui se terminent au dernier champ à l'usage duquel ils sont, ni la *via vicinalis* que le droit romain déclare toute *publique*, ni le *chemin voisinal* ou *de quartier*, que le droit français déclare *public* ; et cela est si vrai, que notre confrère a été obligé de supposer contradictoirement, que nos *chemins* ou *viols vicinaux* sont *privés* et *publics* ; *privés*, quand ils sont à l'usage d'un seul possédant bien ; et *en quelque sorte et en quelque manière publics* (quand ils sont à l'usage de plusieurs) *entre les co-usagers.* De sorte que le même chemin il le dénomme *privé* dans le premier cas, et dans le second, il ne le dénomme ni *privé,* ni *public* et le suppose tout à la fois, et *privé* et *public.* Son embarras décèle la nouveauté et l'incongruité de sa division du chemin *privé* en deux classes. Nous l'avons déjà dit, un chemin ne peut être que *tout privé* ou *tout public.*

Nous n'avons dans le terroir d'Aix que deux chemins *voisinaux* ou *vicinaux*, ou *de quartier* proprement dits ; ceux des Milles et de Puyricard, hameaux qui font partie de notre commune. Ils sont tous les deux *publics.* Ces deux chemins ont été pris, dans le principe, sur des fonds privés ; mais ils sont devenus publics du moment qu'ils ont eu une issue dans d'autres voies publiques.

Tenons donc pour certain, que nous n'avons dans le terroir d'Aix, pas d'autres chemins *voisinaux*, *vicinaux* ou de *quartier* ; et que tous les *viols de souffrance* agrandis ou non, ne sont que des *viols* ou des *chemins de souffrance*, entièrement *privés*, lorsqu'ils ne sont à l'usage que de certains *possédans biens*, n'importe le nombre ; lorsqu'ils n'ont aucune issue dans une autre voie publique, et qu'ainsi ils ne sont praticables que par ces *possédans biens*.

La division que notre confrère a faite du *chemin privé* en deux classes, reste donc absolument sans bases.

Il ne nous cède pas pour cela le terrain. Il use de toutes ses ressources pour s'y maintenir.

M. l'Intendant, dit-il, *porta la largeur des chemins publics du territoire de Marseille, de quinze à vingt pans ; et il n'y a point de règlement pour la largeur des chemins voisinaux ou de quartier*, de la même ville.

Ici notre confrère tombe de Scylla dans Charibde.

C'est tout le contraire.

Nous affirmons en fait : 1.º Qu'il n'existe dans tout le terroir de Marseille, hors les routes de Toulon d'un côté, et d'Aix de l'autre, que des chemins qui sont tous *vicinaux* dans le sens du droit romain ; *voisinaux*, dans le sens du droit français, parce que tous conduisent à un clocher ; tous communiquent d'un clocher à l'autre, et tous prennent leur entrée dans un grand chemin public, et leur issue dans un grand chemin public. Ils ne sont dénommés *chemins de quartier*, que parce qu'ils conduisent d'un *quartier* ou d'un clocher à d'autres. 2.º Que ce terroir se divise en quarante-un *quartiers* ayant tous une église de secours, selon le *calendrier spirituel du diocèse de Marseille*, imprimé en 1713. 3.º Qu'il n'y existe absolument que les quarante-un *chemins de quartier*, et que c'est uniquement ces quarante-un chemins que M. l'Intendant eut en vue quand il fixa la largeur des

chemins

chemins publics du terroir de Marseille, de quinze à vingt pans. 4.° Tous les habitans d'Aix savent que nos deux *chemins de quartier*, proprement dits, conduisans, l'un aux *Milles*, l'autre à *Puyricard*, tous les deux *vicinaux*, *voisinaux* et de *quartier*, ont à peu près la même largeur.

Concluons. Il n'existe, dans les champs du terroir d'Aix, éloignés du grand chemin et enclavés, point de VIOLS, agrandis ou non, qui soient des *chemins voisinaux ou de quartier*; tous ne sont que des *viols* ou *chemins de souffrance*, c'est-à-dire, *de nécessité*, entièrement *privés*, quand ils se terminent au dernier champ, pour l'usage duquel ils ont été prolongés; et tout comme ils n'acquièrent aucune sorte, ni *manière de publicité*, lorsqu'ils ne servent qu'à un, qu'à deux, qu'à trois, qu'à quatre, qu'à cinq, ou qu'à six particuliers, ils ne l'acquièrent pas davantage lorsqu'ils servent à vingt, à cinquante ou à cent; parce qu'ils ne se composent que du sol *privé* que chacun fournit successivement à l'autre; que leur destination n'est que pour l'usage d'un nombre limité de *possédans biens*, et qu'ils ne communiquent pas avec deux voies publiques. La section en deux classes, que notre confrère a faite du *chemin privé* qui est essentiellement unique dans l'espèce, est donc inexacte, et n'est propre qu'à mettre de la confusion dans les idées, attendu que les chemins *vicinaux*, *voisinaux ou de quartier* ne sont et ne peuvent être ainsi dénommés, qu'en tant qu'ils sont *publics*; et que les *chemins vicinaux* ou *voisinaux* de Provence et du terroir d'Aix, tels qu'ils sont désignés dans notre coutume et dans le règlement de 1729, ne sont et ne peuvent être que des *viols* ou *chemins de*

R

souffrance, c'est-à-dire de *nécessité*, entièrement *privés* ; auxquels ne peut convenir aucune *sorte* ou *manière de publicité*.

Nous demandons au reste, à notre confrère, si le chemin qui conduit à sa campagne du côté de *Venelles*, qui est à l'usage d'un ou de deux propriétaires qui le précèdent, et qui se termine à son domaine, il le considère comme un *chemin voisinal ou de quartier*, dont le sol est, *en quelque sorte et de quelque manière public* ; ou s'il ne le considère pas au contraire comme un ancien *viol de souffrance*, converti en *chemin de souffrance*, entièrement *privé*, depuis son ouverture jusqu'au lieu de sa terminaison.

La véritable dénomination des *viols de souffrance*, agrandis ou non, usitée en Provence et dans le terroir d'Aix, n'est pas celle de *camin vésinaou* ; mais celle de *camin deis insertiers*, c'est-à-dire, chemin de ceux qui ont des terres insérées ou enclavées dans d'autres.

Il ne nous reste qu'un regret bien sincère, c'est qu'après nous avoir si souvent tancé d'*erreurs*, dans cette partie de sa réponse, notre confrère n'ait pas pu parvenir à nous convaincre d'une seule. Il nous a enlevé l'occasion de nous rétracter avec autant d'ingénuité et d'aisance, que nous aurions mis de bonne foi et d'assurance en établissant une fausse maxime, sans lui donner la peine de nous poursuivre jusques à perte d'haleine, dans des tours et des détours.

Sur la page 26, n° 2.

Notre confrère dit : que *le terrain* pris pour agrandir le *viol vicinal*, en exécution du règlement de 1729, *est payé par tous les intéressés*, MÊME PAR CELUI A QUI

IL APPARTIENT, ainsi que les haies et les murs qu'il faut abattre. Tel n'est ni le sens, ni l'esprit du règlement. -

1.º Le règlement n'assujettit à une contribution celui qui fournit le terrain, qu'autant qu'il doit lui-même faire USAGE du chemin agrandi. Il n'est soumis à aucune contribution, et il doit recevoir au contraire des usagers de ce même chemin, le prix entier du terrain qu'il est obligé d'abandonner pour l'agrandissement du chemin. Cette nuance n'eût pas dû échapper à notre confrère, d'autant qu'elle contrarie son assertion générale : *ce terrain est payé même par celui à qui il appartient.*

Il arrive presque toujours que celui qui fournit son terrain au voisin ou à ses voisins possesseurs de fonds enclavés, pour l'agrandissement de leur *viol vicinal*, n'use pas lui-même de ce chemin, qui n'est destiné qu'à l'usage des fonds supérieurs au sien. Je suis le propriétaire le plus voisin du chemin public. J'arrive à ma propriété par ce chemin public, et une fois entré dans mon fonds, je le parcours en entier sans avoir besoin de chemin. Un voisin plus éloigné que moi du chemin, m'a forcé de lui fournir un *viol vicinal* dans mon fonds et sur la lisière de mon fonds. Il demande l'agrandissement de ce viol en vertu du règlement de 1729. Les estimateurs prennent sur mon fonds, 6, 8, 10, 12 pans de terrain pour opérer cet agrandissement. Je ne fais pas plus d'usage de ce chemin agrandi, que je ne faisois du *viol vicinal*, auquel il a été substitué, parce que j'ai mon chemin particulier. Comment donc et dans quel sens serois-je soumis à contribuer moi-même au payement de mon propre sol, converti de *viol vicinal* qu'il étoit, large de 5 ou de 6 à 7 pans, en chemin à voiture de 8 ou 10 ou 12 ou 16 ou 20 pans, pour l'usage unique de mon voisin plus éloigné que moi du chemin public.? Il est de toute justice au contraire que ce même voisin me paye tout le terrain que les estimateurs m'ont enlevé, pour lui faire faire un chemin plus large et plus commode.

Tout comme nous venons d'affranchir de toute contribution le premier propriétaire le plus rapproché du chemin, quand il a son chemin particulier, et ne fait aucun usage du *viol vicinal*, le second propriétaire qui fournit plus de terrain au troisième qui veut faire agrandir le *viol vicinal* qui le conduit à sa propriété, doit également être affranchi de toute contribution aux frais de cet agrandissement ; et comme le premier, recevoir le payement de tout le terrain qu'on lui enlève de nouveau, lorsqu'il ne se sert pas plus du chemin agrandi, qu'il ne se servoit auparavant du *viol vicinal* qui conduisoit à la troisième propriété. Il doit même être indemnisé de la moitié du terrain qu'il a payé au premier propriétaire, lorsqu'il a fait agrandir le *viol vicinal* qu'il prenoit sur le fonds de ce dernier, attendu que le troisième propriétaire passe aussi sur le terrain que le second propriétaire a payé au premier.

Cette règle doit être appliquée dans le même ordre et selon la même proportion, au quatrième propriétaire et autres qui demandent l'agrandissement de leur *viol vicinal*; et cette règle est bien différente de celle que notre confrère nous a donnée, laquelle dans sa généralité, ne concorde ni avec la lettre, ni avec l'esprit du règlement de 1729.

Ce règlement ne soumet, en effet, à la *contribution* aux frais, celui-là même *à qui appartiendra le terrain qui sera pris à ce sujet*, que dans le cas où il *aura l'usage dudit chemin*.

Ce cas peut arriver lorsque le propriétaire le plus rapproché du chemin public, n'arrive à son champ que par un VIOL placé sur un des bords de sa possession, et que le second propriétaire enclavé, qui ne s'est servi que de ce viol pour arriver au sien, supérieur, demande l'agrandissement de ce *viol vicinal*, pour la plus grande utilité de son fonds. Si le propriétaire le plus proche du chemin n'a pas d'autre chemin que le *viol vicinal* agrandi, et qu'il doive, à son tour, mettre à profit cet agrandissement, il est de toute justice qu'il contribue aux frais de l'agrandissement.

Mais comment y contribue-t-il ? Les frais sont réglés par moitié entre le premier et le second propriétaire. Le second paye toute sa moitié en argent, et le premier ne fait que suppléer en argent, ce qui excède la valeur du sol qui lui a été pris pour donner une plus grande largeur au *viol vicinal*.

Cette contribution en argent, est toujours supportée dans la même proportion, quoique devenue plus forte, lorsqu'il y a des murailles à abattre ou à relever, ou des haies à couper et à replanter.

S'il y a un troisième ou un quatrième propriétaire qui use aussi de ce chemin agrandi, la dépense est réglée en trois ou quatre parts, et ceux qui ont fourni du terrain en imputent la valeur à leur contribution et payent le surplus en argent. D'où il arrive que le troisième ou le quatrième qui use d'un chemin agrandi, pour arriver à sa propriété, paye son tiers ou son quart en argent parce qu'il n'a point perdu de terrain ; et chacun des autres paye son tiers ou son quart, partie en la valeur estimative de son sol, et le surplus en argent.

Tels sont la lettre et l'esprit du règlement de 1729 ; et

c'est dans ce sens qu'il a toujours été exécuté par les *esti-mateurs des honneurs.*

A présent que nous avons fait connoître les deux modes de contribution auxquels, selon les occurrences, les agran-dissemens des *viols vicinaux*, assujettissent ceux qui doivent profiter de cet agrandissement, on conviendra que cette phrase isolée de notre confrère, *le terrain est payé par tous les intéressés*, *même par celui à qui il appartient*, ne donne aucune idée du premier, et n'en donne qu'une bien louche du second. On ne se fait pas à ce qu'un propriétaire à qui on enlève son terrain soit soumis à le payer, lorsqu'il n'use pas du chemin dont ce terrain devient l'emplacement.

Sur la même page 26.

. Notre confrère dit au n.° 5 : *d'après le règlement de* 1729, *les estimateurs d'honneur procédoient à toutes les opérations et répartitions. L'opposition n'étoit pas suspen-sive. Le recours étoit vidé par les estimateurs anté-cédens*, *et en dernier ressort*, *par les consuls.*

Cette marche simple, *peu dispendieuse*, *a dû céder à des formes nouvelles*, *longues et couteuses. C'est de l'autorité d'un tribunal civil que tout doit être fait ; les propriétaires se sont dégoûtés*, *et les chemins voisinaux* SONT DÉGRADÉS PRESQUE PARTOUT.

Cette chûte est singulière. On diroit que le règlement de 1729 avoit pour objet, à Aix, l'entretien et les réparations des chemins ou *viols vicinaux* de la ci-devant Provence, tandis qu'au contraire il est absolument limité à *l'agrandis-sement* de ces *viols*, et que cette opération en faisoit tout autant de chemins neufs.

Si au lieu de dire : *les propriétaires se sont dégoûtés*, *et les chemins voisinaux sont dégradés presque partout*, il eût dit : *les propriétaires se sont dégoûtés, et ceux qui n'avoient qu'un viol vicinal, ont préféré de le conserver tel, plutôt que de suivre les formes nouvelles, longues et coûteuses pour en obtenir l'agrandissement*, sa chûte se fût bien mieux adaptée à son raisonnement et à la matière qui en étoit l'objet.

En supposant que l'agrandissement d'un viol vicinal fût du ressort des tribunaux, seroit-il donc vrai que la marche prescrite aujourd'hui, par les nouvelles lois, pour parvenir à l'agrandissement d'un *viol vicinal*, fût absolument différente, longue, coûteuse et dégoûtante ou décourageante ?

Le règlement de 1729 est un véritable contrat, qui a, pour les propriétaires du terroir d'Aix, tous les élémens d'une transaction et tous les caractères d'une loi ou statut de famille; sous chacun de ces caractères il a une exécution parée, et conséquemment provisoire, que l'opposition ne peut pas arrêter, sauf les droits des parties au fonds. Dès lors tout comme sur la simple réquisition faite aux *estimateurs des honneurs*, ceux-ci se rendoient sur les lieux, faisoient agrandir le chemin et régaloient la dépense entre ceux qui devoient se servir du chemin ; de même aussi le tribunal civil ordonneroit, sur simple requête, l'agrandissement demandé et nommeroit un expert pour y procéder en conformité du règlement de 1729, et de la même manière que les *estimateurs des honneurs* le faisoient eux-mêmes, sauf et sans préjudice des droits fonciers des parties. Telle est la forme que le tribunal civil suivroit infailliblement, et cette forme ne seroit ni plus longue, ni plus coûteuse, ni plus décourageante que celle qui étoit prescrite par le règlement de 1729.

Ce règlement d'un côté et l'intérèt de l'agriculture de l'autre, inviteroient nécessairement le tribunal civil à donner la pro-vision au titre : *pendente lite*, *contractus tenet.*

La marche de celui qui n'auroit point de chemin pour arriver à sa propriété, et qui en demanderoit un à son voisin ou à ses voisins les plus rapprochés de la voie publique, seroit aussi rapide et aussi peu coûteuse. Le droit de prendre un chemin sur ces derniers fonds, étant assis sur le statut du pays, sur les lois générales et même sur les nouvelles, le tribunal, sur simple requête, délégueroit un juge ou nommeroit un expert, pour procéder sur les lieux selon la forme prescrite par notre statut.

Ainsi celui qui, dans la ci-devant Provence, demanderoit un *viol vicinal* pour arriver à sa propriété enclavée, et celui qui, dans le terroir d'Aix, n'auroit qu'un *viol vicinal* et qui en demanderoit l'agrandissement, obtiendroient ce qu'ils demanderoient avec la même expédition qu'autrefois, soit en vertu du statut du pays et des lois générales, soit en exécution du règlement de 1729.

Nous examinerons bientôt si cet agrandissement d'un viol vicinal du terroir d'Aix est de la compétence des tribunaux ou de l'autorité administrative.

Sur la page 27, n.° 6.

Notre confrère dit, que *la largeur des viols vicinaux*, telle que le règlement de 1729 permet de la leur faire donner, *indique qu'ils sont destinés aux charrois.* Il ajoute, que *nul des intéressés ne pourroit s'opposer à l'exercice de cette faculté, sous prétexte qu'ils n'auroient pas toute la largeur légale,* portée par ce règlement. L'observation et la décision sont deux inutilités.   Les

Les propriétaires du terroir d'Aix sont convenus entre eux, de se donner dans leurs champs des *chemins à charroi*. Mais ils sont convenus aussi, que ces chemins, pour être propres au charroi, seroient d'une largeur telle que, les fonds, murs ou haies voisins, ne fussent pas dégradés par les voitures et fussent en même-temps commodes pour le roulage de celles-ci, ce qui pourvoyoit en même-temps à l'intérêt respectif, et de ceux qui usoient du chemin à charroi, et de ceux dont les champs avoisinoient ces chemins. On peut donc soutenir avec toute sécurité, que dans le terroir d'Aix il n'a point été agrandi de *viol vicinal* qui n'ait été tracé par les *estimateurs des honneurs*, dans la largeur prescrite par le règlement. D'où il suit que le cas hypothétique, prévu par notre confrère, l'a été inutilement.

Il peut être arrivé que ces chemins à charroi n'aient pas conservé leur largeur primitive, dans tout leur cours, et qu'aux endroits où ils se trouvent rétrécis, les voisins souffrent des dégats dans leurs semis, vignes, oliviers, murailles ou haies. Mais attendu que la perte que le chemin a faite de sa largeur primitive, ne procède que du fait de ces mêmes voisins qui ont empiété sur cette ancienne largeur, soit en reprenant une partie du terrain sur lequel le chemin avoit été établi, soit en plantant des oliviers trop près du chemin, soit en avançant leurs murailles ou haies de clôture dans ce chemin, ils n'ont pas le droit de se plaindre de ces dégats. Il faut ou qu'ils rendent au chemin son ancienne largeur, ou qu'ils supportent les dégats dont ils sont eux-mêmes la première cause. Ce n'est que dans ce cas et dans ce sens qu'il est permis de dire avec notre confrère, que *lorsqu'un chemin est destiné au charroi, nul des intéressés ne pouvoit s'opposer à l'exercice*

S

de cette faculté, sous prétexte qu'il n'auroit *pas toute la largeur légale*. D'où il suit encore, que la solution qu'il a donnée à la question hypothétique qu'il a posée, est aussi inutile que la question elle-même.

Nous convenons donc que les voisins ne peuvent pas s'opposer, dans le terroir d'Aix, au charroi dans les *viols vicinaux*, agrandis d'après le règlement de 1729. Mais c'est uniquement parce que ces chemins ne peuvent avoir été rétrécis que par eux ; et qu'ils doivent, ou rétablir les lieux dans l'état prescrit par le règlement de 1729, ou souffrir le dommage auquel leur propre fait les a exposés.

A quel propos notre confrère a-t-il prévu le cas hypothétique sur lequel il a raisonné, et sur quelle base l'a-t-il décidé ? C'est à l'occasion d'un chemin établi dans le terroir de Marseille, et d'après l'arrêt qui autorisa le charroi sur ce chemin, quoiqu'il n'eût pas cette largeur légale, fixée par le règlement d'Aix, de 1729.

On sait qu'il n'a écrit cette partie de son ouvrage, que d'après le règlement d'Aix, et conséquemment que pour les propriétaires d'Aix. On sait que le règlement d'Aix ne dépasse pas, dans ses effets, le terroir de cette ville, ainsi que notre confrère a été obligé de le reconnoître dans sa réponse. Dès lors, pourquoi a-t-il intercalé dans son ouvrage, soit le cas, soit la décision qui sont la matière du n.° 6 sur lequel nous venons de nous prononcer ? N'est-il pas clair que le cas ne peut pas se présenter dans le terroir d'Aix, et que l'arrêt rendu à l'occasion d'un chemin à charroi, existant à Marseille, et dont la largeur n'étoit déterminée, ni par un règlement, ni par un titre, ne peut recevoir aucune application au chemin à charroi du terroir d'Aix, dont la largeur a été déterminée pour tous les

temps, au moment même, où de *viol vicinal* qu'il étoit, il
a été agrandi pour être rendu propre au charroi.

Nous avons déjà observé qu'il peut exister, dans toute la
ci-devant Provence, des *viols vicinaux* de six à sept pans, sur
lesquels un chariot pourroit, absolument parlant, être conduit
là où il n'existeroit ni mur, ni haie, ni contours. Notre confrère croiroit-il que dans le terroir d'Aix où la largeur du
chemin à charroi doit être au moins de huit pans, les voisins
de ce chemin ne pourroient pas s'opposer à ce qu'un des usagers
supérieurs, en fit un chemin à charroi ? Nous ne le pensons
pas ; et alors son n.° 6, est un véritable hors d'œuvre.

Sur la même page 27, n.° 7.

Notre confrère convient que, sous l'assessorat de M. son
père, on eut l'idée de rendre le règlement de 1729, fait pour
la ville d'Aix, commun et exécutoire dans toute la ci-devant
Provence.

Jusqu'alors, il avoit donc été reconnu que ce règlement,
fait uniquement pour le terroir d'Aix, étoit resté étranger
aux autres terroirs de la province.

Il ajoute que *ce projet resta sans suite, parce que des
raisons de localité exigeoient quelques modifications.*

Il reconnoît donc que l'exécution de ce règlement, n'a jamais
eu lieu que dans l'enclave du terroir d'Aix.

Il ajoute cependant, que *ce règlement, dans ses dispositions générales, n'est pas moins regardé comme le droit
commun du pays.*

Cette assertion nous a d'autant plus étonnés, que, dans le
cours de notre postulation, nous avons eu plusieurs fois

l'occasion de discuter, avec nos anciens, le point de savoir si les provençaux propriétaires hors du terroir d'Aix, pouvoient exiger de ceux qui leur doivent un VIOL, un chemin à voitures ; et que constamment, nous les avons entendus se prononcer contre cette prétention, se fondant sur ce que la loi générale du pays n'accordoit qu'un VIOL, et qu'en conséquence, un plus grand chemin ne pouvoit être accordé aux particuliers, que par un règlement général de leurs communautés.

Cette même assertion nous a encore étonnés, en raison de ce qu'il n'y a que les habitans d'Aix qui puissent s'appliquer le règlement de 1729, et qu'alors il est impossible que les *dispositions générales* de ce règlement *soient regardées comme le droit commun du pays.* Si le point de droit n'a pas lieu hors du terroir d'Aix, c'est-à-dire, si le *viol de souffrance* doit y rester tel qu'il est, comment les dispositions générales de notre règlement, pourroient-elles être le *droit commun du pays ?* Il faut pour cela, supposer que les propriétaires soumis au VIOL DE SOUFFRANCE, se prêtent spontanément à convertir ce viol, en chemin à voitures ; et il est notoire, au contraire, que notre règlement a toujours été repoussé par toutes les autres communautés du pays. Il n'en existe pas une, en effet, qui ait tenté de se faire autoriser à s'appliquer les dispositions de ce règlement ; et alors même que M. Dubreüil père, étant assesseur d'Aix, crut rendre service au pays, en proposant aux communautés d'adopter le règlement fait pour le terroir d'Aix, celles-ci s'y refusèrent.

Il n'existe donc point de *chemins*, c'est-à-dire, de *viols de souffrance,* convertis en *chemins de souffrance à voitures* hors du terroir d'Aix. Les dispositions générales du règlement fait pour le terroir d'Aix, ne peuvent donc pas être le *droit commun du pays.*

Notre confrère s'est rendu sur ce point, page *xiv* de sa réponse imprimée.

Sur la page 30, n.° 1.

Notre confrère dit, dans ce n.°, qu'il *n'eût fallu en Provence que dix ans pour acquérir un droit de passage sur un fonds, si le propriétaire du fonds dominant avoit établi sur le fonds servile, un ouvrage visible et permanent, indicatif du passage.*

Nous sommes d'un avis opposé, et nous établirons ci-après la proposition absolument contraire.

Avant de nous livrer à cette discussion qui sera longue, il convient que nous continuions de nous occuper de tout ce qui a trait aux chemins privés.

Sur la page 29.

Notre confrère a dit, page 29, que celui qui vend un fonds sans parler du chemin, n'est pas censé avoir promis le chemin. Il base cette décision sur la loi 66, ff. *in prœmio*, ff. *de contrahendá emptione*, d'après laquelle un vendeur est censé avoir promis à son acquéreur, quoiqu'il n'en ait pas parlé, de lui être tenu d'éviction et de libre jouissance ; mais il n'est pas tenu de lui donner passage ou le droit de puiser de l'eau dans son fonds, s'il ne s'y est pas expressément obligé. Cette loi suppose que le vendeur a un autre fonds contigu à celui qu'il a vendu. Mais elle suppose nécessairement aussi que l'acquéreur n'a pas besoin de prendre son chemin dans le fonds qui reste au vendeur pour arriver à celui qu'il a acheté. Il est, en effet, décidé que celui qui vend une partie d'un fonds qui est enclavé dans d'autres possessions, est censé avoir promis un chemin à son acquéreur dans son fonds, s'il lui a vendu la partie la plus reculée du chemin public (1); tout comme il a le droit de prendre son chemin sur la partie la plus rapprochée du chemin public, s'il l'a vendue, pour arriver à la partie la plus éloignée de ce chemin qu'il a conservée. Il est censé se l'être réservé (2).

Sur la même page 30, n.° 5.

Notre confrère convient que *la situation des lieux donne droit au passage, en faveur de celui qui n'a aucun chemin pour arriver à sa propriété.*

Il ajoute que le droit romain ne présente qu'un exemple direct de ce droit. Cet exemple unique, il le trouve dans la loi 12, ff. *de religios. et sumptibus funerum*, laquelle *autorisoit le possesseur d'un sépulchre dans l'enclave d'un fonds, à demander au propriétaire le passage pour arriver au sépulchre.*

Il existe cependant dans le droit romain, bien d'autres exemples de ce passage ou chemin forcé. Notre confrère a oublié qu'à la page 29, il en a cité lui-même jusques à sept,

---

(1) Loi 22, § 1, ff. *de condict. indebiti.* Loi 35, ff. *de servit. præd. urban.*; Coquille, quest. 74; Lapeyrere, lett. S, n.° 39; Graverol sur la Rocheflavin, lett. S, liv. 3, tit. 4.

(2) Gobius *de aquis*, decis. rotæ romanæ, 47.

tous aussi directs. Nous y en joignons deux autres puisés dans le même droit romain.

Une loi (1) nous dit que si l'impétuosité d'un fleuve a emporté le sol sur lequel est établi le chemin de nécessité d'un voisin, et que cet état change avant l'expiration du temps qui complète la prescription, le droit de chemin renaît sur ce sol abandonné par les eaux. Elle ajoute que si cet état continue pendant tout le temps requis pour opérer la prescription, et que les eaux se retirent ensuite, du moment que le sol du chemin est libre, celui qui a besoin de prendre son chemin sur ce sol, a le droit de forcer le propriétaire de ce sol, à lui donner, par raison de nécessité, le même chemin qu'il avoit auparavant.

Une autre loi (2) nous dit également que celui qui a vendu un fonds sur lequel il avoit besoin de prendre chemin, sans s'être réservé ce chemin, et même avec déclaration de *franchise* de servitude, n'a pas moins le droit d'exiger que son acquéreur lui fournisse ce chemin.

On a déjà vu qu'il est de jurisprudence partout, que si un propriétaire a vendu la partie haute de sa possession, sans promettre le chemin nécessaire pour y arriver, son acquéreur peut le forcer à le lui fournir; et que si ce même propriétaire a vendu la partie basse de sa possession, sans se réserver un chemin pour arriver à la plus haute, il a le droit de forcer son acquéreur à lui fournir ce chemin.

––––––––––

(1) Loi 14, ff. *quemadmod. servitut. amitt.*
(2) Loi 22, § 1, ff. *de condict. indebiti.*

Sur la page 33.

Notre confrère dit, qu'en matière de chemin ou de passage privés, *les distinctions établies par le droit romain*, entre la servitude ITER, la servitude ACTUS et la servitude VIA, *ne sont plus en usage. Nous connoissons le SENTIER ou VIOL pour les gens et bêtes chargées ; le CHEMIN ordinaire, pour voitures et charrettes.* Quel est l'auteur sur lequel il s'est fondé, pour bannir ainsi ces *distinctions de l'usage?* C'est Me Janety, arrêts de 1780, page 306. Ce dernier sur qui se fonde-t-il lui-même? Sur nous, qui défendions le Sr Perrymond, puisqu'il analyse nos défenses. Notre confrère nous a donc fait l'honneur de nous prendre pour une autorité. Nous n'avons jamais eu cette opinion de nous.

Il n'en est pas moins vrai que ces distinctions subsistent encore, et doivent subsister dans notre ci-devant province; et qu'elles ne sont abolies que dans le terroir d'Aix, par l'effet du règlement de 1729, parce qu'il accorde indifféremment à celui qui a la servitude ITER ou celle ACTUS, de se faire accorder celle dénommée VIA, c'est-à-dire, un chemin à voitures de huit pans en droite ligne, et de dix ou douze ou seize ou plus, selon l'état de la localité.

Ce règlement n'ayant point d'exécution hors de notre territoire, les distinctions du droit romain doivent être conservées, pour être appliquées aux droits de chemin ou de passage dûs dans les autres terroirs de la ci-devant Provence.

On n'y stipule plus dans les actes la servitude ITER, la servitude ACTUS, ni la servitude VIA, parce qu'on ne

contracte

contracte plus en latin. Mais on y stipule l'équivalent lorsqu'on fixe la nature, l'espèce et l'usage du chemin ou passage que l'un concède, ou que l'autre se réserve.

Ainsi, si le titre porte que le passage est accordé pour un homme *à pied et à cheval*, c'est la servitude ITER. Si le passage est accordé pour un homme et une bête chargée, c'est la servitude ACTUS. Si le passage est accordé pour voitures et charrettes, c'est la servitude VIA.

Il est d'autant plus essentiel de conserver dans l'*usage* hors du terroir d'Aix, ces nuances distinctives, qu'elles influent sur la largeur que doit avoir chaque espèce de chemin ou passage. Le droit romain décide que les chemins ou passages ITER et ACTUS doivent avoir la *largeur convenue*, et qu'à défaut de convention, cette largeur doit être réglée par des experts, loi 13, § 2, ff. *de servit. præd. rustic.*, et il fixe lui-même celle du chemin ou passage dénommé VIA, à huit pieds en ligne droite, et à seize aux contours. Loi 8, ff. *eod.*

Il suit, en effet, de toutes ces nuances, 1.° que le chemin ou passage ITER *pour un homme à pied ou à cheval*, ne doit et ne peut être que tel qu'il a été convenu ; et qu'à défaut de convention, les experts ne doivent lui assigner que la largeur qu'il faut pour qu'un cheval puisse passer ; 2.° que le chemin ou passage ACTUS, *pour un homme et une bête chargée*, ne doit être que tel qu'il a été convenu ; et qu'à défaut de convention, les experts ne doivent lui assigner que la largeur nécessaire pour qu'une bête chargée passe librement ; 3.° que le chemin à voitures et à charrettes VIA, doit avoir huit *pieds* en ligne droite, et seize *pieds* aux contours : ce qui le constitue à peu près tel que celui qui est accordé par le

T

règlement de 1729, aux propriétaires du terroir d'Aix, à raison de huit, de seize et de dix-huit *pans*.

Il n'est donc pas exact de dire que nous ne connoissons plus que le *sentier* ou *viol pour les gens et bêtes chargées*, et le *chemin ordinaire pour les voitures et charrettes*, parce qu'il peut exister un sentier ou viol qui n'ait été accordé que pour un homme à pied et à cheval, ITER; et parce que le *chemin ordinaire* pour *voitures et charrettes*, VIA est de huit, de seize et de dix-huit PANS dans le terroir d'Aix, et de huit et de seize PIEDS dans les autres terroirs de la province.

Il faut donc continuer de distinguer dans la ci-devant Provence, la servitude ITER de la servitude ACTUS, et l'une et l'autre, de la servitude VIA, parce qu'il y a une gradation entre elles quant à la largeur.

Il faut même distinguer la servitude VIA, c'est-à-dire, le *chemin ou passage pour voitures et charrettes*, stipulée dans le terroir d'Aix, et la même servitude, stipulée dans les autres terroirs de la ci-devant Provence, puisque la largeur de ce chemin n'est pas la même dans le terroir d'Aix, que dans les autres.

Cette partie de la défense que nous avions faite pour le sieur Perrymond, que Me Janety analyse dans son recueil d'arrêts, et qui a servi de base à ce que vient de dire notre confrère, ne porte pas que les *distinctions établies par le droit romain, entre les servitudes ITER, ACTUS et VIA, ne sont plus en usage*, ni que *nous ne connoissons que le sentier ou viol pour les gens et bêtes chargées, et le chemin ordinaire pour voitures et charrettes*. Voici, au contraire, comment nous nous sommes énoncés :

Parmi nous, qui ne sommes point en USAGE DE

NOUS SERVIR de ces mots ITER ou ACTUS, et qui n'employons que le mot PASSAGE, lorsque le droit de passage n'est pas réglé par le titre, nous le fixons par l'état du chemin sur lequel ce droit a été accordé.

Ainsi lorsqu'un chemin n'a de largeur que pour le passage d'un homme à pied ou à cheval, le propriétaire du sol est censé n'avoir accordé que le droit de passage connu sous le nom ITER.

Lorsque le chemin n'a de largeur que pour le passage d'une bête chargée, le propriétaire du sol est censé n'avoir accordé que le droit de passage connu sous le nom d'ACTUS.

Nous y observons que *le chemin contentieux n'ayant que sept pans de large, même dans les parties coudées, n'étoit pas un chemin à voitures, connu sous le nom de VIA.*

Impossible de mieux reconnoître les trois servitudes ITER, ACTUS et VIA, pour être encore en usage parmi nous. Impossible aussi, de mieux frapper les nuances différentielles, qui les distinguent.

Quand nous avons dit que nous ne sommes point en *usage* de nous servir des mots ITER, ACTUS et VIA, et que nous n'employons que le mot *passage*, nous nous sommes rencontrés avec M. Serres, *instituts de Justinien*, pag. 136, dont voici les paroles : *La servitude de passage que Justinien distingue ici en trois espèces, ITER, ACTUS et VIA, n'est connue parmi nous que sous le nom de passage ou de chemin. Le titre de constitution de cette servitude, règle ordinairement, le lieu, l'étendue ou la largeur du passage et la manière d'en user, soit à pied, soit à cheval, soit avec chariots.*

Ainsi donc le genre de la servitude n'est désigné parmi nous, que par le mot *passage* ou *chemin*. Mais les espèces de servitudes de chemin ou passage, dénommées ITER, ACTUS et VIA, sont toujours en usage. Elles sont seulement stipulées en idiome français.

Nous avons déjà dit que, depuis le règlement de 1729, les servitudes ITER, ACTUS et VIA, sont devenues indifférentes dans le terroir d'Aix, attendu que quiconque a un SENTIER ou VIOL pour arriver à son domaine, soit pour un homme à cheval, soit pour une bête chargée, a le droit de demander un chemin à voitures ou à charrettes, de huit pans en ligne droite, et de seize ou dix-huit aux contours, lequel diffère du chemin ou passage dénommé VIA, qui est de huit PIEDS en ligne droite, et de seize aux contours.

Mais partout ailleurs, la division de la servitude de chemin ou passage, en ces trois espèces ITER, ACTUS et VIA, continue d'y être connue et d'y être en usage; et il ne suffiroit pas d'y connoître le sentier ou viol pour les gens et bêtes chargées ACTUS, et le chemin ordinaire VIA, parce qu'il existe, en outre, le *sentier* ou *viol* accordé pour un homme à cheval, ITER.

Tout ce que nous venons de dire de la servitude de chemin ou passage, divisée en trois espèces, dans le cas où elle est fondée en titre, seroit applicable à celle qui seroit acquise par prescription. Ce seroit l'usage ou la localité qui en détermineroient l'espèce.

Sur l'art. 2, § II, n.° 2, sect. 2, page 33.

Notre confrère dit que *l'étendue du droit de chemin ou*

de passage (c'est-à-dire, le droit de passer à pied et à cheval, ou de passer avec une bête chargée, ou de passer avec voitures et charrettes), *se règle par le titre ; à défaut, par la possession trentenaire ; à défaut de l'une et de l'autre, par l'objet de la concession et par les circonstances particulières.*

Ce sont là quatre décisions, lesquelles ne sont pas fondées sur nos usages particuliers de la ci-devant Provence, mais sur les principes généraux du droit romain, qui étoit le droit commun du pays.

La première de ces décisions est véritablement une règle sûre, établie dans la loi 6, § 5, ff. *si servitus vindicetur,* et suivie non-seulement parmi nous, mais encore dans toute la France. Tous les auteurs français et provençaux, échos de cette loi, disent qu'en matière de servitude, il faut toujours se conformer scrupuleusement au titre.

La deuxième, est également sûre. Mais notre confrère n'eût pas dû se borner à l'étayer de l'autorité de M.ᵉ Janety, qui n'indique point d'arrêt qui l'ait appuyée, et qui ne fait que rappeler un moyen de défense subsidiaire, proposé par le défenseur du sieur Ourdan, partie adverse du sieur Perrymond, et sur lequel la Cour du parlement d'Aix, ne statua pas. Il eût mieux fait d'asseoir sa décision sur l'autorité de M. Julien, *commentaire sur les statuts, etc.,* tom. 2, pag.547, n.° 13, dans lequel le défenseur du sieur Ourdan avoit puisé son moyen subsidiaire. C'est sans contredit un inconvénient de donner le caractère de l'autorité à de simples défenses. M. Julien méritoit, à tous égards, la préférence sur celui qui n'avoit fait que le copier.

La troisième, est aussi sûre que les précédentes. La loi 3,

§ 3, ff. *de servit. prœdior. rusticorum*, porte, en effet, que celui qui accorde le droit de venir prendre de l'eau à sa fontaine ou de la venir puiser à son puits, est censé avoir concédé le droit de chemin ou de passage pour arriver à la fontaine ou au puits, attendu que sans cette faculté de chemin ou de passage, la première concession seroit entièrement frustratoire : ce qui est confirmé par la loi 81, § 3, ff. *de legatis* 1, où il est dit que celui qui lègue un fonds enclavé dans ses autres possessions, est censé avoir légué un chemin ou passage dans ces mêmes possessions.

Enfin la dernière, d'après laquelle *le titre ou la concession doivent être interprétés par les circonstances*, est également vraie. Notre confrère l'a étayée sur la loi 4, § 1, ff. *de servitutibus*, et cette loi est absolument muette sur ces *circonstances*. Son § 1, n'est absolument relatif qu'à l'obligation que tout usufruitier contracte de donner caution. Mais il eût pu citer M. Lalaure, *des servitudes*, liv. 1, ch. 11, pag. 61, lequel dit effectivement qu'*il faut tâcher de pénétrer l'intention des parties, par la position des lieux et les autres CIRCONSTANCES.*

En donnant aux *circonstances* l'effet de concourir à l'explication de l'intention non développée, du vendeur ou du concédant de la servitude, notre confrère eût pu faire connoître quelques-unes de ces circonstances, pour que ses lecteurs ne fussent pas dans le cas de rester dans le vague d'une généralité. En voici une : le vendeur ou le concédant de la servitude de passage, a dit qu'on le prendroit à tel endroit. Si le sol de ce local est impraticable, parce qu'il est trop aqueux et conséquemment boueux, ce vendeur ou concédant est censé avoir autorisé son acquéreur ou conces-

sionnaire, à faire sur ce sol , tous les ouvrages nécessaires pour
en détourner les eaux, et pour donner au terrain une assiette
solide. En voici une deuxième : si le lieu assigné pour le passage
est impraticable, dans un autre sens, pour être trop montueux ,
l'acquéreur ou concessionnaire est censé autorisé à l'applanir;
et s'il s'agit d'un local ou chemin dégradé , il est censé autorisé
à y faire toutes les réparations convenables. En voici une troisième : on m'a vendu ou concédé une faculté d'aquéduc ,
je suis censé autorisé à faire charrier et à déposer sur le sol
tous les matériaux nécessaires pour son établissement, et pour
faire réparer dans la suite l'aquéduc en cas de dégradation ,
par l'effet d'une trop grande abondance d'eau qui le crève ,
ou qui l'encombre. En voici une quatrième : si pour rendre
mon chemin plus praticable, ou pour faire établir mon aquéduc
ou le réparer, je puis faire passer mes matériaux par deux
endroits différens, dont l'un est plus incommode que l'autre
au propriétaire du fonds servant, je suis censé avoir été soumis
à faire faire ce charroi sur le local le moins incommode. M.
Lalaure au même endroit.

Notre confrère eût pu ajouter à ces quatre décisions, une
cinquième, d'après laquelle lorsque l'intention du concédant
est impénétrable, on l'explique en faveur de l'acquéreur ou
du concessionnaire de la servitude, parce que le vendeur ou
le concédant de la servitude , doit s'imputer la faute de ne
s'être pas expliqué plus clairement. M. Lalaure, même page,
où il cite deux lois romaines.

Mais notre confrère pense, au contraire, que lorsqu'il est
impossible *d'expliquer le doute et l'intention de celui qui*
a vendu ou concédé un droit de passage ou de chemin
dans son fonds, il n'est plus dû qu'un sentier ; car toute

servitude, par la nature même de ce droit, est réduite au pur nécessaire et moins dommageable. Il se fonde sur la loi 9, ff. *de servitutibus,* qui n'est ni de près ni de loin, relative à ce cas, et qui décide seulement que celui qui a la servitude *via* sur le fonds d'autrui, c'est-à-dire le droit de passer avec voitures et charrettes, doit user civilement de son droit, *civiliter,* et ne pas passer à travers les vignes, lorsqu'il peut passer commodément ailleurs. Il cite également M. Domat à l'appui de son opinion ; mais ce fidèle interprète des lois romaines ne se prononce que d'après cette même loi, et que dans le sens de cette loi. La citation de ces lois est d'autant plus inutile, que l'une et l'autre ont en vue un chemin à voitures, VIA.

S'agissant ici d'une servitude titrée, nous préférons la décision de M. Lalaure, laquelle, dans le cas où l'intention du vendeur ou du concédant est impénétrable, fait pencher la balance du côté de l'acquéreur, d'autant qu'elle est basée sur plusieurs lois romaines. Il est très-vraisemblable, en effet, que l'acquéreur ou le concessionnaire d'une servitude, a l'intention de l'acquérir ou de l'obtenir aussi commode pour lui que possible ; et que c'est tant pis pour le vendeur ou le concédant, s'il n'a pas limité sa concession, ou s'il s'est exprimé d'une manière qui puisse comporter l'extension de la faculté qu'il a vendue ou concédée.

MM. Richeri et Pardessus, que notre confrère a encore cités, à l'appui de sa décision, s'énoncent aussi, comme M. Domat, d'après la même loi et dans le même sens qu'elle.

Autre chose est d'obliger l'acquéreur d'une servitude de passage, à user de son droit *civiliter,* c'est-à-dire, de passer

sur

sur l'endroit où il cause le moins de dommage, attendu que son droit n'est point entamé par ce ménagement ; autre chose est de réduire à un simple VIOL , celui qui a acquis un droit de passage , que le vendeur n'a pas limité. Cet acquéreur ne doit user du chemin que selon ses besoins, pour être moins à charge au vendeur , parce qu'il doit exercer son droit *civiliter* , soit ; mais s'il a besoin d'un chemin à voitures , il peut l'établir , dès que la concession ne renferme rien qui s'y oppose. La loi que nous venons de discuter est absolument étrangère à ce cas particulier.

Au reste, si cette décision de notre confrère pouvoit être vraie , elle seroit inapplicable au terroir d'Aix , depuis le règlement de 1729 , qui autorise tous ceux qui n'ont qu'un droit de VIOL, à se faire donner un chemin à voitures.

Nous indiquons une sixième circonstance qui peut servir d'interprète en pareil cas , c'est l'usage ou la loi du pays , auxquels le vendeur comme l'acquéreur sont présumés s'être rapportés. Lalaure *ibid.*

Sur les mêmes article, § *et n.°, section 3, page 34.*

Notre confrère observe que la faculté de *passage* ou de chemin, *à travers les MAISONS, JARDINS et LIEUX CLOS , ne donne pas à celui qui en jouit , la liberté d'en jouir à des heures indues , au préjudice du repos et de la sûreté du voisin. Il ajoute que régulièrement il ne s'étend pas au temps de nuit.* Il cite la loi 14, ff. *communia prædior.* , et M. Mornac sur cette loi.

Notre confrère réunit trois choses qui peuvent être régies par des règles différentes.

V

S'agit-il d'un droit de passage à travers une maison, ou un jardin ou un enclos, auxquels on ne peut arriver que par la porte d'une maison? Nul doute que le concédant a eu le droit de limiter l'usage de ce passage, et de le prohiber avant ou après telle heure ; et nul doute encore que si le concédant n'a pas indiqué l'heure avant laquelle, ou après laquelle le concessionnaire ne pourroit pas en user, il est censé avoir interdit l'usage du droit de passage, aux heures où son repos seroit troublé. La loi et Mornac sont formels sur les deux points. Jusque-là nous sommes de l'avis de notre confrère.

Mais lorsque la concession est muette sur les heures, avant et après lesquelles, le concessionnaire ne pourra user de son droit de passage, n'existe-t-il point de règle tracée pour les fixer? M. Mornac, sur la loi 4, § 1, ff. *de servitutibus*, rapporte un arrêt de règlement du parlement de Paris, qui a permis d'user du passage, dès six heures du matin, jusqu'à neuf heures du soir dans la saison d'hiver, et dès quatre heures du matin, jusqu'à dix heures du soir, dans la saison d'été. Ce même arrêt fixe, pour ce cas particulier, le commencement de l'hiver au jour de S.t Remy (1.er octobre), et le commencement de l'été, au jour de Pâques. La disposition sage de cet arrêt, pourroit, sans inconvénient, être suivie dans toute la France.

S'agit-il au contraire d'un jardin ou de tout autre lieu clos, auxquels on peut arriver, sans traverser la maison? Si les heures de passage ne sont pas limitées dans le titre, on peut y entrer et y passer à toute heure du jour et de la nuit, parce que le repos du propriétaire ne peut pas souffrir de l'usage que l'acquéreur ou le concessionnaire fait de son droit.

On ne peut pas même craindre que les productions de ces lieux soient compromises, parce que la même clef qui sert à les ouvrir dans la nuit, sert aussi à les fermer tout de suite.

Sur la page 36 *, n.° 1.*

Notre confrère a dit, que *parmi nous il paroît que la largeur du sentier,* ou viol, *doit être de cinq pans y compris les bords, puisque telle est, comme on l'a vu, la moindre largeur du passage à accorder à celui qui n'en a point.*

Ces mots, COMME ON L'A VU, se rapportent au texte de notre coutume que notre confrère a déjà transcrit, page 31, où il est dit : *le juge établira le chemin de tant de large, c'est à savoir, de cinq pans ou DE PLUS, SI AINSI BON LUI SEMBLE.*

Notre confrère auroit dû dire que nous n'avons point de largeur déterminée par notre coutume, pour les *chemins, sentiers,* ou *viols de nécessité* ou de *souffrance* ; que le *minimum* étoit de cinq pans ; mais que cette largeur pouvoit être de six ou de sept, puisque le juge pouvoit la fixer à PLUS de cinq pans, SI AINSI BON LUI SEMBLOIT.

Cette observation étoit d'autant plus nécessaire, que l'on croit communément que le *chemin, sentier* ou *viol de né- cessité,* ne doit avoir que cinq pans de large.

Il faut convenir que la majeure partie des viols qui existent dans la ci-devant Provence, n'a eu, dans le principe, que la largeur de cinq pans. Il n'en est pas moins vrai que, selon les localités, il en a été établi dans le principe, de la largeur

de six et de sept pans, puisqu'il est vrai qu'il en existe encore
dont la largeur excède celle de cinq pans, malgré les entreprises des voisins sur les fonds desquels ils sont établis, ce
qui suppose qu'ils étoient autrefois plus larges encore.

C'est l'erreur dans laquelle on est que les *chemins, sentiers*
ou *viols forcés*, ne doivent et ne peuvent avoir que cinq
pans de large, qui a encouragé la plus grande partie des
propriétaires qui les doivent, à attenter à la plus grande
largeur primitive de certains de ces chemins, en les réduisant
presque tous à la largeur de cinq pans, sans que ceux qui
en usoient, imbus de la même erreur, s'en soient plaints, ni
même formalisés. Nous ne trouvons aucune trace de pareille
contestation, dans les annales du palais de Provence.

Nous pouvons même avancer que de tous ces *chemins*,
sentiers ou *viols de nécessité*, qui doivent avoir au moins
cinq pans, et qui ont nécessairement été portés à cette largeur
dans l'origine, il n'en existe plus qui aient au delà de deux
pans, tant l'avidité de ceux qui les doivent les leur a fait
rétrécir, pour se donner l'avantage de cultiver un peu plus
de terrain. C'est dans cet état que se trouvoient, dans le
terroir d'Aix, presque tous ces chemins, à l'époque du règlement de 1729.

Il n'est pas indifférent pour les ci-devant provençaux, de
savoir positivement que si ces viols de nécessité et de souffrance, doivent être au moins de cinq pans de large, ils
peuvent cependant être aussi de six à sept pans. Celui, en
effet, qui auroit un *viol de nécessité* de six à sept pans,
pourroit s'y faire maintenir, et repousser avec succès celui
qui voudroit le réduire à cinq pans ; et celui qui, après avoir
joui d'un viol de six à sept pans, auroit à se plaindre du

rétrécissement de ce viol, pourroit en demander le rétablissement dans son premier état.

Sur la page 36, *n.*° 2.

Notre confrère élève la question : *si celui qui n'a qu'un sentier, peut demander un chemin de voiture.* Il la résout ainsi :

C'EST CE QUI N'EST PAS DOUTEUX POUR LE CHEMIN VOISINAL OU DE QUARTIER, *dont chaque usager peut, on l'a vu, demander l'agrandissement.*

Mais ce droit n'appartient pas à celui à qui il n'est dû qu'un chemin particulier, de servitude ou de souffrance, soit qu'il l'ait acquis par titre ou par possession.

Par titre, parce qu'il ne peut rien réclamer au delà de ce que son titre lui donne.

Par possession, parce qu'elle n'acquiert que ce que l'on a possédé.

Inutilement on voudroit faire valoir l'incommodité qui résulte d'un passage trop resserré, le mode actuel d'exploitation qui a substitué, presque partout, le transport par charroi, au transport par bêtes de charge ; par cela même que ce transport est nouveau, il n'est pas absolument nécessaire, et la servitude est restreinte à l'absolu nécessaire.

Le droit romain prohiboit à celui qui réparoit le chemin, d'en changer l'état, notamment de l'élargir. NE QUIS DILATET.

Le code civil, art. 702, *veut que celui à qui la servitude est due, ne puisse en user que suivant son titre, et qu'il ne puisse faire dans le fonds qui la doit, de changement qui en aggrave la condition.*

*Celui qui a un chemin, quelqu'incommode qu'il puisse
être, n'en peut demander un autre.*

*Comment donc celui qui a un sentier pourroit-il demander un chemin plus large, et se procurer dans une
matière où tout est de rigueur, un avantage repoussé par
les principes conservateurs du droit de propriété ?.*

Les bases de notre confrère sont, l'autorité d'une loi (1) et
la doctrine d'un auteur récent (2).

Notre confrère propose la question en l'état du règlement
de 1729, qui n'est applicable qu'au terroir de la commune
d'Aix. On ne peut pas s'y méprendre, puisqu'il la traite et la
décide d'abord dans son sens, d'après ce règlement. Combien
n'est-il pas étrange dès lors, qu'il ait en même-temps basé sa
décision sur le droit romain et sur le droit français, absolument incompatibles avec notre règlement qui a si formellement dérogé et à l'un et à l'autre ?

Nous avons déjà observé que notre règlement ne sort pas
de notre terroir, *suo clauditur territorio* ;. et telle est la
limite absolue de toute coutume ou loi de famille. Notre
confrère qui nous avoit dit d'abord que ce *règlement formoit
le droit commun de la ci-devant Provence*, n'a pas hésité
de se rétracter dans sa réponse imprimée.

Ce règlement porte que chaque propriétaire qui n'a qu'un
chemin, sentier ou *viol vicinal*, c'est-à-dire, qu'un *chemin,*

---

(1) Loi 3, § 15, ff. *de itin. actuque priv.*

(2) M. Pardessus, n.º 220, pag. 396 et 397.

sentier ou *viol de nécessité* ou *de souffrance*, pour arriver à son champ enclavé, a le droit d'en demander l'agrandissement et de le faire convertir en chemin à voitures, sans que celui sur le fonds duquel il est établi, puisse s'y opposer.

Comment est-il donc arrivé que notre confrère ait proposé sa question aux propriétaires du terroir d'Aix, en faveur desquels, de son aveu, elle est toute résolue par le règlement de 1729, sollicité et adopté par eux pour devenir à jamais leur loi locale ! Pouvoit-elle être douteuse à leur égard ?

Et alors quelle est l'utilité de cette discussion contraire, en droit romain et en droit français, qu'il a faite pour établir que la servitude de passage ne peut être étendue à Aix même, et que celui qui n'a qu'un petit chemin, ne peut pas en exiger un plus grand ?

Cette discussion seroit utile, hors du terroir d'Aix, pour tous les pays de la ci-devant Provence dont les propriétaires sont restés sous le régime du droit général et commun, romain et français, lesquels mesurent la qualité et l'usage des servitudes, au titre et à la possession, et n'ont pas voulu se faire, dans leurs cités particulières, les mêmes avantages que ceux du terroir d'Aix se sont procurés d'un commun consentement. Elle est absolument contraire aux conventions de ces derniers propriétaires régis par un droit nouveau, spontanément établi entre eux, par une loi locale qui a été leur ouvrage et qui est devenue une règle impérieuse, entre eux.

Si notre confrère eût écrit pour tous les terroirs de la ci-devant Provence, non compris celui d'Aix, nous rendrions hommage aux principes des droits romain et français, qu'il

professe , et qu'il oppose très-exactement à ceux qui, hors
du terroir d'Aix , auroient la prétention de faire agrandir
leurs *chemins , sentier ,* ou *viol vicinal, de nécessité et de
souffrance.*

Mais il a écrit pour les propriétaires d'Aix , puisqu'il
propose la question et il la résout en l'état du règlement de
1729 , lequel n'est loi que pour eux.

Dès lors comment a-t-il eu l'idée de proposer la question
dont il s'agit , et de la supposer susceptible de doute et de
difficultés , lorsque, par une loi de famille , les propriétaires
du terroir d'Aix se sont volontairement soumis à se donner
respectivement un chemin à voitures , là où ils n'avoient,
pour arriver à leurs fonds enclavés , qu'un *chemin , sentier*
ou *viol vicinal* de la largeur ou de cinq ou de six à sept
pans ? N'étoit - il pas suffisamment décidé par-là , que tout
propriétaire du terroir d'Aix, qui n'avoit qu'un *sentier ,* pouvoit,
malgré les principes contraires du droit romain et du droit
français , qui prohibent toute innovation en matière de servitude , *demander un chemin plus large* et à voitures , à
celui qui ne lui avoit jamais fourni qu'un *chemin , sentier
ou viol vicinal , de cinq ou de six à sept pans ,* et cela
uniquement par principe de plus grande commodité, de plus
grande économie, et conséquemment de plus grande utilité ?

Quoi qu'il en soit , il convient qu'*il n'est pas douteux*
qu'en vertu de ce règlement de 1729 , *les usagers d'un
chemin voisinal ou de quartier peuvent demander un chemin
de voiture.* Il se contredit tout de suite et il décide que ce
*droit n'appartient pas à celui à qui il n'est dû qu'un chemin
particulier de souffrance.*

A présent qu'on sait que les six , dix , vingt, cinquante ou
cent

cent propriétaires du terroir d'Aix, qui se servoient du même *chemin, sentier* ou *viol vicinal,* avant 1729, n'avoient, chacun, qu'un *chemin particulier ou de souffrance,* établi successivement par raison de nécessité et à titre de servitude légale, sur les fonds les plus rapprochés du grand chemin; on est étonné que chacun d'eux ait le droit de demander un chemin à voitures à tous ceux qui sont plus rapprochés que lui du grand chemin; en sorte que le second propriétaire puisse demander un chemin à voitures au premier qui touche le grand chemin, le troisième au premier et au second, le quatrième, au premier, au second et au troisième et ainsi de suite; et que le propriétaire isolé ou les propriétaires au nombre de deux ou de trois, qui ont le même *chemin, sentier ou viol vicinal, particulier ou de souffrance,* pour arriver à sa propriété ou à leurs propriétés enclavées, n'eussent pas le même droit. Impossible d'indiquer les nuances qui différencient le droit que notre confrère accorde à ceux-là, de celui qu'il refuse à celui-ci ou à ceux-ci. Tous sont placés sur une même ligne; tous ont un égal besoin; tous se sont assujettis à la même servitude; tous ont le même droit d'en user entre eux.

A présent qu'on sait qu'en Provence, le *chemin, sentier* ou *viol vicinal,* n'étoit ni la *via vicinalis* du droit romain, qui conduisoit d'un village à l'autre, *de vico ad vicum,* ni le chemin *voisinal ou de quartier* de France, qui conduit d'un clocher à l'autre, lesquels sont également publics; et que le *chemin* ou *sentier* ou *viol vicinal* de Provence, n'est qu'un chemin de cinq ou de six à sept pans de large, uniquement destiné à l'usage et à la culture des fonds enclavés et qui se termine au dernier fonds à l'usage duquel il est

X

destiné ; on ne peut pas se dire pourquoi notre confrère a imaginé de qualifier *chemin voisinal* ou *de quartier* auquel il accorde un certain attribut de publicité, ce *chemin, sentier* ou *viol vicinal* de Provence. Impossible de le deviner.

Si nous l'invitons à nous indiquer la source où il a puisé la différence qu'il a établie entre le *chemin, sentier* ou *viol vicinal* de Provence, qui est à l'usage de quatre, cinq, dix, vingt, cinquante ou cent propriétés enclavées, et le même *chemin, sentier* ou *viol vicinal de Provence*, qui est à l'usage d'une seule propriété ou de deux ou de trois enclavées ; il est trop de bonne foi pour ne pas convenir qu'il en est l'inventeur.

Si nous l'invitons à nous dire, pourquoi il accorde plus de priviléges à chacun des quatre, dix, vingt, cinquante ou cent propriétaires qui n'avoient, avant 1729, que le *chemin, sentier* ou *viol vicinal* de Provence, de cinq ou de six à sept pans, pour arriver à leurs propriétés enclavées et les cultiver, qu'au propriétaire ou qu'aux deux ou trois propriétaires qui, à la même époque, avoient aussi le même *chemin, sentier* ou *viol vicinal* ; il est trop vrai pour ne pas convenir que c'est uniquement parce qu'il le veut ainsi.

Si nous le prions de nous dire pourquoi il a métamorphosé ce *chemin* ou *sentier* ou *viol vicinal* de Provence, qui étoit uniquement destiné à la culture des champs enclavés, qui n'avoit aucune communication avec une autre voie publique, et qui étoit successivement privé dans toutes ses parties, en *chemin voisinal ou de quartier, devenu en quelque sorte public entre les usagers, et en quelque manière chemin public*; il est trop exact pour ne pas convenir qu'il n'a point de garant.

Toutes ces vaines différences et distinctions que notre confrère vient de créer, et que nous venons de parcourir, sont positivement neuves, et il est à naître, que jamais on les ait connues à Aix depuis le règlement de 1729. Point d'arrêt qui les ait faites. Point d'auteur qui nous les ait indiquées, ni même fait pressentir. Nos anciens ne nous les ont pas transmises, et pendant une postulation de près de 60 ans, nous n'avons ni vu ni ouï dire qu'un propriétaire du terroir d'Aix, soumis à fournir un viol sur son fonds, envers un ou deux ou trois fonds enclavés, les ait invoquées; quoique depuis le règlement de 1729 il ait été procédé à l'agrandissement de tant de *chemins, sentiers* ou *viols vicinaux*, dont les uns ne sont à l'usage que d'une ou de deux ou de trois propriétés enclavées; les autres le sont de quatre ou cinq ou dix ou vingt ou cinquante ou cent.

Le silence des annales du palais de Provence depuis 1729; celui de nos auteurs plus récens, au nombre desquels est le maître de notre confrère; celui de nos anciens; celui de cette foule innombrable de propriétaires d'Aix, qui ont laissé prendre un chemin à voitures sur leurs fonds, tantôt par un seul, tantôt par deux, tantôt par trois et tantôt par un plus grand nombre, viennent-ils donc à l'appui des différences et distinctions que notre confrère vient de signaler pour la première fois depuis près d'un siècle, aux propriétaires du terroir d'Aix ? Conçoit-on que ces différences et distinctions eussent échappé à tous ces propriétaires qui ne devoient un passage qu'à un seul, qu'à deux ou qu'à trois propriétaires dont les possessions étoient enclavées; et que tous et avec une égale résignation aient laissé convertir en chemin à voitures, le *chemin ou sentier ou viol vicinal*, de cinq pans, et tout au plus de six à sept de large, par la seule autorité paternelle des *estimateurs des honneurs* (1), sans qu'il existe aucune trace d'opposition de leur part? Il eût fallu qu'ils fussent tous endormis sur leurs véritables droits, s'ils n'avoient pas excipé de ces différences et distinctions, qu'il plaît à notre confrère de nous présenter comme certaines, comme établies, comme *maximes* du pays.

En l'état de toutes ces observations, notre confrère n'est sûrement pas à son aise.

Il ne seroit pas dans cet embarras si, lorsqu'il a transcrit, pag. 31, le texte de notre coutume, il n'eût pas omis ces paroles intermédiaires, qui s'y trouvent d'abord après celles-ci : *si ainsi il lui semble bon*, et qui sont telles qu'elles suivent; *et de long autant qu'il en faudra, eu égard à la distance qu'il y aura, puis ladite possession close traversant la servile, jusques au chemin public*, ou VIOL VICINAL. C'est la distraction qu'il a eue, lorsqu'il a omis de transcrire toutes ces paroles, qui l'a empêché de s'apercevoir qu'en Provence les VIOLS destinés à la culture des terres, c'est-à-dire, à l'usage des propriétaires et nullement des habitans de chaque lieu, étoient dénommés *viols vicinaux* uniquement parce qu'ils étoient à l'usage d'un *voisin* ou de

---

(1) Ainsi appelés, parce qu'ils étoient choisis par le Conseil municipal parmi des bourgeois honorables et propriétaires ; et parce qu'ils remplissoient, quant à cette mission, des fonctions municipales.

plusieurs *voisins* du fonds sur lequel ils étoient établis. C'est là qu'il eût trouvé la véritable interprétation des mots *chemins voisinaux* employés dans le règlement de 1729, et dont l'agran-dissement fut ordonné à cette époque, lesquels chemins *voisinaux* ou *vicinaux* n'étoient que des VIOLS tellement rétrécis par l'avidité de ceux qui les devoient, qu'*à peine une bête de charge pouvoit y passer ;* et le tout ensemble eût singulièrement éloigné de lui l'idée qu'il a eue d'assimiler le *viol vicinal* de Provence à la *via vicinalis* du droit romain, et au *chemin voisinal et de quartier* du droit français, lesquels sont essentiellement publics ; et il eût reconnu avec nous, que tel étoit le VIOL VICINAL en Provence, en 1729, tel il a continué d'être après son agrandissement, c'est-à-dire, un *chemin de souffrance et de nécessité*, privé dans toute sa longueur, qu'il fût destiné à la culture d'un champ isolé, ou de plusieurs placés à la file les uns des autres ; que sous aucun rapport il ne pouvoit être dénommé *chemin voisinal ou de quartier* dans le sens du droit romain, ni dans celui du droit français ; et que l'étimologie du VIOL VICINAL de Provence est toute autre que celle de la *via vicinalis* du droit *romain* et du *chemin voisinal* du droit français.

Faisons encore une question à notre confrère ; demandons lui pourquoi il n'a pas opposé au premier propriétaire qui a pris dans le principe, un *viol de souffrance* sur le sol du plus rapproché du chemin public, ou au second propriétaire qui a pris ensuite un *viol de souffrance* sur le fonds du premier, et ainsi des autres jusques au centième, cette masse d'autorités et de doctrines dont il s'est prévalu contre l'individu qui est seul à posséder une propriété enclavée, ou contre les deux ou trois qui viennent après lui, et au fonds du dernier desquels le chemin se termine. Il nous répondra que c'est parce que ceux-là étant en certain nombre, forment un *quartier*, et qu'en conséquence, leur *viol* cesse d'être un *viol de souffrance*, et devient un *chemin de quartier en quelque sorte et en quelque manière chemin public* ; au lieu que ceux-ci ne forment pas un *quartier*; que leur *viol* n'est pas un *chemin de quartier*, et reste dans son état primitif, tant de *viol de nécessité et de souffrance*, que de *viol privé*.

Mais alors, si nous lui demandons quel privilége de plus, peuvent avoir cent propriétaires qui ont au midi ou au couchant du chemin public, ce *viol de souffrance*, dont il lui plaît de faire un *viol de quartier*, pour arriver successivement à toutes leurs propriétés enclavées, que celui qui a, au levant ou au nord du même chemin public, un *viol* pour arriver à la sienne également enclavée ; il lui sera impossible de nous répondre, parce qu'en effet, les cent propriétaires qui sont d'un côté, n'ont et ne peuvent avoir qu'un *viol de souffrance*, existant successivement, par raison de nécessité, dans le fonds de ceux qui les précèdent, le second, sur le premier plus proche du chemin public; le dixième, sur ceux des neuf qu'il traverse ; le cinquantième, sur les quarante-neuf qui sont avant lui, et le centième, sur les quatre-vingt-dix-neuf qui le précèdent; tout comme celui qui, de l'autre côté du chemin, n'a, dans le fonds du premier propriétaire, le plus voisin du chemin public, qu'un viol pour sa propriété enclavée, a aussi un *viol de souffrance*. Or, quel droit plus fort doivent avoir cent propriétaires qui sont d'un côté, que celui du propriétaire unique qui se trouve de l'autre côté? N'est-ce pas pour l'intérêt de *chacun* des cent *propriétaires*, qu'un *viol de souffrance* existe au midi ou au couchant du chemin public ? N'est-ce pas pour l'intérêt d'un *propriétaire*, qu'il existe un autre *viol de souffrance* au nord ou au levant du même chemin public ? Quelle nuance peut différencier les deux *viols de souffrance*, en dénommant même le premier, *viol de souffrance d'un quartier* ? Quel droit plus fort peuvent avoir les cent propriétaires qui sont d'un côté pour avoir un chemin à voitures, que celui qui est seul, à avoir le même *viol de souffrance* en delà du même chemin ?

Notre confrère ne pourra pas nous dire que c'est au grand nombre des intéressés, qu'il accorde la faculté de substituer un chemin à voitures à un *viol*, puisqu'il raisonne dans la supposition où un seul d'entre eux, demanderoit un chemin à voitures : *Celui*, dit-il, *qui n'a qu'un sentier ou viol, peut-il demander un chemin de voiture ? C'est ce qui n'est pas douteux*, répond-il, *pour le chemin voisinal ou de quartier, dont* CHAQUE *usager peut*, on l'a vu, *demander l'agrandissement*

Il s'occupe donc et du cas où le chemin du quartier n'est qu'un *sentier* ou *viol*, et du cas où un seul des cent propropriétaires du quartier, demande, pour son intérêt seul, l'agrandissement de ce *sentier* ou *viol*. Il accorde ce droit à cet individu isolé ; et pourquoi le refuse-t-il à celui qui est seul, de l'autre côté du chemin ? Supposons donc que c'est le cinquantième ou le centième propriétaire qui demande un chemin à voitures. Celui-là sera fondé à aggraver la servitude de passage, dont il jouit dans le fonds des quarante-neuf, et celui-ci, dans le fonds des quatre-vingt-dix-neuf qui le précèdent, en les forçant à lui abandonner une nouvelle partie de leur terrain pour y asseoir un chemin à voitures ; et le propriétaire qui, de l'autre côté du chemin, a pour lui seul un *viol de souffrance*, ne pourroit pas forcer le seul propriétaire qui le sépare du chemin public, à lui fournir un chemin à voitures !

Celui qui cause le plus grand dommage et qui enlève le plus de terrain à l'agriculture, il le croit donc mériter plus de faveur, que celui qui fait un dommage moindre et occasionne une moindre perte de terrain pour l'agriculture ! Cela n'est pas, et cela ne peut pas être.

Ainsi les principes de droit et les observations personnelles de notre confrère, s'élèvent autant contre la demande d'un plus grand chemin, faite par un des cent propriétaires d'un quartier pour le substituer à l'ancien *viol de souffrance* acquis par chacun d'eux, ou par titre ou par possession, que contre celle que fait, pour le même objet, le propriétaire qui est seul, à avoir un semblable *viol de souffrance*; et si on refuse un plus grand chemin à celui-ci, il faut, de toute justice, le refuser à celui-là, tout comme en l'accordant à l'un, il faut aussi l'accorder à l'autre. Il n'y a donc point de raison et point de justice dans les deux décisions opposées de notre confrère. Placées à côté l'une de l'autre, elles manquent évidemment de justesse, parce qu'elles doivent être toutes les mêmes, les cas et les personnes ne différant pas entre eux. Ainsi même concession à tous, ou même refus pour tous.

Nous avons déjà fait sentir que la division du chemin privé en *chemin* ou *viol de quartier* et *chemin* ou *viol de souffrance*, n'étoit propre qu'à dépayser nos concitoyens d'Aix, qu'à les exposer à des contestations, et à leur tendre un piège. Faut-il bien que cela soit ainsi, puisque, le premier,

notre confrère est tombé lui-même dans ce piège, et que si
son opinion étoit reçue, on verroit bientôt une foule de concitoyens aux prises : le propriétaire servant, pour soutenir que
le *viol* dont l'agrandissement est demandé par le propriétaire
dominant, n'est pas un *viol de quartier*, attendu qu'il ne le
doit qu'à trois, qu'à deux ou qu'à un, et ce dernier pour
soutenir qu'il a, pour exploiter son fonds plus utilement, plus
commodément et plus économiquement, un droit égal à celui
de chacun des cent, ou, si l'on veut, des mille propriétaires
formant un quartier, lorsque l'un d'eux trouve bon de faire
agrandir le VIOL commun à tous.

Nous ne contestons pas la justice des principes du droit
romain, ni l'exactitude des réflexions que notre confrère y a
accolées. Nous ne réclamons que l'égalité dans leur application.

C'est parce qu'il existe pour le terroir d'Aix, un règlement
qui est une loi de famille, que notre confrère s'est aidé des
principes du droit romain ou du droit français, pour accorder
à un de plusieurs possédans biens, dans la même partie du
terroir, le droit de demander à tous ceux, dont les fonds
précèdent le sien, la conversion du sentier ou *viol de souffrance*, qui leur est commun, en chemin *voisinal*.

C'est aussi, parce que le règlement existe, que nous ré-
vendiquons, pour le propriétaire qui a pour lui seul un
sentier ou *viol de souffrance*, établi dans le fonds de celui
qui est placé à côté du chemin public, la même faculté
de faire convertir ce VIOL en chemin *voisinal*, dans le sens
du même règlement, c'est-à-dire, en chemin à voitures.

Notre confrère n'a pas osé dire que son opinion, contraire
à la nôtre dans son deuxième chef, est autorisée par le règlement d'Aix, attendu qu'évidemment cette loi de famille est

Y

générale et exclusive de toute limitation ; qu'elle est aussi formelle pour un SEUL, que pour plusieurs ; et qu'elle ne renferme ni de près ni de loin, aucune expression de laquelle on puisse induire que la faculté de faire convertir un *viol de souffrance* en chemin à voitures, n'est accordée que dans le cas où ce viol est à l'usage de plusieurs, et est refusée à un ou à deux, lorsqu'ils sont seuls à en user. Dès lors son opinion n'est plus que son avis particulier, dénué de toute base.

Nous avons, au contraire, l'avantage de pouvoir affirmer avec toute raison, toute vérité et toute bonne foi, que la nôtre est exactement et littéralement calquée sur l'ensemble, comme sur les dispositions de détail de notre règlement.

C'est un fait constaté par la requête des habitans d'Aix, que lorsqu'ils demandèrent un règlement pour l'*agrandissement des chemins voisinaux* (c'est-à-dire, des viols établis dans le fonds d'un ou de plusieurs *voisins*, et à l'usage d'un ou de plusieurs *voisins*), *servant aux particuliers pour aller dans leurs différentes propriétés*, ils se fondèrent sur ce que ces viols ou *chemins étoient si étroits, qu'à peine une bête de charge pouvoit y passer, qu'il étoit cependant de l'intérêt public que ces chemins eussent une largeur convenable, de manière que toute sorte de voitures et de chariots traînés par un cheval ou un mulet, pussent y passer, pour que ceux qui possédoient des propriétés pussent y faire porter et charrier tout ce qui seroit nécessaire pour les améliorer et en transporter plus commodément les fruits.* C'est sur cette demande et d'après ces motifs que le règlement fut fait.

Cette demande et l'exposé de ses motifs eurent, pour objet,

l'agrandissement de tous les viols ou *chemins servant aux particuliers pour aller dans leurs différentes propriétés*, et ils eurent et durent avoir en vue, tant les VIOLS ou chemins qui étoient à l'usage de deux, de six, de vingt et de cent particuliers, que celui qui étoit à l'usage d'un *seul* dont le fonds étoit placé, après celui qui étoit le plus rapproché du chemin.

Aussi le règlement fut fait, sans restriction, pour l'intérêt de plusieurs propriétaires, comme pour l'intérêt d'un seul, chaque propriétaire ayant un droit égal pour avoir un chemin à voitures; et cela est d'autant plus certain, que l'article 10 du même règlement est ainsi conçu : *qu'il sera permis à un SEUL PARTICULIER de requérir un tel agrandissement, en s'adressant aux seuls estimateurs.* Ce mot du règlement n'est-il pas éversif de l'opinion limitée de notre confrère? N'est-il pas une base solide pour la nôtre illimitée?

Nous convenons franchement que, selon le cas, ce mot du règlement, s'applique à *un de plusieurs* qui ont le même VIOL ou chemin. Mais on doit convenir qu'il s'applique aussi à celui qui use seul d'un viol ou chemin forcé, établi dans le fonds qui est placé le premier, le long du chemin public.

C'est, au reste, pour cause *d'intérêt public*, que ce règlement fut demandé, accordé et fait. Or, de quoi se composoit cet *intérêt public*, si ce n'est de l'intérêt général et commun de tous les propriétaires, et de chacun d'eux. La mesure de l'intérêt d'UN, de plusieurs, pouvoit-elle être différente de celle de l'intérêt d'UN qui se trouvoit seul? Le droit de ce dernier, n'étoit-il pas égal à celui d'UN ou de *chacun*, de *plusieurs*, s'agissant de la faculté *de faire porter et charrier*, dans les fonds enclavés, *tout ce qui*

Y 2

seroit nécessaire pour les améliorer, et en transporter plus commodément les fruits?

L'opinion de notre confrère, est d'ailleurs en opposition avec l'exécution paisible et constante, que le règlement de 1729 a eue depuis sa date, jusques à aujourd'hui dans toute l'étendue de notre terroir et dans chacune de ses parties, tant dans les cas où un VIOL étoit à l'usage d'un certain nombre de propriétaires, que dans ceux où ce même VIOL ne servoit qu'à deux et même qu'à un, sans que jamais le palais ait rétenti, dans un cas comme dans l'autre, de l'opposition d'un seul des propriétaires, sur les fonds desquels le VIOL existoit déjà. Ce silence des annales du palais est remarquable, lorsque d'ailleurs il est notoire qu'il existe dans notre terroir, tant de VIOLS convertis en chemin à voitures depuis 1729, dont les uns ne sont à l'usage que de quatre, que de trois, que de deux, et d'autres qu'à l'usage d'un seul. Ce point de fait, qui ne peut pas être contesté, est l'écueil de la distinction, inconnue jusqu'à ce jour, que notre confrère a imaginé de créer et d'établir, entre le VIOL qui est à l'usage d'un certain nombre de propriétaires, et le VIOL qui n'est à l'usage que de trois ou de deux ou d'un seul.

Nous avons appris que, d'après son opinion, notre confrère a encouragé un propriétaire de notre terroir, qui doit chemin dans son fonds clos, à un seul particulier, lequel n'a qu'un VIOL pour arriver à sa propriété, à se refuser et même à résister à la conversion de ce VIOL, en chemin à voitures.

Nous avons donné un avis diamétralement opposé, non au propriétaire intéressé, mais à un tiers qui nous proposa la difficulté.

S'il s'élève une contestation entre ces deux propriétaires à cette occasion, elle sera la première depuis 1729; et nous ne croyons pas même que le propriétaire servant, fût assez ferme dans sa résistance, pour courir la chance d'un jugement dont notre loi de famille lui donneroit le fâcheux présage.

Cette circonstance nous fournit l'occasion de faire connoître un arrêt qui a statué sur une question intéressante, pour les particuliers qui usent d'un même chemin privé. Il s'agissoit de savoir si le propriétaire du fonds le plus rapproché de la voie publique, a le droit de faire fermer ce chemin commun avec une grande porte à deux battans et à serrure, pour se garantir le jour et la nuit des incursions des malfaiteurs et maraudeurs, en offrant une clef à l'autre usager. Le parlement d'Aix jugea, le 30 juin 1736, au rapport de M. de Beaurecueil, que ce propriétaire n'avoit pas le droit de fermer le chemin commun avec une porte à serrure, malgré son offre de fournir lui-même une clef à l'autre usager. Les parties étoient la D.lle Rouvière, de la ville de Marseille, propriétaire de la campagne la plus rapprochée du chemin public, et le sieur Rouvière, capitaine de vaisseau, de la même ville, propriétaire de la campagne la plus reculée. Ce dernier étoit usager du chemin, en vertu d'un acte de partage, les deux campagnes ayant appartenu auparavant à un seul, auquel le sieur et la D.lle Rouvière avoient succédé.

Voici les moyens de défense du sieur Rouvière, qui gagna son procès.

Il dit qu'il étoit juste que lui, sa femme, ses enfans, ses amis, sa domestique, ses paysans ou valets, ses ouvriers, son confesseur et les officiers de santé, pussent tous arriver librement, de jour et de nuit à sa campagne; qu'il ne pouvoit pas être obligé de multiplier les clefs, pour en donner à tant de personnes; qu'il pouvoit arriver à lui ou aux siens, qu'en partant pour aller à sa campagne, ils oubliassent de prendre la clef, et qu'alors, arrivés au portail, ils seroient obligés de retourner à la ville pour aller la chercher; qu'il devoit avoir la liberté, en quelque lieu qu'il se trouvât, de se rendre à sa campagne, sans être obligé de se rendre en ville pour aller prendre la clef chez lui.

Il ajouta qu'entre deux voisins égaux en droits, la possession suffisoit pour déterminer ceux-ci, et que le chemin commun, ayant toujours été libre de jour et de nuit, *melior erat conditio possidentis*; et qu'il vaut mieux que l'un soit privé d'un avantage, que si l'autre souffroit une diminution dans le droit qu'il a d'user librement d'un passage fondé en titre et en possession.

Il cita les lois 11, ff. *de servitut.* et 1 *cod. eod.*; d'après lesquelles, le propriétaire asservi, est obligé de souffrir la servitude, et ne peut rien faire qui puisse la rendre plus incommode à celui qui en jouit.

Il cita enfin le cardinal de Luca, *de servitutibus*, discursu 90, lequel décide qu'on ne peut pas fermer à clef un chemin commun. Nous avons en notre pouvoir le mémoire imprimé qui fut fait par M.e Gueyroard, pour le sieur Rouvière, au bas duquel il a noté lui-même l'arrêt que nous venons de rapporter.

Dans ce cas particulier, le droit de passage du sieur Rouvière étoit fondé sur un titre de famille. Nous pensons néanmoins, que lorsqu'il s'agit d'un chemin de *souffrance*, c'est-à-dire, de nécessité, ou d'un chemin acquis par la possession immémoriale, avant le code civil, les mêmes motifs de décision subsisteroient parce que, dans chaque cas, la servitude est suffisamment titrée. Nous observons néanmoins, que M. Serres, *inst.*, pag. 137, rapporte un arrêt contraire, rendu par le parlement de Toulouse, le 9 avril 1739.

Il est encore intéressant, pour les co-usagers d'un chemin privé, de savoir si quand ce chemin a été fermé à clef, pendant trente ans, et que le communiste ou les communistes ont accepté une clef, de la part du propriétaire le plus rapproché du chemin, ceux-ci peuvent encore demander que la porte ne soit fermée qu'avec un loquet, attendu que sa fermature à clef attente à la liberté de leur droit d'usage. Nous pensons que tout comme une servitude, même discontinue, se perd par un non usage de trente ans (nous traiterons bientôt cette question); de même aussi et à plus forte raison, la plus grande liberté de l'usage de cette servitude, peut se perdre dans le même espace de temps. Tel est l'avis du cardinal de Luca, au même discours, dans ce cas spécifique. Il admet la prescription de trente ans. On peut même dire, dans ce cas, que les co-usagers ont consenti, en recevant une clef et en s'en servant pendant trente ans, à cette plus grande gêne, et renoncé à l'usage plus libre de leur droit de passage.

Il est encore une question qui intéresse les co-usagers ou communistes d'un chemin privé, celle de savoir si le propriétaire le plus rapproché du chemin, peut avoir le droit de fermer à clef la nuit, le portail commun. Cette question fut décidée en faveur du co-usager, contre le propriétaire le plus rapproché du chemin, par le lieutenant de Marseille, le 11 janvier 1760. Il y eut appel de cette sentence, de la part de la dame Manolly, épouse du sieur Isnard. Nous avons en notre pouvoir, le mémoire imprimé, en 1761, que M.ᵉ Bertrand fit pour le sieur Bouvet, négociant de la ville de Marseille, intimé. Nous ignorons quel fut, en cause d'appel, le sort de cette contestation. Mais dans le besoin, on trouvera facilement au greffe cet arrêt, d'après les indications que nous venons de faire, tant de l'époque de la contestation, que de celle de l'appel et des noms des parties.

Il nous paroît que le sieur Bouvet doit avoir eu le même succès en cause d'appel, qu'en première instance, attendu qu'un chemin commun, doit être libre en tout temps pour que le co-usager, en cas d'accident nocturne, puisse prendre le plus promptement, les mesures convenables que le cas peut exiger : le moindre retard ou obstacle, pouvant en pareille circonstance, avoir des suites funestes pour ceux qui habitent la campagne la plus éloignée.

Nous indiquons enfin, un arrêt rendu le 21 juillet 1780, contre nos mémoires, au rapport de M. de Neoules, qui jugea que celui qui avoit le droit de passer, *sa femme*, *ensemble leur famille*, dans un chemin privé, *pour les négoces de la propriété*, pouvoit y introduire des chèvres, ou moutons ou brébis, pour leur faire consommer les herbes et les feuilles des vignes et arbustes de son domaine, et procurer un engrais aux terres. Les parties étoient le sieur Ourdan, de Marseille, en faveur duquel l'arrêt fut rendu, et le sieur Perrymond, bourgeois de la même ville. Ce dernier fondoit son opposition sur ce que le chemin qu'il fournissoit au sieur Ourdan, étoit (de 7 pans) bordé de chaque côté de murailles basses, qui lui appartenoient, et dont l'entretien étoit à sa charge ; sur ce qu'un passage ainsi resserré n'étoit pas destiné à des troupeaux, et sur ce que les chèvres,

moutons

moutons et brébis, préssés d'arriver au pâturage et se trouvant trop gênés, grimpoient sur les murailles et les lui dégradoient journellement.

Il ajoutoit qu'un chemin accordé à un voisin, *à sa femme, ensemble leur famille, pour les négoces de sa propriété*, étoit une concession personnelle au propriétaire et aux siens, laquelle ne pouvoit pas être étendue à des bergers et troupeaux étrangers.

Il disoit encore, d'après Vinnius, inst. lib. 2, tit. 5 *in præmio*, note 3, que la servitude de passage, pour les troupeaux, n'étoit comprise, ni sous le mot *iter*, ni sous le mot *actus*, ni sous le mot *via*; et que le sieur Ourdan n'ayant que les deux premières facultés, son titre ne lui accordant pas celle de passer avec voitures et charrettes, comprise sous le mot *via*, puisque le chemin n'avoit que sept pans, aux contours même, et que le chemin dénommé *via*, devoit avoir huit pieds en droite ligne, et seize pieds aux contours, loi 8, ff. *de servit. præd. rustic.*; d'où il suivoit qu'il avoit encore moins le droit d'introduire des troupeaux dans un chemin de sept pans de largeur, qui n'étoit qu'un VIOL; nous avons déjà dit que la largeur d'un VIOL n'étoit pas restreinte à cinq pans, et que le juge pouvoit y donner une plus grande largeur.

La question jugée fut, que ces mots, POUR LES NÉGOCES DE SA PROPRIÉTÉ, renfermoient suffisamment le droit d'introduire un troupeau dans ce chemin, pour lui faire consommer les herbes et feuilles qui étoient dans la propriété, d'autant que le séjour d'un troupeau dans cette *propriété*, lui procuroit un engrais. Cet arrêt est parmi ceux que M.ᵉ Janety a recueillis, année 1780, pag. 305.

Nous ne faisons aucune observation sur la rigueur de cet arrêt. Elle pourroit paroître suspecte de la part du défenseur du sieur Perrymond. Nous laissons à nos lecteurs le soin de la faire eux-mêmes, pour ou contre.

Nous ne pouvons cependant pas dissimuler qu'un chemin de sept pans qui ne peut pas être roulier, n'est pas susceptible du passage d'un troupeau, puisqu'il est vrai que le chemin dénommé *via*, qui est roulier, ne l'est pas lui-même. Les mots *armentum*, *jumentum* qui désignent les chevaux, les mulets, les bœufs et les ânes, qu'on peut introduire dans le chemin dénommé VIA, ne sont pas applicables aux troupeaux qu'on désigne par le mot *greges*, et jamais, ni par le mot *armentum*, ni par celui de *jumentum*. Le droit romain nous fournit plusieurs exemples de cette distinction, et Vinnius nous les indique.

Sur la page 3o.

Nous avons renvoyé de nous occuper du temps requis, pour acquérir une servitude *discontinue* sur le fonds d'un voisin, jusques à ce que nous eussions parcouru et discuté l'Opuscule de notre confrère, dans toutes les opinions qu'il a émises sur la nature, l'espèce, l'usage et l'étendue des passages ou chemins privés. Le moment est arrivé où nous devons nous occuper sérieusement de la prescription active de ces passages ou chemins.

Notre confrère décide, avec raison, que cette espèce de servitude n'étoit acquise parmi nous, que par l'effet d'une possession immémoriale, attendu qu'elle étoit dans la classe des *discontinues*.

Il ajoute que celui qui avoit un titre légitime, n'avoit besoin que de trente ans d'usage, pour être maintenu dans la servitude, ce qui est également vrai.

Mais il dit aussi, que le titre émané *à non domino*, devient, après trente ans, un titre contre le vrai propriétaire. Cette énonciation générale est dangereuse.

Notre confrère sait que le fermier, l'usufruitier, le mari, le vassal, l'emphytéote, le locataire perpétuel, le preneur à cens, l'acquéreur sans faculté de rachat, l'acquéreur soumis au retrait féodal ou lignager, l'acquéreur sous condition, le communiste d'un fonds indivis entre plusieurs, le tuteur, le substitué, ne pouvoient établir des servitudes sur des fonds qui, ou ne leur appartenoient pas, ou dont ils pouvoient être dépouillés par des voies légales, au préjudice des propriétaires, ou de ceux qui pouvoient le devenir, ou le redevenir (1).

Il sait aussi qu'une servitude ne peut être établie que par le véritable propriétaire (2).

Dès lors peut-il être vrai que celui qui a rapporté un titre pour exercer une servitude discontinue, d'un individu qui, ou n'étoit pas propriétaire du fonds asservi, ou a cessé de l'être par suite d'un pacte conventionnel ou légal, ait acquis, par trente ans, le droit d'exécuter son titre, contre le véritable propriétaire ou contre celui qui est devenu ou redevenu propriétaire ?

D'après ce que nous venons de dire, il est sensible que la décision est trop vague et trop générale, parce que ces mots *à non domino*, s'étendent naturellement à tous ceux qui ne

---

(1) M. Lalaure, liv. 1, chap. 6 et chap. 12. *Cæpola de servitut. urban. prædior.*, cap. 14.

(2) Loi 6, ff. *communia prædior.* Loi 13, ff. *de servitutibus.* Vinnius *selectarum quæstionum*, lib. 1, cap. 52, pag. 57.

peuvent pas établir une servitude, et que nous avons déjà désignés ; et certes il seroit bien difficile de se persuader que le titre fait par ces individus pût lier, après trente ans, le véritable propriétaire. Ce titre étant nul en soi, ne sert de rien, et alors ce seroit la possession de trente ans qui acquerroit la servitude discontinue, laquelle ne peut être acquise que par un usage de temps immémorial.

Notre confrère appuye cette décision sur l'autorité de M. de Julien, lequel pourtant, non-seulement ne dit rien de pareil, mais encore est censé l'improuver, puisque, d'après les auteurs qu'il cite et ce qu'il dit lui-même, la possession de trente ans, soutenue d'un titre, n'est utile que dans le cas où le titre est émané du véritable propriétaire ; c'est en effet dans ce cas seulement, qu'il s'est prononcé en faveur de cette possession.

M. Lalaure a traité toutes les questions relatives aux servitudes. Il n'a jamais dit que le titre émané *à non domino*, fût utile après trente ans, contre le véritable propriétaire ; et il décide au contraire que *par le mot TITRE on entend un juste titre qui procède d'un vrai et légitime propriétaire*, liv. 3, chap. 8, pag. 240. On peut en dire autant de Cœpola, *de servitutibus* ; lequel dit, que quand il parle du maître du fonds qui peut l'asservir, il entend celui qui est pleinement propriétaire : *et quod dixi de domino, intellige de illo qui est verus dominus prædii, et pleno jure*, pag. 30, col. 2, *initio*. Mœvius possesseur d'un fonds qu'il a usurpé et dont je le crois, avec toute bonne foi, le légitime propriétaire, me vend ou me concède un droit de servitude discontinue sur ce fonds. Il est évincé par le légitime propriétaire. J'use cependant de mon droit de servitude discontinue, dans l'espace de trente ans, à compter de la date de mon titre. Ce titre est-il validé par ma possession de trente ans, et a-t-il son effet contre le véritable propriétaire rentré dans son fonds? M. Dunod a examiné cette question spéciale dans son traité *des prescriptions*, part. 3, chap. 6, pag. 291 à la fin. Il convient que presque tous les anciens docteurs tiennent l'affirmative, et entr'autres M. le Président d'Argentré sur la coutume de Bretagne, art. 271, v.° *sans titre*, n.° 14 et suivant.

Nous sommes remontés à M. d'Argentré pour connoître les motifs de son avis. Nous avons vu qu'il ne les donne pas, et qu'il ne fait que suivre l'opinion de deux anciens docteurs.

Voici comment M. Dunod s'énonce :

» Que si dans le cas d'une servitude discontinue, l'on
» produit un titre, mais qui ne vienne pas du maître du
» fonds que l'on prétend assujettir, et que l'on ait joui à
» son égard, prescrira-t-on par le temps ordinaire, à la faveur
» de ce titre ? Presque tous les docteurs tiennent l'opinion
» affirmative.

» Je ne vois cependant pas qu'elle soit suivie parmi nous;
» et je crois que c'est parce que la possession immémoriale
» que nous désirons pour acquérir les servitudes discontinues,
» ne peut être suppléée que par un *titre capable de les cons-*
» *tituer*; que le titre qui vient *à non domino*, ne *peut pas*
» *avoir cet effet*, puisqu'on ne le donne pas à la possession
» de trente et quarante ans ; que ce n'est pas tant par la
» prescription, que le temps immémorial acquiert les servi-
» tudes, que par une constitution du droit. *Non tam præs-*
» *criptæ, quàm à jure constitutæ, per tempus imme-*
» *moriale videntur, quia in iis, nec possessio vera adest,*

» *nec continuatio possessionis.* D'où Vasquius, *controv.*
» *illust.*, cap. 54, n.ᵒˢ 6 et 7, conclut, après avoir expliqué
» les lois que l'on oppose pour soutenir le sentiment con-
» traire : *Ergo etiam, si quis emisset servitutem quæ haberet*
» *causam discontinuam, à non domino quem dominum esse*
» *credebat, et longo tempore usus esset sciente domino,*
» *adhuc jus servitutis discontinuæ , non usucepisset.* »
On sait, en effet, que d'après la disposition du droit, la
possession immémoriale n'est pas une prescription, puisqu'elle
suppose le titre, le supplée, et le devient elle-même.

M. de Malleville, tom. 2, pag. 141, improuve l'opinion
de M. Dunod et de Vasquius; mais c'est sans y rien opposer, et
il reconnoît pourtant, avec Vasquius, que *la jouissance des*
servitudes n'a pas le même caractère d'authenticité, que
celle des fonds. Il nous paroît que la décision de Vasquius,
adoptée par M. Dunod, est la bonne, par la raison qu'il n'y a
que le véritable propriétaire qui puisse asservir son fonds ;
que le fait d'un tiers non propriétaire *pleno jure*, ne peut
pas lier le véritable maître; que le titre émané *à non domino*,
n'a point d'effet par lui-même, puisque dans l'opinion contraire,
on exige qu'il soit étayé par une possession trentenaire ; et parce
qu'un titre nul et la possession de trente ans, ne peuvent pas
tenir lieu de la possession immémoriale absolument requise
en matière de servitudes discontinues.

Notre confrère a donc été bien loin, quand il a supposé,
en principe et pour tous les cas indistinctement, *que le titre*
émané à non domino, *lioit, après trente ans d'exécution, le*
vrai propriétaire qui étoit rentré dans son fonds ; et il est
étonnant qu'il ait rendu son erreur commune à M. de Julien,
lequel ne l'a jamais partagée, ainsi qu'on peut le vérifier.

La même question pourroit se présenter dans un autre cas précisé. Un héritier putatif vend avec toute bonne foi, en se croyant héritier, un droit de servitude discontinue sur un fonds de l'hoirie à un tiers qui, avec la même bonne foi, le croyoit véritablement tel. Cette servitude, si elle a été suivie d'exécution, dans les trente ans depuis la vente, doit-elle subsister au préjudice du véritable héritier qui a recouvré la succession?

Nous ne connoissons point d'auteur qui ait examiné et décidé cette question. Elle paroit être susceptible de difficulté, par la raison que l'héritier putatif peut vendre les fonds; que les ventes qu'il fait sont entretenues par la loi; et que si les ventes des fonds sont valables de sa part, et conséquemment inattaquables par le véritable héritier, il semble que s'il se borne à vendre ou à concéder un simple droit de servitude sur un des fonds de l'hoirie, cette vente ou concession devroit être valable, à plus forte raison.

Mais s'il y avoit parité dans les cas, on s'en tiendroit purement et simplement à la vente ou à la concession de la servitude, lesquelles auroient leur effet du jour de leur date, comme la vente d'un fonds, et on n'exigeroit pas que la vente ou concession de la servitude fût soutenue par la prescription trentenaire, pour obliger le véritable héritier qui a revendiqué la succession et l'a obtenue.

Or, en matière de servitude, il n'y a que le maître *pleno jure*, qui puisse asservir son fonds; et quand la servitude a été imposée *à non domino*, ceux qui ne sont pas de l'avis de M. Dunod, exigent que le titre ait eu son exécution dans les trente ans de la vente ou de la concession, pour que celles-ci puissent lier le véritable propriétaire.

La question est donc en soi la même que celle que nous

avons déjà discutée; et il nous paroît qu'elle doit être résolue de même, c'est-à-dire, que lorsque le titre ne suffit pas, la possession de trente ans est incapable de le régulariser; et que la possession immémoriale peut seule mettre l'acquéreur de la servitude en sûreté, vis-à-vis du véritable héritier.

Notre confrère a ajouté que *la servitude discontinue est acquise par trente ans, quand elle est fondée sur une dénonciation formelle*, et il cite encore M. de Julien, lequel est absolument muet sur ce point.

Mais qu'entend-il par cette *dénonciation formelle*, dont M. de Julien ne parle, ni de près ni de loin, dont Cœpola et M. Lalaure ne parlent pas non plus? Il auroit dû s'expliquer. Nous supposons bien qu'il s'est entendu lui-même; mais dès qu'il nous renvoyoit à un auteur qui ne nous apprenoit pas ce qu'il falloit entendre par cette *dénonciation formelle*, il eût dû nous l'apprendre lui-même.

Il dit enfin qu'*il n'eût fallu que dix ans* dans notre ci-devant province *pour acquérir une servitude discontinue*, (par exemple, de passage ou chemin), *si le propriétaire du fonds dominant avoit établi, sur le fonds servile, un ouvrage visible et permanent, indicatif du passage*, par la raison qu'alors la servitude discontinue, devient *continue* et est prescriptible par dix ans.

Il n'établit cette décision que sur l'autorité de M. de Julien, *sur les statuts de Provence*, tom. 2, pag. 550, n.° 17, où cet auteur ne s'appuye lui-même que sur la loi *si quis diuturn.* 10, ff. *si servitus vendicetur*, Menoch et Cœpola. Il auroit pu la renforcer en invoquant le même auteur, tom. 2, pag. 541, n.° 3, où il cite un arrêt de 1718, rendu par le parlement d'Aix, qu'il croit avoir jugé la question dans son sens;

l'ancien

l'ancien arrêt rapporté par M. Dupérier, tom. 2, pag. 558, n°. 14, et la note que M. de la Touloubre a mise au bas de cet arrêt.

Nous pensons que cette décision est erronée, et conséquemment dangereuse pour l'ancien pays de Provence. Nous devons à nos compatriotes de la combattre, pour éviter qu'ils ne l'adoptent de confiance.

Il semble d'abord qu'il est indifférent que cette erreur subsiste, parce que le code civil, art. 642 et 690, l'a reconnue et repoussée pour l'avenir. Mais ce même code, art. 691, a maintenu les servitudes acquises par la possession, avant qu'il eût été promulgué. Il peut donc arriver qu'un propriétaire se prévale d'une possession de dix ans, consommée avant le code civil, et soutenue par l'existence d'un ouvrage permanent et visible, qu'il a fait dans le fonds servant. Il est donc encore utile de prémunir nos compatriotes contre cette prétention.

Il suit de la doctrine de notre confrère, que toute servitude discontinue a pu être prescrite en Provence par dix ans, quand un ouvrage permanent, visible et indicatif de la servitude a existé dans le fonds servant, et l'a convertie en servitude *continue.*

Rien de tout cela n'est exact.

Nous posons ce premier principe, que toute servitude ne peut être considérée comme *continue*, qu'autant qu'il existe dans le fonds servant un ouvrage visible, permanent et indicatif de la servitude; et qu'à défaut de cet ouvrage, toute servitude quelconque est *discontinue.*

Nous posons aussi ce deuxième principe, que la servitude *continue* est ainsi dénommée, parce que le propriétaire du fonds dominant en jouit tous les jours, toutes les heures, jour et nuit, et sans discontinuation ou par lui-même lorsqu'il l'exerce ou

A a

par son ouvrage visible et permanent établi dans le fonds
servile , et qui y indique la servitude.

Il n'y a donc point d'autre servitude *continue* , que celle
qui est *continuellement* exercée par le propriétaire du fonds
dominant, quelquefois par lui-même et toujours par son ouvrage spécialement fait , pour l'usage de sa servitude dans le
fonds servile, et ayant une existence *permanente et apparente.*

C'est cette espèce de servitude seule qui étoit prescriptible
dans l'ancien droit romain , consigné dans le ff., par dix ans
de possession , quoique sans titre.

Mais cette prescription de dix ans , sans titre, ne pouvoit
être invoquée par le propriétaire du fonds dominant , que dans
le cas où il avoit fait l'ouvrage, et joui de la servitude avec bonne
foi, c'est-à-dire , en croyant user d'un droit légitime , c'est-
à-dire encore , que sa possession n'avoit eu pour principe , ni
la violence , ni la clandestinité , ni le précaire, *nec vi* , *nec
clàm* , *nec precario.*

Tout cela dérive d'une foule de lois du ff. Nous ne rap-
pellerons que celle sur laquelle M. de Julien et notre auteur
ont basé leur décision , la loi *si quis diuturno*, ff. *si servitus
vindicetur.* En voici le texte : *Si quis diuturno usu et longá
quasi possessione , jus aquæ ducendæ nactus sit, non est
ei necesse docere de jure quo aquá constituta est, veluti
ex legato, vel alio modo ; sed utilem habet actionem ut
ostendat, per annos fortè tot usum se non vi, non clàm,
non precario possedisse.* La loi 2, cod. *de servit. et aquá*
est conforme.

Cette loi exige donc un usage perpétuel et continuel, c'est-à-
dire, de tous les ans, de tous les jours et de toutes les heures;
et d'une autre part, elle raisonne dans le cas d'une conduite
d'eau ou aquéduc qui doit nécessairement être établi en partie,

sur le fonds servant pour recevoir la totalité des eaux qui
viennent de ce fonds. Cette loi suppose donc que la prescription de dix ans sans titre, n'avoit lieu dans l'ancien droit
romain en matière de servitude, que lorsqu'il existoit dans
le fonds servant, un ouvrage permanent et visible, indicatif
de la servitude et fait avec bonne foi.

C'est ainsi que M. de Julien et les auteurs qu'il cite, l'ont
expliquée.

Cet ancien droit du ff., resta le même jusqu'à ce que
l'empereur Dioclétien fût monté sur le trône de Rome. On le
retrouve, en effet[1], le même dans deux lois de l'empereur
Antonin, qui sont la première et la deuxième du code *de
servitut. et aquâ.*

Mais Dioclétien et Maximien, associés à l'empire, abolirent
cette ancienne jurisprudence romaine, et ils déclarèrent la
possession de dix ans nulle et sans effet, quant aux immeubles et conséquemment quant aux servitudes, droits réels et
immobiliers, quand elle ne seroit pas fondée sur un titre. Ce
point de fait résulte de la loi *nullo justo titulo* 24, cod.
de rei vindicatione, et de la loi *diutina*, cod. *de præscript.
longi temporis.*

Pour mieux faire ressortir les avantages que ce changement
de jurisprudence romaine, nous donne contre la décision de
M. de Julien, et la justesse de l'application que nous faisons
de ce changement aux servitudes *continues*, nous devons
observer que, selon l'ancien droit du ff. et du code, les immeubles étoient aussi prescriptibles par une possession *con-
tinuelle* de dix ans sans titre, et que les servitudes étoient
placées par ce droit sur une même ligne avec les immeubles.
Nous pourrions citer beaucoup de lois pour établir ces vérités,

Nous nous bornons à la loi 2 , cod. *de servit. et aquâ*, qui les certifie toutes les deux : *Si aquam per possessionem Martialis, eo sciente, duxisti, servitutem, EXEMPLO RERUM IMMOBILIUM, tempore quæsisti.*

Il résulte donc et du droit ancien aboli , et du nouveau droit du code, que ni les immeubles, ni les servitudes *continues*, c'est-à-dire , celles qui sont exercées tous les instans de chaque jour, par le moyen d'un ouvrage permanent, apparent et indicatif de la servitude, fait dans le fonds servant par le propriétaire du fonds dominant, ne purent plus être prescrits par une possession *continue* de dix ans, lorsqu'elle n'étoit pas soutenue par un titre.

Jusque-là notre opinion, différente de celle de M. de Julien , que notre confrère a adoptée , a incontestablement pour elle la disposition du nouveau droit du code, lequel exige un titre pour que la possession de dix ans puisse avoir quelque effet , malgré sa continuité opérée ou par la possession réelle et personnelle d'un immeuble, ou par l'existence d'un ouvrage permanent et apparent établi dans le fonds servant, en matière de servitude. Rien n'est donc moins exact que la décision de M. de Julien, dès qu'il n'a pas même exigé que la possession décennale fût basée sur un juste titre.

Mais le nouveau droit établi par Dioclétien et Maximien, n'a-t-il pas reçu, à son tour, un changement? Chacun sait que Théodose le grand , n'a laissé subsister la prescription de dix ans que pour les actions hypothécaires à exercer contre les tiers-acquéreurs ; qu'il a introduit la prescription de trente ans jusqu'alors inconnue ; et que depuis , toute action quelconque, immobilière, réelle , personnelle ou mixte, ne peut plus être prescrite sans titre; que par une possession de trente ans. Chacun sait encore que Justinien a

adopté dans son code, la loi de Théodose, loi *sicut* 3, cod.
de præscript. 30, *vel* 40 *annorum.*

Depuis ces lois de Théodose et de Justinien, on ne trouve
plus dans le droit romain, aucune espèce de trace de la
prescription de dix ans, en matière d'immeubles, de droits
réels, personnels ou mixtes, sauf le cas de l'action hypothécaire qu'on exerce contre le tiers.

De là vient que dans toute la France coutumière, les
servitudes *continues*, c'est-à-dire, celles dont le propriétaire
dominant jouit tous les instans du jour, par l'ouvrage visible,
apparent et indicatif de la servitude qu'il a pratiqué ou fait
pratiquer sur le fonds servant, n'y sont prescriptibles, sans
titre, que par trente ans.

De là vient que notre code civil a donné, pour l'avenir,
à toute la France, la jurisprudence des pays de coutume,
pour règle, comme étant la plus rapprochée du droit romain
et des vrais principes.

De là vient que dans tous les pays de droit écrit, ces
mêmes servitudes ne sont prescriptibles que par le laps de
trente ans (1).

Quelques auteurs ont imaginé de ressusciter la loi 10,
ff. *si servitus vindicetur*, et la loi 2, cod. *de servitute et
aquâ*, mortes pour ainsi dire depuis si long-temps, et d'en
faire deux lois d'exception, contre les nouvelles lois de
Dioclétien, de Théodose et de Justinien ; et ils ont cru
pouvoir soutenir que les servitudes sont prescrites par une
possession de dix ans, sans titre, quand elles s'annoncent

(1) M. Dunod, pag. 291, d'après M. de Catelan ; Ferrière
sur Guypape, quest. 553 ; Serres, inst. pag. 143 et 144 ; Lapeyrere,
lett. P., n.º 62.

d'elles-mêmes au propriétaire du fonds servant, par l'ouvrage visible, permanent et indicatif, que le propriétaire du fonds dominant y a établi. C'est cette opinion que M. de Julien a adoptée et consignée dans son commentaire sur les *statuts de Provence*, et que M. Dubreüil a également adoptée dans l'ouvrage que nous parcourons.

Mais à présent que nous avons examiné la progression du droit romain, et que cet examen nous donne en résultat : 1.º qu'il n'y a et ne peut exister de servitude *continue*, que celle qui s'annonce au propriétaire du fonds servant, par un ouvrage visible, permanent et indicatif de la servitude, pratiqué sur son sol. 2.º Que c'est précisément cette espèce de servitude que les lois de Dioclétien ont déclaré imprescriptibles par la possession de dix ans, dénuée de titre, et que les lois de Théodose et de Justinien ont soumise à la possession de trente ans ; à présent, disons-nous, que tout cela est connu, on est sans doute étonné que des auteurs aussi respectables que profonds jurisconsultes, aient eu l'idée de trouver une exception dans l'ancien droit aboli, contre les nouvelles lois qui ont prononcé cette abolition d'une manière absolue.

M. de Julien a cité à l'appui de son avis un arrêt rendu par le parlement d'Aix, le 19 juillet 1718, qui est absolument étranger à la question, et il n'a invoqué ni ceux qui lui étoient favorables, ni un auteur provençal qui paroît partager son opinion. Nous serons aussi francs dans cette observation, que dans une des précédentes. Nous ne tairons rien de tout ce que nous pourrons connoître de favorable à son avis, et de contraire au nôtre. Mais avant d'entrer dans cette nouvelle discussion, nous avons une observation à faire.

Le droit romain fait notre loi en Provence, dans tout ce que le code civil n'a pas changé, ou n'a changé que pour l'avenir. Le nouveau droit romain, loin d'avoir été changé par le code civil, a été au contraire adopté par celui-ci. Ce nouveau droit romain avoue notre opinion. Il ne peut donc pas être question de jurisprudence particulière ; elle cède le pas aujourd'hui à la loi.

Mais sommes-nous en peine d'établir que la jurisprudence provençale, a consacré le principe du dernier droit romain, et exigé trente ans pour la prescription d'une servitude *continue*, qui ne peut exister telle, que par l'effet d'un ouvrage visible permanent et indicatif de la servitude, établi sur le fonds servant ? Tant s'en faut !

Nous convenons que dans des temps reculés, l'exception de Menoch et de Cœpola a été parfois accueillie en Provence. Mais on doit convenir aussi que le plus souvent, elle a été rejetée.

M. Lalaure, dans son traité *des servitudes*, liv. 2, chap. 3, pag. 111 et 112, s'exprime ainsi : » Quant aux servitudes » *continues avec ouvrages faits de main d'homme dans* » *le fonds d'autrui*, la jurisprudence de Provence est moins » fixée. Comme le droit romain se contente du laps de dix » ans, quelques auteurs prétendent qu'en Provence, ce temps » est suffisant pour opérer la prescription des servitudes *con-* » *tinues*, sur le fondement qu'une aussi longue jouissance, » étant présumée connue à la partie intéressée, sa patience » opère un consentement tacite. *Mais la majeure partie des* » *jurisconsultes qui ont traité des usages de cette province,* » *pensent AVEC RAISON, que la prescription de dix* » *ans n'est pas suffisante.* »

M. Lalaure n'a ni rêvé ni inventé tout cela. Il a sans doute consulté, sur ce point, les syndics des avocats de Provence, avant 1760, époque où son savant ouvrage fut imprimé.

Quels sont les arrêts qui ont accueilli l'exception de Menoch et de Cœpola ? Il en existe un de 1638, rapporté dans M. Dupérier (tom. 2, pag. 558, n.° 14), conçu en ces termes : *servitude d'arrosage s'acquiert par dix ans, par arrêt d'audience de 1638, pour Eymar, de Draguignan.* Il en existe un autre plus récent que nous avons déjà indiqué dans une des précédentes observations, et qui jugea que celui qui avoit joui pendant dix ans d'une faculté de jour, contraire à la forme portée par le statut, avoit prescrit cette faculté ; et voilà tout.

Quels sont les auteurs qui ont admis, en Provence, la prescription de dix ans sans titre, en matière de servitude ? M. de la Touloubre, sur M. Dupérier à l'endroit qu'on vient d'indiquer, a dit : *pour justifier cet arrêt, il faut supposer qu'il ne s'agissoit pas de merâ servitute irrigandi, puisque cette servitude étant du nombre des discontinues, elle ne peut s'acquérir que par la possession immémoriale. Il faut croire que,* erat mixta cum servitute aquæductûs, *fait à main d'homme ou autre signe extérieur.* Il semble, en effet, que cet annotateur de M. Dupérier, a reconnu que la servitude *continue* peut être acquise par dix ans, indépendamment de tout titre. C'est là tout ce qu'on trouve dans les auteurs de Provence, de favorable à l'opinion émise par M. de Julien ; et c'est nous qui les citons.

Quels monumens avons-nous en faveur de la nôtre, relativement à la prescription active, c'est-à-dire, à l'acquisition de la servitude *continue* ?

M. de S.ᵗ-Jean, décis. 72, nous atteste que les servitudes *continues*

continues ne peuvent être prescrites dans dix ans sans titre. *Si continua sit servitus, possessio decennio præscribitur, modo adsit titulus.*

On lit dans le code de M. Julien oncle, tom. 2, pag. 397, lett. C C, qu'en 1672, plusieurs avocats décidèrent que la servitude *continue* étoit acquise après trente ans. On y lit aussi, qu'en 1679, et au rapport de M. d'Orcin, la Cour jugea, par arrêt du 7 décembre, entre Teissiere et Barbaroux, du lieu de Meounes, que la possession de dix ans, sans titre, ne suffisoit pas pour acquérir une servitude *continue*. L'auteur rappelle la loi *si quis diuturno* 10, ff. *si servitus vindicetur*, qui est la seule base que M. de Julien a donnée à son avis, et il ajoute : *aliter judicatum fuit.*

On trouve dans M. Boniface, tom. 4, liv. 9, tit. 1, chap. 22, un arrêt du 23 juin 1688, qui jugea que la servitude *continue* de dériver l'eau par un canal permanent, visible et indicatif de la servitude, n'étoit acquise qu'après trente ans; et dans M. Debezieux, pag. 600, un arrêt qui confirma une sentence du juge de Cotignac, portant que celui qui vouloit être maintenu dans la faculté de dériver dans son fonds l'eau de son voisin, avec ouvrage fait à main d'homme, vérifieroit être *en droit de le faire.* On y trouve aussi les détails de la vérification ordonnée, dont les résultats furent que le propriétaire du fonds dominant avoit, sur le fonds servant, une *possession titrée de quarante ans* au moins. On y trouve enfin l'arrêt qui, d'après la vérification ordonnée et faite, maintint le demandeur dans la servitude.

Il existe enfin un arrêt du 8 mai 1671, rendu entre M. l'évêque de Grasse et le capiscol de son chapitre, qui soumit ce dernier à prouver que depuis trente ans il jouissoit de la

B b

faculté *continue aquæ ducendæ*, attendu que son titre ne lui accordoit que les versures, *pro servitio sui prati.*

C'est là tout ce que nous trouvons dans les auteurs provençaux, de conforme à notre opinion.

Il faut convenir que M. Lalaure avoit été bien informé par les syndics des avocats de Provence, lorsqu'il a dit que *la majeure partie des jurisconsultes qui ont traité des usages de la Provence, pensent avec raison que la prescription de dix ans n'est pas suffisante pour prescrire une servitude continue, avec ouvrage fait à main d'homme.*

Mais nous n'avons point parlé de l'arrêt rapporté dans M. Bonnet, et qui est le second appui de l'opinion de M. de Julien. C'est donc le moment d'y arriver.

Nous avons déjà annoncé qu'il est insignifiant.

M. Lalaure appuye cette annonce. Il dit, en effet, après avoir rendu compte de cet arrêt, qu'*il ne détruit point le sentiment de ceux qui soutiennent qu'il faut trente ans en Provence, pour rendre valable la prescription des servitudes continues.*

Mais ce n'est pas d'après les motifs de M. Lalaure, que nous regardons cet arrêt comme indifférent à l'égard de notre question. Ces motifs supposent, en effet, qu'il est des cas où la possession de dix ans sans titre, peut suffire, selon la nature des ouvrages pratiqués dans le fonds servant ; ce qui ne peut pas être vrai dans quelque cas que ce soit. Voici donc nos motifs particuliers.

1.º Cet arrêt fut rendu sur le concours de deux défenses dont l'une étoit inapplicable, et l'autre fondée entièrement sur l'ancien droit du ff. et du code, abrogé par les lois plus récentes.

Le sieur Berthet, possesseur du fonds servant, eut la bonhomie de soutenir que M. de Clappiers, propriétaire du fonds dominant, devoit prouver que son acquéduc, dont la tête étoit bâtie dans le fonds servant, *existoit depuis un temps immémorial*, ce qui étoit une absurdité dans un cas où la servitude étoit *continue*; et il négligea d'opposer aux anciennes lois du ff. et du code dont on se prévaloit contre lui, les nouvelles lois du code qui, ainsi que nous l'avons déjà prouvé, les avoient abrogées, d'abord en exigeant un titre, et ensuite en prorogeant jusques à trente ans, toutes les actions immobilières, réelles, personnelles et mixtes. Il négligea aussi de se prévaloir de la jurisprudence qui exigeoit trente ans de possession, malgré l'ouvrage visible et permanent pratiqué dans le fonds servant. Sous ce premier point de vue, cet arrêt n'existe que par l'effet de la négligence du défenseur du sieur Berthet. Il a été exécutoire pour M. de Clappiers qui l'a obtenu; mais il n'a ni fixé ni pu fixer la jurisprudence de Provence; et l'ancienne, qui exige trente ans, subsiste toujours. Ainsi donc, rien de plus indifférent que cet arrêt, considéré sous ce premier aspect.

2.° L'arrêtiste a négligé de nous faire connoître le véritable motif de cet arrêt, le seul qui puisse le classer au nombre des arrêts justes; et son omission est d'autant plus extraordinaire, que ce motif sort évidemment de deux faits, qu'il a lui-même rappelés.

M. de Clappiers avoit allégué qu'avant de dériver l'eau du sieur Berthet, *il lui en avoit demandé la permission*; que ce dernier *la lui avoit donnée* verbalement; et que c'étoit sous la foi de cette permission, qu'il avoit fait la dépense de son canal et celle d'un grand bassin où ce canal conduisoit

les eaux du sieur Berthet. Cette permission donnée à M. de
Clappiers, fut avouée au procès par le sieur Berthet. Or, en
l'état de cette permission avouée, M. de Clappiers avoit une
possession titrée de vingt-cinq ans. Il étoit donc de toute
justice qu'il lui fût permis de faire la preuve de sa possession
titrée et plus que décennale. Voilà le motif de cet arrêt. Il
ne put pas en avoir d'autre; et alors il est encore indifférent
parce que M. de Julien et M. Dubreüil ont décidé la question
qui nous occupe, abstraction faite du titre.

Il eût été contraire aux règles, que la preuve offerte par M. de
Clappiers de sa possession de vingt-cinq ans, eût été repoussée,
dès qu'elle avoit son principe dans la *permission* formelle
et avouée du sieur Berthet. On ne pouvoit pas, après vingt-
cinq ans de possession paisible et titrée, ne pas l'admettre
à en faire la preuve. On ne pouvoit pas le condamner à démolir tant d'ouvrages si coûteux, faits avec la *permission*
du sieur Berthet, par cela seul qu'ils n'existoient pas depuis
trente ans. Il eût fallu, dans ce dernier cas, condamner le
sieur Berthet, non-seulement à rembourser à M. de Clappiers
tous les frais de la construction du canal et du bassin, mais
encore, à payer toute la dépense de la démolition et du rétablissement des lieux, en peine du piège qu'il auroit tendu à
M. de Clappiers, en lui permettant de prendre les eaux qui
étoient dans son fonds, et en l'autorisant par-là, à les dériver
par un canal, jusques à sa campagne et dans un bassin.

La *permission* donnée par le sieur Berthet et avouée de sa
part, et l'exécution que M. de Clappiers avoit donnée à cette
permission, sous les yeux du sieur Berthet, avoient formé
entre eux un contrat définitif, au premier moment que les
ouvrages de M. de Clappiers avoient été finis, et que l'eau y

avo:t découlé. Ce dernier devoit être maintenu en vertu de ce contrat, indépendamment de toute preuve.

C'est ainsi que nous mettons à l'écart cet arrêt, sur lequel M. de Julien a essentiellement étayé sa décision. Il s'en faut bien qu'il ait jugé que la possession de dix ans sans titre, suffit pour acquérir une servitude *continue !* Il a jugé, au contraire, que c'est la possession de dix ans avec titre, qui suffit pour acquérir la servitude continue.

Mais le parlement de Provence n'a-t-il point rendu d'arrêt plus récent, qui ait enfin fixé l'opinion sur la question de savoir, si dix ans suffisent pour acquérir sans titre, une servitude *continue* ; ou si, au contraire, il faut absolument la possession de trente ans ? Il en existe un du 18 juillet 1781, bien solennel qui a exigé la possession de trente ans. Nous le qualifions *solennel*, parce qu'il fut rendu avec la plus grande connoissance de cause, après deux partages. Voici le fait.

Les dames religieuses Augustines de la ville de Marseille, furent réunies aux dames religieuses Présentines, de la même ville, en 1748. Le local de celles-là, fut mis en vente par celles-ci, après qu'il eut été divisé en plusieurs lots. Le 14 décembre, même année, le sieur Tardieu acheta le lot B où se trouvoit un aquéduc apparent et permanent, destiné à recevoir les eaux propres et froides de six maisons appartenant aux dames Augustines. Il lui fut promis dans son acte que le canal existant dans son lot seroit supprimé, du moment que le local des dames Augustines, seroit vendu en totalité.

Le sieur Tardieu fit bâtir une belle maison sur l'emplacement de son lot. Il vendit cette maison, le 14 novembre 1750, au procureur fondé du sieur Bonnardel, absent. Cette maison fut louée de suite.

En 1751, les dames Présentines renoncèrent au projet qu'elles avoient eu de vendre la totalité du local des dames Augustines, et louèrent ce qui leur restoit à des teinturiers en chaud. Ceux-ci trouvant un canal destiné à l'écoulement des eaux du local, y dirigèrent la fuite des eaux puantes et fumantes de leur fabrique. Ce procédé dégoûta bientôt les rentiers du sieur Bonnardel, et sa maison resta vide. Il retourna en France en 1776, et il occupa sa maison. Il y avoit alors vingt-huit ans que les eaux de teinture passoient dans sa maison par un canal visible et permanent, indiquant la servitude.

Le sieur Bonnardel se pourvut en justice pour faire cesser une innovation aussi dangereuse pour sa santé. Il lui fut opposé que les eaux des fabriques ayant passé vingt-huit ans dans un canal visible et permanent, assujetti d'ailleurs à l'écoulement des eaux du local des dames Augustines, le sieur Bonnardel étoit non recevable après vingt-huit ans, attendu qu'il ne falloit que dix ans entre présens, et vingt vis-à-vis d'un absent, pour que la servitude *continue* fût acquise. Le sieur Bonnardel soutint, au contraire, qu'à défaut de titre, cette servitude ne pouvoit être acquise que par trente ans.

Il intervint un premier arrêt de partage en grand'chambre, la moitié de MM. les juges pensant que la prescription de dix ans suffisoit, et l'autre moitié, au contraire, que la prescription de trente ans étoit absolument nécessaire. Même partage à la chambre tournelle. Enfin, ce second partage fut vidé aux enquêtes, et tout d'une voix, en faveur du sieur Bonnardel, après que MM. les juges eurent consulté les anciens avocats. Nous avions fait la défense du S.r Bonnardel.

Voilà donc notre jurisprudence bien fixée, malgré l'avis contraire de M. de Julien, dont le commentaire sur *des statuts de Provence*, étoit déjà imprimé depuis trois ans, à la date de cet arrêt.

Telles furent les observations que nous communiquâmes à notre confrère en manuscrit.

Notre confrère nous répondit, dans une note qu'il nous transmit, d'une manière fort désobligeante sur ce dernier arrêt. Il prétendit qu'il étoit indifférent, attendu que l'acte du sieur Bonnardel portoit l'obligation de la part des dames Présentines, de faire cesser la servitude de l'aquéduc, et que le sieur Bonnardel avoit eu trente ans pour demander la suppression de la servitude et de l'aquéduc. C'est ainsi qu'il nous imputa d'avoir abusé de cet arrêt, et d'avoir dénaturé la question du procès. Nous pouvons assurer et prouver, par nos défenses imprimées, que le sieur Bonnardel, à qui l'aquéduc destiné à recevoir des eaux froides et saines, étoit très-utile pour le dégorgement de toutes les eaux de son local, n'en demanda pas la suppression, et qu'il se plaignit uniquement du passage qu'on donnoit dans cet aquéduc à des eaux chaudes, fumantes et puantes. En sorte que l'unique question du procès étoit celle de savoir, si le droit de dériver les eaux chaudes et mal saines par cet aquéduc, étoit acquis par le laps de vingt-huit ans, attendu l'existence du canal dans le fonds du sieur Bonnardel. Tellement le sieur Bonnardel ne demanda pas la suppression de l'aquéduc, et l'arrêt ne l'ordonna pas, que cet aquéduc existe encore, et continue de servir de passage aux eaux froides et saines des localités supérieures.

L'arrêt subsiste donc toujours dans toute sa force, et tel que nous l'avons présenté. Il est parmi nous un monument d'autant plus remarquable, qu'il a fait triompher le nouveau droit romain ; qu'il a fait cesser toutes ces incertitudes qu'avoient fait naître quelques arrêts contraires ; qu'il a été rendu avec la plus grande connoissance de cause, et qu'il a fixé notre jurisprudence.

Notre confrère demande, dans la même note, *ce qu'on feroit de l'arrêt du sieur de Clappiers contre le sieur Berthet, et autres pareils*, tous fondés sur l'ancien droit romain, aboli par le plus récent ! Notre réponse est facile. *Il faut en faire* ce que l'arrêt solennel de 1781, (lors duquel ils avoient tous été très-soigneusement opposés), en fit lui-même, c'est-à-dire, les laisser de côté et ne plus les citer, pas même celui de M. de Clappiers, soit parce que si ce dernier arrêt avoit été rendu dans le sens qu'on lui donne, il seroit en opposition avec le droit romain le plus récent, et il participeroit au vice des autres, soit parce que, dans le fait, il a eu certainement sa base dans la possession de vingt-cinq ans, *titrée* par la *permission* avouée du sieur Berthet que M. de Clappiers avoit, et qu'il avoit offert de prouver, en première instance, devant la chambre des requêtes.

Nous avons dit les premiers, que cette *permission* avouée du sieur Berthet, rendoit inutile la preuve de la possession de M. de Clappiers. Mais il l'avoit offerte. La chambre des requêtes l'avoit admise pour sa plus grande tranquillité. La Cour l'admit par le même motif. Ainsi, tant la chambre des requêtes que la Cour, ordonnèrent la preuve d'une *possession titrée* de vingt-cinq ans, offerte par M. de Clappiers.

Notre confrère n'a pas omis d'observer que la permission avouée par le sieur Berthet, étoit *précaire*. Ce mot fut hasardé par son défenseur, nous en convenons ; mais ce fut pour le besoin

besoin de la cause, que ce défenseur tenta de dénaturer une *permission* que le sieur Berthet reconnoissoit pour avoir été pure et simple, et donnée pour tous les temps et sans réserve de la révoquer à sa volonté. Ce défenseur supposa avec raison, que le sieur Berthet *avoit donné cette permission à M. de Clappiers à sa PRIÈRE, par un motif d'amitié.* Ce fut en interprétant cette permission, qu'il la qualifia de *précaire.*

Cette interprétation étoit désavouée par la vérité et par l'invraisemblance.

Par la vérité, 1.º parce que le fait est ainsi rapporté par l'arrêtiste : *Le sieur Berthet possédoit au terroir de Bouc, un fonds voisin à la maison de campagne du sieur de Clappiers. Il avoit dans ce fonds une source d'eau, et il PERMIT au sieur de Clappiers d'y faire un aquéduc pour la conduire dans un réservoir, qu'il fit faire à ce sujet dans son champ.* Cette *permission* fut sans doute donnée, sur la demande ou sur la PRIÈRE de M. de Clappiers, par principe d'amitié, de liaisons et de bon voisinage. Mais le sieur Berthet n'avoit pas exposé lui-même, en première instance, qu'il *s'étoit réservé la faculté de la révoquer à volonté.* L'arrêtiste n'auroit pas scindé son exposé. 2.º Parce que le S.ʳ Berthet *n'y* déclara pas qu'il révoquoit *sa permission précaire.* 3.º Parce qu'il se borna à soutenir que M. de Clappiers ne pouvoit être admis à prouver une possession de vingt-cinq ans inutile et frustratoire, attendu qu'il lui falloit une possession immémoriale. Il n'avoit donc pas encore pensé, en première instance, à supposer que sa *permission* avoit été *précaire*, c'est-à-dire, *révocable à sa volonté.* 4.º Parce que ce ne fut qu'en cause d'appel, que, de lui-même, son défenseur imagina de la supposer telle, à raison de ce que cette *permission* avoit sans

C c

doute été demandée avec *prière* et accordée par amitié ou
par principe de bon voisinage. 5.° Parce que ce défenseur
compta si peu sur cette supposition, qu'il ne fit pas même
demander par le sieur Berthet la révocation de sa *permission*,
ce qui étoit une formalité indispensable, la *permission* une
fois avouée, subsistant jusques à révocation. 6.° Parce qu'une
permission pure et simple, quoiqu'accordée à la *prière* d'un
voisin et par amitié pour lui, n'en est pas moins définitive
et irrévocable, et ne ressemble en rien à une *permission*
précaire, qui ne peut être constituée telle que par la réserve
du droit de la révoquer à volonté.

La même interprétation étoit encore désavouée par la vrai-
semblance, 1.° parce que le sieur Berthet ne pouvoit pas
avoir eu l'intention d'engager M. de Clappiers à faire la dépense d'un long aquéduc et d'un grand bassin, sous la réserve
du droit de les faire abattre et démolir à volonté, ou de les
inutiliser en détournant l'eau. 2.° Parce que M. de Clappiers
n'eût pas fait une dépense d'environ mille écus, en courant
une pareille chance.

Ce n'est donc pas la possession de vingt-cinq ans, insuffisante
sans titre, qui détermina cet arrêt ; mais la possession de
vingt-cinq ans *titrée* par la *permission* avouée du S.ʳ Berthet,
permission devenue définitive, à dater du moment qu'elle fut
acceptée, et surtout depuis que l'aquéduc et le bassin furent
construits sous les yeux de celui qui l'avoit donnée.

Ici nous rappelons que cette discussion est du nombre
de celles qui prouvent que notre ancienne jurisprudence
n'étoit pas toujours conforme aux décisions du nouveau droit
romain, lequel renferme pourtant encore notre législation
provençale, dans tout ce que le code civil n'a pas changé ;

et à plus forte raison dans ce qu'il a adopté ; et qu'il n'est plus permis de consulter la jurisprudence qui contrarie le droit romain, arrivés comme nous le sommes, à un nouveau temps où la loi fait disparoître les arrêts qui l'ont méconnue.

Notre confrère se borna alors à ces observations qu'il fit sur les arrêts de Bonnardel et de M. de Clappiers. Il ne s'engagea pas dans la discussion relative à la disposition du nouveau droit romain.

Il a amplement réparé cette omission dans la réponse imprimée qu'il vient de nous faire. Il s'est développé sur la question qui nous agite.

Il nous a accablés par le nombre des auteurs étrangers et provençaux qu'il a invoqués pour son opinion, sans faire attention que nous pourrions lui en indiquer bien d'autres qui l'ont partagée, sans rien perdre de nos avantages. Qu'importe le nombre des auteurs, lorsqu'il est en opposition au nouveau droit romain !

Il est encore revenu à ces anciens arrêts, dont une nouvelle jurisprudence solennelle et conforme à ce nouveau droit romain, nous a enfin fait justice, ainsi que de l'erreur qui planoit dans un temps, sur tant d'auteurs étrangers et provençaux.

Il a tordu et dénaturé tous ces arrêts, qui, de temps à autre, se sont élevés au-dessus de l'erreur commune, et ont fait triompher le nouveau droit romain.

Il a eu le courage de supposer que M. le président de S,ᵗ-Jean n'a pas entendu les lois qu'il a citées.

Enfin, il s'est montré pour être uniquement le protecteur décidé de son opinion erronée et non de la vérité.

C c 2

Mais de quoi s'agit-il entre lui et nous ? La question est
de savoir si, dans l'état du nouveau droit romain, on pouvoit
prescrire en Provence une servitude *continue*, c'est-à-dire, une
servitude qui, d'elle-même, s'annonçoit au propriétaire du fonds
servant, par un ouvrage permanent, visible et indicatif de la
servitude, dans dix ans, sans titre ; ou si, au contraire, elle
ne pouvoit être acquise, dans ce cas, que par la possession de
trente ans.

M. le président de S.ᵗ-Jean, décis. 72, a été le premier
à s'apercevoir que le nouveau droit romain avoit fait cesser
la disposition de l'ancien, qui admettoit, en pareil cas, la
prescription de dix ans, quoiqu'elle ne fût pas étayée sur un
titre ; et se fondant sur le nouveau, il a dit que cette prescription de dix ans restoit sans effet, quand elle n'étoit pas fondée
en titre.

Il a tenu ce langage dans le cas spécial où un voisin avoit
ouvert, contre la prohibition du statut de Provence, des fenêtres à la française, d'où la vue plongeoit continuellement
le jour et la nuit et à tous les instans, dans le fonds d'un
autre. Il a basé cette nouvelle opinion, ou pour mieux
dire, son heureuse découverte, sur la loi *diutina*, cod.
de præsc. longi temporis, et sur la loi *nullo*, cod.
de rei vindicatione, l'une et l'autre rendues par les empereurs Dioclétien et Maximien, lesquelles lois décident le plus
textuellement, que la prescription de dix ans n'a plus d'effet,
quand elle n'est point étayée sur un titre. Voici le texte de
la première : *diutina possessio tantùm jure successionis,
sine justo titulo, obtenta, prodesse ad præscriptionem hâc
solâ ratione, non potest.* Voici celui de l'autre. *Nullo justo
titulo præcedente, possidentes ratio juris quærere domi-*

*nium prohibet, idcirco cùm ETIAM usucapio cesset in-
tentio dominii numquàm absumitur.*

Comment notre confrère s'est-il démêlé de l'application que
M. de S.ᵗ-Jean a faite de ces deux lois au cas d'une servitude ! Il a dit d'abord que des fenêtres à la française ne
sont pas un ouvrage établi sur le fonds du voisin. Quelle
défaite ! Ces fenêtres ne sont-elles pas un ouvrage permanent,
visible et indicatif de la servitude de vue et de jour qu'on se
donne sur le fonds voisin ?

C'est précisément à l'occasion d'un droit de passage que
notre confrère a élevé cette question, et qu'il a dit que le
droit de passage est acquis après dix ans, à celui qui a fait
sur le chemin, un ouvrage permanent, visible et indicatif de
la servitude de passage. Or, quel ouvrage peut faire le particulier qui croit avoir droit de passer sur tel chemin,
si ce n'est d'établir dans son fonds, ou un chemin qui aboutisse
à l'autre, ou un portail à cette partie de sa propriété, qui
touche le chemin dont il veut se servir ? Or, dans chacun de
ces cas, l'ouvrage permanent, visible et indicatif de la servitude, n'est-il pas établi sur son propre fonds, et seulement
près du chemin ou sol d'autrui ? Le premier effort de notre
confrère est donc nul en soi ; et de plus, il le met en contradiction avec lui-même.

Il a ajouté que l'ouvrage permanent, visible et indicatif
qui a subsisté pendant dix ans, forme lui-même le titre. Quelle
confusion d'idées ! Cet ouvrage convertit en servitude *continue*
celle qui, par elle-même, étoit *discontinue*, parce qu'on ne passe
pas toujours sur un chemin, et que l'eau ne passe pas toujours
dans un canal ; et la servitude *continue* doit, pour être acquise
dans dix ans, être basée sur un titre. Existe-t-il une servitude

continue qui ne soit pas accompgnée d'un ouvrage permanent, visible et indicatif de la servitude? Cependant on exige un titre pour qu'elle soit prescrite dans dix ans. Ce n'est donc pas l'ouvrage qui fait le titre.

Nous conviendrons avec toute franchise que, sous l'empire de l'ancien droit romain, l'ouvrage formoit le titre des servitudes *continues*. Notre confrère se devoit à lui-même de convenir avec la même franchise que, sous celui du droit nouveau, l'ouvrage n'a que l'effet de dénaturer la servitude, en la rendant *continue*, de *discontinue* qu'elle étoit; et que cette servitude devenue *continue*, devoit, comme toutes les autres servitudes de même nature, être *titrée*.

Le voilà donc placé sous le joug de la doctrine de M. de S.ᵗ-Jean, et sous l'application que ce savant magistrat a faite de ces principes, à la matière des servitudes.

Qu'a-t-il répondu aux deux lois du code, auxquelles ce magistrat a mesuré sa doctrine et ces principes?

L'une, dit-il, *ne statua que sur une pétition d'hérédité.* En est-il moins vrai qu'elle décide que la possession de dix ans, par laquelle on prescrivoit sous l'ancien droit, les immeubles, les droits réels, y compris ceux de servitude, n'opéroit plus de prescription, quand elle n'étoit pas accompagnée d'un titre? Cette loi est-elle limitée au cas précisé; n'est-elle pas générale et conforme à tant d'autres nouvelles lois que nous indiquerons bientôt?

L'autre dit que l'usucapion cesse s'il n'y a pas de titre. Nullo justo titulo præcedente cessat usucapio. *L'usucapion étoit acquise par deux ans. Cette loi n'est donc pas applicable à la prescription de dix ans. De plus, cette loi ne parle que de la revendication et nullement de la ser-*

vitude. Nous voyons avec peine que notre confrère se soit compromis jusqu'à ce point. C'est un chagrin pour nous d'avoir à lui répondre ; mais il nous en fait une nécessité.

Comme il abuse de cette dernière loi dont nous avons déjà transcrit le texte latin ! Elle ne dit pas que *lorsqu'il n'y a point de titre, l'usucapion cesse.* Elle dit, au contraire, que *lorsqu'il ne préexiste point de titre, le droit s'oppose à ce que ceux qui possèdent, acquièrent le domaine de la chose possédée ; en conséquence, attendu qu'à défaut de titre, l'usucapion MÊME cesse, elle ne peut plus attribuer le domaine au possesseur.* Voilà bien deux décisions formelles et différentes réunies. Le principe général qui exige le titre pour prescrire le domaine, est en tête de la loi. Vient ensuite l'extension de la loi à l'usucapion MÊME, qui ne peut plus avoir lieu sans titre, et qui dans ce cas est incapable de conserver le domaine d'un autre, c'est-à-dire, de l'attribuer au possesseur. Notre confrère n'auroit pas dû supposer que la loi dit tout simplement que *nullo justo titulo præcedente cessat usucapio.* Cette espèce de tour d'adresse qu'on ne permet pas aux défenseurs devroit être interdit, à plus forte raison, à ceux qui n'écrivent que pour l'instruction des autres.

Interprétons nous bien cette loi, lorsque nous disons qu'elle enlève tout effet à la prescription de dix ans, et à l'usucapion MÊME de deux ou trois ans, lorsque le juste titre manque? Accurse va légitimer notre explication. Il dit dans sa glose sur cette même loi. *CASUS. Si rem meam sine titulo possedisti : nec triennio, nec decennio, quæsisti dominium.*

Voilà donc notre confrère ramené sous l'empire de ces deux lois, dont il a inutilement tenté de détourner le véritable sens ; et obligé de renoncer à ces lois anciennes, auxquelles celles-ci et bien d'autres ont dérogé.

La loi 2 du même titre du code *de præscriptione longi temporis*, qui est aussi de Dioclétien et Maximien, est également expresse. Voici d'abord l'analyse que Godefroi a mise en tête de cette loi : *præscriptio sortitur effectum, re possessâ bonâ fide cum titulo per longum tempus non interruptum.* Voici ensuite le texte : *longi temporis præscriptio his, qui bonâ fide ACCEPTAM possessionem et continuatam, nec interruptam inquietudine litis, tenuerunt, solet patrocinari.* C'est le mot ACCEPTAM qui suppose le titre.

La loi 4, cod. *de usucapione pro hærede*, qui est encore des mêmes empereurs, est, on ne peut pas plus, précise : *usucapio non præcedente vero titulo, procedere non potest, nec prodesse, neque tenenti, neque hæredi ejus potest, nec obtentu, velut ex hæreditate esset, quod alienum fuit, DOMINI INTENTIO ULLO TEMPORIS LONGI SPATIO ABSUMITUR.* Cette loi renouvelle la décision de la loi *nullo*, cod. *de rei vindicatione*, que nous avons déjà citée, et exige le titre, non-seulement dans l'usucapion, mais encore dans la prescription *temporis longi*, c'est-à-dire, celle de dix ans.

La loi *servum 22*, cod. *familiæ erciscundæ*, qui est des mêmes empereurs, refuse tout effet, à la possession indéfiniment (on ne connoissoit point encore la prescription de trente ans), qui n'est pas accompagnée d'un véritable titre : *Cùm OMNIS VERUS TITULUS DEFICIAT, suum non facit.*

Même décision dans la loi 7, cod. *de adquir. et retin.*

possessione,

possessione, qui est émanée des mêmes empereurs : *improba possessio FIRMUM TITULUM possidenti, præstare NULLUM POTEST.*

Même décision encore, dans la loi dernière, cod. *ne de statu defunct.*, aussi des mêmes empereurs, *repetitio peculii rerum servi tui*, SI NULLO JUSTO TITULO INTER-CEDENTE, CORPORA POSSIDEANTUR *ab aliquo*, NULLA TEMPORIS PRÆSCRIPTIONE MUTILABITUR.

Qui pourroit douter à présent, que le nouveau droit romain avoit absolument paralysé, dans tous les cas, la possession ou prescription de dix ans, lorsqu'elle n'avoit pas été précédée d'un titre légitime ?

Dioclétien et Maximien furent-ils les seuls qui dérogèrent à l'ancien droit ? L'empereur Théodose fut bien plus loin. Il abolit la prescription de dix ans, ou du moins il ne la laissa subsister que pour l'action hypothécaire, et il ordonna que toutes les actions dureroient trente ans. Justinien adopta la loi de Théodose. Loi *sicut*, cod. *de præscriptione* 30 *vel* 40 *annor.*

Que nous a donc répondu notre confrère, sur le droit plus récent encore, établi par Théodose et confirmé par Justinien ? *Cette loi* sicut *limite la durée des actions réelles et personnelles à trente ans*, et rien de plus. Mais cette loi, loin de *limiter à trente ans la durée de ces actions*, la prolongea au contraire jusques à trente ans, attendu qu'elle n'étoit, avant Théodose, que de dix ans. Cette loi n'a-t-elle pas aboli la prescription de dix ans, ou du moins n'est-il pas vrai qu'il ne l'a laissée subsister que pour l'action hypothécaire ? Ne décide-t-elle pas qu'à l'avenir, toutes les actions réelles et personnelles, auront trente ans de durée ? Que

D d

faut-il donc de plus, pour prouver que l'action, pour réclamer
contre l'établissement fait d'une servitude sans titre préalable,
se conserve jusques à trente ans, à moins qu'on ne nous
conteste que les servitudes sont des *droits réels*, c'est-à-dire,
IN REM speciales actiones ?

Il est donc vrai et démontré, que le nouveau droit romain
avoit aboli l'effet de la prescription décennale dans tous les
cas, ou du moins en avoit paralysé l'effet, lorsqu'elle n'étoit
pas assise sur un titre juste. Il est aussi vrai et démontré que,
depuis que la prescription de trente ans fut établie par Théodose et adoptée par Justinien, la prescription de dix ans
n'eut plus lieu qu'en matière d'hypothèques, et que toutes
les *actions réelles* eurent trente ans de durée.

A cette discussion en droit, nous avons ajouté la doctrine
de M. Dunod des prescriptions, pag. 297, où il s'exprime
ainsi : *quant aux servitudes continues, elles ne s'acquièrent parmi nous, que par trente ans de prescription......
Je trouve qu'on en use de même dans les pays de droit
écrit du royaume. Catelan, liv. 3, chap. 6. Bretonnier,
sur Henrys, liv. 4, chap. 4, quest. 79.* Croira-t-on que
notre confrère a eu le courage de citer aussi Dunod en sa
faveur, aux pages 7 et 290 ? M. Dunod s'est-il contredit ?
Tant s'en faut. Aux pages 7 et 290 il rend compte des règles
établies par l'ancien droit romain ; et à la page 291, il se
réfère à la jurisprudence des pays de droit écrit, fondée sur
le droit romain plus récent.

Nous avons indiqué la doctrine de M. Serres, inst. pag. 143
et 144 qui s'énonce en ces termes : *dans les pays de droit
écrit, les servitudes peuvent être acquises par la prescription, ainsi que chez les romains ; mais au lieu que*

dans le droit romain, les servitudes pouvoient s'acquérir,
par la prescription de dix et de vingt ans ; on juge néan-
moins qu'il faut une prescription de trente ans à l'égard
des servitudes continues. Catelan et Vedel, liv. 3, chap. 6 ;
Ferrière in quæst. 573, de Guypape.

Notre confrère le cite encore en sa faveur à la même page.
Nous aimons à croire que c'est sans doute par distraction.

Nous avons cité MM. de Catelan, Lapeyrere, Ferrière
sur Guypape. Il a fait semblant de ne pas les voir ; il nous
en a abandonné le suffrage avec résignation, ce qui, comme
on le voit, ne lui est pas ordinaire.

Enfin, il nous a opposé M. Henrys, lequel n'a pas même
pensé à notre question.

Nous avons ensuite abordé la jurisprudence du pays de la
ci-devant Provence. Nous sommes convenus qu'un ancien
arrêt de 1638, rapporté dans M. Dupérier, et que nous avons
indiqué nous-mêmes à notre confrère, lui est favorable ;
qu'une note explicative de cet arrêt, de M. de la Touloubre,
paroît adopter la décision de cet arrêt ; enfin, qu'un autre
ancien arrêt que nous lui avons aussi indiqué nous-mêmes,
avoit jugé qu'une servitude de jour, contraire au statut, avoit
été prescrite après dix ans. Nous avons ajouté que notre
confrère ne pouvoit invoquer que ces monumens en faveur de
son opinion.

Nous avons nous-mêmes conforté la nôtre, par un arrêt du
parlement, rapporté par M. Julien oncle, dans son code.
Voyez ci-devant, pag. 193. Que nous a répondu notre confrère ?
Cet arrêt n'a pas été rendu dans le cas où il existe des ouvrages sur le fonds servile. Quelle évasion ! Qu'en diront ceux
qui sauront que cet arrêt a été rendu à l'occasion d'une ser-

vitude CONTINUE, et qui savent qu'une servitude n'est et ne peut être *continue*, qu'autant que des faits, de tous les jours, ou des ouvrages permanens, visibles et indicatifs de la servitude, ont été pratiqués ou sur le fonds du voisin, ou en direction du fonds voisin ?

Nous avons cité aussi, un arrêt qui est dans M. Boniface, voyez ci-devant page 193. Que nous a-t-il répondu ? Il n'a pas fait façon de s'en emparer lui-même, et d'en revendiquer la décision. Il n'étoit sûrement pas de sang-froid, quand il écrivoit contre nous, puisqu'il voyoit si mal. Cet arrêt ne peut avoir, en effet, jugé la même question pour et contre. Notre confrère s'est accroché à la défense consignée dans le n.° 8 du chapitre de Boniface, et nous, au contraire, nous nous sommes attachés à l'arrêt. Voici le fait, la défense et la décision.

Il existoit dans le terroir de la Brillanne un canal, que la communauté de Villeneuve y avoit fait creuser en 1539, sous l'autorisation des maîtres rationaux, pour dériver dans son terroir les eaux de la Durance. En 1675 les consuls de la Brillanne s'opposèrent à l'exercice de cette faculté, et ils querellèrent même de nullité, la concession de 1539.

La communauté de Villeneuve prétendit que si son titre étoit nul, il lui suffisoit de prouver une possession de dix ans, attendu qu'il existoit, à l'appui de sa possession, un canal établi à main d'homme. Les consuls de la Brillanne soutenoient au contraire, qu'attendu la nullité de la concession, la communauté de Villeneuve ne pouvoit avoir prescrit sa faculté de dériver dans son terroir, les eaux de la Durance, que par une possession immémoriale. La Cour jugea, que la possession de dix ans ne suffisoit pas ; que la possession immémoriale n'étoit pas nécessaire, et que la possession trentenaire, prouvée par la communauté de Villeneuve, étoit celle qui étoit requise. Voilà bien exactement ce que cet arrêt a jugé. Que notre confrère tienne à la défense de la communauté de Villeneuve, qui fut proscrite par l'arrêt, permis à lui. Mais nous avons le droit de préférer la décision de l'arrêt.

Nous avons encore indiqué un arrêt du 8 mai 1671, rendu en faveur de M. l'évêque de Grasse, contre le capiscol de son chapitre, lequel soumit le capiscol à prouver que depuis trente ans, il jouissoit de la faculté *aquæ ducendæ*, attendu que son titre ne lui accordoit que les versures de l'eau de la fontaine *pro servitio sui prati*. Que nous a-t-il répondu ?

1.° *Cet arrêt ne nous est connu que par tradition.* Eh qu'importe, s'il a été rendu, s'il existe au greffe de la Cour, et si nous l'avons vu citer plusieurs fois par nos anciens ? Nous l'avons inséré nous-mêmes dans nos recueils. On ne nous soupçonnera sûrement pas de l'avoir fabriqué. Notre confrère auroit pu s'abstenir de cette observation qui, sans lui être utile, ne pouvoit avoir que l'effet de nous désobliger.

2.° *Le capiscol*, dit-il, *n'avoit que le droit de dériver les versures de la fontaine. Il avoit dérivé pendant dix ans l'eau du bassin même ; mais il est sensible que l'ouvrage qu'il avoit établi pour dériver les versures, n'indiquoit pas le projet de dériver l'eau même du bassin.* C'est le cas de dire *fiat lux*. Quiconque saisira le sens de la lettre de cette phrase, sera bien clairvoyant. Mais aidons-nous à en faire ressortir le sens. Notre confrère a sans doute voulu dire, que la concession *de dériver l'eau de la fontaine, n'emportoit pas celle de la dériver du bassin même.* Son idée, ainsi rendue, d'une manière aussi claire que raisonnable, notre confrère n'en est ni plus avancé, ni mieux à son aise. Quiconque, en effet, a la concession des versures d'une fontaine, ne les prend pas à terre, parce que le bassin d'une fontaine, versant également les eaux de tous côtés, elles ne pourroient plus être recueillies, indépendamment de ce qu'elles se saliroient. Mais qui ne sait que toutes les fontaines dont les versures ont été concédées, ont un grillage à fleur de leur bassin, par lequel toutes les versures passent, sans qu'il en tombe une goûte à terre ? Notre confrère est fort et très-fort, pour interpréter les arrêts qui gênent ses opinions. Mais les explique-t-il ? Ne les tord-il pas ?

Nous avons encore cité l'arrêt qui est dans M. Debezieux, page 600, § 2, qui jugea que *le sieur Abeille qui avoit d'ailleurs des actes, desquels il résultoit qu'il avoit le droit d'aller dans le fonds de Barrille y prendre l'eau, et la faire passer dans un fossé, quand elle lui étoit nécessaire,* ayant prouvé qu'il usoit de cette eau, et la dérivoit *par un ouvrage établi dans le fonds de Barrille,* dans un fossé depuis trente et quarante ans, et même de temps immémorial, devoit être maintenu dans cette servitude. Que nous a répondu notre confrère? Il a encore revendiqué pour lui ce même arrêt. L'habitude de notre confrère à s'emparer de nos autorités, commence à tenir du prodige. Mais plaisante-t-on ainsi avec ce public, qui ne sollicitoit pas l'ouvrage que nous apprécions, et à qui on l'a offert pour son instruction ! Comment se fait-il donc que lui et nous, nous prenions l'arrêt de M. Debezieux dans un sens contraire ? Voici la clef de l'énigme. Notre confrère s'est emparé du *sommaire* erroné, du chapitre de M. Debezieux, et nous, de l'arrêt et de toutes les circonstances de la cause, sur lesquelles il a été rendu.

Nous expliquons tellement cet arrêt dans son véritable sens, que M. Debezieux dit à la fin du chapitre : *je fus pour maintenir celui-ci (le sieur Abeille), et les autres juges aussi , ayant été reconnu qu'on n'a pas droit d'aller dans un fonds voisin pour y prendre l'eau et s'en servir , si on n'a un titre ou une possession immémoriale.* N'est-il pas-singulier que le *sommaire* de cet arrêt soit ainsi conçu? *La possession de dix ans suffit pour acquérir sur le fonds voisin une servitude qui a une cause continue , quand il y a des ouvrages faits à main d'homme.* Ces paroles ne sont-elles pas les antipodes de celles de M. Debezieux , de la décision de l'arrêt et de l'intention bien connue de ceux qui l'ont rendu!

On sait que M. Debezieux n'a pas donné lui - même son recueil d'arrêts au public; que c'est M.ᵉ Heyriés qui en fut l'éditeur après la mort de ce digne magistrat, et qui fut l'auteur des sommaires qui précèdent les chapitres. Quiconque a lu ce recueil dans son entier, a eu nécessairement l'occasion de s'apercevoir que bien souvent le sommaire de l'éditeur est en opposition formelle avec l'arrêt que celui-ci rapporte.

Qu'annonce donc cette précaution de notre confrère, de s'en tenir au *sommaire* de l'éditeur, plutôt qu'au dire de l'auteur, dès qu'il est impossible, à moins qu'il n'ait pas lu le chapitre de M. Debezieux, qu'il n'ait pas su que l'arrêt a été fondé tout au moins, sur la possession de trente et qua-rante ans; et encore sur ce que les témoins qui avoient déposé pour le sieur Abeille, avoient ajouté que *ce qu'ils avoient vu eux-mêmes, ils l'avoient ouï dire à leurs anciens?* N'eût-il pas eu le temps de lire M. Debezieux lui - même, il faudra bien qu'il convienne qu'il nous a lus nous-mêmes.

Or, s'il est vrai que nous lui avions donné le détail des circonstances de cet arrêt (ci-devant pag. 193), comment a-t-il eu le sang-froid de préférer le *sommaire* du chapitrre, au chapitre lui-même, et de nous abandonner l'autorité de l'arrêt et celle de M. Debezieux, pour ne se réserver que le *sommaire* trompeur de Me Heyriés ? D'où vient qu'il n'a pas même dit un mot, pour nous contester le sens que nous avions donné à l'arrêt et aux expressions de ce magistrat ? Il a sans doute rendu hommage à notre exactitude. Mais comme il n'est pas avouant, quand il s'agit de rétracter une erreur, il a préféré de se cacher derrière son doigt (le *sommaire* d'un chapitre n'est qu'un asile de même espéce), plutôt que de convenir que l'arrêt dont il s'agit et le magistrat qui le rapporte, étoient directement en divergence avec son opinion. Il falloit être courageux pour se permettre de nous faire une réponse imprimée destinée à confirmer des erreurs, à heurter les principes, et à contredire des faits constatés.

Nous avons enfin cité l'arrêt aussi récent que solennel, qui fut rendu en faveur du sieur Bonnardel, de la ville de Marseille, le 18 juin 1781, au rapport de M. de Ballon. Nous avons déjà dit qu'il fut rendu après un premier partage en grand'chambre, après un deuxième partage en tournelle, et tout d'une voix en la chambre des enquêtes. La seule difficulté qui occupa la Cour, qui donna lieu aux partages, et qui fut tranchée par la troisième chambre, fut de savoir si, en l'état de l'existence d'un aquéduc dans le fonds du sieur Bonnardel, et du passage des eaux de teinture depuis vingt-cinq ans, la servitude étoit acquise sur le sieur Bonnardel; ou si, au contraire, celui-ci étoit fondé à s'en faire décharger, attendu que les servitudes ne pouvoient plus

être

être acquises que par un espace de trente ans, alors même qu'il existoit un ouvrage permanent, visible et indicatif de la servitude. La moitié des magistrats, entraînée par l'autorité de M. de Julien, pensoit que la servitude étoit acquise après dix ans, et l'autre moitié pensoit qu'elle ne pouvoit l'être qu'après trente ans, d'après le plus récent droit romain établi par Théodose, et adopté par Justinien. Ce fut le dernier avis que la chambre des enquêtes préféra, après avoir pris l'avis des anciens avocats d'Aix.

Nous sommes instruits de toutes ces circonstances, parce que nous fîmes, à l'invitation de M. Barlet trop surchargé en fin de juridique, toutes les défenses du sieur Bonnardel, et qu'on nous tenoit au cours de tout ce qui se passoit.

Cet arrêt a démonté notre confrère dans son opinion. Mais plutôt que de se départir de celle-ci, il a préféré de faire de notre bonne foi, la matière d'un problème. Il a même eu la désobligeance de le tenter de plusieurs manières.

Il a supposé, la première fois, que nous avions dénaturé la question jugée par cet arrêt (voyez ci-devant pag. 199). Il le suppose encore aujourd'hui dans deux autres sens.

Il s'est, en effet, permis de dire contre notre affirmation, que la Cour a jugé par cet arrêt, ou que le sieur Bonnardel pouvant demander la suppression du canal qui existoit chez lui en vertu de son acte d'acquisition, pouvoit, à plus forte raison, demander la suppression de la servitude dont il se plaignoit ; ou qu'on ne pouvoit acquérir, par dix ans, le droit de rejeter sur son voisin des eaux fumantes et fétides. Il semble que notre confrère se fait un jeu de se compromettre.

E. e

Un fait certain est que le sieur Bonnardel n'avoit pas demandé la suppression d'un canal, qui lui étoit utile et nécessaire pour la dérivation de toutes les eaux que sa localité recevoit, ainsi que de celles qu'il y employoit lui-même, au point que si ce canal n'eût pas existé, il auroit été obligé d'en faire pratiquer un.

Un autre fait certain, est que le sieur Bônnardel n'auroit pas pu demander la suppression de son canal, parce que son titre d'achat portoit seulement qu'on l'affranchiroit du passage des eaux des autres localités, qui étoient en vente, dans le canal existant dans la sienne, ce qui n'étoit pas un engagement de supprimer son canal; mais au contraire et seulement une promesse, de le laisser à son seul usage.

Un nouveau fait constant, est que l'acte d'achat du sieur Bonnardel étoit du 14 décembre 1748, que sa première requête étoit du 11 octobre 1776, que l'arrêt fut rendu en juillet 1781.

Or, non-seulement le sieur Bonnardel avoit un intérêt à laisser subsister son canal; non-seulement il ne pouvoit pas demander cette suppression, parce qu'elle ne lui avoit pas été promise; mais encore il auroit perdu ce droit, s'il l'avoit eu, pour avoir laissé subsister le canal dans son fonds depuis 1748 jusqu'en 1781, et pendant trente-trois ans, sans en avoir demandé la suppression.

Notre confrère qui convient d'avoir trouvé cet arrêt dans le recueil de M.e Janety, a connu tous les faits. Il s'est donc bien oublié, quand il a supposé que la Cour avoit peut-être jugé que, pouvant faire supprimer l'aquéduc, le S.r Bonnardel pouvoit aussi demander la suppression de la servitude. Le parlement d'Aix n'étoit pas aussi facile à changer le système et les défenses des parties, et encore moins à faire revivre pour elles des droits anéantis par la prescription de trente-trois ans.

Passons à l'autre supposition.

A-t-il été permis à notre confrère de hasarder que le parlement d'Aix, a peut-être jugé que dix ans ne suffisoient pas pour prescrire le droit de rejeter des eaux fumantes et fétides sur le fonds voisin ? Si la prescription de dix ans avoit eu lieu en matière de servitude *continue*, la qualité des beaux auroit-elle été prise en considération par la Cour ? Ne restoit-il pas au sieur Bonnardel la ressource de faire couvrir son canal qui existoit à DÉCOUVERT, ainsi que notre confrère en convient ? Et quand ce canal auroit été couvert, n'auroit-il pas garanti la maison et la famille du sieur Bonnardel, et de la fumée et de la mauvaise odeur ? Le parlement d'Aix ne composoit pas avec les principes. Il savoit qu'il ne lui étoit pas permis de délivrer ceux qui avoient plié volontairement sous le joug de la prescription. Il savoit que celui qui a acheté sans le savoir un fonds pestilentiel ou dont les productions sont vénimeuses, doit se pourvoir dans le temps fixé pour l'exercice de l'action rédhibitoire, et que ce temps expiré, il doit le garder (loi 49, ff. *de œdili edicto.* Loi 4, cod. *eod.*, M. Dupérier, tom. 1, liv. 4, quest. 10). Il eût fait le même sort au sieur Bonnardel, s'il ne se fût plaint qu'après la prescription acquise.

C'est donc bien inutilement que notre confrère a torturé successivement cet arrêt jusqu'à trois fois, et toujours dans un sens différent, dès qu'il savoit que cet arrêt étoit connu.

Il ne veut céder ni au nouveau droit romain, ni à la

E e 2

nouvelle jurisprudence du parlement. Eh bien ; soit. Mais
alors qu'il garde son opinion pour lui, au lieu de la présenter
aux autres sans nécessité, comme faisant partie des *règles et*
maximes de notre pays.

Le voilà réduit à l'arrêt qui est dans le recueil de M. Bonnet,
et qui fut rendu entre M. de Clappiers et M. Berthet. Cet arrêt,
qui fut le plus fort appui de la partie adverse du S.ʳ Bonnardel,
ne fit aucune impression ni sur l'esprit des magistrats de la
grand'chambre et de la tournelle, qui opinèrent pour le sieur
Bonnardel, ni sur l'ensemble des magistrats de la chambre
des enquêtes qui vidèrent le partage *unâ voce*, parce qu'il
avoit été fondé tant sur la *permission* du sieur Berthet, avouée
par lui, que sur la dépense considérable que M. de Clappiers
avoit faite, sous la foi de cette *permission.*

Après nous être ainsi remparés des décisions du nouveau,
et même du plus récent droit romain et de la jurisprudence
de notre pays, certifiée par cinq arrêts conformes, dont le
dernier avoit définitivement fixé notre jurisprudence, nous
avons encore recouru aux auteurs de notre pays.

On vient de voir que, selon M. Debezieux, tous les magistrats de la chambre qu'il présidoit, ainsi que lui, reconnurent en principe que, malgré l'existence d'un ouvrage dans
le fonds d'un voisin, destiné à dériver l'eau, la possession
de dix ans sans titre, ne suffisoit pas.

M. Julien oncle nous dit que plusieurs avocats assemblés,
décidèrent que la servitude *continue* n'étoit pas prescrite après
dix ans, quand il n'existoit point de titre, Voyez ci-devant
pag. 193.

M. Lalaure nous certifie que tel étoit de son temps l'avis du

plus grand nombre des jurisconsultes de Provence. Voyez ci-
devant pag. 191.

Nous avouons que nous n'avons rien pu découvrir de plus,
dans les auteurs de notre pays ; mais ne suffit-il pas qu'il
n'y existe point d'auteur qui nous soit contraire ?

Nous étonnons sans doute nos lecteurs, attendu que notre
confrère vient de nous opposer lui-même MM. Debezieux,
Dupérier, Buisson, Boniface et Decormis. Cette réunion
d'auteurs qui ont honoré leur pays, est faite pour en imposer,
mais à ceux-là seulement qui ne les ont pas lus. Nous avons
eu le courage de les aborder tous l'un après l'autre. On se
rappelle que nous avons déjà enlevé à notre confrère, MM.
Debezieux et Boniface. Le voilà donc affoibli presqu'à moitié.
Nous lui enlevons M. Decormis qui parle d'une servitude de
chemin, qu'on ne peut acquérir que par la possession immémoriale, et qui ne traite que la question de savoir si, dans le
cas de cette possession acquise, celui qui veut y être maintenu a besoin de prouver qu'il a usé du chemin *au vu et su*
du voisin ; ce qui est une question sans rapport avec la nôtre.
Le voilà donc affoibli presque aux trois quarts. Il lui reste
encore MM. Dupérier et Buisson, lesquels vont lui échapper ;
car ni l'un ni l'autre ne disent rien de notre jurisprudence.
Ils ne rappellent que l'ancien droit romain et la doctrine des
auteurs étrangers ; et pour qu'on pût nous les opposer, il
faudroit qu'ils eussent attesté notre usage, ce qu'ils n'ont pas
fait. Les remarques manuscrites de M. Dupérier et le code
Buisson, sont deux ouvrages devenus, depuis long-temps,
très-recommandables. Mais il faut bien se garder de prendre
ou de donner tout ce qui y est écrit, pour des *maximes*
provençales ; et surtout dans ce cas, où l'un et l'autre

ne se prononcent nullement sur la jurisprudence de notre pays ; où ils ne raisonnent que d'après des auteurs étrangers au même pays, lesquels ne se fondent eux-mêmes que sur l'ancien droit romain aboli.

M. Dupérier a fait ce que nous faisons tous. Il a noté tout ce qu'il a lu. Mais il n'a pas adopté tout ce qu'il a noté ; et quand il a eu l'intention de nous transmettre des *règles* et des *maximes* ou des points de *jurisprudence* déjà établis, il a eu l'attention de nous en prévenir.

Il ne reste plus à notre confrère que M. de Julien, et cet auteur et lui n'ont, pour leur opinion, que la loi 10, ff. *si servitus vindicetur*, abolie une première fois, par le droit nouveau, et une seconde fois par le droit encore plus récent. C'est d'ailleurs précisément de leur opinion, que nous avons eu l'idée de préserver nos compatriotes.

On va être bien étonné maintenant, qu'après s'être tant agité et tourmenté, pour échapper à une doctrine aussi bien assise que celle que nous professons, il ait fini par la certifier lui-même, et l'adopter sans s'en douter, sans le vouloir, et d'une manière qui prouve qu'il n'a saisi ni le sens des paroles, ni l'intention du seul auteur provençal qui lui reste, M. de Julien, *in cujus verba juravit.*

Telle, dit-il, *étoit donc la règle. La servitude CON-TINUE qui, dans le droit romain, s'acquéroit par dix ans, NE S'ACQUÉROIT EN PROVENCE QUE PAR TRENTE ANS, S'IL N'Y AVOIT PAS DE TITRE* (pag. xviij de la réponse, à la fin). Voilà donc notre système, revêtu par notre confrère de son approbation la plus solennelle. Quelle chûte ! Quelle palinodie !

Là où il y avoit TITRE, dix ans suffisoient entre présens

et vingt ans entre absens. Voilà de sa part, la rétractation bien expresse de cette erreur qui lui a fait soutenir, avec tant d'affectation, que la SERVITUDE CONTINUE S'AC-QUÉROIT PAR DIX ANS, SANS TITRE. Quelle chûte encore ! Quelle palinodie !

Enfin , ajoute-t-il , *ON REGARDOIT COMME TITRE, l'établissement d'un ouvrage pratiqué, à cet effet, sur le fonds servile par le propriétaire du fonds dominant, parce que cet ouvrage, visible et permanent, tel qu'on l'exigeoit, n'avoit pu être établi qu'au vu et su du propriétaire du fonds servile.* Quelle chûte enfin ! Notre confrère contredit son cher maître.

M. de Julien ne dit pas que *l'ouvrage permanent et visible, fait le TITRE de la servitude CONTINUE.* S'il vivoit encore, il se plaindroit amèrement de ce qu'on lui fait dire, ce qu'il n'a jamais pensé. Il dit, et avec lui, tous les auteurs pensent que *l'ouvrage permanent, visible et indicatif de la servitude ,* quand il s'agit de droit de passage, d'aquéduc ou d'arrosage, convertit ces sortes de servitudes DISCONTINUES par elles-mêmes, en servitudes CONTINUES. Mais une fois la servitude DISCONTINUE, devenue CONTINUE, elle ne peut être acquise sans titre, comme toutes les autres servitudes *continues ,* que par une possession paisible de trente ans.

Existe-t-il une servitude CONTINUE de passage, d'aquéduc, de jour, etc., qui ne soit constituée telle, par un ouvrage permanent qui, ou établit la communication avec le fonds du voisin , ou est pratiqué sur le fonds voisin ou domine et plonge dans le fonds voisin; c'est donc cet ouvrage qui fait l'essence de la servitude *continue ;* mais il n'en fait pas le titre puisqu'il faut en outre, ou un titre écrit, ou une possession de trente ans.

Nous demandons actuellement si, après n'avoir réussi, dans sa réponse imprimée qu'à se compromettre, il a eu le droit de clôturer sa dissertation par cette phrase. *Je pense donc que mon confrère s'est trompé, lorsqu'il a regardé ma proposition comme une erreur.* On avouera que nous ne lui avons laissé que cette mince consolation de ne pas convenir de son erreur, quoique démontrée, et de prendre sa revanche sur nous, en qualifiant à son tour, d'*erreur,* un *principe* constant.

Nous n'eussions eu besoin que du droit romain pour éloigner du palais, l'opinion dangereuse de notre confrère. Quels avantages ne nous donnent pas sur elle, notre jurisprudence bien constatée, l'avis de M. Debezieux et de M. Julien oncle, et surtout cet art que notre confrère a mis en usage, pour vernir son opinion d'une simple apparence, et se dispenser par-là de la rétracter !

Notre confrère voudroit-il bien nous permettre de lui rétorquer un argument qui lui appartient tout entier? Notre position respective supposeroit donc tout au moins, que la jurisprudence de notre pays, seroit fort incertaine ; et alors quel parti faudroit-il prendre? C'est lui-même qui va nous l'indiquer, pag. 94 et 97 de son ouvrage. Il faut recourir au *code qui a fixé les questions* auparavant *douteuses,* et qu'on *considère comme explicatif des doutes de l'ancienne jurisprudence ;* et alors, attendu que le code exige la possession de trente ans, de la part de celui-là même qui a établi un ouvrage permanent, visible et indicatif de la servitude, tout est décidé en notre faveur. Il a sans doute cru son argument bon

bon et décisif. Nous pouvons donc penser qu'il est excellent et persuasif.

Notre confrère n'a rien dit des chemins ou passages que nous dénommons *de tolérance* ou *de familiarité*, lesquels sont très-communs, parce que les propriétaires sont indulgens pour leurs voisins, attendu qu'en passant sur un chemin frayé dans leurs fonds, ceux-ci ne leur font point de dommage. Ces sortes de chemins essentiellement privés, propres à ceux dans les fonds desquels ils sont pratiqués et exclusivement destinés aux usages de ces fonds, sont imprescriptibles même par la possession immémoriale, de la part des voisins qui ont un autre chemin pour arriver à leurs propriétés, quoique plus long ou plus difficile (1).

Les propriétaires de ces chemins sont toujours reçus, ou à les rompre ou à les fermer, ou à en prohiber l'usage.

Ceux qui ont dans leurs fonds des chemins destinés uniquement à leurs services, doivent être attentifs à ne pas y laisser passer ces particuliers qui n'en usent que pour abréger leur marche, sur le fondement que leur chemin ordinaire est plus long ou moins facile. Cette complaisance pour quelques personnes honnêtes ne peut pas compromettre les droits de ceux qui l'ont, parce qu'elles sont incapables d'en abuser et de se prévaloir de leur possession. Mais il est dangereux de l'avoir pour trop de gens, parce que la fréquence de l'usage de ce chemin peut exposer un jour les propriétaires

---

(1) Loi 41, ff *de adquir. vel amitt. possess.* Cœpola *de sevit. urban. prædio.*, cap. 20, n.° 1. M. Dunod *des prescriptions* pag. 85. Code civil, article 2252.

de ces chemins, à des prétentions injustes qui donnent lieu à des procès d'enquêtes souvent dangereux et toujours très-coûteux. *Principiis obsta, serò medicina paratur.*

Celui qui passe sur un fonds inculte ne peut y acquérir un droit de chemin, pas même par une possession immémoriale (1).

Celui qui n'a qu'une possession *précaire*, c'est-à-dire, fondée sur une permission révocable, ne prescrit par aucun temps (2).

Celui qui a passé dans le fonds d'autrui, semé par moitié chaque année, et qui n'a passé que sur la partie non semée, n'acquiert aucun droit de passage (3).

Tous ces passages ne sont que de *tolérance* et de *familiarité*. Ils sont dénommés dans certains pays du royaume, *chemins de souffrance*, notre confrère en est convenu.

Sur l'art. 2, § 2, n.° 6, pag. 38.

Notre confrère ne dit qu'un mot en passant, et c'est pour y donner le nom de *maxime provençale* à une autre erreur.

Il dit que *le droit de passage, comme les autres servitudes discontinues, se perdoit parmi nous, par le non*

---

(1) Loi *qui jure* ff *de adquir. vel amitt. possess.*; loi 1 § *Vivianus* ff *de itin. actuque privato*; loi *si servus* § 1, ff *de noval. action.* M. Coquille, *quest. et rep.*, chap 74.

(2) Loi 32, ff *de servitut. urban. prædior.*

(3) M. de Julien comment. sur les statuts de Provence, tom. 2, pag. 545, n.ᵒˢ 11 et 12.

Des chemins privés. Perte du droit d'en user. 227
usage pendant dix ans ou vingt ans. Quel est son garant !
M. de Julien.

Quel est le garant de M. de Julien ? C'est purement et simplement la loi *sicut* 13, cod. *de servitut. et aquâ*, où il est dit effectivement; *omnes servitutes non utendo amittantur decennio inter præsentes, et viginti spatio annorum contra absentes.* Mais cette loi qui est du quinze des calendes de novembre de l'an 531, c'est-à-dire, du 17 novembre, fut changée par une autre du 11 des calendes des mêmes mois et an, c'est-à-dire, du 21 novembre, et il fut décidé que les servitudes *discontinues* ne seroient prescrites qu'après vingt ans de non usage, tant entre présens qu'absens. Cette loi est placée immédiatement après la treizième invoquée par M. de Julien, puisqu'elle est la quatorzième sous le même titre du code. Voilà donc déjà une opposition entre l'avis de M. de Julien et le droit romain, plus récent.

M. Dupérier, tom. 3, liv. 3, quest. 5, s'est aperçu du changement que la loi 14 a fait à la loi 13. M. de Julien auroit pu l'entrevoir lui-même dans les deux arrêts recueillis par M. Dupérier, et qu'il indique à l'appui de sa décision, dès qu'il convient que ces arrêts n'ont déclaré éteintes, par le non usage, deux servitudes *discontinues*, que parce qu'il s'étoit écoulé *vingt ans* depuis que le propriétaire dominant avoit cessé de s'en servir; M. Dunod, pag. 294 s'est aussi aperçu du changement que la loi 14 fit à la loi 13.

Sous ce premier point de vue, il n'est pas même vrai, selon le nouveau droit romain, qu'une servitude *discontinue* se perde par le non usage de dix ans, entre présens.

Mais cette erreur a-t-elle été adoptée par le parlement de Provence ? Non, il a jugé deux fois, conformément à la loi

14 précitée, le 14 juin 1635, et le 13 février 1643, que la servitude *discontinue* étoit perdue après vingt ans de non jouissance entre présens, et jamais qu'elle fût éteinte après dix ans. Ce sont les arrêts qui nous ont été transmis par M. Dupérier.

M. de Julien et M. Dubreüil n'ont donc pas pu donner pour une *règle* certaine, en Provence·, un point de droit qu'ils décident dans un sens contraire au droit romain, qui n'a pas encore été jugé dans leur sens par aucun arrêt du parlement de Provence, et qui au contraire, a été jugé deux fois, conformément au nouveau droit romain, lequel conserve la servitude à celui à qui elle est acquise, quoiqu'il n'en ait pas joui pendant dix-neuf ans, onze mois et trente jours, s'il en use le trente-unième jour du dernier mois de la vingtième année. C'est déjà un service rendu à nos compatriotes, que de leur avoir conservé les servitudes *discontinues* qui leur sont acquises pendant dix ans de plus, lorsqu'ils ont négligé d'en user.

Mais la servitude *discontinue* est-elle effectivement perdue après vingt ans de non usage ? Bien des auteurs l'ont ainsi pensé pour les pays de droit écrit seulement, attendu que dans les pays de coutume, elles ne se perdent que par le non usage de trente ans. Nous n'indiquons point d'auteur étranger à notre pays ; mais nous n'avons que M. Dupérier qui l'ait ainsi soutenu dans des défenses que nous avons déjà indiquées, et qui nous a conservé deux anciens arrêts conformes à son avis.

Nous observons que M. de la Touloubre a dit au bas de ces défenses de M. Dupérier : *Je doute que cette décision fût suivie aujourd'hui ; car on tient comme une MAXIME*

GÉNÉRALE, *tant pour les pays de droit écrit que pour les pays coutumiers*, *que toutes les servitudes*, *sans distinguer à cet égard les continues et les discontinues*, *ne se perdent par la non jouissance*, non utendo, *QUE PAR TRENTE ANS.*

Faut-il s'en tenir à l'avis de M. Dupérier, et à la décision des deux anciens arrêts conformes qu'il nous a transmis ? Nous ne le pensons pas, et il nous paroît au contraire, qu'une servitude *discontinue* ne peut être éteinte que par un non usage de trente ans. Que cette opinion soit la plus régulière, on ne peut pas en douter, dès qu'il est vrai qu'elle est non-seulement suivie dans toute la France coutumière, mais encore dans plusieurs pays de droit écrit (1); que M. de la Touloubre, jurisconsulte aussi savant qu'éclairé, nous l'a donnée en Provence pour être une *maxime générale de tous les pays de droit écrit et de tous les pays coutumiers*; et que le code vient d'ériger en loi, dans toute la France, par son art. 706.

Nous ne justifions pas qu'elle ait été suivie en Provence; mais nous prouvons que la loi *sicut* 3, cod. *de præscriptione* 3o, *vel* 4o *annorum*, qui est de Théodose et que Justinien a fait insérer dans son code, n'a laissé subsister la prescription de dix ans que pour les actions hypothécaires, et l'a abolie en matière d'immeubles, d'actions immobilières, réelles, personnelles et mixtes, et a accordé trente ans de vie, tant à la revendication, qu'à toutes les actions ; et cela est décisif.

D'où vient donc que M. de la Touloubre s'est si bien pro-

_____

(1) MM. Bretonnier sur Henrys, tom. 2, liv. 4, quest. 79 et 80; Serres, *inst.* pag. 144.

noncé contre la prescription de dix ans, lorsqu'il s'agit de
la perte d'une servitude, et qu'il a exigé un non usage de
trente ans ? C'est d'abord parce que la loi *sicut* 3, cod. *de
prœscript*. 30, *vel* 40 *annorum*, a donné trente ans de vie
à tous les droits réels, légitimement acquis, et n'a laissé
subsister la prescription de dix ans, que pour l'action hypothécaire exercée contre un tiers-acquéreur. C'est ensuite parce
qu'on ne connoît point en France de renonciation présumée
à un droit-acquis, et qu'on exige qu'elle soit expresse, sauf le
cas où celui qui avoit ce droit, a fait des actes ou des sti-
pulations incompatibles avec son droit, lesquels valent une
renonciation expresse, code civil art. 2221 et 2224. Il est
absurde en effet, de supposer, en France, où toutes les actions immobiliaires et réelles ont incontestablement 30 ans de
vie, que l'action pour user d'une servitude acquise, droit
immobilier et réel, soit prescrite après vingt ans de non jouissance, sans que celui qui a ce droit ait fait un acte incompatible, sans même que le propriétaire du fonds servant, ait
fait, à son égard, un seul acte dénégatif de la servitude.

Les servitudes sont placées par toutes les lois sur une
même ligne avec les immeubles, c'est pour cela que les servitudes et les immeubles étoient soumis à la même prescription
de dix ans. Or, tout comme, depuis la loi *sicut*, cod. *de
prœscript*. 30, *vel* 40 *annorum*, jusqu'à l'époque du code civil,
le propriétaire d'un immeuble ne perdoit son droit de propriété,
tant dans les pays de coutume, que dans ceux de droit
écrit, qu'après qu'un autre en avoit joui trente ans; de même
aussi, celui qui avoit un droit réel de servitude sur un fonds,
ne pouvoit le perdre, qu'après que le propriétaire du fonds
servant en avoit joui pendant 30 ans, en franchise de la ser-

vitude. L'action revendicatoire dure trente ans dans toute la France, soit coutumière, soit de droit écrit.

Les prescriptions des servitudes, introduites par l'ancien droit romain, étoient déjà disparues depuis long-temps dans les pays de droit écrit ; et par cela même qu'on ne pouvoit plus y en acquérir sans titre, que par 30 ans, on ne pouvoit les y perdre que par 30 ans. On disoit autrefois que le retour à la liberté étant favorable, la prescription devoit être plus courte. Mais n'existe-t-il donc que des servitudes acquises par prescription ? N'en est-il pas qui ont été convenues ? Or dans chacun de ces cas, le retour à la liberté seroit-il favorable, alors même qu'il est question d'une servitude acquise par une possession de 30 ans ? N'est-elle pas un droit certain et aussi bien acquis que celle qui a été achetée ou convenue ? La prescription de 30 ans ne suppose-t-elle pas le titre ou la convention ? (Notre auteur a rendu hommage à ce principe pag. 8 et 9.) dans ces cas enfin, le retour à la liberté seroit-il favorable ? Autant vaudroit-il dire qu'il faut réduire les prescriptions en faveur d'un débiteur, par la raison que la libération d'une dette, est favorable pour lui.

En un mot, les servitudes *continues* étoient acquises sans titre par dix ans, sous l'ancien droit romain, par la même raison, elles devoient être perdues par un non usage de dix ans. Aujourd'hui qu'elles ne peuvent plus être acquises que par trente ans, elles ne peuvent plus être perdues que par un non usage de trente ans ; et les servitudes *discontinues* qu'on n'acqueroit, selon le même droit, que par le laps d'un temps immémorial, ne peuvent, tout au moins, se perdre que par un non usage de trente ans.

Dans sa réponse imprimée, page xix, notre confrère se plaint de ce que nous l'avons *inculpé d'erreur*, *d'après la loi* 14, cod. *de servitut. et aquâ.* Il fait une dissertation savante sur le véritable sens de cette loi, dans l'objet de prouver qu'elle n'a pas révoqué celle qui la précède, et que toutes les deux ayant des objets différens, peuvent et doivent subsister ensemble. Sa dissertation finit sans que nous y trouvions rien de responsif, aux plus fortes preuves que nous avons données de l'*erreur* qu'il a établie dans les deux lignes de son opuscule que nous avons déjà transcrites.

Nous avions observé transitoirement, ainsi qu'on vient de le voir, que la loi 13, cod. *de servitut. et aquâ,* sur laquelle M. de Julien, et après lui, notre confrère, ont étayé cette opinion erronée que nous combattons, avoit été révoquée par la loi 14 qui la suit. Si nous nous sommes trompés, toujours est-il vrai que nous avons été induits par deux arrèts du parlement d'Aix, par M. Dupérier et par M. Dunod. Un provençal qui erre avec de pareils guides, est à l'abri de tout reproche de mauvaise foi. Une loi qui exige vingt ans de non usage en matière de servitude *discontinue* pour en opérer la perte, sans distinction entre les présens et les absens, expliquée par deux arrêts qui ont également adopté le non usage de vingt ans, sans distinguer entre les présens et les absens; un auteur tel que M. Dupérier, qui reconnoît la loi 14, comme exigeant le non usage de vingt ans, pour opérer la perte de la servitude *discontinue* ; enfin, un auteur tel que M. Dunod, si savant dans la matière des prescriptions, qui suppose que la loi 14 a établi un droit nouveau différent de celui qui est consigné dans la loi 13, étoient faits pour nous imposer.

Notre

Notre confrère vient de faire les plus grands efforts pour nous prouver qu'à l'époque où ces deux lois 13 et 14 ont été faites, elles pouvoient exister ensemble : la première, statuant sur la règle générale, et la seconde, ne présentant que l'exception à cette règle générale. Il ne nous en coûte pas de faire honneur à son érudition et à sa découverte, ni de renoncer au petit avantage que nous avions cru pouvoir prendre sur lui, d'après la loi 14, qu'on nous avoit appris à regarder comme abolitive de celle qui la précède.

On se rappelle, en effet, qu'après avoir dit que, d'après la loi 14, il falloit au moins vingt ans de non usage, pour opérer l'extinction d'une servitude *discontinue* ; nous avons néanmoins repoussé ce système, et nous avons soutenu et prouvé que cette servitude ne pouvoit se perdre que par un non usage de trente ans.

Il seroit donc vrai que notre confrère nous auroit attaqué fortement par le côté le plus foible, et qu'il auroit respecté le côté le plus fort. Il est juste que nous lui cédions la petite place, s'il nous laisse la plus forte.

Nous regrettons, malgré l'avantage qu'il nous laisse, qu'il ne se soit pas mis en mesure pour entrer en lice avec nous, sur le point de savoir s'il est vrai ou non que, tout comme autrefois, les servitudes continues s'acquéroient et se perdoient par dix ans, aujourd'hui qu'elles ne peuvent s'acquérir que par trente ans, elles ne peuvent se perdre aussi que par trente ans ; et sur cet autre point de savoir s'il est vrai ou non que les servitudes *discontinues*, qu'on ne pouvoit acquérir que par un temps immémorial, pouvoient se perdre par un non usage moindre de trente ans, depuis que tous les droits réels ont acquis trente ans de vie, pour tous ceux qui n'y ont pas renoncé expressément, ou qui n'ont pas fait des actes incompatibles. Nous lui avons présenté ce double combat. D'où vient donc qu'il n'est pas venu à nous ? Il a reconnu, sans doute, la supériorité de nos motifs dans cette partie.

Il a terminé avec complaisance sa discussion par ces mots: *Nous n'avons donc pas avancé une erreur, quand nous avons dit, d'après la loi* 13, *que la servitude discontinue se perdoit par dix ans, sauf l'exception portée par la loi* 14, *dans l'espèce de cette loi.* Mais qu'importe la disposition de l'ancienne loi 13, si une plus nouvelle a prolongé à 3o ans, toutes les actions réelles indistinctement, et si elle a aboli la prescription de dix ans, en ne la conservant que pour les actions hypothécaires? Notre confrère a l'ancien droit pour lui, et le nouveau contre lui. Il est donc vrai qu'il est dans l'*erreur*; et une preuve que cela est vrai, c'est qu'il a fait inutilement des efforts incroyables pour se conserver l'ancien droit, et qu'il n'en a fait aucun pour nous enlever le nouveau, celui précisément qui condamne son opinion, et avoue la nôtre. Il n'a pas fait attention qu'en esquivant la véritable difficulté, il devenoit lui-même pour nous une autorité bien précieuse. On avoue ce qu'on n'ose pas contester, quand on est sommé de le contredire.

Qui pourra jamais se persuader, au reste, que celui qui a joui d'une servitude *discontinue* pendant un temps immémorial, lequel *n'a pas l'effet d'une prescription,* mais *d'un titre proprement dit,* ainsi que les lois et tous les auteurs nous l'enseignent, puisse perdre son droit et son titre par dix ans de non usage, tandis que tous les droits et tous les titres sont conservés et dans le nouveau droit romain, et dans le droit français, le plus antique comme le plus récent,

pendant trente ans! Pourquoi celui qui a le droit et le titre,
ne pourroit-il pas se dispenser d'en user pendant dix, quinze,
vingt, vingt-cinq et vingt-neuf ans, quand il s'agit d'une servitude sans s'exposer à la perdre, tandis que, malgré le même
non usage, il conserve son droit et son titre pour exercer
toute autre action quelconque réelle, personnelle et mixte?
Pourroit-on nous donner une raison capable de couvrir et
faire disparoître cette bizarrerie?

Sur le tout, si la divergence de l'opinion de notre confrère
et de la nôtre, suppose que la question est douteuse dans
notre pays, le code civil l'a encore tranchée en notre faveur,
en le considérant comme loi explicative de tous les doutes antérieurs, puisqu'il décide que les servitudes ne se perdent que
par le non usage de trente ans. Cet argument est à lui. Il ne
peut point recevoir de réponse de sa part.

Sur les pages 40 *et* 41, *art.* 2, § II, n.º 7, *sect.* 5.

Celui qui n'avoit qu'un chemin de souffrance pour arriver
à sa propriété, et qui en jouissoit depuis l'an et jour, s'il
venoit à être troublé dans cette possession, avoit le droit de
s'en plaindre et de se faire rétablir dans le libre usage de ce
chemin, par l'action possessoire de complainte.

Depuis que le code civil a décidé, pour l'avenir, que la
servitude de passage ou de chemin, ne peut plus être acquise
par la possession immémoriale, et qu'elle doit être absolument
fondée en titre, la Cour de cassation refuse l'action possessoire, courte et peu dispendieuse à celui qui, dans les pays
où la possession immémoriale tenoit lieu de titre, n'avoit pas
encore acquis cette possession immémoriale avant le code, là

même où il auroit une possession de trente ans, et le soumet à intenter l'action pétitoire infiniment plus longue et plus coûteuse. De sorte que s'il plaît à celui dans le fonds duquel je prends mon chemin de *souffrance* ou de *nécessité* depuis cinquante ans, ou de m'empêcher d'user de ce chemin, ou de me le rendre impraticable en le rompant ou en y pratiquant un fossé, il faut que je plaide au moins deux ans, avant de pouvoir arriver à mon champ.

Notre confrère a dit que *cette décision est rigoureuse*, et il s'est borné *à désirer qu'on puisse trouver sur cette question transitoire, un juste tempérament qui concilie les droits du propriétaire à la complainte, avec la nature et avec la marche de cette action.*

Il a senti, comme nous, que cette *décision* est exagérée et contraire à tous les principes, et à l'intérêt public, ainsi qu'au code lui-même. Mais par respect pour le tribunal suprême de qui elle est émanée, il n'a pas dit tout ce qu'il pensoit.

Nous sommes plus osés que lui, sans porter aucune atteinte au respect que nous avons pour les arrêts de cette Cour; et à l'exemple des Cours royales qui jugent, et des auteurs qui pensent différemment du tribunal régulateur, nous dirons franchement tout ce que nous pensons de cette *décision*, sur laquelle la Cour suprême a eu elle-même et pendant si long-temps, tant de doutes (M. Sirey, an 1810, part. 1, pag. 333), et qu'elle n'a franchie, pour la première fois, que le 18 février 1812 (1); et pour la seconde, le 3 octobre 1814 (2).

_____

(1) M. Sirey, an 1813, part. 1, pag. 3. — (2) Le même, an 1815, part. 1, pag. 145.

Cette décision est excessive ; elle est contraire à l'ordonnance de 1667 qui l'avoit abolie, parce qu'elle étoit éversive de plusieurs grands principes. Elle nuit à l'intérêt public. Elle est inadmissible en Provence, parce qu'elle y est contraire à la coutume locale adoptée par le code civil.

Nous convenons qu'anciennement dans les pays où tous les biens étoient présumés libres, où en conséquence on n'admettoit point de servitudes sans titre, et où celles-ci étoient considérées comme imprescriptibles par la simple possession quelle qu'elle fût, l'action possessoire étoit déniée à celui qui étoit troublé dans la possession d'an et jour, qu'il avoit d'une servitude discontinue.

Mais on doit convenir aussi que cette jurisprudence avoit de graves inconvéniens, quand on l'appliquoit aux chemins d'absolue nécessité, qui étoient dus de droit naturel pour la culture des champs. Nous devons croire qu'il existoit au moins une exception pour ce cas, par cette grande raison, que dès que ce passage étoit tracé et que quelqu'un étoit en possession de s'en servir pour cultiver son champ, n'en ayant pas d'autre pour y arriver, la possession de cet individu étoit parfaitement titrée, et tout aussi bien que si elle avoit été basée sur un contrat, le chemin étant présumé, de droit, avoir été ou accordé de gré à gré, ou acheté. Le titre de ce passage ou chemin, dérivoit du droit naturel ; du droit commun de la loi, de cette nécessité, qui est au-dessus des lois ; de l'intérêt public et de l'intérêt même du trésor de l'état. Il dérivoit du droit naturel, du droit commun et de la loi, parce qu'ils donnent à tout possesseur d'un fonds enclavé, le droit d'obtenir un chemin dans le fonds qui précède le sien; de la nécessité, parce que ce possesseur n'avoit pas des ailes pour arriver dans son fonds ; de l'intérêt public, parce qu'il faut que les fonds soient cultivés et produisent les denrées qui sont destinées aux subsistances publiques ; de l'intérêt du trésor public, parce que tout fonds est soumis aux contributions, et qu'il en est affranchi quand il ne produit rien, sans que le propriétaire soit en faute.

Il suit de tout cela, que dès que la servitude titrée, autorisoit l'action possessoire ou la complainte en cas de trouble dans la possession d'an et jour, la servitude d'un chemin *de nécessité*, existant et tracé, suffisoit à celui qui avoit acquis cette possession, pour qu'en cas de trouble il pût agir par la voie de la complainte, pour le faire cesser, parce que ses titres étoient aussi suffisans que nombreux.

En lui refusant cette action, on le réduisoit à la nécessité d'intenter l'action pétitoire, et de plaider au moins deux ans devant les diverses jurisdictions qu'il devoit parcourir ; et, pendant ce temps-là, il étoit exclu de son champ, et celui-ci restoit dans un état d'improduction. Quels inconvéniens !

Cependant la jurisprudence de la Cour de cassation n'excepte pas même ce cas particulier ; et c'est précisément dans le cas du *chemin de nécessité*, qu'elle s'est prononcée, et qu'elle a décidé que l'action de complainte ne compétoit pas à celui qui en avoit la possession d'an et jour, et qu'il devoit intenter l'action pétitoire, s'il y étoit troublé.

Mais que devient alors l'ordonnance de 1667, tit. 18, intervenue postérieurement aux coutumes et à la jurisprudence fondée sur ces coutumes ? Elle a accordé indistinctement, l'action de complainte à quiconque est troublé dans l'exercice d'*un droit réel*, s'il en a usé et joui pendant l'an et jour, sans excepter les servitudes non titrées.

D'où vient que M. Bornier, M. Jousse et M. Guiot nous enseignent si positivement que l'action de complainte, est acquise à celui qui est troublé dans l'exercice ou usage d'une *servitude*, dont il est en possession d'an et jour, sans mettre aucune distinction entre les servitudes titrées et celles qui ne l'étoient pas? M. Ferrière, M. Lange et M. Louet qui avoient écrit avant l'ordonnance de 1667, avoient eu l'attention de nous prévenir que l'action de complainte n'avoit pas lieu en matière de *servitude non fondée en titre.* La contexture générale de l'ordonnance de 1667, l'application que ses commentateurs ont faite du texte de cette ordonnance, aux *servitudes* en général, sans faire entre elles la distinction indiquée par M. Ferrière, M. Lange et M. Louet ne peuvent-ils pas nous autoriser à penser que l'ordonnance de 1667 a aboli l'ancienne jurisprudence excessive; et que tant M. Bornier que M. Jousse et M. Guiot ont reconnu cette abolition? Ne peut-on pas croire que cette ordonnance a rétabli, pour ce cas, les cinq règles générales qui ont toujours été en vigueur dans toute la France. La première est *possideo quia possideo* ; la seconde, que le *possesseur est LÉGALEMENT présumé propriétaire ;* la troisième, que *tout possesseur troublé dans sa possession, doit y être promptement sauvegardé ; la* quatrième, que *les voies de fait sont défendues ;* qu'en conséquence les parties ne peuvent pas se faire justice, et que tous attentats faits aux droits du possesseur, sans l'intervention des tribunaux, doivent être punis promptement, au moins par la maintenue du possesseur troublé ; la cinquième enfin, que l'action possessoire est absolument indépendante du droit au fonds, c'est-à-dire, du titre : règles que, de l'aveu de M. Ferrière, l'ancienne jurisprudence avoit paralysées : règles qui se rattachent aux lois décemvirales, c'est-à-dire, aux lois des douze tables, à l'ancien édit du préteur, et à la doctrine des anciens philosophes les plus éclairés, et entr'autres, d'Aristote.

Toutes ces règles étoient respectées et exécutées dans tous les cas quelconques, moins comme des faveurs attachées à la possession, que comme des règles de tranquillité publique, et à titre de peines contre les voies de fait, intolérables dans les pays policés où l'on a un si grand intérêt d'empêcher, *ne partes veniant ad arma.*

Cette décision est injuste plus particulièrement dans le cas du *chemin de nécessité*, parce que son existence seule, ne fût-elle que de l'an et jour, en est le titre, d'après ce que nous avons dit pour prouver que la décision est *excessive.* Elle est encore injuste, parce qu'elle autorise le propriétaire du fonds servant à refuser au propriétaire du fonds dominant, tout passage pour arriver à son fonds, soit par paroles, soit par une voie de fait, en coupant ou détruisant un chemin existant ; et tout cela de sa propre autorité, sauf au possesseur du chemin, d'intenter l'action pétitoire, ce qui occasionne à celui-ci une cessation de jouissance pendant à peu près deux ans. Elle est aussi injuste parce qu'elle autorise et récompense, pour ainsi dire, les voies de fait et les attentats arbitraires. Elle est injuste enfin, parce qu'il vaut mieux que le possesseur du fonds enclavé, rentre tout de suite dans l'usage d'un chemin qui ne porte qu'un bien léger préjudice au fonds servant ; sauf au propriétaire de ce fonds servant, d'intenter lui-même l'action pétitoire, par cette grande raison qu'en attendant le jugement de ce pétitoire, chaque partie exploite et cultive son fonds, au lieu que, d'après la décision

de

de la Cour de cassation, le possesseur dominant est obligé de renoncer, pour quelques années à son champ, s'il faut qu'il intente le pétitoire et qu'il en attende le jugement en dernier ressort.

Nous avons ajouté que la même décision est contraire à l'intérêt général et à celui du trésor public. C'est ce que nous avons déjà expliqué.

Nous avons lu M. Henrion-de-Pansey, *de la compétence des juges de paix*, chap. 43, § 5, où il traite cette question. Il ne s'appuye que sur la coutume de Paris et sur des auteurs qui ont écrit sur cette coutume avant l'ordonnance de 1667; et il n'a prévu aucune des observations contraires que nous nous sommes permis de faire.

Nous n'avons pas cependant tout dit. La décision de la Cour de cassation a été étendue par elle, bien plus loin. Ce tribunal a jugé aussi que, dans les pays même où les servitudes *discontinues* étoient prescriptibles, celui qui, avant la publication du code, avoit la possession d'an et jour, d'un chemin, même *de nécessité*, en vertu de laquelle il auroit pu intenter la complainte la veille de cette publication, ne pouvoit plus se prévaloir de cette possession, sous l'empire du code qui avoit déclaré les servitudes *discontinues*, imprescriptibles.

Cette extension de la décision, n'a pas plus de bases que la décision elle-même; et les mêmes motifs que nous avons eus pour ne pas adopter la décision, se reproduisent contre l'extension. Si en effet, en l'état de la coutume de Paris conforme au code civil, l'action de complainte devoit être accordée au possesseur annal, ainsi que nous avons taché de le prouver, comment cette action pourroit-elle être refusée

H h

au même possesseur annal , en l'état du code civil dont la disposition n'est qu'une copie de celle de la coutume de Paris ?

Cette extension a même ce vice particulier , qu'elle donne un effet rétroactif au code civil , au préjudice de celui qui , la veille de la publication de ce code , avoit un droit formé et acquis pour intenter la complainte en vertu de sa possession complète d'an et jour , tandis qu'un droit acquis avant le code , restoit absolument indépendant des dispositions du code , quant au fonds du droit.

Nous avons encore lu le § 7 du même chapitre de M. Henrion-de-Pansey , qui a cette extension pour objet , et qui a fait cesser tous les doutes de la Cour de cassation. Nous n'y avons rien trouvé qui ait pu nous déterminer à l'adopter. C'est toujours l'imprescriptibilité des servitudes *discontinues* , prononcée par le code civil , qui est la base fondamentale de cet auteur , lorsqu'il refuse , depuis le code , l'action de complainte au possesseur annal , encore même que , résidant dans un pays où les servitudes *discontinues* étoient prescriptibles , il eût acquis , avant le code , tous les droits attachés à la possession annale , dans le même pays. Ce qui nous a étonnés , c'est que cet auteur ait fait pencher la balance du tribunal de cassation , dès qu'il reconnoît lui-même , 1.º que là *voie de fait* est un *délit* qui doit être promptement réprimé ; 2.º qu'il vaut mieux que la *propriété reste flottante que la possession ;* 3.º que *retarder la perception des récoltes ,* c'est exposer *les deux voisins à des rixes qui peuvent avoir des suites fâcheuses.* Il ne falloit que ces aveux pour énerver son opinion.

Nous avons dit enfin , que la décision de la Cour de

cassation, considérée en elle-même, et dans son extension, seroit absolument inapplicable au pays de Provence, pour les *chemins de nécessité* existans avant le code civil, tous fondés en titre, suivant la coutume ou la loi de famille des provençaux, laquelle autorise tout individu qui a une possession close, à demander ce chemin, et oblige son voisin le plus proche du grand chemin, à le lui accorder sous due indemnité. D'où il suit que tout *chemin de nécessité* qui y existoit avant le code, étoit censé avoir été acquis en vertu de la loi de famille, et que celui qui en avoit la possession d'an et jour, étoit nécessairement censé avoir une possession titrée, et pouvoit en conséquence intenter la complainte, en l'état du code civil, soit que cette possession eût été acquise avant le code, soit qu'elle ne l'eût été que depuis le code.

Il y a plus, car depuis le code civil, dont l'art. 682 et suivans renferment la même disposition que la coutume de Provence, tous les *chemins de nécessité* qui existeront à l'avenir dans toute l'étendue de la France, seront, de droit, titrés par ce code; et en conséquence l'action de complainte sera acquise à tous les français qui seront troublés dans leur possession annale de leur *chemin de nécessité.*

Il suit de cette discussion : 1.º Que la jurisprudence établie dans les pays où les servitudes *discontinues* étoient imprescriptibles, n'étoit pas fondée et qu'elle entraînoit après elle les plus graves inconvéniens. 2.º Que l'ordonnance de 1667 l'avoit abolie. 3.º Que quoique la possession d'an et jour ne soit pas titrée par le fait, elle l'est toujours par le droit, par raison d'intérêt public. 4.º Que l'action de complainte *est* ouverte dans tous les cas à celui qui est troublé dans sa possession annale. 5.º Qu'avant le code civil les *chemins de nécessité* étoient tous titrés en France par le besoin absolu et l'intérêt public, et en Provence par les mêmes motifs, et de plus, par la disposition de la loi de famille. 6.º Que depuis ce code, tous les *chemins de nécessité* qu'il autorise et qui seront pratiqués dans toute la France, seront titrés par ce même code.

Nos observations sont aussi franches, qu'est bien sincère le respect que nous devons et que nous portons au premier tribunal de France, qui s'est signalé pour être le plus éclairé, par tant de décisions approfondies, que nous avons tous admirées. Elles ont été faites avec toute bonne foi pour l'intérêt général, et singulièrement pour assurer les droits des provençaux, nos chers compatriotes.

Voici le contenu de la note que M. Dubreüil nous fit passer, relative à cette discussion.

» Je partage l'avis de mon confrére, et si jamais la question » venoit à se présenter, je m'empresserois de profiter, sur » ce point intéressant, des lumières qu'il voudroit bien me » fournir ». Cette adhésion nous flatte; mais c'est la seule que nous ayons obtenue de lui.

Il n'a plus renouvelé, dans sa réponse imprimée, le vœu qu'il avoit porté dans son opuscule, *pour qu'on puisse trouver, sur cette question, un juste tempérament qui concilie les droits du propriétaire à la complainte, avec la nature et la marche de cette action.* Il n'a pas même dit un seul mot de l'opinion franche que son vœu nous a donné l'occasion d'émettre, et qui avoit eu son approbation. A-t-il redouté de se prononcer, avec nous, contre la jurisprudence de la Cour de cassation? Ou bien n'a-t-il pas même osé nous renouveler son assentiment d'une manière publique ? Dans tous les cas, voici un encouragement pour lui et pour nous.

La Cour de cassation vient de rétracter elle-même une jurisprudence si inquiétante pour tous les propriétaires qui n'ont qu'un *chemin de nécessité* pour arriver à leurs propriétés. Elle vient de juger que *la possession d'an et jour ouvre la voie de la complainte, quand elle est fondée sur la loi OU LE DROIT commun*, attendu que *pareille possession ressemble à celle qui est fondée sur un contrat d'acquisition.* (1).

Autre arrêt de la même Cour, qui a jugé qu'en matière de *servitude légale*, quoique *discontinue*, la possession annale autorise celui qui l'a, à intenter l'action possessoire (2).

Troisième arrêt de la même Cour, qui a confirmé le jugement rendu au possessoire en faveur de celui qui avoit l'usage d'un SENTIER commun établi pour la culture des vignes du canton, par la raison que ce SENTIER étoit *censé exister par convention*, et qu'il s'agissoit moins d'un passage *discontinu*, que de l'exécution d'une *convention supposée* (3).

Appliquons ces trois arrêts à notre espèce particulière, celle d'un *chemin de nécessité.* Ce chemin, quoique l'usage en soit *discontinu*, est aussi une *servitude légale*, commandée d'abord par la nature, qui a refusé des ailes à l'espèce humaine; et ensuite par la loi, tant pour l'intérêt privé de chaque particulier, que pour cet intérêt général auquel la liberté individuelle

_____

(1) M. Sirey, an 1816, part. 1, pag. 225. — (2) Le même, an 1815, part. 1, pag. 120. — (3) Le même *ibid.*, pag. 239.

et les produits de l'agriculture se rattachent. Elle est titrée autant que celle qui est *fondée sur un contrat d'acquisition.*

Les trois cas sur lesquels la Cour de cassation vient de se prononcer, sont parfaitement applicables à la possession d'an et jour, acquise d'un chemin de *nécessité.*

Tout propriétaire qui sera troublé, malgré sa possession annale, dans l'usage d'un *chemin de nécessité*, doit donc être admis, par les juges de paix, à l'action possessoire de complainte ou de réintégrande, selon les cas. Tout ce que nous avons déjà dit pour le prouver, trouve un appui solide sur les dernières décisions du premier tribunal français, qui le trouvent elles-mêmes sur la nature et sur les lois.

Notre confrère ne nous a pas renouvelé son assentiment, sur cette discussion, dans sa réponse imprimée. Il s'est dit de ne nous donner aucune satisfaction publique. Il nous pardonnera, sans doute, d'avoir divulgué celle que nous tenions déjà de lui en manuscrit. Elle nous flattoit trop pour la laisser ensevelie dans le secret.

Sur la page 41, n.° 1, et sur la page 42, n.° 2.

Notre confrère raisonne au n.° 1, sur les *chemins royaux ou grands chemins;* il dit avec vérité que *les contraventions aux règlemens sur ces chemins, sont de la compétence des conseils de préfecture, lesquels peuvent condamner à l'amende portée par ces règlemens, et doivent renvoyer, pour prononcer la peine encourue, aux tribunaux de police correctionnelle.*

Il ajoute au n.° 2, *qu'il en est de même des chemins* VICINAUX ou PUBLICS *pour la reconnoissance de*

*leurs limites , la fixation de leur largeur , les discussions
qui s'élèvent au sujet des arbres plantés sur leurs bords.*
Il auroit dû ajouter avec la loi qu'il cite et avec le décret
du 24 juillet 1806, que la direction de ces chemins est
encore attribuée à l'autorité administrative.

Mais, ajoute notre confrère, *les poursuites contre ceux
qui les dégradent ou qui les obstruent par divers embarras,
sont, suivant la nature des peines , de la compétence des
tribunaux de simple police ou des tribunaux correction-
nels.* Il se fonde sur l'autorité de MM. Merlin , Pardessus
et Henrion de Pansey. Rien n'est plus exact d'après les arrêts
de la Cour de cassation , indiqués dans le recueil de M.
Sirey (1), lesquels sont un nouvel appui pour la décision de
notre confrère.

Il est également décidé que les empiétemens faits sur *la
largeur des chemins vicinaux une fois déterminée par les
préfets , sont de la compétence des conseils de préfecture* (2).

Notre confrère s'est occupé des *chemins royaux* ou *grands
chemins* et des *chemins vicinaux* ou *publics.* Il n'a rien dit
des *voies publiques* qui diffèrent des chemins royaux et des
chemins vicinaux.

Les *voies publiques* sont *les rues et places publiques*
des villes , bourgs et villages. On ne les dénomme *grands
chemins,* qu'autant qu'elles forment une continuation des
grandes routes. Hors de ces cas , elles ne sont connues que

_____

(1) An 1807 , part. 1 , pag. 220 , et aux additions , pag. 825 ;
et an 1816 , part. 2 , pag. 290 , col. 2.

(2) Loi du 9 ventose an 13 , art. 8.

sous le nom de *voies publiques* (1). Ces voies sont régies par des principes particuliers. Leurs dégradations, etc., sont du ressort de la police simple (2).

Mais le refus que feroit un propriétaire d'obéir au règlement ou à l'ordonnance de police, qui lui enjoint de supprimer un édifice bordant la rue, ou de le réduire ou de l'aligner, seroit un délit du ressort de la police correctionnelle (3).

Notre confrère n'a pas dit que c'est aux préfets à faire entretenir les chemins *vicinaux* aux dépens des communes, à en changer la direction et à déterminer leur largeur (4), et qu'ils peuvent faire supprimer et rendre à l'agriculture les chemins *vicinaux* qu'ils reconnoissent inutiles (5).

Il n'a pas dit non plus que l'article 650 du code civil, portant que *tout ce qui concerne les servitudes établies pour l'utilité publique ou communale, est déterminé par des règlemens particuliers*, n'est applicable qu'aux servitudes de cette nature dont l'existence n'est pas contestée, et qu'en conséquence, lorsqu'il s'agit de décider si une servitude de chemin existe ou n'existe pas, les tribunaux civils ne doivent suivre que les règles générales du droit (6).

*Sur la page 42, n.*os *4 et 5.*

Après avoir dit avec toute vérité au n.° 1, que *les contra-*

---

(1) Répertoire de jurisprudence au mot *chemin*, pag. 260. (2) M. Sirey, an 1809, part. 1, pag. 424. — (3) Nouv. répert. de jurispr. au mot *chemin*, pag. 261, col. 2. — (4) Code rural, tit. 1, sect. 6, art. 2 et 3. — (5) M. Sirey, an 1807, pag. 220, arrêté du 23 messidor an 5. — (6) Le même, an 1807, aux additions, pag. 792, col. 2.

ventions

ventions sur les chemins royaux ou grands chemins, sont
de la compétence des conseils de préfecture;

Au n.° 2, que *la décision est la même quant aux che-*
mins VICINAUX ou PUBLICS pour la reconnoissance
de leurs limites, la fixation de leur largeur, et les dis-
cussions qui s'élèvent au sujet des arbres plantés sur les
bords ;

Et au n.° 3, que *la question de savoir si un chemin*
est grand chemin, ou seulement chemin VICINAL, ou
PUBLIC, est aussi de la compétence du conseil de
préfecture ;

Notre confrère ajoute au n.° 4, que *la question de savoir*
si un chemin est VICINAL ou PUBLIC, ou bien une
propriété privée, un simple chemin de servitude, de souf-
france, dégénérant en question de propriété, est de la
compétence exclusive des tribunaux. Il étaye cette décision
sur des autorités graves, MM. Merlin, Sirey et Henrion-de-
Pansey.

Cette décision est dangereuse dans sa généralité, attendu
qu'elle n'est et ne peut pas être exacte dans tous les cas où
cette question de propriété peut se présenter. Il existe, en
effet, des décrets et des arrêts de la Cour de cassation qui
la contredisent.

Il semble qu'il existe une antinomie formelle entre les autorités que nous allons invoquer, et celles sur lesquelles notre
confrère a assis sa décision. Mais elle n'est qu'apparente. Notre
confrère a fait une règle générale de quelques décisions éparses,
qui ne sont en soi que des exceptions faites à la règle
contraire, et déterminées par les circonstances et nuances
des cas particuliers ; et en contredisant cette décision trop

vague, seuls nous avons pour nous la règle générale. On va en être convaincu.

Un arrêt de la Cour de cassation du 4 pluviose an 13, a jugé que *la question de savoir si un chemin est vicinal ou public, ou bien un SENTIER, est du ressort de l'autorité administrative.* Cet arrêt est diamétralement opposé à la décision de notre confrère. Il fut sans doute fondé sur une règle contraire à celle que notre confrère a posée.

Un décret du 31 septembre 1807, confirmé par un autre du 7 octobre suivant, statue que *lorsqu'il s'agit de décider si un chemin est VICINAL ou PUBLIC, ou une VOIE PRIVÉE, cette décision relative à la NATURE du chemin, est réservée à l'autorité administrative* (1). Voilà une autre décision bien imposante, inverse de celle de notre confrère.

Ce confrère pose sous le n.° 5, une autre règle encore plus générale et plus inexacte. Il dit que *tout ce qui concerne les chemins particuliers ou privés, est de la compétence des tribunaux civils.* Il cite en sa faveur MM. Sirey et Pardessus.

Cette prétendue règle est également un autre piège dans sa généralité, parce que si quelquefois elle peut servir de guide, quelquefois aussi elle égareroit.

Il est, en effet, décidé par un décret du 3 novembre 1807, confirmé par un autre du 10 du même mois, que *lorsqu'il y a litige sur la largeur d'un CHEMIN ou SENTIER SERVANT AUX COMMUNICATIONS RURALES, la*

_____

(1) M. Sirey, an 1816, part. 2, pag. 296, col. 2.

connoissance du litige est dévolue à L'AUTORITÉ ADMI-
NISTRATIVE, *sans qu'il y ait lieu d'examiner si le
chemin ou* SENTIER *a le caractère d'un chemin public,
ou s'il a celui d'une servitude privée* (1).

Un autre décret du 4 juillet 1806, avoit déjà décidé que
lorsque le prévenu d'empiétement sur la largeur d'un chemin
public, soutient pour sa défense que la partie du chemin
sur laquelle il a empiété *lui appartient*, il doit être renvoyé
à *l'autorité administrative.*

C'est à ce décret que M. Merlin se rapporte, lorsqu'il dit
que *si le prévenu d'empiétement sur la largeur d'un chemin
public, prétend que le sol dont il s'est emparé lui appartient, le tribunal correctionnel doit surseoir jusqu'à
ce que la question de propriété ait été jugée par l'autorité
compétente.* Quelle est cette *autorité compétente*, dit-il ?
C'est le conseil de préfecture (2).

Ces deux décisions sont les antipodes des deux prétendues
règles établies par notre confrère, dans les n.ᵒˢ 4 et 5 de
son ouvrage. Il ne suffit certainement pas que la *question
de propriété* soit élevée par un particulier, sur le sol d'un
chemin public ou privé, pour qu'elle soit du ressort exclusif
des tribunaux civils. Il ne suffit pas non plus qu'il s'agisse
d'un *sentier destiné aux communications rurales*, pour
que la contestation soit exclusivement dévolue aux tribunaux
civils.

Mais nous bornerons-nous à combattre les deux prétendues

_____

(1) M. Sirey, an 1816, part. 2, pag. 299. — (2) Répert. de
jurispr. au mot *chemin*, pag. 261.

règles établies par notre confrère, sans faire connoître les véritables ? Ce seroit une imperfection dans notre ouvrage.

Nous devons d'ailleurs à toutes ces autorités respectables, dont notre confrère a fait les pivots de ses deux prétendues règles, de convenir et d'établir qu'elles sont toutes exactes dans les cas particuliers sur lesquels elles ont statué, et qu'elles sympathisent tellement avec les règles différentes que nous venons d'établir, qu'elles-mêmes les rappellent d'abord, sauf les exceptions qu'elles y font, selon les nuances des cas.

Cette précaution nous donnera l'occasion de détailler les hypothèses dans lesquelles la matière est administrative ou judiciaire.

MM. Merlin, Sirey et Pardessus, ont, en effet, cité l'arrêt de la Cour de cassation, du 4 pluviose an 13, le décret du 4 juillet 1806, celui du 31 septembre 1807, et celui du 3 novembre suivant, que nous avons invoqués. Ils ont donc connu ces deux règles que nous venons nous-mêmes d'opposer à notre confrère.

Peut-on les soupçonner d'avoir eu l'intention de fronder ces mêmes règles, et d'avoir voulu les contredire par d'autres règles générales, incompatibles et antipathiques ?

Ils reconnoissent tous que lorsque le litige roule uniquement et simplement, sur le point de savoir si un chemin est *public* ou *privé*, la contestation est exclusivement de la compétence de l'autorité administrative, quoique la *question de propriété* soit élevée par celui qui réclame l'état privé du chemin. Pourquoi? Parce que, dans ce cas, il s'agit de prononcer sur L'ESPÈCE et la NATURE du chemin.

Ils reconnoissent aussi, que lorsqu'un prévenu d'empiétement sur un chemin public, prétend que le sol de ce chemin sur lequel il a empiété, est sa *propriété*, le litige est de la compétence de l'autorité administrative, quoique le prévenu élève la *question de propriété*. Pourquoi? *Parce que*, ainsi qu'ils nous le disent eux-mêmes, la *contestation roule uniquement sur le plus ou le moins d'étendue ou de largeur d'un chemin public.*

Ils reconnoissent enfin, que lorsqu'il s'agit de fixer la largeur d'un *chemin* ou SENTIER servant aux COMMUNICATIONS RURALES, la connoissance du litige, est dévolue à l'autorité administrative. Pourquoi? Parce que la fixation de la *largeur* d'un chemin public ou *privé* est exclusivement du ressort de l'autorité administrative. Le sol de ce sentier est cependant nécessairement et successivement la *propriété privée* de chacun de ceux sur les fonds desquels il est établi.

Il importoit donc que tous nos compatriotes fussent informés que les deux règles générales et contraires, que notre confrère leur a présentées comme certaines dans tous les cas, n'étoient rien moins que sûres.

Nous entrerons maintenant dans le détail de ces décisions particulières et spéciales, que notre confrère a réunies et rassemblées en un seul faisceau, et qu'il a crues propres à être la base de ses deux règles générales.

1.º La Cour de cassation a jugé, le 10 nivose an 10, que les dégradations des chemins qui ne servent qu'à l'exploitation des terres, sont de la compétence des tribunaux civils (1). Pourquoi? Parce que les lois pénales n'attribuent à la police

(1) M. Sirey, an 1807, aux additions, pag. 825.

correctionnelle ou simple, que les dégradations faites sur des chemins *publics* ou sur des *voies publiques* (1); et que ces sortes de chemins ne sont que des *chemins particuliers*, et conséquemment privés. Ce n'est pas la qualité du fait, ni la nature de l'action, ni son objet qui déterminent la compétence, ce sont la qualité, l'espèce et la nature du chemin qui a souffert la dégradation ou toute autre voie de fait.

2.º Un décret du 28 juin 1806 (2), un autre du 23 mars 1807 (3), et un arrêt de la Cour de cassation du 23 février 1809 (4), ont décidé que la simple *question de savoir si un terrain forme un chemin public ou un chemin de souffrance, et conséquemment une propriété privée; ou celle de savoir si une propriété privée est grevée d'un simple droit de passage, soit envers le public, soit envers les particuliers, la connoissance en appartient à l'autorité judiciaire.* Pourquoi? Parce qu'*il s'agit alors uniquement d'une question de propriété*, et nous ajoutons, parce qu'il s'agit d'une pure question de servitude qui est toujours du ressort de l'autorité judiciaire.

3.º Un arrêt de la Cour de cassation, du 23 février 1809,

---

(1) Les *chemins publics*, sont dans la campagne. Les *voies publiques* sont dans les villes, bourgs et villages; telles sont les rues et les places. On ne dénomme les rues ou places, *chemins publics*, qu'autant que les grandes routes y passent. *Répertoire de jurisprudence*, pag. 260.

(2) M. Sirey, an 1807, part. 1, pag. 220, et aux additions, pag. 825. — (3) Le même *ibid.*, pag. 793 et an 1811, part. 1, pag. 287. — (4) Répertoire de jurisprudence, au mot CHEMIN, pag. 262.

a jugé qu'encore *que les contestations relatives à la police et à la délimitation des chemins* VICINAUX *ou* PUBLICS *soient dévolues à l'autorité administrative, néanmoins l'autorité judiciaire est seule compétente pour connoître des contestations qui s'élèvent entre les communes et les particuliers, relativement à la propriété de ces chemins ; alors même que la possession actuelle est en faveur de la commune* (1). Pourquoi ? *Parce que dans l'espèce, il étoit uniquement question de savoir si le terrain sur lequel la commune réclamoit le droit de passage, étoit un chemin vicinal ou de simple souffrance, ce qui constituoit une question de propriété dont la connoissance n'appartenoit qu'aux seuls tribunaux.*

Tels sont les cas particuliers sur lesquels MM. Merlin, Sirey, Henrion-de-Pansey et Pardessus, cités par notre confrère, se sont prononcés. Leurs décisions sont très-exactes. Mais ceux sur lesquels sont intervenus les décrets et arrêts cités par ces mêmes auteurs dans leurs ouvrages, que nous venons de recueillir nous-mêmes, et qui présentent des décisions si différentes, prouvent jusques à la démonstration, que les deux prétendues règles posées par notre confrère, sont inexactes dans leur généralité, puisqu'il est tant de cas où elles induiroient en erreur.

On connoît à présent presque tous les cas précis où les litiges relatifs aux chemins, lorsque la question de propriété y est élevée, sont ou de la compétence des autorités administratives, ou de celle des tribunaux civils.

---

(1) M. Sirey, an 1811, part. 1, pag. 283.

Nous ne quitterons pas cette partie de nos observations, relatives à la *compétence* en matière de chemins *privés*, sans calmer les regrets que notre confrère a témoignés de ce que les *estimateurs des honneurs*, ne sont plus chargés de l'exécution du règlement de la ville d'Aix, de 1729, quand il s'agit de convertir un simple *viol de nécessité*, en *chemin à voitures*.

» Les *estimateurs des honneurs*, dit-il, procédoient à » toutes les opérations et répartitions; l'opposition n'étoit pas » suspensive; le recours étoit vidé par les *estimateurs des* » *honneurs antécédens*, et en dernier ressort, par les consuls. » Cette marche simple et peu dispendieuse, a dû céder à des » formes nouvelles, longues et coûteuses. C'est de l'autorité » du tribunal civil, que tout doit être fait : *les propriétaires* » *se sont dégoûtés et les chemins voisinaux sont dégradés* » *presque partout* ». Cette chûte est étrangère à la question, parce que notre confrère ne traite pas de l'entretien des chemins voisinaux déjà établis, qui n'étoit pas du ressort des *estimateurs des honneurs*; mais des *formes* à suivre pour parvenir à faire agrandir un VIOL et le constituer *chemin à voitures*. Notre confrère eût été plus conséquent s'il eût terminé sa phrase par ces mots : *Les particuliers se sont dégoûtés et ils n'ont plus demandé la conversion de leurs VIOLS, en CHEMINS VOISINAUX.*

Mais les regrets de notre confrère sont-ils fondés ? Les *formes nouvelles* sont-elles *longues*, *coûteuses*, quand il s'agit de faire agrandir un VIOL ou *sentier* pour en faire un *chemin à voitures* ? Faut-il, en pareil cas, recourir au tribunal civil ? Rien de tout cela n'est exact.

Il existe un décret du 3 novembre 1807, confirmé par

un

un autre du 10 du même mois, portant que *lors qu'il y a litige sur la LARGEUR d'un chemin ou SENTIER SERVANT AUX COMMUNICATIONS RURALES, la connoissance du litige est DÉVOLUE A L'AUTO- RITÉ ADMINISTRATIVE, sans qu'il y ait lieu d'exa- miner si le chemin ou SENTIER a le caractère d'un chemin public, ou s'il a CELUI D'UNE SERVITUDE PRIVÉE.* Nous avons déjà cité ce décret.

Si, ainsi que nous le pensons, ce décret est applicable au cas où il s'agit de faire donner à un *viol* ou *sentier*, une nouvelle LARGEUR, la procédure en est devenue plus simple. Anciennement il y avoit trois degrés de jurisdiction, celle des *estimateurs des honneurs modernes*, celle des *estimateurs des honneurs antécédens*, et celle des *consuls ;* et, au- jourd'hui, un arrêté du conseil de préfecture, qui nommera un ou deux experts pour faire agrandir le *viol* ou *sentier*, conformément au règlement de la ville d'Aix, de 1729, suffira et terminera tout.

TITRE VII.

Des Murs.

Sous ce titre, notre confrère a réuni cette foule de règles provençales, qui régissoient la matière *des murs*, et les nou- velles que le code civil a établies. Il a parfaitement et très- exactement fait l'analyse de toutes, et fait ressortir les di- verses nuances qui établissent une concordance ou une diffé- rence entre elles. Son travail mérite la reconnoissance de tous ses compatriotes.

Il a notre assentiment presque complet, quant à ce qu'il a

K k

décidé sur cette matière, dans les cinq articles dont ce titre 7 se compose ; puisque nous ne différons d'opinion, que sur le n.° 7 du 1.ᵉʳ article, pag. 48.

Il y dit que lorsque le mur qui sépare deux maisons voisines, n'est pas mitoyen, celui des deux voisins qui n'a aucun droit de propriété sur ce mur, peut obliger celui qui en est le propriétaire de lui en vendre la moitié, dans toute la hauteur du mur ou dans une partie seulement : ce qui est vrai.

Il reconnoît qu'*il semble* qu'en Provence, et d'après la coutume locale, cette décision n'avoit lieu que lorsque le voisin, non propriétaire du mur vouloit BATIR contre ce mur. Non-seulement *il semble* que le droit du voisin, non propriétaire du mur, se borneroit au cas où il voudroit BATIR ; mais encore il est très-clair et certain, que ce droit ne pouvoit être exercé que dans ce cas ; et il est sans exemple en Provence, qu'un voisin ait demandé d'acquérir la mitoyenneté du mur de son voisin, sans avoir réellement l'intention de BATIR contre ce mur.

Mais il dit que l'article 661 du code civil, EXCLUT CETTE IDÉE, attendu qu'il est conçu en ces termes : *Tout propriétaire joignant un mur, a la faculté de le rendre mitoyen en tout ou en partie, en remboursant au maître du mur la moitié de sa valeur, ou la moitié de la valeur de la portion qu'il veut rendre mitoyenne, et moitié de la valeur du sol sur lequel le mur est bâti.*

Il suppose donc, d'un côté, qu'il n'est pas clair que la coutume de Provence n'accordoit ce droit d'acquérir la mitoyenneté du mur du voisin, qu'à celui qui avoit l'intention de BATIR et qui BATISSOIT réellement contre ce mur ; et d'un autre côté, que le nouveau code civil est l'interprète d'une coutume établie en Provence depuis tant de siècles avant celui qui a vu naître ce code.

L'une et l'autre de ces deux *idées* sont également inexactes; et c'est notre confrère lui-même qui nous certifie l'inexactitude de la première. Il a en effet transcrit, pag. 49, tout ce que notre coutume renferme de relatif à l'achat de la mitoyenneté d'un mur. Il résulte le plus évidemment, des divers textes de cette coutume, qu'elle n'accorde ce droit qu'à celui qui a l'intention de BATIR, et qui BATIT réellement. Dès lors cette coutume étoit insusceptible d'extension à tout autre cas non prévu par elle. Elle étoit équitable dans ce cas, parce qu'un habitant devoit avoir la faculté utile, de BATIR chez lui et de profiter du mur de son voisin en lui en payant la moitié et la moitié du sol sur lequel ce mur étoit assis. Dans tout autre cas elle eût été injuste, parce que le propriétaire du mur eût été forcé de vendre, malgré lui, la moitié de son mur, sans utilité pour son voisin.

Notre confrère va plus loin encore. Il convient que, *dans ces divers passages, Bomy ne raisonne que dans l'hypothèse où le voisin n'acquiert la mitoyenneté que pour en faire usage sur le champ, ou pour mieux dire, où il ne l'acquiert que pour cet usage* (on bâtissoit en Provence contre le mur du voisin avant d'avoir acquis la mitoyenneté; et c'est par cette bâtisse que la mitoyenneté étoit acquise. Le prix de cette mitoyenneté n'étoit réglé qu'après) ; et quand on sait que ce n'est pas M. Bomy qui est l'auteur *des passages* cités par notre confrère, et que cès *passages* sont les propres expressions du *livre des termes*, qui est notre coutume, il reste démontré que notre coutume n'accordoit le droit d'acquérir la mitoyenneté d'un mur qui appartenoit au voisin, qu'à l'autre voisin de ce mur, qui vouloit *bâtir* et qui *bâtissoit* réellement.

Il va plus loin encore, et comme s'il vouloit absolument ne laisser aucun doute sur l'inexactitude de sa première idée, il ajoute tout de suite : *de là on pourroit croire que Bomy* (ou plutôt *le livre des termes*) *ne lui* (le voisin qui veut acquérir la mitoyenneté) *donne pas le droit de l'acquérir indépendamment de l'usage qu'il pourroit en faire par la suite.* Non-seulement *on peut le croire*, mais on y est forcé par les textes de notre coutume, spécialement limités au cas où le voisin veut *bâtir* et *bâtit* effectivement, et conséquemment exclusifs de tout autre. C'est ainsi, au reste, que la coutume de Provence a été entendue dans tous les temps par la magistrature et le barreau du pays. Dans la durée d'une postulation de soixante ans, nous n'avons jamais vu que la mitoyenneté d'un mur voisin ait été acquise par le voisin, sans avoir réellement *bâti*, et nous avons toujours entendu dire à nos anciens, que cette mitoyenneté ne pouvoit, selon la coutume de Provence, être acquise que dans ce cas.

Mais, dit notre confrère, *l'article* 661 *du code civil exclut cette idée.* Ce point de fait fût-il aussi vrai qu'il ne l'est pas, ce seroit une fausse idée, que de faire de cet article du code civil, le commentateur de l'antique coutume de Provence. Il pourroit en effet être vrai, en même-temps, que nos pères eussent limité, au seul cas de nécessité absolue, le droit d'acquérir la mitoyenneté du mur d'un voisin, et qu'une nouvelle législation eût donné plus de latitude à ce droit; et cette plus grande extension nouvellement donnée à ce droit, ne seroit pas qu'on doive la supposer aussi, dans notre antique coutume, si formellement limitée au seul cas où le voisin veut *bâtir* et *bâtit* réellement.

Notre confrère nous oppose sur ce point M. Pothier et l'annotateur de l'ouvrage intitulé *lois des bâtimens.* Mais de bonne foi, ces auteurs devroient-ils donc, s'ils nous étoient contraires, être considérés comme les interprètes de notre *livre des termes*, c'est-à-dire, de notre coutume locale? Et l'autorité qu'ils ont acquise, à si juste titre, en écrivant le premier, dans le ressort de la coutume d'Orléans, et l'autre, dans celle de la coutume de Paris, a-t-elle pu changer le texte et le sens de la nôtre, et déroger à l'exécution constante qu'elle a eue?

Au reste, tant M. Pothier que M. Desgodets, pensent hautement l'un et l'autre, que les coutumes d'Orléans et de Paris, conçues dans les mêmes termes et dans le même sens que la nôtre, n'accordent le droit d'acquérir la mitoyenneté d'un mur qu'à ceux qui veulent *bâtir*, et ils citent un arrêt du parlement de Paris du 15 février 1635, qui donna ce sens à la coutume locale : ce qui suppose que telle avoit toujours été la jurisprudence dans le ressort des coutumes de Paris et d'Orléans. C'est, en effet, ce que nous attestent M. Ferrière, sur la coutume de Paris, art. 194 et 204, et M. le Camus, *observations* sur ces articles.

Un arrêt du parlement de Paris du 12 juillet 1670, jugea que la coutume n'étoit pas *restrictive*, mais seulement *énonciative* du cas le plus ordinaire; et que *le voisin ayant intérêt d'interdire au propriétaire la faculté de prendre les jours autorisés par la coutume, a également le droit d'acheter la mitoyenneté du mur, pour enlever au propriétaire de ce mur le droit d'y ouvrir des fenêtres coutumières.*

MM. Pothier et Goupy, annotateurs de Desgodets, rappellent cet arrêt. Mais ni l'un ni l'autre, ne disent rien dont on puisse induire leur assentiment à ce préjugé unique et contraire à plusieurs principes également certains.

C'est, en effet, une vérité incontestable, que les statuts et coutumes sont de droit étroit, et sont conséquemment restrictifs et inextensibles à tout autre cas non prévu. Cette vérité est écrite dans tous nos livres (1).

C'est une seconde vérité aussi certaine que *malitiis hominum non est indulgendum*. Or, il conste que l'arrêt de Paris de 1670, a été fondé sur l'intérêt que le voisin a eu d'empêcher le propriétaire du mur de prendre vue de son côté. Cet intérêt est purement *émulateur* et *malicieux*, parce que les vues coutumières prises chez le voisin, ne sont permises que sous des précautions qui les lui rendent absolument indifférentes ; parce que le propriétaire du

---

(1) *Nec extenduntur, nec interpretantur aliter quàm sonant.* M. Dumoulin, sur la coutume de Paris, tit. 1, § 1, gloss. 4, v.° *mettre en sa main*, n.° 12, *litteraliter sequenda sine restrictione nec amplitione, quia generaliter magis consistunt IN SIC VOLO, SIC JUBEO, quàm in medullari ratione.* Id. *ibid.* § 51, gloss. 1, v.° *démembrer son fief*, n.° 25. MM. Mornac, ad leg. 1, cod. *communia utriusque judicii*, et Choppin, sur la coutume de Paris, part. 1, chap. 5, art. 5. *Statuta non extenduntur de personâ ad personam, non extenduntur nec paritate nec majoritate rationis.* M. d'Argentré, coutume de Bretagne, art. 86, note 3, n.° 4, art. 218, gloss. 9, n.° 2, art. 266, cap. 23, n.° 3, art. 275, v.° *entre frères et sœurs. Nihil subauditur in statutis, sequenda proùt scripta sunt.* Id. *ibid.* art. 523, n.° 4, art. 570, gloss. 1.

mur a une faculté de jour et non celle de prospect, et qu'il reçoit la lumière du jour, sans voir dans le fonds du voisin. Or, *œmulatio*, disent les lois et les auteurs, *omni jure est prohibita*, parce que l'émulation dans l'acception des lois, n'est que l'explosion d'un sentiment de jalousie et d'envie : *œmulor tibi, id est invideo tibi.* Et les lois ne favorisent pas et repoussent au contraire la malice de celui, qui veut s'opposer à ce que son voisin jouisse d'une faculté utile qui ne lui nuit pas (1). Le principe a d'ailleurs été consacré par notre confrère en ces termes : *On ne s'arrête pas à des réclamations sans intérêt réel, qui ne seroient qu'un effet d'humeur, de jalousie ou d'émulation*, pag. 9.

Or, quel intérêt n'a pas le propriétaire d'un mur qui clôture sa maison, à le percer pour avoir des jours utiles et nécessaires dans ses appartemens? Et quel intérêt peut avoir l'autre voisin, à le priver des jours qui ne plongent pas chez lui, tant qu'il ne veut pas *bâtir* contre ce mur?

C'est encore une vérité incontestable, que les coutumes en accordant à un propriétaire du mur qui clôture sa maison, le droit d'y ouvrir des fenêtres selon la forme prescrite, lui départent un droit égal à celui qu'elles concèdent à son voisin de *bâtir* contre ce mur, et d'en boucher les jours. Or, est-il possible de supposer que tant que ce dernier ne *bâtit* pas, et n'use pas de la faculté statutaire qu'il a, il puisse paralyser sans objet et sans utilité, ce droit égal au sien, que

---

(1) *Malitiam committere dicitur ille qui petit quod alteri nocet et sibi non prodest.* Loi *in fundo*, 39, ff. *de rei vindicat.*

la même coutume accorde à l'autre de prendre des jours,
en telle forme, par son mur ? Le droit accordé au propriétaire du mur d'y percer des vues statutaires, ne seroit en soi
qu'un piège pour lui, si, au moment même où il a pratiqué
des jours dans son mur, pour éclairer tous les étages de sa
maison, et avoir fait la dépense de six ou huit fenêtres, *à
fer maillé, verre dormant et treillis de fer,* son voisin pouvoit sans objet, sans utilité et sans intérêt pour soi, le forcer
à lui vendre la moitié de son mur, et par suite, à boucher
toutes ses fenêtres ouvertes à grands frais, sous la garantie de
la Loi locale, en la forme coutumière. Il vaudroit mieux lui
enlever la faculté de prendre des jours par son mur, que de
le laisser ainsi à la discrétion de l'envie, de la jalousie, du
dépit, du ressentiment, de la malice et même de la mé-
chanceté de son voisin. Si la coutume lui accorde ce droit,
ce droit est légal. Il faut donc qu'il en jouisse, tant que ce
droit n'est pas un obstacle à ce que son voisin jouisse librement des siens dans son fonds.

Supposer que les jours coutumiers sont une charge dont
le voisin a un intérêt de s'affranchir, c'est faire le procès à la
coutume qui les a autorisés, parce qu'on les considère alors
comme nuisibles, ou du moins incommodes aux voisins. Si
cela étoit, la coutume au lieu de les autoriser, les auroit au
contraire interdits. Chacun sait que ces jours ont un effet
tout contraire dans le sens qu'ils sont absolument nécessaires
au propriétaire du mur, et qu'ils n'attentent, d'aucune manière,
à la liberté et à la sécurité dont le voisin a droit de jouir chez
lui. Peut-il rester à ce propriétaire du mur, un droit de
prospect dans le fonds voisin à travers une fenêtre à *fer maillé,*

verre

verre dormant et treillis de fer, et ouverte à la *hauteur de huit ou six pieds du plancher* (1) ?

La coutume seroit donc regardée comme odieuse dans la disposition, qui permet au propriétaire d'un mur d'y prendre des jours qui ne nuisent pas à son voisin, et comme favorable dans cette autre disposition, qui permettroit à ce voisin de forcer ce propriétaire à lui vendre la moitié de son mur, tout exprès et uniquement pour le priver des jours dont il a besoin, sans aucun objet d'utilité pour lui. Peut-on se faire à cette double supposition ? Les coutumes sont des lois que les habitans de chaque pays se sont données eux-mêmes. Elles n'ont et ne peuvent rien avoir d'odieux. Toutes leurs dispositions ont une égale base d'utilité publique ou privée. Toutes sont nécessairement aussi favorables les unes que les autres, et chaque particulier doit jouir de la faveur qui lui est faite par la coutume, tant que son voisin n'a pas cet intérêt plus fort, celui de *bâtir*, que la coutume a entendu favoriser davantage, en le préférant aux jours du voisin.

Telle est l'opinion que nous émettons avec autant de liberté que de conviction, en l'état des dispositions littérales de nos anciennes coutumes, contre l'arrêt unique du parlement de Paris, de 1670.

Mais notre confrère prétend que l'article 661 du code civil, exclut l'idée que les *coutumes n'autorisoient l'achat de la mitoyenneté que dans le cas où le voisin voudroit faire un usage de cette mitoyenneté.* Rien n'est cependant plus

---

(1) En Provence, *le chassis à verre dormant* n'étoit pas requis, et la hauteur étoit fixée à sept pans.

vrai, d'après toutes les coutumes et la nôtre en particulier, et d'après tous ceux qui les ont commentées ; et s'il existe un arrêt unique du parlement de Paris, il est très-vrai que MM. Pothier et Goupy, qui le rapportent, s'expriment l'un et l'autre d'une manière qui ne peut être prise pour un assentiment à sa décision.

Ainsi, là où le code civil auroit établi un nouveau droit sur ce point particulier, notre confrère auroit pu dire que ce code a établi un autre ordre de choses ; mais il n'a pas tiré une conséquence exacte, quand il a dit que cette nouvelle législation *excluroit* le sens qu'on a toujours donné et dû donner aux anciennes coutumes de France.

Ce qui nous étonne et doit nous étonner, c'est que notre confrère ait dit, pag. 62 de ses *observations*, et jusqu'à deux fois aux n.os 4 et 5, d'après notre coutume ; que le voisin a le droit de faire boucher les jours coutumiers EN BATISSANT, sans avoir ajouté qu'il peut aussi les faire boucher pour se *délivrer des jours coutumiers*.

Arrivons à cet article 661 du code civil. Il est ainsi conçu : *Tout propriétaire joignant un mur, a la faculté de le rendre mitoyen en tout ou en partie, en remboursant au maître du mur la moitié de sa valeur, ou la moitié de la valeur de la portion qu'il veut rendre mitoyenne, et moitié de la valeur du sol sur lequel le mur est bâti.*

Notre confrère a dit, pag. 50, après avoir simplement indiqué cet article : *L'ON TIENT que la mitoyenneté peut être acquise par celui même qui ne se proposeroit pas d'en user pour le moment.* Il reconnoît donc que ce n'est pas cet article du code civil qui renferme cette décision ; mais seulement un arrêt de la Cour de cassation du 1.er décembre

1813 qui l'a émise (1), et que c'est d'après cet arrêt, que M. Pardessus l'a adoptée (2).

Mais l'arrêt de la Cour de cassation suppose que par sa généralité, l'article 661 du code civil, *permet sans restriction ni modification, d'acquérir la mitoyenneté ; qu'il n'exige pas du voisin qu'il ait l'intention de bâtir, et qu'on ne peut entendre dans ce sens les expressions de la loi, qui sont générales et absolues.*

Cet arrêt est heureusement encore unique; et attendu que la Cour de cassation a quelquefois changé sa jurisprudence, il nous reste l'espoir qu'elle ne persistera pas plus dans cette décision particulière que dans tant d'autres qu'elle a rétractées.

Ce même arrêt donne une nouvelle étendue à l'article 661, comparativement aux coutumes de Paris, d'Orléans et de Provence. Il est cependant vrai que nos récens législateurs ont eu l'intention de modeler cette partie du code sur la coutume de Paris (3).

Cela est si vrai, que les articles 653, 654, 655, 656, 657, 658, 659, 660, 662, 663, 664, 665, 666, 667, 668, 669, 670, 675, 676, 677, 678, 679 et 680, qui

---

(1) Sirey, an 1814, part. 1, pag. 49,

(2) *Des servitudes*, n.° 164.

(3) M. le conseiller d'état Berlier, dans l'exposé qu'il fit à la tribune, des motifs de cette partie du code civil, déclare que *les dispositions du code civil sur la mitoyenneté ont été puisées dans les anciennes coutumes, et surtout dans celle de Paris avec laquelle la plupart des autres s'accordent, et que même elle est devenue sur plusieurs points la base de la jurisprudence des pays de droit écrit.* Code civil et motifs, édition de Didot, tom. 4, pag. 116.

ont trait *aux murs mitoyens* ou *non mitoyens*, et *aux vues
sur le fonds de son voisin*, sont une copie de la coutume
de Paris. On ne peut donc pas croire que l'article 661, intercalé au milieu de tous ceux-ci, renferme une décision
nouvelle, différente et plus étendue que celle de la coutume de Paris. Les rédacteurs de cet article 661, ont entendu
au contraire n'accorder le droit d'acquérir la mitoyenneté qu'au
voisin qui veut *bâtir*.

Ici retrouvent leur place les observations que nous avons
déjà faites sur l'arrêt du parlement de Paris de 1670, puisqu'il est vrai que les articles 676 et 677 du même code,
concèdent au propriétaire du mur le droit d'y *pratiquer des
jours et fenêtres* dans une certaine forme prescrite. Cette
faculté seroit nulle et même ruineuse, si son voisin pouvoit,
sans utilité pour lui, le forcer à lui vendre la *mitoyenneté*,
et avec elle, le droit de lui faire fermer ses jours coutumiers.

Lors de l'arrêt de la Cour de cassation ci-dessus, le défenseur se prévalut de celui du parlement de Paris ; mais
il ne paroît pas qu'il ait été pris en considération par la Cour
de cassation, dans le dispositif de son jugement.

Au reste, la jurisprudence du parlement de Paris étoit
bien changée en 1736, époque où elle limitoit autant la
coutume de Paris, qu'elle l'avoit étendue en 1670. On lit, en
effet, dans M. Denisart, au mot *servitude*, n.° 25, ce qui
suit : « Il s'agissoit de savoir, d'après la disposition des
» coutumes d'Orléans et de Paris, *si on pouvoit forcer un
» voisin d'accepter le remboursement de la moitié du mur
» et fonds de terre, pour que l'autre voisin pût S'EN
» SERVIR ET BATIR contre.

» La Cour a jugé *in terminis*, par arrêt du 7 septembre

» 1736, au rapport de M. Hermand, qu'*on ne le pouvoit*
» *que de gré à gré* ».

Nous conviendrons que cet arrêt avoit trop limité les
coutumes d'Orléans et de Paris. Mais il doit être convenu
aussi, que celui de 1670 leur avoit donné une extension
désavouée par ces mêmes coutumes et par la généralité de
leurs commentateurs.

Les habitans de chaque pays s'étoient librement donnés
leurs coutumes. Ils s'étoient soumis librement à laisser à leurs
voisins des vues ou fenêtres statutaires. Il ne leur étoit donc
plus permis de les considérer comme des servitudes onéreuses,
par la raison qu'elles étoient réciproques entre les habitans
de la même cité, et qu'ils en avoient eux-mêmes reconnu la
convenance et même la nécessité ; et ceux qui avoient ou
auroient ces vues statutaires, s'étoient également soumis à
vendre la mitoyenneté de leur mur au voisin qui voudroit
bâtir, et à renoncer à leurs vues. Ces engagemens respectifs
formèrent entre eux, deux pactes sociaux, aussi favorables
l'un que l'autre, parce qu'ils étoient, en soi, d'une utilité,
d'une convenance et d'une nécessité respectives ; et qu'un droit
de vue spontanément stipulé dans un contrat de famille,
devient un droit légal, qui ne peut plus être considéré par
celui qui s'y est soumis comme un droit incommode, défa-
vorable ou odieux.

Il est de toute justice que celui qui veut faire un édifice
dans son fonds, se prévale du droit qu'il a de *bâtir* contre
le mur de son voisin, et de lui enlever ses jours coutumiers.
Mais il est également juste aussi que, tant qu'il ne *bâtit* pas,
le propriétaire du mur, continue d'en être maître et de jouir
de ses vues coutumières, fondées sur le même titre, c'est-

à-dire, expressément autorisées par la même coutume qui permet à son voisin de *bâtir* contre ce mur. Supposer que ces vues coutumières sont incommodes ou onéreuses au propriétaire voisin du mur, et permettre à celui-ci de forcer l'autre à lui vendre la mitoyenneté de son mur, uniquement pour le forcer à fermer ses vues, c'est, d'une part, alléguer un fait inexact, parce que les vues coutumières n'attentent en aucune manière, à la liberté dont tout propriétaire doit jouir dans son fonds; c'est encore improuver la concession que les habitans de chaque pays se sont faite librement et d'un commun accord entre eux, par un pacte social, devenu loi de l'habitation; c'est, d'une autre part encore, admettre un cohabitant à improuver une loi à laquelle il a concouru lui-même; c'est enfin, l'autoriser à trouver dure, une loi que sa réciprocité investit de la plus grande faveur, tant que ce voisin ne *bâtit* pas.

Le propriétaire du mur, est obligé de céder à la volonté impérieuse de la coutume, qui le force d'en vendre la mitoyenneté à son voisin qui veut *bâtir*. Pourquoi ce voisin ne seroit-il pas obligé de céder à la même volonté impérieuse de la même loi de famille, qui l'a soumis à supporter les vues coutumières de l'autre? La faculté de *bâtir* contre le mur du voisin a, par l'effet du pacte social, la préférence sur la faculté des jours coutumiers, accordée par la coutume, parce qu'elle tient non-seulement à un intérêt privé, mais encore à un intérêt public du second ordre, à raison de ce qu'il importe à une cité, que les bâtimens s'y multiplient, pour qu'elle puisse recevoir un plus grand nombre d'habitans, de consommateurs et de contribuables aux charges publiques; mais c'est assez. Lors, au contraire, que le voisin du mur ne *bâtit* pas , c'est la faculté d'avoir les jours coutumiers qui l'emporte sur la fantaisie , ou l'inquiétude , ou le dépit d'un voisin désintéressé. C'est en vain que ce voisin suppose que ces vues sont incommodes et onéreuses. Aucune de ces qualités ne peut convenir à une faculté qui est de convention respective et qui est sanctionnée par la loi locale.

Tout ce que nous venons de dire , relativement au sens de la coutume de Paris, d'Orléans et de Provence, reçoit son application aux dispositions du code , qui se rapportent à la même matière , parce que nous savons qu'elles ont été calquées sur celles de la coutume de Paris , et parce qu'en conséquence , ce code civil n'est notre loi que de la même manière que les coutume l'étoient autrefois; puisqu'il est vrai que , comme celles-ci , il accorde simultanément au voisin du mur non mitoyen , la faculté de *bâtir* contre ce mur , et au propriétaire du mur , le droit d'avoir des jours coutumiers, à travers son mur.

Le titre du code civil relatif aux *servitudes* , se divise en plusieurs chapitres. C'est le second qui a pour objet les servitudes entre voisins. Ce chapitre se divise en cinq sections. La première traite *du fossé et du mur mitoyen* , et la troisième *des vues sur la propriété de son voisin..*

La première section établit nûment les principes relatifs à la mitoyenneté. Il indique les présomptions de la *mitoyenneté,* les signes de la *mitoyenneté* et ceux de la *non mitoyenneté,* art. 653 et 654 ; les obligations des deux voisins pour l'entretien et la réparation du mur reconnu pour être *mitoyen* , art. 655 , 656. Vient ensuite l'art. 657 qui autorise chaque propriétaire du mur reconnu *mitoyen* , à faire *bâtir* contre ce mur. *Tout copropriétaire PEUT FAIRE BATIR contre un mur et y faire placer des poutres*, *etc.* C'est cet article qui va être la clef de l'art. 661.

Nos nouveaux législateurs, comme les anciennes·coutumes, après avoir donné la mesure des droits des deux voisins qui joignent un mur *mitoyen*, et leur avoir donné la faculté respective de bâtir sur ou contre ce mur, ont prévu le cas où l'un des deux voisins est seul propriétaire du mur qui les sépare. Ce mur n'appartenant qu'à un, le voisin qui le joignoit, étoit obligé de respecter la propriété du maître, et il ne pouvoit rien pratiquer, ni sur ni contre ce mur, c'est-à-dire, qu'il ne pouvoit bâtir ni sur ni contre ce mur. Ils ont cependant voulu accorder, comme les anciennes coutumes, à ce voisin qui joint le mur d'autrui, la même faculté de BATIR qu'ils ont accordée aux deux copropriétaires d'un mur reconnu *mitoyen*.

Mais ils ont assujetti ce voisin qui désiroit de se procurer l'avantage de *bâtir* contre un mur qui ne lui appartenoit pas, à acheter d'abord la mitoyenneté, pour se placer sur une même ligne avec les copropriétaires d'un mur *mitoyen*, et jouir, comme eux, de la faculté de *bâtir* sur et contre un mur devenu mitoyen depuis l'achat de la mitoyenneté. Ils n'ont accordé aux deux copropriétaires d'un mur mitoyen, que la faculté de *bâtir* sur ou contre ce mur. En autorisant le voisin joignant le mur d'autrui, à acquérir la *mitoyenneté*, ils ont entendu lui concéder, après la mitoyenneté acquise, tout le droit déjà départi aux deux copropriétaires d'un mur *mitoyen*, c'est-à-dire, celui de *bâtir* sur ou contre ce mur ; mais rien de plus.

Ces législateurs ont puisé le droit de *bâtir* sur et contre un mur mitoyen, dans la copropriété de chaque voisin. Quand

Quand ils ont autorisé le voisin joignant un mur appartenant à l'autre, à acheter la mitoyenneté, ce n'a été que pour lui faire acquérir le droit de *bâtir* sur ou contre ce mur.

Pour pouvoir donner un autre sens à cet article 661, et supposer que le droit d'*acheter la mitoyenneté*, est un droit général, accordé à quiconque trouvera bon de l'acquérir, quoique sans objet et sans intérêt, et conséquemment par pure émulation, il faudroit que le nouveau code renfermât quelque disposition dont on pût induire une décision aussi antipathique au droit de propriété. Or, rien de pareil ne s'y trouve, et au contraire nos législateurs ont manifesté l'intention bien prononcée de la repousser.

L'art. 676 qui est dans la troisième section, intitulée *des vues sur la propriété de son voisin*, accorde au *propriétaire d'un mur NON mitoyen, joignant immédiatement l'héritage d'autrui*, le droit *de pratiquer dans ce mur, des jours ou fenêtres à fer maillé, verre dormant et treillis de fer*, à une hauteur du plancher déterminée. Il ne peut donc pas être vrai que le voisin joignant ce mur puisse, dans l'intention de nos législateurs, acheter la *mitoyenneté* de ce mur, sans avoir l'intention de *bâtir*, et uniquement pour acquérir le droit de faire fermer les jours qu'ils ont accordés au propriétaire du mur. Il y auroit dans cette intention, une contradiction ridicule entre l'art. 657 et le 676, une injustice criante, un piège ruineux pour le propriétaire du mur; et la concession des *jours* faite au propriétaire du mur, ne seroit plus un droit, puisque le voisin pourroit le lui enlever au moment même où il auroit fait toute la dépense indispensable pour se les procurer.

Ici nous nous rapportons à tout ce que nous venons de dire, en raisonnant sur les anciennes coutumes de France qui ont servi de modèle à nos nouveaux législateurs.

L'art. 661 du code ne dit pas, comme les coutumes, que le voisin joignant un mur non mitoyen, peut acquérir la mitoyenneté *lorsqu'il veut bâtir*. Nous en convenons; mais il faut qu'on convienne aussi, d'une part, que ce code donne au propriétaire du mur, le droit de prendre les jours coutumiers à travers le mur, et d'une autre part, que ce même code n'accorde pas à l'autre voisin le droit d'acquérir la mitoyenneté d'un mur qui ne lui appartient pas, uniquement *pour faire fermer des fenêtres coutumières*, légalement acquises au propriétaire du mur. Il faudroit pourtant que cette étrange permission fût écrite pour qu'elle pût autoriser le voisin joignant un mur non mitoyen, à en acquérir la moitié, sans autre motif que d'enlever à l'autre les jours, que le code lui a si expressément permis de prendre à travers un mur qui lui appartient.

Telle est notre opinion franche et loyale. Nous l'avons émise avec toute bonne foi, quoiqu'un arrêt du parlement de Paris l'ait anciennement condamnée, et qu'un arrêt plus récent de la Cour de cassation l'ait improuvée. Ces deux arrêts sont imposans. Cependant ils sont uniques dans chaque temps. Nous les respectons. Mais ils ne lient cependant pas encore l'opinion. En matière de jurisprudence, nous vénérons les arrêts et l'autorité qui les prononce; mais nous ne cédons qu'aux motifs, et nous pensons que ces deux arrêts contrarient également l'intention des anciens et celle des nouveaux législateurs.

TITRE VIII.

Des Vues et Fenêtres.

Sur le n.° 5, pag. 62.

Notre confrère a dit que le droit des fenêtres *à la française*, s'acquiert par trente ans de possession ; c'est encore une décision de M. de Julien, qu'il a adoptée de confiance. Quels sont ses garants ? M. de S.ᵗ-Jean, M. Dupérier et M. de Julien.

De ces trois garants, il faut écarter M. de S.ᵗ-Jean, attendu que l'arrêt qu'il rapporte ne conserva les fenêtres *à la française*, que parce qu'elles existoient depuis un TEMPS IMMÉMORIAL.

Quant à M. Dupérier, *remarques manuscrites*, au mot *fenêtre*, il ne dit rien en faveur de la décision de M. de Julien et de notre confrère ; et il dit au contraire, d'après M. de S.ᵗ-Jean, que les fenêtres contraires à la forme du statut, *peuvent être prescrites par la possession immémoriale*, ce qui est exclusif de la prescription de trente ans. Voilà donc deux de ses trois garants qui l'abandonnent.

Tout autre prendroit port, quant à cette autorité de M. Dupérier ; mais, tout en ne faisant semblant de rien, il remplace M. Dupérier par M. Dupérier lui-même. Cet auteur a recueilli, tom. 2, pag. 559, un arrêt du 4 avril 1639, qui n'a aucun rapport avec notre question. N'importe, notre confrère s'en est emparé ; et, en en taisant soigneusement les circonstances, il l'a fait servir à remplir le vide que lui a laissé

M m 2

la note manuscrite du même auteur. Il nous étonne toujours davantage par sa facilité à se compromettre. C'est une espèce de tour d'adresse d'avoir invoqué cet arrêt pour lui et contre nous, tandis qu'il est indifférent pour tous les deux.

Cet arrêt a jugé que des fenêtres *faites dans la forme du statut*, depuis plus de trente ans, *tiennent*, nonobstant le pacte prohibitif de l'HOMME. Or, cet arrêt est tout à fait étranger à la question de savoir si les fenêtres faites contre la forme du statut et malgré la prohibition du statut, doivent *tenir* après trente ans.

Dans le cas de cet arrêt, un particulier avoit vendu une de ses deux maisons contigues. Il avoit défendu à son acquéreur de prendre aucun jour, *même à la forme du statut*. Cependant cet acquéreur prit des jours *à la forme du statut* et il en jouit trente ans, sans réclamation de la part de son vendeur.

Ce ne fut qu'après ce laps de temps, que le vendeur voulut faire fermer les fenêtres pratiquées par son acquéreur *en la forme du statut*, sur le fondement qu'il lui avoit défendu, lors de la vente, d'en ouvrir de telles. Il fut jugé que l'acquéreur avoit prescrit par trente ans contre la *prohibition de l'homme*.

Cet arrêt ne jugea donc pas notre question. Autre chose est en effet la prohibition absolue d'un statut, et la prohibition conventionnelle d'un particulier. L'acquéreur n'avoit fait que des fenêtres permises par le statut. Il pouvoit donc les avoir prescrites par trente ans, en force du statut qui étoit son titre.

Nous enlevons donc à notre confrère, deux de ses trois garants; et il ne lui reste que M. de Julien, lequel, sans

examiner la question, la décide par un arrêt du parlement
d'Aix du 9 juin 1751.

Nous sommes d'un avis formellement opposé, parce que
la possession de trente ans n'a point d'effet contre la disposition indivisiblement permissive et prohibitive d'une coutume
ou loi de famille. Sans nous répéter, nous nous référons à
tout ce que nous avons déjà dit sur ce point de droit,
pag. 25 et suiv.

Nous nous bornons à rappeler ici que, d'après M. de S.ᵗ-
Jean, M. Debezieux et le barreau d'Aix, notre ancienne
jurisprudence a constamment sauvegardé les dispositions prohibitives de nos statuts ou coutumes, formant nos lois de
famille ; contre la possession contraire de trente ans, et avoit
constamment jugé qu'elles n'étoient prescriptibles que par le
laps d'un temps immémorial. Nous joignons à ces autorités
respectables M. Dupérier, qui, dans ses *remarques manuscrites*, au mot *fenêtres*, est de cet avis, et l'arrêt de 1639,
qu'il nous a conservé dans ses œuvres imprimées, lequel en
exigeant la possession de trente ans pour prescrire des *fenêtres
faites à la forme du statut*, malgré la prohibition conventionnelle de l'homme, suppose qu'il eût fallu une possession
immémoriale pour prescrire des *fenêtres ouvertes contre la
forme du statut.*

Cette jurisprudence avoit été constante et invariable depuis
la création du parlement de Provence jusqu'en 1664, c'est-à-
dire, pendant cent soixante-trois ans. Elle étoit conséquemment
revêtue du caractère de loi interprétative de notre loi de famille, et s'étoit incorporée avec elle; de sorte qu'en 1664,
il n'étoit pas plus permis de déroger à la loi interprétative,

qu'à la loi de famille elle-même. Tout cela a déjà été prouvé : il est inutile d'y revenir.

Notre loi de famille est absolument prohibitive, quant aux *fenêtres à la française*. Il y est dit que *le maître de la muraille* NE PEUT FAIRE AUCUNES FENÊTRES FRANÇAISES, *qui regardent sur le toît dudit voisin* (et encore moins dans sa cour ou jardin), *sur lequel il n'a aucune servitude.* M. Bomy, pag. 31.

Elle est permissive et prohibitive, quant aux fenêtres en la forme qu'elle prescrit. *Mais si ledit maître veut faire d'autres fenêtres en sadite muraille regardant sur ledit toît*, IL *les pourra faire de la qualité qu'il s'ensuit. C'est à savoir, etc.* En déterminant la forme de ces fenêtres, elle prohibe, autant que les *fenêtres françaises*, celles qu'elle permet en telle forme spécifique, si elles étoient faites autrement.

Il ne peut donc point exister de différence dans la décision, soit qu'il s'agisse des arbres plantés hors de la limite fixée par la loi de famille, soit qu'il s'agisse des fenêtres ouvertes en une autre forme que celle déterminée par la même loi de famille. Nous croyons avoir démontré que notre coutume ne peut être vaincue par la simple possession trentenaire, lorsqu'il est question d'arbres plantés hors de la limite du statut, et qu'elle ne peut l'être que par la possession immémoriale. On ne sera donc pas étonné que nous ayons la même opinion, quant aux fenêtres ouvertes en la forme prohibée par notre statut.

Cette différence est tellement réelle et considérable, que ceux qui admettoient la possession de dix ans, quoique sans

titre, comme suffisante pour prescrire la servitude *discontinue*,
qu'un ouvrage permanent établi dans le fonds du voisin, lui
dénonçoit constamment à chaque moment, exigeoient cependant trente ans de possession pour la servitude de jour pris
à la française dans la cour ou ciel ouvert de son voisin.

Cette espèce de servitude de vue, est, au reste, la plus
dure de toutes. Les autres n'attentent qu'à la liberté du sol,
au lieu que celle *de vue* dans le fonds d'autrui, attente à la
liberté des personnes, exposées à être vues et entendues,
soit qu'elles agissent, soit qu'elles parlent dans leurs appartemens : ce qui peut compromettre les secrets de famille, et
force ceux qui composent celles-ci à être continuellement dans
un état de gêne et de réserve dans leurs paroles, dans leurs
actions, dans leurs jeux et délassemens innocens. Les pères,
les mères et les enfans, se permettent souvent, dans leurs
maisons, ce qu'ils ne feroient pas en présence d'étrangers.
Platon a dit que tout est permis aux personnes les plus graves
dans l'intérieur des familles, parce que personne n'en est témoin. *Leviora esse quæ domi minùs rectè geruntur, quod
ab omnibus perspici et notari facilè non possint, lib. 7,
de legibus* initio. Xénocrate avoit bien connu la liberté
dont chacun a besoin de jouir dans sa maison, et la
dureté des servitudes de vue sur le fonds voisin, lorsqu'il
disoit : *ab alieno, non tantùm opportet abstinere pedes,
sed etiam oculos.*

Ainsi, en force de la disposition prohibitive de la loi de famille,
la servitude de vue ne peut être acquise qu'après le laps d'un
temps immémorial, d'autant que le bon voisinage est trop
souvent un obstacle à ce qu'on soit rigoureusement en garde
pour la conservation de tous ses droits.

Dans une note que notre confrère nous a transmise, il a dit que, lors de l'arrêt de M. de S.ᵗ-Jean, les témoins ne déposèrent que de quarante ans ; et il a conclu de là, que la Cour eût également conservé les fenêtres ouvertes contre la forme du statut, si les témoins n'eussent déposé que de trente ans.

Il n'en est pas moins vrai que M. Dupérier a dit, dans ses notes manuscrites, au mot *fenêtre*, qu'une *possession immémoriale peut prescrire la forme d'une fenêtre*, et qu'il appuye cette décision sur l'autorité de l'arrêt rapporté par *M. de S.ᵗ-Jean, décis.* 72. L'explication de cet arrêt donnée par M. Dupérier, vaut bien celles de M. de Julien et de notre confrère.

Il n'en est pas moins vrai que M. de S.ᵗ-Jean relève cette circonstance, que les témoins, *tous âgés de soixante à quatre-vingts ans,* avoient déposé qu'*ils avoient vu les fenêtres dans le même état il y avoit quarante ans :* ce qui supposoit qu'elles existoient telles auparavant.

Il n'en est pas moins vrai qu'il observe que, quand il s'agit de faire la preuve de la possession immémoriale, on n'exige, dans les témoins, que l'âge de cinquante-quatre ans. *Nostri testes sexagenarii et penè octogenarii erant, cujus œtatis homines, aut saltem quinquaginta-quatuor annorum desiderant et* A QUADRAGINTA ANNIS FENESTRAS, IN EO STATU IN QUO SUNT VIDISSE DICEBANT.

Il n'en est pas moins vrai que le procès jugé par l'arrêt de M. de S.ᵗ-Jean, ne présentoit pas la question de savoir si les fenêtres, qui n'étoient pas dans la forme du statut, étoient

prescrites

prescrites après trente ans, ou si elles ne pouvoient l'être qu'après le laps d'un temps immémorial; mais au contraire et uniquement celle de savoir si *ces fenêtres étoient prescriptibles*, *malgré la prohibition absolue du statut.* D'où il suit que celui qui demandoit la réduction de ces fenêtres à la forme du statut, reconnoissoit qu'elles existoient dans le même état depuis plus de trente ans, et même de temps immémorial, et qu'il prétendoit néanmoins que cet état n'étoit pas prescriptible, attendu la disposition régulatrice du statut absolument prohibitive : *Cùm igitur œdium quidam dominus, fenestras non ex formâ statuti, sed prospiciendi gratiâ in aream vicini haberet, interpellatus est ut fenestras ad antiquum statuti modum reduceret,* NEC JUVARI POSSE PRÆSCRIPTIONE ASSEREBAT ACTOR, *cùm tale statutum publicam respiciat utilitatem.* On ne trouve rien, en effet, dans le compte très-étendu que M. de S.ᵗ-Jean nous a rendu des moyens de défenses de ce demandeur, qui puisse même faire soupçonner qu'il contestât ni la possession de trente ans, ni la possession immémoriale du défendeur; et on voit, au contraire, que celui-ci ne se prévalût jamais de la possession trentenaire, parce qu'il en reconnoissoit l'insuffisance; mais, toujours de *sa possession immémoriale.* Il disoit que la muraille lui appartenoit; que quand même elle auroit été commune, la possession immémoriale lui serviroit de titre, et que la possession immémoriale formoit titre en toute espèce de servitude: *Reus parietem proprium esse dicebat, et proindé fenestram in eum immitere potuisse ; et licet esset communis,* tamen à SÆCULO ET IMMEMORIALI TEMPORE, *potuisset fenestras immittere, invito socio, in parietem communem. Nulla est servitus quæ eo tempore CUJUS MEMORIAM EXCEDIT NON ACQUIRATUR.*

Il reste donc démontré que les magistrats qui ont rendu l'arrêt recueilli par M. de S.ᵗ-Jean, n'ont pas été autorisés à juger que les fenêtres ouvertes contre la forme du statut, étoient prescrites après trente ans, ce qui étoit étranger à la contestation; et qu'ils n'ont jugé et pu juger que la question du procès, celle de savoir si *ces fenêtres étoient prescriptibles ou non par le laps d'un temps immémorial.*

D'après cette discussion bien exacte, notre confrère doit, à la vérité et conséquemment à' lui-même, de renoncer à l'équivoque que M. de Julien a faite, en se prévalant de l'arrêt de M. de S.ᵗ-Jean; et de se rattacher avec nous, non-seulement au sens contraire et véritable que M. Dupérier a donné à ce même arrêt, mais encore au texte de M. de S.ᵗ-Jean, qui, quoique latin, est clair pour lui.

Cette discussion est également au nombre de celles qui prouvent, de l'aveu de notre confrère, que *notre ancienne jurisprudence étoit jadis telle* que nous le disons, et QUE TELLE ELLE AUROIT DU ÊTRE. Nous avons déjà tiré deux fois de cet aveu une conséquence absolument décisive, contre les nouveaux arrêts qui se sont écartés d'une antique jurisprudence, protectrice de la loi statutaire de notre pays, et qui, soit par sa continuité pendant cent soixante-trois ans, soit par son invariable uniformité, étoit devenue l'interprète du statut, et s'étoit incorporée avec lui d'une manière si intime, qu'il ne dépendoit plus du parlement de la changer.

Sur le titre 8 , n.º 6 , *page* 62.

Notre confrère a trouvé bon de supposer que le voisin dont le mur ne touchoit pas l'héritage de l'autre, *quelque petite que soit la distance* qui existât entre deux, *pouvoit ouvrir dans son mur des fenêtres à la française.* Il pense donc qu'en Provence, un voisin qui avoit placé son édifice à un demi-pouce, à un pouce, à un quart de pan de l'héritage de l'autre, avoit le droit d'ouvrir des fenêtres à la française qui dominassent sur cet héritage.

Pour accréditer une décision qui révolte par elle-même, il a eu la précaution de l'adoucir en la supposant étayée sur un USAGE du pays, attesté par M. Dupérier dans ses notes manuscrites, au mot *fenêtres.* Cette note existe, en effet. Mais notre confrère n'a, sans doute, pas fait attention que, sans le vouloir, il en abuse de trop de manières. D'une part, en effet, il a changé les expressions de M. Dupérier, pour y en substituer d'autres qui lui sont étrangères, et qui ont un autre sens plus étendu ; d'où il arrive qu'il fait parler cet auteur d'une manière contraire à son intention, et qu'il lui prête une opinion qui n'est pas et ne peut pas être la sienne ; il est impossible que cet auteur ait entendu nous transmettre par sa note un *usage provençal.* Enfin, il affecte de syncoper cette note et de n'en transcrire que la partie propre à faire illusion, laissant inconnue l'autre partie qui en développe le véritable sens, et qui démontre que M. Dupérier n'a destiné cette note à nous transmettre ni un *usage provençal*, ni son opinion.

Pour faire ressortir les abus involontaires que notre confrère

a faits de cette note, nous commençons par mettre en opposition ses expressions avec celles de M. Dupérier (1).

Ce parallèle prouve d'abord que M. Dupérier n'a pas dit *qu'il
accorde la liberté indéfinie au propriétaire d'un mur qui ne
joint pas immédiatement l'héritage de l'autre, quelque petite
que fût la distance qui les sépare*, d'ouvrir des fenêtres à la
française : ce qui suppose qu'un simple demi-pouce suffisoit pour
acquérir au propriétaire de ce mur cette *liberté*, et qu'il exige au
contraire un *peu d'espace*, ce qui n'est pas si générique, et laissoit subsister le droit de consulter les convenances et les usages
de chaque pays; au lieu que les expressions de notre confrère
donnent aux provençaux une latitude et une liberté absolue,
qui, pour ne pas être injuste et ridicule, auroit eu besoin d'être
légitimée ou par une loi de famille, ou par une jurisprudence
locale, qui précisément nous manquent l'une et l'autre.

Ce même parallèle prouve encore que notre confrère

---

(1) Notre confrère dit : *Si le
mur ne joint pas IMMÉDIATE-
MENT l'héritage du voisin,
Dupérier, dans ses notes manuscrites*, v.° FENÊTRE, accorde
LA LIBERTÉ INDÉFINIE,
QUELQUE PETITE *que fût
la distance qui les sépare. Nos
auteurs n'ont pas même prévu
cette hypothèse*, et ne parlent
que du mur joignant immédiatement sans moyens, par où ils
semblent s'accorder avec Dupérier.

M. Dupérier dit : *Pourvu que
la muraille ne soit pas tout à
fait joignante le fonds du voisin, quand il n'y auroit que
PEU D'ESPACE entre-deux,
il y peut faire telle fenêtre qu'il
veut.* Berault, *sur la coutume
de Normandie, art.* 616, f.°
698. *Et ad hoc facit quod ait
Cujas, ad leg.* 42, § Lucius,
ff. *de servitut. urban. prætlior,
bit.* 1, respons. Scævolæ, f.°
1820.

a retranché de la note de M. Dupérier, ces mots essentiels qui la terminent : *Berault sur la coutume de Normandie, Cujas, etc.*, et qu'au moyen de cette suppression, il a eu l'avantage d'attribuer à M. Dupérier, ce que celui-ci n'a fait que noter en lisant M. Berault et Cujas.

Ce même parallèle prouve également que, dans sa note, tant s'en faut que M. Dupérier ait voulu nous transmettre un *usage provençal*, et même son opinion, puisqu'au contraire, il ne nous offre que celle de M. Berault, sur laquelle il ne s'explique pas, et qu'il a eu nécessairement l'intention de repousser, lorsque tout de suite, il a eu le soin de nous renvoyer à Cujas dont la doctrine est diamétralement opposée à celle de M. Berault.

Voici ce que dit M. Berault, au lieu indiqué par M. Dupérier ; *J'ai vu mettre en doute quel espace, en Normandie, il faut laisser, entre l'héritage de son voisin et le sien, pour y faire des vues et des fenêtres ouvertes, et à telle hauteur que l'on voudra. Quelques-uns sont d'avis qu'il faut laisser* SEPT PIEDS DE VIDE ET DE DISTANCE *entre l'héritage voisin et celui sur lequel on veut prendre des vues. Autrement si chacun prenoit vue sur soi, laissant chacun un pied de distance seulement, les deux édifices seroient rendus inutiles faute de lumière. Mais ayant considéré les termes de cet article qui dit :* JOIGNANT SANS MOYEN, *il* M'A SEMBLÉ *que* LA COUTUME AYANT EN CE CAS, PRESCRIT *la forme de fenêtres, a entendu* à contrario, *que quand il y a quelque moyen entre notre héritage et celui de notre voisin, elle ne nous entend empêcher la liberté des fenêtres et ouvertures, telles que nous voudrons faire en notre mur ou paroi ; et n'étant point dit quelle distance y doit étre, IL SEMBLE qu'on satisferoit à la coutume, en laissant DEUX PIEDS seulement.*

Si M. Dupérier avoit adopté cette décision peu assurée, de M. Berault, à laquelle celui-ci ne se prête que parce qu'il est gêné par la coutume locale, il faut convenir qu'il auroit eu au moins l'intention de n'accorder *la liberté indéfinie*, *d'ouvrir des fenêtres à la française*, qu'à ceux dont l'édifice auroit, du fonds voisin, une distance *de deux pieds* ; et alors nous avons eu raison de nous plaindre de ce que les propres expressions de M. Dupérier ont été changées et remplacées par d'autres qui comportoient une distance d'un demi-pouce.

M. Dupérier pouvoit-il adopter une opinion contraire à celle de certains auteurs de Normandie, qui exigeoient une distance *de sept pieds* ; une opinion qui ne paroissoit que *vraisemblable* à M. Berault ; une opinion qui plioit forcément sous la coutume de Normandie ; une opinion d'ailleurs étrange en soi, et tyrannique entre voisins ?

Mais qui pourroit douter qu'il l'a effectivement repoussée ; puisque tout de suite il nous renvoie à Cujas, lequel au lieu indiqué, suppose qu'il y a un passage public, *via publica*, entre les deux voisins ? Il est donc vrai que M. Dupérier, qui n'étoit gêné ni par une coutume, ni par une jurisprudence locale, ne s'est point arrêté à l'opinion de M. Berault, d'ailleurs chancellante et non spontanée ; et qu'il a donné la préférence à celle infiniment plus raisonnable des autres auteurs de Normandie, et spécialement à celle de Cujas, lesquelles conservent à chacun, cette liberté dont on a tant besoin de jouir dans cet asile domestique où, devant se croire seul et à couvert de tous regards indiscrets, l'homme se livre, avec toute confiance , à tout ce qui l'intéresse , comme à tout ce qui peut le récréer. Notre confrère a supposé que Cujas étoit de son avis, puisqu'il l'a cité. S'il l'avoit lu , il se seroit bien gardé de s'en faire un appui. Un *passage public* ne donne pas l'idée d'une aussi *petite distance* que celle qu'il prétend avoir été autorisée par *nos usages*.

Notre confrère n'a donc offert à ses compatriotes , qu'une décision désavouée par M. Berault , Cujas et M. Dupérier , et que tout auteur, libre dans son opinion, c'est-à-dire , non asservi par une loi locale , repoussera toujours avec effroi comme contraire au droit social et aux règles du voisinage ; et comme étant une mesure vexatoire, en raison de ce qu'elle serviroit trop la curiosité , et transformeroit l'asile le plus sacré , le plus sûr et le plus secret , en un lieu ouvert à l'indiscrétion, à la malveillance et à la perfidie d'un voisin , ou mauvais , ou haineux , ou jaloux. Il n'y a pas de situation aussi inquiétante que celle qui nous oblige à nous tenir en garde contre celui qui peut nous voir, nous entendre et nous épier à tout instant.

Combien est sage au contraire, l'opinion de ces auteurs de Normandie qui , malgré la coutume locale, exigeoient une distance de *sept pieds* entre deux voisins , pour que l'on pût ouvrir des fenêtres à la française , sur le fonds de l'autre ! Combien est sage aussi , celle de Cujas, qui suppose un *passage public* entre les deux voisins ! Combien avons-nous été raisonnables , en exigeant au moins , d'après un arrêt du parlement d'Aix , une distance de quatre pans !

Le sol du sieur Bœuf, d'Arles , étoit assujetti au stillicide du sieur Pelissier. Le sieur Bœuf voulut bâtir du côté de la chûte de ce stillicide. Procès. Arrêt du 28 février 1655, qui ordonna que le sieur Bœuf ne bâtiroit qu'à la distance de quatre pans de la maison du sieur Pelissier. Cet arrêt est dans le code Julien, tom. 2, pag. 404, lett. G. Nous l'ayons rectifié avec le secours des mémoires imprimés, que M. Audibert, avocat, avoit fait dans cette affaire, et qui sont en notre pouvoir.

Combien de motifs n'existoient pas pour exiger qu'un voisin, qui reculoit sa maison, dans l'intention d'ouvrir des fenêtres d'aspect, sur l'héritage voisin, laissât au moins une ruelle de quatre pans ? 1.° L'espace intermédiaire devoit être aéré pour que l'humidité ne pourrît pas les murailles basses des deux voisins ? 2.° Cet espace pouvoit être engorgé et il falloit qu'il pût être dégagé, pour que les eaux n'y séjournassent pas ; et pour cela il falloit que quelqu'un pût y arriver dans toute sa longueur et y agir librement. 3.° Et enfin, il falloit qu'un maçon pût y entrer avec son manœuvre pour réparer les murs, y tourner facilement en tous sens, et y placer, au besoin, une échelle. Tous ces motifs avoient pour objet l'intérêt commun des deux voisins.

Puisqu'il est indubitable qu'il devoit, en pareil cas, exister un espace entre les deux voisins, tout concouroit à faire donner à cet espace au moins une largeur de quatre pans.

Notre confrère convient qu'à l'avenir et à dater du code, nul ne pourra établir des fenêtres d'aspect sur l'héritage voisin, s'il n'y a entre-deux, une distance de six pieds.

Il convient aussi que les fenêtres d'aspect, qui auront été pratiquées postérieurement au code, dans un mur non éloigné de six pieds, seront acquises au propriétaire du mur dans lequel elles auront été ouvertes, lorsqu'elles auront subsisté dans cet état pendant trente ans.

Ce

Ce sont là deux vérités.

Il ajoute que les *fenêtres ouvertes avant le code doivent subsister*, sans dire pourquoi. On se rappelle qu'en Provence les servitudes établies contre la prohibition du statut, ne pouvoient être acquises que par l'effet d'une possession immémoriale, celle de *vues* comme les autres.

Il observe que les deux règles du code civil doivent *prévaloir sur nos usages*. Il suppose donc que nous avions *des usages* sur la distance requise entre deux voisins, pour que l'un des deux pût pratiquer des vues droites, ou fenêtres d'aspect sur l'autre. Il est cependant bien vrai que nous n'en avions point d'établis sur cette matière, puisque nous n'y avions ni statuts, ni jurisprudence, ni même tradition locaux. Il s'est flatté sans doute de nous faire accepter la note de M. Dupérier, ou comme un statut, ou comme un garant de notre jurisprudence, de nos USAGES ou de notre tradition. Mais il ne doit pas compter sur notre crédulité quant à ce point, aujourd'hui que la note de M. Dupérier se trouve décomposée relativement au sens qu'il lui avoit donné, et ne comporte plus même qu'une interprétation diamétralement contraire. M. Berault ne fut jamais notre régulateur en Provence, et M. Dupérier, opposant Cujas à M. Berault, n'a sûrement pas entendu nous captiver sous l'opinion contrainte de celui-ci.

Il ne nous a supposé *des usages*, que pour avoir l'occasion de nous dire, pag. 63, que les fenêtres ouvertes avant le code, à un demi-pouce, à un pouce, à un quart de pan ou à un pan de distance, doivent *continuer de subsister*, eussent-elles été ouvertes la veille de la publication du code :

O o

ce qui est une erreur insoutenable dans un pays dont les statuts prohiboient l'ouverture des fenêtres d'aspect, sur le fonds du voisin, et dont la disposition prohibitive ne pouvoit être vaincue que par la possession immémoriale, ainsi que nous l'avons déjà dit, prouvé et même démontré. La prohibition du statut est générale et illimitée. Ce seroit se jouer de la loi protectrice de la liberté et de la sécurité des familles, dans leurs habitations, que de se ménager les moyens d'inspecter continuellement celle d'un voisin, en ouvrant des vues droites sur son fonds, à un demi-pouce de distance.

Nous pensons au contraire, que pareilles fenêtres d'aspect, établies avant le code, devroient être bouchées, si elles n'existoient pas dans cet état, depuis un temps immémorial. Nous pensons même que le voisin qui auroit bâti à moins de six pieds de distance de l'autre, seroit obligé de reculer le mur de sa maison, attendu les inconvéniens attachés à une si petite distance entre les murs de chacun d'eux, tant que trente ans ne se seroient pas écoulés depuis la promulgation du code.

Dans sa réponse imprimée, pag. xxij, notre confrère s'est assez singulièrement tiré d'embarras. Il commence par citer le code civil qui prohibe toutes vues droites ou fenêtres d'aspect sur l'héritage voisin, lorsqu'il n'existe pas, entre deux, une distance de six pieds.

Cette disposition du code, placée en tête d'une dissertation dont l'objet est d'établir qu'un demi-pouce de distance, entre le mur d'un voisin et l'héritage de l'autre, suffiroit pour que le propriétaire du mur pût y pratiquer des vues droites, sur l'héritage de l'autre voisin, n'est ni heureusement, ni adroitement ramenée. La disparate entre *six pieds* et un *demi-pouce*, est trop forte pour qu'elle ne prévienne pas contre l'avis de notre confrère, et en faveur du nôtre qui n'exigeoit qu'une distance de quatre pans. Chacun se dira qu'il y a nécessairement un excès dans la si petite distance admise par notre confrère, et qu'il ne peut y en avoir dans la largeur de quatre pans que nous donnions au moins à cette même distance. La lecture des art. 678, 679 et 680 du code civil, suffisent pour arracher ce jugement à quiconque lira attentivement, et sans prévention, notre confrère et nous.

En se plaçant ainsi, dans une perspective aussi désavantageuse, et en considérant avec autant de fermeté et de sang-froid, le contraste de son opinion, avec la décision du code, notre confrère a sans doute été rassuré, par un *usage* local bien certifié, qui l'emportoit sur l'opinion de M. Berault, des autres auteurs du ci-devant pays de Normandie, de Cujas et de M. Dupérier, lequel se rapportant à tous, dans sa note, n'a jamais eu l'intention de nous certifier que, dans la ci-devant Provence, la distance dont il s'agit, pouvoit n'être que d'un *demi-pouce.* Tant s'en faut cependant! Notre confrère convient au contraire, avec toute franchise, que NOUS N'AVIONS PARMI NOUS, AUCUNE RÈGLE SUR CE POINT. C'est tout ce que nous avons obtenu de lui, par l'effet de l'interprétation loyale, que nous avons donnée à la note de M. Dupérier. Mais c'est toujours beaucoup pour nous, que de l'avoir mis dans la nécessité de se rétracter.

Mais oppose-t-il quelque chose à l'explication ingénue, que nous avons donnée de la note de M. Dupérier? *Ne quidem verbum.* Il en a transcrit de nouveau la première partie, et en a séparé la seconde, toujours dans l'intention de persuader que cette première partie, ainsi isolée, renferme l'opinion personnelle de M. Dupérier. De sorte qu'il semble qu'il aime mieux persévérer, avec réflexion, dans le sens qu'il a donné à cette note, que de reconnoître l'erreur, sans doute alors involontaire, dans laquelle la lecture, faite avec trop de prévention de la note de M. Dupérier, l'avoit entraîné. Il n'en est pas moins vrai cependant que M. Berault fixoit la distance dont il s'agit, à *deux pieds*, lesquels diffèrent essentiellement d'un *demi-pouce*; que ce n'est que par suite du texte de la coutume, qu'il réduisoit à regret la même distance à *deux pieds*; que d'autres auteurs du même pays, plus courageux que M. Berault, la fixoient à *sept pieds*; que Cujas suppose un *passage public*. Il n'en est pas moins vrai que M. Dupérier, en parlant d'après M. Berault, n'a pas autorisé notre confrère à donner à tout individu *la liberté indéfinie* de prendre des vues droites sur son voisin, quand il n'existeroit, entre eux, qu'un *demi-pouce* de distance; que tout au moins, il auroit entendu exiger la même distance que M. Berault; enfin, qu'il n'a pas adopté cette distance de *deux pieds*, lorsqu'il a eu l'attention de nous indiquer Cujas, qui raisonne dans le cas où l'espace intermédiaire est un *passage public*.

Notre confrère a-t-il débattu les motifs de convenance et d'utilité commune, que nous avons donnés, pour que la distance d'un voisin à l'autre, fût au moins de quatre pans? *Ne quidem verbum.* Ces motifs sont donc puissans et décisifs.

C'est après nous avoir ainsi esquivés, qu'il paroît être satisfait de lui-même, et qu'il se croit victorieux. Bien lui en soit. Mais nous avons cependant cet avantage, qu'il n'est content que de lui, et que nous le sommes et de lui, et de nous. Celui qui s'engage volontairement dans une discussion, et qui fait semblant de ne pas apercevoir les démonstrations auxquelles il ne peut pas répondre, donne une double satisfaction à son émule. Il avoue qu'il est le plus foible sur la question, et il renforce le système qu'il ne peut pas combattre.

Sur le tout, la distance de *deux pieds au moins* que M. Berault exigeoit, nous reste. Celle de *sept pieds* requise par d'autres auteurs de la ci-devant Normandie, nous reste aussi. Le *passage* public de Cujas, nous reste encore. L'opinion de M. Dupérier, qui est nécessairement différente de celle de notre confrère, et même de celle de M. Berault, puisqu'il nous renvoie à Cujas, nous reste également (1). L'absence de tout *usage* local et le silence de tous nos auteurs sur la décision de notre confrère, sont des argumens contre elle. Enfin, les motifs que nous avons allégués, pour exiger au moins une distance de quatre pans entre les deux voisins, tous restés sans réponse, ont pour appui la nécessité et les convenances communes des deux propriétaires qui se confinent.

Nous alléguons un nouveau motif. Notre confrère reconnoît que celui qui a pu ouvrir des fenêtres à la française, visant dans le fonds de son voisin, ne peut même, après trente ans, empêcher que son voisin ne bâtisse dans son fonds. Suppo-

---

(1) Cujas dit : *nullam habere vicinum actionem ad prohibendum, si quis ità ædificet in suo solo, ut conspectum habeat in ædes vicini INTERMEDIA VIA PUBLICA.*

sons donc qu'il n'y ait qu'un demi-pouce, qu'un pouce, qu'un quart de pouce, qu'un demi-pan, ou qu'un pan de distance entre-deux, à quoi serviroient les fenêtres à la française de l'un, quand l'autre auroit bâti ? Quelle humidité, les eaux pluviales qui couleroient entre les deux maisons par le petit espace divisoire, n'occasionneroient-elles pas à toutes les deux ? Ne seroient-elles pas inhabitables du haut en bas, de l'un et de l'autre côté ?

D'où vient donc que nous avons exigé au moins un espace de quatre pans entre les deux héritages voisins ? C'est en vertu d'un arrêt du parlement d'Aix, qui, dans un cas où un des deux voisins, devoit laisser un intervalle entre leurs maisons jugea qu'il devoit être au moins de quatre pans.

Notre confrère a rompu le silence sur cet arrêt. Il a même répondu à des lois que nous ne lui avons pas opposées. Falloit-il bien qu'il ne fût pas muet sur tout !

Il nous a dit que l'arrêt avoit fixé une distance de quatre pans, attendu que l'un des deux voisins étoit assujetti au stillicide de l'autre. Mais pour ce stillicide, deux pans de distance auroient suffi, relativement à l'avancement connu des toits de nos maisons. En exigeant une distance double, la Cour voulut que cette distance fût aérée, qu'elle fût abordable dans toute sa longueur, pour la salubrité et pour les réparations extérieures de chaque maison; que chaque maison pût recevoir quelques jours. Ainsi cette distance de quatre pans, nous avons pu et dû l'exiger au moins entre deux voisins, dont l'un veut percer dans son mur des vues droites sur l'héritage de l'autre.

Notre confrère suppose que cet arrêt a été mesuré aux dispositions de la loi 20, § 3 et 6, ff. *de servitut. urban.*

prædior. Nous pouvons assurer que la Cour ne prit pas cette loi en considération, lorsqu'elle exigea une distance de quatre pans entre les deux voisins, puisqu'il est vrai que le § 3, ne soumet le voisin qui veut bâtir en l'état d'un stillicide qui a sa chûte dans son fonds, qu'à laisser en dehors le sol sur lequel l'eau tombe : *Si servitus stillicidii imposita sit, non licet domino servientis areæ, ibi ædificare, ubi cassitare cœpisset stillicidium ;* et que le § 6, décide que celui qui veut bâtir sur son sol assujetti au stillicide de son voisin, peut établir son édifice jusqu'à la ligne qui correspond à l'avancement du toît d'où l'eau tombe : *Qui in areâ, in quâ stillicidium cadit ædificat, usquè ad eum locum perducere ædificium potest, undè stillicidium cadit.* Or, quiconque connoît les saillies de nos toîts, sait qu'elles ont tout au plus deux pans, et que les eaux tombent sur la ligne droite. D'où il suit que si l'arrêt avoit été mesuré à ces deux parties de la loi 20, il n'auroit sûrement pas soumis le sieur Bœuf à laisser en delà de sa bâtisse, un espace de quatre pans. Pour affirmer que cet arrêt a été calqué sur cette loi, il faudroit qu'elle eût elle-même fixé cette distance. C'est pour avoir l'occasion de dire quelque chose, que notre confrère s'est permis de mettre cette entrave entre lui et nous. Que lui en revient-il ? Il a voulu affoiblir l'autorité d'un arrêt qui le gênoit ; et il nous a lui-même fourni l'occasion de le revendiquer de plus fort, attendu que cet arrêt a doublé la distance fixée par le droit romain, et qu'alors il est nécessairement vrai que la Cour a eu de plus en vue les motifs de nécessité, d'utilité et de convenance communes entre deux voisins. On va voir bientôt que ç'a toujours été dans l'intérêt respectif des deux voisins, que le droit romain avoit fixé la distance à laisser entre les maisons de ville.

C'est encore pour faire un remplissage qui tînt la place de ce qu'il ne disoit pas sur la dissection franche que nous avons faite de la note de M. Dupérier, qui fut sa seule base dans cette partie de son opuscule, que notre confrère a ramené de lui-même, la loi 12, cod. *de œdificiis privatis.* Il en prend l'occasion de dire, page xxiij de sa réponse, que *cette loi règle la distance que l'on doit garder pour ne pas ôter la vue,* prospectum, *au voisin; mais qu'aucune n'a déterminé à quelle distance on pouvoit prendre vue sur son fonds.* On a raison de dire : *trop parler nuit.*

Cette loi 12 est de l'empereur Zenon. Elle fut faite pour la ville de Rome. Elle abolit celle qui avoit été faite pour la même ville par Honorius et Théodose, associés à l'empire, et elle fut confirmée par Justinien, lequel en fit une loi générale applicable à toutes les cités de son empire. Elle est très-longue, puisqu'indépendamment d'un long proème, elle se compose de 8 §. Sans doute que notre confrère n'a pas eu la patience ou la précaution de la lire en entier, puisqu'il n'y a pas lu la condamnation de son erreur, qui y existe pourtant d'une manière littérale.

Le § Ier de cette loi, défend aux voisins de bâtir ou de réédifier dans leurs fonds, de manière à nuire à leurs *fenêtres de prospect,* c'est-à-dire, à leurs vues droites ou à leurs *fenêtres de jour,* c'est-à-dire, à leurs vues obliques, et les oblige à laisser entre leurs maisons la distance de douze pieds.

A quoi pensoit donc notre confrère, lorsqu'il a mis spontanément

tanément cette loi 12 entre lui et nous! Il suit en effet de cette loi, qu'un voisin ne pouvoit bâtir qu'à une distance de douze pieds de la maison de l'autre, et nous n'avons exigé qu'un espace de quatre pans entre les deux voisins. La découverte est-elle heureuse ?

Cette décision, a-t-il dit, n'a pour objet que la conservation des vues droites, *prospectum*, acquises à l'un des deux voisins ; et il *n'existe point de loi qui ait fixé la distance à laquelle un des deux voisins peut prendre jour sur l'autre.* Mais quoi ! si je ne puis bâtir qu'à douze pieds de la maison de mon voisin pour lui conserver ses vues droites, n'est-il pas décidé que quand j'aurai bâti à cette distance, j'aurai, par la même raison et par droit de réciprocité, le droit de me donner des vues droites sur la maison de l'autre ? Et de là, ne suit-il pas, que pour que deux voisins pussent avoir des vues droites l'un sur l'autre, il falloit qu'il y eût entre leurs maisons, une distance de douze pieds ?

Cette conséquence que nous venons de tirer du § 1.er est tellement légitime, que nous la trouvons écrite dans le § 2. Il y est, en effet, décidé que celui qui a bâti à douze pieds de distance de son voisin, a le droit de pratiquer des fenêtres, tant de prospect que de simple jour, c'est-à-dire, des vues droites ou obliques : *Disertè ac perspicuè jubemus duodecim pedes relinqui intermedios, inter utramque domum, et ei, qui hoc in posterum observaverit, LICERE.......* FENESTRAS FABRICARE TAM QUÆ PROSPEC-TIVÆ DICUNTUR, QUAM QUÆ LUCIFERÆ.

Il s'en faut donc bien que notre confrère ait eu quelque intérêt à ramener cette loi dans sa discussion. Il eût dû se dispenser de nous donner cette nouvelle preuve ou de son

P p

inattention. Pouvoit-il, en effet, nous indiquer une loi plus opposée à son opinion, et plus favorable à la nôtre ?

On sera peut-être étonné de ce que les premiers nous n'avons pas revendiqué les dispositions de cette loi, et de ce que nous n'avons exigé qu'un espace de quatre pans. Notre motif est simple. Nous n'avons pas été dans le cas de faire diversion, de recourir à des remplissages, et d'entasser des inexactitudes et des inutilités.

La loi 12 et tant d'autres relatives au même sujet, n'ont jamais eu lieu en France. Elles étoient utiles dans l'empire romain, parce que chaque maison de ville devoit être détachée de celle du voisin et former une isle. En France, au contraire, toutes les maisons sont contigues. Nous n'aurions donc pas été de bonne foi, si nous nous étions prévalus de ces anciennes lois qui depuis long-temps ne sont plus observées dans les états romains, et qui n'ont jamais eu d'exécution en France. C'est pour qu'on ne pût nous reprocher aucune exagération, que nous n'avons exigé que la distance adoptée par un arrêt du parlement d'Aix.

C'est ici que se terminent les débats qui se sont élevés entre notre confrère et nous, sur certaines décisions qu'il a données dans les huit premiers titres de son opuscule, et que nous pensons être contraires autant à notre loi et à nos usages locaux, qu'aux principes de droit. C'est toujours avec le ton de la satisfaction, de la sécurité, de l'aisance et même de la supériorité, qu'il nous a fait cette réponse imprimée à laquelle nous venons de répliquer. Nous n'avons, au contraire, éprouvé que des sentimens très-pénibles, lorsqu'après qu'il nous en a fait une nécessité par cette provocation, nous l'avons poursuivi sans relâche dans ces marches contournées qu'il a faites avec tant de légèreté. Qu'il ne se plaigne pas de nous, puisqu'il est notre agresseur. Il connoît nos dispositions pour lui. Nous n'avons fait la guerre qu'à certaines de ses opinions., et nous ne la leur avons faite, que parce qu'elles étoient dangereuses, et que nous devions à notre pays de lui transmettre les moyens de se préserver de tant de fausses *maximes* qu'il a disséminées dans son premier opuscule, auxquelles sa réputation et le ton avantageux de sa réponse auroient donné le plus grand crédit, dans un siècle où on ne lit plus que les nouveaux ouvrages, où on aime tant les recueils élémentaires, et où l'on s'y rapporte si volontiers.

TITRE IX.

Des Termes.

Notre confrère s'est occupé, pag. 79 de son opuscule, DES TERMES destinés à diviser les propriétés rurales de chaque particulier. Il a employé sept pages pour donner à ses compatriotes les notions qu'il a cru être utiles sur cette matière.

Ceux-ci n'avoient sûrement pas besoin de savoir ni que les romains avoient *divinisé* le TERME, ni que celui qui, par inattention, déplaçoit un *terme* avec sa charrue, étoit *dévoué aux dieux infernaux avec les bêtes de labour*; ni qu'il existoit anciennement un collège de personnes destinées uniquement à planter les *termes* et dénommées *fratres arvales* (1);

---

(1) Les *frères Arvaux* étoient des prêtres institués par Romulus

ni qu'un ancien auteur avoit retracé aux membres de ce collége leurs devoirs dans la manière d'opérer lors des bornages; ni que notre *livre des termes* rappelle aussi aux experts d'alors, les mêmes devoirs par une *phrase naïve* de huit lignes, dont notre confrère a donné copie. Un ouvrage élémentaire ne comportoit pas ces détails érudits de pur ornement.

Notre confrère a eu encore le soin de dire que lorsqu'on eut cessé d'idolâtrer le TERME et de *dévouer aux dieux infernaux* celui qui en déplaçoit un, quoique par mégarde, on prononçoit contre le voisin qui le déplaçoit à dessein, la peine du *bannissement* ou du *fouet*, et même celle *des galères*. Tout cela n'est bon que pour déverser sur notre ancienne législation, le même ridicule à peu près, dont celle des romains étoit alors couverte.

Il témoigne que l'enlèvement ou le déplacement d'un *terme*, n'est pas assez puni dans notre nouvelle législation, par une amende de douze journées de travail (douze francs) (1), et par une détention dont le *maximum* est d'un an. Il transcrit sur ce point une phrase très-élégante de M. Fournel. Mais depuis que le TERME n'est plus un dieu ; depuis que

---

au nombre de douze, pour offrir à Bacchus et à Cérès les victimes dénommées *ambarvales*, dans l'objet d'obtenir de ces deux divinités une bonne récolte de vin et de grains. C'est parce que ces prêtres étoient institués pour la prospérité de l'agriculture et des récoltes, qu'on en choisissoit trois pour faire le bornage des terres des particuliers. Ils n'étoient donc pas *institués* uniquement *à cet effet*. Leur institution avoit un objet plus relevé.

(1) M. Legrand ne la porte qu'à soixante sols sur l'art. 131 de la coutume de Troyes.

l'enlèvement ou le déplacement d'un *terme* n'est plus un *sacrilége* , ces faits peuvent-ils être autre chose qu'un délit contre la police rurale , et qu'un attentat sur la propriété d'autrui ? Or , sous le premier point de vue , n'est-il pas assez puni par une amende de douze francs et par une détention quelconque ; et sous le second , la peine civile des dommages-intérêts , de la restitution des fruits et des frais du nouveau bornage , n'est-elle pas suffisante pour réparer l'entreprise sur le fonds d'autrui ? Il y a de l'exagération , aujourd'hui , dans les regrets qu'on témoigne que les peines de ce délit rural soient si peu proportionnées aux anciennes. Les anciennes tenoient aux mœurs et aux idées de chaque temps. Nos mœurs et nos idées ont reçu depuis , les plus grandes améliorations , et c'est à celles - ci que nous sommes redevables de tant d'adoucissement dans les peines, dont la disproportion avec les faits qui les provoquent, seroit un vice dans la législation criminelle. Laissons à DIEU le droit de punir plus sévèrement, d'après sa loi, l'injustice de cette espèce d'attentat (1).

Nous convenons cependant que notre confrère a parsemé toutes ces inutilités, de plusieurs vérités utiles, dont nos compatriotes devront lui savoir gré. Mais il est encore bien d'autres notions également utiles, qu'il a laissées à désirer. Nous croyons devoir les donner nous-mêmes :

1.° Il n'a placé sur une même ligne avec le propriétaire, que l'usufruitier, quant au droit de demander le bornage, contre le voisin.

---

(1) Deuteronome , chap. 19 , ⅋ 14, chap. 27, ⅋ 17.

Il est vrai cependant que ce droit compète encore à tout possesseur de bonne ou de mauvaise foi, parce qu'il suffit qu'il possède comme propriétaire, et qu'il est également acquis aux créanciers qui possèdent le fonds, *jure pignoris*. Il est encore vrai que le voisin peut exercer la même action contre eux (1).

2.° Quoique très-anciennement on prît trois individus dans le collége des *Frères Arvaux* pour faire les bornages entre particuliers, il y avoit long-temps que le préteur ne commettoit qu'un seul arpenteur pour procéder à ces bornages (2).

La question s'étant présentée entre deux voisins, dont l'un vouloit que le bornage fût fait par un seul homme de l'art, et l'autre prétendoit que ce bornage fût fait par deux, le parlement d'Aix, par arrêt du   mai 1747, ordonna que le bornage seroit fait par un seul, à frais communs. MM. Siméon et de Colonia plaidoient. La loi 4 que nous venons d'indiquer, ne fut pas citée. Il fut seulement dit qu'en pareil cas, un seul homme de l'art suffisoit, tout comme un seul médecin ou chirurgien suffit pour le rapport de l'état d'un malade ou d'un cadavre.

On n'est plus étonné que l'opération du bornage soit aujourd'hui confiée au juge de paix de chaque canton.

3.° Le bornage que deux propriétaires font entre eux d'un commun accord, vaut titre (3).

_____

(1) Loi *sed et loci* 4, §§ 8 et 9, ff. *finium regundorum*. MM. Dénisart, v.° *bornes*, n.° 7, et Pothier du contrat de société, n.° 332. — (2) Loi 4, cod. *finium regundorum*. — (3) M. de Maleville, tom. 2, pag. 107.

4.° Les déclarations des anciens propriétaires des fonds, dont le bornage est demandé , sont utiles en matière de bornage (1).

5.° Il n'est permis à personne de fixer l'étendue de son terrain et de planter ses bornes de son autorité privée (2). On peut dans l'année en demander l'arrachement au juge de paix, par la voie de l'action possessoire.

6.° Le juge de paix peut, pour placer les termes dans une direction qui en facilite l'indication et en rende la découverte plus aisée, les avancer ou les reculer dans les fonds de l'un ou de l'autre , en faisant dédommager celui qui perd (3).

7.° Si la contestation roule sur un seul local , le juge de paix peut en adjuger une partie à chacun, selon qu'il pourra distinguer à peu près ce qui doit leur appartenir (4).

8.° Dans le cas du déplacement d'un terme , le juge de paix peut fixer le lieu où il doit être replacé, si les lieux ont été dénaturés (5).

9.° Le bornage peut être demandé , quoique les deux fonds soient séparés par un ruisseau ou par un chemin privé , parce que le ruisseau ou le chemin peuvent appartenir à l'un des deux (6).

10.° Si pendant l'instance en bornage, une des parties se fait justice et s'empare du terrain qu'elle réclame, le juge peut

---

(1) M. de Maleville, loi 11. — (2) MM. Loisel , *inst. cout.*, liv. 2, tit. 2, n.° 28; Mornac, *ad leg.* 2, cod. *finium regundorum;* Dénisart, *bornes*, n.ᵒˢ 4 et 5. — (3) Loi 3, ff. *finium regundorum.* — (4) Loi 4, *in proemio*, ibid. — (5) Même loi, § 4. — (6) Loi 6, *ibid.*

la condamner de suite à restituer le terrain qu'elle s'est appropriée. Le droit romain la condamnoit à la restitution du double de l'emplacement dont elle s'étoit emparée (1).

11.° La chose qui est donnée pour confront, ne fait jamais partie de la chose confrontée. *Terminus terminans, est extra agri fines* (2).

12.° Quand il est dit, dans un acte de vente, *valat* ou *fossé* ou *chemin entre-deux*, le *valat* ou *fossé* ou *chemin* appartiennent à l'acquéreur (3). Ainsi les termes doivent être placés entre l'autre voisin et le *valat* ou le *fossé* ou le *chemin*, lesquels font partie de la propriété vendue.

13.° Quand un fonds de terre est plus élevé que celui du voisin, et est terminé par une rive en talus, placée entre deux, la rive appartient au propriétaire du fonds supérieur (dénommé *subeiran* par notre coutume), ainsi que les arbres qui y sont radiqués, et le *chemin* qui se trouveroit établi sur ladite rive (4), en conséquence, en cas d'action de bornage élevée entre les deux voisins, les termes doivent être placés au bas du talus de la rive.

14.° Si le propriétaire supérieur est clos par une muraille qui laisse en dehors le surplus de sa rive, entre sa muraille et le fonds inférieur, la décision est la même (5).

---

(1) Loi 4, cod. *finium regundorum.* Lois 35 et 39, ff. de *act. empt.* Loi 63, ff. *de contrah. empt.* — (2) Lois 35 et 39, ff. *de actione empli.* Loi 63 de *contrah. empt.* Lois 35 et 39, ff. *de actione empt.* Loi 63, ff. *de contrah. emptione.* Thuscus, lett. C., concl. 698. Gobius *de aquis*, quæst. 12, n.° 7. Hieronimus-de-Monte, tract. *de finib. regund*, cap. 107, n.° 4. — (3) Gobius, *de aquis*, quæst. 21, n.ᵒˢ 7, 8, 9 et 10. — (4) M. Bomy, pag. 42. — (5) Le même *ibid.*

15.°

15.° Mais ce talus peut s'être trop étendu par l'effet des pluies dans le fonds inférieur ; ou bien le propriétaire inférieur peut avoir empiété sur ce talus et l'avoir rétréci. Dans ce cas, c'est un géomètre qui fixe l'étendue du talus, en le proportionnant à la hauteur de la rive.

16.° Quand les fonds limitrophes sont de niveau ou à peu près, le propriétaire du mur de séparation, est censé avoir placé son mur sur la lisière de son terrain, s'il n'existe pas des termes en delà de ce mur ; et s'il en existoit à quelque distance que ce fût, ils indiqueroient suffisamment, que l'espace existant entre le mur et ces termes appartient au propriétaire du mur, ainsi que les arbres et le chemin qui seroient sur cet espace.

17.° Les questions relatives aux limites des domaines vendus par l'État, sont du ressort des tribunaux civils; mais si elles dépendent de l'*interprétation* et *application* des titres administratifs, elles sont de la compétence de l'autorité administrative (1).

18.° Les contestations qui s'élèvent sur la limitation des mines acquises par concession ou autrement, sont de la compétence des tribunaux. Cependant si la limitation d'une mine a été faite administrativement, sans que le propriétaire de la mine voisine ait été entendu, celui-ci peut la quereller devant l'autorité administrative (2).

---

(1) M. Sirey, an 1807, part. 2, pag. 58, col. 2; an 1814, part. 2, pag. 323.

(2) Le même, même année 1814, part. 2, pag. 334.

TITRE X.

Des dommages faits aux champs.

Ce titre est exact. Il contient des réclamations aussi justes qu'intéressantes, contre le CODE RURAL qui a aboli des usages aussi bien entendus que l'étoient ceux, que chaque province avoit pour la conservation des plantations et fruits exposés dans des champs ouverts à l'indiscrétion des bergers, des passans et des maraudeurs. Ces usages, éprouvés par l'expérience de tant de siècles, et qui n'ont jamais donné lieu à des abus, sont dignes de la sollicitude de toutes les autorités constituées et des tribunaux. Ils doivent tous solliciter ou le maintien des anciens règlemens de chaque pays, tous faits avec autant de réflexions que de sagesse, ou un nouveau code qui encourage moins les délits ruraux, et qui donne plus de facilité aux propriétaires pour s'en plaindre, en obtenir la répression et la juste indemnité. Ce n'est que depuis que le nouveau CODE RURAL existe, que les propriétaires essuyent des dommages effrayans, dans leurs possessions rurales. Combien de particuliers qui n'ont pas dans leurs fonds, des pâturages pour un âne, tiennent des troupeaux qui fourragent toutes les nuits les propriétés d'autrui, soit voisines, soit éloignées ! Combien de particuliers, sur le fondement qu'ils ne peuvent être poursuivis que lorsque deux témoins les ont vus, se sont fait un état du maraudage !

Félicitons-nous de ce qu'un magistrat (1), aux lumières

---

(1) M. Cappeau, président en la Cour royale d'Aix, choisi dans notre ordre qu'il honoroit par sa postulation.

et à l'érudition duquel nous rendons tous un hommage aussi
sincère que mérité, a bien voulu donner une partie de son
temps à composer un excellent ouvrage intitulé CODE RURAL
et à le rendre public. Un CODE RURAL étant désiré et si nécessaire dans toutes les parties de la France, sera sans doute activé
par le travail que ce digne magistrat a bien voulu faire pour
communiquer ses idées sages et réfléchies à son pays, à nos dé-
putés et au gouvernement, entraîné par la nécessité publique qui
exige un autre code plus répressif de l'indiscrétion des bergers,
bien plus dangereuse encore que celle des maraudeurs ; ceux-ci
ne volent que quelques fruits, et ceux-là laissent attaquer sans
pitié, la nuit, par leurs brebis, les plantations et les récoltes de toute espèce, tous encouragés par l'impossibilité où
les propriétaires sont d'avoir les deux témoins requis, pour les
autoriser à dénoncer ces attentats à la justice. Il est temps
que ces désordres destructeurs, qui enlèvent chaque année,
aux propriétaires et aux cultivateurs, l'espérance d'être dédom-
magés de leurs dépenses et de leurs travaux par les productions
de la terre, soient arrêtés. Nous avons ce doux espoir que,
soutenus par ceux d'un magistrat connu du gouvernement, pour
être au nombre des hommes qui honorent la haute MAGIS-
TRATURE, les vœux déjà bien prononcés de notre confrère et les nôtres sur cet heureux événement, seront bientôt
comblés.

TITRE XI.

Du Précaire ou de la résolution de la vente.

» Les choses vendues et délivrées n'appartiennent à l'acquéreur,
» qu'autant qu'il en a payé le prix au vendeur, à moins qu'il n'ait
» pourvu à la sûreté de ce vendeur en lui donnant caution ou un
» gage.... Mais si le vendeur a délivré la chose et a suivi la foi de
» son acheteur (*en lui atermoyant le prix*), il faut dire qu'au
» *MOMENT même de la délivrance*, la chose vendue *devient*
» *PROPRE à l'acheteur* (1) ».

Dans cette partie de son ouvrage, notre confrère s'est trop légèrement imposé quatre tâches qu'il lui étoit impossible de remplir. De là vient que pour parvenir à satisfaire à son annonce, il s'est égaré au point que chaque phrase de son titre XI renferme une erreur étonnante de sa part en proportion de ce qu'elle est capitale.

Il s'est chargé de prouver : 1.° Que l'*action EN RÉVO-CATION DU PRÉCAIRE*, *ne pourra plus être exercée pour les ventes postérieures au code civil* : ce qui signifie que le pacte *du précaire* est aboli par ce code pour l'avenir ;

---

(1) *Venditæ verò res et traditæ non aliter emptori acqui-runtur, quàm si is venditori pretium solverit, vel alio modo ei satisfecerit, veluti expromisso aut pignore dato...... Sed si is qui vendidit FIDEM EMPTORIS SEQUUTUS FUERIT, dicendum est statìm rem emptoris FIERI.* Inst. *de rerum divisione*, § 41. Ce § des institutes est le résumé de sept lois romaines que nous indiquerons bientôt.

qu'il ne pourra plus être stipulé dans les ventes qui seront
faites postérieurement, et que la jurisprudence française ne le
suppléera plus.

2.º *Que cette action n'aura pas même lieu depuis le
code civil, pour les ventes antérieures à sa promulgation:*
ce qui signifie que le code civil a anéanti pour le passé, le
pacte du précaire qui a été stipulé par l'homme ou suppléé
par le droit français dans ces ventes : ce qui signifie encore
que le code civil a paralysé dans ces ventes, et le fait de
l'homme et celui de la loi pour le passé.

3.º Qu'en supposant que *l'action en révocation du précaire, pût encore avoir lieu pour les ventes antérieures
au code civil, le vendeur n'a pas besoin de conserver ses
hypothèques et privilèges sur le fonds vendu, par une
inscription* : ce qui signifie, dans son sens, que le vendeur
qui a *délivré la chose vendue*, et en a volontairement
*atermoyé le prix, conserve néanmoins la propriété de
la chose vendue,* et d'où il conclud que le *propriétaire
d'une chose* ne peut point avoir une *hypothèque privilégiée*
sur cette chose.

4.º Et enfin, que *la résolution de la vente à défaut
de payement du prix, dont le code a fait une règle générale, n'est pas un privilége soumis à la formalité de
l'inscription* : ce qui signifie que le *pacte résolutoire,* stipulé
par l'homme ou suppléé par les lois anciennes et par le code
civil, conserve également au vendeur la *propriété* de la chose
vendue, quoiqu'il l'ait délivrée à l'acquéreur en lui donnant
terme pour en payer le prix.

Ces quatre propositions sont chacune en opposition directe
avec le droit romain, avec l'ancien droit français, avec l'ancien

droit provençal et avec le nouveau droit français consigné dans le code civil. Les deux dernières sont antipathiques à la loi du 11 brumaire an 7 et au titre *des priviléges et hypothèques* du code civil. Toutes sont repoussées par tous les auteurs qui ont écrit ou antérieurement ou postérieurement au code civil.

Cependant notre confrère s'est décidé à écrire pour les présenter à la MAGISTRATURE, au barreau et à tous les habitans de la ci-devant Provence, les unes comme des *maximes provençales*, et les autres *comme des règles françaises* nouvellement établies par le code civil.

A-t-il rempli son objet ? A-t-il satisfait aux espérances qu'il nous a données ? Autant vaudroit-il demander s'il est parvenu à faire l'*impossible*. Il a inutilement tourmenté son imagination. Il a plus inutilement encore, fait des recherches infinies dans le corps du droit romain, dans les annales de l'ancien droit français et dans celles de l'ancien droit provençal. Il a tout aussi inutilement mis à contribution le code civil et tous les auteurs qui ont écrit depuis que ce code est devenu le régulateur de la jurisprudence française. Il n'a rien prouvé de ce qu'il a avancé. Il a trouvé partout la condamnation de ses quatre propositions. Il a écrit cependant pour les établir, et c'est très-sérieusement et avec toute bonne foi qu'il l'a fait.

Hâtons-nous de légitimer toutes ces annonces encore plus pénibles pour nous que pour lui, puisqu'il est vrai qu'il a renouvelé, avec la plus grande réflexion et avec une sorte de complaisance tous ses écarts, dans la réponse imprimée qu'il nous a faite avant que nos observations amicales, manuscrites et rédigées uniquement pour lui, fussent connues du public.

Il a reconnu que la *solution de ses quatre questions* ou

propositions , *exigeoit quelques explications.* En conséquence, avant d'entreprendre les discussions que ses quatre
propositions exigeoient de lui, il a eu l'attention de nous
donner des notices préliminaires pour initier ses lecteurs et
leur faciliter l'intelligence de toutes les parties de son système. Ces notices préliminaires sont tout autant de *postes
avancés* qu'il nous faut enlever. Nous sommes bien assurés
du succès ; mais nous mettrons à une grande épreuve l'attente
de ceux qui vont être témoins de notre attaque. On sait
qu'il est aisé de réunir plusieurs erreurs dans une seule phrase,
et qu'il faut plusieurs pages pour en réfuter une seule.
Nos simples dénégations n'auroient sûrement pas le même
crédit que les affirmations de notre confrère. Il a hasardé
tout ce qui pouvoit colorer son système. Ce n'est pas un
exemple à suivre par celui qui n'écrit que pour désabuser ceux
qui auroient déjà pris ses *erreurs* pour des *maximes locales*,
et pour prémunir les autres contre ces erreurs. Il faut non-
seulement qu'il dise tout ; il faut encore qu'il prouve tout.

Notre confrère a trouvé dans le recueil de M. de Bomy,
pag. 5, l'ancien statut du roi René, qui réinvestit ses *cours
ordinaires* de la connoissance de la *révocation de tous les
précaires*, dont la chambre royale *les avoit dépouillées.*
Il s'est arrêté à ce statut , quoiqu'il fût bien indifférent de le
connoître , attendu qu'il ne décide rien sur la matière des
précaires , et qu'il n'est propre qu'à nous certifier l'ancien
usage de la *clause du précaire* en Provence, lequel nous
étoit suffisamment attesté par le droit romain , formant le
droit commun de ce pays , par la pratique constante et jour-
nalière des notaires, et par la tradition soutenue de tous nos
auteurs.

Il a eu ses vues. Il avoit un système nouveau à établir sur les droits du vendeur non encore payé du prix. Il vouloit le dispenser de l'obligation de faire *inscrire* son *privilége*, le seul droit qui lui reste après une vente légalement consommée ; et pour cela, il vouloit aller jusqu'à soutenir que la *clause du précaire* conservoit au vendeur la PROPRIÉTÉ de la chose vendue, et délivrée avec atermoiement du prix. Il n'y avoit, en effet, que cette supposition qui pût colorer son système.

Pourquoi est-il remonté si haut ? La *clause du précaire* opéroit la *résolution de la vente* quand l'acheteur ne remplissoit pas les engagemens qu'il avoit pris dans le contrat. En conséquence, la *clause du précaire* s'identifioit avec la *clause résolutoire* connue et stipulée dans certains pays de France, depuis aussi long-temps que celle du *précaire* l'étoit dans d'autres, et surtout en Provence. Le code civil a décidé que la *clause résolutoire* quand elle n'avoit pas été stipulée entre les parties contractantes, seróit censée l'avoir été, et que le vendeur n'étant pas payé du prix de vente, pourroit demander la *résolution de la vente*. Il a voulu dispenser aussi le vendeur d'*inscrire* le *privilége* résultant de la *clause résolutoire stipulée* ou *légale*, et pour cela, il a été aussi jusqu'à soutenir que cette clause, comme celle du *précaire*, conservoit au vendeur la PROPRIÉTÉ de la chose vendue, et délivrée avec atermoiement du prix. Nous n'exagerons rien. Ses quatre propositions, déjà transcrites avec toute fidélité, sont pour nous des garans irrécusables.

C'est pour nous disposer à l'adoption de tous ces résultats, étranges en raison de ce qu'ils ne dérivent et ne peuvent dériver d'aucun principe de droit, et de ce qu'ils sont dans

un

un état d'opposition parfaite avec toutes les lois romaines ,
avec la jurisprudence de tous les pays de France , avec celle
de Provence, avec la doctrine de tous les auteurs français et
de tous les auteurs locaux , sans excepter même M. de Julien ,
des opinions duquel notre confrère est le propagateur décidé ;
c'est , disons-nous, pour nous disposer à l'adoption de tous
ces résultats, que ce confrère a imaginé de nous donner un
cours de la théorie , de la pratique et des effets de la *clause
du précaire*, en prenant tout dans sa tête, et rien dans les
documens légaux que nous avons sur cette matière. N'eût-il
pas mieux valu pour lui et pour nous qu'il n'eût pas vu dans
M. de Bomy, le statut du roi René sur les *précaires*. Nous
n'aurions pas à remplir aujourd'hui la tàche pénible autant
que fâcheuse , d'opposer une digue à ce torrent d'erreurs dont
le dernier titre de son opuscule menaçoit déjà notre pays,
et auquel sa rénommée eût ouvert toutes les voies.

On est étonné qu'il ait ressuscité , pour ainsi dire, ce vieux
statut dans un ouvrage où il se proposoit de prouver, que le
code civil avoit abrogé *la clause du précaire* pour l'avenir
et même pour le passé.

Nos sentimens personnels pour lui sont déjà connus. Nous
prions donc tous nos compatriotes de se bien persuader que nous
ne jouons qu'au forcé dans cet ouvrage, et que ce qui opère
notre contrainte , c'est le coup d'œil effrayant de tant de
maximes romaines , françaises et provençales , mises dans
un risque imminent par le juriste le plus renommé de son
pays ; c'est leur dire assez que l'intérêt de la ci-devant PRO-
VENCE et de ceux qui l'habitent, nous a seul décidés à
faire ce travail, après l'avoir mis au nombre de nos devoirs,
dans un moment où les infirmités, compagnes du grand âge,

R r

qui ont cependant respecté le nôtre, ont mis plusieurs de nos confrères infiniment plus éclairés que nous, dans l'impuissance de prendre notre place. Tous savent d'ailleurs que nous avons été provoqués et sommés, pour ainsi dire, de ramasser le gant.

Notre confrère a cru, pour préparer les voies à ses quatre propositions, dont il n'est pas une de vraie, devoir nous donner une esquisse de la théorie, de la pratique et des effets du *précaire*. Cette esquisse participe aux vices de ses propositions. L'inexactitude la caractérise encore dans toutes les phrases et dans toutes les lignes dont elle se compose. Elle est contraire à tous les documens que nous avons sur cette matière. Il importe à notre pays que nous en fassions justice, pour le tenir en garde contre les prétendus *usages* que notre confrère lui a certifiés, et les conséquences qu'il en a tirées préliminairement.

Nous voilà donc placés dans l'absolue nécessité de nous arrêter préalablement devant cette esquisse pour faire contre elle nos premières armes. Nous prenons avec nos lecteurs, l'engagement de nous abstenir de toute ruse de guerre: la loyauté seule dirigera notre marche et notre attaque, et nous le tiendrons religieusement.

Nous commençons d'abord par donner une notice exacte de *l'action en révocation du précaire* connue en Provence. On verra bientôt pourquoi nous usons de ce préalable.

Cette action étoit celle qui compétoit au vendeur, non encore payé du prix ou de tout le prix de la chose vendue, contre son acquéreur qui avoit soumis cette chose au *précaire*, 1.º s'il venoit à aliéner la chose sans charger le second acheteur, de payer au premier vendeur le prix ou le

restant prix. 2.° Si, sans avoir aliéné la chose, l'acheteur
tomboit en faillite ou en déconfiture, ou si après sa mort
son hoirie étoit prise par bénéfice d'inventaire. 3.° Si sans avoir
aliéné la chose, il étoit en demeure de payer le prix après
le terme échu, ou les arrérages avant l'échéance du capital.
4.° Si par son fait, il détérioroit la chose vendue et dimi-
nuoit par-là sa valeur.

Cette action étoit l'exercice du droit que le vendeur avoit,
en déclarant qu'il *révoquoit le précaire*, de faire condamner
son acheteur à lui payer le prix ou la partie du prix, ou les
arrérages qui lui étoient dus, et de demander qu'à défaut de
ce payement, il seroit autorisé, en qualité de créancier privilégié, à se payer sur la chose vendue, *en nature*, après
estimation.

Telle étoit l'*action de révocation du précaire* : tels en
étoient les objets, la pratique et les effets. C'est ce que nous
promettons de démontrer.

Notre confrère s'est donc égaré dès la seconde phrase de
son titre XI, lorsqu'il a dit, pag. 90 : *On appelle en Pro-*
vence RÉVOCATION DU PRÉCAIRE, le droit qu'a le
vendeur non payé du prix, de REVENDIQUER le fonds
ALIÉNÉ par l'acheteur. A-t-il quelque garant de cette
double assertion ? On connoît sa facilité et son abondance dans
les citations. Cependant ici il est resté seul ; et pourquoi ?
Il n'a trouvé ni loi, ni arrêt, ni auteur, dont il ait pu faire
une escorte à ce qu'il a si légèrement avancé.

Il nous renvoit tout de suite à MM. Mourgues et de Julien,
lesquels, dit-il, *ont expliqué les principes* de la matière du *PRÉ-*
CAIRE. C'est se tirer d'embarras avec aisance. Nous ne savons
pourquoi il ne nous a pas aussi renvoyés à MM. de S.¹-Jean,

Margalet, Dupérier, Decormis, Boniface, Buisson et de
Regusse, dont l'autorité égale celle des deux auteurs qu'il a
cités, et qui nous donnent encore plus de connoissances sur le
précaire que ceux-là, quoique toutes également insuffisantes :
aucun d'eux n'ayant fait un traité du PRÉCAIRE, et tous
s'étant bornés à nous rendre compte des difficultés jugées de
leur temps.

Quelle est la véritable cause de cette tactique avec laquelle,
au lieu de garantir sa double assertion par des autorités
précises, il nous a chargés d'en aller chercher nous-mêmes
les bases dans les auteurs du pays ? Nous répondons avec
toute vérité, que c'est uniquement parce que ni les deux auteurs
auxquels il nous a renvoyés, ni ceux que nous venons d'indiquer nous-mêmes, ne disent rien qui puisse légitimer ses deux
prétendues *maximes*, et se sont tous prononcés, au contraire,
dans un sens opposé. Nous étonnons ; mais nous disons la vérité.

La double assertion de notre confrère suppose, 1.º que le
précaire stipulé ou supplée dans un contrat de vente, pour
cause d'atermoiement du prix, conserve au vendeur la
PROPRIÉTÉ et par voie de conséquence, L'ACTION RÉ-
VENDICATOIRE contre son acquéreur. 2.º Que l'action en
révocation du précaire, ne compète au vendeur que lorsque
son acquéreur a REVENDU le fonds qu'il possédoit sous le
précaire du vendeur. De ces deux assertions bien positives,
l'une n'est pas plus vraie que l'autre. Impossible de trouver
un auteur français ou provençal, qui ait adopté la première
si formellement contradictoire avec le § des *institutes*, dont
nous venons de composer notre épigraphe en tête de ce titre.
Impossible encore, de trouver un auteur français ou provençal
qui ait professé la seconde.

Après avoir posé ces deux assertions, notre confrère commence par décrier la première. Il convient, pag. 91 , que *la vente et la tradition* de la chose vendue *transfèrent le domaine* de cette chose *à l'acquéreur , lorsque le vendeur a suivi la foi de cet acquéreur , en lui donnant terme pour le payement.* On n'oubliera pas un aveu aussi formel et aussi précieux pour nous. Il ajoute, pag. 92, que parmi nous, d'après M. de Julien, *élémens de jurisprudence* , pag. 306, le vendeur a des *droits réels sur la chose vendue, tant qu'il n'est pas payé du prix. Il y est PRÉFÉRABLE aux AUTRES créanciers. Il a un PRIVILÉGE réel.* Telles sont les propres paroles de M. de Julien, que notre confrère n'a pas bien rendues par les siennes. Il a dit tout simplement, *nous regardions le vendeur non payé comme PRIVILÉGIÉ sur la chose vendue.* Cette énonciation laconique et vague, ne nous apprenoit pas tout ce que M. de Julien pensoit de ce vendeur ; ni que, d'une part, il ne lui accordoit que des *droits réels* (et non la propriété) sur la chose vendue ; et que d'une autre part, il ne le considéroit que comme un CRÉANCIER PRÉFÉRABLE AUX AUTRES, en vertu du PRÉCAIRE RÉEL stipulé ou suppléé.

Il est donc vrai que notre confrère a ébranlé une seconde fois sa première assertion, dès qu'il est convenu que d'après nos usages, *nous regardions le vendeur comme PRIVILÉGIÉ sur la chose vendue.* C'est lui qui nous a déjà appris que là, où est le *privilége,* la *propriété* ne peut pas exister avec lui, et que là, où est la *propriété* , le *privilége* est incompatible.

Les deux échecs qu'il vient de porter lui-même à la première partie de sa définition , ne sont pas de bon augure pour la seconde, que l'ordre de son travail nous oblige de réfuter préalablement à l'autre, parce qu'elle tient à la forme, c'est-à-dire, à la pratique de la *clause du précaire*, et que la première va au fond, c'est-à-dire, aux effets de cette clause.

Cette seconde assertion suppose que la *révocation du précaire* n'avoit lieu que dans le cas spécifique de la REVENTE du fonds faite par l'acquéreur, encore débiteur du prix ; et notre confrère nous l'a présentée sous la qualification imposante de *maxime* provençale.

En preuve de cette prétendue *maxime*, il s'est permis de nous en fabriquer deux autres aussi supposées que la première, dont elles sont destinées à devenir l'appui. Il suppose 1.° que *l'acquéreur qui n'a pas aliéné le fonds, s'il venoit à tomber en déconfiture, ou si après sa mort, son hoirie étoit prise par bénéfice d'inventaire, qui formoit alors discussion et instance générale, il n'y avoit pas lieu à la révocation du précaire, parce que le pacte du précaire N'AVOIT PAS ÉTÉ VIOLÉ.* Quel est son garant ? M. de Julien, sur les statuts, tom. 2, pag. 493. On verra bientôt que M. de Julien n'a rien dit de pareil, et que précisément il décide le contraire.

2.° Que *l'acquéreur qui avoit conservé le fonds et l'intégrité de son état,* quoique en demeure de payer le prix, n'a jamais été attaqué en Provence, en *résolution de la vente* par la voie de la *révocation du précaire.* Il ajoute *qu'on ne connoît aucun arrêt parmi nous qui eût accordé ou refusé cette résolution. Les monumens de notre jurisprudence n'indiquent pas que la question se soit jamais élevée. Il est PROBABLE que la simplicité de notre procès exécutorial avoit fait préférer la collocation du vendeur à la résolution du contrat*, pag. 93.

Voilà donc une supposition posée en maxime, et basée sur deux autres suppositions. Nous les aborderons successivement dans le même ordre que notre confrère leur a donné.

Il n'a trouvé nulle part établie, cette prétendue *maxime*, que la *révocation du précaire n'a lieu que dans le cas particulier de la REVENTE*. Nous le défions avec toute assurance et toute tranquillité, de nous indiquer un seul auteur français ou provençal qui ait adopté une erreur aussi grave; et bientôt, en discutant ses deux autres suppositions dont il a fait les preuves de son principe, nous démontrerons que les auteurs ont admis la *révocation du précaire*, dans tous les cas généralement où l'acquéreur manque aux *pactes promis*, quels qu'ils soient, où sa créance est devenue exigible, et où elle est en péril. Il a vu dans MM. de Regusse, Mourgues et de Julien, que la REVENTE faite par l'acquéreur donnoit au vendeur le droit d'exercer l'action en *révocation du précaire*, et il a conclu de là, que cette action n'étoit ouverte au vendeur que dans ce cas particulier. Ce que ces trois auteurs ont dit, est une vérité écrite dans les ouvrages d'un bien plus grand nombre d'autres (1). Mais s'ensuit-il en bonne logique, que l'action en *révocation du précaire* n'ait eu lieu que dans ce cas, et ne puisse avoir lieu dans tout autre ?

---

(1) Journal du palais in-f.°, tom. 1, pag. 215. MM. d'Olive, liv. 2, chap. 17; Guypape, quest. 569 aux notes; Margalet, liv. 3, chap. 8 ; Dupérier, tom. 2, pag. 446, n.° 23, et Décormis, tom 2, col. 1704.

Si quelqu'un lisoit dans un ou plusieurs auteurs, que divers contrats ou testamens ont été cassés par tel motif, ou que plusieurs donations ont été déclarées révoquées pour telle cause, seroit-il permis d'en conclure que ces contrats ou testamens ne peuvent être cassés que par ce motif, ou que ces donations ne peuvent être révocables que pour cette cause ?

Parmi les auteurs que notre confrère a invoqués et parmi ceux que nous venons de leur accoler, il n'en est pas un qui ait tiré cette conséquence des arrêts qu'ils rapportent. Notre confrère en se référant à certains d'entre eux, eût dû rester sur une même ligne avec eux, et ne pas la dépasser. Il n'est pas permis en effet, de convertir la décision particulière de plusieurs cas identiques, en une règle générale, exclusive de tous autres cas. Pareille licence ne fait pas partie de l'art de raisonner. Il seroit bien étonnant, si le principe posé par notre confrère étoit vrai, qu'aucun de ces neuf auteurs n'eût eu l'attention de nous en prévenir et de l'établir. Nous posons en fait qu'aucun de ceux que nous venons d'indiquer, n'a limité l'exercice de *l'action en révocation du précaire* au cas où l'acheteur a REVENDU la chose soumise au *précaire* du vendeur, et que le plus grand nombre l'a étendue à tous les cas où l'intérêt du vendeur étoit ou pouvoit être compromis.

Il n'est pas donc exact, et il ne peut l'être, de dire que *l'action en révocation du précaire* ne fût ouverte au vendeur, que dans le cas où le fonds avoit été REVENDU. Dès lors nous demandons à notre confrère s'il n'étoit pas naturel que dès que le *précaire* étoit stipulé par l'acquéreur, pour la sûreté de la créance du vendeur, celui-ci se prévalût du

précaire

précaire alors même que la REVENTE n'avoit pas eu lieu, toutes les fois que sa créance étoit mise en danger par le fait de l'acquéreur, et toutes les fois que celui-ci le tenoit en souffrance, après le terme échu, par défaut de payement. Il nous a vivement contesté chacune de ces deux vérités. Il n'y a vu que des ERREURS, et c'est pour les combattre, qu'il a voyagé dans la région des suppositions pour étayer son principe qui en étoit déjà une lui-même. Nous allons lui préparer bien des regrets.

S'il est vrai en effet que la *révocation du précaire* avoit lieu lorsque l'acquéreur avoit *revendu* le fonds, sans charger son acquéreur de payer lui-même au vendeur ce qui lui restoit dû du prix, il l'est tout autant que la *révocation du précaire* avoit également lieu dans tous les cas où l'acquéreur qui n'avoit pas aliéné le fonds, tenoit cependant en souffrance l'intérêt du vendeur.

C'est précisément ce que nous allons prouver, et c'est ainsi que nous saperons à fond son principe supposé, en ruinant de suite les bases sur lesquelles il l'a assis.

Rien n'est plus certain d'abord, que la *révocation du précaire* avoit lieu lorsque l'acquéreur, débiteur du prix, tomboit en faillite ou en déconfiture, ou qu'après sa mort, son hoirie étoit acceptée par bénéfice d'inventaire, alors même que la chose vendue étoit encore au pouvoir de l'acquéreur et de la masse des créanciers, et cela devoit nécessairement être ainsi.

Rien n'est plus certain encore, que la *révocation du précaire* avoit lieu, lorsque l'acquéreur encore possesseur de la chose vendue, en altéroit la valeur intrinsèque.

Rien n'est plus certain enfin, que la *révocation du pré-*

S s

caire avoit lieu , lorsque l'acquéreur encore détenteur de la chose vendue , étoit en demeure de payer les arrérages ou le prix échu.

Si ces trois assertions sont vraies , celles de notre confrère tombent nécessairement.

Il prétend qu'il ne connoît aucun arrêt qui puisse garantir nos assertions ; et que la sienne est certifiée véritable par M. de Julien. C'est pourtant tout le contraire. Nous avons les lois et conséquemment les principes et les auteurs de notre pays, M. de Julien même pour appui, et notre confrère, tant dans son assertion principale que dans celles secondaires, dont il a fait les preuves de la première , est absolument isolé , il ne parle plus que d'après lui. Il est *auctor et actor*. Il nous a donné ses propres idées et conjectures pour des *maximes provençales*. On ne dira donc pas de nous que *falsa damus cum nihil nisi nostra damus*.

Nous imitons notre confrère et nous disons que cette annonce *exige quelques explications préalables*.

Nous observons d'abord que ce n'étoit pas le vendeur non payé du prix , qui stipuloit le *précaire*. C'étoit l'acquéreur lui-même qui *soumettoit* la chose vendue au *précaire* de son vendeur, jusques à ce qu'il se fût acquitté du prix (1). Cela est aussi vrai qu'il l'est , que lorsque le vendeur avoit reçu le prix de la chose vendue , sans avoir fait la délivrance , ce n'étoit pas l'acquéreur qui stipuloit la clause du *constitut et précaire* , mais le vendeur lui-même qui la stipuloit au profit de son acquéreur , attendu qu'il restoit en possession

---

(1) MM. Margalet, pag. 110 et 112 ; Mourgues , pag. 425.

d'une chose tout à la fois vendue et payée (1). Dans le premier cas, l'acquéreur donne un cautionnement à son vendeur, en affectant spécialement la chose vendue au payement du prix dont il reste débiteur, et en s'interdisant par cette clause, non-seulement d'aliéner la chose, mais encore d'en altérer la valeur intrinsèque. Dans le deuxième cas, le vendeur contractoit envers son acquéreur les mêmes obligations de ne pas aliéner (2), et par la même raison de ne pas surcharger, négliger, détériorer la chose vendue et payée, et de la délivrer au terme convenu.

Lors donc que l'acquéreur avoit soumis la chose vendue au *précaire* du vendeur, et que celui-ci avoit accepté cette soumission, il avoit consenti à ce que l'acquéreur fût le *propriétaire*, le *maître* et le *possesseur* de la chose vendue, jusques à ce qu'une contravention au *précaire* lui donnât lieu de pourvoir à ses intérêts menacés, par l'*action en révocation du précaire*. De même aussi, lorsque l'acquéreur avoit payé le prix, sans obtenir la délivrance et accepté *le constitut et précaire* stipulé en sa faveur, il avoit consenti à ce que son vendeur possédât la chose tant qu'il ne contreviendroit pas à ce pacte de *constitut et précaire*, c'est-à-dire, qu'il ne vendroit pas la chose à un autre, qu'il la conserveroit dans son état et dans sa valeur, et qu'il ne le mettroit pas par-là dans le cas de *révoquer* son consentement donné au *constitut et précaire*, et de demander la délivrance de la chose.

Le consentement donné par le vendeur au pacte du *pré-*

(1) M. Margalet, pag. 114 et 115, n.ᵒˢ 3 et 4. — (2) *Idem* ibid.

S s 2

caire, ou par l'acquéreur au pacte *du constitut et précaire*, formoit entre eux un contrat, et de là vient la nécessité dans laquelle ils étoient l'un et l'autre, de *révoquer* ou le *précaire*, ou le *constitut et précaire*, lorsqu'ils avoient de justes causes pour se plaindre de l'infidélité de l'un ou de l'autre envers leurs engagemens. Ils ne pouvoient pas se délier eux-mêmes d'un contrat formé. Ils avoient besoin de se faire restituer par le juge envers ce contrat. C'est ce qu'ils faisoient chacun, selon le cas, en prenant des *lettres de révocation du précaire* (1). Ensorte que quelle que fût la nature ou l'espèce de la cause qui mettoit le vendeur dans le cas de demander la *résolution de la vente*, ou l'acquéreur dans celui de demander la *délivrance* de la chose vendue et payée, il falloit toujours que chacun d'eux commençât par se faire expédier des lettres de *révocation du précaire*, pour que le juge les dégageât de leur consentement, qui avoit formé entre eux un véritable contrat.

Telle est véritablement l'origine ou la cause de la demande en *révocation du précaire* ; et on sent déjà que cette *révocation du précaire* étoit un préalable nécessaire, en raison de ce qu'il tenoit lieu de l'action en rescision envers les pactes du *précaire* ou du *constitut et précaire*.

Voilà notre première *explication*. Elle est suivie d'une seconde, uniquement relative au *précaire* stipulé par l'acquéreur qui n'a pas payé le prix, pour la sûreté du vendeur.

On connoissoit à Rome deux espèces de *précaires*. Le *précaire absolu* et le *précaire simple ou d'imitation*. Ce

---

(1) M. Margalet, pag. 113 et 115.

dernier étoit celui auquel l'acquéreur qui recevoit la délivrance de la chose vendue, avant d'en avoir payé le prix, soumettoit cette chose au profit du vendeur. Le premier étoit un contrat de *précaire* proprement dit, par lequel le propriétaire d'un meuble ou d'un immeuble accédoit à la PRIÈRE qu'un tiers lui faisoit, de lui concéder gratuitement l'usage de ce meuble ou de cet immeuble, pendant tout autant de temps qu'il trouveroit bon de lui continuer la concession, c'est-à-dire, sous la réserve du droit de révoquer cette concession, quand il le trouveroit bon; de sorte que cette concession étoit, de soi, révocable à volonté.

Il est parlé de ce dernier *précaire absolu*, dans plusieurs lois (1). C'est ce faisceau de lois qui nous apprend : 1.º Que le *précaire absolu*, ou le contrat du véritable *précaire*, s'opéroit d'un côté, par la PRIÈRE qu'un particulier faisoit à un autre, de lui accorder gratuitement l'usage de tel meuble ou de tel immeuble, sauf à lui d'y rentrer quand il le voudroit; et d'un autre côté, par l'adhésion que le propriétaire donnoit à cette PRIÈRE, et par la délivrance qu'il faisoit du meuble ou de l'immeuble. 2.º Que cette concession ressembloit à un prêt, et qu'elle étoit plutôt un acte de libéralité et de bienfaisance, qu'un contrat. 3.º Que du moment que le propriétaire trouvoit bon de rentrer dans son meuble ou son immeuble, il le pouvoit. 4.º Que dans le cas même où la durée de cette concession auroit été fixée, le propriétaire pouvoit révoquer celle-ci

---

(1) Lois 1, 2, 6, 12, 14, 15 et 21, ff. *de precario.* Loi 10, ff. *si servitus vindicetur.* Loi 52, ff. *de servit. præd. urban.* Loi 18, ff. *commun. prædior.* Loi 2, ff. *de præscript.*, 30 *vel* 40 *ann.*

à volonté, sans attendre l'expiration du terme convenu. 5.°
Que le tiers-concessionnaire ne possédoit le meuble ou l'immeuble, que comme le poséderoient un usufruitier, un fermier, un locataire, qui ne possèdent pas pour eux; qu'il ne
pouvoit le prescrire par quelque laps de temps que ce fût; et
qu'il n'acquéroit d'autre droit sur le meuble ou sur l'immeuble, que la jouissance qui lui en étoit accordée. Tel est le
résultat bien fidèle de toutes ces lois.

Il en est une parmi elles (c'est la loi 15, § 4, ff. *de
precario*), dont il semble que M. de Julien et notre confrère,
ont abusé, en l'appliquant au précaire *simple et d'imitation*
lequel suppose une vente parfaite. Cette loi dit, que dans le
cas du *précaire absolu*, le véritable propriétaire conserve la
possession civile, c'est-à-dire, la *propriété* de la chose, et
qu'il ne transmet au concessionnaire que la *détention corporelle* : *Rem precario datam, possidet alter animo, alter
corpore*. On voudra bien se rappeler la disposition de cette
loi, et du cas spécial et unique auquel elle se rapporte.

Celui qui avoit fait cette concession purement libérale et
transitoire, rentroit un jour dans la chose, et c'étoit tantôt
parce que le concessionnaire ou en abusoit, ou ne la soignoit
pas; tantôt, parce qu'il l'avoit aliénée; tantôt, parce que la
chose lui étoit nécessaire; tantôt, parce qu'il trouvoit bon
de ne pas proroger plus long-temps la durée de sa bienfaisance.
Comment s'y prenoit-il? S'emparoit-il de sa chose, de son
autorité privée, quoiqu'il n'eût pas cessé d'en être le maître
absolu? Il ne le pouvoit pas, parce qu'il étoit lié par un
contrat qui autorisoit la *détention corporelle* de celui qui la
possédoit.

Il commençoit par déclarer à celui-ci qu'il révoquoit sa

concession *précaire*, et qu'il vouloit rentrer dans la possession de sa chose. Ce détenteur s'exécutoit-il ? Tout étoit consommé. Faisoit-il une injuste résistance au propriétaire ? Ce dernier se pourvoyoit devant le préteur, et il intentoit l'interdit *de precario*, par lequel, en déclarant qu'il *révoquoit sa concession précaire*, il demandoit d'être rétabli dans la possession de la chose : ce qui lui étoit accordé sans difficulté comme étant de toute équité (1).

Il eût été incivil que le propriétaire se fût emparé de la chose qu'il avoit accordée par contrat, à titre de *précaire*, sans avoir prévenu son concessionnaire, qu'il *révoquoit le précaire*. Il eût été irrégulier qu'il eût demandé au juge d'être rétabli dans la possession de la chose concédée par contrat, s'il ne lui eût pas déclaré qu'il RÉVOQUOIT le contrat. Tous les jours on revient contre des contrats ; mais on est obligé de demander la restitution en entier envers ces actes. Il falloit donc que celui qui vouloit se dégager du *contrat de précaire* pour rentrer dans sa chose, commençât par déclarer qu'il le *révoquoit* ; c'étoit sa demande en restitution envers ce contrat. Cette demande il la faisoit extrajudiciairement au possesseur, et si ce possesseur ne lui rendoit pas la chose, il la réclamoit devant le préteur par la voie de l'interdit *de precario*.

Le titre du ff. *de precario*, prévoit le cas où le possesseur,

---

(1) *Hoc interdictum naturalem habet in se æquitatem, namque PRECARIUM REVOCARE VOLENTI competit ; est enim naturâ æquum , tandiù te liberalitate meâ uti, quamdiù ego velim ; et ut possim REVOCARE cùm mutavero voluntatem.* Loi 2 , § 2 ff. *de precario*.

à titre de *précaire absolu*, a aliéné la chose, et il autorise la révocation du contrat de *précaire*. Il prévoit aussi le cas où le concessionnaire est coupable de dol, ou de cette faute qui approche du dol, ce qui s'applique à la négligence supine dans les soins dus à la chose, aux dégradations et abus de la chose, et il autorise encore la *révocation du contrat de précaire*. Il prévoit le cas où le concessionnaire, pour ne pas avoir usé d'une servitude acquise à la chose concédée, l'a laissé perdre, et il autorise encore la *révocation du contrat de précaire*. Il prévoit enfin le cas où le propriétaire n'a d'autre cause ou motif que sa volonté, et il autorise également la *révocation du contrat de précaire*.

Il reste donc déjà prouvé qu'alors même que le contrat de *précaire*, n'étoit qu'une libéralité et qu'un bienfait ; qu'il n'opéroit aucune sorte d'aliénation, et conservoit la propriété de la chose à celui qui la concédoit à titre de *précaire absolu*, le maître de la chose devoit, pour se délier de son contrat, déclarer préalablement, soit au concessionnaire, soit au juge, qu'il *révoquoit sa concession précaire*, et que cette *révocation* préalable devoit être faite, quelle que fût la cause que le maître fît valoir pour rentrer dans sa chose.

Notre confrère n'étoit pas remonté dans son opuscule jusqu'à ces détails importans, lesquels eussent pu le mettre en considération et le tenir en garde contre cette foule d'inexactitudes, qu'il a prises et données pour des *maximes* en Provence.

On se dira facilement que telle devoit être à plus forte raison la marche du propriétaire, qui ayant vendu et délivré sa chose, moyennant un prix convenu, mais atermoyé, s'étant par conséquent dépouillé de cette chose, et en ayant investi pour toujours

son

son acquéreur, vouloit rentrer dans la chose vendue en vertu du *précaire* d'imitation, non-seulement pour cause de *re-vente*, mais pour toute autre cause suffisante : telle, disons-nous, devoit être sa marche, à plus forte raison, puisque le contrat qui le lioit à son acquéreur, étoit infiniment plus fort et plus difficile à résoudre.

Nous trouvons, en effet, dans la loi 20, ff. *de pre-cario* , l'exemple d'un vendeur qui n'avoit à se plaindre de son acquéreur, qu'à raison du *défaut de payement du prix.* Ce vendeur avoit délivré un ou plusieurs fonds moyennant tel prix, et l'acquéreur les avoit soumis à son *précaire* jusqu'à ce qu'il en eût payé tout le prix. N'étant pas payé de ce prix et voulant rentrer dans sa chose, le vendeur consulta le jurisconsulte Ulpien, lequel lui répondit que s'il n'avoit tenu qu'à l'acquéreur de payer le prix, il pouvoit se pourvoir contre lui, et qu'il obtiendroit d'être réintégré dans son fonds (1). Ce sont ces mots *posse consequi* qui supposent et l'action introduite devant le juge, et le jugement de celui-ci.

Comment pouvoit ou devoit se pourvoir le vendeur en pareil cas ? Par la voie de l'interdit *de precario*, qui étoit l'action spécifiquement établie. Qu'exposoit-il au juge ? La violation du *précaire* pour cause de non payement du prix, et son intention de *révoquer le précaire.* Que portoit la sentence du juge ? Qu'attendu le défaut du payement du prix,

---

(1) *Ea quæ distracta sunt ut precario penes emptorem essent quoàd pretium universum persolveretur, SI PER EMPTO-REM STETIT QUOMINUS PERSOLVERETUR , venditorem POSSE CONSEQUI.*

T t

et la *révocation du précaire* faite par le vendeur, il rentreroit dans la possession de la chose vendue. Le juge ne pouvoit dissoudre le contrat de vente, qu'en force de la *révocation du précaire*.

Tels sont les résultats certains et nécessaires du droit romain, qu'il fût question du *précaire absolu*, ou du *précaire* d'imitation. Dans tous les cas possibles, la *demande en révocation* de l'un ou l'autre *précaire*, devoit accompagner l'action ; et alors même que le vendeur n'avoit à reprocher à son acquéreur que le défaut de payement du prix, il falloit aussi, dès qu'il vouloit rentrer dans son fonds, qu'il *révoquât* ce *précaire*, sous la foi duquel il avoit fait à l'acquéreur un titre pour rester investi de la chose vendue.

Le système de notre confrère qui restraint l'action en *révocation du précaire*, au seul cas de la *revente* faite par l'acquéreur, et qui, en conséquence, la refuse au vendeur, lorsqu'il n'a à reprocher à son acquéreur que son inexactitude dans le payement du prix, ou l'abus qu'il faisoit de la chose vendue, n'est donc point en consonnance avec le droit romain. Il y est même bien opposé.

Passons maintenant à notre droit provençal, et remontons aussi loin qu'il est possible de le faire : ce qui nous reporte à l'époque de 1472, date du statut du roi René, qui est dans M. de Bomy, pag. 5.

Le pacte par lequel l'acquéreur qui avoit reçu la délivrance de la chose achetée, avant d'en avoir payé le prix, soumettoit cette chose au *précaire du vendeur*, étoit pratiqué en Provence depuis long-temps avant la date de ce statut ; et l'usage du droit que le vendeur avoit indéfiniment, de demander la *révocation* du consentement qu'il avoit donné à ce que l'acquéreur fût et demeurât investi de la chose, sous la foi de la soumission qu'il avoit faite de cette chose à son *précaire*, remontoit aussi loin ; et pour peu que le *pacte du précaire* et l'action dénommée *révocation du précaire* fussent anciens dans notre pays, ils remontoient l'un et l'autre à l'année 1130 : époque où la collection des digestes fut découverte à Amalphi, ville voisine de Salerne en Italie, et le code à Ravenne, sous l'empire de Lothaire.

C'est donc de toute ancienneté que l'on connoît et l'on pratique *l'action en révocation DES PRÉCAIRES* en Provence.

Le statut porte-t-il que cette action en *révocation des précaires*, ne pourra être exercée que dans le cas où l'acquéreur aura *revendu* la chose, qu'il a soumise au *précaire* de son vendeur ? Tant s'en faut ! il s'énonce d'une manière générale, applicable à tous les cas où le vendeur pouvoit avoir lieu de se plaindre d'une manière ou d'autre de son acquéreur, et de regretter la confiance qu'il avoit eue en lui, lorsqu'il s'étoit dépouillé de son fonds sous la seule garantie de la soumission qu'il en avoit faite à son *précaire*. On voit même d'un côté, que la chambre royale s'étoit réservée la connoissance de la *révocation de TOUS LES PRÉCAIRES*, et d'une autre part, que le roi René rétablit ses Cours ordinaires dans la possession où elles étoient de connoître de l'action en *révocation de TOUS PRÉCAIRES*. Or, nous n'avions qu'un véritable *précaire simple* et d'imitation dénommé *réel*, celui auquel l'acquéreur soumettoit la chose achetée au profit de son vendeur. Lors donc que le statut a parlé de la *révocation de TOUS PRÉCAIRES*, il s'est référé à toutes les causes qui pouvoient donner lieu à la *révocation du précaire*, telles qu'elles étoient exprimées dans le droit romain.

Tellement ce statut n'a pas limité l'action en *révocation du précaire*, au seul cas de la *revente* faite du fonds spécialement soumis par l'acquéreur au *précaire* du vendeur, qu'il n'est aucun de nos commentateurs de ce statut, qui nous en ait prévenus, pas même M. de Julien, celui dont notre confrère s'est déclaré le disciple affidé.

Telle est notre seconde *explication*.

Notre confrère nous a donc donné une nouveauté entièrement éversive des dispositions du droit romain, de celles de notre loi locale et même de l'usage de notre pays, supposé déjà existant par cette loi, avant même sa promulgation.

Avons-nous des preuves ultérieures capables de constater que l'action en *révocation du précaire* compétoit à tout vendeur, et étoit même forcée pour lui lorsqu'il vouloit rentrer dans son fonds, soit pour cause de faillite, discussion, bénéfice d'inventaire, soit pour cause de non payement du prix, soit pour cause de dol ou de faute approchant du dol, c'est-à-dire, soit pour fait de négligence supine, soit pour cause de dégradations, soit pour cause d'abus? Tous les avocats et procureurs qui postuloient dans la ci-devant Provence avant la révolution, se rappellent d'avoir vu et lu les *lettres* DE RÉVOCATION DE PRÉCAIRE, qui étoient expédiées imprimées, par le greffier de la Cour des soumissions. Bien loin que le cas de la *revente* en fût le seul objet, il n'y étoit, au contraire, pas même exprimé. Elles étoient causées uniquement pour *pactes promis et non observés* : ce qui embrassoit absolument tous les cas où le vendeur pouvoit se plaindre que son acquéreur avoit manqué à un de ses *engagemens*, et avoit *violé* par-là le *précaire*, sous la foi duquel il l'avoit rendu maître de son fonds avant d'en avoir reçu le prix (1).

Nous ne nous bornerons pas à ce témoignage, quoiqu'il fût irrécusable, et nous allons prouver tout ce que nous avons avancé.

Ceux qui se sont déjà laissés persuader que c'en est fait, en France, de la *clause du précaire*, qu'elle y est abolie, et que depuis le code civil, non-seulement on ne connoîtra plus ou on ne stipulera plus, ou on ne suppléera plus cette clause; mais encore, que quoique stipulée ou suppléée dans les actes antérieurs au code civil, elle n'aura plus d'effet dans ces actes mêmes; qu'elle est remplacée pour l'avenir et pour le passé par la *clause résolutoire*; ceux-là, disons-nous, trouveront bien étrange que nous nous soyons décidés à établir les véritables théorie et pratique du *précaire*. Mais nous qui ne jurons pas *in verba magistri*, et qui pensons et prouverons au contraire, que la *clause du précaire* subsistera, pour l'avenir comme pour le passé, en concours avec la *clause résolutoire*, conformément aux usages de chaque pays; nous qui, bien loin de croire la *clause du précaire* abolie pour l'avenir et pour le passé, la trouvons approuvée, maintenue et consolidée pour les deux temps, par le code civil; nous qui n'entrevoyons aucune différence entre l'ancienne *clause du*

_____

(2) Ceux qui n'ont pas connu ces *lettres de révocation de précaire*, seront certifiés de leur existence, par MM. Margalet, pag. 113; Mourgues, pag. 424; et Decormis, tom. 2, col. 1704.

précaire et la *clause résolutoire* qui est l'objet des articles
1184, 1654 et 1655 du code civil ; nous enfin, qui sommes
en état de prouver que ces deux clauses sont identiques ;
que l'*action en révocation du précaire* est l'*action en résolution de la vente*, tout comme celle-ci est l'*action* en
révocation du précaire, et que la différence de leur dénomination n'en suppose aucune dans leurs effets, et procède
uniquement de ce que dans certains pays on ne connoissoit
pas la stipulation du *pacte du précaire*, et de ce que l'on n'y
stipuloit que la *clause résolutoire* ; tandis que dans d'autres, particulièrement en Provence, on ne stipuloit pas le *pacte résolutoire*, mais bien le *pacte du précaire*, lequel avoit aussi
pour objet la *résolution de la vente*, ainsi que notre confrère
en est déjà convenu : nous attachons la plus haute importance
à tout ce que nous avons déjà dit du *précaire*, et à tout ce
qu'il nous reste à en dire.

On devroit être plutôt étonné qu'en affirmant que le *précaire* étoit aboli pour l'*avenir* et pour le *passé*, notre confrère en ait parlé uniquement pour le dénaturer, que de nous
voir, dans la persuasion où nous sommes qu'il est confirmé
pour les deux temps, par le code civil, sous la dénomination de *pacte* ou *clause résolutoire*, en rétablir les véritables théorie et pratique. Notre confrère a cru se donner
des avantages en décomposant le *pacte de précaire*. Il est
juste que nous prenions les nôtres en le recomposant tel qu'il
a toujours été.

Nous avons à prouver que lorsque l'acquéreur étoit failli
ou déconfit, ou que son hoirie étoit acceptée par bénéfice
d'inventaire, et que la chose soumise au *précaire* de l'acquéreur,
étoit encore dans ses mains, le vendeur non encore payé

du prix devenu exigible, ne pouvoit ni répéter ce prix, ni
à défaut, la chose elle-même, qu'en force de la *révocation
du précaire.*

C'est en se remparant de M. de Julien que notre confrère a
affirmé que dans chacun de ces cas, la *révocation du précaire*
n'avoit pas lieu, *parce que le pacte de précaire n'avoit pas
été violé.* C'est d'après M. de Julien que nous soutenons le
contraire.

D'abord le précaire étoit complétement *violé* sans doute,
parce que l'acquéreur avoit mal fait ses affaires ; qu'il avoit
contracté beaucoup de dettes ; qu'il avoit mis son vendeur
aux prises dans une instance générale avec beaucoup de
créanciers, tous aussi pressans que pressés de se faire payer
sur les biens du débiteur ; qu'il ne présentoit plus d'autres
sûretés à son vendeur, que celles qu'il trouvoit dans la chose
vendue, laquelle avoit nécessairement perdu de sa valeur
primitive dans les mains d'un acquéreur négligent et dérangé ;
qu'il avoit changé d'état et que ce changement d'état avoit
mis tous ses biens sous l'administration de ses créanciers, sans
excepter même la chose qui lui avoit été définitivement vendue ;
qu'enfin, il exposoit son vendeur à perdre une partie de son
prix, les arrérages d'intérêts, le montant des dégradations et
les frais de procédure. En falloit-il donc tant pour consommer
la *violation du précaire ?* Il ne *violoit* pas le *précaire*,
l'acquéreur qui forçoit son vendeur à se mettre en mesure
pour conserver son gage compromis, pour le réclamer, le
faire sortir de la masse des biens du débiteur, et l'enlever
aux créanciers !

Comment pouvoit-il s'y prendre pour user de son privilége
sur une chose définitivement aliénée, et pour la faire distraire

de la masse des biens du débiteur ? Il n'avoit d'autre ressource que de se réclamer du *précaire* auquel cette chose avoit été soumise pour la sûreté de son prix, et conséquemment qu'à se faire restituer envers son consentement donné à ce *précaire*, et conséquemment encore, qu'à déclarer qu'il *révoquoit le précaire*. Cette marche étoit forcée pour lui.

Notre confrère a donc cru qu'un vendeur n'avoit qu'à se présenter à une masse de créanciers, porteur de son contrat de vente, pour qu'elle lui remît la chose vendue et soumise à son *précaire*. Il devoit savoir que les mains des syndics, ou celles d'un curateur *ad bona*, ou d'un héritier bénéficiaire, ne sont pas assez complaisantes pour s'ouvrir aussi facilement, ni assez maladroites pour se déssaisir spontanément d'une chose qui leur présente un gage de plus. Le vendeur se seroit inutilement borné à ne faire que cette démarche. Il auroit été tranquillement et constamment repoussé et éconduit, ou du moins confondu avec tous les autres créanciers, tant qu'il ne se seroit pas mis en règle, c'est-à-dire, tant qu'il n'auroit pas *révoqué* l'acceptation qu'il avoit faite, de la soumission de la chose, à son *précaire* : laquelle acceptation continueroit de former, sur la tête de la masse, un titre pour posséder la chose, tant que le vendeur n'en auroit pas fait ordonner, en vertu de la *clause du précaire*, la distraction par le juge de l'instance générale. Dans ce cas, il ne prenoit pas des lettres de *révocation du précaire*, parce qu'elles n'étoient expédiées qu'à la Cour des soumissions, et qu'il se pourvoyoit directement au juge saisi de l'instance générale, ainsi qu'il en avoit le droit ; mais il demandoit acte, par sa requête introductive de sa demande, de ce qu'il *révoquoit le précaire*. Nous ne parlons ici que d'après ce que nous avons souvent

vu

vu pratiquer nous-mêmes, avant la révolution, et d'après ce que tous les anciens praticiens qui nous restent, certifieroient comme nous. On conçoit même facilement que ce que nous disons est nécessairement vrai, dans ce cas comme dans tous les autres. C'étoit, d'après tout ce que nous venons d'exposer et prouver, par la *révocation* préalable *du précaire*, que le vendeur ouvroit toujours sa marche, soit lorsqu'il avoit à la diriger contre son acquéreur, soit lorsqu'il avoit à la diriger contre un second acheteur. Il falloit absolument qu'il révoquât le consentement qu'il avoit donné à l'investiture plénière de son acquéreur, de la chose vendue sous la foi de la soumission que celui-ci en avoit faite à son *précaire*.

Peut-il donc rester un doute raisonnable sur ce point, entre la dénégation de notre confrère et notre affirmation, s'il est vrai que sa dénégation est toute à lui et n'est que de lui, et que notre affirmation a l'assentiment de son maître, et de plus celui du code civil ?

M. de Julien a dit deux fois (1) que, dans le cas de déconfiture ou de bénéfice d'inventaire, le vendeur agit contre la masse, en tirant tout son droit de la CLAUSE DU PRÉCAIRE, et que c'est *en force de cette clause* que le vendeur *demande la distraction du fonds qu'il a vendu*. Il décide donc que dans ce cas, l'action en *révocation du précaire* compète au vendeur. Quand on agit contre son acquéreur, en vertu de la *clause du précaire*, on le fait nécessairement par l'action en *révocation du précaire*.

C'est cependant d'après M. de Julien, que notre confrère

---

(1) Sur les statuts de Provence, tom. 2, pag. 495, n.ºs 7 et 8.

a supposé que l'action en *révocation du précaire* n'appartenoit pas au vendeur contre son acquéreur déconfit, etc. , si le fonds vendu n'avoit pas été aliéné. Qui mérite donc foi , le maître ou le disciple? M. de Julien a-t-il dit qu'alors *le précaire n'étoit pas violé?* A-t-il dit qu'alors *la stipulation du précaire étoit sans effet?* A-t-il dit qu'alors le vendeur *n'étoit pas reçu à révoquer le précaire?* Notre confrère est trop de bonne foi pour ne pas convenir que M. de Julien n'a rien dit de tout cela. Un disciple ne doit et ne peut pas prêter à son instituteur , ce qu'il n'a dit, ni voulu , ni pu dire. Un disciple met à profit les leçons qu'il reçoit et il n'en fait pas aux autres , de contraires à celles que son maître lui a données.

Notre affirmation a encore cet avantage que , quoiqu'elle porte sur un vieux point de pratique , le code civil l'a adopté dans son entier (1). Les principes, sur lesquels cet article du code civil repose, ne sont pas nés avec celui-ci. Or , si les circonstances d'une faillite ou d'une déconfiture , autorisoient le vendeur à ne pas faire la délivrance de la chose vendue , alors même que le prix avoit été convenu et atermoyé , comment ne l'auroient-elles pas autorisé à retracter au plutôt la vente par l'*action en révocation du précaire* , puisqu'il est

---

(1) » Le vendeur ne sera pas obligé de délivrer la chose , quand
» même il auroit accordé un délai pour le payement, si depuis la
» vente , l'acheteur est tombé en faillite ou en un état de déconfi-
» ture , en sorte que le vendeur se trouve en danger imminent de
» perdre le prix , à moins que l'acheteur ne lui donne caution de
» payer au terme. » Art. 1613.

vrai que dans chaque cas le vendeur se *trouvoit* dans le même *danger imminent de perdre le prix.*

Cette première preuve du prétendu principe de notre confrère, est donc aussi nulle, que le principe lui-même est hors du cercle de la vérité.

Nous n'avons transcrit de M. de Julien, que les paroles qui frappoient contre la supposition ou dénégation de notre confrère. Nous avons un triple intérêt à mettre sous les yeux de nos lecteurs, tout ce qu'il a dit de relatif au cas particulier sur lequel nous raisonnons; celui d'abord de légitimer l'analyse que nous en avons faite, celui encore de prouver combien il est vrai que notre confrère s'est écarté de sa doctrine; celui enfin de prouver que M. de Julien ne nous a pas transmis toute l'ancienne pratique de nos pères.

Il dit que » si l'héritage du débiteur est pris par bénéfice
» d'inventaire, ou que ses biens soient mis en discussion,
» le vendeur avec CLAUSE DU PRÉCAIRE, a droit de
» faire ordonner que le fonds sera tiré de l'inventaire ou de
» la discussion, et mis dans sa possession, estimation préala-
» blement faite par experts, si mieux les créanciers n'aimoient
» lui payer, en deniers comptant, ce qui lui étoit dû en
» principal, intérêts et dépens. Il remettra le surplus de la
» somme à laquelle le fonds sera estimé, s'il en reste après
» qu'il aura été payé de tout ce qui lui est dû; et si le prix
» est insuffisant, il formera la demande de ce qui lui manque,
» dans le bénéfice d'inventaire ou la discussion; c'est ce qui
» fut jugé par l'arrêt du 14 juin 1687, rapporté par Boniface,
» tom. 4, liv. 8, tit. 2, chap. 14.

» Il fut rendu un arrêt semblable, prononcé par M. le
» premier président de la Tour, à l'audience du mardi, le

» 16 octobre 1742, entre Martin et M.ᵉ Courmes, procureur
» au siége de Grasse, curateur d'une discussion. Il fut jugé
» par cet arrêt, que celui qui avoit vendu un jardin avec la
» CLAUSE DU PRÉCAIRE, n'étant pas payé du prix,
» pouvoit distraire le jardin de la discussion sur le pied de
» l'estimation; la sentence du lieutenant de Grasse, qui avoit
» ordonné que le *jardin seroit mis aux enchères*, fut in-
» firmée avec dépens. »

On voit dans ces paroles, que dans les cas des instances
générales, c'est uniquement la *clause du précaire* qui régissoit
tous les avantages que le vendeur prenoit sur les autres créanciers : d'où il suit qu'il *révoquoit* nécessairement le *précaire*
en demandant contre la masse, ou son payement intégral ou
la distraction du fonds vendu.

On y voit aussi que M. de Julien n'a pas dit et n'a pas
voulu dire, ni que le *précaire n'a pas été violé*, ni que la
révocation du précaire n'avoit pas lieu contre la masse, là,
où le fonds faisoit encore partie des biens du débiteur.

Nous y avons vu, en notre particulier, que partie de la
tradition qui y est consignée, est contraire aux monumens
que nous avons de notre jurisprudence sur ces cas particuliers.

Selon la jurisprudence de Provence, quand l'acquéreur d'un
fonds dont il n'avoit pas payé le prix, tomboit en discussion
ou en faillite, ou quand, après sa mort, son hoirie étoit
acceptée sous bénéfice d'inventaire, le vendeur intervenoit dans
l'instance générale, pour y conclure à ce qu'au bénéfice de
la *révocation du précaire*, qu'il faisoit, le fonds qu'il avoit
vendu fût distrait de l'instance générale, et après avoir été
estimé de nouveau, *séparément* (dans les instances générales,
la première opération qui étoit faite, étoit un rapport général

d'estimation de tous les biens ‾qui étoient sur la tête
du débiteur), il fût vendu aux enchères, et le prix en
fût compté au vendeur, jusqu'au concurrent de ce qui lui
étoit dû en principal, intérêts et dépens, sous l'offre d'abandonner le surplus à la masse des créanciers, et avec protestation
dans le cas contraire, de répéter contre elle ce dont il resteroit
en perte sur son prix et accessoires, si mieux les créanciers
n'aimoient, ou lui payer comptant le prix et les accessoires
qui lui étoient dus, ou consentir à ce qu'il se colloquât par
un seul exploit, sur le fonds qu'il avoit vendu, d'après l'estimation *séparée* qui en seroit ou en auroit été faite. Tout cela
est bien opposé à ce que M. de Julien nous a enseigné. La
différence est presque du blanc au noir.

M. de Julien suppose, d'une part, qu'au bénéfice de la
distraction ordonnée, le vendeur *mettoit la chose vendue
en sa possession et la prenoit en payement sur le pied
de l'estimation.* Il suppose, d'une autre part, que *le fonds
distrait ne pouvoit pas être vendu aux enchères.* C'est
bien l'opposé de ce que nous venons d'exposer nous-mêmes.

En nous mettant ainsi en opposition avec M. de Julien,
avons-nous des garans? Oui, sans doute. Nous ne nous
permettrons jamais des affirmations sans être étayés sur des
autorités.

Nos premiers garans sont les deux arrêts que M. de S.ᵗ-
Jean nous a transmis, décis. 69, lesquels jugèrent que le fonds
existant dans la discussion, dont le prix étoit encore dû au
vendeur, devoit être *vendu aux enchères* pour le prix en être
compté au vendeur jusqu'au concurrent de ce qui lui étoit
dû, et le surplus être remis à la masse des créanciers.

M. de S.ᵗ-Jean, en citant ces deux arrêts., s'est borné à
nous transmettre leurs décisions principales en droit, lesquelles
reconnurent le privilége du vendeur sur le fonds qu'il avoit
vendu. Il ne nous a pas rendu compte du mode d'exécution prescrit par ces deux arrêts. Mais c'est parce qu'alors ce
mode, dans les instances de discussion, étoit connu de tous
les praticiens, et n'avoit donné lieu à aucune contestation.

Avons-nous une preuve supplétoire au silence que M. de
S.ᵗ-Jean a gardé sur ce mode d'exécution des deux arrêts
ci-dessus? Nous la trouvons dans l'annotation que M.ᵉ Fortis,
avocat d'Aix, vivant du temps de M. de S.ᵗ-Jean fils, éditeur
des arrêts recueillis par M. son père, a mise au bas de ces
arrêts. Cette note nous atteste qu'il *est d'usage parmi nous
que dans les instances de déconfiture, le fonds dont le
prix est dû au vendeur, est VENDU AUX ENCHÈ-
RES ; et que le prix qu'on en retire est premièrement
compté au vendeur jusqu'au concurrent de ce qui lui est
dû, et le surplus reste à la masse des créanciers* (1),
voilà notre usage bien certifié. Il n'est plus permis de le
révoquer en doute : cette annotation ayant été insérée et imprimée à la suite des arrêts de M. de S.ᵗ-Jean, dont la
première édition parut en 1617.

Nous n'avons pas encore tout prouvé.

---

(1) *Porrò in hâc quæstione, an præferatur venditor cæteris
creditoribus pro pretio rei venditæ, HOC PRO ROSTRIS
APUD NOS PRATICATUR, ut res empta, VOCE PRÆ-
CONIS vendatur, et quod ex pretio est, primùm venditori,
deindè quod restat, cæteris creditoribus detur.*

Est-il vrai aussi que le fonds existant dans la masse des biens de l'acquéreur discussionné, dont le prix étoit encore dû, devoit, quoiqu'il eût déjà été compris dans le rapport d'estimation générale des biens dépendans de la discussion, recevoir une nouvelle estimation particulière pour l'intérêt du vendeur? Est-il vrai encore que le vendeur devoit, avant de se colloquer sur le fonds en nature qu'il avoit vendu, donner à la masse des créanciers le choix, ou de lui payer comptant tout ce qui lui étoit dû en principal, intérêts et dépens, ou de faire vendre le fonds aux enchères? Tout cela nous est certifié par les détails qui précèdent ce même arrêt, rapporté dans M. Boniface, sur lequel M. de Julien s'est fondé. C'est là qu'on trouve toute la marche de la procédure déjà en usage du temps de M. de S.ᵗ-Jean père, et qui étoit PRO ROSTRIS parmi nous dans le siècle suivant, d'après M.ᵒ Fortis, dans les instances de déconfiture.

Voici les circonstances de cet arrêt puisées dans M. Boniface, là, où il rapporte l'arrêt ci-dessus. — Vente d'une maison avec *clause de précaire* pour l'assurance du prix. — Rapport d'estimation des biens de la discussion. — Le vendeur intervient dans l'instance et en vertu de la *clause du précaire*, il demande que *la maison sera tirée de l'inventaire, et lui mis en possession d'icelle, ESTIMATION PRÉALABLEMENT FAITE*, en remettant dans le bénéfice d'inventaire la somme qui pourroit rester après avoir été payé de son principal, intérêts et dépens ; et s'il en manquoit, il donneroit sa demande en l'instance du bénéfice d'inventaire ; si mieux l'héritier et les créanciers n'aimoient le payer, ou CONSENTIR QUE LA MAISON

FUT MISE AUX ENCHÈRES POUR ÊTRE DÉLIVRÉE
A CELUI QUI FEROIT LA CONDITION MEILLEURE
SUR LE PIED DE L'ESTIME, *pour*, *sur le prix*, *être*
premièrement payé, *et le surplus expédié aux créanciers.*

Le lieutenant joignit la demande du vendeur au fond pour
y être fait droit, et ordonna néanmoins que le rapport d'estimation générale seroit exécuté.

Appel de la part du vendeur. Il se plaignit devant la Cour,
1.° de ce que le lieutenant n'avoit pas fait droit tout de
suite aux fins de sa requête, attendu sa préférence à tous
créanciers. 2.° De ce qu'au lieu d'ordonner que la maison
seroit de nouveau estimée séparément par un nouveau *rapport*
particulier, le lieutenant avoit ordonné *l'exécution du rap-*
port d'estimation générale.

Arrêt du 14 juin 1687, qui réforma la sentence du lieutenant, et ordonna, 1.° que la maison seroit tirée de l'inventaire.
2.° Que le vendeur seroit mis en possession sur icelle. 3.°
Qu'il seroit fait préalablement une *estimation particulière* par
experts accordés ou pris d'office par le commissaire-rapporteur
de l'arrêt, en remettant par lui, dans le bénéfice d'inventaire,
le surplus de la *somme qui restera*, après qu'il aura été
payé de son principal, intérêts et dépens; et s'il en manque,
il donnera sa demande de ce qui restera dans l'instance du
bénéfice d'inventaire, *si mieux l'héritier et les créanciers*
n'aiment le payer en deniers comptant dudit principal,
intérêts et dépens.

On ne voit pas là que la Cour ait ajouté, au SI MIEUX, etc.,
ce qui étoit la deuxième option que le vendeur avoit donnée
d'après l'usage du palais, aux créanciers, de *consentir à ce que*
la maison fût mise aux enchères, etc.; mais une fois qu'on
sait

sait que le vendeur avoit donné cette autre option par ses conclusions à l'héritier et aux créanciers, on ne peut pas supposer que la Cour ait supprimé d'elle-même cette deuxième option donnée spontanément par le vendeur, devenue un contrat judiciaire; et on est forcé de reconnoître que c'est M. Boniface qui a oublié de transcrire la dernière disposition de l'arrêt, relative à la seconde des deux options que la Cour ne put avoir aucune raison de supprimer, et qu'elle étoit même obligée de donner à l'héritier et aux créanciers, non-seulement parce que la faculté d'user de cette option formoit, d'après la pratique du palais, un droit acquis à l'héritier et aux créanciers, mais encore parce que le vendeur l'avoit volontairement donnée à ceux-ci.

On sent à présent que M. de Julien nous a transmis une tradition inexacte dans son n.° 7.

Ce que nous venons d'observer, d'après MM. de S.ᵗ-Jean, Fortis et Boniface, nous donne la clef du véritable sens de l'arrêt du 16 octobre 1742, que M. de Julien a cité au n.° 8, et d'après lequel il a cru pouvoir nous assurer que les créanciers d'une instance générale, n'avoient pas le droit de *faire vendre aux enchères* le fonds vendu sous *précaire*, et que le créancier du prix avoit, au contraire, le droit de le distraire à son profit sur le pied de l'estimation : ce qui est entièrement opposé à la pratique du pays, laquelle, en conservant le privilége du vendeur, accordoit à la masse des créanciers le double droit, ou de désintéresser le vendeur en lui payant comptant tout ce qui lui étoit dû, ou de faire vendre le fonds aux enchères en l'état d'un rapport particulier. Ce dernier droit étoit fondé sur ce que le vendeur, en se payant sur la chose après estimation, ne la prenoit que sur

X x

le pied de cette estimation, sans faire en sus une offre quelconque; et sur ce qu'au contraire, en faisant vendre le fonds aux enchères, la masse des créanciers ne souffroit pas s'il ne se présentoit point d'enchérisseurs, attendu que le vendeur le prenoit toujours à la valeur de l'estimation, et que la chaleur des offres pouvoit améliorer la condition de la masse. Il n'y avoit donc rien à perdre pour celle-ci, en vendant le fonds aux enchères, et elle pouvoit espérer le bénéfice d'une surenchère.

M. de Julien, en citant l'arrêt d'audience du 16 octobre 1742, et en y mesurant sa décision, ne nous en a pas fait connoître les circonstances. Si nous rapprochons cet arrêt de l'ancienne pratique du palais déjà complétement certifiée, on ne peut s'empêcher de penser, si cet arrêt a réellement jugé que le jardin ne pouvoit pas être vendu aux enchères, qu'il a été surpris à la religion de la Cour par un défenseur plus habile que son antagoniste; ou de supposer que le premier juge avoit ordonné que le jardin seroit mis aux enchères en l'état du rapport d'estimation générale, qui avoit été faite de tous les biens du débiteur discussionné; et dans ce cas, la sentence du lieutenant de Grasse avoit le même vice que celle du lieutenant d'Aix, qui fut réformée par l'arrêt rapporté par M. Boniface.

C'est en se rapportant à M. de Julien, que notre confrère a dit dans son premier opuscule, pag. 92 et 93, que dans le cas de la déconfiture de l'acquéreur, le fonds vendu étoit distrait de la discussion, *et après due estimation, il étoit remis en payement au vendeur, qui tenoit compte de l'excédant, etc.*, et *que ce vendeur se payoit, de préférence, par un* BAIL EN PAYE FORCÉ DANS SON INTÉRÊT; CAR IL N'ÉTOIT

PAS PERMIS AUX CRÉANCIERS DE L'ACQUÉREUR
DE FAIRE VENDRE LE FONDS AUX ENCHÈRES. Il
s'est donc trompé comme son maître.

Le choix que le vendeur devoit déférer en Provence, à la
masse des créanciers de son acquéreur déconfit, malgré le
privilége du *précaire*, ou de le payer, ou de faire vendre
le fonds aux enchères avant qu'il se colloquât sur ce
fonds, ne doit pas étonner, parce que tel étoit l'usage général
en France, dans l'objet de ne laisser aucun regret à la masse
des créanciers, sur la sortie de ce fonds de l'instance générale.
C'est ce qui se pratiquoit à Paris (1), à Toulouse (2), et
partout.

On sait à présent que le vendeur d'un fonds, dont le prix
n'étoit pas payé et qui se trouvoit confondu dans la masse
des biens d'un acquéreur déconfit etc., conservoit son privilége
sur ce fonds, en force du *précaire*; qu'il exerçoit son privilége
sur ce fonds en *révoquant le précaire*, en demandant la distraction du fonds de la masse des biens de l'acquéreur pour
être estimé séparément, et en s'y colloquant, d'après cette
estimation par un seul exploit, si mieux la masse des créanciers n'aimoit, ou le payer de tout ce qui lui étoit dû en
principal, intérêts et dépens, ou tenter la chance de faire
vendre ce fonds aux enchères, moyennant qu'il fût payé le
premier sur le produit de la vente; et il n'est personne qui

---

(1) M. Denisart, au mot *créancier*, n.º 7, où il dit qu'*en pareil
cas, le créancier doit donner à la masse le choix de faire vendre
l'immeuble aux enchères.* — (2) MM. d'Olive, liv. 4, chap. 10;
de Catelan, liv. 6, chap. 49.

X x 2

ne sente tout ce que cette pratique avoit d'équitable, tant pour le vendeur, que pour la masse des créanciers de l'acquéreur. Le fonds ne valoit-il pas la somme due au vendeur? La masse consentoit à ce que celui-ci s'y colloquât sauf à lui de répéter dans l'instance générale ce dont il resteroit en perte. Ce fonds ne valoit-il à peu près que ce qui étoit dû au vendeur? La masse étoit libre ou de donner le même consentement, ou de payer le vendeur, ou de tenter la chance des enchères. Le fonds valoit-il davantage, soit parce que le vendeur avoit déjà reçu un à-compte du prix, soit parce que le bénéfice du temps ou l'acquéreur l'avoient amélioré? La masse alors, ou indemnisoit l'acquéreur et retenoit le fonds, ou elle faisoit vendre le fonds aux enchères.

Il n'étoit pas question *d'un bail en paye fait par les créanciers au vendeur*, puisque celui-ci ne tenoit rien d'eux, et se colloquoit sur le fonds vendu en vertu de son contrat, de la clause du *précaire*, et de l'ordonnance du juge qui avoit prononcé la distraction, et avoit en même-temps dépouillé la masse de la propriété et de la possession du fonds. Encore moins, étoit-il question d'un *bail en paye forcé dans l'intérêt du vendeur*, puisque la masse des créanciers avoit cumulativement le droit de retenir le fonds en payant elle-même le vendeur, et celui de faire vendre le fonds aux enchères.

En convenant, ainsi qu'on vient de le voir, que dans le cas d'une instance générale, le vendeur ne se colloquoit qu'après une *estimation* préalable, notre confrère pense néanmoins que cette *estimation* n'étoit requise que dans ce cas spécial; et que, hors d'une instance générale, lorsque le vendeur ne se

trouvoit en présence ou que de son acquéreur et de ses
créanciers, ou que du second acheteur et de ses créanciers,
il prenoit la chose vendue *telle qu'elle se trouvoit, sans la
faire estimer.* De sorte que, soit que le vendeur *révoquât*
le *précaire*, et se colloquât sur la chose vendue, pour cause
de *revente*, soit qu'il *révoquât le précaire* et se colloquât
sur la chose vendue, pour cause de non *payement du prix*
ou pour cause de dol ou de cette négligence supine, qui
en est l'équivalent, il rentroit dans cette chose, telle qu'elle
étoit, sans la faire estimer, et profitoit même de la plus
value, quelle qu'en fût la cause productrice, au préjudice de
son acheteur ou du second acquéreur, et de leurs créanciers,
quand ils ne formoient pas masse. La justice résiste à ces
assertions.

Cette idée inconcevable par elle-même, notre confrère ne la
manifesta pas dans son ouvrage; mais en conférant avec nous,
il nous la communiqua, avec toute franchise, et il nous la pré-
senta comme conforme à notre pratique. On se dit bien, qu'il
ne parvint pas à nous la faire adopter, et que nous la re-
poussâmes comme contraire à tous les principes de raison et
d'équité.

C'est cette résistance de notre part, qui le décida, dans
la première réponse manuscrite qu'il nous fit, à revenir à
cette idée, et à nous assurer bien positivement, que c'est
seulement *dans l'hypothèse de la discussion, de la faillite
et du bénéfice d'inventaire,* que *le vendeur ne reprend pas
son fonds* EN NATURE ET EN ENTIER, COMME
DANS LE CAS DE L'ALIÉNATION (ou dans celui
du dol et de la faute lourde qui en approche, ou dans celui
du défaut de payement du prix), et qu'*il ne le reprend que*

*sous estimation et à la charge de rendre à la masse , s'il
y en a, le surplus du prix, en sus de ce qui lui est dû.*

On aura sûrement de la peine à se persuader que notre
confrère ait pu faire cette supposition contredite par tous
nos monumens locaux , nous l'exposer en conversation , et
plus que tout cela , nous la transmettre par écrit ; il n'en
est pas moins vrai cependant que nous venons de transcrire ses propres paroles. Il a été même plus loin dans sa
réponse imprimée, dont il a consacré la page 32 à la reproduction et au développement de cette supposition , et
dont la page 33 contient ce résultat : *nous ne connoissons
aucun arrêt, aucun auteur du pays qui aient dit ou même
donné à entendre que le vendeur qui révoquoit le précaire
en cas d'aliénation (ou dans les autres cas), ne reprît le
fonds que sous estimation, et à charge d'en rendre la
plus value. Il le reprenoit donc comme sa chose propre ,*
SANS ESTIMATION.

Il s'y est cependant radouci sur un point dont il ne convenoit pas auparavant. Il reconnoît que le vendeur devoit, dans
tous les cas, tenir compte à son acquéreur, du montant des
améliorations qu'il avoit faites à la chose , sans s'apercevoir que
cette obligation qu'il impose au vendeur est elle - même la
preuve que l'*estimation* de la chose, étoit un préalable absolument nécessaire. Le vendeur tenoit compte des réparations
nécessaires et utiles, et celles-ci n'étoient remboursables qu'à
concurrence de la plus value qu'elles donnoient au fonds (1).

_____

(1) MM. Decormis, tom. 2, col. 1228; Dupérier, tom. 3, liv. 1,
question 18 , pag. 84, et le code civil, articles 555 et 2175.

Cette plus value ne pouvoit donc pas être déterminée sans
une *estimation préalable.*

Mais faut-il aller bien loin pour prouver à notre confrère,
qu'il existe, parmi nous, d'abord une loi de famille, qui
obligeoit tout créancier quelconque, et dans tous les cas, à se
colloquer sur les biens du débiteur, *estimation préala-*
blement faite? Faut-il aller bien loin pour lui prouver encore,
qu'un de nos auteurs nous apprend que le vendeur qui *ré-*
voque le précaire, ne peut reprendre son fonds, que par
voie de collocation, *estimation préalablement faite?* Non.

Nous ouvrons ce même ouvrage de M. de Bomy, dont
notre confrère vient de nous donner de nouveaux commentaires, et nous y trouvons, pag. 40, cette preuve toute
faite (1).

(1) *Il n'y a personne qui ignore qu'en ce pays il faut exécuter*
les arrêts et les sentences de nos magistrats sur les biens, meubles
et immeubles des débiteurs condamnés à la façon qu'il s'en suit.

C'est à savoir sur les meubles, etc.

Mais si on prend en gagerie, des immeubles, il n'est pas
loisible de les vendre à l'INQUANT, mais il faut que sur iceux,
les créanciers se fassent COLLOQUER, ESTIME DES BIENS
PRÉALABLEMENT FAITE par les estimateurs-jurés du lieu;
ou par experts si ainsi a été dit. Et TELLE A ÉTÉ LA COU-
TUME DU PAYS à laquelle on ne peut contrevenir sans en-
courir une cassation d'exécutions avec dépens, dommages et
intérêts, suivant les arrêts que la Cour a accoutumé de rendre;
en toute concurrence.

CE QUE DESSUS EST TRÈS-VÉRITABLE, QUAND
ON EXÉCUTE DES ARRÊTS OU SENTENCES DONNÉES
PAR LES MAGISTRATS DU PAYS, comme il a été dit
ci-dessus.

Telle étoit notre règle antique, notre loi de famille, d'après laquelle, tout créancier qui exécutoit son débiteur dans ses immeubles, devoit s'y colloquer, au lieu de les faire vendre à l'*inquant*, c'est-à-dire, aux enchères; d'après laquelle encore, la collocation ne pouvoit avoir lieu qu'après *estimation préalable*, crainte que le créancier, en s'emparant lui-même du fonds, ne prît une valeur plus forte que la somme qui lui étoit due, au détriment du débiteur ou de ses créanciers. Tel étoit l'objet de notre statut, ou, si l'on veut, de notre coutume.

On dérogea dans la suite à ce statut, depuis l'ordonnance de 1667. La vente des immeubles put être faite aux enchères; mais le débiteur conserva toujours le droit statutaire de forcer son créancier à s'y colloquer, après *estimation*, sans distinguer le *créancier vendeur*, pour éviter les frais des enchères (1).

Cette règle, cette loi de famille étoit faite comme pour tout autre créancier, pour le vendeur qui, ensuite de sa demande *en révocation du précaire* et du jugement rendu contre son acquéreur, se colloquoit sur la chose qu'il avoit vendue, sans distinction, ni des cas, ni des causes qui avoient donné lieu à la *révocation du précaire*. Il y a, dans le recueil de M. de Regusse, tom. 2, pag. 198, un arrêt rendu dans un cas, où attendu la *revente* de la chose soumise au précaire, le vendeur demanda d'être autorisé à se *colloquer* sur cette chose, et conséquemment *après due estimation*; et où l'arrêt l'autorisa à se *mettre en possession de la chose*, et conséquemment après qu'elle

---

(1) Règlement de la Cour de parlement d'Aix, du 15 mai 1672, titre *du procès exécutorial*, art. 21, pag. 56.

auroit

auroit été estimée, ainsi le voulant impérieusement notre statut ou coutume; et tout cela, quoiqu'il n'existât point d'*instance générale*, ni conséquemment de *masse de créanciers.*

Notre confrère nous ayant prouvé, par ses premières notes manuscrites, et par sa réponse imprimée, qu'il persiste facilement dans ses écarts plutôt que d'en convenir, trouveroit peut-être encore, dans ses talens, des ressources pour échapper et à notre statut et à l'exemple que nous venons de lui indiquer. Nous ne pouvons nous dispenser d'essayer de le mettre hors de toute résistance, en plaçant, entre lui et nous; 1.° l'acte de notoriété de Provence, n.° 131 et la note de M. de la Touloubre, qui nous disent que *le vendeur doit se payer sur les biens vendus sur le pied de leur JUSTE VALEUR au temps qu'il les reprend; et que le vendeur ne profite pas de la plus value et ne peut pas non plus reprendre le fonds vendu SANS ESTIMATION.* 2.° Le plus récent et meilleur praticien de notre pays, M.ᵉ Janety, lequel, au tom. 2, pag. 349 à la fin, où à la suite des modèles d'exploits en collocation avec *estimation préalable,* et de rapports de collocation, *estimation faite,* il dit : *le CRÉANCIER PRIVILÉGIÉ, ET CELUI QUI A UN PRÉCAIRE RÉEL sur le fonds, tel que le seigneur pour le payement du droit de lods ou des cens, et LE VENDEUR POUR LE PAYEMENT DU PRIX, ont droit de se colloquer sur ce même fonds par un seul exploit; à cet effet, dès que les trois jours accordés par l'exploit de commandement sont expirés, le créancier fait injonction aux ESTIMATEURS, de se porter à la maison ou à la bastide, à jour et heure compétens pour procéder à l'ESTIMATION D'ICELLE.*

Y y

C'est une pratique générale que cet auteur nous atteste et nous met sous les yeux, pour être suivie dans tous les cas indistinctement, où le vendeur est forcé d'user de l'action en *révocation de précaire*, et non une règle particulière, tracée uniquement pour celui où ce vendeur a pour parties une *masse de créanciers*.

Les droits du bailleur à cens, à locaterie perpétuelle, à emphytéose, avec réserve du *droit de commise et de cadu-cité*, en cas de non observation des pactes convenus, avec réserve même de *rentrer dans les fonds baillés*, *sans for-malités de justice et de sa propre autorité*, sont certai-nement bien aussi forts que ceux du vendeur d'une chose soumise à son *précaire*. Cependant comment exerçoit-il ses droits, les cas prévus arrivans ? S'emparoit-il de la chose baillée, purement et simplement, telle qu'elle se trouvoit ? S'en emparoit-il de son autorité privée et sans formalités de justice, en vertu de la convention formelle, lors même qu'il n'étoit aux prises qu'avec le preneur du fonds ? Non ; la coutume de Provence l'emportoit sur tous les pactes stipulés dans les baux, le soumettoit à la loi commune et locale, et s'opposoit à ce qu'il rentrât dans le fonds baillé, autrement que par voie de *collocation*, *estimation* préalablement faite. Nos auteurs provençaux et particulièrement M. de Julien (1), et M.ᵉ Janety que nous venons d'indiquer, nous certifient cette *maxime provençale*.

Rien n'est donc plus certain en Provence, que le vendeur d'une chose qui avoit été soumise à son *précaire*, dans quelques

_____

(1) Sur les statuts de Provence, tom. 2, pag. 185, n.° 29.

cas et dans quelles circonstances qu'il *révoquât le précaire*, ne pouvoit rentrer dans la chose vendue, en la *prenant telle qu'elle se trouvoit*, et qu'il étoit impérieusement forcé de s'y faire colloquer, *estimation préalablement faite.*

Quel motif pourroit alléguer notre confrère, pour exiger qu'on pourvût à l'intérêt des créanciers du débiteur réunis en *masse*, par une *estimation préalable*, lorsque le vendeur se colloque sur la chose vendue; et pour le dispenser de la même formalité, lorsqu'il seroit question de l'intérêt du débiteur lui-même ou de celui du deuxième acheteur, ou des créanciers de l'un et de l'autre non réunis en *masse*? Le motif connu de cette formalité existe dans les deux cas. Il est toujours également puissant. La *masse* des créanciers d'un failli, d'un déconfit, d'un mort, comment et dans quel sens pourroit-elle mériter plus de ménagement, que l'acquéreur ou le deuxième acquéreur eux-mêmes, ou que leurs créanciers divisés et agissant séparément chacun pour son intérêt personnel? Notre confrère a beaucoup de ressources; mais il ne nous donnera jamais une réponse satisfaisante sur cette question.

Nous avons encore à prouver que lorsque l'acquéreur négligeoit ou dégradoit le fonds qu'il avoit soumis au *précaire* de son vendeur, son mésus autorisoit ce dernier à se pourvoir contre lui en *révocation du précaire.*

En confiant la chose vendue à son acquéreur avant d'en avoir reçu le prix, le vendeur lui avoit nécessairement imposé l'obligation de soigner la chose en *bon père de famille*, et de la conserver dans l'état de la valeur qu'elle avoit lorsqu'elle lui avoit été délivrée, pour qu'elle continuât d'être un gage suffisant, et capable de représenter le prix, tant qu'il n'auroit pas été payé (1). L'acquéreur qui mésusoit de cette chose et la détérioroit, *violoit* donc un engagement, et conséquemment le *précaire* stipulé ou suppléé. Nul doute que le vendeur pouvoit et devoit se hâter pour son très-grand intérêt de veiller à la conservation de la valeur primitive de la chose, et arrêter le cours de l'abus ruineux pour lui que son acquéreur en faisoit. Cet acquéreur étoit alors placé sur une même ligne avec celui qui ne payoit pas le prix. Les lois nous disent, en effet, que les dégradations de la chose non encore payée, vont de pair avec le refus de payer le prix (2).

Si le vendeur avoit incontestablement un intérêt à ce que la chose vendue fût conservée entière, il avoit donc le droit de RÉVOQUER le consentement qu'il avoit donné à son acquéreur de garder cette chose sous *précaire*. Comment pouvoit-il révoquer ce consentement, qui formoit sur la tête de l'acquéreur un titre formel pour posséder la chose, si ce n'est par l'action en *révocation du précaire* laquelle lui tenoit lieu, en pareil cas, d'une demande en rescision ou en résolution de la vente? Nous n'avons pas besoin de donner des exemples de cette *révocation du précaire* en pareil cas. La raison, la justice et les principes suffisent, et ils sont aussi puissans que les exemples. Qui ignore d'ailleurs que l'héritier

---

(1) C'est encore un *engagement* de l'acquéreur envers le vendeur, qu'il est tenu de *prendre soin* de la chose achetée dans le cas où il peut arriver que la vente sera résolue par son fait, comme *par le défaut de payement du prix.* M. Domat, lois civ., liv. 1, tit. 12, sect. 3, n.º 12.

(2) Loi 4, initio ff. *de lege commissariá.* Loi 6, § 1, ff. *de servis exportandis.*

grevé, l'usufruitier et le fermier qui mésusent des fonds dont l'administration, la jouissance ou l'exploitation leur sont confiées, ou les dégradent, peuvent en être dépouillés ? Pourquoi sont-ils soumis à cette déchéance de leurs droits, si ce n'est parce qu'ils *violent* l'engagement inhérent à leurs titres, d'administrer, de jouir et d'exploiter en *bons pères de famille* ? Le vendeur sous pacte résolutoire auroit le même droit.

Qui ne sait pas que l'article 1184 du code civil, se réfère à toutes inexécutions des *engagemens stipulés ou légaux?*

Notre confrère a affirmé, pag. 92 et 93 de son premier opuscule, que le *vendeur non payé* au terme échu, n'avoit pas le droit d'exercer contre son acquéreur *l'action en révocation du précaire*, s'il possédoit encore la chose vendue. Sur quoi s'est-il donc fondé ? Sur son opinion étayée uniquement avec une preuve négative et une *probabilité. Dans cette hypothèse,* dit-il, *on ne connoît avant le nouveau régime hypothécaire, aucun arrêt parmi nous qui eût accordé ou refusé la RÉSOLUTION DE LA VENTE* (par la voie de la *révocation du précaire*). *Les monumens de notre jurisprudence n'indiquent pas que la question se fût jamais élevée. Il est PROBABLE que la simplicité de notre procès exécutorial, avoit fait préférer la collocation du vendeur à la RÉSOLUTION du contrat.*

Combien de fois il est déjà convenu que *l'action en révocation du précaire* étoit en Provence ce qu'étoit dans d'autres pays, *l'action EN RÉSOLUTION DE LA VENTE !*

S'il n'existe point *d'arrêt connu* avant le nouveau régime hypothécaire, qui lui ait fourni un exemple de la *révocation du précaire* exercée en pareil cas, on ne doit pas en être surpris, parce que ce cas ne donnoit lieu qu'à un procès

bien simple. Le vendeur prenoit des *lettres de révocation
de précaire* à la Cour des soumissions; en vertu de ces lettres, il se faisoit mettre en possession provisoire de la chose
vendue; une fois l'acquéreur saisi, il n'alloit pas plus loin, d'autant que son contrat le condamnoit *de plano*. Ces sortes de
procès commençoient et finissoient devant la Cour des soumissions. Quel espoir pouvoit donner l'appel à un débiteur
déjà dépouillé, dès que par son contrat il avoit soumis le
fonds au *précaire* de son vendeur, et qu'il ne payoit pas le
prix échu? Notre confrère n'a sans doute jamais connu les
lettres de révocation de précaire imprimées et expédiées par
le greffier de la Cour des soumissions sur la simple inspection
du contrat de vente. Elles étoient causées en général et sans restriction, *pour pactes promis et non observés* (1); et voilà
pourquoi si peu d'arrêts ont été rendus sur ce cas particulier,
et si peu d'auteurs se sont expliqués sur ce même cas.

S'il n'existe point d'arrêt connu de notre confrère, étoit-ce
donc là un motif suffisant pour décider qu'en pareil cas, le
vendeur n'avoit pas le droit de se pourvoir par *action en
révocation du précaire* contre son acquéreur, qui ne lui payoit
pas le prix malgré l'échéance du terme convenu, et qui en
conséquence, jouissoit et de la chose, et du prix? Le payement
du prix, n'étoit-il donc pas un pacte de contrat? N'étoit-il
pas, au contraire, l'objet principal de la *clause du précaire?*

Si notre confrère n'a point connu d'arrêt qui ait fait droit
à la *révocation du précaire* dans son hypothèse contre l'acquéreur; et s'il n'a point connu d'auteur qui ait accordé ce

---

(1) Non impletâ promissi fide, loi 6, cod. *de pactis inter emptor.
et venditor.* — *Fidem fefellit.* Loi 5, *legi fundo*, ff. *de lege
commissariâ.*

droit au vendeur, ce n'étoit pas une raison pour qu'il le lui
refusât lui-même. Il devoit redouter pour sa décision, qu'un
autre plus heureux ou plus favorisé que lui par le hasard,
n'eût acquis quelque notice contraire. Nous connoissons, en
effet, quatre auteurs du pays qui ont décidé que le *défaut
de payement du prix* au terme convenu, *autorisoit* le vendeur
à *révoquer le précaire*, et, après avoir fait condamner son
acquéreur, à se faire colloquer sur le fonds vendu, par un seul
exploit *en vertu de la clause du précaire.* Nous allons les
citer, et nous en transcrirons les paroles.

M. Margalet (1) est exprès. Il dit que *le vendeur ne peut
répéter une chose vendue, SI EST-CE QU'EN TANT
QU'A FAUTE DU PAYEMENT DU RESTE DUDIT
PRIX, il peut répéter du PRINCIPAL ACHETEUR
ou de tout autre, la chose vendue.* Il ajoute à la page 112,
que *le vendeur est reçu à évoquer la chose ès MAINS
DE CELUI QUI L'AVOIT OBLIGÉE par précaire,
et A RÉVOQUER LE PRÉCAIRE POUR RESTE
DU PRIX.*

M. Mourgues (2) se joint à M. Margalet, et nous dit, en
parlant de la *révocation du précaire*, qu'elle donne au vendeur
le droit de *saisir la chose transportée et de la mettre en
sa possession POUR SE PAYER DE CE QUI LUI
EST DU.*

M. de Julien lui-même (3), se joint à MM. Margalet
et Mourgues. *Le créancier qui a le précaire réel*, dit-il,

---

(1) *Style de la Cour des soumissions du pays de Provence*,
pag. 110. — (2) Pag. 425. — (3) *Sur les statuts de Provence*,
tom. 2, pag. 194.

reprend la chose vendue et la met dans ses mains, POUR ÊTRE PAYÉ DE CE QUI LUI EST DU , *préférablement à tout autre créancier* , *c'est ce qu'on fait* EN RÉVO- QUANT LE PRÉCAIRE.

Enfin, M.ᵉ Janety (1) se joint à ces trois auteurs, et voici comme il s'énonce : « *le créancier privilégié et* CELUI » QUI A UN PRÉCAIRE sur le fonds, tel que le seigneur, » etc , et le VENDEUR POUR LE PAYEMENT DU PRIX, ont droit de se colloquer sur ce même fonds par un » seul et même exploit. »

Chacun de ces auteurs suppose que l'acquéreur n'avoit pas *revendu* le fonds, et néanmoins ils donnent au vendeur non payé du prix au terme convenu, en force de la *clause du précaire* , le droit de répéter le fonds et de s'y colloquer. Nul doute donc, que cette action étoit *la révocation du précaire* et qu'elle compétoit au vendeur pour défaut *du payement du prix* , comme pour cause de *revente*.

Toute *inobservation* des *pactes promis* donnoit lieu à la *révocation du précaire*, et cela devoit être d'après la loi (2). Or , le *payement* du prix au temps donné , étoit sans contredit une des *conventions* du contrat de vente.

Des quatre auteurs provençaux, que nous avons découverts , plus heureux que notre confrère, le premier vivoit dans le seizième siècle , le deuxième dans le dix-septième, et les deux derniers dans le dix-huitième. La tradition qu'ils

---

(1) Sur le règlement de la Cour , tom. 2 , pag. 349.

(2) Tempore contractûs inter emptorem et venditorem , habitam conventionem integram servari certum est. Loi 8 , cod. *de pactis inter emptor. et venditor.*

nous

nous ont transmise est donc parfaitement constatée, et elle
est aussi ancienne que respectable et insoupçonnable. On re-
marquera surtout qu'elle n'a souffert aucune variation dans
l'espace de trois siècles.

S'il nous étoit permis de nous placer entre ces auteurs,
nous certifierions qu'en remontant à soixante ans, époque où
en faisant notre cours de droit, nous en fîmes un de pratique
chez un procureur au siège, nous avons vu pendant trois ans
et journellement *des lettres de révocation du précaire*
expédiées contre des acquéreurs qui devoient trois années
d'arrérages du prix non encore échu, ou qui ne payoient pas
le prix échu. Nous certifierions encore que les vendeurs qui,
en pareil cas, préféroient de se pourvoir devant le lieutenant-
juge royal, ou avoient leurs causes commises au lieutenant
général, ne pouvant pas prendre devant ces tribunaux des
lettres de révocation du précaire, lesquelles n'étoient levées
qu'en la Cour des soumissions, se faisoient concéder acte de
ce qu'ils *révoquoient le précaire* pour parvenir à obtenir leur
mise en possession provisoire de la chose vendue, la permission de se colloquer par un seul exploit, et la distraction
du fonds d'une instance générale.

Notre confrère auroit donc pu s'assurer que *l'action en
révocation du précaire* étoit ouverte parmi nous au vendeur
contre son acquéreur, dans le cas même où celui-ci possédoit encore la chose vendue, s'il étoit en retard de payer le
prix ; et cela non-seulement en vertu du *précaire*, mais encore
du pacte par lequel il s'étoit obligé de payer le prix, *ut
pactioni stetur*, loi *si creditor* 7, § ult. de distract. pignoris.

Il auroit pu s'en assurer encore dans la loi 20, ff. *de
precario*, qui fait espérer au vendeur la *résolution de*

l'acte pour simple cause du *non payement du prix*, ci-
devant , pag. 329.

Nous ne devinons pas les motifs qui lui ont fait dire, que
lorsque l'acquéreur ne payoit pas le prix, *il est probable que
la simplicité de notre procès exécutorial, avoit fait préférer la collocation du vendeur à la résolution de la
vente.* Nous sommes même assurés qu'il s'est ainsi énoncé
sans se bien entendre lui-même. Il est, en effet, impossible
de donner un sens raisonnable à cette *probabilité.*

Il est convenu déjà bien des fois que *l'action en révocation du précaire* tendoit à la *résolution de la vente.* Il
ne peut plus reculer devant ses aveux.

Que demandoit et qu'obtenoit donc le vendeur par *l'action
en révocation du précaire ?* Comment exécutoit-il le jugement
qu'il avoit fait rendre ? Nos réponses toutes exactes, vont
laisser à notre confrère le regret d'avoir supposé *probable*, ce
qui ne pouvoit pas être vrai.

L'action en révocation du précaire, s'intentoit en vertu
de *lettres de révocation du précaire*, imprimées, expédiées
par le greffier de la Cour des soumissions à tout vendeur qui
se présentoit à lui , porteur d'un contrat de vente où l'acquéreur avoit soumis la chose achetée à son *précaire.* Ces
lettres autorisoient le vendeur à se faire mettre provisoirement
en possession de la chose vendue , attendu les *pactes promis
et non observés* , et ensuite à faire assigner l'acquéreur aux
fins de venir voir dire et ordonner qu'il satisferoit au *pacte
non observé.* Le vendeur faisoit donner cette assignation à son
acquéreur pour le faire condamner au payement du prix de vente
dans le délai qui seroit fixé par le juge, et faire ordonner
qu'à défaut du payement dans ledit temps, il lui seroit permis

de se colloquer sur la chose vendue, après qu'elle auroit été estimée. Le lieutenant des soumissions faisoit droit à ces conclusions presque toujours par défaut. Si en vertu du jugement, l'acquéreur ne payoit pas au terme fixé par le jugement, le vendeur faisoit estimer la chose vendue par les estimateurs *des honneurs*, s'y faisoit colloquer par eux, et s'en faisoit mettre en possession définitive par un seul exploit d'huissier. Telles étoient exactement la marche et la consommation de la procédure en *révocation du précaire*, et tel étoit notre procès exécutorial.

Qu'a donc voulu dire notre confrère, quand il a supposé que s'il ne connoissoit point d'arrêt qui eût admis le vendeur à la *révocation du précaire*, pour simple cause de non payement du prix, c'étoit *probablement* parce que *la simplicité de notre procès exécutorial avoit fait préférer la collocation du vendeur à la résolution de la vente?* Il est déjà convenu dix fois pour une, que la *révocation du précaire* opéroit la *résolution de la vente*. Cette *résolution de la vente* étoit prononcée par le juge à défaut du payement du prix dans tel temps. Elle étoit consommée par la *collocation* et la *mise en possession du vendeur*, faites, l'une par les estimateurs, et l'autre par un huissier. On voyoit donc là, la réunion du *procès exécutorial*, de la *collocation* et de la *résolution de la vente*, formant un ensemble inséparable. Comment concevoir dès lors, ce choix que notre confrère suppose avoir été fait par le vendeur pour notre *procès exécutorial* et pour la *collocation*, plutôt que pour la *résolution de la vente*, dès qu'il est vrai que c'étoit la *collocation* et la mise en possession définitive du vendeur qui consommoient la *résolution de la vente*; et que cette *collo-*

cation et cette *mise en possession par un seul exploit*, composoient entièrement le *procès exécutorial* du vendeur contre son acquéreur, ainsi que M.ᵉ Janety nous l'a déjà certifié ?

Tout, jusqu'àprésent, est donc erroné dans les notions préliminaires que notre confrère nous a données de la théorie et de la pratique du *précaire*. Il est en défaut dans le principe et dans les deux preuves sur lesquelles il l'a fait reposer. Tout cela est de bon augure à notre égard, pour ce qu'il lui reste à nous dire, toujours à titre d'*explications préliminaires*, sur les EFFETS de la *clause du précaire*. Il n'est parvenu qu'à dépayser ses compatriotes, qu'il vouloit instruire de la théorie et de la pratique du *précaire*. Il va les dépayser bien davantage en leur indiquant les résultats de cette clause. Voilà déjà trois de ses postes avancés de forcés. Nous attaquons le quatrième et le dernier.

On se rappelle qu'il a supposé que le *précaire* donnoit au vendeur le droit de REVENDIQUER la chose. Le droit de *revendication*, placé sur la tête du vendeur après qu'il a cessé d'être *propriétaire* de la chose vendue, et qu'il en a complétement transporté l'entier domaine à son acquéreur, a quelque chose d'étrange pour celui-là même qui ne connoît que l'épigraphe par laquelle nous avons commencé cette discussion. Cependant notre confrère pense et soutient que cette *propriété* est conservée au vendeur par le *précaire* auquel l'acquéreur a soumis la chose vendue jusques au temps où il payera le prix. Autant voudroit-il nous dire qu'en l'état d'une vente parfaite, spoliative du domaine de la chose vendue, celui qui l'a faite, reste *propriétaire* de la chose vendue et transportée sans réserve à l'acquéreur. C'est effectivement ce

qu'il s'est proposé d'apprendre à ses compatriotes. Voici sa
doctrine :

» Le vendeur non payé du prix, ou de tout le prix, et
» au précaire duquel son acquéreur ou la jurisprudence
» française avoient soumis la chose vendue, *conservoit la*
» *possession civile* (la propriété) *de la chose. L'acquéreur*
» *ne possédoit cette chose qu'au nom de son vendeur*, et
» n'en avoit que la *détention naturelle et corporelle* (la
» possession et la jouissance). Si l'acquéreur contrevenoit au
» précaire en aliénant le fonds, le vendeur révoquoit le pré-
» caire. Il rentroit dans la chose vendue, *qui* N'AVOIT
» JAMAIS CESSÉ DE LUI APPARTENIR, et la *reprenoit*
» *comme sa* CHOSE PROPRE TELLE QU'ELLE ÉTOIT,
» SANS ESTIMATION PRÉALABLE *et par voie de* RE-
» VENDICATION. » Nous n'avons point à craindre qu'on
nous reproche quelque altération dans l'analyse que nous
venons de faire des assertions de notre confrère. Nous avons
poussé l'exactitude jusques au scrupule.

Comment est-il donc arrivé que notre confrère ait ainsi
frondé tous les principes reçus en matière de *vente parfaite*
et en matière de *précaire !*

Sa doctrine est déjà contredite dans son essence par ces
auteurs du pays qui nous apprenent que le vendeur ne rentroit
pas *dans sa chose propre* et ne la *prenoit* pas *telle qu'elle*
étoit, et qu'au contraire il rentroit dans la *chose de l'acqué-*
reur, puisqu'il étoit obligé de la faire ESTIMER, avant de
se colloquer sur elle, pour déterminer ce qu'il auroit à rembourser à son acquéreur, si la valeur de la chose excédoit sa
créance. Ce procédé, forcé pour le vendeur dans l'intérêt de
l'acquéreur, est bien fait pour convaincre que le vendeur né

rentroit point alors dans *sa chose propre*, mais dans *celle de l'acquéreur*, dont il le dépouilloit, à la charge de lui faire compte de la plus value comparativement à sa créance. C'est bien reconnoître l'acquéreur pour *propriétaire de la chose*, dès qu'en rentrant dans cette chose, le vendeur la lui payoit en proportion de ce qu'elle valoit de plus que sa créance.

Notre confrère nous a étonnés dans cette partie de son ouvrage, autant que s'il avoit dit que le *précaire* usité dans certains pays de France et en Provence, étoit le *précaire absolu* connu à Rome, lequel étoit, dans son essence, un acte de *bienfaisance et de libéralité*. Ce n'est en effet qu'en se référant à ce dernier *précaire*, que la loi 15, § 4, ff. *de precario*, dit que le bailleur conserve la *possession civile* et l'acquéreur n'a que la *possession corporelle* : *rem precario datam, possidet alter animo, alter corpore*. Il s'est bien gardé de confondre dans sa réponse imprimée, les deux espèces de précaire. Il a même reconnu qu'ils n'avoient entre eux, aucune sorte de rapport. Pourquoi donc a-t-il appliqué au *précaire* simple et d'imitation, stipulé ou suppléé en France dans le contrat de vente, intéressé de part et d'autre, ce que la loi n'a dit que *du précaire absolu*, lequel n'étoit en soi qu'un acte de prêt gratuit, et conséquemment de générosité? Si ces deux *précaires* diffèrent entre eux dans leur essence, impossible que le même principe établi dans cette loi 15, les régisse tous les deux.

C'est pourtant avec le secours de ce faisceau d'erreurs que notre confrère s'est agrandi les voies, pour arriver plus facilement à ce résultat dont son système se compose : » Le » vendeur ne s'est jamais dépouillé de la chose. Il n'a pas » cessé d'en avoir la *possession civile*, *le domaine et la*

» *propriété.* Son acquéreur ne *possède que pour lui et en*
» *son nom* ; en conséquence son *droit de propriété* sur
» la chose, étant incompatible , avec un simple droit d'hy-
» pothèque privilégiée sur cette même chose, attendu qu'on
» ne peut avoir une hypothèque privilégiée sur sa chose
» propre » ; *le propriétaire de la chose n'a pas besoin*
d'inscrire un privilége qu'il n'a pas et qu'il ne peut pas
avoir, et prime toujours , de droit, son acquéreur et ses
créanciers, ainsi que le second acheteur et ses créanciers ;
et est toujours reçu à REVENDIQUER *sa chose dans*
l'état où elle se trouve, et affranchie de toute hypothèque
qui ne vient pas de lui.

Il faut convenir que notre confrère a eu le coup d'œil
juste, quand il s'est flatté que s'il parvenoit à nous faire
adopter la décomposition qu'il a faite de la nature et des
effets du contrat de vente *sous précaire ,* il n'auroit plus
à appréhender aucune sorte de réclamation contre son nouveau
système. Nous convenons nous-mêmes, que si l'acquéreur qui
soumet le fonds acquis , au *précaire* de son vendeur, en
laissoit la *propriété* absolue à ce dernier, et n'en devenoit
lui-même que simple *détenteur corporel,* nous ne pourrions
pas , sans indécence, refuser notre assentiment à la conséquence que notre confrère a tirée de son principe. Mais il est
encore tellement loin de l'obtenir, qu'il est impossible que
quelqu'un autre le lui accorde.

Nous nous arrêtons d'abord à son principe. Nous arriverons
ensuite à la conséquence.

Nous observons qu'il est bien surprenant qu'il n'ait pas même
dit dans son système , ni que le vendeur devoit rendre ce
qu'il pouvoit avoir reçu à compte du prix, le jour du contrat

ou depuis ; ni qu'il devoit tenir compte, tant des améliorations qui provenoient du bénéfice du temps , que de celles qui procédoient du fait de son acquéreur. Tant il étoit préoccupé de cette propriété (quoiqu'absolument perdue par le vendeur à compter du jour qu'il avoit délivré la chose vendue), qu'il prétendoit au contraire être restée sur sa tête ! tant il redoutoit de l'entamer !

Nous pensons , nous soutenons , nous prouverons et nous démontrerons que le *précaire* stipulé ou suppléé par la jurisprudence française et provençale , dans un acte de vente dont le prix ou partie du prix est resté dû au vendeur , n'empêche pas que la vente ne soit parfaitement et définitivement consommée dans le sens le plus absolu ; c'est-à-dire , 1.º que le vendeur ne se dépouille de toute *possession civile* , de *toute propriété* , de *tout domaine* , et qu'il ne cesse d'être le maître de la chose vendue ; 2.º qu'il ne transporte cette *possession civile* , cette *propriété* , ce *domaine* et cette *maîtrise* à son acquéreur ; et de là , cette conséquence qu'il ne reste à ce vendeur et qu'il ne peut lui rester en vertu du *précaire* , qu'une *hypothèque privilégiée* sur la chose vendue , dont les effets sont, non-seulement de lui assurer , sur la chose vendue, une préférence exclusive de tous créanciers, et le droit même de faire résoudre la vente, par voie de *révocation du précaire*, dans tous les cas où son acquéreur aura *violé* le *précaire* , en manquant aux engagemens par lui pris dans son contrat d'achat, ou aux obligations imposées par la loi à tout acquéreur, relatif à l'intérêt direct du vendeur ; mais encore de se faire réintégrer dans son fonds , ESTIMATION préalablement faite.

Notre principe et notre conséquence sont les antipodes de ceux de notre confrère. Il est rare de voir deux anciens jurisconsultes

jurisconsultes du même pays, être aussi directement opposés de principes et d'opinions, sur une matière si connue de nos pères, et pratiquée par eux avec tant d'uniformité depuis plusieurs siècles.

Nous allons nous éloigner encore, des quatre questions que notre confrère s'est proposées, et qu'il croit avoir résolues avec le secours de cette foule d'écarts préalables, auxquels il s'est livré. Il est prudent et indispensable pour nous, après lui avoir enlevé tant d'avantages qu'il a voulu se donner, en dénaturant la théorie et la pratique du *précaire*, de ne pas lui laisser celui qu'il a voulu prendre encore, en en décomposant la nature et les effets. Si notre confrère a cru que ces préliminaires prépareroient les esprits en faveur des décisions qu'il se proposoit de donner sur les questions qu'il s'est faites à lui-même, il est dans l'ordre qu'en ayant le droit d'y répondre dans un sens tout opposé au sien, nous tâchions d'emporter, pour ainsi dire, ces murs de séparation qu'il a établis entre ses opinions et les nôtres.

C'est la nouvelle opinion de M. Tarrible qui lui a donné l'idée de certaines des siennes. L'un et l'autre ne se rapprochent pourtant pas dans leurs principes, ni ne se ressemblent dans leurs conséquences. Ils diffèrent même aussi essentiellement que singulièrement, dans ceux-là et dans celles-ci. Il y a autant de disparate entre les principes qui dirigent chacun d'eux, qu'il y en a entre ceux de notre confrère et les nôtres.

On sera bien étonné que ces deux auteurs diffèrent aussi essentiellement dans leur marche et dans les guides qu'ils prennent. Il semble, en effet, que chacun d'eux veut aller seul et improuver l'opinion de l'autre. D'où il suit qu'ils ont chacun des idées bien différentes et tout à fait contraires;

et de là il arrive que les premiers, ils sont les censeurs l'un de l'autre.

On voit en effet que M. Tarrible suppose et reconnoît vrai et constant tout ce que l'autre dénie ; et que notre confrère s'est abstenu de se prévaloir des moyens infiniment plus raisonnables qui sont les pivots de l'opinion de M. Tarrible. Ce dernier reconnoît constamment que *le vendeur non payé du prix de la chose vendue et soumise à son précaire, ne conserve sur cette chose qu'*UNE HYPOTHÈQUE PRIVILÉGIÉE, et conséquemment qu'il n'a conservé sur sa tête, ni *propriété*, ni *domaine*, ni *maîtrise*, ni *possession civile*, de la chose vendue (1). Notre confrère soutient au contraire que le vendeur conserve sur la chose vendue, tous ces divers droits, et n'a et ne peut avoir en conséquence d'*hypothèque privilégiée* sur une chose qui lui appartient et n'a jamais cessé de lui appartenir, n'en ayant accordé à son acquéreur que la *détention corporelle.*

Ce sont bien là les deux extrêmes ; c'est à l'opinion du dernier que nous avons à répondre.

C'est une vérité de tous les temps, que la vente est entièrement consommée, et complétement perfectionnée, lorsqu'il y a eu convention sur la chose et sur le prix ; lorsque la délivrance a été faite, après que le prix a été payé, ou qu'il a été atermoyé par le vendeur, lequel a consenti, dans

---

(1) M. Tarrible, dont le système entier est consigné dans le *répertoire raisonné de jurisprudence* sous les mots *privilége de créance*, sect. 5, n.º 5, nous confirme cette doctrine, jusqu'à six reprises différentes. M. Persil la professe aussi dans ses *questions sur les priviléges*, tom. 2, pag. 48.

ce cas, de suivre ou la foi d'un gage, ou celle d'une caution, ou celle de l'acquéreur même.

Cette vérité est écrite dans sept lois romaines (1), dont celle que nous avons placée à la tête de ce titre **XI**, est le résumé. On se rappelle la décision absolue qu'elle contient.

Cette règle a été généralement adoptée dans le droit français; et de plus, elle a été reconnue par notre confrère lui-même, voyez ci-devant page 317. Il a cru paralyser cette règle en affirmant qu'elle n'est pas applicable à la vente, quand l'acquéreur n'a pas payé le prix, et que jusques à ce que ce payement ait été fait, il a soumis la chose qui lui a été vendue au *précaire* du vendeur.

Notre confrère croit donc que lorsque l'acquéreur, après la vente consommée, soumettoit à la fin du contrat de vente, la chose déjà vendue, et dont l'expropriation étoit parfaite, autant que l'investiture de l'acquéreur étoit complétée, par cela seul qu'elle étoit soumise au *précaire* du vendeur, uniquement pour l'assurance du prix que ce dernier lui laissoit en mains, l'acte étoit entièrement subverti et renversé, de manière que la vente consommée et perfectionnée cessât de l'être? Que le vendeur exproprié de la chose vendue, en étoit réinvesti, et que l'acquéreur investi de cette chose en étoit dépouillé? C'est jusque-là qu'il faut aller, dans le système de notre confrère. Sommes-nous donc encore au temps où on

_____

(1) Loi *ex hoc jure*, ff. *de justitiá et jure.* Loi 2, § 1, ff. *de contrah. empt.* Loi 1, § 2, ff. *de rerum permut.* Lois 19 et 53., ff. *de contrah. emptione.* Inst. *de emp. et vend.*, au proeme, et *de rerum divisione*, § 41.

croyoit que les mots avoient des effets surnaturels ? On ne
croit plus aux opérations magiques de certaines paroles. Tel
étoit l'acte avant que la soumission au *précaire* du vendeur,
eût été souscrite, tel il demeuroit après cette souscription.
Loin de déroger à l'aliénation absolue de la chose, la soumission que l'acquéreur faisoit de cette chose, au *précaire*
du vendeur, et l'acceptation que celui-ci faisoit de cette soumission, supposoient au contraire que la chose avoit changé de
maître, et n'étoient en elles-mêmes, qu'une sorte de garantie ou
d'assurance privilégiée sur la chose vendue, donnée au vendeur,
jusques à ce qu'il eût été payé de son prix. Pourquoi l'acquéreur auroit-il donné cette assurance, sans être devenu *propriétaire* de la chose ? Pourquoi le vendeur l'auroit-il acceptée,
s'il avoit continué d'avoir le *domaine* proprement dit de la
même chose ? La vente est parfaite, et la chose vendue devient
le patrimoine de l'acquéreur, lorsque le vendeur a suivi la foi de
celui-ci quant au payement du prix. Cette vérité cessera d'en être
une, parce que l'acquéreur consentira un privilége pour le
vendeur sur la chose vendue, en la soumettant à son *précaire!*
Pourquoi l'acquéreur fait-il cette soumission de la chose vendue ?
C'est parce qu'il doit encore le prix. Mais si, quoique le prix
soit dû, la vente est parfaite, comment le privilége accordé
au vendeur pour ce prix par l'acquéreur, pourroit-il la décom-
poser ? La vente peut-elle être atteinte par un pacte qui n'a
d'autre objet que de donner au vendeur un privilége spécial
sur la chose vendue ?

Mais qu'a-t-on pensé dans tous les temps, de l'effet d'un
contrat de vente clôturé par la *clause du précaire* ? Remontons
à la loi 20, ff. *de precario*, que nous avons déjà transcrite
ci-devant, pag. 329. Elle nous apprend que lorsque l'acquéreur,

sous pacte de précaire, ne payoit pas le prix au terme promis, quoique rien ne s'opposât à ce qu'il remplît son obligation, le vendeur pouvoit user de l'interdit *de precario*, c'est-à-dire, *révoquer le précaire*, et conclure à la *résolution de la vente*, et à sa réintégration dans la chose vendue. C'est en indiquant au vendeur cette voie, que le jurisconsulte Ulpien le flatte qu'il obtiendra sa demande : *Venditorem posse consequi.* Le vendeur étoit donc considéré comme dépouillé de la chose, puisqu'il avoit besoin de recourir au juge pour faire *résoudre le contrat*, pour cause de violation du *précaire* opérée dans ce cas par le non payement du prix, pour en faire désinvestir l'acquéreur et y rentrer lui-même. Rien n'est plus propre à certifier la force exécutoire d'un contrat de vente, et celle de tous les pactes dévestitifs et investitifs qu'il renferme, que quand on ne peut le dissoudre que par une action en *résolution*, sur laquelle le juge ne doit prononcer qu'avec grande connoissance. Rien ne constate mieux l'effet absolu d'une vente, que la nécessité de l'intervention du juge pour la résoudre, lequel est obligé d'examiner si *per emptorem stetit quominùs pretium persolveretur.* Rien ne donne mieux l'idée d'un *pacte* purement *comminatoire*, que le droit qu'a le juge d'en atermoyer en France les effets, en donnant un délai au débiteur pour purger la demeure, alors même qu'il prononce la résolution de la vente.

Comment cette loi a-t-elle été interprétée et suivie en France et en Provence ?

Les auteurs étrangers à notre pays (1), nous certifient que

(1) MM. Louet, lett. H, somm. 21, n.ᵒˢ 6 et 7, et lett. P, somm. 19, n.ᵒ 7; Loiseau, du *déguerpissement*, liv. 3, chap. 3, n.ᵒ 6; et Domat, lois civiles, liv. 3, tit. 1, sec. 5, n. 4, Bouguier,

la soumission de la chose vendue au *précaire* du vendeur,
n'a d'autre objet et d'autre effet que de donner au vendeur
une *hypothèque privilégiée* sur la chose vendue, préférable
à celle de tous les créanciers de l'acquéreur et d'un second
acquéreur. M. Tarrible lui-même, a dit : *Rien n'est plus
juste que le* PRIVILÉGE *du vendeur.* LA PROPRIÉTÉ
DE L'IMMEUBLE N'EST SUR LA TÊTE DE L'AC-
QUÉREUR, QUE PAR LA VENTE QUI LA LUI A
TRANSMISE. *Il est de toute évidence que les créanciers
de cet acquéreur qui réclament leur payement sur l'immeuble nouvellement* ACQUIS, *doivent souffrir que le
vendeur* PRÉLÈVE LE PRIX *qui lui reste dû* (1). C'est
là, ainsi qu'au mot *transcription*, § 3, que cet auteur ne
fait constamment ressortir de la vente faite sous *précaire*,
qu'un PRIVILÉGE pour le vendeur.

Ceux du parlement de Toulouse (2) ne donnoient au pacte
du *précaire* stipulé par l'acquéreur au profit du vendeur,
que le même objet et le même effet. Notre confrère s'est
opposé le premier dans son opuscule, ces auteurs du Languedoc ; et pour secouer leur autorité, il a supposé, par
distraction sans doute (pag. 96), que *ces auteurs ne se sont
ainsi prononcés, que parce qu'ils ont traité la question,
sous le rapport de la préférence réclamée par le vendeur*

---

lett. H, n.º 12 ; Henrys, tom. 2, liv. 4, chap. 6, quest. 109 ;
Bouvot, tom. 2, au mot *hypothèque*, quest. 10 et 15 ; Basset,
tom. 2, liv. 4, tit. 16 ; Papon, liv. 11, tit. 3, arrêt 16.

(1) *Répertoire de jurisprudence*, au mot *privilége de créance*,
sect. 4, § 2.

(2) MM. d'Olive, liv. 4, chap. 10 ; de Catelan, tom. 2, liv. 7,
chap. 5 ; Despeisses, tom. 1, tit. 1 *de l'achat*, sec. 6, n.º 19 ;
Serres *instit.*, pag. 130.

dans l'hypothèse de la discussion. Pas le mot de tout cela
dans ces auteurs. Tous nous attestent, abstraction faite de
toutes circonstances qui aient pu les influencer, que le
précaire ne laisse au vendeur qu'une *préférence* exclusive
de tous autres créanciers, tant du premier que du deuxième
acheteur ; et c'est véritablement d'office qu'ils nous attestent
une maxime générale, que notre confrère devoit à la vérité,
de ne pas transformer en décision particulière et casuelle. On
peut avoir du regret, à ce qu'une jurisprudence nous contrarie
dans nos idées ; mais toujours il faut la reconnoître telle
qu'elle est.

Dans l'état même du code civil, la Cour de cassation a
jugé deux fois que le *précaire* ne réservoit au vendeur qu'une
hypothèque privilégiée sur le prix, dont il perdoit les avantages par défaut d'*inscription* (1).

Notre confrère a dit aussi, que ces arrêts ont été rendus
dans *l'hypothèse d'une discussion.* Ceux qui prendront la
peine d'ouvrir M. Sirey, seront étonnés de cette affirmation.

Quel est donc le but utile de l'exception de notre confrère,
fondée sur la circonstance de la discussion ? Il sait bien que
le Languedoc étoit un pays de décret, où le procès exécutorial étoit à peu près le même que le nôtre aujourd'hui. Or,
si en l'état de la procédure par décret, le vendeur n'avoit
pas, malgré la stipulation du *précaire*, le droit de s'emparer
de son immeuble par voie de *revendication*, et n'avoit qu'une
action *hypotécaire privilégiée* sur le PRIX de son immeuble, comment seroit-il possible que, sous le nouveau

_____

(1) M. Sirey, an 1806, part. 1, pag. **17**, et an 1809, part.
1, pag. 261.

procès exécutorial, le même à peu près, le vendeur eût ce droit de *revendication*, qu'on lui refusoit dans les pays de décret, dès surtout que notre nouveau système hypothécaire nous apprend si souvent et en termes aussi formels, que le vendeur ne conserve sur le fonds qu'il a vendu qu'une *hypothèque privilégiée*, laquelle ne frappe plus que sur le PRIX de ce fonds, et doit être *inscrite* pour obtenir un rang dans un ordre de créanciers ?

Dans les pays de décret, le vendeur qui avoit suivi la foi de son acquéreur, en lui atermoyant le prix, devoit, s'il n'étoit pas payé de ce prix au terme convenu, pour en obtenir le payement, exécuter son acquéreur par la voie de l'expropriation usitée alors ; et il n'avoit d'action dans l'ordre dont il occasionnoit l'ouverture, que sur le PRIX pour le recevoir dans sa totalité, ou dans une partie proportionnée à sa créance. De même aussi, si tout autre créancier poursuivoit ce même acquéreur par voie de décret, le vendeur n'intervenoit dans l'ordre qu'à titre de *créancier hypothécaire et privilégié*, pour être payé avec préférence sur le PRIX de l'immeuble soumis à son *précaire*. Tout ceci va nous être certifié par un auteur du pays de Languedoc, qui a aussi bien mérité de son pays par ses institutes, que M. de Julien, du sien, par ses *élémens de jurisprudence*, dont nos anciens ont toujours fait unanimement le plus grand éloge.

M. Serres (1) dit que « c'est parce que le payement du » prix est une *condition* inhérente au contrat de vente, que » lorsque le vendeur a délivré la chose vendue et qu'il n'est

---

(1) *Institutions du droit français*, pag. 130.

» pas

» pas payé du prix convenu, ou qu'il lui en reste dû une
» partie, on lui accorde une *hypothèque spéciale et privi-*
» *légiée*, qui est appelée *précaire*, en vertu de laquelle il
» a droit de faire saisir le fonds par lui vendu, de le faire
» vendre même séparément, si les biens de son acheteur sont
» en distribution, et sur le prix qui provient de ladite vente,
» de se payer de ce qui lui reste dû, tant en capital qu'en
» intérêts, par préférence à tous les créanciers. » Il nous
indique pour ses garans, MM. Maynard, d'Olive et de Catelan,
tous magistrats illustres, du même pays.

Il est donc vrai, 1.º qu'au parlement de Toulouse, *la*
condition inhérente au contrat de vente de payer le prix,
n'étoit pas *suspensive* quant à l'aliénation du domaine, et
ne rendoit pas même la vente *résoluble SUB CONDI-*
DITIONE dans le sens des lois romaines. 2.º Que cette
condition ne laissoit néanmoins sur la tête du vendeur, qu'une
hypothèque privilégiée. 3.º Qu'en vertu de cette *hypothèque*
privilégiée, il pouvoit faire saisir réellement le fonds et le faire
vendre, soit qu'il ne fût qu'en présence de son acquéreur,
soit qu'il le fût d'une masse de créanciers, *pour se payer sur*
le prix de ce fonds.

C'est ainsi qu'en voulant nous échapper, notre confrère s'est,
pour ainsi dire, jeté dans nos mains.

Les droits du vendeur sur son immeuble vendu et
imprécarié, quand il n'est pas payé du prix, sont nécessairement toujours les mêmes, ni plus forts, ni moindres.
Ils ne peuvent pas varier, selon les circonstances. S'ils n'étoient
qu'*hypothécaires* et *privilégiés*, et si son *hypothèque* et son
privilège ne frappoient dans les instances de décret que sur

le prix de l'immeuble, comment auroient-ils pu avoir une plus grande extension hors de cette instance?

Il demeure donc bien constant que dans les pays de France où la *clause du précaire* étoit connue et pratiquée, elle ne conservoit au vendeur aucun droit de propriété sur l'immeuble vendu, et qu'il ne lui restoit qu'une *hypothèque privilégiée*, soit qu'il poursuivît lui-même son acquéreur pour être payé du prix, soit qu'il fît valoir ses droits dans un ordre de créanciers.

Nous opposons à l'erreur de notre confrère, le droit romain, le droit français établi dans les pays où le précaire étoit connu et stipulé ou suppléé, c'est déjà beaucoup. Inutilement nous nous livrerions à de plus amples recherches sur ce point. Notre confrère ne menace que l'ancien droit de Provence, et nous ne venons au secours que des *usages*, *jurisprudence* et *maximes* du même pays. Nous ne devons plus citer que des auteurs locaux (1).

M. Margalet, le plus ancien auteur provençal qui ait écrit sur le *précaire*, dit dans son traité *du style des soumissions*, liv. 3, chap. 7, n.° 1, *il est ordinaire et coutumier qu'en*

_____

(1) Nous pourrions citer encore M. Pothier, lequel a écrit dans un pays où la *clause résolutoire* étoit stipulée ou suppléée dans les contrats de vente, comme la *clause du précaire* parmi nous. Il dit que *lorsque le vendeur a bien voulu faire crédit du prix à l'acheteur, la tradition qui lui est faite de la chose,* lui en transfère la propriété avant qu'il en ait payé le prix. Traité de *la vente*, n.° 322, et c'est ce qu'il répète dans son traité de *la propriété*, n.° 399 et suivans.

tous contrats de vente, quand le prix accordé n'est promptement payé par l'acheteur, il s'oblige au vendeur de lui payer ledit prix, et à ces fins, oblige tous et chacuns ses biens; même quand le vendeur est bon ménager, la chose qui par lui est vendue expressément et spécialement, est OBLIGÉE, et CONFESSE l'acheteur ICELLE TENIR AU NOM DU PRÉCAIRE, jusqu'à ce qu'il ait payé le reste dudit prix avec promesse d'icelle non aliéner; et au chapitre 9, il s'énonce encore en ces termes: *Pouvons noter la différence qu'il y a entre la clausule du précaire simple et de constitut. C'est que par la clausule du précaire, LA CHOSE EMPRÉCARIÉE DEMEURE OBLIGÉE ET HYPOTHÉQUÉE.* Il résulte donc bien de là que dans la ci-devant Provence, la *clause du précaire* ne portoit aucune atteinte à la propriété absolue qui avoit été transportée à l'acquéreur, et qu'elle n'avoit d'autre effet que d'obliger spécialement la chose vendue au profit du vendeur, et de produire en sa faveur une *hypothèque privilégiée* et exclusive sur la chose vendue.

M. Morgues, autre de nos anciens auteurs, a dit, page 425, *pour savoir l'usage dudit précaire, il faut observer que le précaire pratiqué en ladite submission, n'est pas le PRÉCAIRE ABSOLU, qui est une espèce de libéralité ou un usage que le propriétaire octroye, pour être la chose possédée tout autant qu'il plaît à celui à qui elle appartient, et qui use de cette gratification..... Et en ce précaire, celui qui donne et celui qui reçoit, possèdent, le preneur* corpore *et le bailleur* animo, *comme le dit Pomponius, en la loi* 15, § *eum qui,* ff. *de precario; ains du précaire stipulé par celui qui N'A ET NE RE-*

TIENT LA PROPRIÉTÉ, *et est fait et formé par une clause du précaire mise ès contrats*, *laquelle* N'EMPÊCHE POINT L'EFFET DU TRANSPORT AU PROFIT DE L'ACQUÉREUR, ET NE DÉPOUILLE POINT LE PROPRIÉTAIRE (l'acquéreur) DU DOMAINE DU FONDS QU'IL A SOUMIS AU PRÉCAIRE,

Lequel est de deux sortes : l'un, *stipulé par celui qui transporte un héritage*, *ou une chose mobiliaire*, *lequel* N'EMPÊCHE POINT QUE CELUI QUI FAIT LEDIT TRANSPORT, NE SE DÉPOUILLE DE LA POSSESSION NATURELLE ; AINS CONSERVE AU VENDEUR UNE SURETÉ ET UNE HYPOTHÈQUE PRIVILÉGIÉE QUI LUI DONNE LE DROIT DE SAISIR *la chose transportée et la mettre en sa possession*, *pour être payé de ce qui lui est dû*, *par* PRÉFÉRENCE *à tous créanciers bien qu'antérieurs en hypothèque.*

Trois arrêts du parlement d'Aix, de 1576, 1584 et 1609, n'ont accordé au vendeur, en vertu de la clause du précaire, qu'une *hypothèque préférable sur la chose vendue* (1).

Un acte de notoriété du parquet de Provence, n.° 131, à la date du 14 novembre 1701 ; nous certifie également que *le vendeur est un* CRÉANCIER PRIVILÉGIÉ *sur la chose même en vertu du précaire*, *et que c'est l'effet que produit* LA TRANSLATION DU DOMAINE, *le vendeur n'ayant d'autre intérêt et ne pouvant raisonnablement prétendre que d'être payé des sommes qui lui sont dues sur les biens par lui vendus*, *et* SUR LE PIED DE LEUR JUSTE VALEUR DANS LE TEMPS QU'IL LES REPREND.

---

(1) MM. de S.ᵗ-Jean, décis. 69 ; Dupérier, tom 2, pag. 343,

MM. de S.ᵗ-Jean , décis. 69 , et Decormis , tom. 2 , col.
4219 , ne réclament pour le vendeur , soit dans le cas de
la déconfiture , soit dans le cas de la revente , qu'une *hypothèque privilégiée.* M. Silvy , avocat très - causé et qui
plaidoit si souvent du temps de M. Boniface , nous atteste
aussi , qu'en France et en Provence , le vendeur n'a jamais
conservé sur le fonds vendu , qu'une *hypothèque privilégiée
en force du précaire* stipulé ou sous-entendu (1).

Enfin , un de nos auteurs récent , très-estimé , M. de la
Touloubre , éditeur des actes de notoriété du parquet de
Provence , a mis au bas de celui que nous venons de transcrire , la note qui suit : *Parmi nous , le précaire ne produit
qu'un* PRIVILÉGE SUR LE FONDS DU VENDEUR.

Faut-il une nouvelle preuve locale , c'est-à-dire , tirée de
nos plus anciens usages , de l'effet de la vente parfaite ,
quoique accompagnée de la clause du *précaire* ? Nous la
trouvons dans M. Margalet , liv. 3 , chap. 7 et 8 , où il
nous apprend que de son temps on regardoit tellement le
vendeur comme entièrement dépouillé , et l'acquéreur comme
investi du domaine absolu de la chose vendue , que le vendeur
étoit alors placé sur une même ligne avec le simple créancier
hypothécaire , et qu'il ne pouvoit exécuter que les fruits de
la chose vendue , si dans l'espace de vingt ans ils devoient
suffire pour le payer. M. de S.ᵗ-Jean nous dit un mot de cet
usage dans sa décision 69, ainsi que M. Morgues, pag. 425.
M. de S.ᵗ-Jean nous dit même que ce n'étoit que dans les

---

(1) *Remarques manuscrites*, qui sont en notre pouvoir, tom. 1 ;
fol. 6 v.º , et tom. 2 , fol. 472.

instances générales que le vendeur pouvoit se payer sur la
chose elle-même, attendu qu'une instance de cette nature ne
pouvoit pas rester suspendue pendant vingt ans.

Est-il possible de résister en Provence, à ces témoignages
uniformes de tous nos auteurs locaux ?

Il est temps de remonter au seul guide que notre confrère
a eu, lorsqu'il a dénaturé l'acte de vente d'une chose, quand
il est accompagné de la clause du *précaire* ; qu'il a confondu
le *précaire simple* ou d'imitation, avec l'ancien *précaire
absolu*, et qu'il a converti un acte qui renferme une aliénation absolue et irrévocable hors les cas de droit, en une
libéralité, en une concession de bienfaisance, révocable à
volonté. Ce guide est M. de Julien ; c'est le seul auteur français
ou provençal qu'il puisse invoquer. On lit effectivement dans
cet ouvrage (émané d'un jurisconsulte dont la mémoire est,
sous tant des rapports, honorable et en vénération au barreau
d'Aix), que *quoique* LA VENTE OPÈRE UN VRAI
TRANSPORT, *le vendeur a conservé* LA POSSESSION
CIVILE *de la chose vendue, que l'acheteur possède* AU
NOM DU VENDEUR , *jusques à ce qu'il en ait entièrement payé le prix* (1).

Mais cette énonciation de M. de Julien, n'est et ne peut
être que l'effet d'une distraction de sa part; ce qui le prouve,
c'est qu'il est impossible qu'il ait eu l'intention de se mettre
en opposition avec l'avis exprès et contraire de tous les auteurs
qui l'ont précédé, ainsi que nous venons d'en certifier nos

---

(1) *Commentaires sur les statuts de Provence*, tom. 2, pag. 494
et 496.

lecteurs. Ce qui le prouve encore, c'est qu'il auroit confondu
le précaire *simple* ou d'imitation, avec le précaire *absolu*,
en appliquant au premier, ce que la loi 15, § 4, ff. *de
precario*, n'a dit, n'a voulu dire et n'a pu dire que du
second. C'est, en effet, en parlant du précaire *absolu*, qui
étoit un acte de pure bienfaisance, révocable à volonté, que
cette loi a dit : *possident alter animo, alter corpore,*
paroles dont M. de Julien nous a donné la traduction dans
sa phrase, selon la lettre et le sens de cette loi, par mégarde. On ne peut pas supposer qu'il eût volontairement fait
une équivoque, dont MM. Margalet et Morgues, s'étoient si
bien garantis, à telles enseignes qu'ils nous ont prévenus que
la disposition de cette loi, uniquement relative au précaire
absolu, ne pouvoit pas être appliquée au *précaire simple* ou
d'imitation. Ce qui prouve enfin, que M. de Julien a été distrait,
c'est qu'il ne peut avoir voulu faire une phrase complétement contradictoire dans ses deux membres. Qui pourra
jamais supposer qu'un jurisconsulte aussi savant et aussi éclairé,
ait entendu reconnoître un VRAI TRANSPORT de la chose
vendue de la part du vendeur, en faveur de l'acquéreur, là
même où il auroit supposé que ce vendeur *conservoit la
possession civile*, ce qui est la *propriété*, et ne transmettoit
à son acquéreur qu'une *détention naturelle*, de la même
nature que celle d'un usufruitier ou d'un fermier? Cette absurdité qu'il faudroit lui imputer, prouve toujours mieux qu'il
est impossible qu'il ait eu l'intention de l'écrire.

Il est étonnant que notre confrère n'ait pas fait ces réflexions;
qu'il n'ait pas suppléé à ce que M. de Julien a eu l'intention
de dire, et qu'il l'ait compromis en lui prêtant une erreur,
qu'il désavoue d'ailleurs et souvent, bientôt après, puisqu'au

lieu de dire que *le vendeur conserve contre son acquéreur un droit de revendication sur la chose propre*, il professe au contraire, très-expressément et toujours, que le vendeur ne conserve, en force du *précaire*, qu'une HYPOTHÈQUE PRIVILÉGIÉE, sur la chose qu'il a vendue; puisqu'au lieu de dire que le vendeur *rentre dans sa chose propre et la prend telle qu'elle est*, il le soumet à s'y *colloquer, estimation préalablement faite*. Conçoit-on que le vendeur se paye sur *sa chose propre ?* Et n'est-il pas de toute évidence qu'il se paye sur *la chose de l'acquéreur* dès que, d'une part, il s'y *colloque*; et que, d'une autre part, il la fait *estimer ?* D'où il arrive qu'en voulant découvrir une maxime provençale, dans la phrase involontaire de M. de Julien, notre confrère n'est parvenu qu'à donner de la publicité et de la solennité à une erreur involontaire de ce respectable auteur, dont peu de personnes s'étoient aperçues jusques aujourd'hui, et que ceux qui avoient été en état de la sentir, corrigeoient d'eux-mêmes, avec le secours de ce qui précède et de ce qui suit dans cet auteur.

M. de Julien dit aussi, pag. 496 : *une chose n'est véritablement acquise à l'acheteur que quand il en a payé le prix*, ou qu'*il a donné au vendeur une responsion pour l'assurance de ce prix*, suivant le § 41, inst. *de rerum divisione.* Mais dès qu'il s'est énoncé de cette manière, d'après cette loi, il est donc censé avoir ajouté comme celle-ci : *mais si le vendeur a suivi la foi de son acquéreur pour le payement du prix, il faut dire qu'à l'instant la chose vendue est devenue la propriété de l'acquéreur* : SED SI IS QUI VENDIDIT, FIDEM EMPTORIS SEQUUTUS FUERIT,

FUERIT, DICENDUM EST STATIM REM EMPTORIS
FIERI.

De tout cela il suit, avec toute évidence, que M. de Julien
n'a jamais ni pensé, ni voulu dire ce qu'il n'a écrit que par
distraction ; que son disciple lui manque, en faisant ressortir
son inadvertance ; et qu'en dernière analyse, ce disciple est
le premier, l'unique, et le dernier auteur de notre pays, qui
ait donné et qui donne avec réflexion, pour une *maxime
du pays*, une erreur tellement capitale, que désavouée par
tous les principes de la matière, et par tous nos auteurs provençaux, elle est encore repoussée par la raison. C'est avec
regret que nous avons tant insisté sur cette erreur de notre
confrère ; mais, tout comme quand on se bat, la loyauté
n'interdit pas d'employer toutes les voies licites pour se défendre ou pour attaquer ; de même aussi quand on disserte,
ou qu'on discute, il est permis de ne rien négliger pour
prendre son émule sur le temps, quand il présente son côté
foible.

Qu'importeroit au reste que M. de Julien eût confondu, par
mégarde le *précaire absolu* avec le *précaire simple*, dès que
la loi les distingue si bien et leur attribue des effets si différens ; dès qu'il seroit le seul auteur provençal qui eût fait
cette confusion ; dès que tous les autres auroient si bien aperçu
et présenté les diverses nuances qui établissent une ligne de
séparation entre les deux *précaires* ; dès que M. de Julien
s'est sitôt et si formellement rétracté, en reconnoissant, aussi
souvent qu'il l'a fait dans le même ouvrage, que le *précaire
simple* ne laisse au vendeur qu'une *hypothèque privilégiée ?*
Y a-t-il eu de la prudence à préférer son opinion, tellement
mal assurée qu'il la contredit lui-même, aux principes, aux

lois , à la jurisprudence françâise et provençale , et à l'universalité des auteurs français et provençaux qui ont eu l'occasion
de se prononcer sur les droits que la *clause du précaire*
réservoit au vendeur ?

Telles sont les observations que nous avons faites sur le
travail préalable auquel notre confrère s'est livré , pour nous
donner la théorie et la pratique du précaire, et la mesure de
ses effets , et que nous lui avons communiquées avec la plus
grande discrétion et dans le plus grand secret. Il nous fit une
réponse manuscrite , un peu développée , mais si vague , si
évasive , qu'elle n'étoit propre qu'à nous rendre témoins de
cette gêne dans laquelle nous l'avions mis. Il nous remit froi-
dement sous les yeux cette longue série d'erreurs que nous
avions relevées et combattues. Il ne dit pas le mot sur cette
masse d'autorités qui les foudroyoient toutes , l'une après
l'autre , et il eut le sang-froid de terminer sa réponse par ces
mots : *si tout ce que nous venons de dire est exact, il
seroit superflu de répondre pied à pied à la dissertation.*
Mais si tout ce qu'il venoit de dire , n'étoit absolument que
la reproduction simplement narrative de cette foule étonnante
d'inexactitudes que nous avons fait ressortir, quel a donc été
l'opinion qu'il a eue de lui et de nous , lorsqu'il a reculé
devant une attaque aussi vigoureuse que celle que nous
lui avons faite, sous l'égide de tous les auteurs étrangers et
locaux !

Mais s'il ne nous a pas satisfaits alors , n'a-t-il pas suppléé
à ce silence , par le dernier chapitre de sa réponse imprimée ?
Tant s'en faut ! Il eût beaucoup mieux fait , pour lui et pour
nous , de ne rien dire au lieu de nous provoquer en nous
gaguant de vitesse et en faisant imprimer une réponse qui

joint à son état de nullité, tous les caractères d'une agression imprimée, faite à un confrère qui ne lui avoit fait que des observations amicales et fraternelles, inconnues au public.

Il a trouvé bon d'écrire de nouveau pour pallier ses écarts et tâcher de les réinvestir du caractère de *maximes* dont il les avoit d'abord décorés, et pour combattre nos principes contraires et les travestir en tout autant d'erreurs. Devions-nous nous taire, entourés comme nous le sommes, de tant de soutiens aussi forts qu'irrécusables ?

Dans son opuscule, huit pages contiennent toute sa dissertation sur le *précaire*. Dans sa réponse il lui en a fallu quatorze en petits caractères. Ce n'est pas de cette longueur que nous avons à nous plaindre. C'est plutôt du soin qu'il a pris d'y jeter ses idées, sans ordre et sans suite ; de faire, de son nouveau travail, un véritable chaos où tout est confondu, où ce qui doit suivre précède, où ce qui doit précéder fait suite ; où tout est entremêlé avec incohérence ; où il recopie tout ce qu'il a déjà dit dans son opuscule ; où il retrace purement, simplement et sans gêne, toutes ses inexactitudes sur la théorie, la pratique et les effets du *précaire* ; où il ne répond pas à nos démonstrations ; où il les suppose réfutées par des autorités de fantaisie, qu'il indique sans les analyser, parce qu'elles ne disent rien pour lui, et que nous avons d'ailleurs revendiquées, avec toute bonne foi ; où il suppose dans nos auteurs ce qu'ils n'ont jamais dit, ni voulu dire ; où, enfin, il ne répond à rien. On diroit qu'il ne nous a répondu par anticipation, que pour préparer les esprits en sa faveur, et s'assurer la prévention publique.

Il est bien possible qu'il ait réussi sur une matière aussi peu connue de nos jours, qu'elle est intéressante ; et nous ne lui envions pas ce succès éphémère. Il s'est flatté qu'il seroit inexpugnable dans son dédale. Mais nous en tenons le fil. C'est à lui à se reprocher sa provocation tendant à déprécier les efforts que nous avons faits secrètement et uniquement dans l'intention de servir notre pays, en accourant au secours de nos antiques *règles* et *maximes* menacées, et de nous avoir présentés comme un jurisconsulte qui, sous un déguisement affecté, ne cherche qu'à les anéantir lui-même. L'amitié que nous avons pour lui, et que nous lui devons, ne nous a pas encore fait foiblir dans une lutte aussi honorable. Nous ne cesserons pas de nous ressembler à nous-mêmes quoiqu'il nous ait rendu bien fatigante, la persévérance dans notre tâche.

Il n'est question entre lui et nous, dans le moment, que des écarts qu'il a faits sur la théorie, la pratique et les effets du *précaire*, contre lesquels nous nous sommes élevés successivement, avec tout l'ordre possible, n'ayant aucune sorte d'intérêt à nous entortiller ; et affectant toujours, au contraire, de nous mettre en évidence, pour que notre confrère pût nous atteindre avec facilité, et nous redresser, avec la plus grande aisance, si nous étions dans le cas d'être redressés.

Nous allons donc fouiller dans son chaos et en tirer tout ce qu'il peut avoir dit, non pour nous réfuter, mais uniquement pour vernir ses écarts d'une apparence purement momentanée.

Inutile de retracer ici la série de ses inexactitudes. Déjà elles sont trop connues depuis son ouvrage ; et, au lieu de les rappeler de nouveau, et très-inutilement dans sa réponse, il eût été prudent de sa part, de les ensevelir dans le silence ou de les rétracter. Dans le premier cas, le public les auroit ignorées, dans le second, il se seroit honoré.

Mais ce qu'il est utile qu'on sache, c'est qu'il s'est soigneusement tenu loin et très-loin, de nos discussions; qu'il n'en a pas abordé une, et qu'au lieu de s'attacher à justifier ce qu'il a avancé de contraire aux principes et à nos usages, il ne cherche qu'à s'excuser en rejetant ses erreurs sur d'autres auteurs qui, précisément, n'ont professé sur cette matière, que dans notre sens; d'où il arrive heureusement que nous sommes dispensés d'y revenir, et que nous n'avons plus que ses excuses à examiner.

Il prétend que s'il a dit que *la révocation du précaire N'AVOIT LIEU QUE DANS LE CAS où l'acquéreur avoit fait une REVENTE de la chose par lui acquise avant d'en avoir payé le prix, s'il n'avoit pas indiqué son vendeur pour ce même prix,* c'est qu'il l'a appris ainsi de nos auteurs provençaux, tels que MM. Buisson, Boniface, de Regusse et de Julien, dont pourtant il ne transcrit pas les paroles.

On aura de la peine à nous en croire. Il est pourtant de fait, qu'aucun de ces auteurs n'a enseigné cette doctrine. Ils disent tous que la *révocation du précaire* a lieu en pareil cas, ce qui est incontestable. Mais il n'en est aucun qui ait dit que *la révocation du précaire N'AVOIT LIEU que dans le cas de la REVENTE.* Il s'en faut tellement, que ces mêmes auteurs reconnoissent, ainsi que tous les autres, que *la révocation du précaire* a lieu toutes les fois que l'acquéreur manque à ses engagemens. Voyez ci-devant, pag. 318 et suiv. Ainsi cette première excuse est nulle. Passons à la seconde.

S'il a dit que *ce n'est que dans les instances générales que le vendeur est obligé de faire ESTIMER préalablement le fonds dont il demande la distraction,* il a pour

garans MM. de S.ᵗ-Jean, Boniface, un acte de notoriété du
parquet, MM. Dupérier et la Touloubre. Il s'est permis de
supposer que, tous ces *auteurs provençaux*, *ainsi que ceux*
de Toulouse, *ne raisonnent que dans le cas où le vendeur*
demande la distraction du fonds vendu dans une instance
générale; et que leur décision est fondée *sur ce qu'alors, le*
précaire ne donne pas lieu à la résolution de la vente,
page xxxj.

On aura encore de la peine à nous en croire. Il est cependant de fait, qu'aucun de ces auteurs n'a enseigné cette
doctrine. Tous conviennent que le vendeur, après avoir fait
prononcer la distraction du fonds qu'il a vendu, doit, avant
d'y rentrer, le faire estimer : ce qui est une vérité constante.
Mais aucun de ces auteurs, n'a dit que *l'estimation préalable*
n'avoit lieu que dans ce cas, et au contraire eux, notre
statut et tous nos autres auteurs, avocats et praticiens, nous
enseignent unanimement, que le vendeur non payé du prix
ne peut rentrer dans la chose vendue, pour quelque cause
que ce soit, qu'*après due estimation*, voyez ci-devant, pag.
351 et suiv. Cette excuse ne vaut donc pas mieux que l'autre.
Notre confrère y a-t-il bien pensé, quand il a dit que la
demande en distraction du fonds, qui doit avoir pour première base, la *révocation du précaire*, et pour deuxième,
un jugement qui ordonne la distraction, attendu le changement d'état de l'acquéreur, n'a pas l'effet de la *résolution de*
la vente ?

Au surplus, il est de fait que tous les auteurs étrangers
et locaux, établissent une règle générale qu'ils supposent
applicable à tous les cas où la *révocation du précaire* peut
avoir lieu; et qu'aucun d'eux n'a limité cette règle, au seul

cas où le *vendeur poursuit la distraction du fonds vendu dans une instance générale.*

Est-il vrai, au reste, qu'en pareil cas, le *précaire* ne donnoit pas lieu à la résolution de la vente, dès que c'étoit en vertu du *précaire*, que le vendeur demandoit la *distraction* de la chose vendue ?

Il prétend encore, que lorsqu'il a dit que *la révocation du précaire n'avoit pas lieu pour le simple défaut de payement du prix*, *quand l'acquéreur avoit conservé la chose et son état*, c'est parce qu'il ne connoit aucun arrêt qui ait accordé ou refusé la *résolution de la vente.* Mais avant de nous donner pour garant de son opinion cette preuve négative, il auroit dû nous assurer qu'il avoit parcouru tous les registres de la Cour. Nous avons déjà donné les motifs de la rareté de ces arrêts.

Il nous donne un autre garant, le SILENCE *de tous nos auteurs provençaux qu'il prétend avoir compulsés* dans leur universalité, et dont aucun, dit-il, n'a ni dit, ni supposé que la *révocation du précaire* fût admise en pareil cas.

Nous le renvoyons à la page 359 ci-devant, où sont indiqués ces quatre auteurs provençaux qu'il n'a pas bien *compulsés*, lesquels nous ont enseigné que la *révocation du précaire* étoit également admise dans ce cas, comme dans tous ceux où le vendeur pouvoit inculper son acquéreur de transgression ou de *violation* des *pactes promis.*

Cette excuse n'est donc pas d'une autre trempe.

Notre confrère s'est donc chargé de faire ressortir lui-même, par ses vains prétextes, l'inexactitude des trois prétendues *maximes* qu'il a établies, et que nous nous sommes crus obligés de combattre pour l'intérêt de nos chers compatriotes.

Il prétend enfin, que quand il a dit que *la vente sous pacte de précaire, laissoit la possession civile et la propriété au vendeur, et n'attribuoit à l'acquéreur que la possession naturelle ou corporelle*, il a eu pour garans la loi 20, ff. *de precario*, M. Margalet, M. Tiraqueau, M. de Julien, le savant auteur du journal du palais, et *une foule d'auteurs qu'il pourroit citer.*

On se résoudra difficilement encore à nous en croire, si nous affirmons qu'à M. de Julien près, il n'existe ni loi, ni auteur, pas même ceux dont notre confrère vient de se remparer, qui aient attribué au *pacte de précaire simple*, l'effet du *précaire absolu*. Cette confusion de choses a été involontairement faite par M. de Julien; et il n'y a jamais eu et il n'y aura jamais que notre confrère, qui l'ait faite avec réflexion.

Quiconque saisira la différence énorme qu'il y a entre le *précaire absolu* et le *précaire simple*, et la nature de l'un et de l'autre, se dira facilement que ce que la loi 15, § 4, a dit des effets du *précaire absolu*, ne peut pas être appliqué aux effets du *précaire simple*. On n'a jamais vu que le même principe soit le régulateur de deux cas tout-à-fait différens.

Nous avons déjà expliqué, page 329, cette loi 20, ff. *de precario*, que notre confrère vient d'interpréter selon son sens, quoiqu'elle ne se prête ni de près, ni de loin, à l'espèce de tourmente qu'il lui a donnée. Nous ne devons pas nous répéter.

Nous avons opposé nous-mêmes M. Margalet (ci-devant, page 359) à notre confrère, et nous avons transcrit ses paroles. Il nous l'oppose cependant lui-même, sans rapporter ses expressions. Il ne nous taxe pas d'inexactitude dans notre citation.

citation. Comment se fait-il donc qu'il nous oppose aussi cet
auteur, en compagnie de M. Tiraqueau, auquel M. Margalet
se rapporte. Reproche-t-il à cet auteur provençal qu'il s'est
contredit? Pas du tout; cependant ou la contradiction existe,
ou l'un de nous n'est pas de bon compte, il n'y a pas de
milieu. La contradiction n'existe pas. Notre confrère reconnoît
l'exactitude de la transcription que nous avons faite des paroles
de cet auteur. Cependant il l'invoque à son tour. Il est donc
nécessairement vrai, ou qu'il n'a pas compris ce que M.
Margalet a dit, d'après M. Tiraqueau, au liv. 3, chap. 7,
ou qu'il l'a mal lu, ou qu'il l'a lu avec trop de prévention.
Voici ce qui en est.

Nous avons déjà observé que lorsque le vendeur avoit suivi
la foi de son acquéreur, celui-ci soumettoit la chose vendue
au *précaire* de celui qui la lui avoit transmise; et que lors,
au contraire, que l'acquéreur avoit suivi la foi de son vendeur,
et avoit payé le prix avant que celui-ci lui eût fait la délivrance, ce dernier soumettoit la chose vendue au *constitut
et précaire* de l'acquéreur. M. Margalet, liv. 3, chap. 9, nous
explique bien les effets de chacune de ces deux clauses. Il
nous dit que la première, ne renferme qu'une *simple obligation de la chose vendue en faveur du vendeur*, par où il
reconnoît que l'acquéreur est devenu propriétaire et maître de
la chose vendue, ce qu'il a déja dit bien expressément au
chapitre 7. Il nous dit que la seconde constitue aussi *l'acquéreur maître du fonds*, et l'autorise à poursuivre la délivrance
de ce fonds contre le tiers-acquéreur, si, après avoir reçu
le prix sans avoir délivré la chose, le vendeur l'avoit aliénée
à tout autre.

C'est dans l'état de ces règles qu'il se proposoit d'établir, qu'au chap. 7, n.º 2, lieu indiqué par notre confrère, il s'exprime ainsi : *Et bien que la propre définition du pré-caire simple, selon le légiste, soit quand quelqu'un baille gratuitement une chose à celui qui l'en requiert, pour s'en servir tant que bon semblera au maître d'icelle, lequel peut la répéter et demander toutefois et quantes que bon lui semblera. Et au cas susdit, le vendeur ne peut répéter la chose vendue, si est-ce qu'en tant qu'à défaut de payement du reste dudit prix, il peut répéter ou du principal acheteur, ou de tout autre, ladite chose vendue par la force de telle clause, par laquelle sembloit que ledit acheteur ne l'avoit du tout que par prière. On baptise cette clause précaire simple, oresque la clause de constitut y soit.* Voilà mot pour mot, tout ce que M. Margalet dit dans ce chapitre, de relatif au point contentieux.

Y trouve-t-on que le vendeur *conserve la propriété* de la chose vendue, et que l'acheteur n'en acquière que la *dé-tention naturelle* ou *corporelle ?* L'auteur ne distingue-t-il pas bien les effets différens des deux précaires ? Ne met-il pas en opposition ceux de l'un et ceux de l'autre ? Ne dit-il pas que l'un conserve la propriété au bailleur, et ne donne que la détention corporelle au preneur ? Ne dit-il pas que le second a un effet tout contraire, qu'il dépouille le vendeur de la propriété, et qu'il la transmet à l'acheteur ? Ne dit-il pas que si le bailleur sous *précaire absolu*, peut à volonté rentrer dans sa chose, le vendeur sous précaire *simple*, ne peut répéter la chose vendue qu'à *défaut du payement du prix ?* Dès lors, qui de notre confrère ou de nous, a cité plus uti-lement M. Margalet ? Le problème n'est pas difficile à résoudre.

Mais notre confrère a trouvé, en marge des paroles de M. Margalet, une note qui renferme une décision de M. Tiraqueau, qu'il a cru conforme à la sienne, et il a été très-leste à s'en emparer. Il a été trop vite. Il eût dû voir que la lettre *A* qui renvoie à la note, est placée après le mot *constitut*, et que dès lors, la note de M. Tiraqueau est relative à la *clause de constitut*, et non à celle du *précaire*; et, en effet, en remontant à ce dernier auteur, on voit qu'il dit que le *vendeur* qui a reçu le prix avant d'avoir fait la délivrance, n'en a pas moins transporté la *possession civile* à son acquéreur, et que lui-même n'a conservé que la *possession naturelle. REMANET POSSESSIO NATURALIS PENES CONSTITUEN- TEM.* Notre confrère s'est fait un moyen de défense d'une équivoque. L'explication que nous donnons du sens dans lequel M. Margalet s'est référé par la lettre *A* placée après le mot *constitut*, à M. Tiraqueau, est parfaitement légitimée par son chap. 9, où il raisonne dans la supposition que l'acqué- reur a payé le prix avant d'avoir reçu la délivrance, et où il dit que c'est l'acquéreur qui est le *propriétaire*; que la *clause de constitut* ne laisse au vendeur que la *détention corporelle*; et que l'acquéreur peut, si le vendeur diffère trop de faire la délivrance au temps convenu, prendre des *lettres d'immission en possession*, et prendre cette *pos- session* par un seul exploit d'huissier.

Nous avons enlevé à notre confrère la loi 20, ff. *de pre- cario*, M. Margalet et M. Tiraqueau. Quels sont donc les appuis qui lui restent? *Le savant auteur du journal du palais, et cette foule d'auteurs qu'il pourroit citer* et qu'il ne cite pourtant pas, parce qu'il n'a pu en trouver un, et dont il ne nous auroit pas fait grâce s'il en avoit pu découvrir plusieurs et même un seul ; et enfin, M. de Julien.

Que trouve-t-on dans le savant auteur du journal du palais à l'endroit que notre confrère nous a indiqué ? Tout ce que nous pensons, et rien de tout ce que notre confrère soutient. C'est notre confrère qui, dans sa réponse, page xxv, a transcrit les paroles de cet auteur. Nous y renvoyons nos lecteurs. Ils y trouveront la condamnation de son système, et tous les élémens du nôtre. Ce qui surprendra davantage, c'est qu'il a fait imprimer en lettres italiques, tout ce qui repousse son erreur et confirme nos principes.

Quelle est, en effet, la doctrine du journal du palais ? Celle de cette foule de lois romaines, toutes refondues dans le § 41 des institutes, tit. *de rerum divisione*, qu'il a eu l'attention de citer, et notre confrère, celle de les supprimer et de les remplacer par des points. Il n'en est pas moins vrai que cet auteur a dit intermédiairement aux deux parties que notre confrère en a extraites : *C'est la disposition formelle du §* 41, aux institutes, *de rerum divisione.* Ce que cet auteur a dit, est le commentaire de ce §. Or, que porte ce §? Nous l'avons mis en tête de cette discussion. Nous l'avons invoqué contre notre confrère. Nous l'avons expliqué dans son véritable sens. Il contient tout ce que l'auteur du journal du palais a dit. Cet auteur est donc autant pour nous et contre notre confrère, que l'est le § 41 des instit. *de rerum divisione*, lui-même.

Il falloit que ce confrère fût bien à la presse, lorsqu'il s'est réfugié, dans son désordre, chez cet auteur, qui est le mille et unième de ceux qui condamnent son erreur. Il faut qu'il convienne, bon gré, mal gré, qu'entraînés et forcés par la disposition du même § 41 des institutes, tous les auteurs latins, français et provençaux, dessaisissent le vendeur du domaine absolu, et en investissent l'acquéreur du moment que, quant au payement du prix, le premier a suivi la foi de celui-ci. *Sed si is qui vendidit fidem emptoris sequutus est, dicendum est* STATIM REM EMPTORIS FIERI.

Sur ce dernier point, notre confrère a tenté de faire encore un effort. Il devroit avoir plus de regret que nous au courage avec lequel il l'a fait. Il arrive cependant que c'est nous qui y en avons plus que lui, attendu qu'il nous force encore à nous plaindre de ses trop grandes facilité et inexactitude dans les citations. Il a dit avec toute assurance, que *notre juris-prudence constante et invariable, attestée par MM. Mar-galet, Morgues, Regusse, Boniface, Decormis, Julien et Janety, loin de n'accorder au vendeur qu'une hypo-thèque privilégiée dans le cas de la revente, reconnoît son droit de propriété, puisqu'elle lui accordoit LA RÉ-SOLUTION DE LA VENTE, ce qui étoit l'exercice du droit de revendication, pag.* xxxj. Notre confrère reconnoît encore ici que l'action en *révocation du précaire* étoit *l'action résolutoire de la vente.*

Nous invitons nos lecteurs à vérifier les citations de notre confrère. Il n'en est pas une qui soit dans son sens. Aucune ne reconnoît le *droit de propriété* du vendeur. Aucune ne lui accorde *l'action revendicatoire.* Toutes au contraire ne le déclarent que *créancier privilégié.* Toutes ne lui accordent qu'une *hypothèque privilégiée*; voyez au surplus ci-devant, pag. 373 et suiv. Il est bien dur pour nous de mettre ainsi notre confrère en évidence, et aussi désavantageusement pour lui; mais pouvions-nous biaiser, sans mettre en risque les antiques traditions et usages de notre pays, et sans nous exposer à ce qu'au lieu de nous considérer comme leur défenseur, on n'entrevit en nous qu'un nouveau Zoïle ?

Nous portons le dernier coup à cette dernière partie du système de notre confrère en assurant très-positivement que, tant M. Tarrible (1) que M. Persil (2), bien loin de supposer que le vendeur en vertu du *précaire*, conserve la propriété de la chose vendue tant qu'il n'est pas payé du prix, professent au contraire, aussi souvent qu'expressément, qu'il ne lui reste qu'un *privilége* dont l'*efficacité* est entièrement dépendante de l'*inscription*.

Impossible de mieux compléter une démonstration.

Voilà donc notre confrère seul de son opinion. Nous voilà donc entourés de l'assentiment de toutes les lois romaines, de tous les auteurs français, de tous les auteurs provençaux, et de M. de Julien même, et encore des nouvelles lois hypothécaires et des deux auteurs qui ont écrit depuis leur promulgation. Qu'elle est donc sa position ! qu'elle est donc la nôtre !

Il a cru pouvoir faire de ses opinions, des *maximes provençales*. Avec moins de prétention que lui, nous nous sommes bornés à défendre et à protéger les *règles* antiques que nos pères nous ont transmises sur cette matière, et nous les avons toutes sauvées.

Il faut donc nous rattacher tous à ces quatre vérités, que notre confrère eût étouffées à jamais, si elles nous eussent moins intéressés.

_____

(1) Répert. de jurisprudence, aux mots *privilége de créance*, sect. 5, n.º 5, et au mot *transcription*, § 3, n.º 5. — (2) *Sur les priviléges.*

1.re *L'action en révocation du précaire*, étoit ouverte au vendeur, non-seulement dans le cas de la *revente* de la chose vendue, mais encore dans tous les cas où l'acquéreur, quoique en possession de la chose, *violoit* le précaire en ne payant pas le prix, ou en abusant de la chose vendue, ou en ne tenant pas ses autres engagemens, et encore lorsque sa faillite, sa déconfiture ou sa mort compromettoient les intérêts et sûretés du vendeur.

2.me *L'action en révocation du précaire*, alors que le vendeur vouloit rentrer dans la chose vendue, le soumettoit dans tous les cas indistinctement, à demander la *résolution de la vente* en *révoquant le précaire*, et à exécuter le jugement qui résolvoit la vente, par voie de *collocation*, après une *estimation préalable*.

3.me La *clause du précaire* n'empêchoit pas que la vente ne fût consommée et perfectionnée, dans le sens le plus absolu ; elle ne réservoit au vendeur qu'une *hypothèque privilégiée*, et elle transportoit à l'acquéreur la *propriété*, le *domaine* et la *maîtrise* de la chose vendue.

4.me *L'action en révocation du précaire*, étoit l'action en *résolution de la vente*, et n'étoit que cette action. Nous tenons sur ce point des aveux si multipliés de notre confrère, qu'il ne les rétractera pas.

Il ne s'est pas rendu à nos démonstrations. C'est ce que prouve sa réponse imprimée. Il s'est cependant relâché de sa première roideur. Il est convenu que l'acquéreur, en rentrant dans la chose vendue par voie de collocation, devoit tenir compte à son acquéreur, de la partie du prix qu'il avoit reçue lors du contrat, et des améliorations. Tel est en effet, le vœu de la loi *imperator*, § 16, ff. *de in diem addictione.*

Il ne dit pas s'il ne doit tenir compte que des améliorations qui procèdent du chef de l'acquéreur, ou s'il doit aussi le tenir de celles qui procèdent du bénéfice du temps. Mais l'arrêt de M. de Regusse et l'acte de notoriété, n.° 131, qu'il nous a opposés, réparent son omission. Celui-là soumet le vendeur à tenir compte des améliorations en général, et celui-ci le soumet à le tenir des *bonifications qui sont arrivées audit fonds par succession de temps, depuis la vente faite;* et M. Pothier les adjuge toutes à l'acquéreur, *traité du contrat de vente,* n.° 469.

Cet aveu qui manquoit à l'opuscule de notre confrère, lui fait honneur en raison de ce qu'il est dans l'ordre des principes de la justice. Mais cet aveu lui coûte cher, parce qu'il en suit que l'*estimation* devoit être faite préalablement dans tous les cas, attendu que, dans tous les cas, le vendeur *révoquoit le précaire,* et se colloquoit jusques au concurrent de ce qui lui étoit dû. *Ainsi,* dit M. de la Touloubre sur l'acte de notor. 131, *le vendeur ne profite pas de la plus value, et* NE PEUT PAS NON PLUS REPRENDRE LE FONDS SANS ESTIMATION, *ainsi qu'il est expliqué dans cet acte de notoriété.*

Notre confrère veut absolument avoir raison et que nous ne l'ayons pas. Il a persisté de plus fort dans sa réponse imprimée, pag. xxx, à soutenir que le vendeur conserve la propriété de la chose vendue. Il avoit volé de ses propres ailes dans son opuscule. Pour se soutenir dans l'essor qu'il avoit pris, il a emprunté dans sa réponse celles d'autrui. Rien de plus licite. Mais il eût dû s'assurer qu'elles fussent plus fortes que les siennes.

Il est venu à nous avec un nouveau moyen, qu'il a puisé

dans

dans l'ouvrage de M. Tarrible. Il prétend que l'obligation de
payer le prix constitue la vente *conditionnelle*, c'est-à-dire,
qu'elle la *suspend* jusques à ce que le prix soit payé ; et
c'est ainsi qu'il s'est flatté de prouver que tant que le prix
de vente n'a pas été payé par l'acquéreur, le vendeur conserve
la *propriété* de la chose vendue, et que son acquéreur n'en
a que la *détention corporelle*. La conséquence est exacte ;
mais le principe ne l'est pas.

Le principe est de M. Tarrible, nous en convenons. C'est
un des moyens préliminaires de son nouveau système. Mais
il n'a pas été aussi loin dans ses conséquences que notre
confrère. Bien s'en faut !

Nous contestons le principe. M. Tarrible n'est parvenu à
lui donner quelque apparence, que parce qu'il a pris à contre-
sens, les lois romaines, la doctrine de M. Domat et l'article
1183 du code civil sur lesquels il l'a basé. Le point de fait
est très-positif, et nous allons en fournir la preuve la plus
convaincante.

Ici nous allons nous éloigner encore des quatre questions
que notre confrère nous a promis de décider, et que nous
avons promis aussi de résoudre dans un sens contraire au sien.
Mais c'est lui qui nous détient dans le cercle des premiers
élémens dont son système se compose et qu'il est très-soigneux
de multiplier. Pourrions-nous aborder ce système sans avoir
franchi auparavant toutes les entraves qu'il affecte d'opposer à
notre marche.

Sous ce nouveau point de vue, il n'est plus question des
effets du *précaire*, sur lesquels nous avons déjà suffisamment
disserté et qui n'entrent plus dans les nouvelles vues de notre

E e e

confrère ; et nous voyons s'ouvrir devant nous une nouvelle carrière, longue, pénible et même fatiguante, autant qu'elle sera utile pour le maintien de bien des principes intéressans, et agréable pour nous.

Nous ne nous étions pas proposés d'entrer en lice avec un auteur aussi recommandable que M. Tarrible, sur deux des préliminaires de son système relatifs au privilége du vendeur non encore payé du prix, et aux effets de l'obligation contractée par l'acheteur de payer ce prix. Mais puisque notre confrère, ensuite de l'habitude qu'il a contractée d'adopter sans examen ce que les autres ont dit, nous en donne l'occasion et nous en fait une nécessité, nous allons faire un premier essai contre un auteur, dont les vues profondes et les combinaisons lumineuses, nous ont donné un système foncier aussi apparent, et qui, s'il pouvoit ne pas être exact, lui feroit encore un honneur infini.

M. Tarrible a pensé que sous l'empire du code civil, il n'existoit point de délai fixé et conséquemment fatal, pour l'*inscription* du *privilége* du vendeur. Dans sa dissertation il ne cesse pourtant pas de dire et de répéter souvent que le vendeur n'a, pour ce prix, qu'un *privilége*, et que ce *privilége* n'a d'*efficacité* que par l'effet de son *inscription*. C'est à cet auteur que notre confrère nous renvoie, parce qu'il y a trouvé un mot qui paroissoit le servir dans son opinion, lui qui soutient avec tant de courage que le vendeur non payé du prix, conserve la *propriété* de la chose vendue et nullement un *privilége* sur cette chose ! Lui qui soutient avec la même intrépidité que ce vendeur n'a point de *privilége* à faire *inscrire* ! Y a-t-il quelque proportion entre le petit avantage qu'il a retiré d'un mot préliminaire de M. Tarrible, et ceux que cet auteur nous a faits dans l'ensemble de sa dissertation ?

Pour arriver à son but et remplir parfaitement son objet, M. Tarrible a cru, comme notre confrère lui-même, qu'il devoit donner quelques *notions* ou *explications prélimi-naires*, pour initier ses lecteurs. D'une part il a exalté le *privilége du prix de vente*, et d'une autre part il a dit que la vente étoit *conditionnelle*, tant que l'acquéreur n'avoit pas payé le prix. Nous le disons avec toute franchise : ce sont là les deux parties foibles d'un grand système, desquelles l'auteur n'avoit pas besoin relativement à ses grandes vues, qui seules le conduisoient d'elles-mêmes et directement au point où il s'étoit proposé d'arriver. Nous le prions de nous pardonner les détails dans lesquels nous allons entrer. Il est témoin qu'ils sont pour nous une tâche indispensable à remplir.

Avant de s'occuper de la prétendue *condition* qu'opère dans la vente l'obligation de payer le prix, M. Tarrible a cru qu'il la constateroit mieux en commençant par avancer que de tous les temps et sous le droit romain même, le prix de vente a eu un *privilége légal* indépendamment de toute stipulation. Voici ses expressions : *De tous les temps le prix de vente a eu à sa suite un privilége spécial et légal, à l'exclusion de tous les créanciers de l'acquéreur.* Il a fondé cette assertion sur cinq lois romaines (1). Nous pensons

_____

(1) Loi 13, § 8, ff. *de act. empti et venditi.* Loi 22, ff. *de hæredit. vel actione venditâ.* Loi 31, § 8, ff. *de ædilitio edicto.* Loi 19, ff. *de contrah. empt.* Inst. *de rer. divis.*, § 41.

qu'il a été trop loin en remontant si haut; son assertion eût
été parfaitement exacte, s'il l'eût autorisée du droit français
qui, le premier, a donné toute faveur au prix de vente, en
suppléant au profit du vendeur, ou le pacte du *précaire*,
ou le *pacte résolutoire*, lorsque l'acheteur n'y avoit pas soumis
la chose vendue ; mais en faisant descendre cette faveur du
droit romain, il s'est dévié. Il n'y a en effet, aucune des
lois qu'il nous a indiquées, qui ait donné un privilége *naturel*
et *légal* au prix de vente.

La première loi que cite M. Tarrible décide que si le
vendeur et l'acheteur sont d'accord que le prix sera payé
COMPTANT, et que l'acheteur ne le paye cependant pas
de suite, il n'a point l'action *ex empto* pour se faire délivrer
la chose par le vendeur, à moins qu'il n'offre le prix à
celui-ci ; et que tant que le prix n'est pas offert au vendeur,
ce dernier peut RETENIR la chose vendue, comme une
espèce de gage, pour l'assurance du payement du prix, quand
même l'acquéreur offriroit d'en payer la moitié (1).

Interprétons-nous bien cette loi ? Accurse répond à cette
question en ces termes : J'ACHETE DE VOUS, dit-il, *une
chose, je n'offre pas le prix. Puis-je vous forcer à me
délivrer cette chose ?* La loi répond que non : *emo aliquam
rem à te, non offero pretium. An habeam actionem ut
tu mihi tradas illam rem? Et dicitur quod non.*

Cette loi n'accorde point de privilége au prix de vente.

_____

(1) *Offerri pretium ab emptore debet cum ex empto agitur, et
ideà etsi partem pretii offerat nondùm est ex empto actio, venditor
enim quasi pignus RETINERE potest.*

Elle est absolument muette sur ce point. Elle décide seulement qu'il n'y a point de vente parfaite, tant que le prix qui
a dû être payé COMPTANT au moment de la vente, ne l'a
pas été; qu'en conséquence, le vendeur, non encore dépouillé
de la chose, peut la RETENIR jusqu'au moment qui doit
compléter la vente. Il n'est pas question là du droit qui
compète au vendeur qui a suivi la foi de son acquéreur,
lorsqu'il a délivré la chose et atermoyé le prix pour parvenir
au payement de ce prix. Il ne s'agit que des droits que l'acquéreur prétend avoir pour se faire délivrer la chose, et que
la loi lui dénie, tant que de son chef, il n'a pas concouru à
donner à la vente sa perfection, en payant le prix, qui,
selon les accords, devoit, au moment de la vente, faire le
pendant de la délivrance de la chose vendue, et être payé
COMPTANT.

Cette loi autorise le vendeur encore investi de sa chose à
la RETENIR, attendu que le défaut de payement du prix
de la part de l'acquéreur, a laissé la vente dans l'état d'un
traité non encore accompli. Il n'est donc pas question là du
privilége légal accordé au prix de vente atermoyé en l'état
de la délivrance faite de la chose vendue.

La deuxième loi est dans le même sens. Elle décide que
si la vente d'une hérédité a été faite AU COMPTANT, et
que l'héritier n'ait reçu que la moitié du prix, il peut RE-
TENIR les corps héréditaires pour lui servir de gage, si
l'acquéreur ne paye pas le surplus du prix (1).

_____

(1) *Hæreditatis venditæ pretium pro parte accepit, reliquum*
emptore non solvente, quæsitum est an corpora hæreditaria pignoris
nomine teneantur? Respondi, nihil proponi cur non teneantur.

La troisième loi est aussi dans le même sens. Elle décide que le vendeur qui a dû être payé COMPTANT du prix, peut RETENIR la chose vendue jusqu'à ce que l'acheteur le paye. *Venditor pignoris loco*, *quod vendidit*, *RETINET*, *quoàd emptor satisfaciat.*

La quatrième et la cinquième sont muettes sur le privilége du prix de vente ; elles décident seulement que lorsque le prix a dû être payé COMPTANT, malgré la vente et la délivrance feinte stipulée dans le contrat, la chose vendue reste propre au vendeur en toute propriété, tant que le prix promis n'est pas payé. Elles ajoutent que si, au contraire, le vendeur a eu l'intention de délivrer la chose, et de suivre la foi de son acheteur, quant au payement du prix, la vente est parfaite, le vendeur dépouillé de sa chose, et l'acquéreur investi de la maîtrise absolue de cette chose. Cette décision ne dispose donc pas sur le privilége du prix atermoyé. On trouve sous le titre du ff. *de œdilitio edicto*, encore une loi (la 57.ᵐᵉ) conforme aux précédentes.

Toutes ensemble, ces lois nous apprennent que dans le système du droit romain adopté par la jurisprudence de France, lorsque la vente est faite au COMPTANT, elle n'est parfaite, le vendeur dépouillé, et l'acquéreur investi de la chose vendue qu'après que le prix a été payé ; et que tant que ce payement n'est pas fait, la vente n'existant qu'en nature de projet, le vendeur peut RETENIR la chose pour son assurance, s'il ne l'a pas délivrée, ou la *répéter*, s'il l'a délivrée sous l'espoir d'être payé COMPTANT du prix ; et l'acquéreur n'a pas encore acquis le droit d'en demander la délivrance dans le premier cas, ni de la garder dans le deuxième.

Aucune d'elles n'a décidé que quand le vendeur, en dé-

livrant la chose vendue, a suivi la foi de l'acquéreur quant
au payement du prix, il conserve un *privilége* pour le prix
de vente qui lui reste dû, quand le pacte du *précaire* n'avoit
pas été stipulé. Ce qui prouve que le prix de vente n'avoit
point de privilége *légal* dans le droit romain, et que ce
privilége dérivoit uniquement de la stipulation expresse du
précaire .

La raison de cette loi est consignée dans une autre, d'après
laquelle l'acquéreur AU COMPTANT n'a pas l'action *ex
empto*, tant qu'il n'a pas pas compté tout le prix, quand
même il offriroit d'en payer une partie ; et le vendeur a le
droit de RETENIR la chose vendue, jusqu'à ce qu'il ait reçu
le prix entier (1).

Nous pouvons donc soutenir, contre l'avis de M. Tarrible,
qu'à Rome le prix de vente considéré en soi, n'a jamais eu
l'attribution d'aucune sorte de *privilége légal*, quand de plein
gré, l'acquéreur l'avoit atermoyé purement et simplement, en
faisant la délivrance de la chose vendue ; et que dans ce cas,
le prix *abierat in creditum*, et le vendeur n'étoit qu'un
créancier ordinaire.

On ne sera point étonné du silence des lois romaines sur
le prétendu *privilége* du prix de vente, atermoyé purement
et simplement, quand on saura qu'il en existe quatre (2) qui

_____

(1) *Offerri pretium ab emptore debet, cum ex EMPTO agitur ;
et ideò etsi partem pretii offerat nondùm est EX EMPTO
actio. Venditor enim quasi pignus RETINERE potest eam rem
quam vendidit.* Loi *Julianus*, 13, § 8, ff. *de act. empti et vend.*

(2) Loi 8, cod. *de contrah. empt.* Loi 12, cod. *de rei vindicat.*
Loi 12, *de rescind. venditione vendit.* Loi 6, cod. *de act. empt.
et venditi.*

le refusent positivement au vendeur, et qui ne considèrent celui-ci que comme un créancier simple, qui n'a qu'une action en payement de sa créance : *Pretii quod abiit in creditum;* et qu'il ne conserve pas même le droit de demander la *résolution de la vente.*

La première de ces lois est ainsi conçue : *Si vous avez réellement vendu votre vigne, et que le prix ne vous ait pas encore été payé, vous n'avez pas le droit de faire résoudre la vente, et vous n'avez d'action que pour vous faire payer le prix.*

La deuxième décide que la *demande est incivile et inusitée, lorsque après avoir délivré la chose vendue à l'acheteur et lui en avoir transporté le domaine, vous voulez faire résoudre la vente et rentrer dans la chose vendue, par cela seul que vous n'êtes pas payé du prix. Poursuivez votre acheteur en payement du prix.*

La troisième porte tout de même, qu'*après avoir vendu et délivré une chose et en avoir transporté le domaine à l'acquéreur, vous ne pouvez faire résoudre la vente, si vous n'êtes pas payé du prix, et que vous devez attaquer votre acquéreur pour qu'il vous le paye.*

Enfin, suivant la quatrième, pour que le payement du prix quand la chose a été délivrée et le prix atermoyé, soit un pacte formel du contrat, et pour que le défaut du payement de ce prix autorise la *résolution de la vente,* il faut que cela eût été ainsi convenu dans le contrat de vente. *Venditi actio, si non ab initio convenit, non facilè ad rescindendam venditionem, sed ad pretium exigendum competit.* Quelle étoit cette convention qui donnoit au vendeur le droit de demander la résolution de la vente,

à

à défaut de payement du prix, lorsqu'il ne pouvoit pas l'obtenir de son acquéreur, c'étoit le pacte du *précaire*. Loi 20, ff. *de precario*. Loi 3, cod. *de pactis inter empt. et vendit.*

Nous venons de nous appuyer sur dix lois romaines. Nous en avons transcrit certaines : nous n'avons donné qu'une analyse des autres ; mais cette analyse, faite avec attention et après la lecture de chaque loi, est de toute exactitude.

Donc point de *privilége légal* attaché au prix de vente considéré en soi, par le droit romain. La conséquence est sûre. S'il étoit possible qu'on ne fût pas rassuré sur le véritable sens de ces lois, nous indiquons deux garans bien respectables de l'explication que nous venons d'en faire : MM. Loyseau (1) et Basnage (2). L'un et l'autre reconnoissent également que le droit romain n'avoit attaché aucun *privilége* au prix de vente, une fois que la délivrance avoit été faite avec atermoiement du prix de la vente.

M. Tarrible n'a sûrement pas compulsé les cinq lois qu'il a indiquées. Il les a sans doute citées, en s'en rapportant à quelque auteur exagéré et inexact qui les avoit invoquées avant lui. On ne peut pas croire qu'il ait fait lui-même cette méprise.

M. Tarrible passe ensuite à un autre prétendu principe aussi inexact que le précédent. Il dit que *c'est un principe, d'après* M. Domat, *lois civiles, liv.* 2, *tit* 1, *des gages et hypothèques,* sect. 5, n.° 4, *que la vente renferme la CON-DITION, que l'acheteur ne sera le maître qu'en payant le prix.*

_____

(1) *Du déguerpissement,* liv. 3, chap. 3 ; n.° 6. — (2) *Des hypothèques,* part. 1, chap. 4, pag. 533.

Nous le disons uniquement, parce qu'il ne nous est pas permis de le taire, sans exposer et mettre en péril toutes les *maximes* que nous avons déjà établies : tant s'en faut que l'assertion de M. Tarrible soit un principe ! Elle n'est et ne peut être qu'une erreur dangereuse, en proportion du mérite distingué de celui qui l'a professée.

Ce prétendu *principe* est indirectement repoussé par les dix lois romaines que nous venons d'analyser. Il l'est directement par une foule d'autres qui nous donnent la mesure des pactes qui font *condition* dans les ventes. Il l'est indirectement et directement par M. Domat. Si nous satisfaisons à ces trois annonces, on devra nous savoir gré des efforts que nous allons faire pour attaquer et faire disparoître le *principe* inexact, qu'un auteur d'ailleurs si recommandable, a posé dans un ouvrage qui est dans les mains de presque tous les gens d'affaires.

Pour remplir notre première tâche, il nous suffit de rappeler ici 1.° que dans l'état du droit romain adopté par la jurisprudence française, la vente est consommée et parfaite, et que l'acquéreur devient exclusivement *propriétaire et maître* de la chose vendue, quand il y a eu convention sur la chose et sur le prix, délivrance de la chose vendue et atermoiement spontané du prix de la part du vendeur. Donc le payement du prix ne fait pas toujours *condition* dans la vente. Donc l'acheteur peut être *maître* de la chose vendue, sans en avoir payé le prix. Ces deux conséquences sont directes.

2.° Que le vendeur qui a délivré la chose vendue sans en avoir reçu le prix, n'a point de *privilége* pour ce prix sur la chose vendue, à l'exclusion des créanciers de son acquéreur; qu'il n'a pas le droit de demander la résolution de la vente à défaut du payement de ce prix ; et qu'il n'a, contre son acquéreur, que l'action simple *ex vendito*, pour le poursuivre en payement du prix. Donc le payement du prix ne fait pas toujours *condition* dans la vente. Donc l'acquéreur devient maître de la chose vendue, quoiqu'il n'en ait pas payé le prix. Ces deux conséquences sont aussi légitimes que les précédentes.

3.° Que pour que le vendeur ait un *privilége* sur la chose vendue pour le payement de son prix, et le droit de faire *résoudre la vente*, à défaut de payement de ce prix, il falloit qu'il se les fût expressément réservés, en faisant soumettre par l'acquéreur la chose vendue à son *précaire*. Donc le payement du prix ne fait pas toujours condition ; donc l'acquéreur peut être maître de la chose, quoiqu'il n'en ait pas payé le prix.

Nous avons rempli notre première tâche, nous passons à la deuxième.

Nous ne connoissons que deux conditions directes dans les contrats de vente, c'est-à-dire, deux conditions, qui, le cas prévu arrivant, anéantissent de droit le contrat sans l'intervention du juge, et autorisent le vendeur à rentrer de lui-même dans la possession de la chose vendue. La première, est la condition qui suspend l'effet de la vente ; la deuxième, est celle qui, sans empêcher que la vente ne soit parfaite, la rend néanmoins résoluble dans le cas prévu, c'est la vente *résoluble*, SUB CONDITIONE.

Voici les exemples de la première condition, c'est-à-dire, de celle qui est *suspensive.*

La condition est *suspensive*, lorsqu'elle porte sur un événement *futur* et *incertain.* Je vous vends tel fonds, si le cas prévu n'arrive pas, ou arrive dans le temps fixé. La vente

est censée n'avoir pas été faite; elle avoit |été suspendue jus-
qu'alors; elle disparoît *ab initio*, du moment que le fait prévu
n'est pas arrivé ou est arrivé, parce que la condition a dé-
failli dans l'un comme dans l'autre cas. Tels sont les caractères
et les effets de la vente *conditionnelle*, c'est-à-dire, de la
vente faite sous *condition suspensive* (1).

Un autre exemple de la vente *conditionnelle*, est celui de
la vente faite au comptant. Si le prix n'est pas payé, il n'y
a point de vente. C'est ce que nous avons déjà prouvé, et
ce que nous observerons encore bientôt.

Un troisième exemple de la vente *conditionnelle*, est celui
de la vente qui renferme une condition bilatérale, c'est-à-dire,
qui est stipulée dans l'intérêt réciproque du vendeur et de
l'acheteur. Il est consigné dans la loi 9, ff. *de addict. in diem*.

Hors de ces cas, la vente est toujours pure et simple et
parfaite, malgré les conditions qui y sont stipulées, parce
que ou elles ne la constituent que *résoluble SUB CONDI-
TIONE*, ou elles ne produisent aucun effet.

Voici les principes relatifs aux conditions qui ne constituent
pas la vente *conditionnelle*, et qui la rendent cependant *résoluble SUB CONDITIONE*.

Trois sortes de pactes, selon le droit romain, sans constituer la vente CONDITIONNELLE, la rendoient *résoluble
SUB CONDITIONE*. 1.º *Le pacte de rachat ou de réméré*.
2.º *Le pacte avec addition à jour*. 3.º *Le pacte de la loi
commissoire*.

---

(1) **MM.** d'Argentré, *sur la coutume de Bretagne*, art. 265, chap.
7, n.º 17; et Pothier, *des obligations*, n.ᵒˢ 202, 203, 204; cod.
civil, art. 1168 et 1181.

Inutile d'expliquer le premier et d'en donner l'exemple. Il
est connu de tout le monde et chacun sait qu'il constitue la
vente *résoluble sub conditione.*

Le second étoit stipulé de plusieurs manières. Il l'étoit,
tantôt en ces termes : *que ce fonds vous soit acquis pour
cent écus, à moins que dans les calendes de janvier pro-
chaines, quelqu'un ne m'en offre un meilleur prix* (1);
tantôt en ces autres termes : *que si une meilleure offre vient
à m'être faite, je puisse me départir de la vente* (2) ;
tantôt en ceux-ci : *que la vente soit parfaite à moins qu'il
ne me soit offert un meilleur prix* (3). Dans tous ces cas
la vente étoit pure, simple et parfaite ; mais elle étoit *résoluble* **SUB CONDITIONE.**

Le jurisconsulte Pomponius avoit pensé que lorsqu'il étoit
dit dans l'acte : *que la vente soit parfaite, à moins qu'il
ne me soit fait une meilleure condition,* ce pacte particulier
la rendoit *conditionnelle* (4). M. Pothier a adopté cette opinion (5). Il est pourtant de fait que le jurisconsulte Julien a
combattu avec succès cette même opinion, qu'il n'a donné
à cette stipulation particulière, que l'effet de rendre la vente

---

(1) *Ille fundus centum esto tibi emptus, nisi si quis intra
kalendas januarii proximas meliorem conditionem fecerit.* Loi 1,
ff. *de in diem additione.* — (2) *Ut meliore allatá conditione, ab
emptione discedatur.* Loi 2, ff. eod. — (3) *Ut PERFICIATUR emptio
nisi melior conditio adferatur.* Même loi. — (4) *Sin autem hoc
actum est : ut* PERFICIATUR *emptio nisi melior conditio affe-
ratur, erit emptio conditionalis.* Même loi 2. — (5) **Traité** *de la
vente,* n.° 445.

résoluble SUB CONDITIONE, et que le jurisconsulte Paulus a donné la préférence à la décision de Julianus, et a dit qu'elle est vraie (1).

Tenons donc pour certain que les *pactes avec addition à jour*, ne rendoient pas la vente *conditionnelle*, c'est-à-dire, qu'ils n'en suspendoient ni la perfection, ni les effets, et qu'ils la constituoient seulement *résoluble SUB CONDITIONE*.

Il en est de même du *pacte de la loi commissoire*. Ce pacte étoit aussi stipulé de plusieurs manières. Tantôt il étoit dit dans l'acte : *si le prix n'est pas payé à tel jour, que le fonds soit inacheté* (2). Tantôt il y étoit dit : *que si le prix n'étoit pas payé dans tel temps déterminé, le fonds devienne* INACHETÉ (3). Il existoit encore un pacte par lequel l'acquéreur stipuloit que *si la chose vendue venoit à lui déplaire, elle sera* INA-

---

(1) *Si in diem addictio facta sit* (id est nisi si quis *meliorem conditionem attulerit*), *perfectam esse venditionem et fructus emptori officii et usucapionem procedere Julianus putabat. Alii* (Pomponius) *et hanc sub conditione esse contractam.* Ille (Julianus) *non contrahi sed resolvi dicebat :* QUÆ SENTENTIA VERA EST. Loi 2, § 4, ff. *pro emptore.*

(2) *Si ad diem pecunia soluta non sit, ut fundus INEMPTUS sit.* Loi 2, ff. *de lege commissoria.* Loi 4, *ibid.* Loi 10, ff. *de rescind. vendit.*

(3) *Ut nisi intra certum tempus pretium sit exolutum fundus INEMPTUS fieret.* Loi 4 et 8, ff. *de lege commissoriá.* Loi 1, çod, *de pactis int. emptor. et vendit.*

CHETÉE (1). Ces pactes ne rendoient pas la vente *conditionnelle*, mais *résoluble* SUB CONDITIONE. C'est ce que décide littéralement la loi 1 , ff. *de lege commissoriâ* (2).

La voilà donc bien connue la série des pactes qui rendent la vente simplement *résoluble sub conditione*, c'est-à-dire , qui la constituent pure , simple et parfaite ; qui dépouillent le vendeur de toute la *propriété* de la chose vendue et la transportent, dans toute son intégrité et sans réserve , à l'acheteur. C'est à tous ces pactes que s'applique ce mot de la loi : *et quidem finita est venditio* (3).

Veut - on savoir comment le droit romain s'est prononcé dans les divers cas proposés à ses jurisconsultes ? S'il s'agit des *pactes avec addition à jour*, Paulus a tranché la difficulté entre Pomponius et Julianus , et il a décidé qu'en pareil cas la vente est seulement *résoluble* SUB CONDITIONE , et conséquemment qu'elle est parfaite jusques à l'arrivée du cas prévu. *Magis est* SUB CONDITIONE RESOLVI *emptio* , *quàm* SUB CONDITIONE *contrahi videatur.*

S'agit-il des pactes de la loi commissoire, le jurisconsulte Ulpien dit : *et quidem finita est emptio.* Le jurisconsulte Paulus dit : *perfectam esse emptionem.* Il dit même que ce pacte est plutôt une *convention* qu'une *condition* : *videamus*

---

(1) *Si res ità distracta sit ut si displicuisset INEMPTA esset.* Loi 3 , ff. *pro emptore.*

(2) *Si fundus commissoriâ lege venierit*, MAGIS EST SUB CONDITIONE RESOLVI EMPTIO QUAM SUB CONDITIONE *contrahi videatur.*

(3) Loi 4 , ff. *de lege commissoriâ.*

utrùm conditio sit hoc an conventio. Son avis est qu'il n'est qu'une *convention*, et il résout que si ce pacte n'est qu'une convention, *magis resolvetur quàm implebitur* (1). Le jurisconsulte Ulpien décide aussi que le pacte stipulé par l'acquéreur, *si la chose vendue vient à me déplaire, elle sera inachetée*, ne rend *pas la vente conditionnelle, mais résoluble sub conditione* (2).

Enfin, Godefroy, sur cette dernière loi, nous enseigne que *toute condition qui est relative à la* DISSOLUTION DU CONTRAT *et non à la vente même, ne rend pas le contrat conditionnel, mais le laisse exister pur et simple* (3).

Nous n'avons point trouvé d'avis de jurisconsulte romain sur la nature et les effets du pacte de rachat. Mais la plus grande majorité des arrêts et auteurs français les ont fixés depuis long-temps. Hors des coutumes qui regardoient ce pacte comme *conditionnel* et *suspensif* de la vente, il étoit considéré dans toute la France comme ceux *avec addition à jour* et ceux *de la loi commissoire* ; de sorte que comme ceux-ci, il laissoit la vente dans son état de perfection, et ne constituoit la vente que *résoluble* SUB CONDITIONE. C'est cette opinion que le code civil a adoptée, ainsi que nous le dirons bientôt,

---

(1) Loi 3, § 3, ff. *pro emptore.*

(2) *Si res ità distracta sit ut si displicuisset* INEMPTA ESSET, *constat non esse* SUB CONDITIONE DISTRACTAM, *sed resolvi emptionem* SUB CONDITIONE. Loi 3, ff. *pro emptore.*

(3) *Conditio quæ* EMPTIONIS *dissolutionem spectat, non* IPSAM EMPTIONEM, *contractum ipsum non conditionalem reddit, sed purum esse sinit.*

et

et c'est à tous les pactes que nous venons de rappeler, que se rapporte aussi l'article 1183 du même code.

Tenons donc pour certain que tout cet ensemble de pactes particuliers quoique bien exprimés, spécifiés et rapportés à des cas spécialement prévus, n'empêchent pas que la vente ne soit pure, simple et parfaite, et conséquemment qu'elle ne dépouille le vendeur de la *propriété* et ne la transmette à l'acquéreur.

Il n'y a donc d'autre vente *conditionnelle*, que celle qui est subordonnée au non avénement ou à l'avénement de tel cas futur et incertain, lequel suspend la vente, tant pour le vendeur que pour l'acquéreur, jusques à ce que le cas prévu ne soit pas arrivé ou soit arrivé dans le temps fixé.

Toute autre condition particulière, expressément stipulée dans l'intérêt du vendeur seul, ne constitue pas la vente *conditionnelle*, c'est-à-dire suspendue. Elle la laisse subsister dans son état de *perfection* et d'exécution. Elle ne la rend que *résoluble* *SUB CONDITIONE*, s'il plait au vendeur d'user de ce pacte qui est plutôt une *convention* unilatérale, qu'une *condition* bilatérale.

Le jurisconsulte Pomponius nous prévient dans la dernière loi que nous venons d'indiquer, que nous ne devons pas être étonnés que de pareilles ventes soient parfaites, et donnent au vendeur le droit de les faire résoudre par l'action *ex vendito*, attendu que dans les contrats de vente, il faut plutôt considérer ce qui a été fait, que ce qui a été dit; et que s'il a été stipulé par le vendeur qu'à défaut de payement du prix à tel jour, la chose demeurera *inachetée*, il est clair qu'il a eu tout simplement l'intention de ne pas s'obliger envers l'acheteur s'il ne payoit pas, le jour convenu, et nullement d'opérer la dissolution réciproque de la vente (1).

Nous avons dit qu'il y avoit des conditions qui sont sans effet dans les contrats de vente. Nous en donnerons bientôt un exemple.

On ne peut pas décemment soutenir que celui qui a fait une vente complète et parfaite, c'est-à-dire, avec convention sur le prix, avec délivrance et avec terme pour le payement du prix, ait fait une vente CONDITIONNELLE, suspendue jusques à ce que le prix ait été payé, puisqu'il vient d'être prouvé que les conditions tout à la fois relatives à la vente et au prix, ne rendent la vente que *résoluble* SUB CONDI-TIONE, par la raison que ces conditions sont plutôt des *conventions* que des *conditions*, CONVENTIO et *non* CONDITIO.

Pour que la vente soit *résoluble* SUB CONDITIONE, il faut que l'homme ait stipulé relativement à la vente et au prix, un de ces pactes que la loi ne supplée pas, et dont l'homme seul détermine spécialement ou littéralement tous les effets.

Il suit de là, que la vente parfaite avec un atermoiement

_____

(1) *Si fundus eâ lege venisset*, ut si in diem statutum pecunia soluta non esset, fundus INEMPTUS foret..... *ad diem pecuniâ non solutâ placet venditori eo nomine actionem esse; nec contur- bari debemus quod* INEMPTO FUNDO FACTO, *dicatur actionem* EX VENDITO *futuram esse* : in emptis enim et venditis potiùs id quod actum, quàm quod dictum sit sequendum est; *et cum lege id dictum sit*, apparet duntaxat esse ne venditor emptori obligatus esset, non ut omnis obligatio empti et venditi utrinquè solveretur.

pur et simple du payement du prix, n'est ni *conditionnelle*, ni *résoluble SUB CONDITIONE*, quoique le *pacte du précaire* ou le *pacte résolutoire* y aient été stipulés d'une manière expresse, parce que ces pactes ne disent pas qu'à *défaut de payement du prix*, la vente ne sera pas parfaite *perfecta*, ni que la chose sera inachetée *inempta ;* que ces pactes obligeoient le vendeur à poursuivre son acquéreur pour le forcer à tenir les pactes de la vente en payant le prix, ce qui étoit, de la part du vendeur, une exécution personnelle de la vente ; et que s'il avoit le droit, l'acquéreur ne se soumettant pas au jugement qui l'a condamné à payer le prix, de demander la *résolution de la vente*, c'étoit parce que cette *résolution* étoit la peine *légale* de sa demeure, plutôt que l'effet du pacte stipulé : puisqu'il est vrai que tant le *pacte du précaire*, que le *pacte résolutoire* sont suppléés à défaut de stipulation.

Notre confrère nous dira que M. Tarrible, en considérant la vente comme *conditionnelle*, n'a fait que répéter ce que M. Domat a dit lui-même. Nous en convenons. Mais dans son sens, M. Domat nous a donné véritablement un PRINCIPE incontestable ; et dans le sien, en répétant ce que M. Domat a dit, M. Tarrible s'est trop éloigné de ce principe ; et si notre confrère, au lieu de copier M. Tarrible, eût eu la précaution de consulter M. Domat lui-même, sa perspicacité lui eût fait entrevoir dans les paroles de ce dernier, tout ce que nous y avons lu nous-mêmes, et il nous auroit épargné la peine d'expliquer la doctrine toujours claire et toujours sûre de l'illustre auteur des LOIS CIVILES.

M. Domat raisonne comme nous, tantôt dans l'hypothèse d'une vente qui n'est encore que traitée, et où le prix étant

convenu payable COMPTANT , l'acquéreur voudroit obtenir
la délivrance sans payer ce prix, ou avant de l'avoir payé. C'est
dans ce cas qu'il dit que *la vente renferme la* CONDITION
que l'acheteur ne sera le maître qu'en payant le prix. Ainsi
le vendeur peut RETENIR *le fonds*, SI LE PRIX DEVOIT
ÊTRE PAYÉ LORS DE LA DÉLIVRANCE. L'hypothèse
est donc exactement celle dans laquelle nous avons raisonné
nous-mêmes. Le principe de M. Domat suppose que la vente
n'est encore qu'en projet; que le vendeur *détient* encore la chose
vendue ; que le prix a été convenu payable COMPTANT lors
de la délivrance ; et que l'acquéreur demande la délivrance sans
offrir le payement du prix. Nous convenons mille fois pour une,
que, dans cette hypothèse , le traité de vente renferme cette
CONDITION *que l'acquéreur ne sera le maître qu'en payant*
le prix COMPTANT. Ce *payement* COMPTANT est un
pacte substantiel du projet de vente, et tout pacte substantiel
d'un *projet de vente*, fait *condition* et autorise autant l'acquéreur
à ne pas compter le prix, si le vendeur ne tient pas tous les pactes
du *projet*, que le vendeur à ne pas faire la délivrance de la
chose, tant que l'acquéreur ne lui paye pas le prix qu'il a
promis de *compter* avant la délivrance, ou au moment qu'elle
lui seroit faite. Il est aisé de concevoir que dans ce cas, le
vendeur n'a promis de vendre sa chose, que sous l'offre qu'on
lui a faite de la lui payer COMPTANT ; et que l'acquéreur
n'a dû espérer de devenir le *maître* de la chose , qu'en en
payant le prix.

Voici le texte de M. Domat. On verra qu'il raisonne successivement dans le cas où le vendeur détient encore la chose
qu'il a vendue *au COMPTANT*, et dans celui où il a fait la
délivrance de la chose , avant d'avoir encore reçu le prix qui

lui avoit été promis COMPTANT ; et qu'il porte deux décisions séparées, également contraires au prétendu principe général de M. Tarrible.

Celui qui a vendu un immeuble, dont il n'a pas reçu le prix, EST PRÉFERÉ AUX CRÉANCIERS DE L'A-CHETEUR, ET A TOUT AUTRE SUR LE FONDS VENDU. *Car la vente renfermoit la condition que l'A-*CHETEUR NE SEROIT LE MAITRE QU'EN PAYANT LE PRIX. *Ainsi le vendeur qui n'en est pas payé, peut ou* RETENIR LE FONDS, SI LE PRIX DEVOIT ÊTRE PAYÉ AVANT LA DÉLIVRANCE, *ou* LE SUIVRE EN QUELQUES MAINS QU'IL AIT PASSÉ, S'IL L'A DÉ-LIVRÉ AVANT LE PAYEMENT.

Partie de cette décision n'est calquée que sur le droit français qui seul donne un *privilége* au prix de vente, soit que ce privilége ait été stipulé, soit qu'il ne l'ait pas été ; tandis que le droit romain ne l'accordoit qu'au pacte du *précaire* ou au *pacte résolutoire* expressément stipulés. L'autre partie est calquée sur le droit romain, et précisément sur ces mêmes lois que nous avons réunies ci-devant, pag. 404, 405 et 406.

Il dit donc, 1.º que celui qui a vendu un immeuble et l'a délivré sans avoir reçu le prix, en l'atermoyant, a une PRÉ-FÉRENCE sur le fonds vendu, *quod notandum.* 2.º Que si le prix a dû être payé COMPTANT, avant la délivrance ou lors de la délivrance, attendu que le traité renferme la *condition que l'acheteur ne seroit le maître qu'en payant le prix ; le vendeur peut retenir le fonds, si le prix n'est pas payé avant la délivrance, ou lors de cette délivrance.* 3.º Que si la délivrance a été faite sous la promesse de l'acquéreur qu'il payeroit COMPTANT, le vendeur pouvoit répéter et revendiquer la chose vendue en quelques mains qu'elle se trouvât, attendu que la vente n'avoit pas encore reçu sa perfection.

Nous demandons à présent si M. Tarrible a pu employer pour deuxième base de son système, la doctrine de M. Domat, en raisonnant sur l'hypothèse d'une vente pure, simple, parfaite et consommée, laquelle a irrévocablement dessaisi le vendeur et investi l'acquéreur, quoique le prix n'ait pas été payé, attendu que le vendeur a trouvé bon d'atermoyer ce prix, et de suivre purement et simplement la foi de l'acheteur.

Le payement du prix fait *condition*, quand l'acquéreur a promis de le payer *comptant;* c'est une vérité. Le payement du prix fait *condition* après coup, quand tout a été consommé définitivement et irrévocablement sans condition, quoique le prix n'ait pas été payé lors de la vente, et quand le vendeur s'est contenté de suivre la foi de l'acheteur pour le payement de ce prix, c'est, nous le disons, sans entendre nous départir des égards que nous avons pour M. Tarrible, et que nous lui devons, une opinion repoussée par toutes les lois.

Comment donc M. Tarrible n'a-t-il pas senti que l'hypothèse sur laquelle il a raisonné, est précisément celle à laquelle M. Domat a entendu appliquer la première phrase, laquelle n'accorde qu'un *privilége* au vendeur qui a délivré la chose sans être payé du prix; et qu'un simple privilége est absolument exclusif de toute *condition* dans la vente, le privilége ne pouvant exister que sur une chose dont on s'est complétement dépouillé purement et simplement, et qui est devenue la propriété de l'acquéreur?

M. Domat n'a point supposé de *condition* dans cette hypothèse; et s'il ne trouve de *condition* que dans toute autre qui n'est pas la nôtre, il est étonnant que M. Tarrible ait admis la *condition*, d'après M. Domat, là précisément d'où celui-ci l'exclut. Point de *condition* dans le cas où le vendeur s'est contenté de son privilége. *Condition* là où le vendeur a dû recevoir le prix COMPTANT, et n'a pas fait la délivrance. *Condition* encore, si la délivrance n'a été faite que sous l'espérance de recevoir le prix *COMPTANT*. Ce que M. Domat a dit et voulu dire, est précisément ce que M. Margalet nous avoit transmis en Provence depuis 1559, dans le cas même où le *précaire* stipulé affectoit la chose vendue. *Car PAR DISPOSITION DE DROIT,* dit-il, *QUAND L'ACHE-TEUR PROMETTANT INCONTINENT PAYER LE PRIX N'Y SATISFAIT, le vendeur peut RETENIR la chose jusques qu'il y soit satisfait,* pag. 117 et 118. M. Pothier (1) nous a transmis le même principe. Il se fonde sur les mêmes lois qui sont invoquées par M. Domat. L'article 1612 du code civil l'a confirmé (2); enfin, M. Persil a entendu M. Domat, dans le même sens que nous (3). Il n'y a donc plus à équivoquer sur la doctrine de ce dernier, ni lieu de supposer, d'après lui, que tant que le prix n'est pas payé, la vente est toujours CONDITIONNELLE. C'est lui faire tort. Il a trop bien frappé le cas où la CONDITION existe, c'est-à-dire, celui où la vente a été faite *au COMPTANT.* Nous ne concevons pas que M. Tarrible ait appliqué la saine

(1) *De la vente,* n.ᵒˢ 322 et 475, et *du droit de propriété,* n.° 286.

(2) *Le vendeur N'EST PAS TENU de délivrer la chose, si l'acheteur ne paye pas le prix, et que le vendeur ne lui ait pas accordé un délai pour le payement.*

(3) *Questions sur les priviléges,* pag. 72.

doctrine de M. Domat, à un cas où il n'y a et ne peut exister de *condition* quelle qu'elle soit, et ait ainsi converti sa décision, exacte s'il en fût jamais, en une erreur démontrée.

Les lois sont formelles ; et, au besoin, M. Margalet a été par anticipation l'interprète de M. Domat, ainsi que M. Pothier, le code civil et M. Persil, l'ont été après coup.

Voilà donc nos trois tâches remplies. Nous avons prouvé qu'une foule de lois romaines désavouent indirectement le prétendu principe que M. Tarrible a généralisé ; que beaucoup d'autres le repoussent directement dans sa même généralité ; enfin, que M. Domat lui-même ne l'a établi que pour un cas particulier qui n'est pas celui sur lequel nous avons à nous prononcer, notre confrère et nous.

Cet auteur est parti de deux faux principes : l'un, que de tous les temps, le prix de vente a eu un *privilége légal*, indépendamment de toute stipulation de l'homme. Il l'a ainsi supposé dans l'état même du droit romain, et on vient de voir cependant que le droit romain détruit cette supposition. L'autre, que le prix de vente tant qu'il n'est pas payé, constitue la vente *conditionnelle* ; et on vient de voir que le prix de vente ne rend la vente *conditionnelle*, que lorsque le payement du prix a été convenu payable *comptant*, et que le vendeur n'a pas encore fait la délivrance, ou qu'il l'a faite dans l'espérance de recevoir le prix de suite ; d'où il suit que lorsque la délivrance a été faite, et que le vendeur a suivi la foi de son acquéreur quant au payement du prix, la vente est pure, simple et parfaite. Autant il y a de lois qui constituent la vente *conditionnelle* dans le premier cas, autant y en a-t-il qui la déclarent pure, simple et parfaite, dans le second.

M.

M. Tarrible et M. Dubreüil ont écrit en France et pour la France. Nous sommes dans le même cas, et notre intention n'est pas différente. Que faut-il donc penser et du privilége du prix de vente, et des effets que peut avoir le défaut de payement de ce prix dans un état où le *précaire*, ou ce qui est la même chose, *le pacte résolutoire* sont toujours stipulés, et où à défaut de la stipulation, la loi les supplée, tout comme s'ils étoient écrits dans l'acte?

Nous ne dirons pas comme M. Tarrible, que *de tous les temps le prix de vente a eu un privilége légal*, parce que l'assertion ne seroit exacte ni en France, ni en Provence, puisqu'il conste que jusqu'au milieu du seizième siècle, le *précaire* devoit y être stipulé, ainsi que la *clause résolutoire* dans les pays où celle du *précaire* n'étoit pas connue ou pratiquée, et qu'à défaut, le prix de vente n'étoit qu'une créance ordinaire (1); à cela près, nous convenons que depuis le milieu du seizième siècle, le prix de vente a toujours été *privilégié*, ou par le fait de l'homme, ou par celui de la loi. C'est en faisant cet aveu avec nos deux confrères, que tous ensemble nous renversons leur système particulier. Si, en effet, le vendeur a un *privilége* pour le prix de la vente sur la chose vendue, il est de toute évidence que la chose vendue appartient définitivement à l'acquéreur. *Impossible qu'on ait un privilége sur sa chose propre.* C'est ce que M. Dubreüil a dit lui-même assez souvent.

D'un autre côté, le pacte de *précaire* ou le *pacte résolutoire* ne constituent pas la vente *conditionnelle*, puisque le

(1) MM. Brodeau sur Loüet, lett. H, somm. 21, n.° 6; Margalet, liv. 3, chap. 8, pag. 114; de S.ᵗ Jean, décis. 62; Morgues, pag. 425.

Hhh

pacte n'est stipulé ou suppléé par la loi, que dans le cas où le vendeur a consommé et perfectionné la vente, en faisant d'une part la délivrance pure et simple à l'acquéreur, et en suivant, de l'autre part, la foi de cet acquéreur : ce qui suppose que le vendeur a consenti de s'exproprier de plein gré, et d'investir l'acquéreur de la chose vendue.

Le système de M. Tarrible et de notre confrère est d'autant plus étonnant, que d'une part, le code civil attribue à l'acte seul l'effet de transporter la propriété à l'acquéreur, que le prix ait été payé ou atermoyé (1), et cela malgré la *clause du précaire* ou la *clause résolutoire* lesquelles s'identifient, et étoient et sont toujours ou stipulées, ou suppléées par la loi; et que d'une autre part, le même code oblige le vendeur à *délivrer la chose à l'acheteur, s'il lui a accordé un délai pour le payement* (2).

Mais en supposant la vente *conditionnelle*, tant que le prix n'est pas payé, ainsi que le font M. Tarrible et notre confrère, quelle est donc l'espèce de *condition* qu'ils y trouvent?

M. Tarrible ne s'est pas développé, parce qu'il a trouvé le pas glissant. Mais notre confrère n'a pas été si difficile. Il s'est expliqué, et il nous a dit (page xxx de sa réponse), que si *la vente faite sous pacte de précaire n'est pas conditionnelle, elle est cependant résoluble SUB CONDI-TIONE.* Existe-t-il une seule loi, un seul auteur qui puissent

----

(1) La vente *est parfaite entre les parties, et la propriété est acquise de droit à l'acheteur à l'égard du vendeur, dès qu'on est convenu de la chose et du prix, quoique la chose n'ait pas encore été livrée, ni le prix payé.* Art. 1583 et 2182.

(2) Art. 1612.

servir de base à cette assertion ? Non. Comment a-t-il comblé
ce vide ? Il a recueilli dans la même page les expressions des
lois qui disposent sur les ventes *résolubles SUB CONDI-
TIONE*, et il les a appliquées à la vente faite sous *précaire*,
quoiqu'elles soient toutes muettes sur cette dernière vente ;
et en usant de ce procédé, il a eu l'attention de n'extraire
de chaque loi que quelques mots choisis, isolés de l'ensemble
du texte.

On sent qu'avant d'appliquer quelques mots de ces diverses
lois à la vente faite sous *précaire*, il auroit dû commencer
par établir que cette vente étoit *résoluble* SUB CONDITIONE.
C'étoit là sa première tâche à remplir. C'est celle qu'il a laissée
en arrière. Pourquoi ? Parce qu'il lui étoit impossible de prouver
que la vente faite sous *pacte de précaire*, ou sous *pacte résolutoire*, fût *résoluble* SUB CONDITIONE.

Le procédé de notre confrère est bien plus étonnant encore,
s'il est vrai, ainsi qu'on va en être convaincu, qu'il donne
toujours son sens aux lois qu'il cite ; d'où il arrive qu'il leur
prête non-seulement ce qu'elles ne disent pas, mais encore le
contraire de ce qu'elles disent.

Ainsi il suppose que la loi 5, § 18, autorise le vendeur
sous *précaire*, s'il n'est pas payé du prix au terme convenu,
à *revendiquer* la chose vendue : *rem vindicare potest*, et la
loi ne s'énonce ainsi, que dans le cas où le vendeur a dû être
payé COMPTANT ; et que c'est sous la foi de cette promesse,
qu'il a fait la délivrance. Dans ce cas, si l'acquéreur ne paye
pas le prix, lors de la délivrance ou d'abord après la délivrance, attendu qu'il n'y a point de vente, le vendeur peut
revendiquer la chose vendue. Notre confrère a donc fait dire
à cette loi ce qu'elle ne dit pas. Voici le texte : « Si j'ai

Hhh 2

» donné ma marchandise à un esclave qui est à la tête d'un
» établissement de commerce pour la vendre, et traité avec lui
» du prix, en sorte qu'il soit devenu mon débiteur du prix
» et non de la marchandise, quand même cette marchandise
» existeroit encore en son pouvoir, je n'en suis plus pro-
» priétaire; et en conséquence, si l'esclave a mal fait ses
» affaires, et si ses créanciers sont dans le cas de perdre,
» je dois participer à cette perte, et je ne puis réclamer ma
» marchandise, parce que je l'ai livrée et suivi la foi de
» l'acheteur. Si par contraire, j'ai vendu ma marchandise à
» cet esclave au comptant, sans prendre de lui aucune sorte
» d'assurance et sans suivre sa foi, attendu que ma marchandise
» ne cesse d'être à moi quoique vendue, qu'autant que j'ai
» consenti à suivre la foi de l'esclave, ou que j'en ai reçu
» le prix, je puis revendiquer ma marchandise, *vindicare me*
» *posse* (1). » Notre confrère a-t-il donc pu appliquer cette
loi à cette vente faite sous *précaire*; c'est-à-dire, à la vente
complétement consommée et parfaite, par l'effet de la délivrance
faite par le vendeur, et de la confiance qu'il a eue en son
acquéreur en lui atermoyant le prix? N'avons-nous pas le
droit de la revendiquer nous-mêmes cette loi, comme un
nouveau garant de nos principes? Ne dit-elle pas, en effet,
que j'ai cessé d'être propriétaire de la marchandise, si (comme

---

(1) *Sed si dedi mercem meam vendendam et extat, videamus
ne iniquum sit in tributum me vocari ! Et si quidem ei* (servo) *in
creditum abii, tributi locum habebit. Enim verò si* (in creditum)
*non abii, res venditæ non aliàs desinunt esse meæ quamvis ven-
didero, nisi ære soluto, vel fidejussore dato, vel aliàs satisfacto,
dicendum erit VINDICARE me posse.*

le vendeur sous *précaire*) j'ai suivi la foi de mon acheteur? Ne dit-elle pas aussi, que si j'ai vendu ma marchandise AU COMPTANT, il n'y a point de vente malgré la délivrance, si je ne reçois pas le prix? Nous avons déjà établi et adopté nous-mêmes cette décision, et nous l'avons opposée à notre confrère. Nous lui devons donc des remercîmens de ce que, sans en avoir eu l'intention, il nous a fourni cette arme de plus contre lui.

Nous avons donc été bien exacts, lorsque nous lui avons reproché d'avoir prêté à cette loi ce qu'elle ne dit pas. Nous avons encore à légitimer l'autre reproche que nous lui avons fait, d'avoir prêté à d'autres lois le contraire de ce qu'elles disent.

Il a dit que selon les lois 1, ff. *de lege commissorià*, 6, cod. *de actione empti*, et 14, cod. *de rescindendà venditione*, le vendeur sous *précaire*, qui n'étoit pas payé du prix, pouvoit faire annuler la vente. *Contractus irritus constituitur.*

La première de ces lois, n'est relative qu'à la vente résoluble *sub conditione*. Point d'analogie entre cette vente et celle faite sous *précaire*. Nous l'avons prouvé. Cette loi ne dit pas qu'en pareil cas, *contractus irritus constituitur*. Mais seulement *resolvi* (1). Il y a bien loin entre la *résolution* et l'*annulation* d'un contrat. La *résolution* le suppose bon et obligatoire; l'*annulation* le suppose vicieux, réprouvé et inexécutoire. C'est ainsi qu'il reste prouvé une première fois, que

---

(1) *Si fundus commissorià lege venierit, magis est ut sub conditione RESOLVI EMPTIO, QUAM SUB CONDITIONE CONTRAHI VIDEATUR.*

'notre confrère a prêté à cette loi le contraire de ce qu'elle dit.

La seconde de ces lois, dit qu'une fois que la vente est faite, et la chose délivrée sans que le vendeur ait pris ses précautions pour s'assurer un privilége sur la chose vendue, pour l'assurance du prix qu'il n'a pas reçu, le vendeur est difficilement admis à faire rescinder une vente parfaite (1). Il n'y a point d'analogie entre la vente qui est l'objet de cette loi, et celle qui est faite sous *précaire*. Elles sont absolument différentes l'une de l'autre. Cette loi ne dit pas que la vente sous *précaire* est un contrat qui peut être annulé à défaut du payement du prix, *contractus irritus constituitur.* Elle dit, au contraire, que celui dont elle s'occupe, n'est pas facilement *rescindable*; le reproche que nons avons fait à notre confrère est donc légitimé une seconde fois.

Enfin, la troisième de ces lois ne dit pas que *contractus irritus constituitur.* Elle dit au contraire, NON *irritus contractus constituitur.* Voici son texte : » Si des fonds » ont été vendus sous cette condition, que l'acquéreur payera » à la république, ce que le vendeur lui doit, l'acquéreur » ne payant pas la république, et celle-ci se faisant payer » par le vendeur, ce dernier n'a, contre son acquéreur, que » l'action en dommages et intérêts, attendu que la non » exécution de cette condition de la part de l'acquéreur, » n'*est pas un motif pour annuler le contrat* » (2). Voilà donc notre reproche basé pour la troisième fois.

---

(1) *Venditi actio si non ab initio aliud convenit, non facilè ad RESCINDENDAM perfectam venditionem, sed ad pretium exigendum competit.*

(2) *Eâ conditione distractis prædiis, ut quod reipublicæ de-*

C'est cette loi qui nous prouve qu'il est des *conditions* dans les actes de vente qui sont sans effet.

On est singulièrement surpris que ces lois aient été citées sérieusement, pour prouver que l'acquéreur sous *précaire* est déchu de la vente, s'il ne paye pas le prix, et que cette vente n'est plus qu'un titre nul, *contractus irritus consti-tuitur*. Notre confrère en se compromettant ainsi dans une réponse imprimée, ne s'attendoit sûrement pas à cette attention infatigable avec laquelle nous vérifions et nous épluchons ses citations qu'il isole toujours de leurs textes. Nous prions nos lecteurs d'observer qu'il n'a pas encore pu nous trouver en défaut sur une seule de cette foule innombrable, qu'il nous a forcés de recueillir dans cet ouvrage : ce qui prouve que nous ne nous sommes pas constitués le défenseur de nos idées personnelles, mais uniquement l'ami de la vérité et le soutien de ces règles, de ces principes, de ces maximes qu'on a fait plier sous un système nouveau, lequel dénature entièrement la vente faite sous *précaire* ou sous *pacte résolutoire*, et n'aura jamais de crédit auprès des personnes instruites.

En faisant des lois un pareil usage, le moyen étoit sûr pour triompher d'un manuscrit inconnu !

Non content d'avoir fait cet usage des lois qu'il a citées, il a encore recouru à Godefroy qu'il nous donne aussi pour être le garant de son assertion. En appliquant les paroles qu'il a extraites de ce célèbre commentateur, à la vente faite sous

---

bebatur, qui comparavit, restitueret : venditor à se celebratâ solutione, quanti interest experiri potest. NON ex eo quod emptor non satis conventioni fecit, CONTRACTUS IRRITUS CONSTITUITUR.

pacte du précaire ou sous *pacte résolutoire*, il n'a pas fait attention à ce que, ces paroles de Godefroy, il les a nécessairement forcées, puisque, de son aveu, ce commentateur les emploie pour expliquer la première loi du titre du ff. DE LEGE COMMISSORIA. Or, y a-t-il et peut-il exister une ombre de ressemblance entre le *pacte commissoire* sur lequel Godefroy s'est prononcé, et le *pacte sous précaire* ou *résolutoire* auxquels il ne se référoit pas et ne pouvoit pas se référer, lorsqu'il expliquoit les effets du *pacte commissoire*?

Nous y revenons. Notre confrère eût dû prouver que ces deux pactes sont COMMISSOIRES, avant de leur appliquer les décisions propres aux *pactes* COMMISSOIRES : *hoc opus, hic labor est.*

Nous le renvoyons à M. Pothier, *de la vente*, où il fait si bien sentir la différence qui existe entre les deux premiers pactes et le dernier (1). Désespérant de remplir cette tâche,

---

(1) Cet auteur nous prévient au n.º 474, *que la clause par laquelle on stipule sans AUCUNE LIMITATION DE TEMPS, qu'à défaut de payement le contrat sera résolu* (ce qui est applicable au *pacte du précaire*), *est UNE ESPÈCE de pact commissoire qui diffère du PACT ORDINAIRE, en ce que dans le PACT ORDINAIRE il y a un TEMPS LIMITÉ, après l'expiration duquel, il y a lieu à la résolution du contrat, si l'acheteur n'a pas payé le prix. L'INDÉTERMINATION du temps qui se trouve dans celui-ci, n'empéche pas qu'il soit valable. C'est l'avis de Brunemman et des docteurs qu'il cite. Son EFFET est de donner au vendeur une action, par laquelle il conclud contre l'acheteur, à ce que faute par lui de payer dans le temps qui sera arbitré, et lui sera imparti par le juge, la résolution du contrat sera ordonnée.*

il s'est replié d'un autre côté sans faire attention qu'il s'égaroit bien davantage.

Il a répété que la vente sous *pacte du précaire* ou sous *pacte résolutoire* laissoit la propriété au vendeur et lui conservoit en conséquence l'*action* REVENDICATOIRE, laquelle ne peut naître que de la *propriété*. Cette erreur, nous l'avons déjà réfutée une fois, pag. 370 jusques à 398. Nous l'avons réfutée une seconde fois en expliquant les lois qui disposent sur les ventes faites au COMPTANT, et autorisent le vendeur ou à RETENIR la chose non délivrée ou à la REVENDIQUER, si elle a été délivrée. Il n'y a point de loi qui ait considéré comme *propriétaire*, le vendeur sous *pacte de précaire* ou sous *pacte résolutoire*, et qui lui ait accordé l'*action revendicatoire*. Toutes l'autorisent à agir *ex vendito* par *action résolutoire*, laquelle suppose qu'il n'a pas la *propriété*, et qu'il veut en dépouiller son acquéreur pour la recouvrer lui-même.

Faisons lui maintenant un avantage, et supposons (sans pourtant en convenir, bien s'en faut !), que les *pactes du précaire* ou *résolutoire* constituent la vente *résoluble* SUB CONDITIONE, son système sera-t-il plus solide ? Ne sera-t-il pas toujours vrai que la vente *résoluble* SUB CONDITIONE est PARFAITE : qu'elle transporte la *propriété* et *toute la propriété* à l'acquéreur, ainsi que la *vacue possession* (1),

_____

(1) La *vacue possession* (*VACUA POSSESSIO*) est dans le langage du droit romain, la possession exclusive, c'est-à-dire, celle qui n'*appartient à personne autre et qui n'est détenue par personne autre*. Loi 2, § 1, ff. *de actione empt. et vend.* Loi 5, cod. *de adquir. possess.*; M. Margalet, pag., 114.

jusques à ce que la condition soit arrivée, et qu'en conséquence il est impossible que le vendeur retienne la propriété?
Cette vérité n'est-elle pas écrite dans toutes nos lois, dans
tous nos anciens livres de droit et particulièrement dans M.
Domat (1), dans M. Pothier (2)? Telle étoit notre jurisprudence en Provence (3), et cette dernière vient d'être adoptée

---

(1) *Dans les ventes accomplies et qui peuvent être résolues par
l'événement d'une condition, l'acheteur demeure le maître jusqu'à
cet événement, et cependant il possède, il jouit et fait les fruits
siens. Il prescrit aussi, sans que la prescription nuise au droit
de celui que l'événement de la condition, doit rendre le maître.*
L. L. civ., liv. 1, tit. 2, sect. 6, n.° 3.

(2) *Celui qui vend une chose avec clause de réméré, transfère
à l'acheteur à qui il l'a délivrée, la PROPRIÉTÉ DE CETTE
CHOSE. Il n'a que le droit de la racheter,* traité de la vente,
n.° 385. La clause du pacte commissoire, quand elle n'opéroit pas,
d'après *l'intention exprimée des parties, une condition suspensive,
formoit seulement une clause résolutoire qui n'arrêtoit pas la
perfection de la vente;* id, ibid, n.° 445.

(3) Anciennement la jurisprudence de Provence, considéroit la vente
résoluble SUB CONDITIONE, comme conditionnelle et suspendue.
MM. de S.ᵗ-Jean, décis. 3; Masse, édition latine, pag. 36, n.° 4;
de Bomy sur M. Masse, pag. 47 et 79. Mais depuis long-temps,
l'avis contraire de MM. Dumoulin et le président d'Argentré y a
prévalu : c'est ce que nous attestent MM. Fortis, glossateur de M.
de S.ᵗ-Jean; Morgues, pag. 86 et 130; Dupérier, tom. 2, pag.
67, n.° 384; Decormis, tom. 1, col. 920, et de la Touloubre sur
M. Dupérier, tom. 1, liv. 4, quest. 15. Cet avis a toujours été
préféré par les anciens jurisconsultes du pays, avec lesquels nous
avons eu l'avantage de vivre.

M. de Julien est le seul qui ait préféré l'ancienne erreur. Mais
sur ce point, il n'a pas eu l'assentiment des trois anciens avocats,

par le code civil (1).

M. Tarrible a supposé que la vente étoit *conditionnelle*, tant que le prix n'avoit pas été payé ; mais il s'est abstenu de caractériser cette condition. Notre confrère a eu plus de courage. Il s'est expliqué rondement sur la qualité de cette *condition* ; mais pour être allé plus loin que celui d'après lequel il s'est prononcé, il s'est singulièrement égaré.

Le pácte du PRÉCAIRE imposoit à l'acquéreur des obligations. Mais toutes les *obligations* ne sont pas des *condítións*. Ces obligations étoient, 1.º de payer le prix ; 2.º de ne pas aliéner tant qu'il ne se seroit pas acquitté envers le vendeur, du montant de ce prix ; 3.º de satisfaire aux intérêts en attendant l'échéance du capital ; 4.º de ne pas abuser de la chose vendue non encore payée. Ces obligations venant à ne pas être remplies, la vente n'étoit résolue ni *ipso facto*,

---

auxquels M. le chancelier confia l'examen de ses *commentaires sur les statuts de Provence.* Nous avons recueilli cette notice d'un des trois censeurs, M. Pazery, mort depuis peu, doyen de l'ordre des avocats, dont le mérite, les connoissances et la réputation ont honoré notre pays et sa famille, déjà distinguée. Quoiqu'âgé de plus de 80 ans, il étoit la lumière de la Provence. Sa facilité à concevoir les difficultés, à les discuter et à les résoudre, sa clarté et sa précision dans ses réponses aux objections, qu'on avoit tant admirées dans son âge mur ; il les a conservées jusqu'au moment où le barreau d'Aix a fait en lui, une perte irréparable. Il n'y a dans ce pays ni magistrats, ni jurisconsultes qui ne voient avec une tendre émotion, notre main tremblante, jeter quelques fleurs sur sa tombe.

(1) *La condition résolutoire ne suspend point l'exécution de l'obligation* ; art 1183, ità art. 1662, 1665, 1667.

ni *ipso jure*. Elles ne formoient donc pas *condition*. Si elles formoient *condition*, la vente ne seroit ni *conditionnelle* proprement, ni *résoluble* SUB CONDITIONE. Elles ne produiroient que des conditions légales, tacites, c'est-à-dire, toutes inhérentes au contrat et dérivant de sa nature, et dès lors indépendantes du fait de l'homme ; et de là vient que la loi les supplée d'office, et que stipulées ou non, elles ont le même effet dans un cas comme dans l'autre.

Malgré ces pactes et leur violation, la vente est pure, simple, parfaite et elle conserve la *propriété* à l'acquéreur jusques à ce qu'avec connoissance de cause, le juge ait prononcé la *résolution*, après avoir donné, selon les circonstances, un délai à l'acquéreur. C'est ce qui résulte parfaitement de l'art. 1184 du code civil.

Il y a donc autant de nuances différentielles entre la vente sous *précaire* ou sous *pacte résolutoire*, et la vente *résoluble* SUB CONDITIONE, qu'il y en a entre chacune d'elles, et la vente faite sous *condition suspensive*.

Nous avons sur ce point une nouvelle garantie bien sûre dans les dispositions du code civil, entièrement modelées sur celles du droit romain, et du droit français. Il a fait trois classes bien distinctes, des conditions. Il les a divisées en *condition suspensive*, en *condition résolutoire* par l'effet d'une stipulation littérale et expresse, et en *condition résolutoire* dérivant de la nature de l'acte. Les articles 1181 et 1182 sont consacrés à la *condition suspensive* ; l'article 1183 l'est à ces pactes qui rendent la vente *résoluble* SUB CONDITIONE, et l'article 1184 l'est à la *condition résolutoire*, stipulée vaguement ou purement tacite et légale, laquelle *condition* est autant le fait de la loi, que celui de l'homme, puisque la loi toute seule, la supplée d'office dans les contrats, quand l'homme ne l'y a pas stipulée.

Or, comment s'expriment ces articles sur chaque espèce de condition ? S'agit-il de la *condition suspensive*, la chose reste pour le compte du propriétaire jusques à ce que la condition qui doit ou empêcher le transport ou l'opérer, soit arrivée, de sorte que s'il s'agit d'une vente, elle est entièrement sans effet, jusques après l'arrivée des cas prévus. S'agit-il de la *condition* qui rend la vente *résoluble* SUB CONDITIONE, la vente est déclarée parfaite ; mais résoluble *ipso jure* et *ipso facto*, du moment que le cas expressément prévu est arrivé ; et elle a l'effet de révoquer la vente, et de remettre les choses au même état que si celle-ci n'avoit pas existé ; voici les termes dans lesquels cet article 1183 est conçu.

La condition résolutoire est celle qui, lorsqu'elle s'accomplit, opère la révocation de l'obligation, et qui remet les choses au même état que si l'obligation n'avoit pas existé.

Elle ne suspend point l'exécution de l'obligation ; elle oblige seulement le créancier à restituer ce qu'il a reçu, dans le cas où l'événement prévu par la condition, arrive.

Il est de toute évidence que cet article n'est et ne peut être relatif qu'aux conditions qui frappent sur la vente en elle-même, que la loi ne supplée pas et qui sont expressément imposées par le vendeur à son acquéreur, dans le cas spécialement prévu, de lui laisser la chose, ou pour y rentrer lui-même et par voie de rachat pour sa satisfaction ; ou pour en disposer en faveur d'un autre plus offrant pour son intérêt ; ou parce qu'il lui a plû de faire dépendre la PER-FECTION de la *vente* et de l'*achat*, de l'exactitude de l'acquéreur à payer le prix ou à tel jour ou dans tel temps. La condition procédant ,toute entière de la volonté de celui qui, lorsqu'il l'a imposée, étoit le maître de la chose vendue; et portant expressément sur la VENTE plutôt que sur le PRIX, dans tel cas particulier, si l'acquéreur l'a consentie, elle opère par elle-même *ipso facto* et *ipso jure*; et, du moment que le cas prévu est arrivé, la vente se trouve révoquée comme si elle n'avoit pas existé.

S'agit-il au contraire d'une condition qui est inhérente au contrat et vraiment légale, c'est-à-dire, autant le fait de la loi, que celui de l'homme, qui est vague, qui frappe plutôt sur le payement du prix que sur la vente en elle-même (telle est celle attachée au *précaire* ou au *pacte résolutoire*)? Attendu que les pactes de l'homme, qui dérogent littéralement à l'indissolubilité de la vente, dans tel cas spécial formellement prévu, sont plus puissans que ceux que la loi supplée; alors en vertu de la maxime *mitiùs agitur cum lege, quàm cum homine*, la condition n'opère pas par elle - même et *ipso jure*. Alors il faut qu'une personne juste et impartiale se place entre le vendeur et l'acquéreur, pour peser, apprécier et juger la conduite de celui-ci, et décider s'il a réellement contrevenu à la condition tacite qui lui a été imposée par la loi, de payer le prix, et de tenir tous les autres engagemens, ou s'il est survenu quelque circonstance qui puisse l'excuser.

C'est ainsi qu'on en agissoit à Rome dans le cas du *précaire*, quoiqu'il ne fût pas suppléé à défaut de stipulation. Ce pacte n'opéroit rien de lui-même. Il falloit recourir au juge par la v ie de l'interdit *de precario*. Le juge examinoit si l'acquéreur n'avoit point éprouvé d'obstacle qui l'eût empêché de payer

le prix; et ce n'étoit que dans ce cas que le vendeur étoit
admis à la *résolution de la vente.* C'est ce qui résulte bien
clairement de la loi 20, ff. *de precario*, où le jurisconsulte
Ulpien, interrogé par le vendeur sous *précaire* non payé du
prix au terme convenu, s'il n'étoit pas fondé à demander
la *résolution de la vente*, lui répond, d'une manière affirmative, en tant qu'il consteroit au juge, que le vendeur n'avoit
point eu de juste motif pour retarder le payement du prix :
ea quæ distracta sunt ut precario penes emptorem essent,
quoàd pretium universum persolveretur, SI PER EMP-
TOREM STETIT QUOMINUS PERSOLVERETUR, *ven-*
ditorem POSSE CONSEQUI.

Que signifient ces mots d'Ulpien, *si per emptorem stetit*
quominùs persolveretur? Ne disent-ils pas qu'il faut, pour
que le vendeur soit admis à la *résolution de la vente*, qu'il
conste que l'acquéreur a pu payer? Ne disent-ils pas que si
l'acquéreur n'a pas pu payer, la *résolution* ne doit pas avoir
lieu? Il faut donc que le juge intervienne entre le vendeur
et l'acheteur, pour examiner et décider si l'acheteur a pu ou
n'a pas pu payer. Il ne suffit pas, pour opérer la *résolution*
de la vente, que le vendeur dise : *mon acquéreur a pu*
me payer PER EUM STETIT QUOMINUS SOLVERET.
Il ne suffit pas non plus, pour entretenir la vente, que
l'acquéreur dise : *je n'ai pas pu payer* PER ME NON
STETIT, etc. Il faut que le juge apprécie l'affirmation du
vendeur, et la dénégation de l'acquéreur; et voilà comment
il est vrai que la condition résolutoire *légale*, est, quant à
ses effets, toute entière dans le domaine du juge, et non
dans celui ni du vendeur, ni de l'acquéreur, et qu'elle n'opère
et ne peut opérer que par le ministère du juge. De combien

de manières ne peut-il pas arriver qu'un acquéreur ne puisse pas payer ? S'il craint une éviction, s'il a des arrêtemens, s'il a eu du malheur, comme si les bâtimens, le ménage, les écuries du fonds vendu, se sont écroulés ou ont été incendiés et qu'il ait fallu les rétablir ; si toute espérance de récolte est disparue devant une inondation, une grêle, une gelée, une invasion des ennemis ; s'il y a eu mortalité de bestiaux, des vignes, des oliviers, etc. Chacun de ces faits ne mérite-t-il pas d'être pris en considération par le juge, avant de prononcer la *résolution de la vente* ?

Que signifient encore ces mots POSSE CONSEQUI ? Si ce n'est que le vendeur, venant à justifier que son acquéreur est réellement en demeure de le payer, il pouvoit obtenir du juge la *résolution de la vente* en intentant l'interdit *de precario* ? POTEST CONSEQUI, dit la glose, INTER-DICTO DE PRECARIO. Il y avoit donc réellement une grande différence entre la *condition résolutoire*, spécialement stipulée par l'homme, dans tel cas littéralement exprimé, et le *pacte résolutoire*, dérivant du *précaire*, stipulé. Leur dissemblance dans leurs effets, la constate parfaitement dans leur essence. La première disposoit essentiellement sur la vente et celle-ci sur le payement du prix.

Notre confrère s'est prévalu souvent (pag. xvj, xxix et xxx de sa réponse), de cette loi 20, pour supposer qu'elle accordoit au vendeur *la résolution de la vente et la RE-VENDICATION de la chose vendue.* On sera sûrement étonné qu'il ait ainsi identifié deux actions opposées et contraires ; deux actions qui sont incompatibles ; deux actions qui sont exclusives l'une de l'autre ! Celui qui demande la *résolution* d'une vente, suppose qu'il a été exproprié par-

faitement

faitement de la chose vendue , puisqu'il veut en recouvrer la propriété qu'il a perdue ; et celui, au contraire, qui *revendique* la chose, suppose qu'il ne l'a jamais vendue, et qu'il en est toujours resté le propriétaire. Il arrive assez souvent , comme on le voit , que notre confrère se livre à des assertions ou décisions contradictoires. En accordant, en effet, au même instant , au vendeur l'exercice de ces deux actions , il est censé soutenir, tout à la fois , que le vendeur s'est exproprié du domaine de la chose vendue , et l'a entièrement transporté à l'acquéreur par une vente qui le lie, dont il demande la résolution ; et que le vendeur a conservé ce même domaine , et ne l'a pas transmis à l'acquéreur, puisqu'il *revendique* la chose vendue comme sa propriété.

Qui ne sait pas que l'action *revendicatoire* ne compète et ne peut compéter qu'au *propriétaire*, c'est-à-dire, à celui qui n'a jamais cessé d'être le maître exclusif de la chose , qu'à l'usufruitier, qu'à celui qui a une redevance foncière irrachetable, ou une servitude établie sur un fonds ? Qui ne sait pas que si quelques lois romainesdonnent *l'action revendicatoire* au vendeur, lorsque l'acte contient un de ces pactes qui constituent la vente *résoluble SUB CONDITIONE*, c'est improprement, puisqu'il en existe tant d'autres qui ne lui accordent que *l'action résolutoire*, ainsi que le prouvent celles que notre confrère a citées, et celles que nous avons déjà indiquées nous-mêmes ; et entr'autres, la première du titre *de lege commissoriá*, au ff. ? Qui ne sait pas que celles des lois romaines qui donnent *l'action revendicatoire* au vendeur, sont fondées sur ce que ces pactes opéroient *ipso facto*, *ipso jure*, *ab initio*, sans l'intervention du juge (1) ? Qui

(1) M. Pothier, *de la vente*, n.° 459.

K k k

ne sait pas qu'en France, au pacte de réméré près, tous
les *pactes résolutoires* composés ou simples étoient placés sur
une même ligne, n'étoient exercés que par action résolutoire, et
n'opéroient que *mediante judice*, et pour l'avenir seulement?
Ils n'opéroient rien par eux-mêmes, et il falloit absolument que
le juge intervînt pour examiner et décider, si l'acquéreur avoit
encouru la peine ou non. Ainsi, jamais le pacte portant expressément qu'à *défaut de payement du prix, la vente sera
résolue*, n'a eu son effet *ipso jure* en France. Toujours l'acquéreur avoit été reçu à purger la demeure dans un délai
déterminé par le juge (1).

Comment concevoir dès lors, que la clause du *précaire*, tout
à la fois légale, tacite et pénale, considérée comme *condition
résolutoire*, opère d'elle-même, *révoque la vente et remet les
choses au même état que si la vente n'avoit pas existé!* C'est
pourtant ce que M. Tarrible a décidé. C'est ce que M. Dubreüil
n'avoit pas dit dans son ouvrage. C'est néanmoins ce qu'il vient
de professer, en toutes lettres, dans sa réponse, pag. xxxj.

M. Tarrible a laissé de côté l'article 1184, qui est le siège
de la matière, pour se rattacher uniquement à l'art. 1183, qui y
est étranger. Notre confrère, qui a connu nos plaintes manuscrites, faites contre le procédé du premier, a eu l'attention
de réunir les deux articles, de n'en faire qu'un et de le composer d'abord du 1.er *alinéa* de l'art. 1184, et de le terminer
par le 1.er *alinéa* du 1183.me, tandis que chaque article régit une
hypothèse différente: ce qui ne fait pas cesser nos plaintes, et

_____

(1) MM. Mornac, *ad leg.* 2, ff. *de jure emphit.*, et *ad leg.* 21, ff.
de constitutá pecuniá; Brodeau sur Louet, lett. P, somm. 50 ; de
Catelan, tom. 2, liv. 5, chap. 20; Pothier, *des obligations*, n.° 672, et
du contrat de vente, n.° 459 ; Bonnet, lett. D, arrêt 1 , pag. 62.

nous met au contraire dans la nécessité de les étendre jusques
à lui. Comment en effet, se sont-ils prévalus l'un et l'autre
de l'article 1183, absolument étranger à notre question,
et expressément approprié à toute autre, que nous n'agitons
pas ? Et comment ont-ils laissé de côté l'article 1184 qui
régit notre différend, et que le législateur a pris tant de soin
d'approprier à notre hypothèse ? Ils ont voulu tous les deux
se maintenir dans le droit de soutenir que le payement du
prix forme *condition* dans la vente. C'est cet écart, que
nous avons déjà fait ressortir si souvent et de tant de manières,
qui est toujours leur appui.

Inutile de rappeler l'article 1183 du code civil ; nous le
transcrirons bientôt et nous l'appliquerons aux deux cas pour
lesquels il est écrit. Il n'est fait que pour les ventes traitées
et consommées sous *pactes commissoires*, ou avec *addiction
à jour*, ou *de réméré*.

Attachons-nous donc à l'article 1184, dont M. Tarrible et
notre confrère ne veulent pas, parce qu'il ruine leur système
exagéré et dont nous voulons, parce que seul, il est applicable
tant au pacte du *précaire* qu'au *résolutoire*, l'un et l'autre
uniquement destinés en France, à servir de garantie *privilégiée*
au vendeur pour le payement du prix ; parce que seul, il nous
a donné la mesure des effets du *précaire* ou de la *clause
résolutoire*, ainsi que de la nature du *privilége* attaché au
prix de vente ; parce que seul, il nous apprend que malgré
le pacte du *précaire* ou le *pacte résolutoire*, et le *privilége*
du prix de vente, le vendeur qui a fait la délivrance de la
chose vendue et a suivi la foi de l'acquéreur, s'est absolument
exproprié du domaine et de la propriété de la chose vendue,
et en a transporté toute la *maîtrise*, et dans le sens le plus
général, à l'acquéreur.   K k k 2

Transcrivons cet article 1184 aussi essentiel, aussi lumi-neux que tranchant sur la question que nous agitons.

La condition résolutoire est toujours sousentendue dans les contrats synallagmatiques, POUR LE CAS OU L'UNE DES DEUX PARTIES NE SATISFERA POINT A SON ENGAGEMENT; *dans ce cas*, *le contrat* N'EST POINT RÉSOLU DE PLEIN DROIT. *La partie envers laquelle l'engagement n'a point été exécuté, a le choix de forcer l'exécution de la convention lorsqu'elle est possible, ou d'en demander la résolution avec dommages et intérêts.*

La résolution doit être demandée en justice, et il peut être accordé au défendeur un délai, selon les circonstances.

Le voilà tout entier cet article qui a tant gêné nos deux confrères, et qui vient si admirablement à l'appui de tout ce que nous avons dit jusqu'à présent, sur les effets de la clause du *précaire* ou *résolutoire*, et sur la nature et les effets de l'obligation de payer le prix de la vente.

Il diffère essentiellement du 1183.me dans l'objet, dans la contexture et dans la décision. Le 1183.me a en vue les *conditions résolutoires* expressément stipulées par le vendeur pour sa convenance et son intérêt direct, et dans l'intention de s'assurer dans tel cas prévu, le droit de rentrer *ipso jure* et *ipso facto* dans la chose vendue, sans recourir au juge. Il s'applique uniquement et exclusivement à la vente *résoluble* SUB CONDITIONE.

Au contraire, l'article 1184.me a en vue les *conditions résolutoires* légales, tacites et pénales, que la loi toute seule impose elle-même à l'acquéreur pour la sûreté du prix du vendeur, et pour garantir à celui-ci l'exécution des *engagemens* que l'acquéreur a contractés à son égard, en devenant, par suite de sa confiance, propriétaire d'une chose dont il n'a pas payé le prix.

La différence, dans l'objet de chaque article, est on ne peut pas plus sensible.

Le premier article décide que la condition résolutoire à laquelle il s'applique, opère, de plein droit, la *résolution* de la vente ; et le deuxième dit, au contraire, que la *condition résolutoire* à laquelle il se réfère, *n'opère pas de plein droit*, mais uniquement par le ministère du juge, lequel doit, avant tout, examiner s'il y a lieu de prononcer la *résolution* du contrat, ou s'il n'y a pas lieu ; et dans le premier cas, s'il doit donner un nouveau délai à l'acquéreur pour remplir ses *engagemens*. La différence dans le contexte, est donc encore bien sensible.

Le premier article donne à la *condition résolutoire* dont il s'occupe, l'effet de faire disparoître la vente *ab initio*, au moment où le cas prévu est arrivé, comme si elle n'avoit point existé ; et le deuxième, au contraire, laisse toute latitude au juge pour examiner et décider avec connoissance de cause, si la vente doit être entretenue ou prolongée, ou résolue. La différence dans la décision, est également bien sensible.

Le premier article, attribue à la *condition résolutoire* l'effet d'effacer la vente, comme si elle n'avoit jamais existé ; en sorte que le vendeur est censé n'avoir jamais vendu ; et le deuxième suppose, au contraire, que le vendeur a été dépossédé, et que par l'effet de la *résolution de la vente*, il prend une possession toute nouvelle et toute différente de celle qu'il avoit avant la vente. C'est là une seconde différence tout aussi sensible dans la décision des deux articles.

Enfin, les deux articles sont distincts et séparés, sans faire suite l'un à l'autre. Ils sont même disparates. Il n'est donc pas possible de les réunir pour en faire une seule décision qu'ils régissent également.

Nous demandons à présent si l'article 1184, n'est pas le régulateur de toutes les *conditions résolutoires*, qui dérivent de la nature de l'acte ; et si, appliqué à la vente, il n'est pas le régulateur des effets du *précaire* du vendeur, auquel l'acquéreur a soumis la chose vendue ? Impossible de ne pas le voir, de ne pas le sentir et de n'en pas convenir.

Si donc la *résolution de la vente*, qui peut être amenée par la clause du *précaire*, ne peut être effectuée que par le ministère du juge, elle ne dérive plus de cette *condition résolutoire*, qui opère *ipso jure* et *ipso facto*, qui efface toutes les traces de la vente, et qui rétablit le vendeur dans cette même chose qu'il avoit vendue, et dont il est censé ne s'être jamais dessaisi. Elle dérive seulement d'une *condition légale, tacite et pénale*, qui suppose une vente et un dessaisissement de la propriété, et dont l'événement prévu par la loi, autorise le juge à donner au vendeur non son ancienne propriété, ni son ancienne possession, qu'il avoit absolument perdues par l'effet d'une vente intermédiaire non conditionnelle, non *résoluble* SUB CONDITIONE, mais une nouvelle espèce de propriété et une nouvelle espèce de possession de la chose vendue, lesquelles ne datent que du jour du jugement résolutoire. Nous convaincrons plus bas nos lecteurs de cette vérité, lorsque nous nous occuperons plus expressément de la nature et de l'effet de *l'action en résolution de la vente* pour cause de non payement du prix.

Enfin, si le système de nos adversaires étoit vrai, l'article 1184 du code civil n'y seroit qu'une **superfétation**. Le nôtre, au contraire, utilise cet article.

Nous venons de rappeler une partie des premières observations manuscrites que nous avons communiquées à notre
confrère, sur le *pacte du précaire*. Nous repliquerons bientôt
à cette partie de sa réponse, qui est relative à ces observations.

On a vu que notre confrère a voulu faire opérer aux
pactes du précaire ou *résolutoire*, l'effet de rendre la vente
résoluble SUB CONDITIONE, et qu'il n'a pu parvenir à
légitimer cette opinion ; qu'il a dit que ces pactes considérés
comme tels, laissoient la *propriété* sur la tête du vendeur,
tandis qu'il est vrai, au contraire, que les ventes *résolubles*
SUB CONDITIONE sont *pures*, *simples et parfaites*, *et
transportent la propriété à l'acquéreur*, et qu'en preuve de
cette seconde supposition, il a dit que lorsque la vente est
résoluble SUB CONDITIONE, le vendeur conserve *l'action
revendicatoire*, pag. xxvj de sa réponse imprimée.

A-t-il basé cette dernière assertion sur quelque loi ? Non.
N'en existe-t-il aucune qu'il eût pu prendre pour appui et
pour garant ? Il en existe cinq (1) qui sont formelles, et il
n'en a pas cité une ! Il eût cependant pu nous les opposer avec
toute bonne foi et avec toute apparence au premier coup
d'œil. On voit que nous sommes toujours très-attentifs à lui
ouvrir toutes les voies pour prendre des avantages sur nous.
Mais c'est une fatalité que plus nous lui en faisons, et plus
nous en prenons nous-mêmes.

De ces cinq lois, quatre décident que le vendeur, lorsque
l'acquéreur a violé le pacte qui constituoit la vente *résoluble*
SUB CONDITIONE, pouvoit *revendiquer* la chose vendue,

_____

(1) Loi 4 et 8, ff. *de lege commissoriâ*. Loi 10, ff. *de rescind.
vendit.* Loi 3 et 4, cod. *de pactis int. emptorem et vendit.*

et la cinquième le suppose ainsi. Mais on nous a prévenus que *la science des lois consiste moins dans celle des paroles, dont elles se composent, que dans celle de leur force et de leur puissance*, c'est-à-dire, de leur esprit (1). Le même droit romain, qui considère comme pure, simple et parfaite la vente *résoluble* SUB CONDITIONE ; qui déclare que l'acquéreur est devenu propriétaire, possède pour lui, fait les fruits siens, a toutes les actions pétitoires et possessoires, et prescrit, n'a sûrement pas entendu reconnoître le vendeur pour *propriétaire*, ni en lui, le droit et la capacité d'exercer *l'action revendicatoire*, tant que cette vente a et doit avoir sa pleine et entière exécution, c'est-à-dire, tant que l'acquéreur est dans son délai pour satisfaire au pacte promis. Il faut donc expliquer les cinq lois ci-dessus, selon leur véritable esprit.

Dans le droit romain, le délai convenu pour recevoir et accepter une offre plus forte ou pour payer le prix, étoit fatal, et une fois échu tout étoit consommé ; et alors, s'il n'avoit pas été fait une meilleure offre, l'acquéreur continuoit d'être propriétaire à toujours ; tout comme si elle venoit à être faite dans le temps prescrit, le vendeur redevenoit propriétaire *ipso facto* et *ipso jure*, si toutefois la meilleure offre n'étoit pas l'effet d'une simulation. De même encore, si l'acquéreur ne payoit pas le prix le jour déterminé ou dans le temps fixé, tout étoit aussi consommé, et le vendeur redevenoit propriétaire *ipso facto* et *ipso jure* ; et dans l'un comme dans l'autre cas, si l'acquéreur ne délaissoit pas spontanément

---

(1) *Scire leges non est verba earum tenere, sed vim ac potestatem.* Loi 17, ff. *de legibus.*

au

au vendeur la chose vendue, celui-ci la *revendiquoit* devant le Préteur, lequel faisoit droit à sa demande *secundum naturalem æquitatem*. Le jugement du Préteur n'étoit point dans ce cas attributif d'un droit nouveau. Il n'étoit que déclaratif du droit acquis au vendeur *ab initio* par l'effet d'une stipulation qui, quoiqu'elle ne rendît pas la vente *conditionnelle*, la constituoit cependant *résoluble SUB CONDITIONE.* Tel étoit le bénéfice de cette dernière condition dans le droit romain. Tout cela a été adopté par l'article 1183 du code civil (1): ce qui est une innovation législative en France pour le cas où l'acquéreur n'a pas payé, le jour ou dans le temps convenus, parce que l'acquéreur y pouvoit dans ce cas particulier purger la demeure, tant que le vendeur n'avoit pas revendiqué son fonds, ou pour mieux dire, tant qu'il n'avoit pas demandé la *résolution* de la vente, et même tant qu'il n'étoit point intervenu de jugement (2); au lieu que depuis le code civil, du moment que l'acquéreur a violé le *pacte commissoire* qui atteint la vente même, celle-ci est résolue, et il n'est plus reçu à faire des offres.

Ainsi donc dans le cas de la vente *résoluble* SUB CONDITIONE, le vendeur avoit perdu sa propriété, et absolument perdu le droit de revendiquer sa chose depuis le jour de la vente. Ce n'étoit donc pas en vertu de son ancienne propriété qu'il exerçoit *l'action revendicatoire* pour rentrer dans le

---

(1) La condition résolutoire est celle qui, lorsqu'elle s'accomplit, opère la révocation de l'obligation, et qui remet les choses au même état que si l'obligation n'avoit pas existé.

(2) M. Pothier, *de la vente*, n.º 459.

fonds vendu. C'étoit par le fait de son acquéreur, qui l'avoit investi de la propriété et des actions attachées à cette propriété, au moment où le jour ou le temps convenus pour le paye‑ment par un *pacte commissoire* étoient expirés, parce qu'alors la *condition résolutoire* s'étoit accomplie.

Tout ce que nous venons de dire, reçoit justement son application aux *pactes du réméré, avec addiction à jour*, et *de la loi commissoire*, lesquels renferment tous une stipu‑lation littérale contenant nommément tout l'effet qu'ils auront, tel cas expressément prévu venant à arriver; mais tout cela n'avoit pas lieu dans le droit romain, quand il étoit question de tout autre pacte, comme du *pacte* ou de la *clause* seu‑lement *résolutoire*, ou ce qui est la même chose, du *pacte du précaire.* Nous avons sur ce point une loi bien expresse, dont voici la disposition : *Celui qui a vendu un fonds avec ce pacte, qu'à moins que le restant prix ne lui fût payé dans tel temps déterminé*, LE FONDS LUI RETOURNE‑ROIT, *s'il n'a pas constitué précaire la possession de son acquéreur, n'a pas l'action revendicatoire, mais seulement l'action* EX VENDITO, *c'est-à-dire l'action résolutoire*, à défaut de payement (1). Voilà bien le cas exprès de la *clause* simplement *résolutoire.* Selon cette loi, pareille clause ne donnoit pas au vendeur le droit de *revendiquer* son fonds, et ne lui laissoit que le droit de se faire payer le prix, et à défaut,

---

(1) *Qui eâ lege prædium vendidit :* ut nisi reliquum pretium intra certum tempus restitutum esset, ad se reverteretur, *si non pre‑cariam possessionem tradidit, rei* VINDICATIONEM NON HABET, *sed actionem* EX VENDITO. Loi 3, cod. *de pact. int. empt. et vendit.*

celui de faire résoudre la vente. Pourquoi? Parce qu'il n'avoit pas constitué *précaire* la possession de son acquéreur, c'est-à-dire, qu'il n'avoit pas rendu la vente *résoluble SUB CONDI- TIONE*, n'ayant pas stipulé le *pacte commissoire*, c'est-à-dire, n'ayant pas dit qu'*à défaut de payement du prix dans le temps- fixé, le fonds vendu demeureroit inacheté INEMPTUS.* Expliquons-nous bien cette loi? Accurse est notre garant. Il interprète ces mots: *Si non precariam possessionem tradidit, rei vindicationem non habet*, et il dit, le refus de *l'action revendicatoire* que la loi fait au vendeur, est fondé sur ce que celui-ci n'a pas stipulé, qu'*à défaut de payement du prix dans le temps convenu, le fonds demeureroit INEMPTUS* (1).

Il est donc de toute certitude que, selon le droit romain, le *pacte* purement *résolutoire* de la vente consommée, stipulé pour le cas de non payement du prix dans le temps convenu, différoit du *pacte de la loi commissoire*, n'avoit pas le même effet, ne constituoit pas la vente *résoluble SUB CONDI- TIONE*, ne réservoit pas au vendeur *l'action revendicatoire*, et ne lui laissoit que le droit de poursuivre l'acheteur en payement du prix du fonds vendu, et *l'action résolutoire*, en cas de non payement de ce prix.

Le *pacte commissoire* frappoit sur la vente elle-même par ces mots: *RES INEMPTA FIERET*, ou par ceux-ci *ab EMPTIONE discedatur.*

De tout cela, il suit invinciblement que tant le *pacte du*

---

(1) *Quia verbis legis commissoriæ non est usus, scilicet: quod esset res INEMPTA, tunc enim benè vindicaret.*

précaire que le *pacte résolutoire* stipulés vaguement au bas d'un acte de vente par l'homme, et suppléés en France, d'une manière encore plus vague, par l'ancienne jurisprudence française et par le code civil, ne peuvent pas rendre la vente *résoluble* SUB CONDITIONE.

Nous convenons que selon le droit romain, le *pacte du précaire* stipulé dans un acte de vente, donnoit au vendeur un privilége sur la chose elle - même, lequel, à défaut du payement du prix et lorsque son acquéreur étoit en demeure, l'autorisoit à rentrer dans le fonds vendu en vertu d'un jugement rendu par le Préteur, par où la vente étoit résolue. Mais ce privilége étoit expressément attaché par le même droit romain au *pacte du précaire*, et quoiqu'il opérât le même effet que le *pacte commissoire*, il ne l'opéroit pas de plein droit *ab initio*; en sorte que la vente fût considérée comme si elle n'avoit jamais eu lieu. Son effet ne datoit que du jour du jugement qui avoit ordonné que le vendeur seroit réintégré dans le fonds vendu; et cette différence est à saisir, parce qu'elle prouve que la vente sous *précaire* ne constituoit pas la vente *résoluble* SUB CONDITIONE comme les *pactes de réméré*, ou *avec addiction à jour*, ou *de la loi commissoire*, lesquels opéroient *ipso facto* et *ipso jure* la résolution de l'acte *ab initio*, indépendamment du ministère du juge.

Nous convenons avec la même franchise, que le droit français avoit conservé au *pacte du précaire*, dans les pays où il étoit stipulé, tout l'effet que le droit romain lui avoit attribué; que le même droit français, dans les pays où le *précaire* n'étoit pas connu, avoit mis au pair le *pacte* simplement *résolutoire* avec le *pacte du précaire*, et que les

deux pactes avoient une telle faveur en France, que d'abord
la jurisprudence et ensuite le code civil, les ont suppléés
l'un et l'autre dans les actes de vente, lorsqu'ils n'y étoient
pas stipulés. Mais quel effet produisoient en France ces pactes
tous les deux purement *résolutoires?* M. Pothier les différencie du *pacte commissoire* proprement dit, et ne les fait
opérer que du jour du jugement qui a résolu la vente, en
sorte que ces deux pactes n'ont leur effet que *ex nunc*, et le
commissoire l'a *ex tunc* (1); et c'est ce qui avoit déjà été
dit par M. Domat (2), et ce qui a été confirmé par l'article 1184 du code civil.

Nous devons prévenir nos lecteurs que M. Pothier (3) a pris
pour un *pacte commissoire ordinaire*, celui qui fait la matière de la loi 3 que nous venons de citer. Mais il est évident
qu'il s'est trompé, puisque la loi elle-même refuse la *revendication* à celui qui a stipulé ce pacte particulier, et
que Godefroy nous apprend que la loi ne se prononce ainsi
que parce que ce pacte n'est pas celui *de la loi commissoire*,
lequel frappe sur la vente elle-même, *res inempta sit : ab
emptione discedatur.*

Il reste donc prouvé et de toutes les manières, que les
pactes du précaire ou *résolutoire*, vagues, indéterminés
et uniquement relatifs au payement du prix, ne constituent

_____

(1) Voyez ci-devant, page 434 à la note.

(2) *Les clauses résolutoires à défaut de payer au terme, n'ont
pas l'effet de résoudre d'abord la vente, par le défaut d'y satisfaire; mais on accorde un délai pour exécuter ce qui a été promis,*
L. L. civiles, liv. 1, tit. 2, sect. 12, n.º 12.

(3) Traité *de la vente*, n.º 463.

la vente *résoluble SUB CONDITIONE* , ni selon le droit romain , ni selon le droit français ; par la raison qu'ils n'ont aucune sorte de ressemblance avec le *pacte de la loi commissoire* , lequel opéroit la résolution de la vente *ex tunc* , du moment que le terme convenu étoit expiré ; lequel pacte rentre dans la classe de ceux qui sont l'objet de l'article 1183 du code civil.

Il existoit en France un pacte par lequel le bailleur ou le vendeur d'un fonds, stipuloient que *si le preneur restoit deux ou trois ans de payer le canon emphytéotique , ou si l'acquéreur ne payoit pas le prix dans tel temps , le bail ou la vente seroient résolus* DE PLEIN DROIT. Ce pacte étoit bien plus fort et plus expressif que ceux du *précaire* ou *résolutoire.* Cependant on ne le confondoit pas avec le pacte *de la loi commissoire* ; on ne lui attribuoit pas l'effet de rendre le bail ou la vente *résolubles SUB CONDITIONE* , ni de résoudre la vente *ex tunc.* Au contraire, le bail ou la vente continuoient d'être purs , simples et parfaits , et le preneur ou l'acheteur étoient admis à purger la demeure, tant que la résolution du bail ou de la vente n'avoit pas été prononcée par un jugement définitif ; et lorsque ce jugement étoit rendu , la résolution n'avoit son effet que *ex nunc* (1). Tel étoit notre usage en Provence (2). Cette faveur qu'on faisoit en France ,

---

(1) MM. Mornac, *ad leg.* 2 , cod. *de jure emphiteut.* Et *ad leg.* 21 , ff. *de constit. pecuniâ* ; Brodeau sur Louet , lett. P , somm. 50, n.º 6 ; de Catelan, tom. 2 , liv. 5 , chap. 20 ; Vedel *ibid* ; Pothier, *des obligations* , n.º 672 , *de la vente,* n.º 459 , *du nantissement,* n.º 19.

(2) M. Bonnet, lett. D , arrêt 1 , pag. 62.

au preneur ou à l'acheteur, en pareil cas, avoit ses bases dans six lois romaines (1). Cette faveur vient d'être singuliè-rement réduite quant au droit de purger la demeure, par l'article 1656 du code civil, lequel renferme une innovation législative. *S'il a été stipulé*, dit-il, *lors de la vente d'im-meubles*, *que faute de payement du prix dans le terme convenu*, *la vente seroit résolue de plein droit*, *l'acquéreur peut néanmoins payer après l'expiration du délai*, *tant qu'il n'a pas été mis en demeure par une sommation; mais après cette sommation*, *le juge ne peut pas lui accorder de délai.* Cet article n'accorde pas moins un délai quelconque jusques à la *sommation*, et cela prouve que ce *pacte* n'opère pas de plein droit *ipso facto*, et conséquemment qu'il n'est pas un *pacte commissoire*, qu'il ne rend pas la vente *résoluble* SUB CONDITIONE; et que le juge devant résoudre le contrat, cette *résolution* n'a son effet que *ex nunc*, c'est-à-dire, du jour du jugement, et tout au plus du jour de la som-mation (2).

Il existoit une stipulation encore plus forte, celle qui ajoutoit qu'*au terme expiré*, *le bailleur ou le vendeur pourroient*

---

(1) Loi *extat*, ff. *quod metûs causá*; loi dernière, ff. *de vi privatá*; loi , 1 , ff. *de peric. et comm. rei venditæ*; loi *quidam iberus*, ff. *de servit. urban. prædior*; loi 3 , ff. *de pignor.*; loi 5 , ff. *de vi publicá.*

(2) Nous observerons que les notaires peuvent accélérer l'effet de ce pacte , objet de l'article 1656 du code civil , en ajoutant à la stipulation que, *sans qu'il soit besoin d'acte et par la seule échéance du terme*, *l'acquéreur sera en demeure* conformément à l'article 1139 du même code.

rentrer dans leurs fonds sans formalités de justice et de leur propre autorité. Dans ce cas même le bail et la vente n'étoient pas *résolubles SUB CONDITIONE*, puisque ce pacte n'opéroit pas de plein droit, et qu'il tiroit son effet *ex nunc*, du jugement qui prononçoit *la résolution* (1). Ce pacte étoit stipulé dans toute son étendue, surtout par les seigneurs féodataires et par les seigneurs directs dans les baux de leurs fonds, tant pour le cas de *commise et caducité*, que pour le défaut de payement du canon seigneurial ou emphytéotique.

Notre confrère continuera-t-il donc de soutenir que les *pactes du précaire* ou *résolutoire* vagues et indéterminés, et suppléés par la loi à défaut de stipulation, constituent la vente *résoluble SUB CONDITIONE?* Un mot de sa part, a exigé de nous une longue discussion. Mais il nous importoit qu'on ne nous reprochât pas de nous être trop légèrement effarouchés d'une simple *opinion*, et de prouver que cette opinion étoit une erreur proprement dite et dangereuse en

_____

(1) MM. Dumoulin, *cout. de Paris*, tit. 1 des fiefs, § 1, gloss. 1, *v.º le seigneur féodal*, n.º 61 et gloss. 4, *v.º mettre en sa main*, § 43, gloss. 1, n.ºˢ 37, 38, 40 et consult. 3, n.º 6; d'Argentré *sur la coutume de Bretagne*, art. 616, n.º 4; la Roche et Graverol *des droits seigneuriaux*, chap. 19, art. 4; Chorier sur Guypape, liv. 2, sect. 13, art. 4 et 6; Pothier, traité *des fiefs*, part. 1, chap. 3, art. 3, § 1; Buisson en son code, liv. 4, tit. 66, n.º 10; code Julien, *tit. locatio*, pag. 288, lett. J, K et pag. 290, lett. D; la Touloubre, *jurisprudence féodale*, tom. 2, tit. 15, n.º 2; Decormis, tom. 1, col 819; de Julien, *statuts de Provence*, tom. 2, pag. 178 jusqu'à 186.

proportion

proportion de la renommée de son auteur, d'ailleurs si justement acquise (1).

Notre confrère s'étoit abstenu de cette erreur dans son
opuscule. Il eût bien pu s'en abstenir aussi dans sa réponse
imprimée, d'autant que tout en la croyant utile à la généralité
de son système, elle n'étoit propre qu'à en découvrir le vide.
Si en effet, la vente sous *pactes du précaire* ou *résolutoire*
étoit *conditionnelle* et suspendue, il n'existoit point de vente;
et si elle étoit *résoluble SUB CONDITIONE*, elle étoit
pure, simple, parfaite et dépouilloit le vendeur de la
propriété.

Quel est le résultat de tout ce que nous venons de dire?
Nous allons en faire un résumé. Il sera d'autant plus utile
que nous nous approchons des quatre questions posées par
notre confrère ; et que, jusqu'à présent, nous ne nous
sommes occupés que des objets dont il a fait les préliminaires
de son système.

La multiplicité et la diversité de ceux que nous avons par-
courus, et que nous avons intérêt de tenir présens à nos
lecteurs, rend notre précaution et nécessaire et indispensable.

1.° L'action en *révocation du précaire*, étoit ouverte au
vendeur, non-seulement dans le cas où l'acquéreur avoit *revendu*
le fonds, sans charger son acheteur de payer le prix qu'il
devoit lui-même, au premier vendeur ; mais dans tous les

(1) L'ouvrage de notre confrère est déjà cité au palais, comme
une autorité, et ses opinions, que nous combattons avec tant de
lois et de doctrines, ont déjà eu des succès devant quelques tribunaux subalternes.

M m m

cas où le premier ou le deuxième acheteur *violoient* les *pactes promis*, ou inhérens à la *clause du précaire*, soit qu'ils ne payassent pas le prix, soit qu'ils abusassent du fonds, soit que le premier ou le deuxième acheteur fussent *integri statûs*, soit qu'ils fussent faillis ou déconfits, soit qu'ils fussent morts et leurs hoiries prises par bénéfice d'inventaire. La soumission de la chose vendue, que le premier acquéreur avoit faite au *précaire* du vendeur, tendoit à donner à celui-ci toutes les assurances possibles pour lui garantir le payement du prix qui lui restoit dû.

2.º Dans tous les cas où la *révocation du précaire* étoit demandée, le vendeur ne reprenoit le fonds vendu qu'après une *estimation préalable*, pour qu'il bonifiât à son acquéreur ou à ses créanciers, ce que le fonds valoit de plus que la somme qui lui étoit due.

3.º Le vendeur sous *précaire* qui a conséquemment fait la délivrance de la chose vendue et suivi la foi de son acquéreur, s'est dépouillé du *domaine*, de la *propriété*, de la *maîtrise* et de la *possession civile* de la chose vendue, et les a transportés tous ensemble sur la tête de son acquéreur.

4.º Le précaire ne réserve au vendeur qu'une *hypothèque privilégiée* sur la chose qu'il a vendue.

5.º L'obligation de payer le prix au vendeur au temps convenu, ne constitue la vente ni *conditionnelle*, ni *résoluble* SUB CONDITIONE.

6.º Le prix de vente n'étoit pas de soi privilégié à Rome. Il ne l'étoit qu'en force du *précaire*. Il en a été de même en France jusqu'au milieu du 17.me siècle, époque où notre jurisprudence a suppléé d'office le *pacte du précaire*, quand il n'étoit pas stipulé.

7.° La *clause résolutoire* pure et simple, stipulée ou suppléée pour l'assurance du prix, n'opère rien par elle-même. Elle n'a d'effet comme le *précaire*, que selon l'opinion que le juge prend de la contravention faite par l'acquéreur à cette clause.

8.° La *clause résolutoire* stipulée par l'homme, lorsqu'elle est pure et simple, se place à côté de la précédente, et n'a aussi d'effet que selon l'arbitrage du juge.

9.° La clause du *précaire*, ne constitue pas la vente *résoluble* SUB CONDITIONE.

10.° La *clause résolutoire* qui naît du *pacte du précaire* stipulé ou suppléé, n'opère rien par elle-même.

11.° Cette clause est insusceptible de l'application de l'article 1183 du code civil. Son unique régulateur est l'article 1184, fait exprès pour elle.

12.° L'action en *résolution de la vente* et celle *en revendication* de la chose vendue, sont absolument exclusives l'une de l'autre.

13.° Point de rapport entre les conditions stipulées par le vendeur pour son utilité et pour son intérêt directs, et celles qui sont stipulées ou suppléées par la loi pour la simple sûreté de sa créance.

14.° La condition stipulée par l'homme, pour sa convenance ou pour son intérêt direct venant à arriver, efface la vente pour le passé et pour l'avenir. Celle stipulée ou suppléée pour le cas où l'acquéreur ne tiendroit pas ses *engagemens*, ne l'efface que pour l'avenir et que par l'intervention du juge.

15°. Le payement du prix ne fait condition que dans les ventes *au comptant.*

16.° Point de lois, point d'auteurs qui avouent les préliminaires des systèmes de M. Tarrible et de notre confrère. Toutes et tous, au contraire, s'élèvent contre eux et les repoussent.

Nos lecteurs ont, dans leurs mains et sous leurs yeux, les garanties de cette série d'affirmations ; et nos garans sont tels, qu'il est impossible qu'on en suspecte un avec bonne foi, et qu'on nous trouve ou avantageux, ou inexacts dans le choix que nous en avons fait. Nous les prions de faire attention à ce que dans la partie de sa réponse imprimée, qu'il a destinée à légitimer tant d'opinions inexactes, toujours notre confrère répète avec autant de complaisance que d'inutilité, ce qu'il a déjà dit dans son opuscule ; que jamais il n'a osé approcher des observations manuscrites que nous avions faites contre cet ouvrage ; qu'il n'a pas pu nous trouver en défaut sur une de nos citations, quoiqu'il nous ait forcés de les multiplier ; et que parmi les siennes, il n'en est pas même une d'exacte dans sa réponse. Il a jeté de la poudre aux yeux. C'est la réponse que nous avions promis de faire et que nous faisons à cette partie de la sienne.

Nous arrivons enfin aux questions proposées par notre confrère, et qu'il se flatte d'avoir résolues avec le secours de ses préliminaires, tous de fantaisie. Mais l'échec qu'il a reçu dans ses avant-postes l'a singulièrement affoibli, et on verra bientôt avec qu'elle aisance nous lui enleverons ses quatre points cardinaux.

Il vient de les réduire à deux dans sa réponse. Nous préférons de les laisser subsister au nombre de quatre. Moins les questions sont complexes, plus il est facile de les discuter.

Il est dit dans l'article 1184 du code civil, que *la condition résolutoire est toujours sousentendue dans les contrats synallagmatiques pour le cas où l'une des parties NE*

SATISFERA POINT A SES ENGAGEMENS; *et que la partie envers laquelle l'engagement n'a point été exécuté, a le choix* (1) *ou de forcer l'autre à l'exécution de la convention lorsqu'elle est possible, ou d'en demander la résolution avec dommages et intérêts.*

Il est dit dans l'article 1654 du même code, que si *l'acheteur ne paye pas le prix, le vendeur peut demander la résolution de la vente.*

Tels sont les deux textes qui ont donné naissance aux deux premières questions proposées et résolues par notre confrère.

Il est convenu dans son opuscule, page 93, que *l'article 1654 est une conséquence de l'article 1184; que la clause résolutoire est sousentendue dans les contrats synallagmatiques, comme LA CLAUSE DU PRÉCAIRE L'ÉTOIT PARMI NOUS.*

Ces deux articles sont donc inséparables. Ils se régissent l'un par l'autre, puisque l'un est le principe, et l'autre la *conséquence du principe.* L'un et l'autre règlent également l'objet et les effets et de la *clause du précaire,* et de la *clause résolutoire.*

Ce sont ensuite les fausses idées que ce même confrère s'est faites et sur la *clause du précaire,* et sur la *clause résolutoire,* qui ont donné l'être aux deux dernières questions également proposées et résolues par notre confrère. Il est temps

---

(1) Cette *option* est une innovation législative. On étoit auparavant obligé de demander que l'autre partie rempliroit son engagement dans le délai qui seroit accordé par le juge, et qu'à défaut par elle d'y satisfaire dans ce délai, l'acte seroit résolu. M. Pothier, *de la vente,* n.º 474, *et ità omnes.*

de les aborder toutes successivement, et de prouver qu'elles sont aussi étonnantes dans leur conception, que dans les solutions qu'elles ont reçues.

PREMIÈRE QUESTION.

Le droit de révoquer le précaire, pourra-t-il être exercé pour les ventes postérieures au code civil ?

Cette question devoit être précédée d'une autre préalable. L'auteur auroit dû examiner si depuis le code, il étoit prohibé de stipuler le *précaire*; car si cette prohibition n'existe pas dans le code, il est oiseux de demander si le précaire étant stipulé ou suppléé dans une vente postérieure au code civil, le vendeur pourra exercer l'action en *révocation du précaire*, et ou forcer son acquéreur à exécuter les *pactes promis*, ou demander la *résolution de la vente*.

Qu'importe à la législation, qu'on stipule dans un contrat de vente, le *pacte du précaire* qu'elle n'a ni prohibé ni aboli, ou le *pacte résolutoire* qui n'étoit et ne pouvoit être autre chose dans certains pays de France, que ce qu'étoit le *pacte du précaire* dans d'autres et en Provence?

Qu'importe à la législation, qu'en vertu du *pacte du précaire*, je révoque ce *précaire*, et je demande ou que mon acquéreur me paye le prix, ou que la *vente* soit *résolue*; ou bien, qu'en vertu du *pacte résolutoire*, je me fasse concéder acte au juge de ce que je me prévaus de ce pacte, et je demande contre mon acquéreur, ou qu'il soit condamné à payer le prix échu qu'il me doit encore, ou la *résolution de la vente ?*

Or, le *pacte du précaire* n'est point aboli par le code. Il est au contraire maintenu de plus fort, sous le nom de *clause* ou de *condition résolutoire.*

La question proposée par notre confrère est donc absolument inutile, parce qu'elle n'a ni base ni objet.

Mais sachons comment il la décide. Sa solution est brière, car il ne dit que ce qui suit.

La *résolution de la vente, autorisée dans tous les cas par le code, pour simple défaut de payement du prix, est bien plus avantageuse pour le vendeur que la révocation du précaire , QUI N'AVOIT LIEU QU'EN CAS D'ALIÉNATION. Il ne peut donc plus être question de cette révocation pour les ventes postérieures au code.* Étoit-ce donc la peine de proposer cette question, pour la résoudre par une erreur et par une fausse conséquence ! Nous l'avons prouvé jusqu'à l'évidence, l'action en *révocation du précaire* étoit ouverte au vendeur , non seulement dans le cas de la REVENTE , mais encore dans tous ceux où l'acquéreur se dévioit des *pactes promis* ou suppléés par la loi; c'est-à-dire, lorsqu'il ne payoit pas le prix ; lorsqu'il étoit en fraude ou en dol en négligeant de conserver la chose dans sa valeur intégrale, ou lorsqu'il la dégradoit; et encore, lorsqu'il compromettoit les intérêts du vendeur par sa faillite, par sa déconfiture ou par sa mort suivie d'un bénéfice d'inventaire : ces derniers événemens rendant la créance du vendeur exigible, et donnant ouverture à la distraction de la chose vendue en vertu du *précaire* ; tant il est vrai qu'ils produisent un nouvel ordre de choses, auquel un *créancier privilégié* ne peut pas être obligé de se soumettre !

Or, si sa base de pure convenance pour le vendeur, manque

à notre confrère, sa question ou plutôt sa décision croule sur elle-même, et il ne lui reste plus que son inexacte conséquence.

Supposons, en effet, que la résolution de la vente fût plus avantageuse au vendeur, notre confrère avoit-il le droit d'en conclure qu'*il ne peut plus être question de la révocation du précaire ?* Tout au plus, auroit-il pu dire que vraisemblablement, il n'en seroit plus question. Cette conséquence : *il ne peut donc plus être question*, etc., ne pourroit être légitime, qu'autant que le code civil auroit prohibé le *pacte du précaire.*

S'il falloit prendre à la lettre les articles 1654 et 1655 du code civil, il s'en faudroit bien que la *clause résolutoire* fût plus *avantageuse au vendeur*, puisqu'elle n'auroit d'effet que dans le cas où *le prix ne seroit pas payé* (c'est le seul effet que notre confrère lui fait opérer, tout en la supposant plus *avantageuse* au vendeur); tandis que la *clause du précaire* avoit le sien, non-seulement dans ce cas, mais encore dans tous ceux où quoique le prix ne fût pas échu, l'intérêt du vendeur se trouvoit compromis. Mais l'article 1184, dont les autres deux sont les *conséquences*, ayant déjà donné plus d'étendue au *pacte résolutoire* quoique non stipulé, puisqu'il l'utilise dans tous les cas où l'acquéreur ne tient pas les *engagemens* inhérens à la vente, il est clair que dans le système du code, le *pacte résolutoire* est l'égal du *pacte du précaire*, leurs résultats étant les mêmes.

A présent qu'il conste que, comme la *clause résolutoire*, la *clause du précaire* est applicable à tous les cas, il ne nous reste plus qu'à prouver qu'elles sont identiques, et qu'elles ont le même objet et les mêmes effets; et alors, cette première question restera aussi inutilement proposée, que sa décision

décision fondée sur une erreur et sur une conséquence sans filiation.

Cette nouvelle tâche, nous la remplirons après que nous aurons examiné la deuxième question.

DEUXIÈME QUESTION.

Le droit de révoquer le précaire, peut-il être exercé pour les ventes antérieures au code civil ?

Le *pacte du précaire* est stipulé ou censé l'être, dans tous les actes antérieurs au code civil passés dans les pays où il étoit connu et pratiqué, c'est une vérité de fait et de droit. Dès lors comment et dans quel sens, notre confrère a-t-il eu des *doutes* sur le point de savoir, si *un droit acquis avant le code*, pouvoit être exercé depuis le code ? Il n'a ni dû, ni pu supposer que le code eût un effet rétroactif, d'autant qu'il l'a ainsi reconnu lui-même en ces termes dans son opuscule, page 95 : *car ni le code, ni la loi du 11 brumaire de l'an 7, ne sauroient rétroagir sur un droit antérieur, conventionnel, qui formoit un droit acquis au vendeur.* Dès lors sa question est illusoire.

Il la décide d'une manière négative ; et alors sa solution est encore plus étonnante que la question elle-même.

En quels termes la décide-t-il ? *Il en est de même,* dit-il, *des ventes antérieures, là où d'après les deux arrêts de la Cour d'Aix, du 10 décembre 1807, et du 25 mai 1813, qui ont prononcé la résolution des ventes antérieures au code, et même à la loi du 11 brumaire an 7, cette*

N n n

*résolution seroit accordée, par application de la dispo-
sition du code qui a fixé les doutes sur cette question.*

Il ajoute (d'après *le tribun Grenier*) *que la jurisprudence française étoit encore vacillante sur le point de
savoir si, pour éviter un circuit et des frais inutiles, le
vendeur devoit être admis à la résolution de la vente,*
et qu'en considérant *le code, comme explicatif du droit
ancien, ainsi qu'il a été souvent reconnu, là où l'ancienne
jurisprudence étoit douteuse et incertaine, cette résolution,
incontestable pour les ventes postérieures au code, doit
être accordée pour les ventes antérieures.*

Il ne paroît pas, continue-t-il, *que cette question ait
jamais été agitée parmi nous, avant la nouvelle législation. La Cour royale d'Aix, par les deux arrêts précités,
paroît avoir fait cesser le doute sur cette question.*

Tel est le tableau de ses moyens de décision, que nous
avons trouvés épars çà et là dans son opuscule, pages 94,
95, 91, 92 et 98. C'est pour qu'on l'atteigne plus difficilement, qu'en traitant la matière du PRÉCAIRE dans son
ouvrage, il est toujours allé par sauts et par bonds, pour
ne laisser aucune trace de sa marche ; et que son procédé, il
a eu encore plus de soin de le renouveler dans sa réponse,
pour, nous sachant à sa suite, tenter de nous dérouter.

La décision de notre confrère ne renferme qu'une vérité de
principe. Tout le reste n'est qu'un remplissage, ou si l'on
veut un échafaudage mal assuré, que cette même vérité ren-
verse et fait disparoître. Il a dit le mot, *on ne sauroit, à
notre avis, refuser la révocation du précaire* à ceux qui
ont fait des ventes avant le code; *car ni le code, ni la loi
du* 11 *brumaire an* 7 *ne sauroient rétroagir sur un droit*

antérieur, *conventionnel*, *qui formoit un droit acquis au* *vendeur*. Ce mot qui se rattache à la première observation que nous venons de faire sur cette question, étant une fois sorti de sa bouche avec réflexion, devoit lui faire sentir le vide de sa seconde question, et l'inexactitude de la solution qu'il y donnoit. Nous revendiquons ce mot, parce qu'il est l'antidote de cette solution.

Fût-il aussi vrai qu'il ne l'est pas, que l'action en *révocation du précaire* eût été abolie, impossible qu'elle l'eût été pour les contrats antérieurs au code, parce que la nouvelle législation a refusé elle-même la rétroactivité à son code; et que jamais elle n'a ni eu, ni pu avoir l'intention d'attenter aux *droits conventionnels, formans* déjà *un droit acquis au vendeur*, avant la promulgation de ses nouvelles institutions.

C'est ainsi que nous inutilisons la question et que nous paralysons la réponse négative que notre confrère y a faite ; et ce qu'il y a d'heureux, c'est qu'il a concouru lui-même à nous faciliter ce succès, puisqu'il a reconnu et établi la non rétroactivité du code : vérité de principe devant laquelle son système négatif forme un contraste et non une perspective correspondante.

A présent que le fond du système de notre confrère est ruiné, nous pardonnera-t-on si nous nous permettons d'aborder l'entourage qu'il y a fait ? Nous pourrions certainement nous en dispenser, parce qu'une fois que le fond manque, les accessoires ne sont plus que des superfétations. Mais comme nous sommes toujours plus à notre aise que lui, n'ayant jamais notre propre opinion à défendre, mais la vérité à protéger, nous nous maintenons toujours dans cette

attention que nous avons affichée, d'être aussi soigneux de
répondre à tout ce que notre confrère a avancé, qu'il l'est
lui-même d'esquiver tout ce que nous lui opposons.

Il cite deux arrêts de la Cour royale d'Aix et leurs dates ;
mais point de circonstances. Il nous dit qu'ils ont accordé
la résolution de ventes, antérieures au code et même à la
loi du 11 brumaire an 7. Mais, 1.° quels ont été les faits,
les moyens d'attaque et de défense, et les motifs de décision ? C'est ce qu'il nous laisse à deviner. Son laconisme
nous est suspect, depuis qu'il nous a si bien appris qu'il sait
jeter les autorités au hasard.

2.° Un des deux arrêts a été rendu sur un acte d'échange,
qui ne renfermoit vraisemblablement pas la *clause du précaire*, parce que chaque partie étoit payée en plein par les
fonds reçus en contre échange. Cet arrêt n'a donc pas ordonné
la résolution d'un acte de vente.

3.° Cet acte d'échange étoit de l'an 11. Il étoit donc postérieur à la loi du 11 brumaire an 7.

4.° Si notre confrère a supposé qu'un acte d'*échange* de
l'an 11, qui vraisemblablement ne renfermoit pas la *clause
du précaire*, étoit une *vente*, où le *précaire* étoit nécessairement stipulé ou suppléé ; et s'il a supposé aussi que cette
vente étoit antérieure au code et même à la loi du 11 brumaire an 7, pourquoi ne serions-nous pas en défiance sur
le point décidé par l'autre arrêt ?

5.° Qu'importeroit que les deux arrêts eussent tout simplement fait droit à la *résolution* de deux ventes, antérieures
et au code et à la loi du 11 brumaire an 7 ? Ces arrêts
n'auroient-ils pas pu *résoudre* la vente en vertu du *pacte
du précaire* stipulé ou suppléé ? Ces arrêts n'auroient-ils pas

Du précaire ou de la résolution de la vente. 469

pu résoudre les deux ventes, sans *révocation du précaire*, le demandeur concluant purement et simplement à la *résolution*, et le défendeur n'usant pas du droit qu'il avoit de se maintenir dans la chose vendue, tant que le *précaire* accepté par le vendeur, lors de l'acte, subsistoit par défaut de *révocation*? Rien ne seroit donc moins significant contre nos principes, que l'existence de ces deux arrêts. Cependant le peu qu'on nous a fait connoître, relativement à celui qui a été rendu sur l'échange, nous a aidés à en élaguer la décision. Un mot qu'on eût dit sur l'autre arrêt nous eût peut-être aussi donné les moyens de paralyser celle de notre confrère.

6.° Existoit-il donc des doutes, avant le code, sur le point de savoir si l'exercice de l'action *en révocation du précaire* conduisoit à la *résolution de la vente*? Jamais il n'en a existé ni dans les tribunaux, ni parmi les jurisconsultes, ni parmi les anciens procureurs; et toujours le vendeur, *à défaut du payement de son prix*, a obtenu qu'il rentreroit en vertu du *précaire* stipulé ou sousentendu, dans la chose vendue, après estimation : ce qui opéroit, sans contredit, la *résolution de la vente*. S'il nous falloit une garantie sur ce point, les aveux si multipliés qui existent dans le premier opuscule de notre confrère, et dans sa réponse, ne nous en tiendroient-ils pas lieu?

Mais *le tribun Grenier* nous a certifié que les *doutes* existoient. Rien de tout cela dans le discours de ce tribun. Il n'a pas raisonné dans le cas d'une vente sous *précaire*. Cette clause n'étoit pas même connue dans son pays; et c'est à la jurisprudence de son pays qu'il s'est sans doute rapporté. Il ne s'occupe que du privilége attaché au prix de vente;

considéré en soi ; et il avoit raison de dire que la jurisprudence française étoit encore *vacillante* sur le point de savoir si le défaut de payement du prix, autorisoit le vendeur à faire résoudre la vente, puisque jusques au milieu du dix-septième siècle, la jurisprudence française, conforme alors au droit romain, n'avoit point accordé de privilége au prix de vente, et encore moins celui d'autoriser le vendeur à demander la résolution quand l'acquéreur étoit en demeure de payer ce prix.

Depuis même que la jurisprudence de France a suppléé le *pacte du précaire*, il existoit encore quelques pays de droit écrit, qui avoient continué de se rattacher au droit romain. Rien donc de plus mal amené que le mot de M. le tribun Grenier.

7.° Comment et dans quel sens le code a-t-il fixé ces prétendus *doutes*, qui n'existoient plus que dans un petit nombre de pays où on suivoit encore strictement le droit romain sur ce point ? Le code a fait une loi générale pour toute la France et a fait cesser les *doutes* qui existoient encore dans ces pays particuliers : nous en convenons ; mais a-t-il fait cesser, dans les lieux où on stipuloit le *précaire*, et surtout en Provence, des *doutes* qui n'y existoient plus depuis plusieurs siècles ? Ce que nous disons du code, nous l'appliquons aux deux arrêts d'Aix qui, tout insignifians qu'ils sont dans notre hypothèse, ont aussi, selon notre confrère, *fait cesser les doutes.*

Avant le code, point de *doute* partout où le *précaire* étoit pratiqué, qu'il étoit stipulé ou suppléé dans toutes les ventes ; point de doute aussi, que conformément au droit romain et au droit français, le précaire exprès ou légal donnoit l'avantage au vendeur et d'être privilégié pour son prix sur la chose vendue, et d'exercer son *privilége* en demandant la résolution de la vente, lorsque l'acquéreur se refusoit au payement du prix, ou violoit les pactes promis ou suppléés par la loi.

8.º Est-ce donc pour *éviter les circuits et les frais inutiles*, qu'on imagina en France d'accorder au vendeur l'action en *résolution de la vente*, plutôt que celle *en révocation du précaire*? Non sans doute. Ce fut pour favoriser le vendeur, qu'on supposa toujours le *pacte du précaire* ou le *pacte résolutoire* dans les actes de vente; et voilà tout. Avant que cette faveur lui eût été faite, le vendeur qui n'avoit pas stipulé le *précaire*, ou le *pacte résolutoire*, se pourvoyoit contre son acquéreur en condamnation du prix. Après avoir obtenu un jugement, il restoit exposé à un appel, et après l'arrêt rendu, si l'acquéreur ne payoit pas, il l'exécutoit dans ses biens à son choix, et c'étoit naturellement sur la chose qu'il avoit vendue, que son choix se portoit en la forme du procès exécutorial, usité dans chaque pays.

Après que cette faveur lui eut été faite, la situation du vendeur ne fut améliorée ni pour la diminution des *circuits*, ni pour celle des *frais*. Il resta obligé, dans tous les pays de France, de *révoquer le précaire* ou de demander la *résolution de la vente*, de faire condamner son acquéreur, au payement du prix, et de faire ordonner qu'à défaut de ce payement, la vente seroit résolue; d'essuyer un appel; d'obtenir un arrêt; et de l'exécuter ensuite, en la forme du procès exécutorial, pratiqué dans chaque ressort.

Il n'y avoit donc ni moins, ni plus de circuits et de frais dans les deux temps. Le vendeur sous *précaire* demandoit, dans les pays où la clause du précaire étoit connue et pra-

tiquée , la résolution de la vente en *révoquant le précaire.*
Il demandoit la *résolution de la vente* dans les pays où la
clause résolutoire tenoit lieu de celle du *précaire*; et partout,
mêmes *procédures* , mêmes *circuits* et mêmes frais.

Mais M. Domat l'a dit ainsi au titre *de la vente*, sect.
12 , n.° 13. Pas le mot de cela dans cet auteur.

Mais M. Pothier l'a dit aussi (*du contrat de vente,*
n.° 459). Cela est vrai ; il pouvoit avoir eu raison dans son
pays. Nous venons de prouver qu'il n'auroit pas pu le dire dans
d'autres , et surtout en Provence lorsque le précaire y avoit
encore tous ses effets.

9.° Comment et dans quel sens le code peut-il être devenu
explicatif d'une jurisprudence *vacillante* , dès que la stipulation expresse ou tacite du *précaire* étoit admise dans une
partie de la France , et qu'en conséquence la *résolution de
la vente* y étoit la suite nécessaire du bénéfice *du pacte du
précaire ?*

Le code a donné pour l'avenir , dit notre confrère , *au
vendeur, non payé du prix au terme convenu , le droit
de faire résoudre la vente. Il est donc censé , en fixant
les doutes de l'ancienne jurisprudence , avoir accordé le
même droit aux vendeurs qui , déjà avant le code, n'avoient
que les privilèges attachés au précaire.* Quel est donc le
sens de ce raisonnement ? Le code a-t-il départi au vendeur,
et *pour l'avenir* , un droit nouveau , et inconnu jusques
alors ? Et a-t-on besoin de l'employer comme un interprète ,
pour attribuer le même droit au vendeur sans *précaire ?* Ce
raisonnement peut être propre à dépayser quelques personnes ;
mais de quelle utilité peut-il être pour ceux qui sont instruits ?
Il ne les frappera jamais que par sa singularité.

Nous

Nous tenons le *pacte du précaire* et le *pacte résolutoire* des romains. La preuve lumineuse et parlante en est dans la loi 20, ff. *de precario*, qui attribue au *précaire* l'effet de la *clause résolutoire*; et dans cette foule de lois que nous avons déjà citées, lesquelles refusent la *résolution de la vente* au vendeur qui n'a pas fait soumettre la chose vendue à son *précaire*. Il y a donc bien long-temps que nous connoissons en France et le *précaire*, et la *clause résolutoire*. Il n'y a donc rien de nouveau dans le code. Il a accordé pour l'avenir aux vendeurs non payés du prix, le même droit que les lois romaines avoient déjà départi à ceux qui avoient vendu sous pacte de *précaire*, et que le droit français avoit étendu à ceux-là même qui n'avoient pas stipulé ce pacte. Le code n'a pas créé ce droit. Il n'a fait que le maintenir pour l'avenir, et en le maintenant pour l'avenir, il n'a pas eu l'intention de l'étendre sur le passé. Il a fait tout le contraire. C'est l'état du passé qu'il a pris pour le modèle de l'avenir. Tel fut le véritable objet du code. Tellement le code civil n'a rien établi, ni entendu rien établir de nouveau ni pour l'avenir, ni pour le passé, que ses articles 1184 et 1655, ont été copiés dans MM. Domat et Pothier (1).

Rien de plus dans le code, que dans MM. Domat et Pothier.

Le code civil.	M. Domat.
(1) L'article 1184, porte que » la condition résolutoire est toujours sousentendue dans les contrats synallagmatiques pour le cas où l'une des deux parties	» Les clauses résolutoires, à » *défaut de payer en terme, ou* » *d'exécuter quelqu'autre con-* » *vention, n'ont pas l'effet de* » *résoudre d'abord* la vente pour

Il faut donc entendre le code civil, comme nous entendions autrefois MM. Domat et Pothier.

Si le code civil n'a point parlé du *pacte du précaire* connu dans quelques parties de la France, c'est parce que MM. Domat et Pothier n'en ont pas parlé. A peine l'un et l'autre ont dit

---

Le code civil.

» ne satisfera point à son engage-
» ment.

» Dans ce cas, *le contrat n'est*
» *pas résolu de plein droit.* La
» partie envers laquelle l'engage-
» ment n'a point été exécuté, a le
» choix ou de forcer l'autre à
» l'exécution de la convention
» lorsqu'elle est possible, ou d'en
» demander la résolution avec
» dommages et intérêts.

» *La résolution doit être de-*
» *mandée en justice, et il peut*
» *être accordé un délai* au
» défendeur, selon les circons-
» tances.

L'art. 1655, porte que « la ré-
» solution de vente d'immeubles
» est prononcée de suite, *si le*
» *vendeur est en danger de per-*
» *dre la chose et le prix.*

» Si ce danger n'existe pas, *le*
» *juge peut accorder un délai*
» *plus ou moins long, suivant les*
» *circonstances.*

M. Domat.

» le défaut d'y satisfaire; mais on
» accorde un délai pour exécuter
» ce qui a été promis, *si ce n'est*
» *que la chose ne pût souffrir de*
» *retardement.* » Liv. 1, tit. 2,
sect 12, n.° 12.

» Quoiqu'il n'y ait pas de clause
» résolutoire, faute de payer au
» terme, ou d'exécuter quelqu'au-
» tre convention, la vente ne
» laissera pas d'être résolue, si
» le défaut de payement et l'inexé-
» cution y donnent lieu après les
» délais, selon les circonstances. »
N.° 13.

M. Pothier.

« Le pact commissoire (à
» plus forte raison la clause réso-
» lutoire) n'opère pas de plein
» droit la résolution du contrat
» par défaut de payement dans le
» temps limité. Il donne seulement
» au vendeur une *action pour*
» *demander la résolution du con-*
» *trat qui n'est opérée que par la*

un mot du contrat de *précaire absolu* üsité à Rome, lequel n'étoit qu'une libéralité révocable à volonté (1).

Qu'est-ce donc que la *clause résolutoire* dont le code civil permet la stipulation ou qu'il supplée pour l'avenir, à défaut de payement du prix? C'est la *clause résolutoire* connue du temps des romains, et du temps de MM. Domat et Pothier; c'est la *clause résolutoire* qui, dans certains pays de France, où celle du *précaire* n'étoit pas connue, en tenoit lieu; c'est la *clause du précaire* stipulée ou suppléée, qui dans d'autres pays tenoit lieu de la *clause résolutoire*; ni plus ni moins. Le mot de *précaire* n'est pas dans le code, mais la chose y est toute entière. Il n'est pas étonnant, au reste, que le code civil n'ait pas dit le mot du *précaire* auquel l'acheteur qui n'avoit pas payé le prix, soumettoit le fonds acquis pour la sûreté du vendeur, puisque ce *précaire* n'étoit pas connu à Paris, et que la *clause résolutoire* stipulée ou suppléée, y en tenoit lieu. La preuve de ce fait existe dans le *diction-*

Le code civil.	M. Pothier.
» Ce délai passé sans que l'ac- » quéreur ait payé, la résolution » de la vente sera prononcée. »	» *sentence* qui déclare le contrat » nul et résolu, faute par l'ache- » teur d'avoir payé. *Traité du* *contrat de vente.* N.° 459. « Le vendeur qui n'est pas payé, » peut ne pas user de ce pacte, » et au lieu de demander la réso- » lution du contrat, poursuivre » l'acheteur pour le payement. » N.° 462.

(1) M. Domat, liv. 1, tit. 5, sect. 1, n.° 13; M. Pothier, *du prêt à usage*, n.° 86 jusqu'à 92.

naire de droit et de pratique de M. Ferriere, au mot *constitut et précaire*. Il y est dit que la clause de *constitut et précaire* n'y a que le sens de la simple *clause de constitut* usitée en Provence (voyez ci-devant pag. 393), puisque cette clause n'y est stipulée que par l'acheteur ou le donataire pour la sûreté de leur droit foncier, dans le cas où le vendeur ou le donateur se réservent la jouissance du fonds vendu ou donné. D'où il suit que le *précaire* auquel l'acquéreur soumet le fonds acquis et non encore payé, n'est pas connu à Paris sous le nom de *clause du précaire*, mais bien sous la dénomination de *clause résolutoire*.

Il suffit à présent, pour se convaincre, que si le mot n'est pas dans le code, la chose s'y trouve toute entière; il suffit, disons-nous, de savoir que la *clause du précaire* étoit consacrée pour assurer le prix dû au vendeur; et que la *clause résolutoire* n'ayant que le même objet, s'identifie avec le *précaire*. On se convainc encore mieux de cette vérité, quand on sait que la *clause du précaire* donnoit aussi bien le droit de faire *résoudre la vente*, que la *clause résolutoire*.

C'est ici le lieu où nous devons classer les preuves directes de l'identité des deux clauses, en raprochant la série de leurs rapports et de leurs effets.

1.° Les deux clauses devoient être stipulées à Rome. On n'y suppléoit ni l'une, ni l'autre. Premier rapport.

2.° Les deux clauses sont également sousentendues par le droit français dans les actes de vente ; et l'une et l'autre le sont par principe de convenance et de justice pour la responsion et l'assurance du prix de vente. Deuxième rapport entre elles.

3.° La clause du précaire est stipulée ou suppléée pour le

cas où l'acquéreur n'observe pas les *pactes promis.* La *clause résolutoire*, est stipulée ou suppléée pour le cas où l'acquéreur *ne satisfait point à ses engagemens.* Troisième rapport.

4.° En vertu de la *clause du précaire*, le cas d'inobservation des *pactes promis* arrivant, le vendeur demandoit que son acquéreur fût condamné à exécuter le pacte qu'il avoit violé. En vertu de la *clause résolutoire*, le vendeur a le droit de demander que son acquéreur soit condamné à exécuter ses engagemens. Quatrième rapport.

5.° En vertu de la *clause du précaire*, le vendeur devoit accorder ou consentir un nouveau délai au profit de son acquéreur inexact dans la tenue de ses obligations. Il en est de même du vendeur qui demande directement la *résolution de la vente.* Cinquième rapport.

6.° En vertu de la *clause du précaire*, le vendeur demandoit qu'à défaut par l'acquéreur d'exécuter le jugement de condamnation à intervenir, il seroit autorisé à rentrer dans la chose vendue *en nature* après estimation, par la voie du procès exécutorial usité dans le ressort. En vertu de la *clause résolutoire*, le vendeur prenoit les mêmes conclusions (1). Sixième rapport.

7.° Nous avons déjà donné les détails de la marche de l'action en *révocation du précaire.* Ceux de la marche de l'action en *résolution de la vente*, sont les mêmes (2), sauf que chacune étoit mesurée aux usages locaux de chaque pays. Septième rapport.

_____

(1) M. Pothier, *du contrat de vente*, n.ᵒˢ 469 et 475.
(2) M. Pothier, *du contrat de vente*, n.° 475.

8.° L'action en *révocation du précaire* atteignoit non-seulement l'acquéreur, mais encore celui à qui il avoit vendu ou transporté de toute autre manière la chose par lui achetée. L'action en *résolution de la vente* a le même effet (1). Huitième rapport.

9.° La *clause du précaire* est la *clause résolutoire*. La demande en *révocation du précaire* est la demande en *résolution de la vente*. Cela est ainsi décidé textuellement par la loi 20, ff. *de precario*; par la loi 6, cod. *de actione empti et venditi*, selon lesquelles le vendeur au *précaire* duquel l'acheteur a soumis la chose vendue pour l'assurance du prix, est fondé à rentrer dans son fonds à défaut de payement. C'est encore ce qui est supposé par cette foule de lois déjà indiquées, qui refusent la *résolution de la vente* aux vendeurs qui n'ont pas stipulé le *précaire*. Rien donc de plus certain que la sitipulation du *pacte de précaire* étoit la stipulation du *pacte résolutoire*, et que l'action en *révocation du précaire*, étoit l'action en *résolution de la vente*. Il y a là plus que d'un neuvième rapport.

10.° La *clause du précaire* ne prohibe pas à l'acquéreur de revendre la chose, pourvu qu'il charge son acquéreur de payer au vendeur ce qu'il lui doit pour le prix ou restant prix; il ne lui prohibe pas non plus de l'hypothéquer, parce que le vendeur a un privilége exclusif. La clause résolutoire laisse les mêmes avantages à l'acquéreur. Dixième rapport.

11.° La *clause du précaire* n'a jamais donné qu'un pri-

---

(1) Le même *ibid.*, n.° 464; M. Sirey, an 1809, part. 2, pag. 517; an 1812, part. 1, pag. 56; an 1814, part. 2, pag. 377.

vilége au vendeur sur la chose vendue ; la *clause résolutoire* n'a jamais engendré que le même privilége (1). Onzième rapport.

12.° La *clause du précaire* n'a jamais opéré qu'avec l'intervention du juge. La *clause résolutoire* a toujours tiré son efficacité de la même intervention. Douzième rapport.

13.° Et enfin, la marche tracée par l'article 1184 du code civil, au *pacte résolutoire* lorsque l'acquéreur manque à ses engagemens, est parfaitement la même qui est tracée au *pacte de précaire* dans certains pays de France et en Provence. Treizième rapport.

Qui pourroit douter à présent de la parfaite ressemblance qui existe entre les deux *clauses* ou *pactes* et de leur identité même ?

Jusqu'à présent, c'est nous qui donnons la série des rapports existans entre la *clause du précaire* et la *clause résolutoire*, lesquels établissent entre elles une ressemblance parfaite et les identifient. Voyons maintenant si notre confrère ne les a pas indiqués et adoptés avant nous dans son opuscule et dans sa réponse. Si cela est, nous serons bien forts dans cette partie de notre travail.

On ne peut pas avoir oublié que déjà et plusieurs fois, il y a donné les mêmes objets et les mêmes effets à chacune d'elles, en convenant que l'une et l'autre tendent à la sûreté

_____

(1) Tous les auteurs des pays où on ne connoît que la *clause résolutoire* stipulée ou suppléée pour l'assurance du prix, n'en font dériver qu'un *privilége*. C'est tout ce que M. Domat accorde au vendeur, ainsi qu'on l'a déjà vu.

du prix du vendeur ; que l'une et l'autre ont le même effet d'opérer la *résolution de la vente*, et d'autoriser le vendeur à demander au juge que l'acquéreur sera condamné à payer le prix , et à défaut, que la vente sera *résolue*, et lui vendeur réintégré dans la possession et propriété de la chose vendue. Il conste encore qu'il les a comparées lui-même, pag. 93, puisqu'il s'y exprime ainsi : *La disposition de l'article 1654 du code civil, est une conséquence de l'article 1184, que la clause résolutoire est sousentendue dans les contrats synallagmatiques*, COMME LA CLAUSE DU PRÉCAIRE L'ÉTOIT PARMI NOUS. Tout cela n'est-il pas une reconnoissance de la ressemblance et de l'identité même des deux clauses ? N'est-ce pas là un aveu que l'article 1184 est applicable à la *clause du précaire*, comme à la *clause résolutoire* ?

Ce qui est encore plus démonstratif de ce que nous venons de dire, c'est qu'il n'a créé un système de fantaisie sur la théorie, la pratique et les effets du *précaire* en Provence, que pour en faire la base de son système tout aussi imaginaire sur la théorie, la pratique et les effets de la *clause résolutoire* insérée dans le code civil. S'il avoit aperçu quelque différence entre ces deux clauses, auroit-il pu avoir l'idée de les faire régir exactement par les mêmes principes, et de leur donner encore exactement les mêmes résultats ? On voit, en effet, qu'il suppose que la *clause du précaire* conservoit au vendeur la *propriété* de la chose vendue, et non un simple *privilége* sur cette chose, soumis à l'inscription, pour pouvoir donner les mêmes effets à la *clause résolutoire*.

Si de l'aveu de notre confrère, les effets de la *clause du précaire* sont les régulateurs de ceux de la *clause résolutoire*,

ces

ces deux clauses n'en font nécessairement qu'une, sous ces deux dénominations extrinsèques, dérivant uniquement des divers usages des pays de France.

Il n'y a donc point de différence depuis le code civil, entre la *clause du précaire* et la *clause résolutoire*; et l'article 1185 fait pour cette dernière clause, usitée dans certains pays de France, est également fait pour la *clause du précaire* usitée dans les autres pays et en Provence.

Il n'y a donc de nouveau, dans l'article 1184 et dans l'article 1654 du code civil, que l'unité de la dénomination qui y a été donnée aux deux clauses et aux deux actions. On connoissoit dans certains pays de France et en Provence, l'action en *résolution de la vente*, et on l'exerçoit sous le nom de l'*action en révocation du précaire*, laquelle conduisoit à la résolution de la vente. Lors donc que nos nouveaux législateurs n'ont parlé que de l'*action résolutoire*, connue et pratiquée dans leurs pays, ils n'ont entendu abolir, ni le *précaire*, ni l'*action en révocation du précaire* qu'ils ne connossoient pas; et s'il est vrai que les deux clauses sont les mêmes, en maintenant celle-là, ils ont nécessairement maintenu celle-ci. Jamais la nouvelle législation ni les tribunaux n'improuveront qu'à l'avenir, dans les pays où la *clause du précaire* étoit connue et pratiquée, l'acquéreur soumette la chose vendue au *précaire* du vendeur, là où il n'observeroit pas les *pactes promis*, tout comme dans d'autres pays on pratiquera la *clause résolutoire* pour le cas où l'acquéreur ne tiendroit pas ses engagemens. La *clause du précaire* et la *clause résolutoire* seront également dans le vœu du code, parce qu'en conservant la pratique de la *clause résolutoire*, il n'a rien dit dont on puisse induire l'abolition de la *clause*

Ppp

du précaire. Ainsi, nul doute que dans certains pays de France et en Provence, tout acquéreur pourra, à l'avenir, soumettre la chose vendue au *précaire* du vendeur, de même que dans d'autres pays tout acquéreur pourra soumettre la chose vendue au *pacte résolutoire* ; et que tout vendeur pourra exercer, dans le premier cas, l'action en *révocation du précaire*, et dans le second, l'action en *résolution de la vente.* Il suffira qu'on exerce l'une ou l'autre selon la nouvelle procédure exécutoriale ; et c'est sur ce dernier point que nous ferons tantôt des observations d'autant plus sérieuses, que déjà on paroît croire que le vendeur n'a qu'à exercer l'*action résolutoire* pour rentrer dans la chose vendue elle-même ; tandis que, selon le nouveau système hypothécaire et la nouvelle procédure, il n'y a plus que le PROPRIÉ-TAIRE qui puisse reprendre son bien en nature, et que quiconque n'est que *créancier*, quoique *privilégié*, le vendeur même, ne peut plus se payer sur les biens de son débiteur, ni sur la chose vendue *en nature*, et n'a que le droit d'en poursuivre la vente par expropriation, pour être payé de ce qui lui est dû, sur le prix, dans l'ordre, et à son rang privilégié. C'est ce que nous démontrerons. On prévoit bien que si depuis la loi du 11 brumaire an 7, le *pacte du précaire* qui donnoit un droit sur la chose vendue *en nature*, ne laisse plus au vendeur qu'un *privilége* sur le *prix* de cette chose, lequel n'a et ne peut avoir d'*efficacité* que par l'effet de l'*inscription*, il est de toute impossibilité que la *clause résolutoire* qui donnoit également au vendeur le droit de rentrer dans la chose vendue *en nature*, ait conservé depuis la même loi, au vendeur, un autre droit qu'un *privilége* soumis à l'*inscription.* Si les deux clauses avoient le même effet autrefois, pourquoi l'une auroit-elle perdu son ancien effet, et l'autre l'auroit-elle conservé contre les vœux bien prononcés, tant de la loi du 11 brumaire an 7, que du titre du code *des priviléges et hypothèques*, et que du code de procédure, dont le procès exécutorial est incompatible avec toutes prétentions de la part d'un vendeur sur la chose vendue *en nature*, qu'il ait vendu sous *pacte de précaire*, ou sous *pacte résolutoire?*

Après avoir ainsi identifié les deux actions dont notre confrère croit que l'une étoit abolie par l'autre, parce qu'il pense qu'elles sont d'une nature différente; nous invitons notre confrère à nous indiquer une seule nuance différentielle entre elles, et notre invitation tient du défi.

Nous suspendons ici de continuer les observations que nous avons communiquées à notre confrère, pour remonter à sa réponse imprimée et y recueillir tout ce qu'il a dit à l'appui de la partie de son opuscule, que nous venons d'examiner. Nous avons pris une peine inutile. Cette réponse où il nous a gagnés de vitesse en la faisant imprimer et paroître alors même que nous étions décidés à ne pas faire imprimer nos observations, et qu'il a destinée à ensevelir notre travail avant, pour ainsi dire, qu'il fût né, nous ne pouvons pas dire qu'elle soit foible, puisqu'elle est absolument muette. On n'y trouve pas un mot responsif, quoique nous ayons dit beaucoup de choses. Nous avons été à son égard *vox clamantis in deserto*. Il y a tranquillement donné une nouvelle édition de ce qu'il avoit dit dans son opuscule, et il s'en est tenu là.

Pas un mot sur l'inutilité des deux questions qu'il a posées; pas un mot sur le *vide* des solutions qu'il en a données; pas un mot sur tout ce que nous avons dit pour faire ressortir cette *inutilité* et ce *vide* ; pas un mot sur les rapports multipliés qui établissent une ressemblance ou plutôt une identité dans la nature, l'objet et les effets de l'action en *révocation du précaire* et de l'action en *résolution de la vente* ; pas le mot sur ses aveux précieux pour nous, que nous avons si soigneusement recueillis et fait ressortir ; pas le mot enfin sur le défi que nous lui avons fait de nous indiquer une seule nuance qui distinguât la *clause du précaire* de la *clause résolutoire*. Si nous avons déraisonné, ce n'étoit pas la peine qu'il nous répondît ; mais si nous avons raisonné, il nous devoit de raisonner avec nous ; et si nous nous sommes trompés il se devoit à lui-même de profiter des avantages que nous lui avions faits, non pour persister purement et simplement dans ses idées si sérieusement contredites et attaquées, mais pour venir à leur secours et les protéger contre nos efforts.

Comment excusera-t-il son indifférence, son apathie ! Son silence est on ne peut plus éloquent ; nous le prenons ou pour un hommage rendu à la vérité de nos observations, ou pour une reconnoissance des difficultés qu'il auroit rencontrées s'il avoit tenté de les combattre. Il a dit lui-même que les *règles qu'il a exposées acquerront une nouvelle certitude par la discussion.* D'où vient donc qu'il s'est tant attaché à discuter avec lui-même et tout à son aise, et qu'il a tant appréhendé de discuter avec nous sur les prétendues règles particulières que nous venons de contester ? Croiroit-il aussi que son silence a le même effet que la discussion ? Ce silence n'est expressif que pour nous.

Nous reprenons nos observations.

TROISIÈME QUESTION.

*Si dans le cas où l'action en RÉVOCATION DU PRÉ-
CAIRE, peut encore être exercée, elle n'exige pas que
le vendeur ait conservé ses priviléges et hypothèques sur
le fonds vendu ?*

Avant de nous expliquer sur cette question, nous rappelons
que depuis la loi du 11 brumaire an 7, le bénéfice du *précaire* résultant d'un acte de vente antérieur, est réduit à un
privilége sur le PRIX de la chose vendue ; que le vendeur
a perdu le privilége qu'il avoit avant cette loi, de se payer
sur la chose en *nature* ; et qu'en conséquence il est obligé
d'exproprier son acquéreur, de faire vendre la chose aux
enchères pour faire valoir son *privilége* sur le PRIX de vente,
à l'exclusion des créanciers de l'acquéreur.

Ce point de droit ne peut pas être contesté décemment.
Dès lors cette troisième question doit paroître plus que singulière.

Quoi qu'il en soit, notre confrère a pensé que d'après les
EXPLICATIONS qu'il a données sur la théorie, la pratique,
la nature et les effets du *précaire*, cette question SE RÉSOUT
D'ELLE MÊME, *parce que la solution sort des explications
qu'il a données*. Il n'hésite pas de la résoudre négativement,
c'est-à-dire, que selon lui, le vendeur n'a point d'inscription
à faire, pour conserver le droit qu'il tient de la soumission
faite par son acquéreur, de la chose vendue, à son *précaire*.

Sur quelles bases asseoit-il sa décision ? Sur ses *erreurs*
que nous avons déjà si avantageusement redressées. Cette

décision sera donc bientôt et très-facilement ruinée. Voici comme il l'appuye page 95 de son opuscule : *par cela même que la* RÉSOLUTION (demandée ou par révocation du précaire , ou par résolution de la vente) *est le résultat d'un pacte conventionnel, dont l'effet étoit de* CONSERVER AU VENDEUR LE DOMAINE CIVIL (c'est-à-dire , la PROPRIÉTÉ), *jusques au payement; il est sensible qu'elle n'a rien de commun avec le privilége ou hypothèque. Le privilége ne s'exerce que sur les biens du débiteur. On n'a pas hypothèque sur sa* CHOSE PROPRE ; *et le vendeur dans ce cas, reprend le fonds comme sa* CHOSE PROPRE , *et par voie directe de* REVENDICATION.

Or, de tout cela il n'est rien de vrai. Tout est de nouvelle invention. Tout est de pure imagination. Tout est désavoué par les lois et par les auteurs anciens et nouveaux , nous l'avons prouvé jusques à la démonstration. Donc la solution que notre confrère donne à sa question , tombe d'elle-même; et il est très-vrai , au contraire , que le *pacte du précaire ,* quelque *conventionnel* qu'on le suppose , placé à la suite d'une vente que notre confrère , d'après les lois et tous les auteurs, a été obligé de reconnoître *parfaite et translative du domaine* (pag. 91 de son opuscule) , attendu que le vendeur a spontanément fait la délivrance et suivi la foi de son acheteur ; il est très-vrai , disons-nous , que ce pacte ne conservoit et ne pouvoit conserver sur la tête du vendeur , qu'une *hypothèque privilégiée* sur la chose vendue , et préférable à tous les créanciers de l'acquéreur , laquelle entraînoit à sa suite , en faveur du vendeur, le droit en *révoquant le précaire ,* de faire *résoudre* la vente. Tel est effectivement l'avis des lois romaines , de tous les tribunaux et de tous

les auteurs français ; et à M. de Julien près , nous défions
notre confrère de citer un autre auteur qui , comme celui-ci ,
ait appliqué au *précaire simple* ou d'imitation , le § 4 de
la loi 15, ff. *de précario*, laquelle disposant sur le *précaire
absolu* , dit : *possident, alter animo, alter corpore.*

Donc la solution donnée à cette troisième question est
fausse autant que ses bases. Donc le vendeur qui a fait la
délivrance de la chose et suivi la foi de son acheteur , s'est
dépouillé de la *possession civile* et du domaine de la chose
vendue , et les a transportées intégralement à son acquéreur.
Donc il n'a conservé qu'une *hypothèque privilégiée.* Donc
enfin , celui qui étoit créancier du prix d'une vente , avant
la loi du 11 brumaire an 7, a dû , pour conserver son
privilége , le faire *inscrire* dans le délai prescrit par les
articles 37, 38 et 39 de la loi du 11 brumaire an 7, et à
défaut , son privilége est dégénéré en *hypothèque simple* ;
et une fois l'hypothèque *privilégiée* étant conservée , l'inscription en doit être renouvelée tous les dix ans ; tout comme
une fois convertie en hypothèque simple, elle n'a d'effet qu'en
force d'une inscription , laquelle ne donne rang à la créance
du vendeur, que du jour qu'elle a été prise (mêmes articles),
et doit être renouvelée tous les dix ans , à peine de perte du
rang acquis par les précédentes inscriptions , art. 23 de la
même loi : dispositions qui sont renouvelées , sauf la première , par le code civil, art. 2106, 2108 et 2154.

L'article 2106 est ainsi conçu : *Entre les créanciers, les
PRIVILÉGES ne produisent d'effet à l'égard des im-
meubles, qu'autant qu'ils sont rendus publics par INS-
CRIPTION sur les registres du conservateur des hypo-*

thèques, de la maniére déterminée par la loi, et à compter de la date de leur inscription.

L'article 2108 dit : *Le vendeur **PRIVILÉGIÉ** conserve son **PRIVILÉGE**, etc.*

Voici le contenu de l'article 2154 : *Les inscriptions d'hypothèques conservent l'hypothèque et le PRIVILÉGE pendant dix ans, à compter du jour de leur date. Leur effet cesse si ces inscriptions n'ont été renouvelées avant l'expiration de ce délai.*

Le PRIVILÉGE DU VENDEUR est-il soumis à l'inscription ou bien en est-il dispensé? Il y est soumis, art. 14, § 3 et art. 29 de la loi du 11 brumaire an 7, et articles 2106, 2107, 2108 du code civil.

De tout cela il résulte, d'une part, que le vendeur n'a qu'une *hypothèque privilégiée* ; et que son hypothèque *privilégiée* n'a d'effet, depuis le code civil, que par la transcription de l'acte de vente faite par l'acquéreur, qui vaut inscription pour le vendeur, et à défaut par l'inscription que celui-ci fait lui-même.

Pour exempter le vendeur de la formalité de l'inscription de son *privilége*, nôtre confrère ne donne d'autre motif, que la *propriété* qu'il suppose résider encore sur sa tête, après qu'il s'en est dépouillé, et qu'il en a investi son acquéreur par une vente parfaite ; laquelle *propriété* de la chose vendue est, dit-il, incompatible avec une hypothèque *privilégiée* qu'il n'a pas et qu'il ne peut pas avoir sur *sa chose propre*, et le dispense nécessairement d'inscrire un *privilége* purement idéal. Ce système original et inconnu jusques à ce jour, ne peut qu'exciter l'étonnement de ceux

qui

qui en prendront connoissance , et dès lors la conséquence que notre confrère en a tirée , ne peut pas leur faire illusion.

La troisième question que notre confrère s'est proposée, n'a pas le défaut d'être oiseuse ; mais la solution qu'il y a donnée est étrange dans un ouvrage sorti des mains d'un des premiers jurisconsultes du pays.

Qu'a-t-il donc opposé dans sa réponse imprimée aux observations que nous venons de faire , et qu'il a aussi connues en manuscrit ?

Il a non-seulement recopié toutes ses erreurs , mais il les a singulièrement amplifiées. Il a recueilli une foule de doctrines qui toutes les condamnent ; il s'est approprié les nôtres qu'il a supposées être dans son sens ; il a cité un nombre infini d'auteurs , y compris ceux même dont nous avons employé le témoignage contre lui , mais jamais leurs paroles ; et s'il a transcrit celles de l'auteur du journal du palais , il ne s'est pas même aperçu qu'il copioit sa condamnation (voyez ci-devant pag. 395 , 396).

Il dit ensuite (pag. xxix) que *la question de savoir si la révocation du précaire est subordonnée à la conservation du privilége, se réduit à savoir si le vendeur qui reprend son fonds, exerce un privilége ou s'il le reprend comme sa chose propre. Dans la première hypothèse, il est sensible que l'exercice du privilége est subordonné à sa conservation.* Or , d'après la loi et tous les auteurs, lui seul excepté , le vendeur ne conserve qu'une *hypothèque privilégiée.* Donc le vendeur doit faire inscrire son *hypothèque privilégiée* pour la *conserver.* Ce raisonnement est en forme.

Il caresse ensuite avec une sorte de jouissance son erreur aussi chérie que capitale qui l'a déjà tant dévié et compromis, d'après laquelle il suppose que le *vendeur conserve la pro-priété de la chose vendue;* et toujours il la donne pour une vérité de principe.

Il finit par assurer (pag. xxxv) que *si la révocation du précaire, et la résolution de la vente* qui en est l'aboutis-sant, ont *l'effet de résoudre les hypothèques consenties par l'acquéreur*, le vendeur rentre, comme propriétaire, dans son fonds, et n'a pas besoin de prendre la précaution d'inscrire son droit, pour primer des hypothèques qui disparoissent à son égard. La supposition qu'il fait, donne quelque lueur au dernier raisonnement qui termine sa réponse. Mais sa suppo-sition n'est qu'une nouvelle erreur aussi grave que tant d'autres. Nous avons déjà culbuté cette erreur particulière, en démontrant que le vendeur, qui fait résoudre la vente par l'action en *révocation du précaire*, n'y rentre qu'après due *estimation*, parce qu'une fois payé, l'excédant de la chose ou de sa va-leur, est acquis à l'acquéreur ou à ses créanciers. (Voyez ci-devant pag. 350 et suiv.)

Il y a des arrêts rendus par les Cours royales de Rennes et de Caen, dont l'un a jugé que le vendeur lorsqu'il n'avoit pas fait *inscrire* son privilége, pouvoit néanmoins exercer *l'action résolutoire* du code civil; et l'autre, que si le vendeur qui a inscrit son privilége et qui est intervenu dans un ordre, ne peut pas parvenir à être payé sur le prix de la chose vendue, il conserve le droit d'exercer contre l'adju-dicataire *l'action résolutoire* du code. Il y a même un arrêt de la Cour de cassation, qui a préjugé par un *considérant* (à l'occasion d'une vente faite depuis le code, et renfermant la réserve expresse du droit de faire *résoudre la vente*, à défaut de payement du prix), *qu'il ne faut pas confondre*

*le privilége qu'a le vendeur sur le prix qui lui est dû,
avec le DROIT RÉEL que lui assure la clause résolutoire, et qui n'a pas besoin d'être inscrit pour être
conservé.*

Il y a encore deux arrêts de la Cour d'Aix, qui, selon
notre confrère, ont jugé que quand l'inscription ne pouvoit
pas servir au vendeur pour parvenir au payement du prix ou
restant prix, il pouvoit venir ensuite, par action en *résolution
de la vente*, contre le délivrataire. Notre confrère s'étoit emparé de tous ces arrêts dans son opuscule. Il s'en est entouré
de nouveau dans sa réponse. Nous sentons que ce faisceau
d'arrêts est imposant ; cependant il ne nous a pas découragés
dans le principe : il ne nous découragera pas même aujourd'hui.

L'hypothèse de la troisième question de notre confrère,
est celle d'un vendeur qui a un *précaire*, dérivant d'un acte
antérieur à la loi du 11 brumaire an 7 ou au code civil, ou
bien postérieur à l'une ou à l'autre de ces deux lois, et qui
demande la *résolution de la vente* par *action de révocation
du précaire*. C'est dans cette hypothèse, qu'il décide que ce
vendeur n'a pas besoin de faire inscrire le droit que lui donne
le *précaire*, quoique son acquéreur ait d'autres créanciers
inscrits.

L'exactitude ou l'inexactitude de cette décision sont subor-
données à la solution de ces deux autres questions : *Le
vendeur exerce-t-il en pareil cas un droit de propriété ?
N'exerce-t-il qu'une action privilégiée ?* Or, il n'exerce point
et ne peut point exercer un droit de propriété ; nous l'avons
prouvé jusqu'à la démonstration. Il n'exerce donc qu'un *privilége*, et nous l'avons également démontré. Dès lors tous les
arrêts accumulés par notre confrère sont prématurément cités

sous sa troisième question, attendu qu'ils n'ont pas prononcé sur cette hypothèse. Ils ne peuvent trouver utilement leur place que sous la quatrième question que nous examinerons bientôt.

Ainsi il demeure toujours certain que celui qui a vendu une chose soumise par l'acquéreur à son *précaire* pour l'assurance de son prix, ne peut se dispenser de faire inscrire son privilége : ce qui est précisément notre réponse à sa troisième question, bien différente de la solution que notre confrère y a lui-même donnée. Nous sommes d'autant plus rassurés dans notre réponse, que tous ces arrêts nous confirment le principe, que *le vendeur, pour user de son PRIVILÉGE, doit l'avoir fait inscrire*, en exécution de la loi du 11 brumaire an 7, et du titre *des priviléges*, etc. du code civil : ce qui est formellement reconnu et très-expressément professé par MM. Tarrible et Persil, ainsi que nous le prouverons bientôt.

Supposons maintenant que la décision de tous ces arrêts pût avoir quelque influence sur la solution de cette troisième question. Il faut que notre confrère change son système et les bases sur lesquelles il le fait porter, et qu'il se rejette dans les moyens fonciers qui ont déterminé ces arrêts. Il n'a certainement pas le droit de supposer que toutes ces Cours ont pensé que le vendeur, après s'être complétement dépouillé par une vente parfaite de la *propriété* de la chose vendue, et l'avoir transportée entièrement et sans réserve à *son acquéreur*, conserve encore cette même *propriété*, et le droit de *revendiquer* cette même chose. Ce seroit leur manquer essentiellement, que de leur prêter un travers de cette espèce, d'autant que ces Cours n'ont jamais supposé qu'un *droit de propriété*, mais seulement un DROIT RÉEL, restoit sur la tête du vendeur. Or, un DROIT RÉEL sur un immeuble n'est jamais la PROPRIÉTÉ. L'hypothèque est un DROIT RÉEL (loi du 11 brumaire an 7 , art. 1 , code civil, art. 2114); elle est pourtant toute autre chose que la PROPRIÉTÉ. Ce que nous disons du *DROIT RÉEL d'hypothèque*, nous le disons de tous les *droits réels* en général; car il en est certains que le nouveau système hypothécaire place sur une même ligne avec la *propriété*, sans cependant les confondre avec celle-ci; tels sont les *droits de servitude et les prestations non rachetables*, que la loi déclare REVENDICABLES contre l'adjudicataire (2.me loi du 11 brumaire an 7, art. 24): ce qui est confirmé par l'art. 543 du code civil: *on peut avoir sur les biens ou un droit de propriété, ou seulement un droit de jouissance, ou des services fonciers à prétendre.* Observons, puisque l'occasion s'en présente, que l'art. 24 de la loi du 11 brumaire, n'accorde pas le droit de *revendication* au *vendeur du fonds* non encore payé de son prix, par où il laisse ce vendeur dans la classe des *créanciers privilégiés.* Observons aussi que le code civil ne met pas au nombre des droits qu'on peut avoir SUR LES BIENS, ceux qui restent au vendeur depuis la vente faite avec atermoiement du prix.

Notre confrère est encore à temps de soutenir avec M. Tarrible, que sous l'empire du code civil, le vendeur sous *précaire* étoit toujours reçu à faire inscrire son privilége, parce que ce code n'a point fixé à son égard de délai fatal. Mais il doit cesser de nous dire que le vendeur n'a point de *privilége à faire inscrire*, par la raison qu'il est resté *pro-*

priétaire de la chose vendue. Jamais aucun auteur n'a dit cela avant la loi du 11 brumaire an 7 et le code civil, sans excepter même M. de Julien, qui a reconnu constamment que la *clause du précaire* ne conservoit au vendeur qu'une *hypothèque privilégiée.* La loi du 11 brumaire an 7 et le code civil, ont uniformément décidé que le vendeur n'a en force, soit de la *clause du précaire*, soit de la *clause résolutoire*, qu'un *privilége* dont *l'efficacité* est absolument subordonnée à la formalité de *l'inscription.* M. Tarrible et M. Persil, qui ont écrit depuis le code civil, n'accordent au vendeur aucun *droit de propriété*, par l'effet de la *clause du précaire* ou de la *clause résolutoire*, et toujours et sans cesse ils ne lui donnent qu'un *privilége soumis à l'inscription* (1).

Comment est-il donc arrivé que notre confrère ait eu le courage de se montrer seul pour être en opposition avec nos anciens, avec les lois nouvelles et avec les auteurs recommandables qui les ont expliquées? *Illi robur et œs triplex circa pectus erat.*

Les Cours même qui ont rendu les arrêts précités, ne se sont jamais fait une idée aussi fausse du droit que l'acquéreur réserve au vendeur, en soumettant la chose vendue à son *précaire*, ainsi qu'on va bientôt en être persuadé.

De tout cela, il suit évidemment que le *privilége* engendré par le *précaire*, doit être *inscrit*, pour avoir une *efficacité* contre les créanciers de l'acquéreur; et c'est ce que recon-

----

(1) Répertoire raisonné de jurisprudence, aux mots *priviléges de créance*, sect. 5, n.º 5, où M. Tarrible se prononce ainsi jusqu'à sept fois différentes. M. Persil, *des priviléges.*

noissent tous les arrêts rendus depuis le code, et ceux-là même dont notre confrère s'est prévalu, ainsi que les auteurs qui ont écrit depuis le code.

QUATRIÈME QUESTION.

La résolution de la vente, à défaut de payement, dont le code a fait une règle générale, est-elle subordonnée à la même condition, c'est-à-dire, à l'inscription ?

Ici nous sortons du cercle des règles et maximes provençales, et nous entrons dans la région de ce droit commun qui se compose du droit romain, du droit français, du nouveau système hypothécaire, et qui présente un champ vaste aux opinions.

Notre confrère décide que lorsque l'acquéreur ou la loi ont soumis, en faveur du vendeur, la chose vendue au *pacte résolutoire*, à défaut du payement du prix ou du restant prix, celui-ci n'a point de privilége à faire *inscrire*, parce qu'il reste propriétaire de la chose vendue. C'est la même erreur qu'il a déjà professée sous la question 3. C'est la même fausse base. Nous n'avons donc plus rien à lui dire. Déjà nous avons assez apprécié et l'erreur et sa base.

Mais parce que la décision de notre confrère n'a point de base dans son sens même, nous bornerons-nous à la livrer à son discrédit ? Non. Nous nous devons à nous-mêmes, étant engagés aussi avant que nous le sommes, de fixer la nature et les effets de la *clause résolutoire* stipulée ou suppléée, avant et depuis la publication du code civil.

Nous sommes déjà bien avancés sur ce point, depuis que

nous avons présenté à notre confrère la série des rapports de ressemblance qui existent entre la *clause du précaire* et la *clause résolutoire*, lesquels sont tels qu'ils les identifient *parfaitement*, sans qu'il en ait contredit un seul.

Nous sommes avancés bien davantage, depuis que nous l'avons invité à nous indiquer une seule nuance différentielle entre les deux clauses, et que nous l'avons même défié de faire la découverte d'une seule, dès qu'il n'a point accepté notre invitation, ni été stimulé par notre défi, et qu'il a renoncé à toutes recherches sur ce point.

Nous sommes parfaitement mis à notre aise par le titre du code DE LA VENTE, qui ne donne à la *clause résolutoire* stipulée ou suppléée pour le cas où l'acquéreur, dont le vendeur a suivi la foi ne payeroit pas le prix, aucun effet particulier et différent de celui qu'elle produisoit autrefois, et de celui que produisoit dans le même temps, la *clause du précaire*.

Enfin, nous sommes complétement rassurés par ce même code, au titre *des contrats et obligations conventionnelles*, qui assujettit en pareil cas la *clause résolutoire* aux mêmes règles et principes qui régissoient la *clause du précaire*; et au titre des PRIVILÉGES ET HYPOTHÈQUES, qui, postérieurement à l'article 1654 et en l'état de la *clause résolutoire*, suppléée dans toutes les ventes par l'article plus ancien 1184, a soumis le vendeur à *inscrire son privilége*.

Impossible dans cet état de choses, de se persuader que la *clause du précaire* ait moins de force que la *clause résolutoire*, dès que l'une et l'autre ont la même source et la même date, et le même objet; et que sous l'ancien régime,

il

il y a toujours eu identité dans leurs effets. Comment concevoir que le *précaire* a perdu tout son effet sur la chose elle-même *en nature*, et que la *clause résolutoire* l'a conservé tout entier sur cette même chose *en nature*? Comment concevoir que la *clause du précaire* ne conserve plus au vendeur qu'un *privilège* sur le PRIX de la chose, et que la *clause résolutoire* lui en conserve la *propriété*! Et cela, quoiqu'il n'y ait pas un mot dans le code qui ait donné ce plus grand effet à la *clause résolutoire*; quoique l'article 1184 l'ait placée sur une même ligne avec la *clause du précaire*; quoique le titre des *privilèges*, etc. de ce même code ait affecté de renfermer tout vendeur créancier du prix, dans le cercle des *créanciers privilégiés* !

Il suit de tout cela : 1.º Qu'il n'est plus permis d'hésiter sur la nature et les effets des deux clauses, si formellement déterminés par l'art. 1184, ni de changer celle-là, ni d'ajouter à ceux-ci? 2.º Que la nature et les effets de la *clause résolutoire* étant ceux de la *clause du précaire*, la 1.ʳᵉ ne donne et ne peut donner au vendeur que les mêmes droits attachés à la 2.ᵐᵉ 3.º Il en suit surtout, que la *clause résolutoire*, stipulée ou suppléée dans les contrats de vente postérieurs au code, n'est absolument aujourd'hui que ce qu'elle étoit autrefois dans le droit romain et dans l'ancien droit français. Cette conséquence repousse et repoussera toute contradiction, parce qu'elle est aussi sûre que nécessaire.

Voyons maintenant ce qu'étoit la *clause résolutoire* dans le droit romain qui l'a créée, et dans l'ancien droit français qui l'a adoptée. Ce sont leurs décisions réunies qui doivent être notre pierre de touche. C'est par ces décisions que nous saurons ce qu'est et ce qu'opère la *clause résolutoire*.

R r r

Rattachons-nous d'abord à ce grand principe, que quoique la chose vendue *au comptant* n'appartienne à l'acquéreur que quand il en a payé le prix; cependant lorsque le vendeur a délivré la chose à celui-ci et lui a donné terme pour payer le prix, la chose vendue devient sur-le-champ la propriété de ce dernier : *tunc* DICENDUM ERIT, REM STATIM EMPTORIS FIERI. Ce texte seul confond tout système contraire au nôtre.

Rattachons-nous encore à cet autre principe, que la stipulation expresse ou tacite du *précaire* ne dérogeoit en aucune manière au précédent, et que le vendeur ne conservoit alors qu'un *privilége* pour le payement de son prix, sur la chose vendue; *privilége* qui non-seulement le rendoit créancier préférable à tous autres sur la chose vendue; mais encore lui donnoit le droit de faire résoudre la vente et de rentrer dans la chose vendue *en nature*, après estimation, en la forme du procès exécutorial d'alors.

C'est à ces deux principes qu'il faut mesurer d'abord la *clause résolutoire*, *stipulée ou légale*, et alors on est déjà persuadé que cette *clause* ne laisse résider sur la tête du vendeur, ni la PROPRIÉTÉ, ni même une apparence de propriété de la chose vendue, parce qu'une vente pure, simple et complète ne peut pas être en même temps *imparfaite*.

La vente imparfaite peut devenir parfaite par l'accomplissement ou le non accomplissement de la condition suspensive, à laquelle on avoit subordonné sa *perfection*. La vente *parfaite* peut être résolue quand elle a été stipulée *résoluble* SUB CONDITIONE, la condition arrivant. Mais une vente pure et simple, et parfaite et indépendante de toute *condition*,

demeure invariable. Tout comme sa *perfection* est insusceptible d'accroissement, elle l'est aussi de diminution, sauf
qu'elle peut être résolue, si l'acquéreur viole les *pactés
promis* ou les *engagemens contractés*, de payer le prix,
de soigner la chose vendue, etc. etc. ; parce que le vendeur
n'a entendu vendre qu'en considération du prix qui devoit
lui tenir lieu de la chose vendue, et qu'en tant que l'acquéreur
soigneroit le fonds et le conserveroit dans l'état de la valeur
qu'il avoit lorsqu'il l'a reçu, jusques au payement du prix.

Dans le premier cas, si la chose a été délivrée, du moment
qu'il est décidé par l'événement ou le non événement du cas
prévu, que la vente n'a pas lieu, le vendeur rentre *ipso
facto* et *ipso jure* dans la chose dont il ne s'est jamais
exproprié, et dont conséquemment, il n'a jamais investi
son acquéreur ; et là où il éprouveroit quelque résistance
de la part de l'acquéreur, il réclame la chose *invendue*,
par *action revendicatoire*, s'agissant d'une chose qui quoique
délivrée, lui appartient : ce qui est également vrai selon le
droit romain et selon le droit français, tout comme dans le
cas de la vente faite AU COMPTANT.

Dans le second cas, et selon les principes du droit
romain, du moment que la condition qui devoit anéantir
la vente, étoit arrivée, la vente quoique *parfaite* jusques à
l'événement de la condition, cessoit de l'être. Elle étoit
censée n'avoir pas été telle *ab initio*, et le vendeur reprenoit la chose vendue *ipso facto* et *ipso jure*, tout comme
si la vente n'en avoit jamais été faite ; et, si son acheteur
lui résistoit, il le poursuivoit en restitution par action dénommée *résolutoire* dans plusieurs lois romaines, et *reven*

dicatoire dans quelques-unes, sur le fondement que déjà la vente étoit rétractée *ipso jure*, et que déjà il étoit redevenu propriétaire; et de là vient que cette *résolution* ne restoit pas sous le pouvoir discrétionnaire du juge, et étoit un acte de justice nécessaire et forcé pour lui. Tout cela n'étoit cependant exactement vrai que dans le cas du *pacte de réméré* et du *pacte commissoire*; parce que, malgré le *pacte avec addiction à jour*, l'acquéreur avoit la faculté de se maintenir dans la propriété de la chose vendue, en consentant de porter le prix de la vente à la hauteur de l'offre plus avantageuse, faite au vendeur (1).

Dans ce même cas le droit français n'accordoit que l'*action résolutoire* au vendeur (2). Il admettoit, dans le sens du droit romain, l'effet *ab initio* du *pacte de réméré*; mais il en étoit tout autrement du *pacte de la loi commissoire*, lequel n'avoit son effet que du jour que la résolution de la vente étoit définitivement prononcée par le juge (voyez ci-devant, pag. 449); et si le *pacte avec addiction à jour* avoit été pratiqué en France, il n'y auroit pas eu plus d'effet que le *pacte commissoire*.

---

(1) Lois 8 et 9, ff. *de in diem addictione.*

(2) Soit qu'il s'agisse du *pact de réméré*, ou du *pact avec addiction à jour* ou du *pact commissoire*, M. Pothier ne donne au vendeur que l'*action résolutoire*; jamais il ne lui a donné l'*action revendicatoire* : cette dernière action ne pouvant appartenir à celui qui a fait une vente pure, simple et parfaite, quoique *résoluble SUB CONDITIONE*. Traité *de la vente*, n.ᵒˢ 395, 446, 465 et 458.

Il nous paroît que l'article 1183 du code civil a donné un effet absolu *ab initio* à tous les pactes qui, chez les romains, constituoient la vente *résoluble* SUB CONDI-TIONE.

Dans le troisième cas, au contraire, la vente étant parfaite et ayant définitivement et entièrement opéré son effet contre le vendeur et au profit de l'acquéreur, c'est-à-dire, ayant déjà enlevé le domaine et la propriété de la chose au vendeur, et les ayant transportés à l'acquéreur, sans condition, la *clause résolutoire* stipulée ou légale, activée par l'inobservation du *pacte promis* ou de l'*engagement contracté* de payer le prix, ne touche point à la *perfection* de la vente; parce qu'elle n'opère rien par elle-même, malgré la violation faite par l'acquéreur, des pactes du contrat; et que la vente continue de se soutenir par elle-même dans son état de *perfection*, jusques à ce qu'un jugement définitif en ait prononcé la *résolution*. De là vient qu'en pareil cas le vendeur n'agit pas contre son acquéreur, par *action revendicatoire*, parce qu'il n'est pas propriétaire, et que cette qualité réside encore, et exclusivement sur la tête de l'acquéreur; et qu'il n'exerce et ne peut demander que la *résolution* de la vente et l'obtenir que du juge, lequel examine avant tout et avec connoissance de cause, comme en matière de *précaire*, si l'acquéreur n'a point eu d'excuse légitime pour ne pas payer au terme convenu : *si per emptorem stetit quominùs solveret*; et que jusques au jugement définitif, la vente tient et conserve exclusivement la *propriété* sur la tête de l'acquéreur.

D'où il suit que bien loin que l'exercice de l'*action réso-*

lutoire, de la part du vendeur, soit dans ce cas particulier une suite de la *propriété*, elle est au contraire une reconnoissance que la *propriété* est encore dans le domaine de l'acquéreur, puisque le vendeur veut l'en dépouiller pour la recouvrer lui-même, en s'y faisant réintégrer par les tribunaux. On n'a sûrement pas soi-même la *propriété*, quand on veut en dépouiller un autre; et qu'au lieu de demander d'y être maintenu, on demande au contraire d'y rentrer.

C'est le propre de la vente pure, simple et parfaite, quoique résoluble *sub conditione*, de tenir la propriété de la chose sur la tête de l'acquéreur jusques à ce que la condition soit arrivée et ait fait cesser cette propriété : *commodum et incommodum omne ad emptorem pertinet, antequàm venditio transferatur*, loi 4, § 4, ff. *de in diem addictione*. Par la même raison, et à plus forte raison, la vente pure, simple et parfaite (quoique la *clause résolutoire* ait été stipulée ou soit suppléée, laquelle n'est en soi qu'un pacte dérivant de la nature du contrat, dont l'unique objet est le payement du prix), conserve la propriété à l'acquéreur, *antequàm transferatur venditio*. C'est ce que professe M. Domat (1); il reconnoît que la vente subsiste jusques au jugement qui la *résout* d'une manière définitive. C'est encore ce que nous enseigne M. Pothier, *de la vente*, n.° 475, lorsque la clause résolutoire dérive de la nature du contrat, où il nous dit que la demande en *résolution de*

---

(1) LL. civiles, tit. 1, sect. 4, n.° 18, et au tit. 2, sect. 12, n.° 12.

la vente, et le jugement qui intervient, ont pour objet, la RENTRÉE *du vendeur dans la possession* de la chose vendue; et comme ainsi soit que la même chose ne peut pas appartenir à deux, nul doute que cette chose a appartenu à l'acquéreur, qui l'a reçue par suite d'une vente pure, simple et parfaite.

Enfin, tous ces principes sont reconnus et consacrés par l'article 1184 du code civil, que nous avons déjà transcrit (ci-devant, pag. 444).

Tant que cette masse de règles françaises sera reçue et respectée au palais, la décision de notre confrère, qui suppose que la *clause résolutoire*, dérivant de la nature du contrat, conserve la *propriété* de la chose vendue au vendeur; ne pourra y être accueillie.

Il est donc impossible que celui qui a vendu une chose, qui l'a délivrée, et qui a donné terme à son acquéreur pour en payer le prix, en soit resté *propriétaire* par l'effet d'une *clause résolutoire* qui n'est stipulée ou suppléée que pour la garantie du prix dû au vendeur, et qui n'est en soi qu'une clause légale attachée à la nature du contrat.

Que reste-t-il donc au vendeur, en vertu de cette clause ? Un *privilége* sur la chose vendue. C'est tout ce que la *clause résolutoire* peut lui avoir réservé. Il n'y a pas de milieu, ou il a la *propriété* ou il n'a qu'un *privilége*. Or, il ne peut avoir la *propriété*, tant qu'elle est sur la tête de l'acquéreur. C'est une nécessité de conséquence qu'il n'ait qu'un *privilége* de la même nature, que celui qui naissoit de la *clause du précaire*.

Il lui reste un *droit réel*; cela n'est pas douteux, parce

que le privilége sur un immeuble, est un droit réel ; mais il
ne lui reste pas *deux droits réels*, quoiqu'il ait le droit de
faire *résoudre la vente*, parce que ce dernier droit n'est que
l'exercice de son *privilége*, et se confond avec lui. Il n'auroit
pas le second droit sans le premier. Celui-ci est le germe de
l'*action en résolution*, et cette *action en résolution* n'est
que l'effet ou l'exercice du *privilége*. Or, un droit, son
effet ou son exercice, ne peuvent pas former *deux droits
différens*.

Toujours le *précaire* avoit attribué au vendeur le *privilége*
sur la chose vendue, *en nature*, pour le payement de son prix,
et par suite, celui de faire résoudre la vente. Jamais on n'avoit
imaginé de diviser ce *privilége* et son exercice en deux droits
séparés, différens, et indépendans l'un de l'autre ; puisque
pour exercer le second, il falloit commencer par exercer le
premier, pour mettre l'acquéreur dans un état de demeure
légale ; puisque le vendeur ne pouvoit demander la *résolution
de la vente*, qu'à défaut de payement du prix ; puisque
le juge en prononçant, par un seul et même jugement, contre
l'acquéreur la condamnation au payement du prix, et à
défaut de payement, la *résolution de la vente*, accordoit
à l'acquéreur, pour payer le prix, un délai plus ou moins
long selon les circonstances ; en sorte que ce délai étoit dans
le domaine discrétionnaire du juge ; puisque enfin, dans le
cas d'un appel, l'acquéreur pouvoit toujours faire des offres
jusques à l'arrêt et se maintenir dans la chose vendue.

Le privilége du vendeur ne consistoit pas dans le droit
qu'il avoit de demander son prix, mais dans le mode d'en
obtenir le payement si son acquéreur ne l'acquittoit pas. Ce

mode

mode étoit anciennement la reprise qu'il faisoit de la chose vendue, après une estimation, pour s'y payer de ce qui lui étoit dû, à l'exclusion de tous autres créanciers de son acquéreur. C'est dans ce mode qu'étoit le *privilége*. C'est par ce mode que le vendeur exerçoit son *privilége*.

Il ne pouvoit qu'en être de même, lorsqu'au lieu de soumettre la chose vendue, au *précaire* en faveur du vendeur, l'acquéreur l'avoit soumise à la *clause résolutoire* en faveur de ce même vendeur. Dans les pays, en effet, où au lieu de la *clause du précaire* on ne stipuloit que la *clause résolutoire*, le privilége du vendeur n'étoit pas attaché au droit qu'il avoit de demander son prix : il consistoit dans le mode d'en obtenir le payement, en rentrant dans la chose vendue après qu'elle avoit été estimée, à l'exclusion de tous les créanciers de son acquéreur, là où celui-ci persistoit à garder la chose et le prix. Les choses ne peuvent pas être différentes aujourd'hui. Le vendeur sous *pacte résolutoire*, n'avoit autrefois que le *privilége* de se payer sur la chose elle-même, en qualité de créancier *privilégié*, à l'exclusion de tous autres. Il ne pourroit donc avoir sous le code, que le même *privilége*.

Il est arrivé que le *privilége* du vendeur sous *pacte de précaire*, de se payer sur la chose elle-même, a été aboli par le nouveau régime hypothécaire, et que ce privilége il ne peut plus l'exercer que sur le PRIX. La même vicissitude a nécessairement aussi converti en *privilége sur le prix*, celui que le vendeur sous *clause résolutoire* avoit autrefois sur la chose elle-même.

Dans le système des nouvelles lois hypothécaires on ne connoît plus que la *propriété*, le *droit d'usufruit*, le *droit de servitude* et la *redevance foncière irrachetable* qui frappent sur la chose elle-même et qui puissent être revendiqués : nous l'avons prouvé. Le vendeur pour son *prix* n'est point placé parmi ceux qui ont le droit de *revendication*. Il est au contraire très-expressément et tout simplement placé en tête des *créanciers privilégiés sur le PRIX* de la chose. Impossible de le tirer de là, pour le faire remonter au rang de ceux qui sont *propriétaires* ou censés l'être, et auxquels l'*action revendicatoire* est réservée, exclusivement à tous les autres créanciers de l'acquéreur.

Quand on voudroit même faire deux droits distincts du droit de préférence pour le prix, sur la chose vendue, et du droit de demander la résolution de la vente, l'un et l'autre ne seroient jamais que deux *priviléges* cumulés ou alternatifs. Il ne peut, en effet, exister que des *priviléges* sur un immeuble, au profit de celui qui n'en est pas le propriétaire.

Qu'on ne nous dise pas que celui qui n'a que l'*usufruit*, qu'une *redevance foncière irrachetable*, qu'une *servitude*, peut, sans être propriétaire, agir comme tel à l'encontre du délivrataire, et *revendiquer* tous ces droits selon la 2.ᵐᵉ loi du 11 brumaire an 7, art. 25; et qu'il est de toute justice que le vendeur soit aussi considéré comme *propriétaire*, tant qu'il n'a pas été payé de son prix. Il n'y a point d'analogie dans les objets comparés. L'*usufruit* est une véritable propriété tant qu'il dure. La *rente foncière irrachetable*, étoit considérée comme la propriété elle-même, et la *servitude* étoit encore une *propriété* sur l'immeuble asservi, qui étoit exercée sur le sol de l'immeuble ou de fait ou de droit, sans interruption. Le droit résolutif de la vente pour cause de non payement du prix atermoyé, n'étoit au contraire qu'un

droit en l'air et *in futurum*, qui n'atteignoit l'immeuble qu'au
moment où la résolution étoit ordonnée définitivement. Jusqu'alors l'acquéreur étoit exclusivement le *propriétaire* de la
chose, et le vendeur n'ayant aucun droit actuel sur cette
chose, n'ayant même aucun droit certain, attendu que
l'acquéreur pouvoit purger la demeure jusqu'à ce que la résolution fût souverainement ordonnée, n'avoit jusqu'alors qu'un
privilége.

C'est précisément parce que la prétendue *propriété* du
vendeur n'est pas comprise, dans l'article 25 de la deuxième
loi du 11 brumaire an 7, au nombre des choses qui peuvent
être *revendiquées*; c'est parce que cette loi et le code, ne
donnent aux droits du vendeur, que la dénomination de
privilége; c'est enfin, parce que ces deux lois soumettent
les droits du vendeur à *l'inscription*, que soit que le vendeur
ait les droits dérivans de la *clause du précaire*, soit qu'il
ait ceux qui naissent de la *clause résolutoire*, il ne peut être
considéré comme *propriétaire*, il ne peut pas *revendiquer*;
et en conséquence, il n'a et ne peut avoir qu'un *privilége*
qu'il doit faire *inscrire*.

L'idée de supposer que la *clause résolutoire* conserve au
vendeur la propriété de la chose vendue, est d'autant plus
étrange, que le juge peut refuser la résolution de la vente,
si l'acquéreur n'est pas en faute et si quelque circonstance
peut l'excuser, *si per eum non stetit;* qu'il peut accorder
un délai à l'acquéreur pour payer le prix, et se maintenir
dans la chose malgré le vendeur; et que la loi elle-même
fait un devoir au juge d'avoir cet égard pour l'acquéreur
selon les circonstances. Or, le juge et la loi elle-même,
pourroient-ils suspendre l'exercice des droits d'un *propriétaire?*

Pourroient-ils donner à l'acquéreur les moyens de dépouiller le vendeur malgré lui de sa *propriété*, s'il l'avoit conservée; et cela, au moment même où il la revendiqueroit ?

Il faut qu'on en convienne : le vendeur n'a, en vertu de la *clause résolutoire*, d'autres droits que ceux qui émanoient de la *clause du précaire*. La préférence que le vendeur avoit dans ce dernier cas, sur la chose pour le payement de son prix, et *l'action résolutoire* que cette préférence engendroit à défaut de payement du prix, n'étoient qu'un *privilége*, qu'un seul et même *privilége*, et en les divisant en deux droits différens, cette section n'auroit produit que deux priviléges. Les droits du vendeur dans l'état de la *clause résolutoire*, sont les mêmes et ne peuvent être que les mêmes.

Il suit de tout cela, que la *clause résolutoire* doit être *inscrite*, comme la *clause du précaire* devoit l'être selon la loi du 11 brumaire an 7 et le code civil; nous entendons le *privilége* dérivant de l'une ou de l'autre.

Nous avons encore une observation importante et qui nous paroît décisive, à faire sur la nécessité de l'inscription du privilége résultant de la *clause résolutoire*.

Notre confrère n'a ramené dans son opuscule ses discussions sur la théorie, la pratique et les effets du *pacte du précaire*, que pour en faire l'application au *pacte résolutoire*. C'est, en effet, pour conserver la propriété de la chose vendue sous *pacte résolutoire* dans les mains du vendeur, qu'il a supposé que cette propriété restoit aussi dans celles du vendeur sous *pacte du précaire*. C'est encore pour dispenser le vendeur sous *pacte résolutoire* de l'inscription de son privilége, qu'il a supposé que le vendeur sous *pacte du précaire* n'avoit pas besoin de faire inscrire le sien. C'est aussi pour éloigner toute idée du privilége attaché à la créance de chacun de ces deux vendeurs, qu'il a dit que le privilége étoit incompatible avec la propriété. Il se devoit à lui-même de continuer de tenir ces deux clauses sur la même ligne, et d'en mesurer également les effets aux dispositions du code civil, et surtout du nouveau système hypothécaire ; c'est pourtant ce qu'il n'a pas fait ; et au contraire, non-seulement il a aboli le *pacte du précaire* pour l'avenir et même pour le passé, mais encore il a conservé au *pacte résolutoire*, un effet que le *pacte du précaire* avoit entièrement perdu depuis la publication de la loi du 11 brumaire an 7. Il conserve au vendeur sous *pacte résolutoire*, le droit de s'emparer de la chose vendue *en nature*, telle qu'elle est, sans estimation préalable, sans nous dire même de quelle manière et en quelle forme sa rentrée dans le fonds vendu doit s'opérer ; quoique nous lui ayons observé dans notre manuscrit, que cette rentrée dans la chose vendue, *en nature*, étoit imprati-cable, d'après les nouvelles lois dont se composent aujourd'hui le système hypothécaire, et la procédure exécutoriale qui nous est tracée par le code de procédure civile.

Notre confrère donne l'entière propriété au vendeur en vertu de l'un ou l'autre pacte ; nous la lui refusons dans les deux cas, et nous ne lui accordons qu'un *privilége* soumis à l'inscription, sous chacune des lois qui ont constitué le nouveau régime hypothécaire de France, sur le PRIX de la chose vendue, après qu'en exécution du jugement résolutif de la vente, il a exproprié son acquéreur et fait vendre le fonds exproprié aux enchères.

Nous avons combattu autant que possible l'assertion de

notre confrère. Il s'élève à son tour contre les nôtres. Nous avons de notre côté le droit romain, l'ancien droit français et provençal, les nouvelles lois hypothécaires et les auteurs qui les ont commentées. Il n'a du sien que de fausses idées démontrées telles ; et l'un et l'autre point, sont déjà à l'abri de toute contestation raisonnable.

Nous nous devons néanmoins, pour compléter la conviction de nos lecteurs, de fixer plus particulièrement la nature et l'essence du droit que les *pactes du précaire* ou *résolutoire* réservent au vendeur. Pour remplir notre objet, nous examinerons quel droit réservent au vendeur les *pactes de rachat* ou *avec addiction à jour*, ou de *la loi commissoire*, qui constituent tous la vente *résoluble SUB CONDITIONE*. Nous descendrons ensuite du plus au moins, et le résultat de cette discussion sera aussi fatal pour les opinions de notre confrère, qu'il sera un nouvel appui pour les nôtres.

Nous avons dit et prouvé, par une foule de lois et de doctrines, que la vente *résoluble SUB CONDITIONE*, est néanmoins pure et simple et parfaite ; qu'elle enlève toute la propriété au vendeur et la transporte toute entière sur la tête de l'acquéreur. Que reste-t-il donc en pareil cas au vendeur ? Il ne peut pas lui rester un *droit dans la chose* que son acquéreur possède en entier et légitimement ; il n'a donc pas *JUS IN RE*. S'il n'a pas *jus in re*, il n'a donc qu'un *droit à la chose JUS AD REM*. S'il n'a que *jus ad rem*, il n'a donc qu'une *CRÉANCE* sur la chose vendue en l'état de pactes, qui renferment une condition qui est toute le fait de l'homme et jamais celui de la loi, et qui constituent la vente *résoluble SUB CONDITIONE*. Quel droit peut-il donc rester au vendeur sous simples *pactes du précaire* ou *résolutoire*, naissant eux-mêmes de la nature de l'acte, et qui sont encore plus le fait de la loi, que celui de l'homme ?

Ici nous étonnons notre confrère. Il ne s'attendoit sûrement pas à ce que nous fussions si avant. Nous voilà cependant engagés. Il faut nous soutenir, et rien n'est plus facile. Il sait que nous n'allons jamais seuls, c'est-à-dire, que nous ne parlons jamais d'après nous seuls ; qu'avant de citer un auteur, nous le lisons ; qu'avant d'adopter son opinion, nous la méditons ; et qu'en le citant, nous transcrivons ses paroles et toujours avec la plus scrupuleuse exactitude. Nous prenons beaucoup de peine ; mais c'est un dédommagement pour nous que d'être irréprochables dans toutes nos citations. Quel est donc notre maître et notre guide ? C'est le grand M. Pothier. Il raisonne dans l'hypothèse du *pacte de rachat*, le plus fort de tous ceux qui constituent la vente *résoluble SUB CONDITIONE*, attendu qu'il est entièrement sous le domaine de la volonté du vendeur, et c'est ainsi qu'il s'énonce :

Le droit de réméré n'est pas proprement un droit que le vendeur ait DANS L'HÉRITAGE qu'il a vendu avec cette clause ; ce n'est qu'un DROIT PAR RAPPORT A CETTE CHOSE, une CRÉANCE de cet héritage qui naît de l'obligation contractée par la clause de réméré d'en souffrir le rachat, à l'exécution de laquelle obligation, l'héritage est affecté. C'est proprement JUS AD REM, plutôt que JUS IN RE. Traité de la vente, n.° 387.

Le voilà donc bien déterminé et par un auteur du plus grand poids, le droit qui reste au vendeur relativement à la chose vendue sous un de ces pactes qui sont le fait très-exprès de l'homme, que la loi ne supplée jamais, et qui constituent la vente *résoluble SUB CONDITIONE.* Il consite en un *droit à la chose JUS AD REM*, et conséquemment en une CRÉANCE.

La vente faite sous les *pactes du précaire* ou *résolutoire* naissans de la nature de l'acte et uniquement légaux, alors même qu'ils sont stipulés par l'homme, la loi les suppléant elle-même à défaut de stipulation, ne peut laisser au vendeur ni la propriété, ni *jus in re*, mais seulement un droit à la chose *jus ad rem*. Ces pactes ne lui conservent donc qu'une *créance privilégiée*, et toute créance privilégiée, à l'exception de celles que la loi a affranchie de cette formalité, est soumise à l'inscription, et n'a d'efficacité que par l'inscription. Il nous paroît que cette conséquence découle naturellement de la doctrine de M. Pothier, et qu'elle est aussi légitime qu'irrésistible.

On ne nous feroit pas une objection bien forte, si on nous opposoit qu'il suivroit de notre conséquence, que le vendeur sous un de ces pactes qui rendent la vente *résoluble SUB CONDITIONE* doit aussi faire inscrire sa créance; il n'y a nulle sorte de comparaison à faire entre ces pactes et ceux du *précaire* ou *résolutoire*. Ceux là renferment une *condition* qui frappe sur la *perfection* et la *consommation de la vente*. Ils font condition. Ils opèrent *ab initio* le cas prévu venant à arriver, ils opèrent *ipso facto* et *ipso jure* indépendamment du ministère du juge. Ils enlèvent la propriété à l'acquéreur au moment de l'arrivée du cas prévu, et la transportent au vendeur. Ils emportent les hypothèques intermédiaires. Ceux-ci au contraire supposent la vente FINIE, ne renferment qu'une CONVENTION relative au payement du prix, n'opèrent que pour l'avenir, conservent la propriété sur la tête de l'acquéreur jusqu'au jugement définitif, et laissent subsister les

hypothèques,

hypothèques ; et de tout cela, il suit que le cas prévu arrivant, le vendeur sous les premiers pactes, tient son droit de la *condition* stipulée par l'homme, laquelle fait disparoître la vente tout comme si elle n'avoit jamais eu lieu, et n'a pas besoin d'inscrire sa créance ; et qu'au contraire, le vendeur sous les deux autres pactes, qui ne pouvoit autrefois rentrer dans la chose vendue que par le fait du juge et pour l'avenir seulement ; qui ne peut plus y rentrer aujourd'hui, et dont la chose demeureroit grevée des hypothèques intermédiaires, ne peut se dispenser d'inscrire sa créance privilégiée, pour la rendre efficace contre ces hypothèques intermédiaires, inscrites. Tout est dit sur ce point.

Nous avons maintenant à nous occuper des cinq arrêts dont notre confrère s'est prévalu ; mais avant d'en venir là, il faut que nous établissions la disparate qui existe, entre le système de M. Tarrible (1) et celui de notre confrère.

On se rappelle que M. Tarrible a préludé, dans son système, par deux inexactitudes que nous avons déjà relevées (ci-devant pag. 403 et 409). Il a supposé que le vendeur avoit, sous l'empire du droit romain, un privilége légal sur la chose vendue, jusqu'au payement de son prix, ce qui n'est point. Il a supposé aussi, que la vente étoit toujours *conditionnelle*, tant que le vendeur n'avoit pas été payé du prix : ce qui n'est pas non plus. Partant de ces deux prétendus principes, il a exagéré la nature du privilége attaché au prix de vente.

_____

(1) Il est tout entier dans le *répertoire de jurisprudence*, au mot *privilége de créance*, sect. 5.

Arrivant à ses moyens fonciers, il ajoute ensuite que sous l'empire du code, *il n'y a point de délai fatal* pour L'INSCRIPTION DU PRIVILÉGE du vendeur, ni pour la transcription de l'acte de vente, productif de ce PRIVILÉGE; que *la latitude du vendeur pour INSCRIRE SON PRI-VILÉGE est sans bornes*; que L'INSCRIPTION ou la transcription du PRIVILÉGE peut être *faite, tant que l'im-meuble est au pouvoir de l'acquéreur.*

Voilà les trois bases foncières du système de M. Tarrible. On y remarque plusieurs choses qui sont en opposition directe avec la décision de notre confrère. 1.° M. Tarrible ne donne qu'un PRIVILÉGE au vendeur, soit en vertu de la *clause du précaire*, soit en force de la *clause résolutoire*. Il rai-sonne, en effet, dans l'état de ces deux clauses. 2.° Il ne suppose pas que le vendeur conserve la *propriété*, ou un droit attenant à la propriété. 3.° Il soumet le vendeur à l'*ins-cription de son privilége*. 4.° Il fait dépendre l'*efficacité* du *privilége* du vendeur, de cette *inscription*. Peut-il donc exister un contraste plus formel entre les deux opinions? Peuvent-elles être plus opposées, plus éversives l'une de l'autre! Plus contradictoires! Qui des deux a donc raison?

On sait à présent pourquoi notre confrère n'a rien emprunté du système foncier de M. Tarrible; que c'est uniquement par nécessité, que dans sa réponse, il a recouru à un des pré-liminaires de cet auteur, et qu'il a dédaigné et improuvé ses bases foncières. Mais, ne lui en déplaise, il pouvoit se passer de nous fabriquer un système aussi étrange que le sien. Si l'avis de M. Tarrible étoit inexact, du moins il ne contrarieroit pas les principes positifs qui sont de tous les temps; du moins il le fonderoit sur des combinaisons réfléchies, et sur des motifs plausibles qui sont dans le domaine du jurisconsulte ; du moins il auroit l'intention d'expliquer une loi nouvelle, non encore connue dans toute l'étendue des vues que ses auteurs ont eues lorsqu'ils l'ont faite, et encore susceptible de nouveaux commentaires. La loi la mieux rédigée souffre encore des interprétations. Qui est-ce qui ignore d'ailleurs que les commentateurs des lois nouvelles sur les hypothèques, rencontrent souvent des difficultés insolubles, et qu'ils les rejettent sur les *vices* qui existent dans ces lois. Toujours cependant, M. Tarrible s'énonce d'après les lois, et toujours notre autre confrère les contrarie.

Après avoir émis son vœu sur l'*inscription* ou *transcription* du *privilége* du vendeur, tant que la chose vendue est encore au pouvoir de l'acquéreur, M. Tarrible le donne encore dans le même *répertoire*, au mot *transcription*, § 3, sur le cas où cette chose a été revendue à un autre ; et il pense que la transcription que le troisième acheteur (1) est obligé de faire, tant de son acte d'achat, que de ceux de ses prédécesseurs, forme le complément des conditions requises, pour donner au PRIVILÉGE toute son *efficacité*.

De sorte que toujours et dans tous les cas, il ne donne au vendeur, depuis le code qui supplée la *clause résolutoire*, qu'une *hypothèque privilégiée*, laquelle est absolument et

---

(1) MM. Tarrible et Persil reconnoissent que le deuxième acquéreur n'a besoin que de faire transcrire son propre titre ; et il est aujourd'hui décidé par la Cour de cassation, qu'il en est de même du troisième acquéreur et du quatrième, etc. , et que la transcription du dernier titre suffit. M. Sirey, an 1814 , part. 1, pag. 46.

nécessairement assujettie à *l'inscription* ou à la *transcription*, pour obtenir son *efficacité.*

Que nous répondra donc notre confrère pour légitimer cette solution qu'il a donnée de sa quatrième question, à présent que nous avons cessé de la combattre seuls; et que nous sommes à notre tour secourus par M. Tarrible, lequel dit, comme nous, que tant la *clause du précaire*, que la *clause résolutoire* ne donnent qu'un *privilége*, et qui s'est prononcé si fortement, sur l'absolue nécessité d'inscrire, tant le privilége résultant de la *clause du précaire*, que le privilége résultant de la *clause résolutoire ?*

Nous joignons à M. Tarrible M. Persil (1), lequel, comme celui-là, fait dépendre absolument l'efficacité du privilége du vendeur, de *l'inscription* ou de la *transcription.*

Il est bien extraordinaire qu'on nous dise, en Provence, que le vendeur n'a point de privilége parce qu'il demeure *propriétaire*, tandis que les nouvelles lois et tous leurs commentateurs, ne lui accordent un *privilége*, que parce qu'il a cessé d'être *propriétaire* ! Il est bien étonnant encore, qu'on nous dise en Provence, que ce vendeur n'a pas besoin de faire inscrire son *privilége*, tandis que ces mêmes lois et leurs commentateurs l'assujettissent impérieusement à cette formalité, sous peine de n'avoir qu'un privilége infructueux !

La troisième question de notre confrère, et la solution qu'il y a donnée, ont disparu devant les principes que nous y avons opposés. La quatrième et la décision dont il

---

(1) *Régime hypothécaire*, et *questions sur les priviléges.*

l'a accompagnée, basée sur le même motif, n'existent déjà
plus.

La *clause résolutoire* n'a reçu aucune attribution plus
forte par l'art. 1654 du code civil, que celle qu'elle avoit
anciennement, et que celle qu'avoit avant le code la *clause
du précaire*. Au contraire, ce code a établi le même régulateur pour l'une et l'autre dans son article 1184. Celle-là et
celle-ci se trouvant en queue d'un acte de vente parfaite,
qui a dépouillé le vendeur, et investi l'acquéreur dans le
sens le plus absolu, ne réservent et ne peuvent réserver au
vendeur, qu'une *hypothèque privilégiée* ; hypothèque qui,
descendant d'une clause légale, attachée à la nature de l'acte,
ne suppose pas même une ombre de propriété sur la tête du
vendeur ; et qui nous force même à ne voir cette *propriété*, que dans les mains de celui contre lequel le vendeur
est obligé de la répéter par une action *résolutoire*, attendu
que l'acquéreur en est exclusivement investi.

Ainsi, la *clause du précaire* est la même que la *clause
résolutoire*, et celle-ci ne peut pas différer de l'autre, parce
que toutes les deux sont nées ensemble du droit romain ; sont
de la même nature et ont le même objet, les mêmes bases,
les mêmes motifs, la même faveur, les mêmes effets et la
même marche au palais. Point de loi, point d'auteur qui
établissent ou reconnoissent une différence entre elles. Toutes
les lois, tous les principes, tous les auteurs, le code civil et
la raison se réunissent tous pour les identifier. Le *pacte du
précaire* stipulé ou légal, tendant à la *résolution de la vente*,
ne réservoit au vendeur qu'une hypothèque *privilégiée*. Impossible que le *pacte résolutoire* stipulé ou légal du code,
puisse avoir plus de faveur, ni opérer d'autres effets.

Tenons donc pour certain que le *pacte du précaire* n'est point aboli ; qu'il est au contraire conservé par les articles 1184 et 1654 de la manière la plus formelle ; que le code a établi dans l'art. 1184 pour l'exercice de *l'action résolutoire*, la même marche qui étoit pratiquée dans l'exercice de la *clause du précaire* ; qu'on stipulera librement et indifféremment l'une et l'autre dans l'avenir comme dans le passé ; que l'une et l'autre ne réserveront et ne pourront réserver à un vendeur qui s'est dépouillé de la *propriété*, et de *toute la propriété* en faveur de son acquéreur, qu'une *hypothèque privilégiée*. Enfin, que tout *privilége*, celui même du *vendeur*, doit être *inscrit* et ne peut être exercé sans *inscription*.

D'où vient donc que notre confrère n'a pas même établi une seule différence entre les deux clauses ? D'où vient donc, qu'après que nous lui avions présenté cette longue série de rapports qui établissoient, entre les deux clauses, la plus parfaite ressemblance et les identifioient même, il n'en a pas contesté un dans sa réponse ? D'où vient encore, qu'après avoir été invité par nous, par forme de défi, de nous indiquer, au moins une seule nuance différentielle entre les deux clauses, il est resté muet dans cette même réponse ? Il y a fait une paraphrase en 12 pages petits caractères, de ce qu'il avoit dit dans son opuscule en 9 pages, plus gros caractères ; et toujours il s'est répété, et toujours il a mis de côté nos observations ; et jamais il ne nous a répondu ; et jamais il n'a eu le courage d'attaquer de front nos principes contraires. Tout ce qu'il a fait, c'est de leur donner une qualification que les siens méritoient seuls.

Notre confrère nous a fait une singulière observation dont

nous allons rendre compte , et que nous ne devons, ni ne pouvons abréger. *C'est sous le titre* DE LA VENTE *,* dit-il *, que le code en a prononcé la résolution , à défaut de payement. Ce qui concerne les priviléges et les hypothèques , est l'objet d'un titre particulier. On y trouve les moyens de conserver les divers priviléges ,* NOTAMMENT *le* PRIVILÉGE DU VENDEUR *, et il n'y est pas parlé* DU DROIT DE RÉSOLUTION. *La loi n'a donc pas regardé comme l'effet d'un privilége, ce droit que les articles* 1184 *et* 1654 *présentent conformément aux anciens principes , comme le résultat d'un pacte conventionnel.* Il faut que notre confrère ait été bien distrait , quand il a fait ce raisonnement , puisqu'il n'a pas prévu qu'il s'exposoit à être accablé par nos réponses.

1.º Il prétend que le *précaire* est aboli par le code, pour l'avenir et pour le passé même ; parce que le code y a substitué *la résolution de la vente.* Quel est donc *le privilége du vendeur* , de la conservation duquel le code s'est occupé , si ce n'est le droit, à défaut du payement de son prix, de demander la *résolution de la vente* , conformément à l'article 1184 du code ?

2.º S'il n'existoit plus que ce *privilége* au vendeur, le code n'a-t-il pas suffisamment recommandé de l'INSCRIRE dès qu'il a soumis le *privilége du vendeur à l'inscription ?*

3.º Quand le vendeur n'avoit que le privilége du *pacte du précaire* dans certains pays, ou que le privilége du *pacte résolutoire* dans d'autres, la loi du 11 brumaire an 7 , en soumettant le privilége du vendeur à l'*inscription*, le désigna-t-il sous le nom particulier du *pacte du précaire* , ou sous celui du *pacte résolutoire* ? Pas plus l'un que l'autre. Tous les deux y furent donc soumis.

4.° Le code civil n'a connu que le *privilége* du vendeur, résultant du *pacte résolutoire*. Il a soumis le *privilége* du vendeur à l'*inscription*. Il y a donc soumis le *privilége* résultant du *pacte résolutoire*.

5.° C'est précisément parce que le *privilége* que le vendeur avoit de faire *résoudre la vente* à défaut de payement du prix, étoit déjà établi et connu, que le code n'a pas eu besoin de le nommer, pas plus que la loi de brumaire, le *précaire*. Il suffit qu'il ait soumis à l'inscription le *privilége du vendeur*, pour qu'il y ait soumis le *privilége* résultant de ses articles 1184, 1654 et 1655.

6.° Le *précaire* stipulé ou suppléé par la loi, n'étoit-il pas un DROIT CONVENTIONNEL de la même espèce que le *pacte résolutoire* stipulé ou suppléé par la loi ? Cependant il a été soumis à l'inscription, à peine de rester paralysé. Comment et dans quel sens, le privilége résultant du *pacte résolutoire*, *conventionnel* dans le sens de notre confrère, n'y seroit-il pas soumis et en seroit-il affranchi ?

Notre confrère dira tant qu'il voudra que le *pacte du précaire* et *le résolutoire* sont des *droits conventionnels*. Nous nierons le principe, par la raison qu'ils sont tantôt stipulés et tantôt suppléés, et que dans l'un et l'autre cas, ils n'ont ni plus ni moins d'effet. Stipulés, ils sont une *convention* expresse ; suppléés, ils sont aussi une *convention* légale et tacite, et toujours la convention est la même. A Rome le *pacte du précaire* et le *pacte résolutoire* étoient vraiment des *droits conventionnels*, par la raison que la loi

ne

ne les suppléoit pas. En France et en Provence, l'un et
l'autre pacte ont été vraiment *conventionnels* jusques au milieu
du dix-septième siècle, parce qu'ils n'y étoient pas suppléés
par la jurisprudence. Depuis cette dernière époque ils sont
censés *stipulés* entre l'acquéreur et le vendeur, et ils ont
tout l'effet d'une convention écrite.

Nous ne disconvenons pas que le *pacte résolutoire* en-
gendre un *droit réel*. Le *pacte du précaire* l'engendroit aussi,
ce *droit réel*; mais ce *droit réel* n'est pas la *propriété*. Ce
droit réel n'est pas mis, par les nouvelles lois, au nombre
des droits *revendicables*. Il n'y a de droits réels *revendicables*,
nous l'avons déjà dit, que la *propriété*, que l'*usufruit*, que
les *prestations réelles irrachetables*, et que les *servitudes*.
Tous les autres *droits réels* ne le sont pas.

Ici notre tâche est presque remplie. Nous avons satisfait, avec
autant de courage que de loyauté, avec autant d'attention
que de bonne foi, avec autant de soins que de détails,
tant aux préliminaires des quatre questions proposées par notre
confrère, qu'aux questions elles-mêmes; nos solutions sont
dans un sens diamétralement opposé aux siennes. Qui de lui
ou de nous s'est trompé? *Sub judice lis est.*

Mais il est temps de nous expliquer sur les cinq arrêts
dont notre confrère s'est remparé. Nous ferons plus. Nous
nous en opposerons un sixième; et nous n'en serons pas
moins forts contre lui, parce qu'ils sont tous étrangers
à son système. On se rappelle qu'il ne dispense le vendeur
d'*inscrire* le *privilége* résultant du *pacte résolutoire*,
que parce que ce pacte *conserve la propriété* au vendeur.
Précisément, non-seulement il n'est pas un de ces arrêts
qui ait pris cette erreur pour base, mais encore tous l'ont

condamnée ; et si ce pivot du système de notre confrère lui
manque , que devient alors le système lui-même ! Nous ne
concevons pas comment notre confrère n'a pas été mis en
garde contre lui-même , par la loi du 11 brumaire an 7 ,
par le code civil , par MM. Tarrible et Persil , qui tous ne
conservent au vendeur d'un immeuble, qu'un *privilége* sur
le PRIX de la chose vendue , soumis à *l'inscription* ; et
même par ces arrêts qu'il connoissoit et qu'il nous oppose ,
lesquels ne supposent dans aucun sens , que la *propriété*
de la chose vendue est restée sur la tête du vendeur.

Nous allons parcourir ces arrêts , du moins les quatre dont
nous connoissons les circonstances. Notre objet n'est pas de
les critiquer , parce qu'ils ne sont pas dans le domaine des
jurisconsultes. Ceux-ci n'ont plus qu'à les respecter une fois
qu'ils sont rendus ; mais il ne leur est pas défendu , quand
la matière est neuve, de faire des observations sur les questions
jugées.

Nous commençons par rappeler celui de la Cour de cassation de 1812. Qu'a jugé cet arrêt ? Il a décidé, avec raison,
que la *clause résolutoire* , stipulée depuis le code , dans un
acte de licitation, *transcrit* au bureau des hypothèques, avoit
son effet pour la *résolution de la vente* , non-seulement contre
le premier acquéreur , mais encore contre le second. C'est ce
qu'on peut très-facilement vérifier (1). La question jugée par
cet arrêt est donc indifférente dans le moment.

Il est vrai que la Cour de cassation a mis , dans cet arrêt,
un *considérant* qui paroît se rapprocher de l'opinion de notre

---

(1) M. Sirey an 1812 , part. 1 , pag. 56 et suivantes.

confrère, sans pourtant avoir les mêmes motifs que les siens.
Ce confrère n'a transcrit ce *considérant*, que dans la partie
qu'il a cru lui être favorable. Nous le transcrirons à notre
tour ; mais tout entier, parce qu'il est juste que nous pro-
fitions de ce qu'il peut contenir d'utile pour nous.

Attendu enfin, y est-il dit, *qu'il ne faut pas confondre
le privilége qu'a le vendeur, sur le bien, pour le prix
qui lui est dû, avec le DROIT RÉEL que lui assure la
clause résolutoire, lequel n'A PAS BESOIN D'INS-
CRIPTION POUR ÊTRE CONSERVÉ* (c'est là que
notre confrère s'est arrêté); *mais que cette inscription,
fût-elle nécessaire, on n'en sauroit rien induire dans l'espèce, contre Mignot, puisqu'il est constant qu'il a fait
TRANSCRIRE le contrat de licitation.* C'est là ce que
notre confrère a trouvé bon de taire.

Nous disons d'abord, que la Cour de cassation a consacré
que les *considérans* ne sont pas l'arrêt ; qu'ils ne jugent
rien par eux-mêmes, et qu'il n'y a que le dispositif de l'arrêt
qui juge (1).

Nous ajoutons qu'évidemment l'arrêt n'a jugé ni que la
clause résolutoire ne donnoit pas un *privilége* au vendeur,
ni qu'elle n'avoit pas besoin d'être *inscrite*, puisque, dans
le fait, la licitation avoit été *transcrite*, et que la Cour de
cassation s'est fait, de cette transcription, un moyen de
décision. Nous disons encore, qu'évidemment ce considérant
suppose que la *clause résolutoire* donne un *privilége* soumis

_____

(1) Quest. de droit de M. Merlin, nouv. édit., tom. 2, aux
mots *direction de créanciers*, §. 1.

à l'*inscription;* que la dernière partie du *considérant* suppose que la Cour de cassation n'étoit pas encore bien décidée
sur la question dont il s'agit ; que la même question est
encore intacte, neuve et indécise, dès que la Cour de cassation
n'a pas été dans le cas de la juger, ni alors, ni depuis; enfin ,
que la première partie du *considérant* dont il est question,
n'a pas été fondée sur la prétendue *propriété* , que la *clause*
résolutoire réserve au vendeur ; mais seulement sur l'*anti-*
quité exagérée du *privilége légal et naturel* , attaché au
prix de vente par M. Tarrible ; et sur ce que , tant que le
prix de la vente n'est pas payé, la vente demeure *condi-*
tionnelle selon le même M. Tarrible , ce qu'on peut facile-
lement vérifier: le défenseur de la partie qui gagna son procès,
s'étant uniquement fondé d'après M. Tarrible , sur ces deux
motifs; et on se rappelle que nous nous sommes déjà prononcés
ouvertement et avec succès contre ces deux prétendus principes de M. Tarrible , ci-devant pag. 403 et 409.

La Cour de cassation n'a pas motivé la première partie de
son *considérant* , et cela prouve assez qu'elle ne s'est pas
déterminée par cette prétendue *propriété* que notre confrère
réserve au vendeur.

Le défenseur du demandeur en cassation, avoit dit que la
clause résolutoire ÉQUIPOLLE à une RÉSERVE DE
LA PROPRIÉTÉ ; mais cette assertion inexacte en tous
sens, ne fut pas admise par l'arrêt et ne pouvoit pas l'être
en l'état des principes qui régissent la vente pure, simple ,
parfaite, accompagnée de l'atermoiement du prix ; mais cette
équipollence imaginée par le défenseur n'est pas dans le *consi-*
dérant ; d'où il suit qu'elle n'a pas été accueillie par l'arrêt ;
mais cette prétendue *équipollence de la propriété*, ne fut

qu'une reconnoissance formelle de la non existence de la
propriété sur la tête du vendeur. On ne pouvoit pas mieux
reconnoître qu'elle résidoit au moins en partie et conséquemment toute entière sur celle de l'acquéreur, attendu son
indivisibilité, du vendeur à l'acquéreur.

La question de savoir, si la *clause résolutoire* ne donne
au vendeur qu'un *privilége*, en vertu duquel, à défaut du
payement du prix, il fait *résoudre la vente*, tant contre le
premier acquéreur, que contre le deuxième (effets que produisoit encore le *précaire*), pour se payer sur le prix de la
chose, de préférence à leurs créanciers; ou si, au contraire,
elle peut être considérée comme la *réserve* d'une *équipollence de la propriété*; cette question, disons-nous, est encore
toute neuve, puisque la Cour suprême ne l'a point encore
jugée, et nous avons le droit d'y appliquer tout ce que nous
avons déjà dit sur la nature et sur les effets, tant du *précaire*
que de la *clause résolutoire*. Nous avons surtout le droit de
la décider dans notre sens, d'après l'article 1184 du code
civil, qui est le seul siége de la matière, et où c'est à titre
de *concession légale*, que l'acquéreur et ses créanciers restent
soumis au droit qu'a le vendeur, de faire *résoudre la vente*
pour se payer, à leur exclusion, sur le PRIX de la chose
vendue : laquelle concession purement de faveur, est absolument inconciliable avec la réserve d'une *équipollence de
la propriété*, sur une chose aliénée par une vente parfaite et
absolue. Il n'y a point d'être raisonnable qui puisse se prêter
à diviser la même *propriété* de toute une chose sur les deux
têtes du vendeur et de l'acquéreur, ainsi que le fit le défenseur
d'une des parties devant la Cour de cassation.

Que signifie cette équipollence de propriété ? La propriété est une, entre le vendeur et l'acquéreur. Elle est toute

à l'un ou toute à l'autre, et celui des deux qui l'a, n'en laisse pas l'*équipollence* à l'autre.

Il résulte suffisamment de tout ce que nous avons dit, que là où la *propriété* n'est pas et ne peut pas être, il ne peut exister qu'un *privilége*.

Nous approcherons bientôt de plus près le même *considérant* de la Cour de cassation ; mais nous avons à faire quelques observations préalables.

Si nous nous reportons aux temps antérieurs à la loi du 11 brumaire an 7 , le vendeur qui avoit stipulé le *précaire*, ou qui avoit le *précaire légal* pour la sûreté de son prix , et le vendeur qui avoit stipulé le *pacte résolutoire* ou qui le tenoit de la loi , étoient également créanciers purs et simples du prix de vente , comme tout autre créancier d'une somme quelconque. Point de privilége pour ce prix en soi , lequel étoit une pure créance *quæ abierat in creditum*. Ce qui prouve cette vérité , c'est que ces vendeurs étoient obligés de former demande à l'acquéreur du prix de vente, sans invoquer aucun *privilége* ; de le faire condamner à faire ce payement dans tel délai fixé par le juge ; et que ce n'étoit que dans le cas où l'acquéreur ne payeroit pas ce prix, que le vendeur demandoit à exercer son *privilége* sur la chose vendue *en nature* , laquelle avoit été affectée par les *pactes* , ou du *précaire* ou *résolutoire* , à la responsion de son prix , en cas que son acquéreur ne le payât pas au terme convenu.

L'acquéreur payoit-il le prix ? le vendeur recevoit sa créance proprement dite et nullement *privilégiée*, et la réserve qu'il s'étoit faite d'un *privilége* sur la chose vendue , *en nature*, non-seulement devenoit *la précaution inutile*, mais encore elle n'avoit jamais eu d'effet.

Cet acquéreur ne payoit-il pas en exécution du contrat ou de la sentence du juge ? il donnoit ouverture à l'exercice du *privilége*, c'est-à-dire, *du droit réel* que le vendeur s'étoit réservé par les *pactes du précaire* ou *résolutoire* stipulés ou suppléés sur *le BIEN en nature*, et il s'en faisoit mettre en possession avec les formalités d'usage, dont nous avons déjà rendu compte : tels étoient et le privilége du vendeur et le bénéfice de ce privilége. Le *droit réel* du vendeur étoit le *privilége* sur *le BIEN en nature*, et son *privilége* étoit le *droit réel* sur le BIEN ; en sorte que le *privilége* et le *droit réel* se confondoient et ne formoient qu'un seul *privilége* ou qu'un seul et même *droit réel*, l'un et l'autre tendant à un seul but : celui d'autoriser le vendeur à rentrer dans la chose vendue *en nature* : l'un étant le *droit* ou le *privilége*, et l'autre l'effet *ou l'exercice* de ce *droit ou privilége*.

Fixons-nous maintenant à l'époque de la loi du 11 brumaire an 7.

L'article 14 de cette loi, § 1 et 3, est constitutif du droit du vendeur et de son étendue pour son prix de vente, dérivant ou du *pacte du précaire* ou du *pacte résolutoire*. Il n'accorde à ce vendeur qu'un *privilége* sur le PRIX de la chose vendue, et ce *privilége* il le soumet à l'inscription (1),

---

(1) *Les créanciers ayant PRIVILÉGE ou hypothèque sur un IMMEUBLE, peuvent le suivre en quelques mains qu'il se trouve, pour être payés et colloqués SUR LE PRIX § 1. Les précédens propriétaires ou leurs ayans cause, dont les DROITS AURONT ÉTÉ MAINTENUS, SELON LES FORMES INDIQUÉES PAR LA PRÉSENTE, pour ce qui leur restera dû, seront payés et colloqués sur le PRIX,* etc., § 3.

et tel est évidemment le système du code civil (1). Les auteurs de ces lois, s'ils ne connoissoient pas la vente faite sous *pacte du précaire*, n'ignoroient pas qu'il en existoit de faites sous *pacte résolutoire*. Cependant point d'exception faite en faveur du vendeur sous *pacte résolutoire* dans aucune partie du code civil; et ce n'est qu'à ce pacte que le titre du même code intitulé des *priviléges*, est appliqué, puisque ceux qui l'ont fait ne connoissoient pas la vente sous *précaire*.

Ou le code civil est en contradiction avec lui-même, s'il accorde un DROIT RÉEL SUR LE BIEN au vendeur sous *pacte résolutoire*, ou nous avons raison.

Le vendeur sous *pacte du précaire* ou sous *pacte résolutoire*, n'a donc plus et ne peut plus avoir de *privilége* ou *droit réel* sur le *BIEN en nature*, d'autant que les deux lois désignent littéralement ceux qui conservent un *droit réel* sur les fonds *en nature*, et qu'elles n'y ont point compris le vendeur créancier du prix ou du restant prix du fonds vendu.

Sur ces deux observations relatives, l'une aux temps antérieurs, l'autre aux temps postérieurs à la loi du 11 brumaire an 7 et au code même, nous n'avons aucune contradiction raisonnable à prévoir, ni à craindre.

---

(1) *Les créanciers privilégiés sur les immeubles sont*, 1.º *le vendeur pour le payement du prix*, art. 2103. *Entre les créanciers privilégiés, les priviléges ne produisent d'effet à l'égard des immeubles, qu'autant qu'ils sont rendus publics par l'INSCRIPTION*, art. 2106. *Le vendeur privilégié conserve son privilége par la transcription*, art. 2108.

Nous

Nous nous rapprochons plus particulièrement de la première partie du CONSIDÉRANT dont il s'agit, la seule dont notre confrère s'est prévalu contre nous, la seconde ne tournant point à son avantage.

Cette première partie est ainsi rédigée : *Il ne faut pas confondre le PRIVILÉGE qu'a le vendeur sur le BIEN pour le prix qui lui est dû, avec le DROIT RÉEL que lui assure la CLAUSE RÉSOLUTOIRE (ou le pacte du précaire), lequel n'a pas besoin d'inscription pour être conservé.*

En l'état de ce que nous venons d'observer, les dispositions de ce *considérant* ne nous paroissent pas être en consonnance avec l'ancien et le nouveau régime hypothécaire ? N'est-il pas vrai que dans l'ancien, le vendeur n'avoit sur *le BIEN* qu'un PRIVILÉGE ou DROIT RÉEL, pour s'y payer du prix ou restant prix de ce BIEN ? N'est-il pas vrai que dans le nouveau, ce PRIVILÉGE ou DROIT RÉEL sur *le bien* a été aboli et converti en un simple PRIVILÉGE sur le PRIX de ce BIEN, après qu'il a été vendu par expropriation ? Et alors conçoit-on que, sous le nouveau régime, le vendeur sous *pacte du précaire* ou, ce qui est parfaitement la même chose, sous *pacte résolutoire*, conserve cumulativement, et un PRIVILÉGE sur *le BIEN* pour le prix qui lui est dû, et un DROIT RÉEL sur ce BIEN pour y rentrer à défaut de payement du prix ? Qu'est-ce que ce *privilége sur le bien,* s'il n'est pas le droit d'y rentrer à défaut de payement du prix ? Qu'est-ce donc que ce *droit réel sur le bien,* pour y rentrer à défaut de payement, s'il n'est pas le *privilége sur le bien,* pour y rentrer aussi ? C'est faire deux droits d'un seul. C'est différencier ce qui est identique.

X x x

N'est-il pas vrai et démontré sous le nouveau régime hypothécaire, que le vendeur n'a plus de *privilége* SUR LE
BIEN, ni de DROIT RÉEL SUR LE BIEN, qui l'autorise
à y rentrer à défaut de payement du prix, et qu'il n'a plus
qu'un *privilége* sur *le PRIX du bien*, après qu'il a fait
résoudre la vente, exproprié son débiteur et fait vendre ce
BIEN aux enchères ?

C'est dans l'état de tous ces principes irréfragables, qu'on
supposera que le vendeur sous *pacte du précaire* ou sous
pacte résolutoire, a conservé cumulativement *deux droits*
qu'il ne faut pas confondre : le *privilége sur le bien* pour
s'y payer du prix, et le *droit réel sur le bien* pour
y rentrer, à défaut de payement du prix ! Et, on le suppose, alors que les nouvelles lois lui ont enlevé l'un et
l'autre, et ne lui ont laissé qu'un PRIVILÉGE sur le PRIX
de ce BIEN !

Il est encore dit dans ce *considérant* que le *droit réel*
qu'a le vendeur sur le bien, *n'a pas besoin d'inscription*
pour être conservé. Ce *droit réel* qui n'étoit pas la *propriété*,
qui ne pouvoit pas même être cette ÉQUIPOLLENCE de
la *propriété*, laquelle n'est qu'un être de raison, alléguée par
un défenseur ; ce *droit réel* qui n'étoit autrefois que le
PRIVILÉGE *sur le BIEN* ; ce droit réel qui n'existe plus
aujourd'hui, et dont le nouveau régime hypothécaire a fait
un simple *privilége* sur le PRIX de ce BIEN, comment
pourroit-il donc être conservé et avoir son efficacité après sa
conversion en simple *privilége* sur le PRIX du BIEN, sans
avoir été *inscrit* ? N'est-il pas décidé par les nouvelles lois,
qu'il n'y a que le droit de *propriété* et ceux que la loi
assimile à la *propriété*, qui soient *revendicables* sans *ins-*

cription ? N'avons - nous pas démontré que le vendeur sous *pacte du précaire ou résolutoire* n'est pas *proprié-taire ?*

C'est par conviction et avec toute bonne foi que nous venons de nous énoncer librement sur la première partie du considérant de la Cour de cassation ; encouragés par la règle qui le sépare de l'arrêt, et parce que la question à laquelle il se rapporte, n'a ni été, ni pu être jugée par cette Cour , dès qu'elle a certifié elle-même que la *licitation*, qui étoit la matière du litige , *avoit été transcrite.*

Vient ensuite l'arrêt de la Cour royale de Caen , lequel a décidé formellement trois questions. Il a jugé, 1.° que le *vendeur avoit une action hypothécaire sur tous les biens de l'ac-quéreur , et une action résolutoire en vertu de laquelle , à défaut de payement , le vendeur pouvoit reprendre le fonds ;* 2.° *que ces deux actions distinctes , existant simul-tanément en faveur des vendeurs , étoient un double moyen que la loi et leur contrat leur donnoient ;* 3.° *qu'il n'y a aucune raison , en ce cas , d'interdire à un créancier l'usage d'un de ces moyens , lorsque l'usage de l'autre a été tenté inutilement* (1).

Cet arrêt suppose d'une part , que le vendeur non payé du prix , a une action hypothécaire sur tous les biens de l'acquéreur , et une action résolutoire pour se payer sur *la chose vendue* avec préférence. Il suppose, d'une autre part , que ces deux actions distinctes existent simultanément en faveur des vendeurs. Il suppose enfin , que lorsque la pre-

---

(1) M. Sirey an 1814 , part. 2, pag. 377.

mière de ces deux actions a été intentée isolément sans succès, le vendeur peut après coup, exercer la seconde.

Nous nous abstenons de toute réflexion personnelle sur cet arrêt. Nous nous bornerons à placer à côté de chacune de ses trois décisions, les principes qui y sont relatifs.

La 1.re est en soi une vérité, parce que l'acte étoit de 1778. Mais l'hypothèque générale pouvoit-elle être exercée avant la spéciale et privilégiée existante sur l'immeuble vendu, par l'effet, ou du *pacte du précaire* ou du *pacte résolutoire ?* Non. L'immeuble vendu et spécialement hypothéqué, qui étoit suffisant pour répondre du prix dû, devoit-il être l'objet des premières attaques du vendeur ? Oui (1). Le principe n'est nullement contrarié, ni par la loi du 11 brumaire an 7, ni par le code civil. Dès lors le vendeur étoit forcé de discuter d'abord le fonds vendu, pour y exercer son privilége spécial, et ce privilége, il ne pouvoit l'exercer qu'avec le secours de la *résolution de la vente*, opérée ou par la saisie immobilière faite par un tiers, ou demandée par lui ; et dans l'un ou l'autre cas, c'est uniquement son *action privilégiée* qu'il intentoit, et il ne pouvoit pas en intenter une autre.

Rien n'est donc plus indifférent sur ce point particulier, que l'hypothèque générale qu'avoit le vendeur, si son hypothèque spéciale et privilégiée devoit nécessairement être exercée la première.

Remarquons bien que ce motif particulier n'a point été celui du *considérant* de la Cour de cassation, uniquement fondé

---

(1) Loi 9, cod. *de distract. pignor.* M. Sirey, additions au volume de l'an 13, pag. 267.

sur le *privilége* et sur *le droit réel* que le vendeur conserve
sur le BIEN ; et de là il suit que cette Cour et celle de
Caen se sont fondées sur deux motifs opposés ; celle-là sur
l'hypothèque privilégiée et spéciale sur le BIEN vendu, et
celle-ci sur une simple *hypothèque générale* qui frappoit sur
tous les biens du débiteur du prix. Ces motifs discords
semblent être de bon augure pour notre opinion.

Au reste, qu'a de commun l'hypothèque générale non
privilégiée, avec l'hypothèque privilégiée du vendeur ?

Le premier motif de la Cour de Caen ne supposoit pas
d'ailleurs et nécessairement, que le privilége du vendeur
existe entièrement et uniquement dans le droit de demander
la *résolution de la vente*, pour être payé du prix de vente.

La 2.me décision n'est pas en consonnance avec ces principes qui constituent deux *actions distinctes*, incompatibles
dans l'exercice, parce qu'elles sont nécessairement exclusives
l'une de l'autre, et qui ne laissent à celui qui les a, que
le droit d'opter pour l'une ou pour l'autre, attendu qu'elles
ne vont qu'au même but, quoique par deux voies différentes.
Il suit de ces principes, que deux actions distinctes qui ont
le même objet, ne peuvent pas *exister simultanément* sur
la même tête, quant au droit de les exercer principalement
l'une et l'autre, ou principalement l'une après l'autre. Celui
à qui elles compètent, n'a que le choix entre elles. Son
choix une fois fait, il est invariable, et celle sur laquelle
son choix n'a pas porté est consommée par l'autre. Cela est
ainsi, et doit être ainsi toutes les fois que chaque action a le
même objet et doit avoir le même résultat (1).

---

(1) Loi *metum* 9. Loi *item* 14, § *cum qui* ff. *quod metûs causa.*

Nous raisonnons sur cette hypothèse particulière : si le vendeur use de son hypothèque générale sur tous les biens de son acquéreur, il trouve parmi ses biens le fonds qu'il lui a vendu, et c'est sur ce fonds qu'il se paye, en vertu de son privilége, sur le prix produit par la vente de ce fonds aux enchères ; qu'obtiendroit-il donc de plus, en faisant résoudre la vente, pour se payer ensuite avec préférence sur le même prix de la même chose ? Inutile donc de lui accorder les deux actions *simultanément.*

Nous avons au reste une loi expresse sur ce cas hypothétique. *Une vente est faite,* dit cette loi (1), *sous la condition que si le prix n'est pas payé à telle époque, la vente sera nulle. Le prix n'est pas payé à l'époque déterminée. Si après l'échéance du terme le vendeur s'est déterminé à ne demander que les intérêts du prix, il a renoncé à la résolution de la vente.*

La 3.me décision n'est pas mesurée aux principes du droit romain adoptés par le droit français. Le point supposé par cet arrêt tient au pacte *commissoire,* c'est-à-dire, au pacte par lequel il est expressément convenu entre le vendeur et l'acquéreur, que si le prix n'est pas payé à tel jour précis, la chose *demeurera invendue,* et le vendeur rentrera de plein droit dans la chose vendue. Or, que nous enseignent

---

Loi *Æmilius-Larianus,* ff. *de minor.* Loi 23, § 1 et 2, ff. *de receptis arbitris.* Loi *si servus extero,* cod. *si servus extero,* etc. Loi 1, cod. *de furtis.* Loi *eum qui,* cod. *de inofficioso testamento,* et une foule d'autres.

(1) *Commissoria* 4, cod. *de pactis inter emptor. et venditor.*

et que recommandent au vendeur les lois qui sont sous le titre du ff. *de lege commissoriâ*?

Elles nous apprennent et elles préviennent le vendeur, que du moment que l'acquéreur lui a donné lieu par le non payement du prix d'exécuter le *pacte commissoire*, il doit bien réfléchir sur le mode de cette exécution; car s'il opte pour la résolution de la vente, il ne peut plus varier pour demander le prix (1).

Une autre loi du même titre dit aussi, que si le vendeur, après l'échéance du *pacte commissoire*, accepte une partie du prix, il ne peut plus demander la résolution de la vente (2). Une autre loi du même titre décide que si, le jour du *pacte commissoire* arrivé, le vendeur demande le prix, il est censé avoir renoncé à la résolution de la vente, et il ne peut varier (3). Enfin, une autre loi romaine, placée sous un autre titre du code, décide, dans la même hypothèse, que si, après l'échéance du *pacte commissoire*, le vendeur

---

(1) *Eleganter Papinianus scribit, statim atque commissa lex est; statuere venditorem debere utrùm commissoriam velit exercere, an potiùs pretium petere; NEC POSSE SI COMMISSORIAM ELEGERIT, POSTEA VARIARE.* Loi 4, § 2, ff. *de lege commissoriâ.*

(2) *Post diem lege commissoriâ comprehensum venditor partem reliquæ pecuniæ accepit, ... videri recessum à commissoriâ.* Loi 6, § 2, ff. *eod.*

(3) *Post diem lege commissoriâ præstitutum, si venditor pretium petat, legi commissoriæ renunciatum videtur, nec potest variare.* Loi 7, ff. *eod.*

demande les intérêts, il ne peut plus demander la résolution de la vente (1).

Nous avons· encore huit lois romaines, qui décident que lorsque celui qui a deux actions civiles différentes, et dont l'une suffit pour remplir son intérêt, fait option de l'une, cette option lui fait perdre l'autre (2).

Nous en avons déjà cité six qui décident que les actions incompatibles, c'est-à-dire, celles qui s'excluent mutuellement, et qui ne peuvent pas être exercées ensemble, parce que chacune est contraire à l'autre, et a le même effet pour l'intérêt de celui à qui elles sont accordées, sont absorbées l'une par l'autre, du moment que celui-ci a opté pour l'une des deux.

Nous avons enfin quatre autres lois romaines d'après lesquelles, quand les dispositions du testateur sont alternatives, l'option de l'héritier ou du légataire pour l'une, consomme l'autre, et les lie de manière qu'ils ne peuvent plus varier (3).

C'est de l'ensemble de toutes ces lois que se sont formés

---

(1) *Commissoriæ venditionis legem exercere non potest, qui post præstitutum solvendi diem, non vendicationis rei eligere, sed usurarum petitionem sequi maluit.* Loi 4, cod. *de pact. empt. et vendit. compos.*

(2) Loi *quod in hærede*, § *eligere*, ff. *de tributor. actione.* Loi *pro socio* 38, § *si tecum*, ff. *pro socio.* Loi *nemo* 43, et Loi *plura* 53, ff. *de div. regul. juris.* Loi *cum filius variis*, ff. *de legat.* 2. Loi *mater* et loi *cum quis*, ff. *de inoff. testam.* Loi *edita.* Cod. *de edendo.*

(3) Loi 84, ff. *de legat.* Loi 11, § 1, ff. *de legat.* 2.° Loi 5, ff. *de legat.* 1.° Loi *apud aufidium* 2, ff. *de optione legatâ.*

ces

ces axiomes de droit. *Electâ unâ viâ, non datur regressus ad alteram. — Nescit vox emissa reverti.*

Notre droit français a entièrement adopté les dispositions du droit romain. Nous serions infinis, si nous donnions ici un état des auteurs qui nous certifient cette adoption. Il nous suffit d'indiquer M. Pothier (1) et M. Boniface (2), d'autant que le code civil n'a dérogé sur ce point, ni aux décisions du droit |romain, ni à l'adoption qui en a été faite en France.

On vient de voir comment les actions incompatibles se consomment l'une par l'autre, une fois que l'une des deux a été intentée. On vient de voir aussi, comment les droits alternatifs se consomment par l'option qu'on a faite pour l'un.

Or, les deux droits que l'article 1184 accorde au vendeur, OU de poursuivre le payement de son prix, OU de demander la résolution de la vente, sont incompatibles d'une part, et alternatifs, de l'autre part.

Qui pourra donc se persuader qu'ils forment deux *droits distincts qu'il ne faut pas confondre, et qu'il faut au contraire distinguer et séparer, pour leur donner à chacun son effet particulier,* ainsi que l'a préjugé le *considérant* de la Cour de cassation ; ni qu'ils forment deux droits ou deux actions qui *existent simultanément en faveur du vendeur, et forment un double moyen que la loi et son*

---

(1) *Du contrat de vente*, n.os 461 et 462, où il examine et traite la question, précisément dans le cas hypothétique sur lequel l'arrêt de la Cour de Caen est intervenu. — (2) Tom. 2, part. 1, liv. 4, tit. 5 chap. 6, n.os 4, 5 et suiv.

contrat lui donnent l'un après l'autre, pour assurer son *PAYEMENT ; et qu'il n'y a aucune raison en ce cas,* *d'interdire à un créancier l'usage d'un de ces moyens,* *lorsque l'usage de l'autre a été tenté inutilement,* ainsi que l'a jugé la Cour de Caen ?

En faveur de qui cet arrêt de Caen fut-il rendu ? Au profit de vendeurs qui avoient fait *inscrire* leur privilége ; qui, en leur qualité de créanciers *privilégiés, inscrits,* avoient été appelés dans l'instance en expropriation de l'immeuble qu'ils avoient primitivement vendu au débiteur exproprié ; qui y étoient intervenus comme tels ; qui avoient laissé exposer aux enchères et délivrer l'immeuble sur lequel leur *privilége* étoit radiqué ; qui étoient intervenus ensuite, dans l'instance d'ordre en distribution du prix ; qui y avoient formé leur demande pour être classés dans l'ordre, au rang de leur hypothèque privilégiée ; qui avoient produit leur titre ; et qui furent éconduits de l'ordre, parce que leur inscription n'étoit pas selon le vœu de la loi. Or, combien de fois ces vendeurs n'avoient-ils pas renoncé à l'action résolutoire ! combien de fois ne l'avoient-ils pas consommée par leurs poursuites réitérées, tendant au payement du prix qui leur étoit dû ! Si leur première marche leur étoit restée infructueuse, c'étoit parce qu'ils étoient porteurs d'une inscription illégale. Ils n'en avoient pas moins consommé *l'action en résolution de la vente,* en préférant de demander leur prix dans l'instance d'ordre.

Le code civil, art. 1184, donne le choix au vendeur entre deux actions. Mais, par cela même, il ne fournit pas *deux moyens au vendeur* pour obtenir justice de la violation faite par l'acquéreur, d'un des pactes du contrat. Il ne lui en accorde au contraire, qu'un des deux, ou l'action en

payement du prix si la chose est possible, ou celle en résolution de la vente. Il faut qu'il opte pour l'une, et son option
une fois faite, a consommé l'autre.

Nous voilà arrivés à l'arrêt de la Cour de Rennes (1);
il a jugé que le vendeur qui n'est pas payé du prix, peut,
lors même qu'il n'a pas conservé son *privilége* par une inscription, demander la *résolution du contrat* au préjudice
des créanciers inscrits, de l'acquéreur. Mais il n'a pas
jugé que la *propriété étoit restée sur la tête du vendeur
jusques au payement du prix*, et c'est le système principal
et chéri de notre confrère. Mais il n'a pas jugé que la vente
fût conditionnelle ou résoluble SUB CONDITIONE; et
c'est le système secondaire que notre confrère a proposé dans
sa réponse. Cet arrêt a pris à la lettre le *pacte résolutoire*,
et y a fait droit sans nous donner d'autres motifs de son
arrêt, que la *stipulation de ce pacte.*

Voici son unique motif en droit : *considérant que par
le contrat de vente fait par......* Il a été *STIPULÉ qu'à
défaut de payement du prix convenu, le contrat seroit
résilié et ladite Brice* (la venderesse) *remise en propriété,
possession et jouissance de la partie de maison vendue.*
Ce motif unique suppose donc que la Cour de Rennes s'est
entièrement fondée sur l'existence du *pacte résolutoire* dans
le contrat, et sur le mode de la stipulation qui y en avoit
été faite en l'an 9, trois ans avant l'apparition des titres du
code, relatifs aux *contrats et conventions*, et *à la vente.*
Il suppose encore qu'elle a pensé que le *pacte résolutoire*

_____

(1) M. Sirey, an 1809, part. 2, pag. 317.

ainsi stipulé à cette époque, étoit ou une *condition suspensive* qui faisoit dépendre la *perfection* de la vente du payement du prix , ou une condition qui rendoit le contrat résoluble *sub conditione* , c'est-à-dire, dans le cas où il est dit dans le contrat que la vente *ne sera parfaite* qu'en tant que le prix sera payé au terme convenu , ou que la chose demeurera inachetée , *inempta* jusques à ce que le prix ait été payé.

Nous avons déjà expliqué ce qui constituoit la *condition suspensive* dans les contrats (ci-devant pag. 411) , et ce qui rendoit une vente *résoluble SUB CONDITIONE* (ci-devant pag. 412. et suiv.) Si on rapproche la clause de l'acte sur laquelle cet arrêt est intervenu , des caractères qui , d'après les lois que nous avons citées, indiquent la *condition suspensive* et la *vente résoluble SUB CONDITIONE* , on restera convaincu que le *pacte résolutoire* dont il s'agit , n'avoit donné à la vente aucune apparence même, ni du caractère de la vente *conditionnelle* , ni de celui de la vente *résoluble SUB CONDITIONE*. Cette vente ne pouvoit pas être *conditionnelle* , puisqu'elle étoit parfaite, et que l'acquéreur avoit nécessairement été investi de cette *propriété* , *possession et jouissance* , dans laquelle la venderesse s'étoit réservé par l'acte d'être *remise* après avoir fait RÉSILIER *le contrat*. Rien de plus incompatible avec une vente *conditionnelle* , que celle qui est parfaite, qui a transporté à l'acquéreur la *propriété* , *possession et jouissance* , et qui a besoin d'être RÉSILIÉE.

La même vente n'étoit pas *résoluble SUB CONDITIONE* , parce que pareille vente disparoît *ipso jure* et *ipso facto* , depuis le code civil , dès l'événement de la condition

stipulée, sans que le ministère du juge ait besoin d'intervenir ;
et que celle de la dame Brice devoit tenir et avoir son effet,
jusqu'à ce qu'elle eût été *résiliée* ou *résolue* par le juge, et
que cette dame eût été *remise dans la propriété, possession
et jouissance.*

La Cour royale de Rennes a rendu un second arrêt
conforme (1). Mêmes principes dans cet arrêt ; même application des nôtres. Nous observons néanmoins qu'en envoyant
le bailleur en possession de son fonds baillé, cette Cour
réserva aux créanciers la faculté de le rendre indemne en lui
payant tout ce qui lui étoit dû : ce qu'elle n'auroit pas pu
faire, si elle n'avoit pas considéré l'acquéreur comme encore
propriétaire au moment de l'arrêt.

La vente et le bail à rente foncière sur lesquels la Cour de
Rennes s'est prononcée deux fois dans le même sens, n'étoient
résolubles qu'en vertu de cette clause qui, lorsqu'elle n'étoit pas
exprimée, étoit suppléée tout de même que celle qui naissoit
du *précaire.* On sait que le *précaire stipulé* n'avoit pas plus
d'effet que le *précaire suppléé,* par cette raison sans replique,
que le précaire *suppléé* avoit autant de force et les mêmes
effets que le précaire *stipulé.* Il en étoit de même de la
clause résolutoire stipulée, ou seulement *suppléée.*

Si cette vente et ce bail à rente foncière n'étoient ni *condi-
tionnels,* ni *résolubles SUB CONDITIONE ;* s'ils étoient
non-seulement parfaits, mais encore irrévocables, et à l'abri
de toute demande en cassation et en résiliation, le *pacte résolutoire* n'étoit plus stipulé que pour l'assurance du prix

---

(1) M. Sirey, an 1816, part. 2, pag. 44 et 45.

dû au vendeur ; et alors, comme le *précaire*, il ne conservoit
au vendeur qu'un *privilége* sur la chose vendue pour se payer
de son prix, lequel *privilége* produisoit en faveur du vendeur,
à défaut de payement du prix, le droit de faire résoudre la
vente par le ministère du juge. Ces deux actions étant
contraires et par cela même inconciliables, ne pouvoient pas
être proposées de front, à titre de qualités principales ; mais
le vendeur pouvoit les classer dans un seul et même exploit
d'une manière subordonnée, c'est-à-dire, que comme l'obligation de payer le prix étoit la première obligation dans le
contrat, le vendeur demandoit principalement que son acquéreur fût condamné à lui payer le prix de vente dans tel délai,
et subsidiairement, que là où il n'exécuteroit pas la condamnation intervenue contre lui dans le temps fixé, il seroit dit
et ordonné que la vente seroit *résolue*, et permis à lui de se
payer sur la chose vendue, dans la forme du procès exécutorial
pratiqué dans chaque pays. C'est ainsi qu'on procédoit autrefois
dans les pays où l'action en *révocation du précaire* étoit pratiquée. C'est ainsi qu'on procédoit autrefois dans ceux où on exerçoit
l'action en *résolution de la vente ;* et c'est dans ce sens,
que l'article 1184 du code civil est conçu, sauf l'innovation
qu'il renferme. Son esprit est que le vendeur demande d'abord
le payement du prix, *lorsque la chose est possible*, et à
défaut la *résolution de la vente*, puisqu'il autorise le juge,
en prononçant cette *résolution*, à *accorder à l'acquéreur
un délai* pour payer le prix, *selon les circonstances* : ce qui
est fondé sur le grand principe déjà établi (pag. 453, aux notes,
et pag. 473, à la note), que les clauses ou conditions
légales, n'enlèvent jamais à l'acquéreur le droit de purger la
demeure, et d'offrir le prix, même en cause d'appel, et même

après l'expiration du délai fixé par le premier juge, selon
MM. Domat et Pothier.

Nous croyons donc que les arrêts de la Cour de Rennes
ont donné au *pacte résolutoire* dont il s'agissoit, un effet
qu'il n'avoit pas, et qu'il ne pouvoit pas avoir selon les vrais
principes du droit romain et du droit français ancien et
nouveau.

Lors du premier arrêt, la venderesse avoit reconnu elle-même
que malgré ce pacte, les acquéreurs avoient reçu d'elle LA
PROPRIÉTÉ, LA POSSESSION ET LA JOUISSANCE,
et qu'elle ne pouvoit y rentrer, qu'après avoir fait RÉSILIER
LE CONTRAT. Elle étoit convenue que la vente n'étoit ni
conditionnelle, ni *résoluble SUB CONDITIONE*; et en
conséquence, qu'elle venderesse étoit pleinement dessaisie;
et en conséquence encore, qu'il ne pouvoit lui être resté
qu'un *privilége*; et en conséquence enfin, qu'elle avoit été
indispensablement obligée de faire *inscrire* ce *privilége* pour
en user contre les créanciers de ses acquéreurs.

Lors du second, le bailleur du fonds avoit opté pour son
prix. Il étoit intervenu dans l'instance en expropriation. Il
avoit laissé vendre son fonds dans l'espérance d'être payé sur
le prix. Il intervint dans l'ordre de distribution du prix. Il
n'y obtint point de rang utile. Il appela devant le tribunal
civil, de l'ordonnance du commissaire, et c'est alors qu'il
demanda subsidiairement la *résolution de la vente*. Le tribunal
civil le débouta sans doute par fin de non-recevoir. Il appela
devant la Cour, et là il fut fait droit à ses fins subsidiaires,
malgré l'option qu'il avoit d'abord faite pour le prix. Cet
arrêt est, quant à ce, conforme à celui de la Cour royale

de Caen. Nous y appliquons donc les mêmes observations déjà faites sur ce dernier arrêt, pag. 531.

Notre confrère s'est encore emparé de deux arrêts de la Cour royale d'Aix, rendus l'un le 10 décembre 1807, et l'autre le 25 mai 1813, qui ont résolu des ventes antérieures à la loi même du 11 brumaire an 7. Nous eussions voulu qu'il nous en eût fait connoître les circonstances et les motifs. Son silence à cet égard nous auroit mis dans la nécessité d'en faire la recherche au greffe; mais nous n'aurions pu les considérer dans leurs décisions, que sous le point de vue des principes qui nous ont guidés dans les observations que nous venons de faire sur le considérant de la Cour de cassation, sur l'arrêt de la Cour royale de Caen, et sur les deux de la Cour royale de Rennes.

Nous nous exprimons comme M. Dupérier, quant aux arrêts de la Cour royale d'Aix : *il n'y a aucun fondement solide à faire sur des arrêts cités, dont toutefois on ne rapporte pas les circonstances pour nous en apprendre le motif*, tom. 1, pag. 256.

Que nous a répondu notre confrère, ensuite de cette discussion qui frappe sur ses deux dernières questions? Pas le mot. Il s'est répété tranquillement, et il a eu l'air d'avoir fait une réponse qui n'en est pas une, et qui n'est ainsi qu'une seconde édition de cette partie de son opuscule.

Il existe un sixième arrêt que la Cour de cassation a rendu en 1816, et dont notre confrère n'a pas parlé dans sa réponse. Pourquoi l'a-t-il donc laissé de côté? C'est parce que cet arrêt a culbuté son système et fait ressortir le nôtre.

On disoit pour le vendeur ou son cessionnaire, que le

droit

droit de reprendre l'immeuble vendu, étoit une ESPÈCE
DE DROIT DE COPROPRIÉTÉ plus qu'une CRÉANCE.
Le ministère public alla plus loin, il supposa que le *vendeur
étoit plutôt* PROPRIÉTAIRE QUE CRÉANCIER. Mais
comme ces deux assertions étoient au fond une reconnoissance
que le vendeur étoit un *créancier*, et ne pouvoit pas être conséquemment *propriétaire ;* loin de les adopter, l'arrêt jugea, au
contraire, que le vendeur n'étoit qu'un *créancier privilégié.*
C'est ce qui résulte de son deuxième considérant, relatif à cette
même question. *Considérant,* y est-il dit, *qu'il résulte de la
combinaison des articles précités du code, que le vendeur a,
pour le payement du prix et des intérêts du prix de l'immeuble vendu, un seul et même* PRIVILÉGE, *lequel doit
d'autant plus être considéré, comme étant de l'essence même
du contrat de vente,* QU'IL EST UNE CONSÉQUENCE NÉ-
CESSAIRE *de la faculté que l'article* 1654 *du même code
donne au vendeur, de faire prononcer* LA RÉSOLUTION
DE LA VENTE, *à défaut de payement par l'acquéreur* (1).

Nous n'exagérerons donc rien, si nous disons qu'il a été
reconnu par la Cour de cassation, 1.º que le vendeur, quoique non payé du prix, n'étoit pas *propriétaire*, mais seúle-
ment *créancier* ; 2.º que la *clause résolutoire* de l'article
1654 du code, ne le constituoit que CRÉANCIER PRIVI-
LÉGIÉ ; 3.º que ce *privilége* est *la conséquence nécessaire
de l'article* 1654.

Quelle est donc notre position ? Notre confrère a dit lui-même

_____

(1) M. Sirey, an 1816, part. 1, pag. 185, col. 1.

que l'article 1654 du code civil, *n'est que la conséquence*
de l'article 1184. La Cour de cassation nous dit que le *pri-*
vilége du vendeur est une *conséquence nécessaire* de l'article
1654. Qui pourra donc ne pas donner son assentiment à cette
conséquence : *donc le droit accordé au vendeur par les*
articles 1184 et 1654 du code civil, de demander la
résolution de la vente, à défaut de payement du prix,
n'est qu'un PRIVILÉGE ?

Il nous en coûte certainement, de prendre tant d'avantages
sur notre confrère. Mais puisque nous sommes descendus dans
l'arène, l'un et l'autre, nous ne devons, nous ne pouvons en
négliger aucun.

Il nous reste à présent la charge de prouver, ou que le
système de notre confrère sur les effets de la *clause réso-*
lutoire est inexact, ou que tant la loi du 11 brumaire an
7, que le code civil et le code de procédure sont en défaut,
puisqu'ils n'ont point établi de mode particulier pour exercer,
dans le sens de notre confrère, *l'action résolutoire* contre
l'acquéreur d'un fonds, qui a négligé d'en payer le prix. Ici
nous allons porter le dernier coup au système de notre confrère
sur les effets de la *clause résolutoire*, et ajouter une base
de plus au nôtre.

Autrefois la *clause du précaire* et la *clause résolutoire*
souscrites ou sousentendues en faveur du vendeur pour l'assurance de son prix, lui donnoient, pour le payement de
ce prix, une hypothèque privilégiée sur la chose vendue *en*
nature, laquelle, à défaut de payement, l'autorisoit à rentrer
dans cette chose *en nature* par la voie du procès exécutorial
pratiqué dans chaque pays. En Provence, il se payoit, par
voie de collocation, après une estimation préalable, et cette

estimation, nous en avons déjà fait connoître l'objet, l'utilité et la nécessité dans l'intérêt réciproque du vendeur et de l'acheteur.

Ce droit de rentrer dans la chose vendue, à défaut de payement, subsiste-t-il depuis la loi du 11 brumaire an 7, pour celui qui a vendu sa chose avec clause de *soumission à son précaire,* stipulée ou sousentendue? Non, et sur ce point, nous n'avons point de contradiction à craindre, parce que, ainsi que nous l'avons déjà prouvé, la première loi du 11 brumaire an 7 et le code civil, n'ont conservé au vendeur qu'un *privilége sur le PRIX de la chose,* et que tant la deuxième loi qui est à la même date, que le code civil et celui de *procédure civile,* nous ont donné un procès exécutorial entièrement opposé à celui qui étoit pratiqué dans notre pays, et ont confondu, sous la dénomination de CRÉANCES, tous les *droits réels* stipulés ou concédés par la loi; et ont prohibé à tous créanciers de se payer sur les *biens en nature* du débiteur, et ne laissent plus que le droit de se faire colloquer sur le PRIX de ces biens après qu'ils ont été vendus; et n'ont excepté de cette disposition générale, que le *droit de propriété,* que le *droit d'usufruit* qui est une propriété pendant sa durée, que les *prestations foncières irrachetables* qui sont considérées comme la propriété elle-même, et que les *servitudes* qui sont exercées sur le sol d'une propriété, tous lesquels objets sont déclarés *revendicables.*

Les législateurs connoissoient la nature du prix de vente dû au vendeur; ils connoissoient les faveurs que le *pacte résolutoire* stipulé ou suppléé attribuoit à ce prix. Cependant ils n'ont pas même eu l'idée de supposer que ce pacte conservât la *propriété* au vendeur, puisque d'une part, ils n'ont point accordé au vendeur qui n'étoit pas payé du prix, le droit de *revendication*; et que d'une autre part, au contraire, ils ont classé le vendeur au nombre des *créanciers privilégiés*: ce qui procède de ce que le vendeur ayant transporté la propriété du fonds vendu à son acquéreur, il n'est et il ne peut plus être considéré que comme *créancier privilégié* sur le *PRIX* de la chose vendue.

D'où il arrive qu'aujourd'hui le *précaire* ne donne plus au vendeur le droit de rentrer dans l'immeuble vendu, à défaut de payement du prix; mais seulement un *privilége* exclusif sur la valeur ou le PRIX de cet immeuble, lequel *privilége* étoit opéré dans certains pays par le *pacte réso-lutoire*, comme dans d'autres il l'étoit, et il l'est par le *pacte du précaire*. C'est en vertu de l'un ou de l'autre pacte, qu'aujourd'hui le vendeur fait résoudre la vente par la voie de l'expropriation forcée, et qu'il se fait colloquer sur le prix de la chose, après qu'elle a été vendue aux enchères jusqu'au concurrent de ce qui lui est dû. Tout cela est incontestable, à présent qu'il est si bien prouvé que la chose aliénée par une vente parfaite, a cessé d'être la *chose propre* du vendeur, et est devenue la *chose de l'acquéreur*, en l'état même du *pacte du précaire* ou du *pacte résolutoire* stipulés par l'homme. C'est le procès exécutorial de nos jours depuis l'an 7. La chose est suffisamment estimée par la mise à prix et par la chaleur des offres faites aux enchères.

Supposons maintenant qu'un vendeur de fonds ait fait souscrire à son acquéreur, débiteur du prix, le *pacte réso-lutoire*, avant la loi du 11 brumaire an 7, ou depuis cette loi, ou depuis le code civil, et qu'il exerce son droit au-

jourd'hui dans l'état de toutes ces lois. Après avoir fait ordonner que la vente sera résolue s'emparera-t-il de la chose
vendue, purement et simplement, telle qu'elle est, et sans
estimation, ainsi que notre confrère le dit et le croit? Non.
Son intérêt personnel, celui de l'acquéreur s'y opposeroient
d'abord, et ensuite la loi.

Son intérêt personnel s'y opposeroit, parce que la chose
vendue peut avoir dépéri dans les mains d'un acquéreur, qui
est en arrière pour le payement du prix, et que dans ce cas,
il se doit à lui-même de faire déterminer la valeur précise
de la chose, pour pouvoir ensuite répéter le montant de la
moins value sur les autres biens de son acquéreur. L'intérêt
personnel de l'acquéreur s'y opposeroit encore, parce qu'il peut
avoir compté une partie du prix, et que la chose peut avoir
augmenté de valeur; et que dans ce cas, l'acquéreur auroit le
droit de se faire bonifier l'à-compte du prix qu'il a payé, la
plus value procédant des réparations foncières nécessaires et
utiles faites par lui, ainsi que la plus value qui procède du
bénéfice du temps: pour tous lesquels objets, il avoit le droit
d'insistance accordé même *prædoni*, jusqu'à ce qu'il ait été
remboursé (1).

Avant la loi du 11 brumaire an 7, ce vendeur n'auroit
pu rentrer dans la chose vendue que dans la forme du procès
exécutorial d'alors, par cette grande raison que la chose

(1) Lois 25 et 26, ff. *de procurat.* Loi *cùm servus* in fine;
ff. *de condit. et demonst.* Loi *item liberatur*, § 1, ff. *quib. modis*
pignus. Loi *si is qui rem* 61, ff. *de furtis.* MM. Pothier, *du*
droit de propriété, n.os 343, 344; Cujas, lib. 8, observat. 2;
Vedel sur Catelan, tom. 2, liv. 5, chap. 35; Faber, cod. liv. 8,
tit. 16, défin. 1; ordonnance de 1767, tit 27, art. 9.

vendue ne lui appartenoit plus , mais à l'acquéreur ; qu'en conséquence cette chose n'étoit plus sa *chose propre*, mais celle de l'acquéreur, et que ce dernier, comme tout autre propriétaire, ne pouvoit être dépouillé de sa *chose propre*, que par la voie du procès exécutorial pratiqué dans chaque pays. Il étoit, en effet, placé sur une même ligne, en vertu du *pacte résolutoire* avec le vendeur sous *pacte du précaire*, lequel avoit aussi le droit de faire résoudre la vente, lorsque l'acquéreur s'obstinoit à ne pas payer le prix, et de se faire colloquer sur la chose vendue, après qu'elle avoit été estimée. Nous avons dit que dans certains pays, l'acquéreur soumettoit la chose achetée au *pacte résolutoire*, et que dans d'autres, l'acquéreur soumettoit cette chose au *précaire* du vendeur ; que dans ceux-là, la *clause résolutoire* étoit suppléée à défaut de stipulation ; comme dans ceux-ci, le *précaire* étoit également suppléé, quand il n'avoit pas été stipulé ; et que dans les uns et les autres, tant la *clause résolutoire* que *celle du précaire*, ne conservoient au vendeur qu'un *privilége* ou une *préférence*.

Nos législateurs connoissoient donc la *clause résolutoire* et ses effets, lors de la loi du 11 brumaire an 7. Ils les connoissoient aussi lors du code civil. Ils les connoissoient surtout, lorsqu'ils rédigèrent le titre *des privilége* et *hypothèque*, puisque les titres précédens avoient déjà disposé sur la *clause résolutoire*. Ils les connoissoient, lorsqu'ils nous ont donné le code de procédure qui a complété le nouveau procès exécutorial.

Toutes ces lois ont respecté le droit de *revendication*, en faveur de ceux qui ont la *propriété* ou des droits qu'on peut regarder comme des *propriétés*, et nous avons déjà indiqué ces droits. Ont-elles compris le vendeur non payé du prix, et au profit duquel l'acquéreur a consenti la *clause résolu-toire*, au nombre de ceux qui peuvent revendiquer ? Non, et pas plus que le vendeur sous *pacte du précaire*. Comment ont-elles classé ce vendeur créancier du prix de vente ? Au rang des *créanciers privilégiés*, sans distinguer celui au *précaire* duquel la chose a été soumise ou par l'homme, ou par la loi, de celui en faveur duquel la *clause réso-lutoire* a été stipulée ou par l'homme, ou par la loi. Le privilége de ce dernier vendeur, a-t-il quelque attribution spéciale et plus avantageuse que l'autre au *précaire* duquel la chose vendue a été soumise ? Non.

Aucun d'eux ne peut donc plus rentrer dans la chose vendue, parce qu'elle a cessé de lui appartenir, et qu'elle est devenue la propriété de l'acquéreur. Chacun d'eux doit ou faire condamner son acquéreur au payement du prix pour l'acquitter, ou de suite, ou dans tel délai ; ou faire résoudre la vente par un jugement, et exécuter ce jugement en ex-propriant son débiteur.

Tant de lois ne peuvent pas avoir oublié de nous donner le mode particulier, d'exercer l'*action résolutoire* de la vente. Si elles ne nous l'ont pas donné, c'est parce que, comme dans le cas du *précaire*, le vendeur devoit faire résoudre la vente et enlever la chose à son acquéreur, par la voie de l'expropriation ; de même aussi, dans le cas du *pacte réso-lutoire*, le vendeur devoit également la faire résoudre, et dé-pouiller son acquéreur par la même voie.

Nous dira-t-on que l'art. 1184 du code, suppose que le juge statue sur la *résolution de la vente*, et que dès lors cette résolution prononcée par le juge, doit opérer quel-

qu'effet? Le vendeur sous *précaire* ne fait-il pas aussi prononcer par le juge, la *résolution de la vente?* Rien n'empêche le vendeur qui fait condamner son acquéreur au payement du prix, de demander aussi qu'à défaut du payement,
la vente sera résolue; mais comment cette résolution une
fois prononcée, sera-t-elle exécutée? Par la voie de l'expropriation. Point d'autre mode praticable, dès que les nouvelles
lois n'en ont point indiqué d'autre particulier pour ce cas
spécial; et leur silence sur ce point, vient parfaitement à
l'appui de notre avis.

Notre confrère a supposé qu'attendu que le vendeur conserve
la *propriété* de la chose vendue, il ne rentre pas dans la
chose de l'acquéreur, mais dans la *sienne propre*, et en
conséquence il peut s'en emparer directement par voie de
revendication, sans observer aucune formalité. Mais quand
nous prouvera-t-il donc que cette base de son système a
quelque fondement? Cette base est à lui et n'est qu'à lui. Elle
est sapée par toutes les lois et toutes les doctrines. Il ne
peut pas avoir la prétention de l'emporter par son assertion,
sur tant d'autorités imposantes. Les lois dominent toutes les
opinions, quelqu'affection que leur portent ceux qui les ont.

Que nous a-t-il répondu sur cette discussion particulière?
Pas le mot. Ce n'étoit donc pas la peine de faire imprimer
une réponse, dès qu'elle devoit rester muette sur tant de points
intéressans. Un de ceux de nos confrères qui ont lu notre manuscrit, est convenu que *dans le système de M. Dubreüil,
toutes nos nouvelles lois seroient en défaut*; et certes cette
supposition, qui oseroit la faire, dès que nous avons un
procès exécutorial, forcé pour tous les créanciers quelconques,

même

même pour le vendeur., créancier *privilégié du prix*. de son immeuble !

Il nous reste à répondre à une nouvelle assertion que notre confrère a glissée dans sa réponse , pag. xxxiv , dont l'objet est d'établir que la *résolution* de la vente *éteint* les *hypothèques* consenties par l'acheteur , pendant qu'il étoit encore débiteur du prix. Il ne manquoit plus à sa réponse que ce paradoxe , tranchons le mot , que cette erreur inutile à son système.

Sans doute il n'y a eu recours que pour donner un peu plus d'effet à la *clause résolutoire* , en supposant , comme il l'a fait , que les créanciers de l'acquéreur , perdant leurs hypothèques établies sur la chose vendue, n'ont aucun intérêt à s'opposer à ce que le vendeur s'empare de cette chose, sans formalités et sans estimation.

Que signifie donc cette multiplicité de systèmes différens que notre confrère nous oppose successivement , l'un à défaut de l'autre , sans se mettre en mesure contre chaque réponse que nous ne manquons jamais de lui faire? Tant de marches et de contre-marches faites , en fuyant devant nous , nous fatiguent , nous harcèlent , mais ne nous découragent pas ; et toujours constamment placés sur la même ligne , nous ne cessons pas de nous montrer à découvert , avec la même loyauté.

Ce nouvel effort que notre confrère a fait avec un air de triomphe , parce qu'il a eu soin de s'entourer de beaucoup de doctrines dont les unes sont indifférentes, d'autres inexactes , d'autres enfin , déposent contre ses assertions , est si maladroit qu'il ne lui pardonnera pas. Il ressemble au dernier élan du cygne qui chante avant que de mourir.

A a a a

S'il étoit vrai, en effet, que les créanciers perdissent leurs hypothèques au moment que le vendeur exerceroit la *résolution de la vente*, il resteroit encore deux personnes qui seroient également intéressées à ce que la chose fût estimée ; le vendeur, parce que la chose pourroit valoir moins qu'il ne lui est dû, et l'acquéreur, parce que la chose peut valoir plus que ce qu'il doit ; et s'il plaisoit au vendeur de courir la chance de prendre en payement une chose qui pouvoit valoir moins, il ne pourroit pas exiger que son acquéreur courût celle de lui laisser prendre, en payement de sa créance, une chose qui pouvoit valoir plus.

Déjà cette nouvelle assertion est devenue oiseuse, puisqu'elle reste sans objet.

Mais notre confrère a-t-il étayé son assertion ? Non. On diroit qu'il l'a hasardée tout exprès pour que nous prissions de nouveaux avantages sur lui. Il est de fait qu'il s'est borné à lui donner une apparence, en multipliant les citations, toutes inapplicables, lesquelles ne forment qu'un inutile remplissage. On est étonné de sa richesse et de son luxe en citations, sur les questions étrangères, et de sa pénurie sur les questions utiles. Il nous laisse toujours, quant à celles-ci, l'avantage d'être encore plus magnifiques qu'il ne l'est lui-même quant aux autres.

Il dit, 1.º que, selon l'article 1183 du code civil, *la résolution remet les choses au même état que si l'obligation n'avoit jamais existé*. Rien de plus vrai que cela. Mais rien de plus étranger à notre hypothèse particulière. Nous l'avons déjà dit, cet article dispose uniquement sur la vente faite sous faculté de rachat et autres de cette espèce, lesquelles sont stipulées par l'homme avec expression de l'effet particulier qu'il y attache, rendent la vente, *résoluble SUB CONDITIONE*, et opèrent de plein droit, sans l'intervention du juge, dès que le cas prévu est arrivé, et opèrent *ab initio*, c'est-à-dire, qu'elles anéantissent l'acte comme s'il n'avoit jamais été fait ; et si on passe à l'article suivant, 1184, qui est le siège de la matière, puisqu'il y est uniquement question de la *clause résolutoire*, *légale*, attachée au défaut de payement du prix, on y voit qu'il décide tout le contraire. Qu'a-t-il donc gagné à affecter de nous opposer l'article 1183, étranger à notre hypothèse, dès qu'il savoit que nous étions dans le cas de lui opposer à notre tour, et plus utilement, l'article 1184 fait exprès pour cette même hypothèse ? Il a été l'écho de M. Tarrible, nous en convenons ; mais il étoit fait pour savoir que ce n'est pas par-là que M. Tarrible a brillé. La réunion qu'ils ont faite des deux articles en un seul, est l'association des disparates ou des contraires.

2.° *La résolution a donc cet effet*, dit-il, *que la vente n'ayant transmis à l'acquéreur qu'un droit résoluble, lui-même n'a pu transmettre à ses créanciers qu'une hypothèque résoluble.* Il devoit s'attendre à ce que sur ce principe général, il auroit notre assentiment. Il a donc pris une peine inutile de citer tant de lois, tant d'auteurs et de nous donner tant d'exemples de résolution d'actes, qui opèrent celle des hypothèques. Nous pourrions facilement consolider le principe de notre confrère en doublant et en triplant même les doctrines qu'il a invoquées, et en citant aussi de nouveaux exemples. Nous voilà donc bien d'accord sur le principe général. Nous mettons donc notre confrère bien à son aise. Il s'en faut cependant bien encore, qu'il ait notre assentiment quant à ses conséquences.

Il ne suffît pas de prouver que, dans beaucoup de cas, la résolution d'un acte remet les choses dans leur premier état, opère de plein droit et efface l'acte tout comme s'il n'avoit jamais existé ; et que, dans tous ces cas, l'acquéreur n'ayant qu'un droit résoluble, ne peut consentir que des hypothèques résolubles. Il reste encore à notre confrère, un effort à faire, et c'est par-là qu'il auroit dû commencer. Il faut qu'il prouve que la *résolution d'un acte de vente, pour simple défaut de payement du prix*, est de la nature de celles dont il nous a donné des exemples. C'est là ce que nous avons le droit d'exiger de lui, et c'est ce qu'il n'entreprendra jamais de faire, parce que sur ce point, il n'y a ni lois, ni doctrines, ni exemples conformes ou analogues à son système. Le voilà donc bien avancé ! Nous convenons de son principe général, et nous nions la conséquence qu'il en tire et qu'il veut appliquer à un cas d'exception.

Raisonnons ici comme à l'école : *celui qui n'a que la propriété résoluble d'un immeuble, ne peut consentir sur cet immeuble que des hypothèques résolubles*, DISTINGUO. La propriété a-t-elle été concédée ou transportée par un acte résoluble *ab initio* ? CONCEDO ANTECEDENS ET NEGO CONSEQUENTIAM. La propriété a-t-elle été transmise par un acte qui n'est résoluble qu'*in futurum* ? NEGO ANTECEDENS ET CONSEQUENTIAM. Expliquons-nous bien.

1.° S'agit-il d'une vente faite sous *faculté de rachat*, ou consentie sous la condition expresse que si, dans tel temps, il est offert au vendeur un prix plus avantageux, la vente sera censée n'avoir pas été faite, ou d'une vente dont la *perfection* ou consommation ait été subordonnée au payement ? Dans chacun de ces cas, la vente est convenue *ab initio* résoluble *sub conditione*, et du moment que le rachat est exercé, ou que le vendeur a accepté l'offre plus avantageuse ; ou que l'acquéreur a laissé expirer, sans avoir payé le prix le terme convenu, la vente est résolue *ab initio*, parce que la nouvelle loi de France veut que le cas prévu venant à arriver, la vente disparoisse d'elle-même *ipso jure* et *ipso facto*, tout comme si elle n'avoit jamais existé, et alors les hypothèques intermédiaires, consenties par l'acquéreur, suivent l'événement de la vente, et disparoissent avec elle, articles 1183 et 2125 du code civil.

2.° S'agit-il d'une donation qui est révoquée pour cause d'inexécution des pactes promis ? Elle est résolue *ab initio*, parce qu'un BIENFAITEUR qui est trompé, la loi le réintégre expressément dans tous les biens qu'il a donnés, comme si jamais la donation n'avoit été faite. Article 954 du même code.

3.° S'agit-il d'une donation faite par un garçon qui se marie ensuite, et a un enfant ? Elle est résolue *ab initio*, tout comme si elle n'avoit jamais été faite. Article 963 du même code.

4.° S'agit-il d'une vente nulle, qui est cassée ? Elle est résolue *ab initio*, parce que le vice qui l'infectoit dans son principe, a toujours été un obstacle à ce que la propriété fût radiquée sur la tête de l'acquéreur. *Quod nullum est, nullum producit effectum.* Article 2125 du même code.

5.° S'agit-il d'un contrat lésif, qui est résilié ? Il est résolu *ab initio*, parce qu'il est de l'essence de la rescision qu'elle soit réciproque, et qu'à défaut de cette réciprocité, elle seroit inique (1); parce que la rescision doit opérer cet effet, que chacun rentre dans ses premiers droits, tels qu'ils étoient avant l'acte (2); enfin, parce que la rescision d'une vente ne doit laisser subsister aucun des droits que les parties n'avoient pas auparavant (3). Même article 2125.

Dans tous ces cas nous n'avons qu'un avis, notre confrère et nous.

Mais parmi ces exemples il en a fait couler deux, sur lesquels nous ne pouvons pas lui donner notre assentiment, celui de l'emphythéote qui encourt la peine de *commise et caducité*, par défaut de payement du canon ou redevance, ou pour toute autre cause; et celui où l'acheteur, pour se dispenser de payer le prix, rend *volontairement la chose* à son vendeur. Dans chacun de ces cas la résolution n'a d'effet que du jour qu'elle est prononcée par le juge ou consentie par l'acquéreur; et alors tout ce qui a été fait dans le temps intermédiaire subsiste, la revente même, si elle a pourvu à l'intérêt du bailleur ou du vendeur, quant au payement du canon ou du prix; et à plus forte raison les hypothèques, lesquelles sont néanmoins primées par le *privilége* du bailleur ou du vendeur, s'il a été conservé par *l'inscription* ou par la *transcription*.

Relativement au bail à emphythéose, à cens, à rente ou

----

(1) *Rescisio aut est reciproca, aut iniquissima.* Mornac *ad leg. unicam*, cod. *de reputat. quæ fiunt*, etc.

(2) *Restitutio in integrum ità facienda est, ut unusquisque jus suum integrum recipiat.* Loi 24, ff. *de minoribus.*

(3) *Ut uterque, resolutâ emptione, nihil ampliùs consequatur quàm non haberet si venditio facta non esset.* Loi 23, ff. *de æditio edicto.*

à locatairie perpétuelle ; quelle étoit notre jurisprudence en Provence dans le cas où le preneur encouroit la *commise et caducité* pour non payement du canon, alors même que le bailleur avoit stipulé *qu'il rentreroit de plein droit, de sa propre autorité et sans formalités de justice dans le fonds baillé ?* Le bailleur ne rentroit dans son fonds que par voie de collocation, après estimation (1). (Voyez ci-dev. pag. 351), et les hypothèques intermédiaires subsistoient sans préjudice du privilége du bailleur. Donc l'acte n'étoit pas résolu *ab initio.* Donc il n'avoit été résoluble qu'*in-futurum.* La commise n'étoit pas en effet, considérée comme encourue de plein droit par le seul fait. Elle devoit être prononcée par le juge, et alors elle n'avoit son effet que de ce jour-là (2).

Notre confrère a pour lui, dans ce cas particulier, la doctrine expresse, mais isolée de M. Merlin (3). Que nous

---

(1) Parce qu'il étoit obligé de payer au débiteur, ou à ses créanciers intermédiaires, la plus value du fonds. M. Decormis, col. 819, où il cite MM. Mornac, Baquet et d'Olive. Pastor *de feudis*, lib. 7, tit. 8, n.º 4. La Touloubre, *jurispr. féodale de Provence*, tom. 1, tit. 10 ; n.º 30. Julien *sur les statuts de Provence*, tom. 2, pag. 178, n.ºs 15, 16, 17, 18, 19, 20 et 21.

(2) MM. Buisson en son code, liv. 4, tit. 66, n.º 10 ; Julien oncle en son code, titre *locati* ; La Touloubre, *jurispr. féod.*, tom. 2, tit. 15, n.º 2, pag. 50 ; Dumoulin, tit. 1 *des fiefs*, § 43, gloss. 1, n.ºs 37, 38 et 40 ; La Roche et Graverol *des droits seigneuriaux*, chap. 19, arrêt 4 ; Catelan et Vedel, tom. 1, liv. 3, chap. 7 ; d'Argentré, *cout. de Bretagne*, art. 616, n.º 4 ; Chorier sur Guipape, liv. 2, sect. 13, art. 4 et 6 ; Pothier *des fiefs*, part. 1, chap. 3, art. 3, § 1.

(3) *Quest. de droit*, au mot *résolution*, § 1, pag. 71.

importe cette doctrine contraire à l'antique jurisprudence de
Provence, ainsi qu'il en convient lui-même, et à l'avis de
tant d'auteurs français qui ont une réputation égale à la sienne,
dès qu'il n'établit sa décision, ni sur, les lois romaines, ni,
sur les nouvelles lois. Son opinion unique jusques à ce jour,
depuis le siècle où vivoit le grand Dumoulin, est au nombre
de tant de systèmes qu'il a créés avec autant d'intelligence,
qu'il les a établis avec érudition, et dont plusieurs ont été
adoptés de confiance, quoiqu'ils fussent susceptibles de contestations. Elle est faite pour céder devant notre jurisprudence
locale bien constatée, et devant cette foule d'auteurs de tous
les pays, qui partagent l'opinion consacrée par le parlement
d'Aix.

Relativement à la vente parfaite, légale et juste, qui est
toujours censée accompagnée du *pacte du précaire* ou du
pacte résolutoire, dans le cas où l'acheteur ne payeroit pas
le prix, si l'acquéreur ne paye pas ce prix, le pacte *du
précaire* ou le *pacte résolutoire*, n'opèrent pas de plein
droit; parce qu'ils ne présentent l'idée que d'une *condition
légale*, suppléée par la loi dans un contrat d'ailleurs parfait,
n'ayant aucun vice et étant passé à juste prix; parce que
l'acte continue d'avoir son exécution jusques à ce que le
juge ait prononcé la résolution; que cette résolution n'a d'effet
que pour l'avenir, et à compter seulement du jour que la
résolution a été prononcée, d'où il suit que les hypothèques
intermédiaires subsistent. On se rappelle que c'est M. Pothier
qui a dit qu'en pareil cas *la résolution N'AVOIT D'EFFET
QUE POUR L'AVENIR*; et qu'en Provence, le vendeur
sous *précaire* ne pouvoit rentrer dans le fonds vendu,
                                                    qu'après

qu'après *estimation* ; et que la plus value appartenoit à l'acquéreur ou à ses créanciers.

Nous invitons à présent notre confrère à nous indiquer l'ancienne ou la nouvelle loi qui a établi une différence entre la *clause du précaire* et la *clause résolutoire*, l'une et l'autre également légales en France ; et l'une et l'autre ayant exactement le même but ou le même objet, c'est-à-dire, d'assurer au vendeur un *privilége* exclusif sur la chose vendue ; et de nous indiquer aussi l'ancienne ou nouvelle loi qui a donné un effet plus absolu et plus avantageux au vendeur, à la *résolution* qui est la suite du *pacte résolutoire*, que ceux qu'a eus de tous les temps la *résolution*, qui étoit la suite du *pacte du précaire* ; et tant qu'il ne se rendra pas à cette invitation, nous continuerons de penser et de soutenir que la *résolution de la vente* pour cause de non payement du prix, n'éteint pas les hypothèques intermédiaires, consenties par l'acquéreur, par la raison que cette résolution ne peut pas faire que l'acte de vente n'ait pas existé entier et exécutoire ; et que dans le droit, elle n'opère que pour l'avenir ; et voilà pourquoi la loi du 11 brumaire an 7 et le code civil, ne le considèrent que comme un *créancier préférable* aux *autres*.

Mais sur cet exemple particulier, notre confrère a cité à son appui, trois lois romaines et MM. Loyseau, Basnage, Merlin, Guichard et Persil. Nous est-il donc permis de résister à tant de doctrines, et d'avoir la prétention de l'emporter sur elles ? On connoit la grande facilité de notre confrère, en matière de citations. On sait que nous les vérifions toutes. On devine déjà qu'il est bien possible que nous les démontrions toutes ou inexactes, ou inapplicables. Cette possibilité, nous la donnons déjà pour une certitude. Avec des précautions de cette espèce, on terrasse facilement un manuscrit.

La première loi que notre confrère a citée, décide que quand un fonds a été vendu purement et simplement à tel prix, à moins que dans tel temps quelqu'un ne se présente pour en offrir un prix plus avantageux ; et que cette offre plus avantageuse venant à être faite et acceptée par le vendeur, si l'acquéreur a hypothéqué le fonds dans l'intervalle, le vendeur le reprend, affranchi des hypothèques et le revend tel, au plus offrant (1). Quand on sait ce que c'est que la vente faite purement et simplement à tel prix, avec *addiction à jour*, on ne peut qu'applaudir à la sagesse de la décision de cette loi, et être surpris que notre confrère l'ait appliquée à la vente faite sous le *pacte résolutoire*, référé au cas précis ou l'acquéreur ne payeroit pas le prix, ou dégraderoit le fonds avant d'avoi payé ce prix.

Nous avons déjà dit ce qu'est la vente faite par *addiction à jour* (ci-devant pag. 413.)

De quelle nature est cette vente ? Elle est dans la classe de celles qui sont *résolubles SUB CONDITIONE*, parce que le vendeur se réserve expressément la faculté de rétracter le contrat, et de faire cesser la propriété de son acquéreur dans tel cas spécifié.

Y a-t-il l'ombre, nous ne disons pas de l'identité, mais

_____

(1) *Sed et Marcellus scribit : purè vendito et in diem addicto fundo, si melior conditio allata sit, rem pignori esse desinere, si emptor eum fundum pignori dedisset.* Loi 4, § 3, ff. *de in diem addictione.*

de la ressemblance entre cette vente qui est régie par l'art.
1183 du code civil, et la vente sur laquelle nous dissertons,
qui est régie par l'article 1184 du même code?

La deuxième loi indiquée par notre confrère, est exactement
la répétition de la première. Elle reçoit donc, de notre part,
la même réponse.

La troisième loi est étrangère, parce qu'elle a pour objet
le point de savoir si le bailleur à emphytéose qui s'est réservé
de rentrer dans le fonds baillé, en cas que le preneur fût
en demeure de payer le canon, le prend, le cas arrivant,
affranchi des hypothèques, et nous nous sommes déjà prononcés pour la négative, et bientôt nous allons prouver que
soit M. Merlin, soit notre confrère, l'ont prise à contre-sens,
et que sa véritable entente la tourne contre eux.

Cette loi demande si, dans le cas où le bail à emphythéose
a été fait sous la *condition* ou sous le *pacte*, que si le preneur
laissoit passer tant d'années sans payer le canon, le fonds
retourneroit au bailleur, le preneur venant à hypothéquer le
fonds, et ensuite à laisser expirer le temps convenu sans payer
le canon, l'hypothèque subsiste vis-à-vis du bailleur qui rentre
dans le fonds baillé. Elle répond, que si à l'époque du bail,
le propriétaire *a reçu de l'argent* du preneur, l'hypothèque
subsiste (1).

---

(1) *Lex vectigali fundo dicta erat, ut, SI POST CERTUM
TEMPORIS VECTIGAL SOLUTUM NON ESSET, IS
FUNDUS AD DOMINUM REDEAT: posteà is fundus à pos-
sessore pignori datus est. Quæsitum est an rectè pignori datus
est? Respondit, SI PECUNIA INTERCESSIT, pignus esse.*
Loi 31, ff. *de pignor. et hypoth.*

Elle demande ensuite si *lorsque le bailleur poursuit son action, tendant à lui faire dire que le fonds baillé lui retournera, le preneur ou son créancier ne payent pas le canon, et laissent juger définitivement que le fonds est retourné au bailleur, en force du pacte du contrat, attendu que ce dernier a usé de son droit, l'hypothèque du créancier s'est évanouie* (1).

Telle est la traduction littérale et exacte des deux parties de cette loi ? Va-t-elle au système de notre confrère ? N'est-elle pas plutôt un nouveau garant de l'exactitude du nôtre?

La première partie de cette loi, considère le bail à emphytéose comme une *vente*, lorsque le preneur est convenu d'un prix quelconque avec le bailleur, ou lui a compté une somme ; et elle décide que le bail venant à être résolu pour défaut de payement du canon, l'hypothèque subsiste vis-à-vis du bailleur. Or, il arrive toujours qu'il y a un prix déterminé, et souvent un à-compte payé dans les ventes, et la loi a les deux cas en vue, quand elle dit : *si pecunia intercessit* : donc la résolution de la vente, pour simple défaut de payement du prix, laisse subsister les hypothèques que l'acquéreur a consenties sur le fonds par lui acquis sous le *pacte résolutoire* stipulé ou suppléé. Impossible de résister à cette conséquence. Elle est une suite nécessaire de la décision de cette première partie de la loi ; et on nous oppose cette loi !

---

(1) *Item quæsiit : cùm in exsolutione vectigalis, tàm debitor quàm creditor cessassent et proptereà PRONUNCIATUM ESSET fundum secundum legem DOMINI ESSE : respondit si ut proponeretur, vectigali non soluto, jure suo dominus usus esset, etiam jus pignoris evanuisse.* Même loi.

La deuxième partie de la même loi, loin de contrarier la première, la confirme et la consolide parfaitement, puisque ce n'est qu'au jugement définitif que le preneur et son créancier ont laissé rendre, quand ils pouvoient le prévenir en purgeant l'un ou l'autre la demeure, ou du moins en réclamant la réserve de l'hypothèque constituée sur le fonds ; ce n'est, disons-nous, qu'à ce jugement qu'elle attribue l'*évanouissement* de l'hypothèque. On sent qu'il n'y a plus à revenir contre un jugement définitif (quand on a connu l'instance et qu'on a pu ou prévenir le jugement, ou y faire apporter une modification), qui a jugé purement et simplement qu'en vertu du pacte du contrat, *secundùm legem*, la chose baillée est retournée au propriétaire bailleur. Tout est alors consommé. Tous les principes, alors même qu'ils sont violés, se taisent devant un jugement définitif.

Entendons-nous bien la deuxième partie de cette loi? M. Loyseau l'a expliquée comme nous. *Le créancier*, dit-il, *pouvoit lui-même payer la redevance en défaut du détempteur pour conserver son hypothèque : aussi cette loi remarque notamment* : cùm exsolutionem vectigalis, tàm debitor quàm creditor cessassent ; *et partant le créancier est justement privé de SON DROIT, puisqu'il y a de sa négligence aussi bien que du détempteur. Traité du déguerpissement*, liv. 6, chap. 3, n.º 9.

Des trois lois que notre confrère a citées, les deux premières sont inapplicables, et la dernière repousse directement et littéralement son opinion, autant qu'elle légitime là nôtre.

Voyons maintenant s'il sera plus heureux dans le choix qu'il a fait des auteurs, pour nous les opposer.

Nous convenons avec toute franchise, que M. Loyseau raisonnant au même endroit, d'après une ancienne opinion, paroît décider que la résolution du bail occasionnée par le défaut de payement du canon, a l'effet d'anéantir les hypothèques; mais indépendamment de ce que cette décision est fausse, dans le cas du défaut de payement du prix d'une vente, *si pecunia intercessit*, ainsi que nous venons de le prouver par la loi elle-même, M. Loyseau l'abandonne au n.° 11, où il dit que depuis Dumoulin qui a dessillé les yeux aux anciens praticiens, la résolution du bail opérée par un fait qui encourt la peine même de la *commise*, n'éteint pas les hypothèques. Voici comme il s'exprime : *Plusieurs s'arrêtant à la loi LEX VECTIGALI tenoient la résolution des hypothèques, à quoi les vieux praticiens de France se sont laissés emporter, même les coutumes de Troye et de Chaumont l'ont passé. Mais les modernes auxquels Dumoulin a dessillé les yeux, ont tenu que les hypothèques demeuroient après la commise du fief UT POTE IN RESOLUTIONE VOLUNTARIA. Car bien qu'elle semble NÉCESSAIRE comme étant poursuivie par le seigneur féodal; si est-ce que sa cause efficiente est entièrement VOLONTAIRE, à savoir la félonie du vassal, qu'il n'eût commise s'il n'eût voulu, et qui ne doit pas tourner au préjudice des créanciers qui ont acquis leurs hypothèques, lorsque le vassal étoit* VRAI ET PARFAIT SEIGNEUR.

M. Loyseau repousse donc l'opinion de notre confrère, et depuis long-temps, il s'est décidé pour la nôtre. A combien plus forte raison, se fût-il prononcé pour celle-ci, si, comme nous, il eût raisonné sur le cas d'une vente où il est toujours vrai de dire que *pecunia intercessit*, soit que partie du prix ait été comptée, soit que tout le prix ait été atermoyé.

On se rappelle, au reste, que la décision de M. Loyseau se rattache à l'antique jurisprudence de Provence; et c'est un jurisconsulte provençal qui nous l'a opposée! et il s'est arrêté à la première partie de la discussion de cet auteur! et il a laissé ignorer sa décision! Notre confrère n'a sûrement pas lu M. Loyseau. Il l'a cité d'après autrui. Et c'est une imprudence, en matière de doctrines, de ne pas citer d'après soi.

Nous arrivons à M. Basnage. Cet auteur (1) ne dit pas le mot de notre question. Il raisonne 1.° dans le cas où la vente a été suspendue par une condition expresse, auquel cas la condition arrivant, il n'y a jamais eu de vente, pag. 464. 2.° Dans le cas de la rescision, pour lésion d'outre-moitié, laquelle annule le contrat, pag. 464, 465, 496; et dans chaque cas, il décide que les hypothèques sont éteintes, ce qui est de maxime. Quelle est donc l'analogie de ces deux hypothèses, avec celle de la *résolution de la vente*, pour cause de non payement du prix?

Le même auteur, pag. 467, décide que la *commise encourue, pour défaut de payement du prix, laisse subsister les hypothèques.* S'il eût eu à se prononcer sur la *résolution de la vente* fondée sur le défaut de payement du prix, il eût, à plus forte raison, décidé qu'elle laissoit subsister les hypothèques intermédiaires. Et c'est encore cet auteur qu'on nous oppose! Notre confrère est tombé dans le même inconvénient, pour ne pas avoir lu M. Basnage.

M. Merlin vient ensuite. Ici nous serions en peine de

_____

(1) *Des hypothèques*, 1.re partie, chap. 17, pag. 463 et suiv.

décider ce qui est le plus extraordinaire, ou de voir M. Merlin ressusciter en France une vieille erreur, dont le grand Dumoulin l'a purgée depuis trois siècles, ou de voir un jurisconsulte provençal se prévaloir de cette vieille erreur, malgré les cris contraires de tous les monumens locaux, y compris les ouvrages de M. de Julien, dont il est le disciple le plus dévoué; et malgré que M. Merlin l'ait prévenu que sa décision étoit repoussée par la jurisprudence provençale !

M. Merlin est le premier auteur français qui ait imaginé d'abandonner *l'opinion moderne* dont parloit M. Loyseau, au commencement du dix-septième siècle, et que M. Dumoulin avoit substituée dans le seizième à la plus ancienne, et qui soit revenu à celle-ci. Il est en conséquence le premier auteur de la décision que notre confrère a adoptée. Il pense que lorsque le preneur à bail emphytéotique ne paye pas le canon, la résolution du bail, à laquelle ce défaut de payement donne lieu, est de la part du preneur une aliénation *nécessaire* qui éteint les hypothèques. Ici notre confrère a bien lu M. Merlin. Mais il s'est égaré comme son guide.

Que de réponses à cette erreur !

1.º Elle est la contradictoire de notre jurisprudence (1); et attendu que celle-ci n'est contrariée par aucune loi récente, elle doit l'emporter sur cette nouvelle opinion.

2.º Qui pourra se persuader que c'est toujours par *défaut de moyens*, que l'emphytéote ne paye pas ? Qui pourra se persuader que dans ce cas même, la résolution est *néces-*

_____

(1) MM. Decormis; tom. 1, col. 809, *pastor de jure emphyteut.*; code Buisson, liv. 4, tit. 66; de la Touloubre, *jurispr. féodale de Provence*, tom. 1, tit. 10, n.º 30; M. de Julien, *sur les statuts de Provence*, tom. 2, pag. 178, n.º 15, jusqu'au n.º 21.

saire

saires et *emporte les hypothèques ?* Combien, en effet, d'emphytéotes qui aiment à jouir de la chose et de la redevance ! Quel est l'emphytéote qui ne recueille pas dans le fonds le montant d'une prestation légère, en proportion de produit annuel ? Combien d'emphytéotes qui, regrettant l'acquisition qu'ils ont faite, cherchent à s'en débarrasser, en ne payant pas le canon, et en forçant par-là le bailleur, à demander la résolution du bail !

Il n'est donc pas permis de supposer avec M. Merlin (1), qu'un emphytéote *peut ne pas avoir les moyens* de payer le canon ; et de là il suit que la *résolution* du bail, pour défaut de payement du canon, a son principe dans la *volonté* du preneur, et ne peut, en conséquence, être considérée comme procédant d'une cause *nécessaire*; et en conséquence encore, n'emporte pas les hypothèques. Nous n'hésitons donc pas à nous rattacher à l'opinion du grand Dumoulin, laquelle depuis le seizième siècle, a formé le droit général et invariable de la France, et le droit commun de notre pays. *Docuit quæ maximus atlas*. Virgil.

3.º M. Merlin connoissoit trop bien le code civil, pour étendre son opinion jusqu'à la *résolution de la vente* amenée par le *défaut de payement du prix*. Il affecte de rappeler tous les cas auxquels il a l'intention d'adapter son opinion. Il n'y a point classé la *résolution de la vente* occasionnée par *le défaut de payement du prix*. Ce n'est point une omission de sa part. On sait que quand il discute, il est très-exact à rappeler tous les exemples auxquels sa discussion peut être appliquée. Son silence est, au contraire, une reconnoissance

_____

(1) Quest. de droit, au mot *résolution*, § 1.

que ce cas particulier étoit hors de sa pensée, autant qu'il le
fut dans celle du jurisconsulte, qui décida que lorsque l'acte
de bail porte une convention sur le prix, la résolution de l'acte
laisse subsister les hypothèques intermédiaires.

4.º M. Merlin n'a pas voulu étendre ce qu'il a dit de l'a-
cheteur avec addiction à jour, à l'acheteur pur et simple
qui doit le prix. Ce seroit une grande méprise que de confondre ces deux acheteurs qui sont chacun, dans une cathé-
gorie parfaitement bien distincte, au point que l'une n'a pas
même l'ombre d'un rapport avec l'autre, ainsi que nous
l'avons dit : méprise dont M. Pothier s'est gardé. Il reconnoît en effet, au *traité de la vente*, n.º 470, que *la
résolution du contrat qui se fait en vertu du pacte résolutoire, se fait par la FAUTE de l'acheteur qui n'a pas
rempli l'obligation qu'il avoit contractée de payer le prix.*
Et certes MM. Dumoulin, Loyseau et Pothier valent bien
M. Merlin.

5.º Enfin, le code civil s'est attaché à nous donner la
série de toutes les *résolutions* d'actes, qui emportent les
hypothèques, ainsi que nous l'avons déjà observé, et *la
résolution de la vente pour cause de non payement du
prix*, ne s'y trouve pas ; au contraire, les articles 1184,
1654 et 1655, les seuls qui disposent sur cette *résolution*
particulière, ne disent pas qu'elle éteint les hypothèques intermédiaires, mais encore ils supposent qu'elle ne les éteint
pas, puisque l'article 1184 décide qu'elle *n'opère pas de
plein droit*, et qu'elle n'a son effet qu'en vertu du jugement
qui l'a prononcé, et conséquemment que du jour de ce jugement, et comme dit M. Pothier, que *pour l'avenir*.
L'article 1656, qui a pour objet un pacte résolutoire spécia-

lement stipulé, et qui n'est pas du nombre de ceux que la loi supplée, ne le dit pas non plus.

Au reste, indépendamment de ce que la loi *lex vestigali* ne dit pas ce que M. Merlin et notre confrère lui prêtent, il est étonnant que l'un et l'autre l'aient invoquée. M. Merlin n'ignoroit pas qu'il existoit dans le droit romain cinq autres lois qui décidoient expressément, que les hypothèques antérieures au fait qui donnoit lieu au seigneur ou au bailleur du fonds de rentrer dans la chose, subsistoient au préjudice du fisc même ; et notre confrère n'ignoroit pas non plus que la jurisprudence de son pays étoit conforme à ces cinq lois romaines, ni que M. de Julien son maître a employé trois pages pour constater cette jurisprudence et en démontrer la justice et l'équité. Comment est-il donc arrivé qu'un jurisconsulte provençal ait ainsi abandonné la jurisprudence de son pays et délaissé son maître, pour se mettre à la suite de M. Merlin, alors même que celui-ci prenoit à contre-sens la loi qui lui servoit de guide ; qu'il en contredisoit cinq autres et qu'il avouoit lui-même que la jurisprudence de Provence étoit contraire à son opinion ! La décision de M. Merlin étoit utile au système de notre confrère ; mais il étoit fait pour savoir qu'elle étoit erronée tout au moins en Provence (1).

Notre confrère a joint aux précédentes autorités, celle de M. Guichard, qui dit que le délivrataire qui ne remplit pas ses engagemens et donne lieu à la *revente à la folle-enchère*,

_____

(1) La jurisprudence de Provence n'étoit pas la suite d'une opinion purement locale. Elle étoit fondée sur les bons principes. Elle avoit d'ailleurs l'assentiment des meilleurs auteurs ; c'est ce que nous avons déjà *prouvé.*

est censé n'avoir jamais été propriétaire, et que cette revente opère de droit l'extinction des charges qu'il pouvoit y avoir imposées (1).

Cette décision est incontestable ; mais qu'a-t-elle donc de commun avec la question que nous agitons ? La folle-enchère n'a lieu que lorsque le délivrataire ne remplit pas les engagemens par lui contractés, lesquels sont tout autant de *conditions substantielles* dans la délivrance, et au nombre desquelles est la promesse de payer le prix COMPTANT. Or, on se rappelle que lorsque le prix a dû être payé COMPTANT, il n'y a point de vente, et le vendeur peut retenir la chose vendue tant que le prix n'est pas payé ; ou la REVENDIQUER, s'il en a fait la délivrance dans l'espérance d'être payé de suite ; et on nous oppose cet auteur !

Nous arrivons à M. Persil (2), lequel, vérification faite, ne dit pas un mot relatif à notre question. Il raisonne uniquement sur la *résolution* opérée par l'exercice du *réméré*, lequel constitue la vente *résoluble SUB CONDITIONE*, ou par la rescision pour lésion d'outre-moitié, laquelle tient lieu de nullité dans le contrat ; et on nous l'oppose !

Ce même auteur (3), dont notre confrère se prévaut une seconde fois, ne dit pas non plus un mot de notre question. Il dit que le *réméré* réservé dans la vente, venant à être exercé, la *résolution de la vente* emportoit les hypothèques, par la raison que la vente avoit été *résoluble SUB CONDITIONE*, et que la condition arrivée faisoit disparoître l'acte de vente comme s'il n'avoit jamais existé, et c'est là

_____

(1) Au mot *folle-enchère*, n.° 5.
(2) Sur l'art. 2157 du code civil, n.os 19 et 20.
(3) Sur l'art. 2180 du code civil, n.° 7.

une grande vérité que nous avons déjà assez souvent reconnue.

Il dit aussi que lorsque l'acquéreur n'a pas satisfait au *pacte commissoire*, expressément stipulé dans le contrat par le vendeur, comme faisant loi et charge dans la vente, la résolution à laquelle sa négligence donne lieu, extingue les hypothèques; et c'est encore une vérité depuis le code civil.

On se rappelle que notre confrère a confondu *l'action résolutoire* avec *l'action revendicatoire*, quoiqu'elles se ressemblent assez peu, pour être contraires et incompatibles. Il n'y a qu'un instant qu'il a confondu la vente faite *sous addiction à jour*, avec la vente faite sous *pacte de précaire* ou sous *pacte résolutoire*, stipulés ou suppléés l'un et l'autre pour la simple assurance du prix de vente. Ici il confond encore ces deux pactes, avec celui que nous dénommons *pacte commissoire*. Il y a pourtant une grande différence entre celui-ci et ceux-là. Qu'est-ce que le *pacte commissoire* ? Voyez ci-dev. pag. 414; on connoît déjà les effets qu'il avoit à Rome, ceux qu'il eut en France, et ceux qu'il a recouvrés depuis le code ; et on nous oppose encore cet auteur raisonnant sur le *pacte commissoire* !

Il est bien extraordinaire que notre confrère nous ait inutilement cité M. Persil, jusques à deux fois, et qu'il ait négligé de l'invoquer lorsqu'il étoit de son avis. Nous avons découvert en effet, dans cet auteur, ce qui suit : *lorsque la résolution s'opère PAR LE FAIT SEUL DE L'ACQUÉREUR, rien ne doit empêcher qu'elle ne soit entière, et qu'elle ne rétablisse les choses dans l'état où elles étoient avant l'aliénation* (1). Assertion contraire à tous les prin-

(1) *Quest. sur les priviléges*, tom. 1, chap. 5, § 1, pag. 72.

cipes, attendu qu'alors, la résolution EST VOLONTAIRE de la part de l'acquéreur, et que la justice s'oppose à ce que celui qui a consenti une hypothèque sur sa chose, l'anéantisse *par son seul fait*; mais assertion fondée sur ce que M. Persil, écho fidèle de M. Tarrible, suppose que, dans tous les cas, la vente est *conditionnelle*, tant que le prix n'est pas payé : l'un et l'autre prêtant cette erreur à M. Domat, lequel pourtant n'a déclaré la vente *imparfaite* et *conditionnelle* tant que le prix n'a pas été payé, que dans le cas où la vente a été faite *au comptant*. Il est étonnant que M. Persil ait fait ce tort à M. Domat, lui qui a si bien reconnu et limité sa doctrine au seul cas où la vente a été faite au comptant. Voici ses paroles : *comme l'observe Domat, le vendeur peut toujours, à défaut de payement, ou RE-TENIR la chose* SI LE PRIX DEVOIT ÈTRE PAYÉ AVANT LA DÉLIVRANCE , *ou la suivre en quelque main qu'elle ait pu passer*, S'IL L'A DÉLIVRÉE AVANT LE PAYEMENT (1). M. Persil a donc su que M. Domat ne considéroit la vente comme *conditionnelle*, tant que le prix n'étoit pas payé, que lorsque la vente avoit été faite au COMPTANT; et qu'il ne donnoit au vendeur qui avoit fait la délivrance, dans l'espérance d'être payé de suite COMPTANT, le pouvoir de revendiquer la chose vendue, contre tout tiers détenteur, que parce que la vente n'avoit pas encore reçu sa perfection, attendu la non exécution de la part de l'acquéreur, du pacte substantiel et principal , portant que le prix seroit payé COMPTANT.

On ne nous a peut-être pas encore pardonné que nous

_____

(1) *Quest. sur les priviléges*, tom. 1, chap. 5, § 1, pag. 72.

ayons supposé l'intention à notre confrère, lorsqu'il nous a
gagnés de vitesse, en faisant imprimer une réponse à des
observations inconnues, de fixer d'avance l'opinion publique
en sa faveur, et d'exciter la prévention contre notre ouvrage
encore dans l'avenir. Mais cette érudition affectée qu'il a
affichée dans sa réponse, et qui ne se compose que de citations
inutiles et inexactes dans son système même, éversives de ses
opinions et confortatives des nôtres, ne nous obtiendra-t-elle pas
ce pardon? Est-il juste d'attaquer de paroles, un homme muet?

Ce grouppe de huit autorités où on compte trois lois romaines
et cinq des auteurs les plus accrédités, présenté dans une
réponse imprimée, faite à un ouvrage encore manuscrit, a dû
imposer aux lecteurs de cette réponse. Ces lecteurs se seront
prononcés de suite contre nous. Mais que pensent-ils à présent
que ce grouppe est purement fastueux, et aussi inutile pour faire
ressortir l'opinion de notre confrère, que propre à orner et à
relever la nôtre ?

Tout est donc dit sur la *clause du précaire* et sur la *clause
résolutoire.* L'une et l'autre ne donnent que le même *privilége,*
et notre confrère est le premier qui ait dit que le vendeur
non encore payé du prix, conserve la *propriété* de la chose
vendue ; qu'il n'a point de *privilége,* et qu'en conséquence
il n'a pas besoin de faire inscrire un *privilége* qu'il n'a pas,
quoique toutes les lois anciennes et nouvelles n'accordent au
vendeur qu'un *privilége,* et que celles-ci exigent impérieusement et de la manière la plus expresse, l'*inscription* de ce
privilége, et quoique tous ceux qui ont commenté ces lois professent unanimement, que l'*efficacité* du *privilége du vendeur*
dépend absolument de l'*inscription* ou de la *transcription?*

Il est également le premier qui ait pensé que le vendeur
conserve, en vertu du *pacte du précaire* ou du *pacte réso-*

lutoire, *toute la propriété* de la chose vendue jusques à ce qu'il ait été payé du prix.

Les défenseurs, lors des deux arrêts de la Cour de cassation dont il a déjà été parlé, avoient été plus réservés. A peine s'étoient-ils permis de dire qu'en vertu du *pacte résolutoire* le vendeur conservoit *une sorte de propriété*, *une sorte de copropriété*, et la double qualité de *propriétaire autant que de créancier*. MM. Tarrible et Persil ont été jusque-là, mais ils n'ont pas dépassé cette ligne.

Qui nous expliquera donc ce que sont cette *sorte de propriété*, cette *sorte de copropriété*, cette double qualité de *propriétaire et de créancier* qu'on a imaginé d'enter d'abord sur la tête du vendeur simple *créancier*, lorsqu'on n'osoit pas méconnoître la moitié de la *propriété* sur celle de l'acquéreur ! Qui nous les expliquera en l'état des lois romaines, de l'ancienne jurisprudence française et du code civil, qui dépouillent absolument le vendeur de toute la *propriété* de la chose, et la transportent toute entière à l'acquéreur, une fois que la vente a été consommée purement et simplement, même en l'état du *pacte du précaire* ou du *pacte résolutoire !* Qui nous indiquera le principe romain ou français, duquel puisse dériver cette section de la *propriété* qui est si essentiellement une et indivisible du vendeur à l'acquéreur, pour la faire reposer à la fois et en même temps sur les deux têtes de ceux-ci !

Deux fois cette section de la *propriété* entre le vendeur et l'acquéreur, a été présentée à la Cour de cassation lors des arrêts précités. Jamais elle ne l'a admise. Toujours elle l'a repoussée. Toujours elle a pensé que le vendeur n'avoit qu'un *privilége*, et si elle a supposé une fois, sans le juger, que le vendeur conservoit deux droits, l'un pour se faire payer,

dans

dans un ordre ouvert par un tiers, son prix avec préférence, et l'autre pour faire *résoudre la vente*, ouvrir un ordre lui-même et s'y payer du prix préférablement à tous autres créanciers; ces deux droits n'étoient que deux *priviléges* ayant chacun le même but, et se réunissant en un seul par leurs objets et par leurs effets.

Cependant M. Tarrible a dit, qu'en principe la vente est *conditionnelle* tant que le prix n'est pas payé, et M. Persil est de son avis. Or, ne suit-il pas de là que le vendeur a conservé toute la propriété de la chose vendue ? Nous avouons que la conséquence est directe et irrésistible en l'état d'une vente *CONDITIONNELLE*; mais si nous rendons hommage à la conséquence, notre complaisance ne va pas jusqu'à avouer le principe de M. Tarrible, qui n'est qu'une erreur déjà démontrée pag. 409. On se rappelle les cas où la vente est *conditionnelle* ou *résoluble SUB CONDITIONE*, et celui où elle n'est résoluble que pour *défaut de payement du prix*, et que ce sont les articles 1181 et 1182 qui régissent la première ; l'article 1183 du code qui règle la seconde, et l'article 1184 qui dispose sur la troisième.

Ce qui nous étonne, c'est que M. Persil ait donné son assentiment à la supposition de M. Tarrible, basée sur une fausse entente d'une décision exacte de M. Domat, lui qui a si bien reconnu, d'après M. Domat, que le payement du prix ne rend la vente *conditionnelle*, que dans le cas où la vente a été faite AU COMPTANT.

Tâchons maintenant de découvrir le germe de cette erreur que nous venons de combattre, soit contre ceux qui ont imaginé de faire deux parts de la *propriété*, soit contre ceux qui ont pensé que la vente ne dépouilloit pas le vendeur,

Dddd

tant que le prix n'étoit pas payé. Le résultat de cette recherche ne sera pas inutile en Provence, parce qu'il en suivra que si ces opinions inexactes en matière de vente pouvoient être des vérités dans certains pays de France, elles auroient un caractère opposé dans le nôtre.

En France les fiefs n'étoient point héréditaires. En conséquence le seigneur suzerain qui se jouoit de son fief et se donnoit un vassal, étoit censé ne lui faire qu'un titre d'usufruit, dépouillé de toute propriété, laquelle étoit toujours réservée au suzerain, et étoit représentée par la redevance irrachetable, imposée au vassal, tellement qu'on considéroit la redevance comme la *réserve de la propriété* et comme la *propriété elle-même*. Par la même raison, lorsque les vassaux ou possesseurs de fiefs en sous-ordre, bailloient les fonds dépendans de leurs fiefs, à leurs habitans, à rente foncière irrachetable, ils étoient également censés ne leur faire que des titres d'usufruit, et la redevance qu'ils imposoient aux preneurs étoit considérée comme la réserve de la *propriété elle-même* (1).

C'est ainsi, et d'après cette règle générale en France, qu'on tenoit que tant que cette redevance étoit due, les preneurs n'avoient aucune sorte de *propriété*, laquelle ne cessoit pas de résider sur la tête de celui qui, dans le principe, avoit constitué le fief.

C'est par suite de cette opinion, reçue autrefois dans tous les pays coutumiers de France, que les auteurs de la deuxième

_____

(1) M. Sirey, additions au vol. de l'an 12, pag. 636; — an 1811, part. 1, pag. 337; — an 1815, part. 1, pag. 147.

loi du 11 brumaire, art. 25, ont accordé l'action *revendi-catoire* aux *bailleurs de fonds à rente foncière irrache-table*, qu'ils regardoient encore alors comme des *proprié-taires*, puisqu'ils les placent sur une même ligne avec ceux qui ont toujours conservé la *propriété*. C'est encore par suite de cette même opinion, que le code a placé la *rente foncière* à côté de la *propriété*, dans un de ses articles déjà cité.

Considérant ensuite la redevance, comme étant le prix du bail à rente foncière, on a eu plus de propension à croire que tant que le prix de la vente étoit dû, la *propriété* ou une *sorte de propriété* continuoit de résider sur la tête du vendeur. Tel est le véritable principe de l'opinion que nous combattons. On sent cependant sans doute la différence qu'il y a d'un bail à rente foncière, à la vente proprement dite et parfaite, accompagnée d'une convention sur le prix, du transport de la propriété, de la délivrance et de l'atermoiement du prix convenu.

Quoi qu'il en soit, cette règle établie en France relati-vement aux jeux de fief et aux baux à rente foncière, est exotique dans notre pays, où il en existoit une autre indigène depuis si long-temps, d'après laquelle les fief étoient *patri-moniaux* et *héréditaires*; et tant les jeux de fiefs que les baux à rente foncière, transportoient la propriété aux vassaux et aux preneurs. C'est ce dont nous avons déjà fourni la preuve irrécusable.

Les fiefs ont été abolis, et il est arrivé de là que dans toute la France, tous les vassaux et preneurs à rente foncière, sont devenus propriétaires comme ils l'étoient auparavant dans la ci-devant Provence. Il n'existe donc plus de raison pour assimiler les ventes aux anciens jeux de fief et baux à rente foncière. Les possesseurs de fiefs en sous-ordre, les preneurs à rente foncière et tous les acquéreurs de fonds avec délivrance et atermoiement de prix, ont seuls la propriété et toute la propriété du fief, du fonds baillé et de la chose vendue ; et il ne reste pas même non-seulement une portioncule, mais une ombre de propriété sur la tête du seigneur suzerain, du bailleur à rente foncière et du vendeur.

Cette grande vérité si décisive pour notre opinion, sort évidemment de l'arrêt de la Cour de cassation qui adopta notre jurisprudence provençale, et jugea solennellement en 1813, que sous le code civil des français, les anciennes rentes foncières, ne sont plus que des *créances hypothécaires soumises à l'inscription, et sujettes à être purgées par la transcription* (1). Cet arrêt foudroyoit tous les nouveaux systèmes inventés en faveur du vendeur, lequel depuis l'empereur Justinien, après avoir fait la délivrance et atermoyé le prix, n'a pas même pu être soupçonné d'avoir conservé, ni une *sorte de propriété*, ni une *sorte de copropriété*, et encore moins d'être resté contradictoirement *propriétaire et créancier*.

Cette jurisprudence (nous continuons d'être loyaux), la Cour de cassation l'a rétractée en 1815. Elle a jugé que le créancier d'une rente créée pour concession de fonds, peut demander le déguerpissement faute de payement du canon, *encore qu'il n'ait pris aucune inscription, et que l'immeuble ait été hypothéqué à un tiers* (2). De sorte qu'elle

(1) M. Sirey, an 1813, part. 1, pag. 382.
(2) M. Sirey, an 1815, part. 1, pag. 147.

a fait revivre l'ancienne opinion universellement reçue dans les pays où la propriété des fiefs résidoit exclusivement sur la tête du roi ; opinion étrangère dans la ci-devant Provence, où les fiefs ont toujours été héréditaires et reconnus tels par les rois de France.

Si la Cour de cassation a mieux jugé en 1815 qu'en 1813, sa décision doit être suivie dans tous les pays de coutume ; mais elle sera toujours sans effet dans le ci-devant pays de PROVENCE, où le seigneur suzerain n'avoit aucun droit de propriété sur le fief dont il s'étoit joué, et où le seigneur féodal ne conservoit aucun droit de propriété sur les fonds dépendans du fief qu'il avoit baillés à rente foncière.

L'ancien système de France étoit conséquent. La propriété des fiefs étoit réservée toute entière au roi. Celle des fonds baillés à rente foncière par le seigneur féodal, étoit également réservée toute entière au roi. On ne disoit pas que le roi avoit *une sorte de propriété, une sorte de co-propriété*, sur le fief et sur les fonds baillés à rente foncière par le seigneur féodal. A lui seul on donnoit la *propriété* et toute la *propriété*.

Le système contraire reçu en Provence, étoit aussi conséquent. On n'y faisoit pas un partage de la *propriété* entre le seigneur féodal et son rentier foncier. On la donnoit toute entière à celui-ci.

Celui qu'on a inventé de nos jours pour partager la PROPRIÉTÉ entre le vendeur d'un fonds qui a fixé le prix, l'a atermoyé et fait la délivrance, et son acquéreur : placé entre le système de France et celui de Provence, conséquens l'un et l'autre, se trouve nécessairement froissé, nous pourrions dire étouffé.

Que fait d'ailleurs aux questions agitées entre notre confrere et nous, relativement à ce titre XI de son opuscule, où il traite du *précaire provençal*, la jurisprudence de la France en matière d'anciens baux *à rente foncière* passés par les ci-devant seigneurs féodaux, dès que d'une part celle de la ci-devant Provence y est si diamétralement opposée; et que d'une autre part, c'est d'un vendeur qui a fixé le prix, qui a fait la délivrance, et qui a donné terme à son acquéreur pour payer le prix, qu'il s'agit entre nous? Quel rapport y a-t-il entre le bail à *rente foncière* passé en France, sans transport de propriété au preneur, et la vente proprement dite qui dépouille le vendeur de toute la propriété en faveur de son acquéreur, et ne lui laisse et ne peut lui laisser qu'une *hypothèque privilégiée* sur le fonds qu'il a vendu?

Nous finissons comme nous avons commencé : *Venditæ verò res et traditæ non aliter emptori acquiruntur, quàm si is venditori pretium solverit..... Sed si is qui vendidit fidem emptoris sequutus fuerit, dicendum est, STATIM REM EMPTORIS FIERI.* Ce texte des institutes de l'empereur Justinien, que nos nouvelles lois ont adopté, triomphera toujours du système entier de notre confrère, et des divers préludes de celui de M. Tarrible.

Il n'y a plus rien de vrai, si, d'après tout ce que nous venons d'observer sur ce dernier titre de l'opuscule de notre confrère, il ne l'est pas : 1.º Que le vendeur de fonds, qui en a fait la délivrance et en a atermoyé le prix sous *précaire* stipulé ou suppléé par la loi en cas de *non payement du prix*, ou sous *pacte résolutoire* stipulé ou suppléé par la loi, pour le même cas, ne conserve absolument sur le fonds vendu qu'un droit *d'hypothèque privilégiée*; 2.º que dans l'état des nouvelles lois, tout comme le vendeur sous *précaire* ne peut plus reprendre son fonds *en nature*, par voie de collocation et de mise en possession ; de même aussi le vendeur sous *pacte résolutoire*, ne peut plus rentrer dans le sien, *en nature*, par quelque voie que ce soit ; que l'un et l'autre n'ont conservé qu'une *préférence* sur le *PRIX* de la chose, et que tous les deux ne peuvent exercer cette *préférence* que selon le nouveau procès exécutorial, attaché à la saisie immobilière, et établi tant pour le vendeur de fonds, *créancier privilégié*, que pour tous autres créanciers.

Le ton franc, libre et assuré avec lequel nous avons examiné, attaqué, discuté et combattu le système affiché par notre confrère, dans le dernier titre de celui des opuscules que nous venons de parcourir, aura sans doute étonné d'abord ceux de nos lecteurs qui rendent à ses talens et à ses connoissances l'hommage qui leur est dû. Ils l'excuseront aujourd'hui, en faveur de cette escorte respectable dont nous nous sommes si constamment entourés dans nos discussions.

Nous n'avons point créé de système. Nous n'avons été que l'écho des principes du droit romain, du droit français, du droit provençal, de la doctrine uniforme de tous les auteurs français et locaux. Si dans cette foule de points de droit que nous avons traités, il nous est échappé quelque erreur, nous confessons ingénument que nous l'avons toujours vue avec tous les caractères de la vérité.

Il ne manque à cette partie de notre travail que l'assentiment de notre confrère, et il nous l'a donné contre son intention et sans s'en douter. Si cela est, il a ruiné lui-même le premier, son système et l'entourage si varié qu'il a destiné à lui servir d'appui.

Les prétendus pivots de son système sur la *clause du pré-caire* et sur la *clause résolutoire*, sont la PROPRIÉTÉ qu'elles conservent sur la tête du vendeur, et la simple DÉTENTION CORPORELLE qu'elles départent à l'acquéreur, semblable à celle de l'usufruitier ou du fermier.

Cependant il est convenu que la vente faite avec atermoiement du prix, dépouilloit le vendeur de la propriété et en investissoit l'acquéreur.

Cependant il a prétendu et tenté de prouver que l'un et l'autre pacte constituoient la vente *résoluble SUB CONDITIONE ;* et précisément cette vente est parfaite et transporte toute la propriété à l'acquéreur.

Cependant il est convenu, il a établi et prouvé lui-même, que selon la maxime du pays de Provence, l'acquéreur sous *pacte du précaire* ou sous *pacte résolutoire*, peut revendre à un autre la chose par lui achetée, sans que son vendeur puisse attaquer la vente, s'il a eu l'attention de charger son acquéreur, de payer ce qu'il reste devoir du prix au premier vendeur. Notre assertion est légitimée par son opuscule, pag. 92 ; et par sa réponse, pag. xxxvij.

Donc l'acquéreur sous l'un et l'autre pacte, acquiert la propriété de la chose vendue. Donc il a la libre disposition de la chose vendue, s'il pourvoit à l'intérêt du vendeur, quant au prix qui lui est dû. Donc il est PROPRIÉTAIRE de la chose vendue. Donc le vendeur ne l'est plus.

Il est introuvable le principe qui autoriseroit le simple DÉTENTEUR CORPOREL d'une chose, à en vendre perfidement, arbitrairement, et néanmoins légalement la PROPRIÉTÉ, au préjudice de celui qui ne lui en a confié que cette DÉTENTION.

Si

Si les prémisses sont vraies, impossible de résister à toutes ces conséquences ; et alors le système de notre confrère présente ce coup d'œil peu favorable, qu'une de ses parties est contradictoire de l'autre ; que chacune des deux manque de fixité et neutralise l'autre ; et que quoique son auteur ait fait tant d'efforts variés pour le vernir de quelque apparence, il n'a fait que parcourir un plus grand cercle d'erreurs, et nous prouver qu'il avoit des ressources pour toutes les situations. Il a fini par se mettre en contradiction avec lui-même. Cette chûte ne surprendra pas ceux qui, sans prévention, ont bien lu le titre XI de son opuscule. Ils se seront aperçus que notre confrère s'est donné un but, et qu'il a voulu l'atteindre avant de s'être fait un plan et de s'être mis en mesure pour marcher constamment sur la même ligne, et ressembler toujours à lui-même. D'où il est arrivé qu'il a fait tant de marches variées et tant de fausses routes.

Ici toute prévention doit se dissiper, toute illusion s'évanouir. On doit juger les choses et non le mérite de ceux qui les ont dites.

Le premier des empereurs romains parlant de la loi et de la jurisprudence, nous a invités à *les suivre sans innovation*, *par la raison que nous ne devons pas vouloir être plus sages que nos vertueux ancêtres.* Notre confrère nous a directement reproché d'avoir cette prétention nous-mêmes, lorsqu'il a dit qu'*il ne vouloit pas être plus sage que nos pères*; si nous avions ce tort, il auroit, à son tour, celui de vouloir l'être moins.

Notre confrère, après avoir créé un système original autant qu'inexact, dans son ensemble et dans toutes ses parties, a pu s'emparer de toutes les erreurs qui pouvoient l'assortir.

E e e e

Mais il nous a effrayés en nous donnant si dogmatiquement le tout, pour des *vérités* et des *maximes.* C'est sa renommée bien acquise qui nous a donné le premier éveil. C'est sa réponse agressive, imprimée, qui nous a donné le second.

Il a mis dans cette réponse, un ton d'*ingénuité d'amour-propre*, qui décèle au fond tout son étonnement qu'un de ses confrères très-inférieur à lui, ait osé résister à ses opinions. C'est son insistance de plus fort affirmative, décidée, dogmatique et solennelle, qui est la pierre de touche de la nature des sensations, que notre manuscrit confidemment déposé par nous dans ses mains, a excitées chez lui. Il savoit cependant bien, que nous n'avons jamais plié devant le despotisme des opinions. Pourquoi se prévalant d'un procédé aussi fraternel et amical que le nôtre à son égard, s'est-il permis de nous provoquer et de nous attaquer d'une manière publique, alors qu'il savoit que notre manuscrit ne recevroit jamais de publicité? Ce procédé si peu ressemblant au nôtre est un acte d'amour-propre, quoiqu'il ait su le vernir d'une sorte de bonhommie. Il s'est pressé de nous y donner publiquement les dehors d'un novateur qui établissoit plus d'erreurs, qu'il n'en trouvoit à corriger dans son opuscule. C'est ce qu'il nous a reproché doucereusement et finement pour le public, mais très-expressément pour nous, lorsqu'il a comparé notre manuscrit au traité de Faber, *de erroribus pragmaticorum.* Voyez ci-devant pag. 66.

On nous le pardonnera, sans doute, si provoqués d'une manière aussi peu bénigne, le salut de nos maximes, et cet amour-propre bien entendu que tout homme doit avoir, nous ont simultanément décidés à mettre la magistrature, le barreau et le public entre notre confrère et nous, dès surtout que nous protestons qu'une estime particulière et bien méritée, et une amitié bien décidée et fraternelle, sont les seuls sentimens qui nous restent à son égard. Devions-nous, pouvions-nous, en gardant le silence, laisser aux lecteurs de notre confrère le droit de nous considérer comme un zoïle démasqué et confondu ?

Elle est remplie cette tâche que nous nous sommes imposée, dans le triple objet de conserver à nos chers compatriotes les véritables principes que nos pères ont posés dans la ci-devant Provence, pour y être les régulateurs de la police urbaine et rurale entre voisins ; de leur expliquer les véritables théorie et pratique de la stipulation du *pacte du précaire* usité dans le pays depuis tant de siècles ; et de leur donner la juste mesure des effets, tant de ce pacte que du *résolutoire,* stipulés ou suppléés, celui-là dans certains pays de France et en Provence, et celui-ci dans les autres parties du royaume, toujours et uniquement pour l'assurance du prix atermoyé par le vendeur d'un immeuble.

Nous n'avons pas entendu improuver l'opinion foncière de M. Tarrible. A peine nous sommes-nous arrêtés devant les fondations préliminaires d'un grand système qui n'en avoit pas besoin, et dont on se prévaloit contre nous. Les combinaisons que cet auteur a faites de divers articles du code civil, et dont le résultat est que depuis ce code jusqu'à la publication de celui de *procédure civile,* il n'a point existé de délai fatal, dans lequel le vendeur de fonds ait été obligé de faire *inscrire* son privilége ; ces combinaisons, disons-nous, honorent son génie et son esprit, sa dialectique et son jugement. Il mérite de n'avoir, pour appréciateur de sa profonde dissertation, que les tribunaux. Tel est l'hommage que nous rendons par sentiment et par conviction à ses talens distingués, et à la solidité de ses raisonnemens.

Les anciens athlètes au premier signal du combat, se joignoient, se présentoient la main et se donnoient l'accolade au milieu de la lice, en signe de la pureté de leurs intentions dirigées uniquement par la gloire de vaincre. Nous les avons imités dans notre AVANT-PROPOS. Nous y avons donné à notre confrère toutes les assurances de notre estime et de notre amitié; nous y avons reconnu celles dont il nous a toujours honorés ; nous y avons protesté hautement que notre lutte n'avoit d'autre objet que la défense de la vérité, et nous avons donné pour les garans de notre sincérité, ses vertus, ses connoissances, ses talens et sa renommée.

Ces mêmes athlètes renouveloient à la fin du combat, après y avoir fait tous leurs efforts les uns contre les autres, ce spectacle édifiant. Nous les imitons encore en nous pressant de nous emparer de ces liens fraternels qui nous ont toujours unis, que nous voulons serrer davantage, et que nous avions déposés aux pieds de nos juges pour être plus libres dans nos discussions. Nous ne dirons pas que notre confrère est trop juste pour ne pas avoir loué des efforts que nous n'avons faits contre lui, que pour la défense de tant de *maximes* provençales et françaises. Nous ne dirons pas qu'il est trop généreux pour ne pas nous imiter à la fin d'un combat purement d'opinions, ce seroit lui faire tort. Nous aimons à penser qu'il nous a toujours conservé les mêmes sentimens que nous lui manifestons, et dont nous nous honorons. La bonté de son cœur, la moralité de son ame, les témoignages d'estime et d'amitié dont il nous a toujours comblés, et que nous lui avons toujours rendus, nous rassurent complétement.

Tels nous avons toujours été l'un pour l'autre , tels nous continuerons d'être. Son affection nous est trop chère, pour que nous ne nous flattions pas qu'il nous la conservera toute entière.

Avant d'entrer dans l'arène, nous avons fait son éloge. En en sortant, nous le complétons.

Il jouit de la considération et de la confiance publiques ; il les mérite par ses vertus, par la douceur de ses mœurs et par l'étendue de ses connoissances. Il est distingué dans son ordre et dans le public ; il le mérite encore par sa grande facilité à concevoir, à parler et à dicter. Tout ce qui émane de lui, est l'effet d'une facilité naturelle et ne porte jamais l'empreinte du travail. Ses paroles et ses idées se succèdent avec autant de rapidité que d'ordre ; et par une espèce d'enchantement , elles se rangent et se lient avec la plus parfaite symétrie, comme les pierres des murs de Thèbes , au son de la lyre d'Amphion.

FIN.

POST-SCRIPTUM.

LE Dictionnaire intitulé CODE RURAL, vient de paroître au moment où l'impression de notre ouvrage tend à sa fin. Nous y lisons ce que son auteur a dit du vœu, que nous avons formé pour l'augmentation de la distance à laquelle les arbres de *haute tige* peuvent être plantés du fonds voisin, selon notre statut et le code civil, attendu que ces arbres paralysent une partie de ce fonds, en le privant de la chaleur vivifiante du soleil, par l'ombre qu'ils y répandent. Ce vœu nous l'avons émis, d'après l'initiative qu'avoient déjà prise MM. Fournel et Pardessus, dont les observations avoient paru JUDICIEUSES à notre confrère M. Dubreüil.

Celui-ci improuvant notre vœu, quoiqu'il ait trouvé JUDICIEUX ceux de MM. Fournel et Pardessus, qui ont encouragé l'émission du nôtre, a fait volte-face dans sa réponse imprimée, et s'est prononcé fortement pour la *suffisance* de la distance uniforme de deux cannes ou seize pans fixée par notre statut, ou de deux mètres fixée par le code civil.

Nous lui avons répondu. Nous nous sommes emparés de l'observation JUDICIEUSE de MM. Fournel et Pardessus, et tout en respectant et notre loi statutaire, et la nouvelle loi française, et en nous y soumettant, nous avons développé dans une dissertation de vingt-quatre pages *in*-4.°, ci-devant pag. 2, les vues et les motifs de ces deux auteurs, après les avoir PESÉS, médités avec RÉFLEXION et sans intérêt personnel. Nous en avons démontré par conviction et avec des détails étudiés toute la justesse; et comme eux, nous avons osé dire que les arbres de *haute tige* plantés si près des champs des voisins, nuisent essentiellement, autant à l'intérêt particulier de ceux-ci qu'à l'intérêt général, parce qu'ils paralysent toute production dans ces fonds ombragés. Nous avons même osé nous prononcer et déclarer trop rapprochée du voisin, la ligne sur laquelle on peut planter des arbres de haute tige, fixée par notre statut et par le code civil.

Notre dissertation faite avec toute bonne foi, travaillée avec soin et soutenue par l'expérience, l'auteur du CODE RURAL l'a frondée en quelques lignes sous le mot *arbre*, avec une franchise qui égale la nôtre; mais sans y répondre.

Un jurisconsulte dit-il, parlant de nous, en rendant hommage à la règle, trouve que la distance statutaire n'est pas assez grande. Il n'a pas assez PESÉ, à mon sens, les avantages généraux qui résultent des plantations qu'on ne sauroit trop encourager dans une province SANS CESSE BATTUE PAR LES VENTS et où LES BOIS MANQUENT AUX BESOINS DE L'HABITATION. Il n'a pas ASSEZ RÉFLÉCHI, qu'avec le droit qu'a le voisin de faire couper les branches et les racines qui s'étendent sur son fonds, le voisinage de l'arbre ne peut lui NUIRE QUE PAR L'OMBRE; qu'il peut faire lui-même sur son fonds des PLANTATIONS RIVALES ET PARALLÈLES; et que si les arbres de son voisin ombragent une partie de son champ, les siens ombrageront aussi celui de son voisin au nord et au couchant de sa propriété. EH ! PLUT A DIEU QUE TOUTES NOS TERRES FUSSENT AINSI ENTOURÉES D'ARBRES ! Le bois de chauffage seroit moins rare et moins cher; les bestiaux auroient en hiver
une

une nourriture plus abondante, et nos campagnes souffri-
roient moins des vents impétueux qui les désolent.

On reconnoît là le vœu de ces grands propriétaires qui
aiment les futaies d'agrément, et qui peuvent faire le sacrifice
d'une portion de leurs récoltes, dans l'espérance d'en être
indemnisés par la plus grande économie qu'ils feront en
nourrissant, en hiver, leurs troupeaux avec des feuilles ; mais
quelqu'étendues que soient leurs possessions, c'est le peuple
qui possède la plus grande partie du terroir de chaque pays.
Il la possède en très-petites portions et il n'a point de troupeaux.
L'intérêt d'agrément ou d'utilité des riches en pareil cas, ne
peut pas être la mesure de l'intérêt du peuple. Ceux-là peuvent
librement convertir en forêts une partie de leurs possessions.
Mais qu'ils sèment ou plantent leurs arbres à une distance
qui ne neutralise pas les labeurs du peuple en paralysant
ses récoltes !

Le droit qu'a le voisin ombragé de faire couper les racines
qui se nourrissent dans son fonds et le branchage qui le couvre,
est un remède nul, dès qu'il est convenu que l'OMBRE
RESTE, et qu'elle est toujours la même qu'auparavant, par
l'effet de la circonférence des arbres qui subsiste dans le fonds
du propriétaire de ceux-ci, et de leur cime qui est toute conservée. *Mais alors*, dit l'auteur, *ce n'est que l'ombre qui nuit
au voisin.* L'OMBRE des arbres de *haute tige* n'est-elle donc
pas à considérer, dès qu'on convient qu'elle NUIT au voisin !
Cette OMBRE ne lui fait-elle pas plus de mal que les racines ?
Celles-ci en suçant les sels nourriciers de la terre du voisin
la rendent moins productive, et l'OMBRE la constitue infertile
dans toute la partie ombragée. Si *le soleil orne et vivifie seul*

les terres par sa chaleur (1) l'ombre les dépare et les amortit nécessairement.

Le peuple ne peut pas user de ces *représailles* qu'on lui suggère pour sa consolation, parce qu'il se puniroit lui-même en doublant le dommage qu'il souffre déjà, sans en faire aucun au propriétaire des arbres, ainsi que nous l'avons démontré ci-dev. pag. 21.

Le bois de chauffage n'est pas rare en Provence. Très-abondant dans la partie septentrionale, il y en a à suffisance dans la partie méridionale. Les côtes maritimes sont fournies par voie de mer, et l'intérieur ne manque pas de forêts qui se renouvellent tous les dix ans.

Le prix du bois n'est pas excessif dans les circonstances présentes. Nous payions il y a soixante ans, le chêne blanc 12 s. le cent de livres pesant, et le chêne verd 15 s. Le prix ordinaire de chaque espèce de bois est actuellement de 16 s. l'une et 20 s. l'autre. Cette hausse d'un quart dans le combustible est-elle étonnante alors que le comestible des hommes et des bêtes de somme, a doublé de prix ?

Malheur à nous si *toutes nos petites possessions étoient entourées d'arbres de haute tige.* Elles seroient étouffées et privées du soleil, de l'air et de ces vents modérés et bienfaisans qui caressent et raffraîchissent toutes les productions de la terre ; elles ne seroient plus que des gazons mousseux.

Nous ne verrions plus nos campagnes désolées par les tempêtes; mais nous les verrions impropres à toute récolte. Que diroit-on des navigateurs si, pour se mettre à l'abri des tempêtes, ils désiroient qu'on fermât hermétiquement l'antre

---

(1) *Sol suâ largâ luce terras lustrat et complet.* Cicero.

d'Éole? Leur vœu rempli, la navigation seroit paralysée. L'application est facile à faire (1).

Nous avons trouvé reproduites très-brièvement dans cet ouvrage, quelques-unes de ces erreurs que nous avons réfutées, non par quelques lignes, mais par des dissertations bien appuyées. Nous nous rapportons à celles-ci.

Nous n'entendons pas déprécier le CODE RURAL, d'ailleurs si utile. Nous remercions l'auteur des connoissances que nous y avons puisées, et le public lui devra le même tribut. Nous avions déjà la plus haute idée de l'auteur et de son travail avant de l'avoir lu. Nous reconnoissons avec toute sincérité que l'un et l'autre ont rempli nos espérances. L'auteur est assez jeune pour qu'il nous soit permis de l'inviter à enrichir son pays de nouveaux ouvrages ; assez instruit pour les bien faire, et assez intéressé à la gloire du barreau d'Aix pour lui transmettre toutes ses vastes connoissances, celles même de M. Pascalis, cet *oncle* infortuné qu'il pleure encore, dont il a l'inapréciable dépôt. O Pascalis ! ton mérite et ton malheur ont éternisé ton nom et ta mémoire parmi nous, jusques à la consommation des temps.

Pétrarque, quinze siècles après la mort tragique de Cicéron, après en avoir lu les détails, lui écrivit une lettre de condoléance, emporté par un élan de douleur. Il crut devoir cet hommage à ce grand homme, qui reçut le premier du sénat le nom de PÈRE DE LA PATRIE, et fut en même-temps déclaré par

_____

(1) L'auteur du *code rural* a connu notre ouvrage en manuscrit jusques au X.me titre inclusivement, parce qu'il a bien voulu accéder à la prière que notre confiance en lui nous a décidés à lui faire, de l'examiner.

un décret, *le seul citoyen dont Rome n'avoit pu se passer* (1);
qui s'illustra également par son aimable philosophie , sa profonde politique , l'étendue de ses connoissances , son intrépide
courage , sa rapide éloquence , et son entier dévouement à sa
patrie; et qui ne fut sacrifié qu'à la crainte que tant de
qualités réunies inspiroient aux ennemis d'une répunlique qu'il
avoit tant de fois sauvée. Plus de vingt ans après l'assassinat de
notre estimable et respectable confrère M. Pascalis, infortuné
autant que Cicéron , et chéri dans sa province autant que
celui-ci à Rome , nous pouvons, au nom du barreau d'Aix ,
qui nous avoue sans doute, honorer sa mémoire. Il étoit une
des lumières de son pays. Il l'avoit servi deux fois en qualité
de PÈRE DE LA PATRIE avec autant d'intelligence que de
fermeté. Nous savons tous qu'il fut une victime marquée ,
dès la maligne aurore de la révolution , par ceux qui s'étoient
destinés à pervertir la Provence , et qui redoutoient autant
son influence que ses principes ; son dévouement à son ROI
et à sa patrie, que son intrépidité dont il avoit fait plusieurs fois
ses preuves. Quels droits n'a-t-il pas à notre souvenir , à notre
sensibilité , à nos regrets , à nos larmes même ! Avec quelle
justice , avec quelle sincérité nous lui adressons ces paroles de
Pétrarque: *Quelque partie du ciel que tu habites, tu entendras*
avec intérêt des plaintes, que ton amour généreux pour ta
patrie , au milieu des dangers qui menaçoient ta personne
et auxquels tu as succombé , arrachent à notre juste
douleur (2) !

---

(1) Se *UNO illo viro carere non potuisse.*

(2) *Quamlibet cœli partem tenes , hœc et his similia , cupidis-*
simè auditurum te auguror. Id enim pietas tua suggerit et amor
erga patriam usque in perniciem tui notissimus.

TABLE ANALYTIQUE.

A

Fin de la table analytique.

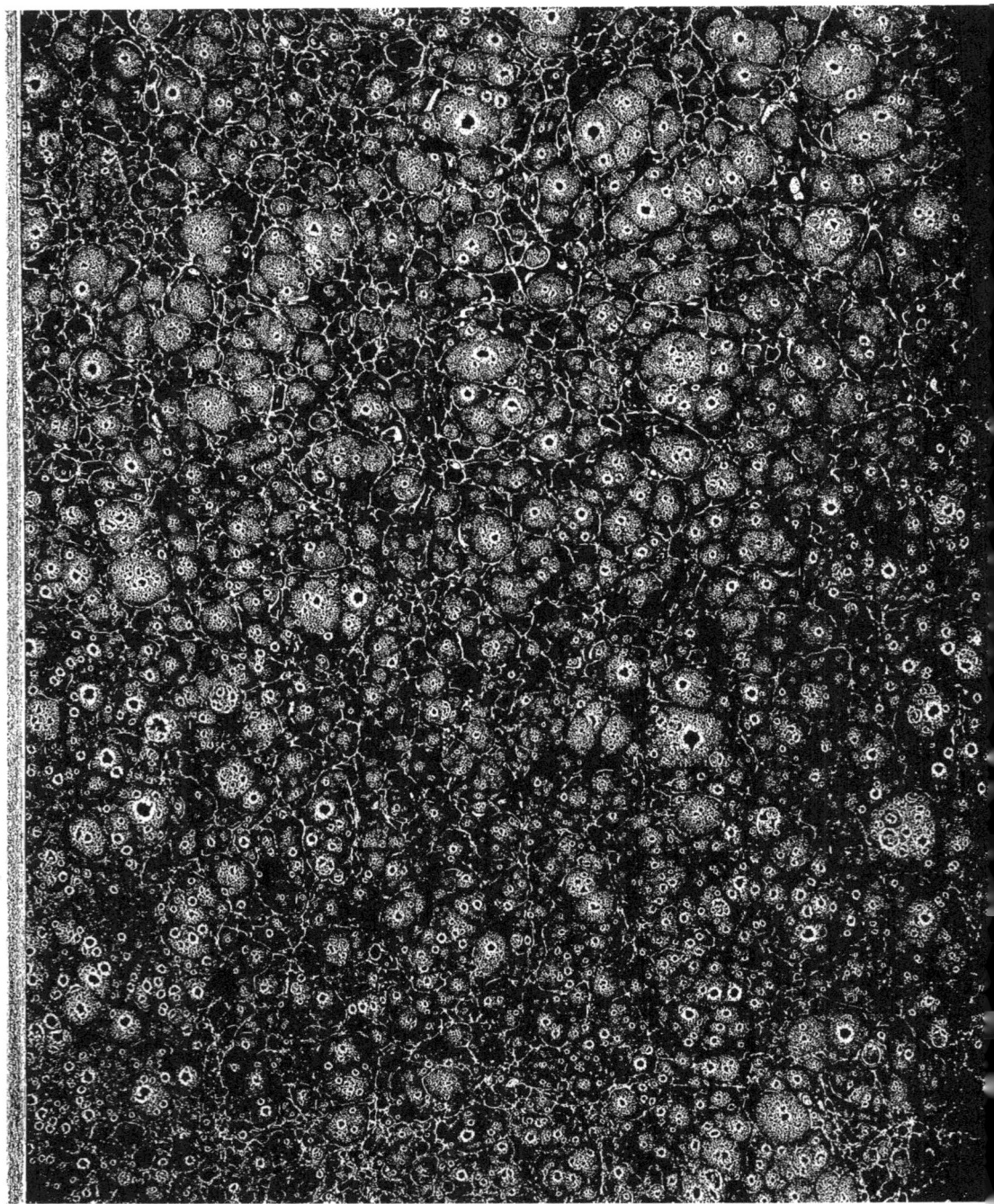

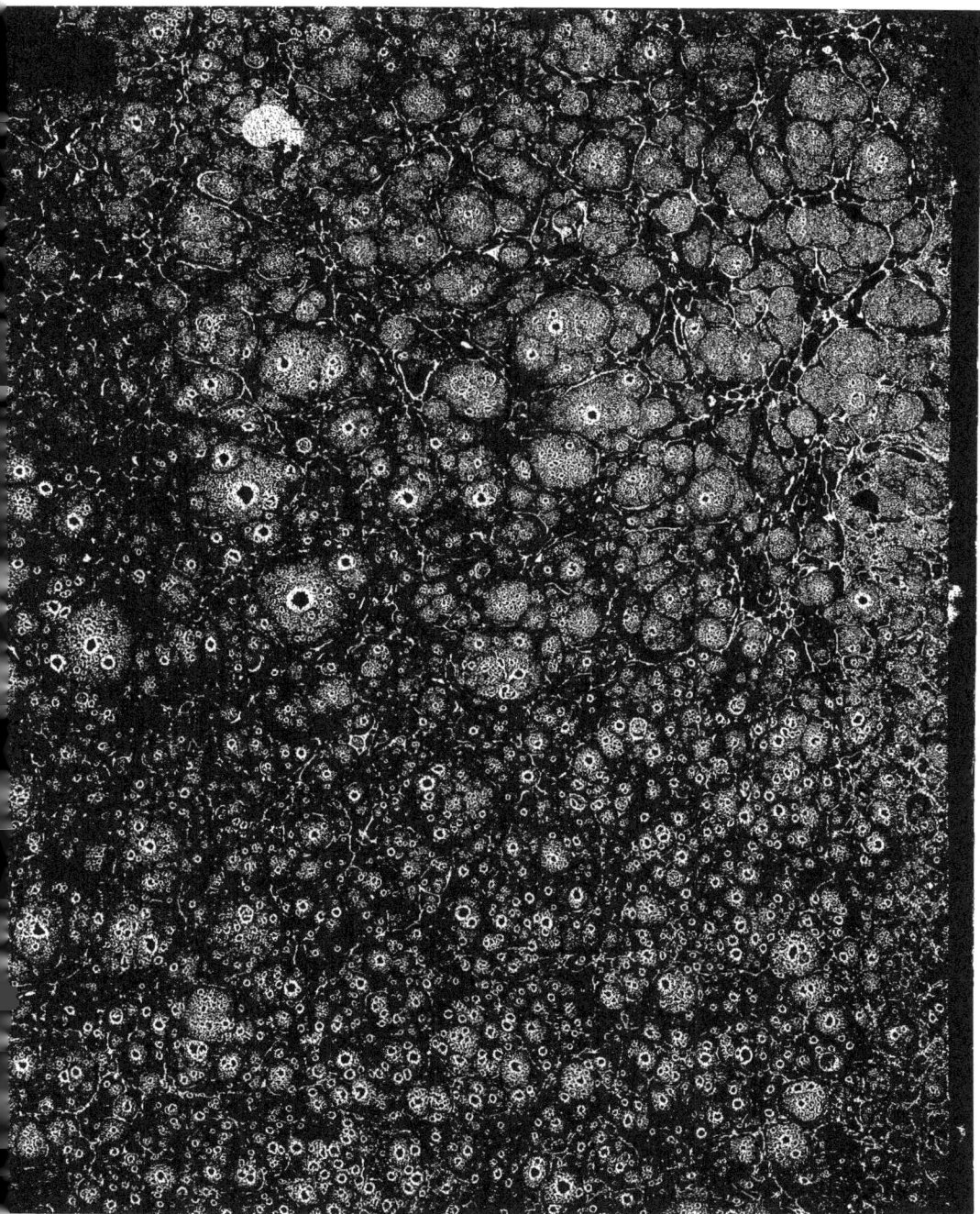

www.ingramcontent.com/pod-product-compliance
Lightning Source LLC
Chambersburg PA
CBHW060833220326
41599CB00017B/2311